D1382774

PROBLÈMES SOCIAUX

Tome I

Théories et
méthodologies

Dans la même collection
Sous la direction de Henri Dorvil et Robert Mayer

Le virage ambulatoire
Défis et enjeux
Sous la direction de Guilhème Pérodeau et Denyse Côté
2002, ISBN 2-7605-1195-2, 216 pages, D-1195

Priver ou privatiser la vieillesse?
Entre le domicile à tout prix et le placement à aucun prix
Michèle Charpentier
2002, ISBN 2-7605-1171-5, 226 pages, D-1171

Huit clés pour la prévention du suicide chez les jeunes
Marlène Falardeau
2002, ISBN 2-7605-1177-4, 202 pages, D-1177

La rue attractive
Parcours et pratiques identitaires des jeunes de la rue
Michel Parazelli
2002, ISBN 2-7605-1158-8, 378 pages, D-1158

Le jardin d'ombres
La poétique et la politique de la rééducation sociale
Michel Desjardins
2002, ISBN 2-7605-1157-X, 260 pages, D-1157

Problèmes sociaux
Tome 2 – Études de cas et interventions sociales
Sous la direction de Henri Dorvil et Robert Mayer
2001, ISBN 2-7605-1127-8, 700 pages, D-1127

Membre de
L'ASSOCIATION
NATIONALE
DES ÉDITEURS
DE LIVRES

Presses de l'Université du Québec
Le Delta I, 2875, boulevard Laurier, bureau 450, Québec (Québec) G1V 2M2
Téléphone: 418 657-4399 – Télécopieur: 418 657-2096
Courriel: puq@puq.ca – Internet: www.puq.ca

Diffusion/Distribution:

Canada et autres pays: Prologue inc., 1650, boulevard Lionel-Bertrand, Boisbriand (Québec)
J7H 1N7 – Tél.: 450 434-0306 / 1 800 363-2864

France: Sodis, 128, av. du Maréchal de Lattre de Tassigny, 77403 Lagny, France – Tél.: 01 60 07 82 99

Afrique: Action pédagogique pour l'éducation et la formation, Angle des rues Jilali Taj Eddine
et El Ghadfa, Maârif 20100, Casablanca, Maroc – Tél.: 212 (0) 22-23-12-22

Belgique: Patrimoine SPRL, 168, rue du Noyer, 1030 Bruxelles, Belgique – Tél.: 02 7366847

Suisse: Servidis SA, Chemin des Chalets, 1279 Chavannes-de-Bogis, Suisse – Tél.: 022 960.95.32

PROBLÈMES SOCIAUX

Tome I

Théories et méthodologies

Sous la direction de
HENRI DORVIL et ROBERT MAYER

2011

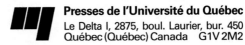

Presses de l'Université du Québec
Le Delta I, 2875, boul. Laurier, bur. 450
Québec (Québec) Canada   G1V 2M2

Données de catalogage avant publication (Canada)

Vedette principale au titre :

Problèmes sociaux

Comprend des réf. bibliogr.
Sommaire : t. 1. Théories et méthodologies – t. 2. Études de cas et interventions sociales.

ISBN 2-7605-1126-X (v. 1)
ISBN 2-7601-1127-8 (v. 2)

1. Problèmes sociaux. 2. Service social. 3. Problèmes sociaux – Cas, Études de.
4. Service social – Évaluation. 5. Politique sociale. 6. Réseaux sociaux.
I. Dorvil, Henri. II. Mayer, Robert, 1943-   .

HN17.5.P76 2001   361.1   C2001-940944-3

Nous reconnaissons l'aide financière du gouvernement du Canada
par l'entremise du Programme d'aide au développement
de l'industrie de l'édition (PADIE) pour nos activités d'édition.

La publication de cet ouvrage a été rendue possible grâce à des subventions
du Service d'aide à la publication de l'Université du Québec à Montréal
et du Groupe de recherche sur les aspects sociaux de la santé et de la prévention (GRASP)
de l'Université de Montréal.

Révision linguistique : LE GRAPHE ENR.

Mise en pages : CARACTÉRA PRODUCTION GRAPHIQUE INC.

Couverture : – illustration : WALTER OPHEY, 1882-1930, *Maisons rouges dans une ville (Rote Hauser in Einer Stradt)*, 1921, huile sur toile.
– conception graphique : RICHARD HODGSON

1 2 3 4 5 6 7 8 9 PUQ 2011 9 8 7 6 5 4 3 2 1

Dépôt légal – 3ᵉ trimestre 2001
Bibliothèque nationale du Québec / Bibliothèque nationale du Canada
Imprimé au Canada

REMERCIEMENTS

Un projet d'ouvrage de cette envergure ne peut s'insérer dans la glaise du réel sans la contribution d'un grand nombre de personnes. D'entrée de jeu, nous tenons à remercier vivement les auteurs qui ont accepté avec enthousiasme de contribuer à cette œuvre collective.

Ensuite notre reconnaissance va à sept collègues qui, en dépit de leur agenda chargé, nous ont aidés dans la tâche exigeante et délicate d'évaluation des manuscrits : Alain Beaulieu, Ph. D. en philosophie à l'Université de Paris VIII, stagiaire postdoctoral au Groupe de recherche sur les aspects sociaux de la santé et de la prévention, GRASP/Centre FCAR de l'Université de Montréal ; Charles Caouette, Ph. D. en psychologie, professeur titulaire retraité du Département de psychologie de l'Université de Montréal ; Christine Colin, M.D., doyenne de la Faculté des sciences infirmières de l'Université de Montréal, la plus importante faculté de nursing du Canada ; Nicole Dallaire, Ph. D. interdisciplinaire en sciences humaines appliquées, professeure au Département de service social de l'Université de Sherbrooke ; Hélène Magloire-Holly, M.A. en linguistique de l'Université du Québec à Montréal et professeure de français retraitée de la Commission scolaire Le Goéland ; enfin, à deux collègues de l'Université du Québec à Montréal, soit Jean-Marc Fontan, Ph. D. en sociologie, professeur au Département de sociologie, et Suzanne Mongeau, Ph. D. interdisciplinaire en sciences humaines appliquées, professeure à l'École de travail social.

Nos derniers remerciements, et non les moindres, s'adressent à madame Angèle Tremblay, directrice générale des Presses de l'Université du Québec ; à André Lauzon, documentaliste au GRASP/Centre FCAR de l'Université de Montréal ; à madame Jocelyne Barriault, du secrétariat de la maîtrise en intervention sociale à l'École de travail social de l'Université du Québec à Montréal, ainsi qu'à madame Linda Blanchet, secrétaire à l'École de service social de l'Université de Montréal.

Henri Dorvil et Robert Mayer

PARTIE 1
LES APPROCHES THÉORIQUES 15
Henri Dorvil et Robert Mayer

CHAPITRE 1

PROBLÈME SOCIAL

CHAPITRE 2

**LA SOCIOLOGIE AMÉRICAINE
ET LES PROBLÈMES SOCIAUX**

CHAPITRE 5

LA CONSTRUCTION D'UN PROBLÈME SOCIAL EN MALADIE

CHAPITRE 6

**LA PRÉVENTION DES PROBLÈMES PSYCHOSOCIAUX
ET LA PROMOTION DE LA SANTÉ ET DU BIEN-ÊTRE**

CHAPITRE 7

LA CONSTRUCTION ANTHROPOLOGIQUE
DES PROBLÈMES SOCIAUX
L'exemple de la déficience intellectuelle ....
Michel Desjardins

CHAPITRE 8

LE HANDICAP
Origines et actualité d'un concept ....
Henri Dorvil

PARTIE 2

PROBLÈMES SOCIAUX ET RECHERCHES SOCIALES

CHAPITRE 12

CHAPITRE 13

CHAPITRE 14

**LA STRUCTURATION DES STRATÉGIES
DU MOUVEMENT ASSOCIATIF**
**L'émergence et la diffusion du développement économique
communautaire (DÉC)**
Yvan Comeau

CHAPITRE 15

L'INCONTOURNABLE QUANTITATIF
Les études relatives à l'installation des immigrants au Québec
Jean Renaud

CHAPITRE 19

**SUR L'APPROCHE ÉPIDÉMIOLOGIQUE
EN SCIENCES SOCIALES ET HUMAINES** 431

Richard Boyer

CHAPITRE 20

TROUBLES MENTAUX ET SUICIDE AU QUÉBEC 449

Alain Lesage

PROBLÈMES SOCIAUX :
DÉFINITIONS ET DIMENSIONS

HENRI DORVIL, Ph. D.
   École de travail social, Université du Québec à Montréal

ROBERT MAYER, Ph. D.
   École de service social, Université de Montréal

La question des problèmes sociaux n'a jamais été plus d'actualité. Bien qu'elle ait fait l'objet de recherche et de discussions depuis les années 1920 (Mills, 1968), elle occupe aujourd'hui quotidiennement la place publique. Drogue, crime, abus et négligence, décrochage scolaire, itinérance, crime en sont les manifestations contemporaines. Ces problématiques se substituent aux manifestations antérieures qu'étaient le chômage ou la délinquance des années 1930 ou encore la prostitution et les naissances hors mariage des années 1950 et 1960. La question des problèmes sociaux prédomine également dans les champs de l'intervention sociale, de la recherche sociale et, plus près de nous, dans celui de la formation des intervenants sociaux. Au Québec comme ailleurs, les cours sur l'analyse des problèmes sociaux constituent un axe central dans la formation des intervenants sociaux. Par exemple, dans les divers départements (ou écoles) de travail social, on retrouve au moins un ou plusieurs cours sur les problèmes sociaux (*social problems* chez les anglophones). La même situation vaut pour la formation collégiale. À cela, il faut ajouter les nombreux cours sur des thèmes connexes dans diverses disciplines des sciences sociales ; par exemple, les cours en sociologie sur la pauvreté, sur la marginalisation ou sur l'exclusion ; ou, encore, les cours en criminologie et en service social sur la déviance, la délinquance et la criminalité.

Par ailleurs, il importe de préciser, dès le départ, que l'étude des problèmes sociaux constitue depuis le début du siècle une spécialité de la sociologie américaine. Un nombre considérable de livres, articles, recueils de textes (*textbooks*) ont été publiés au cours des années sur ce concept. L'existence aux États-Unis d'une société consacrée exclusivement à l'étude des problèmes sociaux, l'American Association for the Study of Social Problems, et sa revue spécialisée, *Social Problems*, témoignent de l'importance accordée à cette question. Toutefois, si la littérature sur les problèmes sociaux est majoritairement anglophone, on doit signaler, au passage quelques publications francophones (Blum, 1970 ; Lenoir, 1989) qui, au fil des ans, ont permis à des étudiants de se familiariser avec cette tradition de la recherche sociologique. Parmi ces ouvrages, une place particulière doit être réservée à l'imposant et volumineux *Traité des problèmes sociaux* (1994) publié sous la direction de F. Dumont, S. Langlois et Y. Martin. Par sa qualité d'ensemble, cette publication est rapidement devenue « incontournable », et le demeure encore de nos jours, et nous nous y sommes référés à plusieurs occasions.

Bien que la notion de problème social soit d'usage courant dans la vie quotidienne, elle demeure imprécise dans les diverses disciplines des sciences humaines, et ce, en dépit d'une multitude de publications ainsi que d'une longue tradition dans les domaines de l'enseignement et de la recherche (Mayer et Laforest, 1990). Certains auteurs soutiennent que le caractère imprécis de cette notion est dû au fait que les problèmes sociaux et leur définition sont appelés à varier selon le temps, le lieu et le contexte dans lequel ils s'inscrivent. Notion familière certes, mais fuyante, notamment parce que le chercheur ou l'intervenant social ignore si elle recouvre une réalité concrète lorsque soumise aux critères de l'objectivité scientifique. Mais en dépit de certaines imprécisions et de quelques désaccords entre les auteurs, comme nous le verrons plus loin, l'examen des différentes définitions révèle qu'elles se ressemblent et se recoupent.

La question de savoir ce qu'est un problème social a toujours suscité des débats et les définitions ont varié dans le temps. Une conception a cependant dominé ; elle se rattache à l'école fonctionnaliste et elle a pour principal point de départ les problèmes découlant des valeurs. Ainsi, un problème social apparaît au moment où les conditions actuelles sont jugées comme ne pouvant pas répondre adéquatement aux standards sociaux. Une situation de fait ne sera considérée comme problème social que si l'opinion de la collectivité la considère ainsi ; elle se distingue donc des autres types de problèmes par son lien intime avec les valeurs morales d'une société (Cohen, 1964). Dans une société pluraliste comme la nôtre où le système de valeurs varie, plusieurs opinions sont susceptibles d'émerger selon la sensibilité de chacun et, surtout, selon les intérêts des groupes en présence. Compte tenu de la relativité des valeurs et des points de vue, force est de reconnaître qu'il existe plusieurs définitions de problème social selon les individus et les groupes impliqués (Laskin, 1965). Selon cet auteur, le regard que l'on pose sur la réalité sociale importe tout autant que la réalité elle-même. Enfin, pour qu'une situation soit considérée comme un problème social, il est nécessaire que le décalage entre les normes et les conditions de fait de la vie sociale soit perçu comme étant corrigible et la population doit croire qu'elle peut y remédier. La perception de l'amélioration d'une situation doit être présente sans quoi elle sera vue comme une situation à laquelle on s'adapte plutôt que comme un problème. Les manuels reprennent à peu d'exceptions près des définitions similaires. Par exemple, Blum (1970, p. 40) estime que « les problèmes sociaux constituent par nature des situations sociales ; ils naissent de la vie des groupes ; ils concernent un grand nombre d'individus ; et comme tels représentent une menace pour le bien-être social ; les situations critiques sont définies par les mœurs et les usages d'un groupe ». De façon générale, cette conception dominante des problèmes sociaux persistera au cours des années 1990 et les conditions précitées varient peu.

Toutefois, plusieurs auteurs ont critiqué la conception dominante des problèmes sociaux. Par exemple, l'analyse de Mills (1968) reproche à l'analyse traditionnelle des problèmes sociaux son caractère trop descriptif, son insistance trop exclusive sur l'individu et son incapacité à aborder les structures sociales. De leur côté, les travaux de Lenoir (1979, 1989) et de Guillemard (1986) vont insister sur la dynamique sociohistorique dans l'émergence des problèmes sociaux. Par ailleurs, dans une perspective plus conflictuelle, les partisans de l'approche marxiste vont s'intéresser aux contradictions sociales et aux rapports de pouvoir entre les groupes sociaux dans la définition des problèmes sociaux. Cette dernière conception met l'accent sur les dimensions plus idéologique, politique et économique des problèmes sociaux. Encore de nos jours, certains sont nettement plus critiques et politiques. Par exemple, pour Carette (2000), un problème social trouve son origine « dans les rapports sociaux d'exploitation ou de domination » et cela a pour effet d'entraîner « un défaut d'intégration ou une sous-utilisation des ressources ». Pour apporter une solution durable à ce problème, il faut donc s'efforcer de transformer ces rapports sociaux (de classes, de sexes, d'ethnies, de générations, de cultures, etc.) tout en proposant un nouveau projet social visant à plus d'égalité, plus de liberté, plus de citoyenneté.

D'autres vont reprocher à l'analyse traditionnelle des problèmes sociaux de trop se limiter aux conditions objectives. Pour leur part, Hulsman (1981) et Landreville (1983) souligneront la construction du problème du crime telle qu'elle s'effectue au moyen des mécanismes de contrôle social. Par ailleurs, le caractère subjectif des problèmes sociaux sera souligné par les tenants de l'approche interactionniste. Bien que l'approche positiviste l'ait reconnu, on a mis du temps à admettre que l'étude d'un problème social n'était pas qu'objectif et qu'au-delà des conditions, des situations de fait, il impliquait aussi des perceptions, des sentiments et des interprétations de situations. Les théoriciens de l'étiquetage auront d'ailleurs le mérite d'exposer la subjectivité des méthodes valorisées par la science, telles les statistiques, utilisées lors d'études sur la criminalité.

Toutefois, on doit à la tradition de la sociologie critique des vingt dernières années ainsi qu'à la percée de la conception des problèmes sociaux en termes de processus et de construction sociale une clarification du caractère éminemment relatif et subjectif de cette notion. En effet, au cours des années 1980, la conception constructiviste s'est affirmée comme une démarche alternative à l'approche dominante, posant que les problèmes sociaux sont le résultat de constructions sociales, et ces derniers ont alors été définis comme des objets de revendications et de luttes (Langlois, 1994) Dans cette perspective, la construction des problèmes sociaux se rapproche de l'analyse des mouvements sociaux. Le problème social est alors posé comme une revendication, le plus souvent basée sur l'énoncé d'un droit particulier. Par exemple, l'avortement illustre comment un problème social peut être construit comme une revendication. Les personnes et les groupes en faveur de l'avortement ont réussi à changer la définition de la situation en revendiquant le droit pour la femme de choisir et de disposer librement de son corps. À ce propos, Spector et Kitsuse (1977) proposent un modèle d'analyse séquentielle de l'évolution des problèmes sociaux (voir plus loin). En somme, pour ces auteurs, le problème social provient des plaintes des individus et groupes devant une situation et des réponses apportées par les institutions à ces plaintes.

Pour Tachon (1985), les problèmes sociaux sont essentiellement le résultat (ou le produit) «de constructions historiques» et, dans ce sens, ils «apparaissent comme des notions relatives, faisant l'objet de réinterprétations par les agents et les institutions dans leurs stratégies pour se partager les moyens symboliques, économiques et techniques de l'action sociale» (1985, p. 177). Ce processus d'interprétation constitue une véritable «mise en scène» du problème social. Selon ce dernier, la traduction d'une contradiction sociale en «problème social» nécessite habituellement trois conditions: «premièrement, la mise en évidence d'un contexte singulier comme manifestation d'une contradiction générale qui travaille l'ensemble de la société; deuxièmement, un groupe social intégré dans les réseaux de pouvoir, reconnu comme compétent sur le sujet et ayant accès aux instances de décisions locales ou nationales; troisièmement, la légitimité de ce groupe social à inscrire cette question dans le champ des «problèmes» justifiant une intervention» (*Ibid.*, p. 178). Ainsi, l'intervention sociale se construit presque toujours à partir d'un même scénario: «un "problème social" légitimé par des références politiques et techniques génère des institutions qui mobilisent des investissements et des personnels spécialisés. Les institutions et les personnels spécialisés jouent alors avec la manifestation publique du "problème"; ils proclament l'urgence de la question, justifiant ainsi leur présence. Cette situation est amplifiée par la concurrence et la surenchère entre les différentes instances du "travail social", les diverses prestations assurées par les institutions se présentant comme des réponses originales à un problème social identifié» (*Ibid.*, p. 179).

De même, on assiste chez les intervenants à l'élaboration d'une véritable stratégie de gestion des divers problèmes sociaux: «chaque type d'acteurs s'investissent dans la réponse à des problèmes sociaux spécifiques et s'inscrivent dans une intervention sectorielle légitimée par le dispositif administratif traditionnel découpant fonctionnellement la réalité sociale: les jeunes, les vieux, les immigrés, les femmes seules, les handicapés, etc.» (*Ibid.*). Toutefois, cette logique administrative est contrecarrée par «les jeux stratégiques» des acteurs en présence qui viennent ainsi bouleverser cette répartition «rationnelle» et transformer la perception initiale des problèmes. Dans cette perspective, les institutions et les intervenants analysent et décodent le social et identifient les problèmes et les besoins sociaux selon leur logique propre ainsi que selon leurs intérêts respectifs. En définitive, ces observations nous sensibilisent à la complexité de l'analyse des problèmes sociaux, car il faut prendre en considération une multiplicité de points de vue

CONCEPTIONS PLUS RÉCENTES DANS L'ANALYSE DES PROBLÈMES SOCIAUX

Dans ce livre, nous nous attacherons d'abord à préciser la notion de problème social et ensuite nous présenterons les principales écoles de pensée dans l'analyse des problèmes sociaux. Dans les deux cas, nous formulerons un consensus de départ que nous aurons l'occasion de nuancer par la suite.

Pour Dumont, un problème social « suppose une certaine conception de la réalité sociale et il renvoie à un jugement de valeur, c'est-à-dire à des normes collectives » (Dumont, Langlois et Martin, 1994, p. 2). Pour sa part, Langlois estime qu'un problème social « peut être défini comme une situation donnée ou construite touchant un groupe d'individus qui s'avère incompatible avec les valeurs privilégiées par un nombre important de personnes et qui est reconnue comme nécessitant une intervention en vue de la corriger » (*Ibid.*, 1994, p. 1108). Ces définitions rejoignent celles formulées antérieurement (Mayer et Laforest, 1990). On peut donc relever un certain consensus, du moins pour le moment, autour de dimensions fondamentales que l'on retrouve dans ces diverses définitions, à savoir : les conditions objectives, les conditions subjectives, les conflits de valeur, les processus de construction sociale et, enfin, les diverses formes ou modalités de l'intervention sociale et de prise en charge des problèmes sociaux.

Pour ce qui est de l'identification des conditions sociales, on fait face à un élargissement des conditions objectives ; des situations nouvelles sont maintenant considérées problèmes sociaux, comme les problèmes reliés à la sécurité routière, la dégradation de l'environnement ou le contrôle de la vie privée. Ainsi, nous assistons à un élargissement des conditions objectives susceptibles de se transformer en problèmes sociaux ainsi qu'à une complexification de ces situations (Langlois, 1994). Une part non négligeable des nouveaux problèmes sociaux tirent leur source de l'avènement des nouvelles technologies et du progrès technique. Bref, l'analyse des conditions objectives devient de plus en plus complexe puisqu'elle doit prendre acte des multiples dimensions des problèmes sociaux (Langlois, 1994 ; Cantin, 1995). Par ailleurs, à cette question des conditions objectives s'ajoute celle du nombre de personnes affectées par la situation problème. La littérature demeure imprécise sur ce point, sinon qu'elle relève que pour être considérée comme un problème social la situation doit toucher un grand nombre de personnes, d'où les nombreux débats sur les statistiques en matière de criminalité, de suicide ou de violence conjugale.

Toutefois, la seule référence à des conditions objectives ne suffit pas à jeter les bases de l'émergence d'un problème social. Selon plusieurs auteurs, la dimension subjective des problèmes sociaux est tout aussi importante. Compte tenu de cette dimension subjective, la question des valeurs est aussi centrale dans l'analyse des problèmes sociaux. Par exemple, l'analyse de la prostitution a montré comment les prostituées ont été définies de façon fort différente au cours de l'histoire récente. Les groupes de femmes prostituées ont aussi leur propre définition ; pour elles, la prostitution n'est pas un problème social, c'est un métier. Un métier stigmatisé, mais un métier tout de même (Parent, 1994). Une situation est jugée problématique alors qu'apparaît une divergence entre valeurs nouvelles et normes sociales instituées. Des normes existantes peuvent être contestées au nom de valeurs nouvelles, qui en viennent à être largement reconnues. À la question de la distance entre valeurs et normes se greffe le conflit ouvert entre valeurs opposées dans une société pluraliste. Les débats actuels sur l'avortement ou la pornographie en constituent de bons exemples (Arcand, 1994 ; Bertrand, 1994).

Des conflits de valeurs, on a progressivement élargi la réflexion à la notion de construction sociale des problèmes sociaux, qui ont alors été définis comme des objets de revendications et de luttes. Dans ce processus de construction des problèmes sociaux, Langlois (1994) attire l'attention sur le rôle capital, dans nos sociétés, des médias. Par définition, les médias dramatisent l'exposé de situations et de questions ; il n'est pas étonnant alors qu'ils en viennent à leur donner des connotations particulières. Les médias jouent un rôle clé dans le cas particulier où les problèmes sociaux sont construits comme des enjeux de revendications et ils servent à faire passer un message susceptible de sensibiliser la population à une question. Les groupes d'intérêt cherchent alors, par leur intermédiaire, à obtenir l'appui du public à leur cause.

Pour ce qui est des modalités d'intervention sociale et de la prise en charge des problèmes sociaux, plusieurs auteurs soulignent la tendance actuelle du fractionnement en clientèles et du découpage des problèmes en fonction de groupes cibles, fractionnement qui apparaît nettement comme l'un des nouveaux aspects de l'analyse contemporaine des problèmes sociaux. Ainsi, on observe une sorte de dérive des problèmes sociaux vers des groupes à problèmes : l'enfance en difficulté, les femmes violentées, les familles monoparentales ayant une femme à leur tête, etc. ; cela est particulièrement patent dans l'expérience québécoise. Mais au-delà de cette vision segmentée, il n'en demeure pas moins que certains problèmes apparaissent comme centraux dans nos sociétés modernes, comme la problématique de la violence, celle à l'égard des enfants, des femmes, des personnes âgées, des minorités ethniques ou raciales, etc. (Beaudoin, 1990).

Pour sa part, Ouellet estime que, dans la vie de tous les jours, « un problème social désigne une situation considérée indésirable et néfaste, selon un critère d'anormalité quelconque, affectant des individus, des groupes ou la société en général, dont on connaît, sinon les causes, du moins les conséquences et envers lesquels il serait souhaitable de s'engager collectivement » (Ouellet, 1998, p. 41). Cette définition de départ permet de dégager un certain nombre de caractéristiques dans la définition d'un problème social.

- Pour l'acteur social, un problème social renvoie presque automatiquement à une réalité. « Il ne fait pas de doute dans son esprit qu'il existe un objet, des conditions qu'il est en mesure de nommer, de reconnaître en tant qu'objets d'appréhension. Cette connaissance lui semble objective et il s'attend qu'il en soit ainsi pour les autres » (*Ibid.*, p. 42). Cette première dimension fait référence à une perception et à une définition concrètes de la situation-problème.

- Une deuxième dimension se rapporte au fait que l'acteur social a le sentiment que cette situation est anormale. À ses yeux, la situation apparaît comme une « rupture », une « menace » qui interfère avec le fonctionnement normal de la société. « Qu'il s'agisse d'un délit (problème d'ordre), d'une inégalité ou d'une iniquité (problème de justice distributive), d'un dysfonctionnement des institutions, d'un problème d'exclusion (problème de participation) ou d'une situation d'anomie résultant d'un déséquilibre normatif… l'acteur compétent sera la plupart du temps en mesure d'identifier le critère en vertu duquel la situation fait problème pour lui et pour d'autres » (*Ibid.*, p. 43). Cette réflexion fait référence à la dimension normative des problèmes sociaux dans la mesure où l'acteur porte un jugement normatif (en bien ou en mal) sur la situation analysée.

- La troisième dimension a trait au fait que l'acteur social, même s'il n'a jamais eu l'expérience personnelle de la situation, a l'impression de connaître l'expérience de ceux qui vivent le problème et il manifeste une sensibilité à leur égard : « tout se passe comme s'il partageait avec ceux-là, par le biais de quelconques intermédiaires concepteurs, leur propre expérience » (Ouellet, 1998, p. 44). Cet auteur souligne que, par exemple, il n'est pas besoin d'être chômeur ou victime d'agression sexuelle pour ressentir une souffrance morale à l'égard de ces situations.

- La quatrième dimension renvoie à la certitude chez l'acteur que cette situation peut être améliorée (*Ibid.*, p. 45). Ainsi, au-delà des conditions qu'ils désignent, les problèmes sociaux «se présentent comme autant d'aspirations collectives, comme un projet d'intervention sur la société elle-même, fondé sur une définition de la situation et sur l'adhésion à un engagement, normativement acceptable, susceptible de l'améliorer» (*Ibid.*). Ainsi, l'examen de cette définition de départ d'un problème social «révèle déjà des dimensions fort complexes mais néanmoins incontournables» (*Ibid.*, p. 46) pour toute réflexion qui voudrait déboucher sur l'élaboration d'un cadre d'interprétation général pour l'analyse des problèmes sociaux.

En somme, il ressort que l'on peut dégager un premier consensus concernant la définition d'un problème social puisque la plupart des définitions de ce concept varient peu entre elles. En effet, on remarque une certaine convergence dans la littérature concernant les principaux éléments d'un problème social. La majorité des auteurs révèlent quatre conditions d'existence d'un problème social, qui ne sont d'ailleurs pas mutuellement exclusives, ce sont: 1) la constatation d'une situation-problème; 2) l'élaboration d'un jugement à son endroit; 3) la volonté et le sentiment de pouvoir transformer cette situation et, finalement, 4) la mise en œuvre d'un programme d'intervention qui peut être de nature diverse, c'est-à-dire comprendre une action sociale, une action législative ou une action institutionnelle.

Au plan théorique, la majorité des auteurs qui ont étudié la littérature scientifique sur l'évolution des principaux courants théoriques dans l'analyse des problèmes sociaux ont identifié les éclairages théoriques suivants: la perspective de la pathologie sociale, celle du fonctionnalisme avec l'analyse de la déviance individuelle et de la désorganisation sociale, la perspective de l'interactionnisme et de l'étiquetage, la perspective du conflit social et, finalement, la perspective du constructivisme (Rubington et Weinberg, 1989). Tout en étant différente, l'analyse de Dumont (1994) s'insère dans cet héritage théorique; cet auteur dégage cinq grandes perspectives dans l'analyse des problèmes sociaux. Ainsi, un problème social a été abordé historiquement sous l'angle de la dysfonctionnalité, du délit, de l'anomie, de l'inégalité et de l'exclusion. Dans une première perspective, la société est perçue comme un organisme et la norme résulte de la conception du social qui prévaut à cette époque dans cette société. Dans cette perspective, «le problème social est une déficience de fonctionnalité» (1994, p. 3). À l'opposé de cette conception organique, une seconde perspective aborde la réalité sociale comme un ordre social. Dans cette perspective, les normes juridiques imposent un certain nombre de valeurs et, de ce fait, définissent des problèmes sociaux. Au cours des dernières années, nous avons assisté à l'extension du droit dans la gestion des problèmes sociaux. De l'univers du droit et de l'ordre social, on passe ensuite à celui des valeurs collectives du contrôle social. Plus floues que le droit, les normes du contrôle social sont aussi plus diffuses et les agents du contrôle social ont une autorité moins bien définie. Dumont souligne qu'il y a pluralité des valeurs selon les groupes sociaux et qu'on se retrouve souvent en présence de « conflits entre les idéaux anciens et les nouveaux » (1994, p. 6). De ces conflits et des bouleversements qui s'y greffent, on va évoquer l'anomie pour désigner les problèmes sociaux qui résultent de l'affaiblissement des valeurs collectives ainsi que l'érosion des solidarités sociales (divorce, monoparentalité, baisse de la nuptialité, immigration, solitude, itinérance, etc.). Finalement, on constate qu'à mesure que le principe du partage se fait plus exigeant apparaît la nécessité de la participation aux décisions. En somme, pour Dumont, l'analyse des problèmes sociaux doit être replacée dans le contexte de l'évolution des conceptions du social et de la norme.

La perspective analytique de Dumont (1994, p. 10) nous conduit à la double configuration de la société : les interventions collectives et la production de la société. En effet, « une grande partie de la vie collective est dorénavant structurée à l'écart des intentions et des comportements individuels, les organisations se prêtent à la programmation tout en imposant leurs impératifs. L'État à lui seul constitue un système social, avec ses assises propres et son personnel qui s'insinue dans la collectivité tout entière » (*Ibid.*). Toutefois, cette logique conduit également à produire son contraire : la valorisation de l'individu, avec la mise en valeur de la subjectivité, des relations librement choisies et du pluralisme des valeurs. Ainsi, nous sommes en présence d'un double processus de production de la société, celle des appareils et celle de la sociabilité. Cette analyse nous permet de mieux situer les problèmes sociaux et de mieux comprendre la logique des interventions collectives à l'égard des problèmes sociaux, à travers l'analyse de trois acteurs principaux : l'État-providence, les organismes communautaires et les experts. Ainsi, aux problèmes individuels, on propose la charité privée ou l'entraide. Par ailleurs, l'État-providence contribue à refaire, par le haut, le tissu social, « en programmant des services et une répartition des ressources collectives » (1994, p. 13). En même temps, on a vu se développer, par le bas cette fois, un mouvement communautaire qui « travaille à la réfection des solidarités, en partant cette fois des individus et des ressources de la subjectivité » (*Ibid.*). Ces associations « réunissent des individus à partir de relations interpersonnelles et se vouent à la production de la socialité » (*Ibid.*). Parmi ces groupes, il y a d'abord la famille. Tous reconnaissent qu'elle a bien changé, même si elle demeure un acteur fondamental dans la prise en charge des problèmes sociaux. Ainsi, de la famille au bénévolat, le tissu social se reconstitue à partir non plus des appareils mais des réseaux de sociabilité. En somme, entre l'intervention des groupes communautaires et celle de l'État-providence, les processus sont très différents : « Institutionnalisation, professionnalisation, protection, d'une part ; solidarité, gratuité, participation d'autre part » (*Ibid.*). Sans prétendre encadrer parfaitement tous les textes qui suivent, nous pouvons affirmer que plusieurs auteurs vont se référer plus ou moins directement à cette perspective d'analyse.

PLAN

Cet ouvrage collectif comprend deux tomes qui sont autonomes et spécifiques tout en étant résolument complémentaires. En effet, dans le premier tome, nous analysons l'évolution des cadres théoriques dans l'interprétation des problèmes sociaux et nous présentons les principaux outils méthodologiques dans l'analyse qualitative et quantitative des problèmes sociaux. Dans le second tome, des analyses de cas sur des problématiques sociales particulières ont été réalisées afin de mieux connaître la dynamique interne dans le processus de prise en charge des divers problèmes sociaux. La diversité des formes et des modalités d'intervention sociale à l'égard de ces problèmes sociaux est également analysée dans une dernière section. Avec cette publication, nous cherchons à acquérir une meilleure compréhension des nouvelles problématiques sociales et des nouveaux problèmes sociaux tels que les récentes formes de désintégration familiale et sociale, de violence, de précarité et de pauvreté, notamment chez les enfants. Nous voulons également mieux saisir les rapports entre l'État, les mouvements sociaux et les organismes communautaires dans la définition de ces problèmes, et mieux connaître les récentes transformations en matière de politiques sociales et d'interventions sociales à l'égard de ces divers problèmes.

En somme, divisée en quatre parties – approches théoriques, instruments méthodologiques, études de cas et interventions sociales sur les problèmes sociaux –, cette publication analyse les nouvelles configurations des problèmes sociaux avec l'éclairage d'une soixantaine d'auteurs experts dans leur champ professionnel respectif. Soulignons que cet éclairage est résolument multidisciplinaire puisqu'il met à contribution des médecins, des infirmières, des criminologues de même que des anthropologues, des sociologues, des travailleurs sociaux, des psychologues, une historienne et un philosophe. Sans prétendre à une répartition parfaitement égalitaire, soulignons que les points de vue masculin et féminin sont aussi présents. Finalement, il importe de préciser que si, autrefois, les problèmes sociaux gardaient à peu près le même visage durant plusieurs décennies, de nos jours, et en dépit de quelques caractéristiques permanentes, il existe des configurations nouvelles en accéléré sur fond de mutations de valeurs, de modifications du rôle de l'État-providence, de précarité de l'emploi et de mondialisation. D'où la nécessité de jeter un nouveau regard en ce début de troisième millénaire.

BIBLIOGRAPHIE

ARCAND, B. (1994). «Pornographie et pathologie sociale», dans F. Dumont, S. Langlois et Y. Martin (dir.), *Traité des problèmes sociaux*, Québec, Institut québécois de recherche sur la culture, p. 427-440.

BEAUDOIN, A. (1990). «Analyse des problèmes sociaux faite par la Commission Rochon», *Service social*, vol. 39, n° 2, p. 141-158.

BERTRAND, M.A. (1994). «Pornographie et censure», dans F. Dumont, S. Langlois et Y. Martin (dir.), *Traité des problèmes sociaux*, Québec, Institut québécois de recherche sur la culture, p. 411-426.

BLUM, R. (1970). *Dimensions sociologiques du travail social*, Paris, Le Centurion, 176 p.

CANTIN, S. (1995). *Traité des problèmes sociaux. En bref*, Québec, Institut québécois de recherche sur la culture, 205 p.

CARETTE, J. (2000). «Travailler le social : pour une redéfinition», *Nouvelles pratiques sociales*, vol. 13, n° 1, p. 1-4.

COHEN, N. (1964). *Social Work and Social Problems*, New York, National Association of Social Workers.

DUMONT, F. (1994). «Approche des problèmes sociaux», dans F. Dumont, S. Langlois et Y. Martin (dir.), *Traité des problèmes sociaux*, Québec, Institut québécois de recherche sur la culture, p. 1-21.

DUMONT, F., S. LANGLOIS et Y. MARTIN (dir.) (1994). *Traité des problèmes sociaux*, Québec, Institut québécois de recherche sur la culture, 1140 p.

GUILLEMARD, A.M. (1986). *Le déclin du social*, Paris, Presses universitaires de France.

HOËFNAGELS, H. (1962). *La sociologie face aux problèmes sociaux*, Belgique, Desclée de Brouwer.

HORTON, J. (1966). «Order and conflict theories of social problems as competing ideologies», *American Journal of Sociology*, vol. 71, n° 6, p. 701-713.

HULSMAN, L. (1981). «Une perspective abolitionniste du système de justice pénale et du schéma d'approche des situations problématiques», dans C. Debuyst (dir.), *Dangerosité et justice pénale*, Genève, Masson, coll. «Déviance et Société», p. 7-16.

LANDREVILLE, P. (1983). *Normes sociales et normes pénales*, Montréal, Université de Montréal, Les Cahiers de l'École de criminologie

LANGLOIS, S. (1994). « Fragmentation des problèmes sociaux », dans F. Dumont, S. Langlois et Y. Martin (dir.), *Traité des problèmes sociaux*, Québec, Institut québécois de recherche sur la culture, p. 1107-1126.

LASKIN, R. (1965). *Social Problems: A Canadian Profile*, Toronto, McGraw-Hill, 472 p.

LENOIR, R. (1979). « L'invention du troisième âge (ou la constitution du champ des agents de gestion de la vieillesse) », *Actes de la recherche*, p. 26-58.

LENOIR, R. (1989). « Objet sociologique et problème social », dans P. Champagne *et al.*, *Initiation à la pratique sociologique*, Paris, Dunod, p. 53-100.

MAYER, R. et M. LAFOREST (1990). « Problème social : le concept et les principales écoles théoriques », *Service social*, vol. 39, nᵒ 2, p. 13-43.

MERTON, R.K. (1961). « Social problems and sociological theory », dans R.K. Merton et R.A. Nisbet, *Contemporary Social Problems*, New York, Harcout inc., p. 697-737.

MILLS, C.W. (1968). *L'imagination sociologique*, Paris, F. Maspéro, 205 p.

OUELLET, P. (1998). *Matériaux pour une théorie générale des problèmes sociaux*, thèse, Sciences humaines appliquées, Université de Montréal, ronéo, 428 p.

PARENT, C. (1994). « La prostitution ou le commerce des services sexuels », dans F. Dumont, S. Langlois et Y. Martin (dir.), *Traité des problèmes sociaux*, Québec, Institut québécois de recherche sur la culture, p. 393-410.

REZSOHAZY, R. (1982). « Aspects théoriques et méthodologiques de l'étude du changement culturel », dans G. Pronovost (dir.), *Cultures populaires et sociétés contemporaines*, Sainte-Foy, Presses de l'Université du Québec, p. 51-61.

RUBINGTON, E. et M.S. WEINBERG (1989). *The Study of Social Problems. Six Perspectives* (4ᵉ éd.), New York/Oxford, Oxford University Press.

SPECTOR, M. et J. KITSUSE (1977). *Constructing Social Problems*, Menlo Park, CA, Cummings Publishing Co.

TACHON, M. (1985). « Travail social et gestion des problèmes sociaux », dans F. Bailleau, N. Lefrancheur et V. Feyre (dir.), *Lectures sociologiques du travail social*, Paris, Éd. Ouvrières, p. 177-187.

PARTIE

LES APPROCHES THÉORIQUES

HENRI DORVIL, Ph. D.
École de travail social, Université du Québec à Montréal

ROBERT MAYER, Ph. D.
École de service social, Université de Montréal

L'analyse des problèmes sociaux est au cœur tant de l'intervention sociale que de la recherche sociale, et ce, depuis une longue tradition, surtout américaine, d'enseignement, de recherche et de publication sur les multiples problèmes sociaux qui se posent aux sociétés actuelles. Mais malgré cet effort, l'analyse des problèmes sociaux suscite des débats. Par exemple, pour les tenants d'une sociologie empiriste, le recours au concept de problème social implique un certain jugement de valeur (c'est-à-dire une prise de position) qui est contraire à une approche scientifique des faits sociaux. Ainsi, la question de savoir ce qu'est un problème social a toujours été fort discutée et les définitions ont varié dans le temps. C'est pourquoi il ne s'agit aucunement ici de vouloir procéder à un relevé des différentes définitions de la notion de problème social ni de présenter de façon exhaustive l'évolution de l'ensemble des théories sociologiques ou autres concernant l'analyse des problèmes sociaux puisque beaucoup d'autres l'ont déjà fait avant nous (Mayer et Laforest, 1990). Il s'agit plutôt d'amener le lecteur à distinguer les principales théories et méthodes d'analyses utilisées dans l'explication des problèmes sociaux et leurs liens avec les solutions proposées par différents groupes sociaux dans la société.

Comme c'est à la sociologie américaine que, traditionnellement, nous devons la majorité des travaux sur lesquels reposent les diverses perspectives qui président à l'analyse des problèmes sociaux, on ne s'étonnera pas du recours abondant que nous faisons, dans cette première partie, à la littérature américaine pour l'identification et le développement des principales approches. Ce qui ne nous empêchera pas de signaler également des contributions françaises et québécoises sur les thèmes à l'étude, et ce, en raison de leur apport à l'intervention sociale.

Dans un livre célèbre sur l'analyse des problèmes sociaux, Merton et Nisbet (1961), figures dominantes de la sociologie américaine de cette époque, ont souligné que l'étude des divers problèmes sociaux a donné naissance à des méthodes d'approches particulières. Ils soulignent qu'historiquement plus d'un problème social ont été amenés à l'attention du public et à la conscience collective par des romanciers et des journalistes ; leur rôle a donc été, et probablement le sera toujours, d'une extrême importance. Par ailleurs, la religion et le droit représentent depuis toujours des contextes importants dans l'approche des problèmes sociaux. Depuis les débuts de l'humanité, la morale religieuse et les codes de lois ont été les deux principales perspectives à travers lesquelles la société a envisagé les problèmes sociaux et moraux. Ces perspectives influencent fortement, encore de nos jours, nos façons de voir. Cependant, lorsque nous nous tournons vers l'approche scientifique des problèmes sociaux, nous nous trouvons dans un monde de pensées très différent. Déjà à cette époque, Merton et Nisbet déplorent l'absence d'une véritable théorie sociologique des problèmes sociaux, c'est-à-dire basée sur des affirmations claires et vérifiables. Cependant, s'il n'y a pas encore, de nos jours, de théories générales structurées et vérifiées, il n'en demeure pas moins qu'au fil des dernières décennies diverses orientations théoriques ont émergé à la suite des nombreuses études sociologiques concernant les différents problèmes sociaux.

À partir d'une revue de la littérature anglophone sur les grandes tendances analytiques dans la littérature sur les problèmes sociaux, on peut identifier six perspectives principales : la pathologie sociale, la désorganisation sociale, le conflit de valeurs, le comportement déviant, l'étiquetage et l'interactionnisme et la perspective du constructivisme (Rubington et Weinberg, 1989).

Du côté francophone, les références théoriques sont relativement similaires. Ainsi, Bachmann et Simonin (1981) ont repris les travaux de Herpin (1973, p. 22) sur les principales problématiques théoriques qui orientent l'action sociale, en Amérique du Nord et en Europe, depuis le début du siècle. Ils démontrent que, depuis son début de professionnalisation, l'action sociale s'est référée à plusieurs modèles théoriques dont les principaux sont : l'école de Chicago, le modèle culturaliste, la perspective fonctionnaliste et la problématique interactionniste. De même, Dumont (1994) met l'accent sur cinq grandes perspectives dans l'analyse des problèmes sociaux, soit la perspective de la pathologie sociale, celle du comportement déviant, celle de la désorganisation sociale, celle du conflit social et enfin celle de l'interactionnisme. Plus récemment, les travaux de Ouellet (1998) et de Lavergne (1998) ont passé en revue ces grands courants théoriques pour finalement mettre l'accent sur le constructivisme. Voyons brièvement l'évolution de quelques-unes de ces perspectives d'analyse.

LES ANNÉES 1960

LE FONCTIONNALISME

Le fonctionnalisme a été, pendant longtemps, le modèle dominant dans la sociologie américaine. Simplifiée à l'extrême, cette approche conçoit la société comme un être vivant, dont chaque organe doit remplir sa fonction par rapport au tout organique (Bachmann et Simonin, 1981 ; Herpin, 1973). L'orientation fonctionnaliste (Merton et Nisbet, 1961) introduit d'abord la distinction entre les problèmes sociaux manifestes et les problèmes sociaux latents. Les problèmes sociaux manifestes sont ceux qui sont généralement reconnus comme des problèmes. Les problèmes sociaux latents sont des conditions qui ne sont pas largement identifiées comme problèmes, bien qu'en fait elles soient en désaccord avec les intérêts et les valeurs des gens. Ainsi, les problèmes sociaux présentent à la fois un aspect subjectif et objectif. Ils précisent par ailleurs que la perception populaire des problèmes sociaux, même manifestes, est souvent erronée ou inexacte, d'abord parce que nous avons généralement une perception médiatisée des problèmes sociaux et, ensuite, quelques-unes des formes les plus pénétrantes de désorganisation sociale, comme la pauvreté, ont peu de visibilité publique. Aussi, l'identification des problèmes sociaux ne devrait pas, dans ce contexte, être déterminée seulement par le jugement que porte la majorité de la population sur une condition en particulier mais aussi par des chercheurs qui ont pour fonction de formuler une évaluation plus objective et d'informer sur les conséquences, souvent inattendues, du maintien de certaines valeurs.

Pour les fonctionnalistes, les problèmes sociaux sont soit des problèmes de désorganisation sociale, soit des problèmes de déviance sociale. L'approche fonctionnaliste explique, par exemple, le phénomène de la pauvreté par le changement social interprété dans les termes d'une complexification de l'organisation sociale (Robert, 1971). Le changement technologique et la complexification qu'il entraîne dans la division du travail rendent périmés certaines fonctions et rôles sociaux. Cette dégénérescence de certains rôles conduit à une mobilité descendante, s'accompagnant d'une perte correspondante de pouvoir, de sorte que le potentiel d'adaptation des individus et des groupes ainsi touchés est gravement compromis. En somme, cette approche explique la pauvreté de certains individus ou groupes de la société par leur manque d'adaptation aux changements sociaux et culturels entraînés par le développement de la société moderne.

LE CULTURALISME, LES CONFLITS DE VALEURS ET LA CULTURE DE LA PAUVRETÉ

Proches de l'analyse fonctionnaliste, il y a ceux qui mettent l'accent sur les conflits de valeurs. Cette approche stipule que les sociétés modernes sont caractérisées par une diversité et une hétérogénéité de valeurs, ce qui aboutit à des divergences qui sont sources de problèmes sociaux (Blum, 1970, p. 103 ; Rubington et Weinberg, 1989, p. 89). Cette perspective a été largement utilisée pour expliquer divers problèmes sociaux ; de la délinquance juvénile à l'homosexualité, presque tout a été expliqué en termes de sous-culture (Herpin, 1973).

De même, à cette époque, le concept de « culture de la pauvreté » est très répandu dans la littérature du service social. Un des théoriciens les plus connus de la « culture de la pauvreté » est certainement Oscar Lewis (1966) qui se dit frappé par l'inexorable caractère répétitif de patterns de comportement adoptés par les familles dites à problèmes multiples. Ces « patterns » correspondent pour lui à une véritable structure, un ensemble modelé ayant sa propre culture, sa propre logique, un « mode de vie » transmissible de génération en génération lorsque la pauvreté a dépassé le stade d'état transitoire ou passager pour devenir une situation permanente. Toutefois, il estime que la « culture de la pauvreté » présente un aspect positif et assume une fonction d'adaptation pour les individus et les familles dans la mesure où la pauvreté elle-même est non seulement un état de privation économique ou de désorganisation individuelle ou sociale mais aussi une culture comprenant une structure et un système de rationalisation sans lesquels les pauvres ne pourraient survivre.

L'INTERACTIONNISME ET LES THÉORIES DE LA RÉACTION SOCIALE ET DE L'ÉTIQUETAGE

Rubington et Weinberg (1989) soulignent que les théoriciens de la perspective interactionniste considèrent que les définitions socialement acceptées de la déviance ou des problèmes sociaux sont subjectives. En conséquence, la tâche du chercheur consistera à tenter d'expliquer pourquoi et sous quelles conditions certains actes et certaines situations en viennent à être définis ou jugés problématiques ou déviants. Cette approche suscite donc « un renversement de la question, qui ne se pose plus désormais au sujet de la personne du déviant, mais plutôt au sujet de la réaction sociale » (Mourant, 1984, p. 156). Ainsi, pour les interactionnistes, la désignation officielle des problèmes sociaux ou des crimes ne relève pas tant d'un consensus que de l'interprétation de ceux qui interviennent dans la définition des lois et leur mise en application. Dans la même logique, par exemple, les statistiques enregistrées au sein des appareils de contrôle ne témoignent pas tant de l'ampleur objective d'une question que des activités définitionnelles des personnes qui ont concouru à la reconnaissance de ce problème (Kitsuse et Cicourel, 1963). De plus, analyser les causes de cette déviance indépendamment de l'étude de la dynamique sociale ayant contribué à l'émergence des normes morales, sociales ou pénales, c'est prendre les reflets des choses pour la réalité (Chamboredon, 1971). Pour ce courant de pensée donc, « ce qu'il importe de découvrir par l'analyse des problèmes sociaux, ce sont les forces sociales qui sont productrices de sens. Même si la misère humaine a des fondements réels, l'importance accordée à tel ou tel problème particulier, de même que les représentations qui l'entourent, dépend des individus qui ont réussi à imposer leur définition du problème dans un contexte social donné » (Manseau, 1988, p. 42). Ainsi, si l'on veut comprendre la déviance, il ne faut partir ni des individus, ni des comportements des individus, ni même des règles qui sont éventuellement transgressées, mais des situations dans lesquelles il peut advenir que soient désignés des déviants. C'est pourquoi le processus d'étiquetage (*labelling*) est au centre de la perspective interactionniste. Les partisans de la théorie de l'étiquetage considèrent que c'est la réaction à l'infraction qui est source de déviance et de nombreux problèmes sociaux (Delcourt, 1991 ; Landreville, 1983). Ainsi, Parent (1994), en étudiant le problème de la prostitution, donne un bel exemple de ce processus d'étiquetage social en soulignant qu'il s'agit là d'un métier longtemps réprimé et stigmatisé.

LES ANNÉES 1970

Mais rapidement d'autres perspectives d'analyse vont venir s'ajouter au courant dominant du fonctionnalisme. Toutefois, ces nouvelles perspectives, en conformité avec l'ère du temps, sont nettement plus critiques sur le plan sociopolitique ; c'est ainsi, par exemple, que l'approche féministe, l'approche de la sociologie de l'action et celle du conflit social vont venir diversifier tout en les radicalisant les modèles théoriques d'analyse des problèmes sociaux.

L'APPROCHE DU FÉMINISME

Vers le début des années 1970, l'approche féministe vient modifier sensiblement l'analyse des problèmes sociaux. Cette approche dénonce la recherche traditionnelle sur les problèmes sociaux parce qu'elle a été jugée comme partielle et partiale précisément parce qu'elle exclut de l'analyse les rapports sociaux de sexe. Selon Beattie (1987) et Ouellet (1991), les féministes ont développé une approche de la recherche sociale qui met l'accent sur la valorisation du vécu et du savoir des femmes, de leur intuition et de leur subjectivité. Le développement de l'approche féministe est lié au féminisme en tant que mouvement social. Pour les féministes, les problèmes des femmes sont d'abord et avant tout des problèmes sociaux, puisque ceux-ci sont issus de conditions de vie aliénantes engendrées par des rapports de sexes inégaux. L'approche féministe a largement contribué à cette prise de conscience. En favorisant le point de vue et l'expérience des femmes, la démarche féministe a permis l'exploration de sujets et de problèmes sociaux peu abordés jusqu'alors et elle a permis la réalisation d'un nombre important de recherches sur les problèmes sociaux vécus par les femmes tels que ceux vécus par rapport au travail, à la maternité ou à la violence conjugale (Gaucher *et al.*, 1981).

L'APPROCHE DE LA SOCIOLOGIE DE L'ACTION ET DES MOUVEMENTS SOCIAUX

Vers la même période, certains sociologues, surtout européens, s'efforcent de développer une sociologie de l'action dans laquelle l'étude des mouvements sociaux est au cœur de la réflexion sur le changement social et l'analyse des problèmes sociaux. Ainsi, par exemple, Touraine (1969, 1978, 1984) estime que la société moderne se produit elle-même et, dans plusieurs ouvrages, il analyse les nouveaux problèmes sociaux qui menacent nos sociétés. À ce propos, il avance l'hypothèse que les nouveaux problèmes sociaux sont désormais ceux qui touchent la technocratie, les consommateurs et les professionnels le plus directement, à savoir ceux que posent l'enseignement, la santé publique et l'organisation de l'espace social (1969, p. 101). Il est à noter que ce sont précisément ces problèmes qui ont constitué les champs d'action des premiers comités de citoyens des années 1970. Partant des actions conflictuelles à partir desquelles la société se produit et agit sur elle-même, Touraine élabore une sociologie de l'action qui s'intéresse à l'étude des mouvements sociaux qui visent la recherche de solutions aux divers problèmes sociaux. En somme, dans cette perspective, l'analyse des problèmes sociaux est étroitement reliée à l'étude des mouvements sociaux.

L'APPROCHE DU CONFLIT SOCIAL

Toujours dans la mouvance des années 1970, on assiste, dans certains milieux, à une certaine radicalisation dans l'analyse des problèmes sociaux. En effet, sous l'influence de la pensée marxiste, au Québec comme ailleurs, on commence à aborder les problèmes sociaux comme des problèmes idéologique, politique et économique. Par exemple, l'analyse de Pelletier (1978) sur les politiques sociales de même que celle de David et Maheu (1970) sur les problèmes sociaux urbains au Québec illustrent cette façon de voir. Cette orientation nous mène directement à la question du pouvoir ; particulièrement à propos de la reconnaissance et de la définition du problème. Bref, compte tenu des différences de classes sociales, les situations sociales sont perçues et définies différemment par les divers groupes sociaux. Voilà pourquoi, selon cette perspective, les problèmes sociaux ne sont pas de nature exclusivement sociale ou humanitaire, mais ils comportent aussi des dimensions politiques et économiques le plus souvent masquées.

LES ANNÉES 1980

L'APPROCHE DU CONSTRUCTIVISME

Plus en continuité qu'en rupture avec le courant interactionniste, les constructivistes mettent l'accent sur les processus de construction sociale des problèmes sociaux. Pour ces derniers, un problème social est le résultat des démarches d'individus ou de groupes concernant des demandes de modification de certaines conditions sociales (Spector et Kitsuse, 1977, p. 75). Cette perspective déplace l'attention traditionnellement portée sur les conditions objectives vers le processus par lequel se construisent les définitions de problèmes sociaux. Cette perspective opère un changement important dans l'analyse des problèmes sociaux en mettant l'accent uniquement sur les processus de construction subjective des problèmes sociaux et en abandonnant ainsi l'idée selon laquelle les problèmes sociaux correspondent à des conditions objectives empiriquement vérifiables. Ainsi, le constructivisme vient accentuer la vision selon laquelle un problème social est un processus construit (Spector et Kitsuse, 1977). Selon cette perspective, la naissance des problèmes sociaux dépend de l'existence d'individus et de groupes qui définissent une situation comme problématique. Ces auteurs estiment que la question du choix des solutions pour faire face aux problèmes sociaux donne souvent lieu à des débats et à des conflits entre les participants dans le but non seulement d'imposer leur vision mais également d'obtenir des ressources. Ils croient que ces débats doivent être considérés comme faisant partie du processus de définition d'un problème social et être au centre de l'analyse.

Langlois (1994) souligne que, dans cette perspective, le problème social est posé comme une revendication, le plus souvent basée sur l'énoncé d'un droit particulier et il cite l'exemple des débats autour de l'avortement. Ces débats illustrent comment un problème social peut être construit comme une revendication. Conséquemment, la perspective constructiviste étudie les problèmes sociaux en partant des individus et des groupes qui parviennent à les faire émerger en tant que problèmes et en mettant l'accent sur les intérêts respectifs de ceux qui participent à la définition de ces problèmes. Pour ce faire, Spector et Kitsuse ont proposé un modèle d'analyse séquentiel de l'évolution des problèmes sociaux en diverses étapes (voir plus loin).

L'APPROCHE DE LA GESTION DES POPULATIONS CIBLES

Au cours des années 1980, plusieurs auteurs (Lesemann, 1981; Drolet, 1989; Beaudoin, 1990) ont montré que le modèle de la gestion des problèmes sociaux par les populations cibles va s'imposer de plus en plus, au

Québec comme ailleurs. Par exemple, pour Castel (1981, p. 127), la «gestion prévisionnelle des profils humains» est désormais réalisable avec l'informatique. Il devient ainsi possible «de constituer des flux de population selon n'importe quel critère de différenciation, en particulier les anomalies physiques ou psychiques, les risques dus à l'environnement, les carences familiales, etc.» (1981, p. 131). Désormais, ce nouveau savoir devient un instrument central pour l'élaboration d'une politique de prise en charge de ces populations dites «à risques» et vers une analyse des problèmes sociaux selon l'identification de groupes cibles : jeunes, familles monoparentales et personnes seules. De même, Delcourt (1991) insiste sur le fait que désormais les problèmes sociaux sont surtout analysés en termes de risques sociaux, dont notamment les risques écologiques et biologiques. Plusieurs travaux ont bien montré que ces risques vont en croissant : «Qui ne connaît, après Tchernobyl, ce que signifient les risques nucléaires et d'irradiation ? Qui n'est pas sensibilisé aux désastres écologiques qui résultent d'accidents survenus à des pétroliers, aux risques écologiques que constituent pour la nature et pour l'homme les pesticides et les fertilisants ou encore les colorants, les pollutions chimiques multiples et les pluies acides ? Qui peut se sentir à l'abri des dangers qui découlent de l'effet de serre ou de la destruction de la couche d'ozone ou encore à l'abri des risques d'une guerre nucléaire, bactériologique ou chimique ?» (Delcourt, 1991, p. 15). Mais les nouveaux problèmes sociaux découlent aussi des violences entre les hommes (violence conjugale, violence à l'égard des enfants et des personnes âgées). Ceci nous amène à aborder un autre modèle, celui de l'approche écologique.

LES ANNÉES 1990

L'APPROCHE ÉCOLOGIQUE

De la pensée écologique semble émerger un nouveau paradigme qui présente des ruptures épistémologiques importantes avec certaines théories ou paradigmes qui l'ont précédé (Beaudry et Chamberland, 1990). Les principaux concepts du modèle écologique sont les suivants (Bouchard, 1987). Le chronosystème : ensemble des considérations temporelles (âge, durée, synchronie, etc.) qui caractérisent un événement. Le macrosystème : ensemble des croyances, des valeurs, des normes et des idéologies d'une communauté qui sont le reflet et la source des conduites individuelles et institutionnelles. L'exosystème : endroits non fréquentés par le sujet en tant que participant mais dont les activités ou décisions touchent ou influencent son rôle dans le microsystème (conseils d'administration, institutions civiles et légales, etc.). Le mésosystème : ensemble des relations

intermicrosystémiques. On s'y préoccupe de continuité et de compatibi-
lité. Le microsystème : endroit assidûment fréquenté par le sujet où l'on
peut discerner un schéma d'activités, des rôles, des interactions. L'onto-
système : ensemble des caractéristiques, des états, des compétences, des
habiletés ou déficits d'un individu ; peuvent être innés ou acquis. L'importance que revêt l'approche écologique tient au fait qu'elle permet de
découvrir l'interdépendance entre les éléments d'un même système ou
entre les systèmes entre eux. Par exemple, Bouchard (1994) et son équipe
ont développé une perspective écologique du problème de la violence à
l'égard des enfants dans laquelle ils accordent une place importante à
l'impact des phénomènes environnementaux sur la relation parent-enfant.

PROBLÈMES SOCIAUX ET CADRES THÉORIQUES

Au-delà de cette grande diversité apparente dans les cadres théoriques de
référence, nous pouvons dire que nous sommes globalement en présence
de trois grandes traditions dans l'analyse des problèmes sociaux : la tradition objectiviste, la tradition subjectiviste et la tradition constructiviste
(Delcourt, 1991).

D'abord, les objectivistes s'efforcent de développer une analyse
objective et quantitative des problèmes sociaux. Cette perspective témoigne
d'une volonté d'appliquer la méthodologie scientifique à l'analyse des
problèmes sociaux. La recherche sociale est essentiellement d'orientation
quantitative et il s'agit alors de pratiquer un traitement statistique des
données. Les recherches sur la pauvreté en constituent de bons exemples.
Toutefois, cette vision objectiviste qui se caractérise par la recherche de
causalités sera par ailleurs « dénoncée en raison de son caractère structu-
raliste et déterministe qui paraît enlever à l'homme tout libre arbitre »
(Delcourt, 1991, p. 5).

Dans la perspective subjectiviste, « la qualification d'un phénomène
en tant que problème social n'est pas à rechercher dans l'essence de l'acte
[…] ou encore dans la nature de l'événement qui se produit mais dans la
qualification et la dénonciation de ce comportement […] » (Delcourt,
1991, p. 3). Dans cette optique, l'objectif analytique « est d'analyser où,
quand et comment naissent et s'affinent la définition, la qualification et la
classification des actes ou des événements ou encore la désignation/stig-
matisation des personnes impliquées et finalement leur dénonciation et
leur accusation » (Delcourt, 1991, p. 3). De ce point de vue, tout se passe
comme si actes, intentions ou comportements déviants n'existaient que
parce qu'ils sont désignés comme tels et que la déviance par exemple
n'existe pas en soi. Dans ce courant, le rôle du chercheur se borne à reconnaître les problèmes sociaux tels qu'ils sont perçus.

Pour sa part, Delcourt estime que les perspectives objectivistes et subjectivistes sont toutes deux marquées par une certaine limite dans le regard : « D'une part, il y a celle des acteurs en interaction, des témoins et des personnes informées et, d'autre part, celle du ou des spécialiste(s) qui partant du point de vue propre à leur discipline analysent les phénomènes [...] » (*Ibid.*). Mais au lieu d'opposer ces deux perspectives d'analyse, Delcourt (1991) insiste sur leur complémentarité et l'utilité de développer une troisième tradition analytique : le constructivisme.

Dans cette dernière perspective, comme on l'a déjà signalé, les problèmes sociaux sont abordés en termes de constructions sociales puisqu'ils sont l'objet de multiples définitions de la part d'une diversité d'acteurs sociaux : « de la part de ceux qui les créent en étant à l'origine d'une situation ou d'un comportement dérangeant ; de la part de ceux qui les subissent ou en pâtissent, comme aussi de la part de ceux qui de l'extérieur les perçoivent, les étudient et, dans certains cas, les traitent [...] » (Delcourt, 1991, p. 3).

CONTENU DE LA PREMIÈRE PARTIE

L'objectif de cette première partie est essentiellement de présenter les principales perspectives d'analyse des problèmes sociaux. Pour introduire la question, le texte de Belhassen Redjeb, Robert Mayer et Marcelle Laforest, de nature théorique, aborde la définition du concept de problème social et présente les principaux courants théoriques qui ont prévalu, au cours des dernières décennies, dans l'analyse sociologique des problèmes sociaux. À la suite de la perspective déjà suggérée par Fernand Dumont (1994), les auteurs présentent les cinq perspectives suivantes : celle de la pathologie sociale, celle du comportement déviant, celle de la désorganisation sociale, celle du conflit social et, enfin, celle de l'interactionnisme symbolique. Ces théories, pour la plupart, sont associées à la pensée fonctionnaliste qui sera dominante dans la sociologie américaine des problèmes sociaux jusqu'à la fin des années de 1960 environ. Le texte suivant de Robert Mayer et Henri Dorvil revient un peu sur cette évolution en approfondissant la perspective de la pathologie sociale, celle du fonctionnalisme et, finalement, les théories de l'ordre et du conflit, illustrant par là que les éclairages théoriques commencent à se diversifier. Cette diversification va s'accentuer par la suite, comme le montre le texte de Jean Poupart, avec l'influence grandissante de la perspective de l'interactionnisme symbolique et les théories de la réaction sociale et de l'étiquetage dans l'analyse des problèmes sociaux. Pour sa part, Robert Mayer souligne qu'au cours des années 1980 c'est l'approche du constructivisme qui commence à s'imposer.

Plus en continuité qu'en rupture avec le courant précédent, ce courant théorique met l'accent, comme son nom l'indique, sur les processus de construction sociale des problèmes sociaux. Sans prétendre encadrer tous les textes qui suivent, soulignons que plusieurs d'entre eux se réfèrent, plus ou moins explicitement, à l'un ou l'autre de ces courants de pensée.

Après cette revue de la littérature sur les grandes tendances de la littérature analytique suit un certain nombre de chapitres sur des analyses qui illustrent bien le recours de ces modèles dans l'analyse de problèmes sociaux dans des domaines plus particuliers ou spécifiques. C'est le cas, par exemple, du texte de Amnon Jacob Suissa qui porte sur le phénomène de la construction sociale de la maladie de l'alcoolisme en Amérique du Nord. Il s'efforce de comprendre comment et pourquoi le discours médical dominant dans le domaine de l'alcoolisme le définit comme une maladie plus ou moins permanente bien que de nombreuses recherches scientifiques soutiennent le contraire, et ce, depuis longtemps. Après une analyse historique du discours et des pratiques, l'auteur estime que l'alcoolisme constitue bel et bien un problème social et non un problème médical. Ensuite, David Cohen poursuit cette réflexion sur la médicalisation des problèmes sociaux en soulignant que ce phénomène s'accentue dans nos sociétés contemporaines. Afin d'illustrer son propos, il analyse les récents travaux sur la médicalisation de divers comportements ou phénomènes sociaux tels que la mort, le suicide, la grossesse, la ménopause ou encore l'obésité et le tabagisme. En conclusion, il réfléchit sur les implications pour les intervenants psychosociaux.

Dans une perspective proche des précédentes, Michel Desjardins aborde la déficience intellectuelle comme un construit culturel. Il montre que depuis une quarantaine d'années environ, les diverses disciplines des sciences sociales, et plus particulièrement l'anthropologie, ont analysé successivement les fondements culturels de la déficience intellectuelle, l'origine sociale de certaines souffrances vécues par les personnes ainsi classées, et plus récemment, elles ont remis en question l'efficacité des pratiques dites de rééducation sociale. De même, Henri Dorvil s'interroge sur les origines multiples et ambiguës du concept de handicap et il illustre, à l'aide de divers exemples, sa forte prégnance dans la vie quotidienne. À l'aide d'une revue de littérature, il montre la diversité de sens que prend le discours sur ce concept: d'un côté, le handicap comme désavantage et de l'autre, le handicap comme avantage. Dans une réflexion sur l'intervention, il met l'accent sur l'acquisition des habiletés sociales ainsi que sur la contribution des nouvelles technologies dans l'intégration sociale des personnes ayant une incapacité physique.

Tout en demeurant dans le domaine sociosanitaire, Luc Blanchet traite des pratiques de prévention des problèmes psychosociaux et de promotion de la santé et du bien-être en les considérant comme des modes d'intervention complémentaires. Décrivant les principales caractéristiques de ce nouveau champ d'intervention, il dégage, après avoir réalisé un bilan de la recherche dans ce domaine, trois déterminants majeurs de l'état de santé et de bien-être des individus et des collectivités, à savoir le revenu et la situation sociale, l'environnement social et les ressources psychologiques personnelles. Comme ces facteurs interviennent de façon interactive et relative selon les individus et les milieux, l'auteur formule quelques suggestions pour l'intervention.

Par ailleurs, l'importance de la dimension comparative dans l'analyse des problèmes sociaux est illustrée par le texte de Isabelle Astier et Jean-François Laé qui analysent l'évolution de la question sociale et celle de l'exclusion en France. Dans l'ensemble, les auteurs formulent un constat plutôt pessimiste en dénonçant le double jeu de l'État qui, d'une part, souhaite garantir l'égalité sociale notamment par le régime de sécurité sociale et, d'autre part, se compromet avec une logique de l'injustice. Finalement, Daniel Holly analyse les problèmes sociaux dans le contexte très actuel de la mondialisation. Processus historique d'importance, la mondialisation correspond à une phase du développement du capitalisme. Pour les uns, ce processus est bénéfique dans la mesure où il contribue au renforcement de l'économie mondiale alors que, pour d'autres, il est dangereux tant pour les économies que pour les systèmes politiques nationaux. Mais quelles que soient les évaluations, les dirigeants économiques et politiques sont interpellés pour mettre en place des politiques pour alléger la détresse matérielle ou psychologique des couches défavorisées affectées par cette évolution et pour faire face aux nouveaux problèmes sociaux que ce nouvel ordre des choses engendre à l'échelle planétaire.

BIBLIOGRAPHIE

BACHMANN, J.C. et J. SIMONIN (1981). *Changer au quotidien : une introduction au travail social*, 2 tomes, Paris, Études vivantes.

BEATTIE, M. (1987). « Recherche féministe : recherche novatrice », dans J.P. Deslauriers (dir.), *Les méthodes de la recherche qualitative*, Sainte-Foy, Presses de l'Université du Québec, p. 133-142.

BEAUDOIN, A. (1990). « Analyse des problèmes sociaux faite par la Commission Rochon. Sa portée et ses conséquences », *Service social*, vol. 39, n° 2, p. 141-158.

BOUCHARD, C. (1987). « Intervenir à partir de l'approche écologique : au centre, l'intervenante », *Service social*, vol. 26, nos 2-3, p. 392-405.

BOUCHARD, C., M.C. GAUTHIER, R. MASSÉ et M. TOURIGNY (1994). « Les mauvais traitements envers les enfants », dans F. Dumont, S. Langlois et Y. Martin (dir.), *Traité des problèmes sociaux*, Québec, Institut québécois de recherche sur la culture, p. 363-380.

BLUM, R. (1970). *Dimensions sociologiques du travail social*, Paris, Le Centurion, p. 176.

CASTEL, R. (1981). *La gestion des risques*, Paris, Éditions de Minuit.

CHAMBERLAND, C. et C. BOUCHARD (1990). « Communautés à risques faibles et élevés de mauvais traitements. Points de vue d'informateurs-clés », *Service social*, vol. 39, n° 2, p. 76-101.

CHAMBOREDON, J.C. (1971). « La délinquance juvénile : essai de construction d'objet », *Revue française de sociologie*, vol. 12, p. 335-377.

DAVID, H. et L. MAHEU (1970). « Problèmes sociaux, contradictions structurelles et politiques gouvernementales », dans *Québec occupé*, Montréal, Parti-pris, p. 87-140.

DE KONINCK, M., S. SAVARD, A. PAQUET-DEEHY, M. DENNIE et J. TURGEON (1994). « Interventions féministes : parcours et perspectives », *Nouvelles pratiques sociales*, vol. 7, n° 2, p. 155-169.

DELCOURT, J. (1991). « Les problèmes sociaux d'une société à risque », *Recherches sociologiques*, vol. 22, n°s 1-2, p. 1-20.

DESCENT, D., G. SIMARD et M. TRÉPANIER (1987). « Le conflit social et la société québécoise : de l'analyse marxiste à la sociologie des mouvements sociaux », *Sociologie et sociétés*, vol. 19, n° 2, p. 125-143.

DROLET, M. (1989). « La réaliser sans la nommer ? La réorientation des CLSC à travers la notion de risque », *Revue canadienne de politique sociale*, vol. 24, p. 48-58.

DUMONT, F. (1994). « Approches des problèmes sociaux », dans F. Dumont, S. Langlois et Y. Martin (dir.), *Traité des problèmes sociaux*, Québec, Institut québécois de recherche sur la culture.

GAUCHER, D., F. LAURENDEAU et L. TROTTIER (1981). « Parler de la vie : l'apport des femmes à la sociologie de la santé », *Sociologie et société*, vol. 13, n° 2, p. 139-152.

HERPIN, N. (1973). *Les sociologues américains et le siècle*, Paris, Presses universitaires de France.

KITSUSE, J. et A. CICOUREL (1963). « A note of the uses of official statistics », *Social Problems*, vol. 12, p. 131-139.

LANDREVILLE, P. (1983). *Normes sociales et normes pénales*, Montréal, Les Cahiers de l'École de criminologie, Université de Montréal.

LANGLOIS, S. (1994). « Conclusions et perspectives. Fragmentation des problèmes sociaux », dans F. Dumont, S. Langlois et Y. Martin (dir.), *Traité des problèmes sociaux*, Québec, Institut québécois de recherche sur la culture, p. 1107-1126.

LAVERGNE, C. (1998). *Analyse du processus de construction de la violence faite aux femmes en milieu conjugal comme problème sociopénal au Québec*, thèse, Département de criminologie, Université de Montréal.

LESEMANN, F. (1981). *Du pain et des services*, Montréal, Éditions Saint-Martin, 232 p.

LEWIS, O. (1966). *A Puertorican Family on the Culture of Poverty*, New York, Random House.

MANSEAU, H. (1988). «La définition ou la fabrication de l'abus sexuel d'enfants au Québec», *Revue internationale d'action communautaire*, no 19/59, p. 41-47.

MAYER, R. et M. LAFOREST (1990). «Problème social: le concept et les principales écoles théoriques», *Service social*, vol. 39, no 2, p. 13-43.

MERTON, R. et R. NISBET (1961). *Contemporary Social Problems* (2e éd.), Harcourt, Brace and World.

MILLS, C.W. (1968). *L'imagination sociologique*, Paris, F. Maspero, 205 p.

MOURANT, F. (1984). «Déviance et délinquance: une revue des notions», *Service social*, vol. 33, nos 2-3, p. 145-170.

OUELLET, F. (1991). *La recherche féministe: un nouvel espace pour l'intervenant-chercheur*, Actes du colloque sur la recherche-intervention, École de service social, Université d'Ottawa.

OUELLET, P. (1998). *Matériaux pour une théorie générale des problèmes sociaux*, thèse, Sciences humaines appliquées, Université de Montréal, ronéo, 428 p.

PARENT, C. (1994). «La prostitution où le commerce des services sexuels», dans F. Dumont, S. Langlois et Y. Martin (dir.), *Traité des problèmes sociaux*, Québec, Institut québécois de recherche sur la culture, p. 393-410.

PELLETIER, M. (1978). *Les fonctions de la sécurité sociale: l'idéologie*, ronéo, Montréal.

ROBERT, L. (1971). *Le comité de citoyens de Hochelaga-Maisonneuve*, mémoire, Montréal, Département de sociologie, Université de Montréal.

RUBINGTON, E. et M.S. WEINBERG (1989). *The Study of Social Problems: Six Perspectives* (4e éd.), New York/Oxford, Oxford University Press.

SPECTOR, M. et J. KITSUSE (1977). *Constructing Social Problems*, Menlo Park, CA, Cumming Publishing Co.

TOURAINE, A. (1969). *La société post-industrielle*. Paris, Denoël.

TOURAINE, A. (1978). *La voix et le regard*, Paris, Seuil.

TOURAINE, A. (1984). *Le retour de l'acteur*, Paris, Fayard.

1

PROBLÈME SOCIAL
Concept, classification
et perspective d'analyse

BELHASSEN REDJEB, M. Sc.
Collège de Lévis
École de service social, Université Laval

ROBERT MAYER, Ph. D.
École de service social, Université de Montréal

MARCELLE LAFOREST
Professeure retraitée, École de service social, Université Laval

RÉSUMÉ

D'usage courant dans la vie quotidienne, la notion de problème social demeure encore imprécise dans les diverses disciplines des sciences sociales. Après une brève revue de la littérature pour préciser le concept de problème social, nous abordons, à la suite de la perspective déjà suggérée par Fernand Dumond (1994), cinq perspectives d'analyse des problèmes sociaux : celle de la pathologie sociale, celle du comportement déviant, celle de la désorganisation sociale, celle du conflit social et, enfin, celle de l'interactionnisme symbolique.

D'usage courant dans la vie quotidienne, la notion de « problème social » demeure encore imprécise dans les diverses disciplines des sciences humaines, et ce, malgré un nombre considérable de publications sur les problèmes sociaux (Mayer et Laforest, 1990). Au Québec, c'est particulièrement dans le *Traité des problèmes sociaux* (Dumont, Langlois et Martin, 1994) qu'on a tenté de relever le défi de leur définition en procédant à la reconstruction du champ des problèmes sociaux. Malgré la diversité des écrits consignés dans ce traité, on y relève deux constatations majeures, à savoir l'importance de la position de la norme dans la définition des problèmes sociaux (Dumont, 1994, p. 1-22) et la fragmentation des problèmes sociaux (Langlois, 1994, p. 1107-1109). Ainsi, par son contenu, le *Traité* inaugure plus qu'il ne clôt un « chantier » dont l'objet est l'état d'avancement des connaissances sur les problèmes sociaux.

C'est dans ce contexte que la présente contribution s'inscrit en faisant l'exposé des principaux éléments et modes de définition d'un problème social, des principales classifications des problèmes sociaux, dont celle esquissée par Fernand Dumont qui nous servira de base de présentation des perspectives d'analyse des problèmes sociaux. À titre de contribution et se limitant à tracer les contours plutôt que de procéder à un approfondissement du champ des problèmes sociaux, ce qui suit n'épuise pas la littérature portant sur ce thème et encore moins sur ceux qui lui sont usuellement associés ; le contenu est une introduction à un développement qui existe déjà et auquel nous nous référons au besoin.

LE CONCEPT DE PROBLÈME SOCIAL[1]

Selon Lenoir (1989, p. 53-100), la notion de problème social renvoie historiquement à deux conceptions principales :

> La première recouvre assez bien le champ dont traitent l'aide sociale (les pauvres, les cas « sociaux », les marginaux, etc.) et la « sécurité sociale » (la vie hors travail, notamment la vie de famille et celle des personnes âgées, etc.), bref, des problèmes auxquels sont confrontés professionnellement les travailleurs sociaux (assistantes sociales, éducateurs spécialisés, techniciens en travail social, etc.) et que visent à résoudre les politiques et les lois sociales. La seconde acception provient d'un autre sens que ce terme avait déjà au 19e siècle : proche de celui de « socialisme », de « question sociale » ou d'« enquête sociale » (1989, p. 57).

---

1. Cette section est tirée, avec quelques légères modifications, de l'article de Mayer et Laforest (1990).

C'est surtout à la première acception du terme que la présente contribution se consacre.

Nous ne procéderons pas à un relevé exhaustif des différentes définitions de la notion de problème social ; cela a été fait plusieurs fois avant nous et la plupart des définitions se ressemblent. Nous en examinerons plutôt quelques-unes parmi les plus usuelles ou les plus « classiques », afin d'en retirer les éléments principaux. Pour ce faire, nous puiserons à même la littérature américaine, européenne et québécoise en suivant une logique historique de présentation.

Pour la période précédant les années 1960, nous utiliserons l'analyse de Mills (1963) portant sur le contenu de plusieurs dizaines de livres constitués de morceaux choisis (*textbooks*) publiés entre les années 1920 et 1960 et traitant des problèmes sociaux aux États-Unis. Mills souligne que l'approche traditionnelle des problèmes sociaux est essentiellement a-théorique et a-historique en raison de la prédominance de la perspective descriptive ; elle est aussi empiriciste et a-politique du fait de son incapacité à dépasser le niveau individuel des problèmes (voir le psychologisme) pour aborder celui des structures sociales. Dans son célèbre livre intitulé *L'imagination sociologique* (1968, p. 13), Mills formulait quelques propositions pour renouveler l'analyse des problèmes sociaux. Une distinction des plus fructueuses qu'on lui doit est introduite entre les « épreuves personnelles » (défis personnels) qui surgissent au sein du caractère de l'individu et affectent ses rapports immédiats avec autrui et les « enjeux collectifs » (défis sociaux) qui soulèvent des questions transcendant le voisinage de l'individu et le champ de sa vie intérieure. Pour Mills, les analyses qui portent sur ces deux niveaux doivent se compléter et non s'opposer.

Toujours dans les années 1960, Merton et Nisbet (1961, p. 700) avançaient qu'un problème social consiste en un écart entre ce qui est et ce que les gens pensent devoir être (ou encore, entre les conditions actuelles et les valeurs et normes sociales), écart considéré comme corrigible. Cette conception est reprise par les administrateurs sociaux ainsi que par les tenants de la méthode épidémiologique des années 1980, tels Pineault et Daveluy (1986) ou De Robertis et Pascal (1987), qui abordent la notion de problème social dans le même sens. Pour les premiers, par exemple, la notion de problème exprime « l'écart ou la différence entre un état optimal, défini de façon normative, et l'état actuel ou réel » (Pineault et Daveluy, 1986, p. 76). La même perspective s'affirme chez Cohen (1964), pour qui les problèmes sociaux apparaissent comme des problèmes de valeurs pouvant être cernés à la lumière de ce qu'une société juge être bien ou mal. Selon lui, un problème social doit être analysé en relation avec les systèmes de valeurs auxquels adhèrent les individus et les groupes sociaux. Si nous acceptons la relativité des valeurs, nous nous trouvons donc en présence de plusieurs définitions d'un problème social selon les individus et les groupes impliqués. Car ce qui est un problème social pour les uns ne l'est pas nécessairement pour les autres.

Ces définitions vont rapidement trouver écho au Québec. Ainsi, Durocher (1965) précise que « les problèmes sociaux doivent être distingués des autres problèmes par l'étroite relation que ces problèmes entretiennent avec les contextes institutionnels et normatifs d'une société ; un fait social est dit problème en ce sens qu'il représente une interruption, une brisure dans l'ordre des choses conçu comme normal et valable par une société ». Même analyse chez Normandeau (1966, p. 20) qui ajoute que ces problèmes :

> [...] sont sociaux, en ce sens qu'ils appartiennent aux domaines des relations humaines [...] Ils sont des problèmes en ce sens qu'ils représentent des coupures au sein du « train-train quotidien » accepté ou désiré ; violations du « bon » ou du « correct » telles que la société définit ces qualités ; dislocation au sein des modèles et des relations sociales que la société préfère [...]

On retrouvera ces mêmes notions de dislocation et de dysfonction du système social quelques années plus tard chez Kallen, Miller et Daniels (1968, p. 245-250), Lenoir (1989) et Perron (1986) ; pour ce dernier, la dysfonction est plus spécifiquement l'écart entre les normes d'une société et le comportement d'un nombre plus ou moins grand d'individus (1986, p. 65).

Un certain nombre d'auteurs, tels Laskin (1965), Horton et Leslie (1971), Manis (1974) et Lalonde (1976), précisent quelques dimensions servant de base à l'identification d'un problème social : il y a problème lorsqu'un grand nombre de personnes sont affectées par une situation donnée, que cette situation est jugée intolérable et que les gens sont conscients de la nécessité d'une action collective. En ce sens, « aucune situation, peu importe combien dramatique elle puisse être, combien choquante pour autrui, n'est un problème social à moins que les valeurs d'un nombre considérable de gens ne la définissent comme un problème » (Horton et Leslie, 1971, p. 5). Les problèmes sociaux sont donc, affirme à son tour Laskin, des problèmes de valeurs (1965, p. 7).

Blum (1970) adopte également cette perspective en soulignant que les problèmes sociaux présentent les caractères d'une crise sociale, « en ce sens que leurs conséquences atteignent l'ensemble du groupe ou de la société et doivent être traitées par des mesures de caractère collectif » (1970, p. 40). De plus, les problèmes sociaux ne sont pas des phénomènes « anormaux » ; bien au contraire, ils apparaissent « comme les manifestations logiques, compréhensibles et inévitables des structures sociales, des valeurs et des comportements en usage » (*Ibid.*, p. 42). Par conséquent, ajoute Blum, soutenir « que la responsabilité des problèmes sociaux incombe à des individus moralement inférieurs » n'est pas fondé (1970, p. 42).

Après avoir montré, avec plusieurs exemples à l'appui, la « versatilité » de la conscience collective à propos de la perception des problèmes sociaux, Pelletier (1978) insiste de son côté pour dire que ces derniers naissent des « contradictions internes » (1978, p. 189) et que, conséquemment, les débats autour des problèmes sociaux sont le résultat d'un jeu complexe de rapports de force au sein de la société. La reconnaissance sociale du problème, indispensable à son accession au statut de problème social, renvoie directement à la question du pouvoir et des rapports de force entre « ceux qui subissent les problèmes de bien-être et ceux qui détiennent le pouvoir de mettre en place des politiques sociales, c'est-à-dire ceux qui contrôlent l'appareil étatique » (*Ibid.*, p. 166). En clair, tout problème social est aussi un problème éminemment politique. De plus, les problèmes sociaux comportent également une dimension économique, reliée plus ou moins directement à l'insuffisance du revenu. Les problèmes sociaux ne sont donc pas de nature exclusivement humanitaire, mais comportent des dimensions politiques et économiques qui sont le plus souvent masquées (*Ibid.*, p. 183).

Pour Rezsohazy (1980), les problèmes sociaux sont presque toujours associés au changement social. Quant à la genèse des problèmes sociaux, Rezsohazy estime que « ceux-ci résultent du changement et le suscitent à la fois » (1980, p. 83). Si l'on suit son raisonnement, il y a des problèmes sociaux qui sont en quelque sorte permanents, alors que d'autres sont relatifs et occasionnels. Ils sont également différents suivant les époques, les lieux et les groupes. De même, souligne Lenoir (1989) :

> Ce qui est constitué comme « problèmes sociaux » peut disparaître comme tel alors que les phénomènes qu'ils désignent subsistent. Il en est ainsi, par exemple, de la pauvreté, qui fut, aux États-Unis, un grave problème « social » pendant les années 1930 et disparut dans la décennie 1940-1950, ou encore du racisme qui ne deviendra un problème social que dans les années 1960 (1989, p. 60).

Quant à la causalité des problèmes sociaux, elle relève « de multiples facteurs et événements, se situant dans les secteurs les plus différents, qui font fonctionner la société et lui tracent sa trajectoire » (Rezsohazy, 1980, p. 84).

En 1983, Landreville complétait ces propos en relevant qu'au cours des années on a constaté que plusieurs événements ou situations perçus comme des problèmes pouvaient devenir des situations ou des événements désirables, par exemple la régulation des naissances ; et, inversement, certaines situations désirables à l'origine sont maintenant perçues comme des problèmes, comme le travail des enfants (1983, p. 19). D'autres phénomènes sont devenus « neutres » avec le temps (par exemple la « décence » vestimentaire, le divorce, etc.) ou relativement tolérés (comme l'homosexualité). Enfin, dans certaines situations, il y a plus ou moins « création » de nouveaux problèmes sociaux (Spector et Kitsuse, 1977). Ainsi, certains auteurs, dont Blumer (1971, p. 298), estiment que, si l'on veut vraiment comprendre, expliquer les problèmes sociaux, un changement conceptuel est nécessaire. De ce point de vue, en effet, les approches traditionnelles sont le reflet d'une « grossière incompréhension de la nature des problèmes sociaux » que Blumer définit comme « les produits d'un processus collectif de définition ».

Cela dit, pour qu'il y ait action par rapport à un problème social, il faut que ce problème devienne un enjeu. Selon Rezsohazy (1980, p. 85), un problème devient un enjeu « dès qu'il est reconnu, qu'un acteur le prend en charge, qu'une action se déclenche et que celle-ci mobilise tous les acteurs intéressés » à résoudre le problème. S'ensuivent habituellement des luttes de pouvoir entre les divers groupes pour la disposition des « ressources » forcément limitées. Le rôle décisif des acteurs en présence est corroboré par Beaudoin (1987), qui écrivait :

> On parlera de problème social s'il y a prévision collective que la dégradation d'une situation va se poursuivre selon le processus enclenché et produire des conséquences inacceptables ou de moins en moins acceptables [...] Dans cette perspective, les principes guides de l'action qui sont définis dans toute société pour s'adresser à de telles situations deviennent le point de départ de la politique sociale adoptée. L'action collective formelle qui en résulte prendra différentes formes selon le type de société, les moyens et ressources disponibles ou possibles à développer aux fins de l'action, la conception même de l'action à entreprendre et les groupes en présence (1987, p. 16).

Tout en reprenant un peu la perspective de Rezsohazy, De Robertis et Pascal (1987) estiment toutefois qu'un problème collectif est souvent insuffisant pour être le point de départ d'une action ; il faut aussi :

> [...] que ce problème soit perçu comme important et vital par les intéressés eux-mêmes [...]. Il est utile de se rappeler que les problèmes sociaux sont plus ou moins susceptibles de dynamiser les personnes et les groupes selon qu'il s'agit de problèmes ressentis par les intéressés eux-mêmes, de problèmes reconnus par les institutions et/ou autorités, de problèmes découverts par les travailleurs sociaux à partir de leur contact quotidien avec la population. Cette classification a le mérite de nous rappeler qu'une même réalité peut être perçue et analysée de façon différente selon où l'on est situé, et que ces trois types de problèmes doivent être distingués. (1987, p. 55)

Dans les différents discours qui marquent la définition d'un problème social, les discours professionnels figurent parmi les plus importants. Ryan (1972) décrit comme suit la logique de l'intervention sociale :

> Premièrement, identifier un problème social. Deuxièmement, étudier ceux qui sont les victimes du problème social et découvrir en quoi ils sont différents des autres en raison des conditions misérables d'existence. Troisièmement, définir cette différence comme la cause du problème lui-même. Enfin, charger un bureaucrate de l'administration d'inventer un programme d'action humanitaire pour corriger les différences (cité par Caillé, 1986, p. 28).

Les professionnels définissent donc le problème essentiellement comme une déficience, ce qui entraîne presque automatiquement l'individualisation et la division de la personne ainsi que la psychologisation du problème (McKnight, 1977). Bref, l'idéologie professionnelle se caractérise par cette vision du monde « où nos vies et nos sociétés sont traitées comme une série de problèmes techniques [...] C'est une idéologie qui métamorphose le citoyen en client, les communautés en une juxtaposition d'individus déficients » (1977, p. 18). C'est en ce sens que Spector et Kitsuse (1977) perçoivent « le processus de définition des problèmes sociaux comme étant d'abord relié à des intérêts professionnels engagés dans l'appropriation d'un champ d'intervention » (Manseau, 1988, p. 42). Et pour Tachon (1985, p. 178), la définition d'un « problème social » nécessite habituellement trois conditions :

> [...] premièrement, la mise en évidence d'un contexte singulier comme manifestation d'une contradiction générale qui travaille l'ensemble de la société, deuxièmement, un groupe social intégré dans les réseaux de pouvoir, reconnu comme compétent sur le sujet et ayant accès aux instances de décisions locales ou nationales ; troisièmement, la légitimité de ce groupe social à inscrire cette question dans le champ des « problèmes » justifiant une intervention.

Pour Tachon (1985) et Lenoir (1989, p. 94), la perspective professionnelle implique aussi une véritable stratégie de gestion des divers problèmes sociaux, par secteurs et spécialités (jeunes, vieux, immigrants, etc.), au sein de laquelle les jeux stratégiques de différents acteurs viennent transformer la perception initiale des problèmes :

> Une hiérarchie s'institue : les acteurs dominants investissent dans des problèmes sociaux « solides » ; les acteurs mineurs gèrent les problèmes de moindre importance. Il y a ainsi une large correspondance entre la place des acteurs dans le champ et la plus ou moins forte légitimité des problèmes sociaux qu'ils gèrent (Tachon, 1985, p. 179).

De ce point de vue, les institutions et les intervenants analysent et décodent le social et définissent les problèmes et les besoins sociaux selon leur logique propre ainsi que selon leurs intérêts respectifs. Cette dernière observation est corroborée par la thèse de la « fragmentation des problèmes sociaux élaborée par Langlois (1994). Celui-ci note en plus que « les logiques disciplinaires » participent à ce genre de découpage des problèmes sociaux par « un éclatement des conditions objectives dans plusieurs directions » et par une réduction des problèmes sociaux à des « groupes à problèmes » (1994, p. 1109).

Plusieurs auteurs ont insisté sur le fait que chaque problème social a son histoire et se développe selon une série de phases, chaque phase reflétant un changement dans le groupe qui définit le problème, le type de définition qui en est donné et les actions amorcées dans le but de résoudre le problème en question. Les problèmes sociaux sont ainsi perçus non comme des situations statiques, mais comme des séquences d'événements. Ainsi, pour Lenoir (1989) comme pour Bell (1981), l'apparition et le développement d'un problème social s'effectuent en trois étapes principales. Il y a d'abord « des transformations qui affectent la vie quotidienne des individus à la suite de bouleversements sociaux divers et dont les effets diffèrent selon les groupes sociaux ». Mais « ces conditions objectives ne donnent naissance à un problème social que lorsqu'il lui est trouvé une formulation publique ». D'où la nécessité d'analyser toute une série de facteurs reliés à cette deuxième étape : travail d'évocation, d'imposition et de légitimation. Finalement, vient la troisième étape, « le processus d'institutionnalisation, qui tend à figer et à fixer les catégories selon lesquelles a été posé et résolu le problème au point de les rendre évidentes pour tous » (Lenoir, 1989, p. 89). En somme, il faut qu'à des « transformations objectives sans lesquelles le problème ne se poserait pas s'ajoute un travail spécifique d'énonciation et de formulation publiques, bref, une entreprise de mobilisation » (Lenoir, 1989, p. 77). Et l'analyse de cette mobilisation constitue une dimension importante de l'analyse sociologique des problèmes sociaux. Enfin, dans le *Traité des problèmes sociaux* (Dumont *et al.*, 1994, p. 1), Dumont pose qu'un problème social est une situation qui affecte des individus et qui relève de causes collectives. De plus, un problème social implique « l'identification d'un faisceau d'éléments ou d'un aspect particulier » à même des phénomènes sociaux et un jugement de valeur suggérant une urgence et entraînant un programme d'action » (*Ibid.*). Le lien entre les deux dimensions consisterait en un engendrement réciproque (*Ibid.*, p. 2). On voit que dans ces éléments de définition l'accent est mis sur le rapport entre la norme sociale et une portion de la réalité.

Le tour d'horizon qui vient d'être effectué à la faveur d'une littérature qui se fait de plus en plus dense en matière de problèmes sociaux permet de dégager les principaux éléments d'un problème social. Ces éléments qui peuvent être envisagés comme des points de repère d'ordre méthodologique ou comme des conditions essentielles à l'existence d'un problème social semblent faire l'objet d'un relatif consensus quand on observe des définitions, même récentes, du problème social. À la base d'un problème social, il y a une situation factuelle, d'origine sociale, reconnue objectivement dans ses manifestations, sa durée, son étendue ou son ampleur. Cette situation fait l'objet d'un jugement normatif ou de valeur voulant qu'elle soit menaçante pour la vie en société et qu'elle doive faire l'objet d'une action collective.

Les problèmes sociaux émergent en quelque sorte des rapports sociaux, eux-mêmes fondés sur les manières dont une société produit et se reproduit. Ils sont donc intimement liés aux structures de la société qui les définit comme étant des situations-problèmes (Durocher, 1965). C'est donc dire que les problèmes sociaux constituent autre chose que des situations marginales et isolées de la société qui les engendre. À la limite, si l'on considère la société comme un dispositif de convivialité, les problèmes sociaux en sont les analyseurs qui révèlent que cette convivialité fait problème.

Afin d'aller plus loin dans la compréhension du concept de problème social, nous croyons pertinent de quitter le terrain des définitions pour observer celui des classifications des problèmes sociaux, l'intention étant d'aller plus loin dans la reconnaissance du terrain. Ces classifications étant nombreuses, nous en retenons et présentons les plus fécondes au regard de notre préoccupation de départ.

LA CLASSIFICATION DES PROBLÈMES SOCIAUX

Plusieurs tentatives de classification ont été faites depuis que les problèmes sociaux font l'objet d'une observation systématique: par exemple, la classification de Neubeck (1986) distingue le macroproblème du microproblème; le premier s'enracine dans l'organisation sociale, comme le chômage, les inégalités socioéconomiques, la pollution, le racisme, etc. Quant au microproblème, il est une manifestation perceptible du macroproblème sur le plan des comportements des individus; ainsi, le chômage, la pauvreté, la pollution, le racisme et bien d'autres renvoient aussi à des comportements observables chez une partie plus ou moins grande de la population d'une société. Enfin, lorsqu'un problème social est envisagé d'un point de vue macrosocial, l'action porte sur les composantes de l'organisation sociale, alors que l'adoption du point de vue microsocial favorise l'action sur les comportements des individus qui vivent le problème social.

Cette classification des problèmes sociaux s'apparente à une autre avancée par Merton (Merton et Nisbet, 1961), figure dominante de la théorie américaine des problèmes sociaux, et qui, dès le début des années 1960, a regroupé l'étude des problèmes sociaux sous deux catégories principales : la désorganisation sociale et le comportement déviant. La première exprime la désorganisation dans la société que l'on reconnaît notamment à l'aliénation par le travail, au conflit culturel, au retard culturel ; la seconde traduit un écart des comportements des personnes par rapport à la norme sociale, écart perçu comme menaçant ou préjudiciable à la société. Ainsi, le meurtre, le vol et bien d'autres facettes de la violence sont considérés comme des problèmes sociaux reliés aux comportements déviants. Il est à noter que Merton a à son crédit une autre classification inspirée, cette fois, de son paradigme de l'analyse fonctionnelle (Merton et Nisbet, 1961, 1976). Cette classification vise des problèmes sociaux manifestes, c'est-à-dire des problèmes qui sont reconnus comme tels à la fois par les pouvoirs publics, les experts et le public ; à l'opposé, les problèmes sociaux latents correspondent à des conditions de vie réelles, mais leur reconnaissance est limitée à certains experts. Par exemple, la pollution constituait à la fin du XIXe siècle un problème social latent dans la mesure où sa reconnaissance en tant que menace à la collectivité n'était pas encore étendue à l'opinion publique ou à la conscience collective de l'époque. De nos jours, la pollution est un des problèmes sociaux manifestes de plusieurs sociétés ; l'opinion publique est alertée quant aux méfaits de la pollution, notamment en ce qui a trait à la contamination de l'eau potable.

Se démarquant des classifications précédentes par sa configuration, celle de la Commission d'enquête sur les services de santé et les services sociaux du Québec, présidée par le docteur Jean Rochon (CESSSS, 1988), préconise trois niveaux d'analyse des problèmes sociaux (1988, p. 95). Le premier niveau regroupe les problèmes sociaux dits fondamentaux dont les critères communs de définition sont la gravité de la situation, les effets de celle-ci sur l'individu et la société ainsi que le constat de l'incapacité de ceux qui tentent de s'en sortir par leurs propres moyens (1988, p. 96). La Commission reconnaît la violence à l'égard des personnes, la déviance et la mésadaptation sociale ainsi que les problèmes reliés à l'intégration sociale comme des problèmes sociaux fondamentaux en ce qu'ils répondent aux critères en question. Les personnes qui vivent ces problèmes sont aussi considérées comme des groupes à risques. Le deuxième niveau est réservé à des populations vulnérables que les conditions de vulnérabilité que sont les handicaps physiques et mentaux, la pauvreté et la déficience des réseaux d'intégration pourraient rendre fragiles devant les épreuves. Enfin, le troisième niveau d'analyse des problèmes sociaux concerne les difficultés courantes de fonctionnement en société que l'ensemble de la population est susceptible d'éprouver. Sans multiplier les exemples, mentionnons les problèmes liés à la santé, à l'éducation et au travail (1988, p. 135). L'avantage de la classification des problèmes sociaux proposée par la Commission, laquelle est préoccupée au premier chef par l'intervention des services publics, réside dans sa tentative d'articuler trois niveaux d'analyse des problèmes sociaux qui correspondent à autant de niveaux d'intervention pouvant être interprétés comme un point de vue sur les priorités de l'intervention sociale des pouvoirs publics.

Les définitions et les classifications que nous avons présentées montrent par leurs variations que le problème social est indissociable de la réalité sociale et de la conception que s'en fait l'observateur, conception qui appelle notamment une normativité sociale à partir de laquelle on attribue à une situation le statut de problème social. Ces différences de conceptions de la réalité sociale donnent lieu à différentes perspectives d'analyse ou approches théoriques pour l'étude du champ des problèmes sociaux. Ces perspectives ou approches renvoient habituellement à des écoles théoriques particulières, comme l'organicisme, le fonctionnalisme, le culturalisme, la théorie du conflit social, le courant interactionniste et d'autres, certaines de ces écoles étant considérées comme plus ou moins complémentaires. Cependant, nous retrouvons chez plusieurs auteurs la tendance difficilement réalisable mais fortement recherchée et souhaitée, par les scientifiques américains surtout, d'en arriver à une théorie d'ensemble pour l'analyse des problèmes sociaux. Pour certains auteurs, il s'agira de perspectives d'analyse des problèmes, alors que pour d'autres il s'agira de niveaux de compréhension de la réalité sociale à la base de la construction des problèmes sociaux. Certains donnent une dimension historique aux approches ; d'autres, comme Dumont (1994), les voient plutôt dans un continuum d'articulations où elles sont considérées comme des « dénivellations du champ d'analyse », l'expression n'étant qu'un repérage, comme le dirait Fernand Dumont. Nous privilégions cette approche du champ d'étude des problèmes sociaux, considérant que les perspectives d'analyse ne disparaissent pas pour faire place à d'autres, mais existent simultanément dans des contextes qui, eux, diffèrent et dont les éléments donnent lieu à des visions différentes. Dans la présentation, forcément brève, que nous donnons ci-après des principales perspectives d'analyse des problèmes sociaux, nous utilisons donc l'analyse fournie par Dumont (1994) dans « Approche des problèmes sociaux » pour disposer ceux-ci de telle manière que leur arrière-plan théorique leur confère toute leur portée. Ainsi, pour chacune des catégories qui correspondent aux dénivellations du champ d'étude telles que conçues par Dumont, nous donnons d'abord un aperçu du raisonnement de l'auteur, à la suite de quoi nous présentons la ou les perspectives généralement utilisées dans la littérature sur l'analyse des problèmes sociaux qui sont apparentées à la dénivellation en question. L'analyse de Dumont, de portée plus générale, s'articule autour de deux dimensions solidaires de la problématisation de la réalité sociale : la conception du social et la position de la norme. Quant aux perspectives apparentées, nous les exposons à partir de la définition du problème social, de ses causes, de ses conditions d'émergence, de ses conséquences sociales et des solutions envisagées, paramètres inspirés de ceux qu'utilisent Rubington et Weinberg (1995).

LES PERSPECTIVES D'ANALYSE DES PROBLÈMES SOCIAUX

Dans son exposé, Dumont (1994) s'applique essentiellement à repérer cinq principales « dénivellations » du champ commun des problèmes sociaux, chacune constituant un ancrage principal à une représentation collective de la société (voir tableau de la page suivante). L'auteur situe à une extrémité du champ une conception de la société qui tient du point de vue théorique organiciste. Ce point de vue présuppose une analogie entre le corps humain et la société vue en tant que corps social, comme l'a fait Émile Durkheim afin de rendre la société plus intelligible. Celle-ci est donc dotée d'organes (les institutions) et de fonctions (les contributions spécifiques des institutions à la totalité sociale). Sous cet angle, la norme sociale est induite du fonctionnement des institutions et tout fonctionnement ou comportement d'individus qui s'écarte de cette norme, dans la mesure où il est porté par une étendue et une ampleur significatives, est vu comme un problème social défini comme une déficience de fonctionnalité. En prolongement de l'analogie avec le corps humain, le problème social est ainsi entendu comme une pathologie sociale, une *dysfonctionnalité* qui « afflige » le corps social.

Apparentée à ce niveau d'analyse de Dumont, l'approche ou perspective dite de la pathologie sociale (Neubeck, 1986 ; Julian et Kornblum, 1986 ; Rubington et Weinberg, 1995) définit le problème social comme une violation des attentes morales dans une société. D'après ce modèle, ce sont, d'une part, les imperfections, les déficiences biologiques ou psychologiques de certains types d'individus qui dérangent le climat social et qui sont à l'origine des problèmes sociaux. D'autre part, des failles dans la socialisation, fonction assumée par les institutions, peuvent aussi engendrer des problèmes sociaux. Cette approche qui, selon les auteurs, aurait été utilisée surtout à la fin du XIXᵉ siècle et au début du XXᵉ voit, comme conditions d'émergence des problèmes sociaux, d'une part, les caractéristiques biologiques des individus et, d'autre part, les phénomènes d'urbanisation et d'industrialisation en ce qu'ils donnent lieu à une complexification du système de valeurs et des normes sociales. L'adoption de

Les niveaux d'articulation du champ des problèmes sociaux*

	Niveau I	Niveau II	Niveau III	Niveau IV	Niveau V
Conception de la société	Un organisme fonctionnel autonormatif.	Un ordre social résultant de l'imposition d'une norme extérieure à la société.	Un foyer de valeurs, de buts sociaux qui orientent les conduites individuelles.	Un ensemble de biens collectifs soumis au partage.	Un ensemble de réseaux de participation qui produisent de la sociabilité.
Position de la norme	Résultante de la réalité sociale, elle préside au fonctionnement harmonieux des institutions.	Protectrice de la société, elle assure l'ordre social.	Garante de la solidarité sociale, elle assure le contrôle social.	Protectrice de l'égalité, elle assure le partage équitable des biens collectifs.	Issue de la participation, elle protège le droit des personnes à contribuer à l'édification de leur société.
Problème social	Dysfonctionnalité.	Délit.	Anomie.	Inégalité.	Exclusion.
Perspectives théoriques apparentées**	Pathologie sociale.	Comportement déviant.	Désorganisation sociale.	Conflit social.	Interactionnisme. Associationnisme.

* Fernand Dumont (1994), « Approche des problèmes sociaux », dans F. Dumont, S. Langlois et Y. Martin (dir.), *Traité des problèmes sociaux*, Québec, Institut québécois de recherche sur la culture.

** Cette section est tirée de la communication « L'analyse des problèmes sociaux » présentée par Marcelle Laforest, Robert Mayer et Belhassen Redjeb dans le cadre du Congrès de l'ACFAS tenu à l'Université du Québec à Chicoutimi, le 25 mai 1995.

cette perspective dans l'analyse des problèmes sociaux a pour conséquences d'accroître la légitimité de l'ordre social et de favoriser l'indignation morale collective devant les déficiences de la structure sociale. Dans l'ensemble, la perspective de la pathologie sociale envisage comme solutions aux problèmes l'éducation, la resocialisation des individus ou le recours à des ressources sociales en tant que substitut à l'institution qui fait défaut.

Dans la deuxième dénivellation, que Dumont situe à côté de la vision organiciste du premier niveau, la réalité sociale est représentée comme un ordre social dont les normes sont autonomes et transcendantes par rapport aux institutions. À cet égard, les normes juridiques sont exemplaires dans la mesure où elles découlent d'une loi envisagée comme « un fait social normatif ». Sous cet éclairage, la norme juridique, qu'elle soit énoncée sur le mode positif ou négatif, assure l'ordre social en interpellant ceux qui s'en écartent. À la limite, on peut poser que le problème social émane en quelque sorte de l'imposition de la norme qui l'anticipe sous forme de déviance ou de délit, quand elle ne somme pas déjà ceux qui empruntent ces voies de cesser leurs comportements déviants.

Ce niveau d'analyse qui envisage le problème social en tant que comportement déviant résultant de l'ordre social rappelle, en substance, la conception de Merton développée surtout au début des années 1960 (Rubington et Weinberg, 1995) selon laquelle « la structure sociale [...] provoque une tension vers l'anomie et vers le comportement déviant » (Merton, 1965, p. 190). Plusieurs manuels destinés à l'étude des problèmes sociaux reprennent cette approche du comportement déviant telle qu'elle est élaborée par Merton pour l'étude de certains types de problèmes. D'autant plus qu'une approche centrée sur les problèmes individuels, plutôt que sur l'organisation sociale, rend plus ciblées la recherche et l'intervention. De ce point de vue, les problèmes sociaux reflètent un écart entre les comportements et les normes sociales relatives aux rôles et statuts des individus. Ces conduites dérogatoires sont vues comme la résultante d'une socialisation inappropriée au sein des groupes primaires principalement. Elles surviennent souvent lorsque les avenues pour satisfaire des aspirations vues comme légitimes sont rares ou bloquées pour des raisons diverses, comme le manque de ressources matérielles. L'insuffisance de facilités et d'occasions pour l'apprentissage des façons de faire prescrites par les normes et les lois sociales est aussi vue comme pouvant augmenter les risques d'apprentissage de comportements déviants. Ces risques redoublent d'intensité par la présence de circonstances favorisant l'apprentissage des manières de faire déviantes entendues au sens d'illicites (bandes de délinquants, réseaux de vols qualifiés, de trafiquants de drogues). De plus, l'insuffisance de facilités et d'occasions d'apprentissage de conduites normativement appropriées est en corrélation avec l'ampleur de la désorganisation sociale. Notons ici que la désorganisation est à son tour coextensive à la situation d'anomie. Pour Merton, celle-ci correspond à un état de désengagement des membres de la société par rapport aux buts sociaux et aux moyens normés pour les atteindre (Cohen, 1971, p. 154).

Deux théories principales sont mises à contribution pour expliquer l'adoption du comportement déviant : la théorie de l'anomie élaborée par Merton (1965) et selon laquelle le comportement déviant résulte d'un décalage sérieux entre les buts proposés par la société et les moyens institutionnalisés pour atteindre ces buts sociaux et la théorie de l'association différentielle, élaborée par E. Sutherland (1939), qui stipule que le comportement déviant implique des interprétations favorables ou défavorables des lois et des prescriptions légales (cité par Rubington et Weinberg, 1995, p. 131-132). Une personne devient déviante (délinquante) dès lors que, dans ses conduites, l'interprétation défavorable aux lois et aux prescriptions légales l'emporte sur l'interprétation favorable. Ainsi, l'apprentissage du comportement déviant se fait par l'association avec des déviants tout comme l'apprentissage du comportement non déviant se fait par l'association avec des non-déviants. Cette théorie contient à la fois le principe de l'explication du comportement déviant et celui de l'action à envisager en conséquence.

Selon les tenants de cette perspective, les comportements déviants ont pour conséquence l'établissement de milieux illicites ; ces comportements sont une menace à la paix sociale et ils occasionnent des coûts sociaux élevés. Cependant, les auteurs s'entendent sur le fait que certains comportements déviants sont utiles dans une société dans la mesure où ils sont des illustrations de ce qu'il ne faut pas faire. Sur le plan de l'intervention, la principale solution au comportement déviant réside d'abord dans la resocialisation et elle consiste, entre autres, en un arrimage des groupes primaires au comportement non déviant et à l'éloignement de ces mêmes groupes des modèles de comportement illicites.

La troisième dénivellation de la typologie de Dumont est habitée par une conception du social représenté comme réservoir de valeurs porteuses de buts sociaux et d'où se dessine un horizon sociétal idéal qui forme un tout avec la société réelle. Ici, la norme n'est pas imposée par le droit, mais dérive des valeurs et idéaux collectifs aux fins du contrôle social. Dans les sociétés modernes, l'établissement d'idéaux implique le délaissement d'autres idéaux qui les contredisent. Pendant cette période, des conflits de valeurs peuvent surgir et la normativité sociale se fait floue, atténuant de ce fait l'efficacité du contrôle social et de l'interprétation des comportements sociaux prescrits et proscrits. On reconnaît dans ce phénomène les caractères de l'anomie mettant à l'épreuve les solidarités sociales telles qu'elles sont envisagées par Émile Durkheim et prédisposant à la désorganisation sociale dont les traits distinctifs sont tracés par Merton.

Dans la tradition d'étude des problèmes sociaux, deux principales perspectives sont apparentées à cette perception de la réalité sociale, à savoir la perspective de la désorganisation sociale (Merton et Nisbet, 1976 ; Rubington et Weinberg, 1995) et la perspective du conflit de valeurs (Julian et Kornblum, 1986 ; Rubington et Weinberg, 1995). Des auteurs soucieux de présentation historique comme Rubington et Weinberg (1995) situent l'émergence de la première au milieu du XXᵉ siècle et celle de la seconde vers les années 1930. La désorganisation sociale est définie par Merton comme une quelconque condition qui empêche la structure sociale de fonctionner aussi bien qu'elle le devrait pour correspondre aux buts et aux valeurs de la collectivité (1976, p. 26). Ainsi distingue-t-on trois types majeurs de désorganisation sociale (Rubington et Weinberg, 1995, p. 57) : 1) l'absence de normes alors que les membres d'une société n'ont pas de guide pour orienter leurs comportements dans des situations nouvelles. Pensons ici au phénomène d'endettement qui a résulté de l'avènement de la consommation de masse dans les années 1960 au Québec ; 2) le conflit culturel quand une société est en présence d'au moins deux ensembles culturels (valeurs, normes et règles) différents et parfois opposés. Par exemple, la rencontre de la culture d'origine d'immigrants avec celle de la société d'accueil peut faire surgir de l'intolérance, voire de la violence, du repli, quand ce n'est pas de l'exclusion sociale ; 3) la rupture ou l'effondrement de l'ordre normatif qui peuvent être reliés, par exemple, à un changement technologique ou encore à un processus intense d'acculturation, alors que la conformité aux normes établies ne donne plus les récompenses habituelles. Ce déphasage donne lieu à l'émergence de plusieurs comportements qui traduisent des modes d'adaptation que Merton a formulés (1965, p. 167-191) et que nous ne croyons pas pertinent de présenter ici.

Quant à la perspective du conflit de valeurs, elle définit le problème social comme une situation résultant d'une ou de plusieurs oppositions entre les valeurs véhiculées dans la société. Ces valeurs, qui sont des représentations morales d'intérêts, antagonisent les interprétations pratiques au point de les problématiser, ce qui donne lieu à des comportements individuels ou collectifs opposés. Ces problèmes sociaux révèlent, pour ainsi dire, le défaut de consensus social « sur les règles du jeu » (Boudon et Bourricaud, 1986, p. 90-95). La pluralisation des valeurs et la polarisation d'intérêts qui en découle font émerger, à la faveur de l'action de groupes sociaux mobilisés pour la « cause », des affrontements de grande envergure. Les luttes pour ou contre l'avortement ou l'euthanasie sont des exemples typiques de ces conflits de valeurs dans la mesure où les partisans et les adversaires engagés dans ces luttes ne peuvent assumer les conséquences du choix de valeurs qui nient leurs convictions. Bien que les discordes d'ordre axiologique soient coûteuses surtout pour les protagonistes, elles permettent jusqu'à un certain point une plus grande clarification des enjeux et des issues pour un éventuel choix de l'une ou l'autre des options mises en avant. Toutefois, ces options, même si elles ne sont pas aussi irréconciliables, engendrent des situations qui requièrent l'entrée en scène d'autres acteurs, tels que le législateur ou les tribunaux. Quoi qu'il en soit, toute décision quant aux issues des conflits de valeurs est d'autant moins facile à prendre que les rapports de force en présence sont exacerbés.

La désorganisation sociale et les conflits de valeurs ont des conséquences importantes tant pour les personnes que pour la société elle-même. Dans le premier cas, par exemple, les troubles mentaux, la toxicomanie, la violence et les autres comportements problématiques sont souvent la résultante des tensions sociales occasionnées par le déséquilibre ou par l'absence de règles sociales de fonctionnement qui pourraient servir de points de repère pour les personnes. Quant au système social, il peut être affecté dans son fonctionnement s'il ne réussit pas à s'ajuster aux exigences du changement social, et même s'effondrer dans des cas extrêmes de désorganisation sociale que l'on reconnaît à un état d'anomie avancé. Dans ces situations de désorganisation sociale, les solutions sont fortement reliées aux efforts tentés pour ramener le système social vers un meilleur équilibre entre les exigences du changement social et les capacités d'intégration dont disposent les membres de la société, l'éducation ayant à cet égard un rôle important à jouer. En ce qui concerne les conflits de valeurs, ils sont très coûteux pour les personnes et pour la société ; ils donnent lieu à de forts ressentiments et comportent la plupart du temps des impasses et l'affaiblissement d'une des deux parties en cause. Par ailleurs, les conflits sont souvent vus comme des occasions pour les groupes antagoniques de poser le problème et de s'engager dans la clarification de leurs valeurs. Enfin, que les conflits se soldent par des issues qui soient de l'ordre du consensus, du compromis ou de la domination d'une option sur l'autre, cela exige des décisions difficiles à concevoir et à prendre.

Dans une quatrième conception du social et de la norme repérée par Dumont dans son exploration du champ des problèmes sociaux, la société est représentée comme un ensemble de biens collectifs dont le partage est assujetti à la norme de l'égalité (Dumont, 1994, p. 7). Les inégalités sociales se présentent alors comme un défi à la norme de l'égalité ; ce qui problématise, de façon coextensive, la norme de la justice. Conçus sous cet angle de vision, les problèmes sociaux sont ancrés dans les inégalités sociales ; en d'autres termes, ils en sont la résultante. Inégalités sociales et problèmes sociaux s'agglomèrent par et dans un conflit social dont le sens et la substance se différencient selon que la lecture que l'on en fait emprunte ses référents théoriques au fonctionnalisme ou au marxisme.

S'apparente à cette représentation des problèmes sociaux la perspective du conflit social ou perspective critique (Etzioni, 1976 ; Neubeck, 1986 ; Ritzer, 1986 ; Rubington et Weinberg, 1995), inspirée en grande partie de l'héritage marxiste. Ainsi, selon cette perspective, est considérée comme problème social toute situation qui se développe dans et par l'exploitation de la force de travail et l'instauration de rapports sociaux de domination au sein d'une formation sociale édifiée sur une structure de classes sociales qui comprend principalement la bourgeoisie et la classe ouvrière. Le problème social ultime serait, de ce point de vue, le mode de production capitaliste en ce que le type d'organisation sociale auquel il donne lieu est porteur de conditions propices à des problèmes sociaux spécifiques. De plus, contrairement aux perspectives d'analyse des problèmes sociaux issues de la tradition sociologique de l'ordre qui attribuent ces problèmes à des échecs individuels dans l'accomplissement des rôles sociaux, la perspective du conflit social d'inspiration marxiste associe les problèmes sociaux à l'existence de l'exploitation et à l'aliénation par les classes dominantes. Ces causes sont plus virulentes à la faveur d'éléments de contexte tels que la précarisation des conditions de vie, les crises cycliques du capital et le laxisme des politiques publiques qui donnent lieu à l'insécurité collective. Quant aux conséquences, elles sont de deux ordres pour lesquels nous limitons les exemples : d'une part, le chômage et la pauvreté et, d'autre part, l'augmentation de la criminalité et de la violence. Comme nous pouvons le constater, la conception du problème social selon la perspective du conflit social est englobante ; la compréhension d'une portion de la réalité sociale n'est possible qu'en dépassant celle-ci et en faisant appel aux autres composantes de la totalité sociale. Il en va de même pour les solutions envisagées aux problèmes sociaux. Celles-ci préconisent des actions qui se rapportent en dernière instance à la transformation des rapports sociaux de production et de reproduction. De plus, alliant la critique radicale à l'intervention militante, les solutions prennent forme dans des luttes à court terme pour obtenir des gains substantiels en matière de conditions de vie et de travail, et dans des luttes à long terme contre l'exploitation et l'aliénation de même que leurs formes institutionnalisées, notamment les lois sociales.

Il est important de noter pour conclure la présentation de cette perspective que la notion de conflit y prend son sens le plus fort, lequel se démarque un tant soit peu de l'idée de conflit véhiculée dans la perspective du conflit de valeurs. Car, même si les deux perspectives envisagent des « conflits sur les règles du jeu » (Boudon et Bourricaud, 1986, p. 90-95), le caractère radical du conflit social, ici examiné, donne à penser qu'il s'agit d'un conflit plutôt sur *la* règle du jeu dans la mesure où celle-ci renvoie au mode de production d'une formation sociale donnée. Enfin, dans les deux perspectives, les « conflits dans les règles du jeu » (Boudon et Bourricaud, 1986, p. 90-95) semblent renfermer des enjeux secondaires.

La cinquième dénivellation du champ des problèmes sociaux, selon Dumont, se situe à son autre extrême. La conception de la société qui s'y articule repose, d'une part, sur le principe du partage et, d'autre part, sur la norme de la justice. La société s'édifie à l'enseigne de ce principe et de cette norme générale, ainsi qu'au fil de la participation de ses acteurs aux décisions associées à la production des différentes normes qui régissent l'ensemble de son fonctionnement. Ici, la société correspond à un ensemble de réseaux de participation « normants », portés et produits par une sociabilité entendue au sens de manières dont dispose une société pour intégrer les individus et de tendances de ceux-ci à répondre aux exigences de l'intégration. Cela veut dire que la normativité sociale est construite par des acteurs sociaux qui définissent des conditions d'inclusion sociale et des situations d'exclusion sociale. Envisagées comme problèmes sociaux, les situations d'exclusion sociale « sont les signes et les conséquences d'un refoulement (de citoyens) aux marges de la société » (Dumont, 1994, p. 9). De fait, l'exclusion sociale révèle qu'une partie de la société ne participe pas aux décisions relatives aux répartitions équitables d'« avantages » dont la société tout entière est dépositaire (Dumont, 1994, p. 8). C'est que l'exclusion sociale révèle l'échec de la participation pleine et entière de tous les membres de la société à la vie collective. Cette exclusion s'opère par les pratiques de disqualification de citoyens vivant des conditions particulières par rapport à l'ensemble. La fracture dans la société entre ceux qui participent à l'« instauration des normes » (Dumont, 1994, p. 8) et les autres se crée par des interactions sociales quotidiennes où le « normal », pour faire vrai, ne cesse de produire l'« anormal ».

La perspective d'étude qui se rapproche de cette conception du social et des problèmes sociaux envisagée par Dumont est la perspective de l'étiquetage, dont Rubington et Weinberg (1995) situent l'émergence au début des années 1960, et qui insiste particulièrement sur la réaction sociale à une situation jugée menaçante. Il est à noter que les aspects d'interaction et de construction des problèmes sociaux sont au cœur de cette perspective, même si les processus ne sont pas de même nature. En effet, le point de vue interactionniste élaboré entre autres par Becker (1985) et Goffman (1968) s'attache notamment à poser que les problèmes sociaux sont attribuables à un travail d'étiquetage, de construction qui s'effectue au fil des échanges à l'intérieur des interactions sociales. Un problème social est ainsi défini par les réactions sociales à une violation prétendue des règles ou des attentes de la société. De ce point de vue, la déviance n'est pas simplement le fait objectif du manquement aux normes, mais tout autant la conséquence d'une étiquette qui est collée au déviant par ceux qui repèrent et traitent la déviance. L'étiquette (stigmate) renvoie tout autant au regard porté par les autres sur la personne dite déviante qu'à la perception intériorisée par cette personne à partir du jugement des autres. En définitive, c'est donc l'attention du public, le jugement de valeur porté socialement sur les personnes et leurs actions qui sont à la base du problème social. En d'autres termes, selon cette vision, c'est une question de jugement subjectif et de contrôle social. La perspective de l'étiquetage envisage les conséquences de ce travail d'interactions selon que l'on se situe du côté de l'agent étiqueteur et de l'utilisateur de l'étiquette ou du côté du sujet victime du stigmate. Du premier côté, on développe des attentes selon lesquelles il y a de fortes probabilités que le sujet étiqueté continue à transgresser les normes et les règles sociales. Ces attentes ne sont pas sans influencer les professionnels de l'assistance et leur instrumentation à la faveur du sens commun qui tend à rejeter la faute sur la victime. Du côté de celle-ci, les conséquences sont doubles : ou bien la victime intériorise l'étiquette en se comportant selon ses indications ; ou bien, dans certains cas, elle se révolte et s'approprie à son avantage l'étiquette, à l'instar des motards criminalisés qui sont fiers d'afficher l'emblème de leur groupe d'appartenance.

Comme on vient de le voir, l'étiquetage participe à la construction des problèmes sociaux. La solution envisagée dans cette perspective consiste à lutter contre cette pratique stigmatisante en déstabilisant les dispositifs normés et réglés qui génèrent les définitions de la déviance et à retirer aux professionnels de l'assistance les prérogatives de l'étiquetage ainsi que les profits symboliques qui les accompagnent. Sans cet effort, assister reviendrait à perpétuer l'exclusion.

CONCLUSION

L'intention de départ de cet article était de faire l'exposé des principaux éléments et modes de définition d'un problème social, de même que des principales classifications et perspectives d'analyse. L'état des savoirs, pour peu que nous les ayons parcourus, révèle un usage varié de la notion de problème social comme catégorie de pensée et comme catégorie d'action publique. Toutefois, le rapport de la norme à la réalité sociale nous paraît être au cœur des définitions retenues. En outre, les quelques classifications que nous avons examinées, en guise d'effort pour une meilleure reconnaissance du champ à l'étude, montrent par la diversité de leurs critères la pluralité des niveaux d'appréhension de la réalité sociale par rapport auxquels on se situe pour catégoriser les problèmes sociaux. Quant aux perspectives d'analyse des problèmes sociaux, les différences d'approche qui les caractérisent, comme nous pensons l'avoir fait ressortir à l'aide de la construction théorique de Fernand Dumont et des théories intermédiaires d'auteurs spécialisés, dénotent qu'une théorie générale des problèmes sociaux n'est pas pour demain, tant il est vrai que les référents théoriques de ces perspectives sont puisés dans un répertoire sociologique lui-même hétérogène. Toutefois, les avancées du constructivisme social semblent prometteuses pour l'édification d'une théorie de la connaissance des problèmes sociaux. Car c'est en étudiant comment les sociétés construisent les problèmes sociaux qu'on peut en dériver le processus général et les mécanismes de formation.

De fait, la perspective constructiviste insiste davantage sur le processus par lequel on en arrive à définir une «condition putative» en problème social (Spector et Kitsuse, 1977). En effet, dans leur ouvrage, ces auteurs avancent l'idée que le problème social est le résultat d'un processus qui engage des individus et des groupes pour définir «une condition putative» comme un problème social. Que l'attention soit tournée vers le processus vient du fait que cette construction collective se fait à l'aide de critères de perception de la réalité dont l'élaboration est investie subjectivement. L'existence du problème social dépend donc de la perception des groupes qui considèrent une condition comme étant problématique et veulent agir pour changer cette condition. Ces groupes directement touchés ou irrités par la situation du fait de leurs valeurs engagent des débats sur la définition du problème social et sur les solutions appropriées. Les acteurs de ces débats, experts, médias, pouvoirs publics et «groupes à problèmes» présumés, sont poussés par des intérêts qui ne sont pas sans en déterminer l'issue. Il faut donc voir là des conséquences sérieuses sur le plan du processus même de production de la connaissance des situations jugées problématiques là où prend place la méprise entre les données objectives et les construits des acteurs définisseurs. Il en va de même au regard de l'intervention sur ces situations. Les acteurs sociaux qui participent à l'échafaudage du social présumé problématique prennent part à la définition de la normativité sociale et, partant, à l'exclusion sociale à laquelle Dumont se réfère dans sa cinquième dénivellation du champ des problèmes sociaux. À partir de ces considérations, la critique et la recherche semblent être des voies privilégiées par la perspective d'analyse constructiviste pour mettre au jour les mécanismes de production de la connaissance des problèmes sociaux.

BIBLIOGRAPHIE

BARBIER, R. (1978). « La tête au ciel et les pieds sur la terre », *Informations sociales*, Paris, nᵒˢ 3-4 , p. 31-40.

BEAUDOIN, A. (1987). *Le champ des services sociaux dans la politique sociale au Québec.* Synthèse critique nᵒ 38, Commission d'enquête sur les services de santé et les services sociaux, Québec, Les Publications du Québec.

BECKER, H.S. (1985 [1963]). *Outsiders. Études de sociologie de la déviance*, Paris, Éd. Métailié.

BELL, R. (1981). « An anatomy of social problems », dans *Contemporary Social Problems*, Illinois, The Dorsey Press, p. 3-29.

BLUM, R. (1970). *Dimensions sociologiques du travail social*, Paris, Le Centurion.

BLUMER, H. (1971). « Social problems as collective behavior », *Social Problems*, vol. 18, p. 298-306.

BOUDON, R. et F. BOURRICAUD (1986). *Dictionnaire critique de la sociologie* (2ᵉ éd.), Paris, Presses universitaires de France.

CAILLÉ, A. (1986). *Splendeurs et misères des sciences sociales, Esquisses d'une mythologie*, Genève, Droz.

COHEN, A. (1971). *La déviance*, Belgique, Duculot.

COHEN, N.E. (1964). *Social Work and Social Problems*, New York, National Association of Social Workers.

COMMISSION D'ENQUÊTE SUR LES SERVICES DE SANTÉ ET LES SERVICES SOCIAUX (1988). *Rapport*, Québec, Les Publications du Québec.

DE ROBERTIS, C. et H. PASCAL (1987). *L'intervention collective en travail social*, Paris, Le Centurion.

DUMONT, F. (1994). « Approche des problèmes sociaux », dans F. Dumont *et al., Traité des problèmes sociaux*, Québec, Institut québécois de recherche sur la culture.

DUMONT, F., S. LANGLOIS et Y. MARTIN (dir.) (1994). *Traité des problèmes sociaux*, Québec, Institut québécois de recherche sur la culture.

DUROCHER, P. (1965). *Les problèmes sociaux.* Texte miméo, Montréal, École de service social, Université de Montréal, 10 p.

ETZIONI, A. (1976). *Social Problems*, Englewood Cliffs, NJ, Prentice-Hall, Inc.

GOFFMAN, E. (1968 [1961]). *Asiles : études sur la condition sociale des malades mentaux*, Paris, Minuit.

HORTON, P.H. et G.R. LESLIE (1971). *Studies in the Sociology of Social Problems*, New York, Appleton-Century-Crafts.

JULIAN, J. et W. KORNBLUM (1986). *Social Problems* (5ᵉ éd.), Englewoods Cliffs, NJ, Prentice-Hall.

KALLEN, D., D. MILLER et A. DANIELS (1968). « Sociology, social work and social problems », *American Sociologist*, vol. 3, nᵒ 3.

LALONDE, M.L. (1976). *Modèle de pratique du travail social personnel en milieu scolaire*. Rapport de recherche, Montréal, École de service social, Université de Montréal.

LANDREVILLE, P. (1983). «Normes sociales et normes pénales», *Les Cahiers de l'École de criminologie*, Montréal, Université de Montréal.

LANGLOIS, S. (1994). «Fragmentation des problèmes sociaux», dans F. Dumont *et al.*, *Traité des problèmes sociaux*, Québec, Institut québécois de recherche sur la culture.

LASKIN, R. (1965). *Social Problems: A Canadian Profile*, Toronto, McGraw-Hill.

LENOIR, R. (1989). «Objet sociologique et problème social», dans P. Champagne *et al.*, *Initiation à la pratique sociologique*, Paris, Dunod.

MANIS, J.G. (1974). «The concept of social problems: Vox populi and sociological analysis», *Social Problems*, vol. 21, p. 305-315.

MANSEAU, H. (1988). «La définition ou la fabrication de l'abus sexuel d'enfants au Québec», *Revue internationale d'action communautaire*, 19/59, p. 41-47.

MARTIN, C. et J.N. CHOPART (1988). «Derrière l'éclatement: la permanence de la question sociale», *Revue internationale d'action communautaire*, 20/60, p. 79-89.

MAYER, R. et M. LAFOREST (1990). «Problème social: le concept et les principales écoles théoriques», *Service social*, vol. 39, n° 2, p. 13-43.

McKNIGHT, J. (1977). «Le professionnalisme dans les services: un secours abrutissant», *Sociologie et Sociétés*, vol. 9, p. 7-18.

MERTON, R.K. (1961) «Social problems and sociological theory», dans R.K. Merton et R. Nisbet, *Contemporary Social Problems*, New York, Harcourt, Inc.

MERTON, R.K. (1965). «Structure sociale, anomie et déviance», dans *Éléments de théorie et de méthode sociologique*, Paris, Plon, p. 167-191.

MERTON, R.K. et R. NISBET (1961). *Contemporary Social Problems*, New York, Harcourt, Brace and World.

MERTON, R.K. et R. NISBET (1976). *Contemporary Social Problems* (4ᵉ éd.), New York, Harcourt Brace Jovanovich, Inc.

MILLS, C.W. (1963). «The professional ideology of social pathologists», dans I.L. Horowitz (dir.), *Power, Politics and People*, New York, Ballantine Books, p. 525-552.

MILLS, C.W. (1968). *L'imagination sociologique*, Paris, F. Maspero.

NORMANDEAU, A. (1966). «Action sociale et recherche au Québec», *Cité Libre*, Montréal, vol. 16, n° 85, p. 18-23.

NEUBECK, K.J. (1986). *Social Problems, A Critical Approach* (2ᵉ éd.), New York, Random House.

PELLETIER, M. (1978). *Les fonctions de la sécurité sociale: l'idéologie*, Montréal, s.é.

PERRON, J. (1986). *Administration sociale et services sociaux*, Chicoutimi, Gaëtan Morin éditeur.

PINEAULT, R. et C. DAVELUY (1986). *La planification de la santé: concepts, méthodes, stratégies*, Montréal, Les Éditions Agence d'Arc inc.

REZSOHAZY, R. (1980). «Itinéraires pour l'étude du changement social», *Revue de l'Institut de sociologie*, vol. 1, p. 80-94.

RITZER, G. (1986). *Social Problems* (2e éd.), New York, Random House.

RUBINGTON, E. et M.S. WEINBERG (1995). *The Study of Social Problems: Seven Perspectives* (5e éd.), New York/Oxford, Oxford University Press.

SPECTOR, M. et J. KITSUSE (1977). *Constructing Social Problems*, Menlo Park, CA, Cummings Publishing Co.

TACHON, M. (1985). «Travail social et gestion des problèmes sociaux», dans F. Bailleau, N. Lefrancheur et V. Feyre (dir.), *Lectures sociologiques du travail social*, Paris, Éd. Ouvrières, p. 177-187.

2

LA SOCIOLOGIE AMÉRICAINE ET LES PROBLÈMES SOCIAUX
Les années 1940-1970

ROBERT MAYER, Ph. D.
École de service social, Université de Montréal

HENRI DORVIL, Ph. D.
École de travail social, Université du Québec à Montréal

Résumé

À partir de la littérature sociologique, surtout américaine, nous aborderons quelques approches ou perspectives théoriques dans l'analyse des problèmes sociaux. Au cours des années 1940-1970, les principales approches théoriques ont été les suivantes : la perspective de la pathologie sociale, celle du fonctionnalisme et les théories de l'ordre du conflit.

Ce sont surtout les chercheurs américains qui ont contribué à développer le domaine de la sociologie des problèmes sociaux de même que les perspectives d'analyse de ce concept. Dans le présent texte, après une brève rétrospective, nous examinerons les principales approches ou perspectives théoriques qui président à l'analyse des problèmes sociaux. Nous traiterons ainsi de la pathologie sociale, qui considère les problèmes sociaux comme une violation de l'ordre moral, de la perspective fonctionnaliste, qui envisage les problèmes sociaux principalement à travers l'analyse des conditions objectives, des approches de l'ordre et du conflit social, qui mettent l'accent sur les dimensions objectives et subjectives des problèmes sociaux, et, enfin, nous ferons une brève allusion à la perspective interactionniste, qui aborde les problèmes sociaux à travers le processus de définition.

LA PERSPECTIVE DE LA PATHOLOGIE SOCIALE

La perspective de la pathologie sociale représente, en sciences sociales, une première tentative organisée pour procéder à l'étude des problèmes sociaux. Dans cette perspective, des problèmes sociaux sont associés à des violations d'un ordre moral, soit à cause d'un héritage génétique déficient ou encore d'une mauvaise éducation. Parmi les pistes de résolution, il faut s'efforcer de restaurer l'ordre moral. À ce propos, il importe de se rappeler que la perspective de la pathologie sociale était, à l'époque, « alimentée par des ligues de vertu et des sociétés philanthropiques. Ces institutions autoritaires et préoccupées de la salubrité sociale se donnaient pour mission de réformer et d'éduquer une classe laborieuse aux prises avec des conditions (concubinage, alcoolisme, etc.) qui s'imposaient alors comme "des problèmes de dégénérescence morale" » (Ouellet, 1998, p. 50). Mais progressivement, l'idée d'une intervention plus rationnelle, plus scientifique pour éradiquer les problèmes sociaux fit son chemin. C'est d'ailleurs ce qui pava la voie au travail social, tant en Europe qu'en Amérique du Nord.

Rubington et Weinberg (1989) ont souligné que la montée des problèmes urbains à la suite de l'industrialisation et de l'immigration accélérée a suscité des actions propres à enrayer les misères les plus criantes. Un effet de ces actions correctrices fut de provoquer l'émergence, dans la conscience collective, de la conviction qu'il était possible de corriger certains maux sociaux, d'où la naissance du concept de problèmes sociaux. Selon ces auteurs, quatre idées principales, à savoir l'égalité, l'humanisme, la bonté de la nature humaine et la possibilité de modifier les conditions sociales, animaient les réformateurs sociaux du temps. Cette préoccupation morale va s'accompagner du souci de donner un caractère scientifique à l'explication des phénomènes en cause, et, pour ce faire, la sociologie américaine va puiser dans les divers contenus théoriques du temps. L'analogie organique héritée de la théorie de l'évolution de Darwin a marqué de façon prépondérante les premiers temps de l'étude des problèmes sociaux. On en recherchait les causes dans le mauvais fonctionnement de certaines parties de la société tout comme la médecine recherche les causes des maladies physiques dans le mauvais fonctionnement des parties du corps, d'où le terme de « pathologie sociale » pour désigner les problèmes sociaux. La perspective de la pathologie sociale, même si elle est demeurée un courant important dans l'évolution de la criminologie, a cependant connu un déclin assez rapide dans la théorisation des problèmes sociaux.

Selon la perspective de la pathologie sociale, ce sont les imperfections de certains types d'individus qui sont à l'origine des problèmes sociaux. Selon cette conception, la pathologie sociale prend sa source dans des ajustements défectueux dans les relations sociales. Pour les premiers pathologistes sociaux, ces ajustements défectueux provenaient surtout d'une incapacité naturelle de certains individus à s'adapter aux changements dans la société. La criminologie fournit, à cet effet, des tentatives d'explication de la déviance individuelle qu'il est particulièrement utile de mentionner ici dans notre effort pour comprendre l'idée que se faisaient les premiers pathologistes sociaux des causes des problèmes sociaux (Ribordy, 1990). À cette époque, Lombroso (1895), créateur de la phrénologie ou craniologie, et auteur de travaux sur les déterminismes biologiques de l'individu criminel et les caractéristiques physiques des individus criminels, présentait sa théorie du criminel-né. Platt (1969) et Mourant (1984) rappellent que Lombroso estimait que le criminel était une espèce humaine inférieure caractérisée par des traits physiques hérités des grands singes. Au plan du comportement et des attitudes, celui-ci était décrit comme moralement retardé, de nature infantile, instinctivement agressif et dépourvu d'auto-contrôle. On retrouve également dans ce courant de pensée qui attribue la cause des problèmes sociaux à des failles individuelles, l'élaboration de théories imputant à des facteurs psychologiques le développement des comportements criminels. Les études en ce sens ont connu un essor considérable depuis le début du XIXe siècle. À titre indicatif, on peut signaler les travaux de Pinatel (1969) qui se sont développés autour du concept de « personnalité criminelle ».

En somme, dans la perspective de la pathologie sociale, un problème social représentait un symptôme de maladie pour l'organisme social. L'individu malsain étant vu comme la principale cause des problèmes sociaux, c'était donc à son niveau qu'il fallait intervenir. Aussi, les explications génétiques du comportement criminel inspirèrent-elles des types de solutions à caractère eugéniste destinés, croyait-on, à assurer le maintien de la qualité de l'espèce humaine. Ainsi, les pionniers américains de la criminologie étaient guidés par l'idéologie médicale à laquelle ils empruntèrent l'imagerie de pathologie, d'infection, d'immunisation et de traitement. Dans cette foulée, la montée du professionnalisme dans les mesures correctionnelles à inspiration judiciaire et médicale donna lieu à un modèle réhabilitatif pour le traitement du déviant.

LA CRITIQUE DES « *SOCIAL PATHOLOGISTS* » PAR C.W. MILLS

L'étude de la sociologie américaine des problèmes sociaux impose une certaine familiarisation avec quelques-uns des ouvrages clés de C. Wright Mills dont notamment *L'élite du pouvoir* (1956), *L'imagination sociologique* (1959) et *Les cols blancs* (1951). En plus d'être qualifié de « père » de la sociologie américaine radicale, Mills nous a livré une analyse systématique et approfondie du contenu normatif de la littérature américaine produite sur les « *social problems* », entre 1910 et 1950. Pour ce faire, il a analysé le contenu idéologique d'une cinquantaine de « *readers* » ou « *textbooks* » américains publiés aux États-Unis entre les années 1910 et 1945.

L'ANALYSE CRITIQUE

Bien que Mills estimât l'analyse de la littérature sociologique sur les problèmes sociaux significative et pertinente, il lui voyait des faiblesses évidentes, la plus importante étant son incapacité d'appréhender et d'expliquer théoriquement et scientifiquement les principaux problèmes de la société. En effet, les ouvrages analysés par Mills se caractérisent par un très faible degré d'abstraction, à un point tel qu'il est souvent difficile de comprendre les liens entre les différents textes et les problèmes analysés. L'auteur explique cette tendance par le fait que la majorité des ouvrages sur les problèmes sociaux sont des manuels de morceaux choisis (« *readers* »), composés par des professeurs pour leurs élèves. Cette fonction pédagogique, ayant pour but d'illustrer des conceptions plus ou moins scientifiques, a pour conséquence qu'on rassemble mécaniquement les faits. Mis à part leurs buts pédagogiques, il croit que leur caractère « informationnel » et descriptif s'explique par la difficulté, sinon l'incapacité, des auteurs à considérer les structures sociales. D'ailleurs, chez ces auteurs, la façon habituelle de définir les problèmes sociaux et la désorganisation sociale consiste à les conceptualiser en termes de déviations de conduite par rapport à des normes.

Les analyses des problèmes sociaux diffusées durant cette période ne s'efforcent guère de construire un ensemble social cohérent. Les termes vagues (mœurs, société, etc.) représentent, au dire de Mills, des réalités non différenciées. Ces analyses sont caractérisées par un faible niveau d'abstraction. En plus de leur utilisation descriptive, ces termes sont exploités d'une manière normative. Le « social », par exemple, représente une polémique morale contre l'égoïsme individuel. Selon Mills, le terme de « pathologie » qui traverse ces ouvrages n'est pas décrit dans le sens structurel (ou comme élément incompatible avec un type structurel donné) ou en termes statistiques (ou comme déviations aux tendances centrales), mais plutôt en référence à des comportements individuels. De plus, il relève de nombreuses assertions sur les conditions pathologiques de la ville, tendance qu'il attribue à la volonté de préserver les valeurs rurales et qu'il confirme au moyen d'exemples explicitant l'importance de la communauté locale. Par ailleurs, il constate que ces études ont un caractère a-historique et apolitique. L'absence de dimension historique se manifeste par l'absence de liens entre les événements sociaux, d'une part, et l'histoire des institutions et des idées, d'autre part. Mills (1968) explique cette préférence par un choix épistémologique précis, le chercheur préférant étudier les événements contemporains parce que plus susceptibles de lui fournir les données qui lui sont nécessaires. Selon lui, cette tendance s'oppose à l'idée voulant que le rôle du chercheur soit précisément d'étudier les grands problèmes sociaux. L'absence de dimension politique est induite par la tendance à aborder les comportements en termes de déviance et de pathologie (c'est-à-dire corruption, révolte ; Mills, 1968) plutôt qu'à les relier à des enjeux plus larges.

Un autre type d'explication des problèmes sociaux est celui du décalage culturel (*cultural lag*) qui s'établit entre les valeurs culturelles et les diverses situations issues de l'industrialisation. Mills critique ce concept qui, sous le prétexte du progrès technologique, présume que la transformation des mentalités culturelles cause le retard observé. Une troisième forme d'explication est celle du changement social. Dans cette perspective, tout changement suscite des problèmes. Mills juge superficielle cette façon d'aborder les causes des problèmes sociaux.

Un autre type d'explication des problèmes sociaux privilégié par les « *social pathologists* » est lié à l'importance des aspects processuels. L'accent sera ainsi mis sur tout ce qui tend vers un équilibre social harmonieux. De plus, l'idée de normalité abonde également dans ces ouvrages. Ce thème que Mills juge vide de tout contenu concret lui paraît une propagande pour le conformisme, le plus souvent associé aux milieux de classe moyenne dans les petites villes américaines (Mills, 1968). Le prototype de cette normalité, tel que le conçoivent ces sociologues, est dépeint par Mills

(1968) dans *L'imagination sociologique* comme une personne stable, sociali-sée au point d'être dépossédée de passions personnelles et altruistes à un degré tel que la communauté a préséance sur elle.

La «vision des *social pathologists*» telle que l'interprète Mills laisse donc entrevoir une grande uniformité dans les perspectives et les concepts, homogénéité qu'il attribue en partie à leur origine de classe moyenne, de milieux ruraux et cléricaux. Ainsi, Mills a soutenu que les sociologues amé-ricains définissaient les problèmes sociaux d'après les idéaux culturels des petites villes rurales caractérisées notamment par l'intimité et la commu-nauté démocratique. Dans ce contexte, l'approche des problèmes sociaux se caractérisera par un faible niveau d'abstraction, les problèmes ayant pour objet des cas concrets, fragmentés, particularisés, isolés. Le caractère informationnel et descriptif de ces études est relié à la difficulté des auteurs, pour ne pas dire à leur incapacité à considérer le niveau des structures sociales. En définissant les problèmes sociaux comme une déviation des normes sociales, on fait en sorte que les normes elles-mêmes ne soient pas remises en question. De plus, l'étude des problèmes sociaux au moyen d'une théorie des structures sociales paraît, à cette époque, irréaliste ; ces problèmes seront considérés comme étant essentiellement des problèmes individuels. Cette importance accordée aux problèmes pratiques et frag-mentaires tend à particulariser les objectifs sociaux et évite même de con-cevoir des stratégies assez larges pour servir à l'action collective.

À l'encontre de cette conception dominante, Mills estimera que les problèmes sociaux sont intimement liés au système de valeurs et aux struc-tures sociales existantes. Cette approche lui paraîtra plus valable pour cerner les schèmes de conformité et de déviance de la société. L'analyse structurelle de Mills permet à la fois d'abstraire des situations-problèmes les grandes lignes de force en action au niveau personnel et collectif et de bien cerner les épreuves individuelles et les enjeux collectifs. Mills soulignera toute l'importance de faire émerger les liens entre les différentes dimensions d'un problème social. À cet effet, l'existence individuelle doit être comprise en référence aux institutions au milieu desquelles la biogra-phie est vécue. Toutefois, précisera-t-il, les milieux ne permettent pas à eux seuls de comprendre la biographie ni le caractère de l'individu. Vivant dans des milieux restreints, les hommes ne peuvent pas raisonnablement connaître les causes de leur condition ni leurs propres limites. Il insistera donc sur le fait qu'on ne bâtit pas l'idée de structure sociale sur des idées ou des faits concernant une série d'individus particuliers.

Toutefois, Mills (1968) ne se contentera pas de dénoncer les limites de certains courants de sociologie américaine, mais il proposera un certain nombre de principes susceptibles de renouveler l'analyse des problèmes sociaux. D'abord, il estime que pour éviter les théories vides de sens et s'élever au-dessus de l'«empirisme désincarné» des techniciens travaillant comme des bureaucrates, Mills souligne la nécessité de développer une certaine qualité d'esprit : l'imagination sociologique. Cette qualité, dit-il, renvoie essentiellement à la capacité «de connaître l'idée de structure sociale et d'en user avec sagesse afin de pouvoir relier entre eux un grand nombre de milieux» (1968, p. 15). L'imagination sociologique permet de rendre les gens conscients des liens très étroits entre leurs problèmes individuels et l'époque ainsi que la société dans laquelle ils vivent. Un outil majeur de l'imagination sociologique est la distinction entre les épreuves personnelles et les enjeux collectifs :

> L'épreuve affecte l'individu ; il sent peser une mesure sur les valeurs qui lui tiennent à cœur. Les enjeux soulèvent des questions qui transcendent le voisinage de l'individu et le champ de sa vie intérieure. Ils concernent la combinaison de ces milieux limités, dont la somme constitue les institutions d'une société historique : ils affectent la façon dont ils se recoupent et s'interprètent en donnant cette structure qu'est la vie sociale et historique. Au-delà de la dimension individuelle l'enjeu affecte les collectivités (1968, p. 12).

Ensuite, Mills insiste sur la nécessité d'une perspective d'analyse globale qui, seule, permet de comprendre les problèmes sociaux. Indiquant la futilité de multiplier à l'infini les études sur différents milieux et sur les problèmes sociaux «en petites boîtes séparées» dans l'espoir de constituer ainsi toute la société, il propose plutôt qu'on découvre les structures de classe, de statuts et de pouvoir à plus grande échelle. Pour ce faire, il importe de privilégier la structure sociale plutôt que le psychologisme (1968, p. 17). Contrairement aux psychanalystes qui pensent que le plus grand péril de l'homme «réside dans sa nature désordonnée», Mills estime que son plus grand péril réside «dans les forces désordonnées de la société contemporaine elle-même, l'aliénation qu'entraînent ses méthodes de production, ses techniques de domination politique, son anarchie internationale – en un mot – dans les transformations tentaculaires qu'elle fait subir à la "nature" de l'homme, aux conditions et aux objectifs de sa vie» (*Ibid.*).

Mills (1968) souligne l'importance de la dimension politique et du pouvoir dans l'analyse des problèmes sociaux. Les sociologues abordent souvent la politique en insistant sur les aspects «pathologiques» ou déviants (c'est-à-dire la corruption) au détriment des liens unissant les problèmes sociaux à la politique et au pouvoir. Ce dernier estime que les hommes sont libres de faire l'histoire, à condition d'avoir accès aux instruments de décision et de pouvoir nécessaires. De plus, Mills (1968, p. 151) insiste sur la nécessité d'une perspective historique et d'une perspective comparative, car la prédilection des «*social pathologists*» pour l'étude des problèmes sociaux au moyen de situations individuelles mène, nous l'avons vu, à des analyses assez superficielles et à plus petite échelle. Finalement, dans son ouvrage sur l'élite au pouvoir aux États-Unis, Mills (1969) est d'avis que la société repose entre les mains d'une petite élite – par comparaison avec la « société de masse » – et constate que la communauté est devenue un public composé d'individus auxquels les médias de masse communiquent des impressions et l'empêchent de se former une opinion autonome. En conséquence, Mills déduira qu'il est nécessaire d'informer les masses exploitées sur la nature des problèmes sociaux.

L'analyse sociologique de Mills suscita à l'époque d'importantes résistances, les plus notables provenant de ses collègues (Julien, 1970, p. 5). Or malgré ces résistances, l'apport sociologique de Mills fut inestimable à plusieurs égards, nommément, pour ce qui nous concerne, dans son rôle d'analyste et de critique de la littérature américaine sur les problèmes sociaux.

LA PERSPECTIVE FONCTIONNALISTE

Le modèle fonctionnaliste a dominé le champ de la sociologie américaine durant la majeure partie de la fin du dernier siècle soit de 1920 à 1970 environ. Les fonctionnalistes se représenteront la société comme un organisme vivant dont le tout et les parties sont solidaires. Ces parties ou organes ont chacune sa fonction au sein du tout. Dans cette perspective, les trois concepts d'organisme, de structure et de fonction sont centraux. Dans le texte qui suit, l'analyse fonctionnaliste de Robert Merton retiendra l'attention. En plus d'être une figure importante de l'arène sociologique des années 1950 et 1960, Merton a élaboré une analyse des problèmes sociaux qui fut reprise fréquemment par la suite. Pour lui, les problèmes sociaux non seulement étaient intéressants en eux-mêmes, mais ils représentaient également un excellent moyen d'étudier la société.

LA PERSPECTIVE FONCTIONNALISTE ET L'ANALYSE DES PROBLÈMES SOCIAUX

La notion générale de structure dans l'action sociale est le fondement du modèle systémique. Elle repose sur le postulat que toute action sociale présente les caractères d'un système et peut être analysée comme tel. Le système d'action sociale est infiniment plus complexe que les systèmes mécaniques ou biologiques parce que le jeu des facteurs et des variables est multiple et infiniment varié. Le système d'action est rendu plus complexe par la subjectivité des acteurs engagés dans la poursuite de buts. Le chercheur ne peut ignorer les réactions subjectives des acteurs sociaux dont il essaie de comprendre les conduites (Rocher, 1968).

Pour De Coster (1987, p. 72), « plutôt que de partir des condition-
nements sociaux qui déterminent le déroulement d'une action, le fonctionnalisme renverse l'explication en partant des finalités de l'action qui
amènent son déroulement. Ainsi, il n'est plus question de se demander
ce qui pousse les gens au mariage, à la fête, au jeu, au délit, mais de
s'interroger sur les exigences ou les besoins auxquels répondent les comportements matrimoniaux, festifs, ludiques, délictueux, etc. » Cette perspective suppose que toute action répond à un besoin et elle s'appuie sur
divers postulats. Le premier, c'est que dans la société « tout a un sens ou
une fonction ». Le second c'est que « le sens ou la fonction ne peuvent
être saisis au seul niveau du système local dans lequel les éléments sont
insérés mais ils doivent être rapportés à l'ensemble du système plus général qui l'environne ». Et finalement, « chaque élément est indispensable
au fonctionnement de la totalité du système général ou de la société »
(*Ibid.*).

Selon le modèle fonctionnaliste, tout système d'action intègre quatre
fonctions (ou besoins) qui doivent être remplies pour que le système existe,
se maintienne et se transforme : l'adaptation, la poursuite des buts, l'intégration et la gestion des tensions. Ces fonctions correspondent à quatre
types de structures, lesquelles sont les réponses institutionnalisées aux préalables fonctionnels. Ainsi, par exemple, l'adaptation correspond principalement à l'activité économique, puisque la société assure essentiellement
sa survie par les structures économiques. Dans la société globale, la fonction de poursuite des buts correspond à l'activité politique. Par ailleurs, la
fonction d'intégration et d'encadrement de l'action des acteurs est assurée
par diverses formes de solidarité et de contrôle social, comme l'appareil
judiciaire, les classes sociales et l'opinion publique. Finalement, la quatrième et dernière fonction de tout système d'action se rapporte à la gestion des tensions ou au « maintien des modèles culturels » et cette fonction
est assumée à l'intérieur de la famille, dans le système scolaire, dans les
entreprises, dans les mouvements sociaux et dans les partis politiques.

Dans la perspective systémique, l'action humaine ou sociale engage
simultanément quatre systèmes principaux. Le système biologique fournit
l'énergie de base, qui confère à l'acteur individuel sa motivation la plus
élémentaire. Le système de la personnalité forme l'organisation psychique
de l'acteur individuel. Le système social est composé de l'ensemble des
rapports d'interaction, il relie entre eux une pluralité d'acteurs. Enfin, le
système de la culture qui comprend l'ensemble des valeurs et des modèles
de conduite, guide l'action individuelle et collective des personnes, des
groupes et des sociétés. Mais aucun de ces systèmes d'action ne doit être
pris pour un système concret. Le système de la personnalité, par exemple,
ne correspond pas à la personne individuelle, et le système social n'est

pas une société donnée. Un système d'action est plutôt une méthode d'analyse, un point de vue sur la réalité, plutôt que la réalité elle-même (Herpin, 1973).

L'ANALYSE FONCTIONNALISTE DES PROBLÈMES SOCIAUX

En 1961, Merton et Nisbet affirment que l'élaboration d'une véritable théorie sociologique des problèmes sociaux reste à faire, et ils consacrent leurs efforts à intégrer ou à développer les éléments d'orientation fonctionnaliste qui s'y appliquent. Dans l'important ouvrage intitulé *Contemporary Social Problems*, ils stipulent qu'une même structure sociale et culturelle peut, tout en favorisant un comportement conforme et organisé, créer certains comportements distinctifs de déviation sociale et de désorganisation sociale. Dans ces *patterns* résident les problèmes sociaux. De plus, Merton et Nisbet interprètent les différents problèmes sociaux comme étant les coûts sociaux rattachés aux efforts pour maintenir une organisation particulière de vie sociale. De ce point de vue, l'étude et la compréhension de la désorganisation sociale exigent également l'étude de l'organisation sociale, puisque ces deux facettes sont inséparables.

Merton et Nisbet sont amenés à définir un problème social comme un écart entre ce qui est et ce que les gens pensent devoir être. Dit autrement, un problème social signifie un écart entre les conditions actuelles et les valeurs et normes sociales. Généralement, un problème est qualifié de social dès qu'on juge que les conditions données ne sont plus conformes aux standards sociaux. Le crime, le suicide, la désorganisation familiale font partie de cette catégorie. Ce sont des problèmes sociaux parce qu'ils résultent principalement de circonstances sociales bien identifiables et qu'ils placent les membres de la société devant l'obligation de les résoudre. L'écart relevé est donc perçu comme étant corrigible.

Merton et Nisbet (1961) estiment que trois grands processus contribuent à la naissance des problèmes sociaux des sociétés industrielles, soit les conflits institutionnels, la mobilité sociale et l'anomie. Au cours du premier processus, on observe que le passage des institutions traditionnelles (famille et paroisse) aux institutions modernes (syndicats et industries) oblige à adopter des valeurs et des comportements différents. Les difficultés ou les échecs d'adaptation qui se produisent durant cette transition sont à la source de plusieurs problèmes sociaux. Par ailleurs, les profondes transformations sociales induites par les vagues d'immigration et par l'industrialisation ont entraîné des modifications importantes dans les statuts personnels et familiaux. Tous ces changements, qui ont pour effet d'ébranler la sécurité des individus, occasionneraient aussi divers problèmes sociaux. De plus, dans le dernier processus, il apparaît que la société urbaine délaisse un certain nombre des normes sociales, morales et religieuses de la société traditionnelle qui fournissaient un cadre d'action et de référence. L'individu est donc moins protégé et son rôle social devient plus flou ; il devient membre de « la foule solitaire ». Un vide se crée, qui provoque l'anomie. Individus et groupes se sentent plus menacés, ne sachant plus quelles valeurs doivent guider leur comportement, d'où une troisième source possible de problèmes sociaux.

LA PERCEPTION SOCIALE DES PROBLÈMES SOCIAUX

Les fonctionnalistes reconnaissent que les problèmes sociaux présentent un aspect objectif (la situation-problème en soi) et un aspect subjectif (les perceptions et les jugements des membres de la société). Le second aspect revêt une importance particulière, principalement du fait que les situations où tous les groupes sociaux s'entendent sur la définition d'un problème social sont exceptionnelles et très circonscrites. La nature subjective des problèmes sociaux devient évidente lorsqu'on transpose la perception de l'organisation sociale à des situations problématiques. Dans ce cas de désorganisation sociale (ou de problème social), la définition de la situation et l'action commune à entreprendre varieront grandement selon la position occupée par l'individu ou le groupe dans la structure sociale. À la limite, il se peut aussi qu'un groupe perçoive la situation comme étant un problème, alors qu'un autre se la représente comme une solution. Le degré d'attention que le public porte aux problèmes sociaux apparents peut donc varier considérablement. De plus, certains problèmes sociaux sont le point de mire du public, alors que d'autres sont presque invisibles et à peine connus des gens. Les accidents d'avion, par exemple, retiennent l'attention du public, alors que les accidents de voiture pourtant plus meurtriers, laissent les gens passablement indifférents. Ainsi, les perceptions populaires des problèmes sociaux ne sont pas nécessairement le meilleur guide pour évaluer leur dimension et leur importance de manière objective.

Selon l'approche fonctionnaliste un problème social survient lorsque l'équilibre social est menacé par les comportements, les croyances ou les activités d'un groupe en particulier, lesquels s'écartent des valeurs et des sentiments collectifs partagés par les membres de la société (Merton et Nisbet, 1961). Dans ce cadre, on conçoit que les problèmes sociaux ont une réalité en soi que l'on peut appréhender sur le plan objectif. On estime de plus que c'est au chercheur que revient la tâche de déterminer les conditions ou les comportements qui peuvent constituer un obstacle au bon fonctionnement et à l'équilibre de la société. C'est également le chercheur qui doit trouver des solutions en vue d'améliorer la situation. Ainsi, le problème social, dans cette perspective, existe de manière indépendante de ce que les membres de la société pensent à son sujet. Les problèmes sociaux sont perçus ici comme un objet appartenant d'abord à la science.

DEUX CLASSES DE PROBLÈMES SOCIAUX : LA DÉSORGANISATION SOCIALE ET LE COMPORTEMENT DÉVIANT

L'ouvrage de Merton et Nisbet (1961), intitulé *Contemporary Social Problems*, est considéré comme un exemple classique de l'approche fonctionnaliste appliquée à l'étude des problèmes sociaux. Dans cet ouvrage, qui fut remanié et réédité plusieurs fois depuis sa parution en 1961, on retrouve deux perspectives à l'égard des problèmes sociaux : celle de la désorganisation sociale et celle des comportements déviants.

La désorganisation sociale est signalée par un manque d'harmonie dans l'agencement des statuts à l'intérieur du système social. Elle est donc une condition empêchant la structure sociale de fonctionner comme elle le devrait pour s'accorder avec les buts et les valeurs de la collectivité. Le comportement déviant indique plutôt que les individus ne se comportent pas de la façon attendue de leur statut. Il implique donc des écarts significatifs par rapport à la norme socialement assignée aux différents statuts et rôles. Nous nous attarderons maintenant à ces deux classes de problèmes sociaux, qui sont également des théories sociologiques importantes.

La désorganisation sociale

La désorganisation sociale renvoie à l'idée selon laquelle la structure sociale ne fonctionne pas comme elle le devrait parce qu'une quelconque condition empêche l'atteinte des valeurs et des buts collectifs. Pour Merton et Nisbet (1961, p. 820), les causes de la désorganisation sociale sont nombreuses et de différentes natures : problèmes de communications entre les membres, incompatibilité entre les valeurs et les intérêts de différents groupes, problèmes dans les processus de socialisation et demandes contradictoires de la part de membres ayant des statuts occupationnels différents. Pour remédier au problème social, les problèmes de désorganisation doivent être réduits ou éliminés et remplacés par un nouvel état d'organisation ou d'équilibre dans la société.

Merton et Nisbet (1961) observent que les sociétés complexes offrent de multiples exemples de structure de normes, de statuts ou de rôles contradictoires et ambigus qui peuvent désorganiser le groupe ou la société en question. Matras (1965) précise que la désorganisation sociale traduit le mauvais fonctionnement d'un système social donné, ou l'incapacité de ce système à atteindre ses objectifs par suite de conflits ou de contradictions entre certains éléments du système, du groupe ou de l'institution ; elle produit aussi ses effets au niveau individuel (*cf.* le suicide dont parle Durkheim). Pour eux, les phénomènes de désorganisation surviennent lorsque : « 1) des conflits émergent en raison de divergence d'intérêts ou de valeurs parmi des acteurs occupant des statuts ou des rôles différents dans la société, 2) ces acteurs imposent aux citoyens des obligations contradictoires, 3) des déficiences de socialisation rendent les acteurs incapables de jouer leurs rôles ou 4) les gens se montrent incapables de communiquer leurs attentes » (Ouellet, 1998, p. 53).

La déviance

La déviance constitue l'autre forme de problème social à laquelle une société peut être confrontée. Selon Merton, le comportement déviant ne peut cependant être considéré de manière abstraite ; il doit plutôt être relié aux normes qui sont socialement définies comme appropriées et moralement acceptables par les membres. Merton envisage la déviance à travers la théorie de l'anomie. Selon cette théorie, les comportements déviants résulteraient de l'écart entre les buts et les aspirations qu'une société propose aux individus et les moyens légitimes auxquels ceux-ci ont accès pour les atteindre. Par ailleurs, les modalités et les moyens légitimes qui sont offerts aux individus le sont en fonction de leur appartenance aux divers groupes et couches sociales. La déviance surviendrait dans ce contexte à partir du moment où il y a disproportion entre les buts culturels considérés comme valables et les moyens légitimes auxquels les individus peuvent avoir accès pour atteindre ces buts. Il arrive également que la déviance soit la conséquence inattendue de normes nouvellement institutionnalisées. C'est en ce sens que les différents problèmes sociaux sont conçus comme des phénomènes normaux qui constituent en quelque sorte le prix que doit payer toute société pour le maintien de son équilibre.

Alors que la perspective de la désorganisation sociale juge l'anormalité en fonction de la non-conformité par rapport aux rôles attendus ou établis, la perspective de la déviance met plutôt l'accent sur la non-conformité par rapport aux normes. Dans cette dernière perspective, les comportements déviants « sont plus susceptibles de se reproduire lorsque des restrictions sont imposées aux aspirations sociales normales des personnes et que les possibilités d'apprentissage de comportements déviants, par le biais notamment de sous-cultures par exemple, deviennent plus fréquentes » (Ouellet, 1998, p. 53).

L'explication de la déviance prend son point de départ dans le concept durkheimien d'anomie. Pour Merton, l'anomie résulte d'une rupture dans la structure socioculturelle qui est attribuable à un décalage et à une tension prononcés entre les buts proposés et les moyens accessibles ou légitimes. Cette désarticulation entre culture et société, où l'une empêche ce que l'autre propose, conduit à une dissolution des normes et à l'apparition de l'anomie, soit un état social caractérisé par une absence de normes. Dans une société caractérisée par l'anomie, le modèle d'adaptation adopté par l'individu dépend de son rejet ou de son acceptation des buts culturels et/ou des moyens institutionnels. Merton (1965) présente une typologie comprenant cinq modèles d'adaptation : la conformité, l'innovation, le ritualisme, le retrait et la rébellion. Le conformiste, c'est celui qui accepte les buts culturels et les moyens institutionnalisés ; il représente la majorité silencieuse. Pour sa part, l'innovateur a assimilé l'importance que la culture accorde aux fins, sans avoir fait de même pour les normes « institutionnelles » qui régissent les moyens d'y accéder. Al Capone représente ici le triomphe de l'intelligence « amorale » sur l'échec. Le ritualiste, lui, a abandonné les buts ambitieux de la société mais continue, par habitude, à se conformer aux normes institutionnelles. Le bureaucrate appartient à cette catégorie. Le retiré a généralement abandonné les buts prescrits par la société et n'agit plus selon les normes. Cette forme d'adaptation, plus rare, apparaît lorsque les buts et les pratiques ont été intégrés mais que les moyens accessibles se sont révélés improductifs. L'obligation morale de recourir à des voies institutionnelles s'oppose aux pressions en faveur de moyens illicites mais efficaces. Le défaitisme et la résignation lui permettent alors d'échapper aux exigences de la société et l'individu devient asocial. Cette catégorie comprend les malades mentaux, les drogués, les vagabonds, les alcooliques. Finalement, le rebelle est étranger aux buts et aux moyens de la société, qu'il juge arbitraires, sans autorité ni légitimité. Les personnes de cette catégorie désirent une nouvelle structure sociale, et les mouvements organisés selon ce modèle peuvent, entre autres, viser à introduire une structure sociale ayant une correspondance plus étroite entre le mérite, l'effort et la récompense sociale. Ainsi, Merton montre comment les motivations pour la réussite sont fournies par les valeurs de la culture et comment les voies disponibles sont fortement limitées par la structure de classe. C'est précisément la combinaison de ces deux facteurs qui produit cette pression intense vers la déviance.

**

Le fonctionnalisme explique les faits sociaux par leur fonction, le rôle qu'ils jouent dans le système social et la façon dont ils sont reliés entre eux. Le postulat de base veut que la réalité présente les propriétés d'un système (Rocher, 1968). Pour De Coster (1987, p. 72), la perspective fonctionnaliste appartient au paradigme déterministe dans la mesure où les individus y sont considérés « comme les simples rouages d'un système dont ils servent les finalités ». Sous un tel type d'analyse se dessine l'idée que la société, par sa nature, constitue un ensemble bien ordonné où les individus se sentent parfaitement encadrés. Dans cette perspective, le manque de consensus et l'insuffisance des moyens de contrôle social deviennent alors les grands problèmes de la société moderne (Hoefnagels, 1962). On reproche aux partisans de cette perspective, que plusieurs considèrent comme conservatrice, de prendre position pour l'ordre établi (Bachmann et Simonin, 1981).

Dans l'ensemble, les approches fonctionnalistes sont plutôt objectivistes dans la mesure où elles mettent l'accent sur les « conditions problématique » qui affectent le fonctionnement des individus et des groupes plutôt que les « processus par lesquels une société en vient à les reconnaître » (Ouellet, 1998, p. 53). D'ailleurs, Merton estime que c'est précisément le rôle des scientifiques « d'aider la société à reconnaître ses problèmes ». Par la suite, les théories fonctionnalistes vont engendrer un important débat concernant le rôle des conditions objectives des problèmes sociaux. Si les fonctionnalistes considèrent ces conditions comme indépendantes de la volonté des acteurs, d'autres acteurs vont commencer à mettre l'accent sur le caractère relatif et contingent des problèmes sociaux. Dans cette nouvelle perspective, les conditions objectives ne sont plus le seul et unique facteur susceptible d'expliquer l'émergence de problèmes sociaux.

LES THÉORIES DE L'ORDRE ET DU CONFLIT ET LES PROBLÈMES SOCIAUX

Pour Horton (1966), la plupart des théories des problèmes sociaux propres à la sociologie et au service social se rattachent aux modèles de l'ordre ou du conflit et ces théories, précise-t-il, sont nécessairement normatives, puisqu'elles interprètent les faits à l'intérieur d'un contexte idéologique. En effet, les interprétations de l'ordre de la réalité sociale sont teintées d'un but normatif, parce qu'elles cautionnent et maintiennent les valeurs de l'ordre établi dans un système social donné. Par contre, les interprétations conflictuelles prônent de nouvelles valeurs qui s'opposent généralement aux valeurs existantes. De plus, le modèle de l'ordre s'articule autour de la notion d'anomie pour expliquer les conflits et les problèmes sociaux, alors que le modèle du conflit utilise plutôt la notion d'aliénation comme concept explicatif des problèmes sociaux et de la croissance de la déviance dans les sociétés modernes (Dorvil, 1990). Dans un cas comme dans l'autre, affirme Horton (1966), la démarche n'est donc ni neutre, ni purement descriptive.

LE MODÈLE DE L'ORDRE

Les théories de l'ordre conçoivent la société comme un système d'actions unifié par une culture commune (Horton, 1966), l'ordre social étant assuré par la stabilité normative du système social et par ses valeurs jugées légitimes. Par consensus, les membres du groupe social déterminent les situations qui seront définies comme insatisfaisantes ainsi que les comportements qui seront jugés anormaux ou déviants. De tels comportements, à l'encontre des valeurs et des normes, indiquent alors l'incapacité de l'individu à remplir ses rôles sociaux. Selon ce modèle, la cause des problèmes sociaux tient essentiellement aux difficultés de communication et aux difficultés d'interactions personnelles. Un concept central des théories de l'ordre est celui de l'anomie, et les problèmes sociaux en sont à la fois la cause et la conséquence. L'anomie est principalement induite par l'isolement social. Associée à la diminution des rapports sociaux, elle entraîne un affaiblissement des normes sociales, dans un contexte qui ne parvient plus à générer des modèles de conduite suffisamment clairs. Il en découle un sentiment de confusion et d'ignorance se répercutant sur la façon d'agir.

LE MODÈLE DU CONFLIT

L'application de la théorie du conflit aux problèmes sociaux a été introduite en Amérique du Nord durant la période de radicalisme des années 1960 (Horton, 1966). Elle se prête bien aux bouleversements sociaux de l'époque puisque, durant cette période, les États-Unis sont témoins de soulèvements reliés à des problèmes de discrimination raciale et de pauvreté. Les manifestations civiles et étudiantes ainsi que le mouvement anti-pauvreté donnent alors lieu à la formation d'organisation de jeunes militants voués à la cause de la protection des libertés civiles et qui défient des lois jugées inéquitables. Ces événements expliquent le recours à la théorie du conflit.

Les théoriciens du conflit ne perçoivent pas la société comme un système naturel mais comme un lieu de conflits politiques continuels entre des groupes ayant des objectifs sociaux différents et une vision du monde opposée. Ils ne portent qu'une faible attention aux caractéristiques innées des individus, car, de leur point de vue, la nature humaine est déterminée par ses conditions historiques, économiques et sociales. Cette approche a été influencée par l'analyse marxiste. Ce type d'analyse lie dialectiquement le système culturel et l'organisation sociale à des rapports sociaux historiques, c'est-à-dire à des rapports de classes antagonistes entre les détenteurs de moyens de production et le prolétariat qui vend sa force de travail (David et Maheu, 1977). Contrairement à la tradition de l'ordre pour laquelle les problèmes sociaux reflètent les échecs de l'individu dans l'accomplissement de ses rôles sociaux, la tradition du conflit prône l'incapacité de la société à satisfaire ses besoins nouveaux et ceux des collectivités. Cette incapacité découle de l'existence de l'exploitation et du contrôle social par une minorité. Dans ce cadre, les problèmes sociaux n'ont rien d'anormal, ils sont plutôt des conséquences de la structure économique du capitalisme et des relations de pouvoir existantes. Comme concept clé, l'aliénation traduit l'idée que les problèmes sociaux et le changement social proviennent non seulement des actions d'exploitation, mais de l'aliénation par les classes dominantes. Dans une telle perspective, la solution aux problèmes sociaux réside dans la réappropriation de la force de production par la propriété publique, dans l'élimination des classes et dans la création d'une société sans différences naturelles significatives d'intérêts parmi les groupes. La perspective du conflit remet en cause l'idée selon laquelle la société serait basée sur un consensus et exempte de conflits. Plutôt que d'étudier la manière dont les structures sociales affectent l'individu, les théoriciens du conflit s'intéressent à la manière dont la société est organisée pour servir les intérêts d'une minorité de riches ou de puissants aux dépens de la majorité. Le conflit est envisagé dans le cadre de cette perspective comme un élément normal et universel de toute société.

CONCLUSION

En somme, au cours de cette période, il y a, en service social comme dans les autres disciplines des sciences humaines, divers codes de perception, de définition et de traitement des problèmes sociaux. Il ressort que l'étude des problèmes sociaux a été abordée à partir de deux modèles principaux, soit le modèle de l'ordre et le modèle du conflit. Selon la conception de l'homme et de la société, on peut dégager un type d'analyse et une certaine façon de voir les problèmes sociaux et d'intervenir à bon escient. Chaque perspective interprète les faits à partir d'un contexte idéologique particulier. La vision anomique est conservatrice en ce qu'elle veut renforcer les structures de l'ordre social existant, alors que la vision conflictuelle est d'orientation plus radicale et remet en question les valeurs fondamentales de la société et en privilégie d'autres jugées plus justes. Dans un tel contexte, il est important pour un intervenant social comme pour un chercheur de bien préciser sa propre perspective d'analyse et de la situer par rapport aux autres perspectives d'analyse.

La plupart des auteurs s'entendent pour dire que les problèmes sociaux ont une existence réelle que les scientifiques peuvent appréhender sur le plan empirique. La dimension objective joue alors un rôle important dans l'identification des problèmes sociaux et doit donc être considérée comme un élément nécessaire de la conceptualisation. D'autres insistent sur l'importance de mettre en évidence le caractère subjectif des problèmes sociaux en distinguant les différentes conceptions propres à chacun des individus ou des groupes qui participent à la définition d'une question ou d'un comportement comme problème social. Pour les adeptes de la théorie du conflit, les problèmes sociaux sont le résultat d'un processus politique dans lequel des groupes qui ont des intérêts différents tentent d'imposer aux autres parties en présence leur point de vue sur un problème. Aussi, pour bien saisir ce processus, le chercheur doit prendre en considération la multiplicité des définitions et des conceptions à l'égard d'un même problème ainsi que les différentes solutions proposées par les groupes en présence pour tenter de le résoudre de manière à faire ressortir les intérêts en jeu, les luttes de pouvoir, les alliances et les positions de compromis qui concourent à la création d'un problème social.

La perspective interactionniste représente un angle d'approche différent dans l'étude des problèmes sociaux et de la déviance. La plupart des chercheurs, à cette époque, conçoivent que les problèmes sociaux comportent une dimension objective et subjective. Toutefois, la majorité d'entre eux ont porté davantage attention aux conditions objectives qu'aux définitions subjectives. Les partisans de l'interactionnisme ont opéré à cet égard un changement de perspective important ; ils n'essaient plus d'identifier les conditions d'émergence de la déviance ou des problèmes sociaux en général mais cherchent plutôt à expliquer pourquoi et comment certaines situations ou certains actes en viennent à être définis comme déviants ou problématiques (Rubington et Weinberg, 1989). Les interactionnistes s'intéressent à la fois au point de vue des individus qui ont été socialement définis par les autres comme déviants de même qu'à celui des définisseurs. Plusieurs d'entre eux s'intéressent également à la manière dont les lois, les règles et les normes sont construites socialement et sont appliquées. Cette nouvelle école de pensée sera analysée dans le texte suivant.

BIBLIOGRAPHIE SÉLECTIVE

La pathologie sociale

BEND, E. et M. VOGELFANDER (1964). « A new look at Mills' critique », dans B. Rosenberg et F. Howton (dir.), *Mass Society in Crisis*, New York, Mac-Millan, p. 111-112.

ETZIONI, A. (1976). *Social Problems*, Englewood Cliffs, NJ, Prentice-Hall.

HENSHEL, R.L. et A.-M. HENSHEL (1973). *Perspectives on Social Problems*, Don Mills, Ontario, Longman.

HOROWITZ, I.L. (dir.) (1965). *The New Sociology, Essays in honor of C.W. Mills*, New York, Oxford University Press, 512 p.

JULIEN, C. (1970). Préface à la traduction française de *Les causes de la troisième guerre mondiale*, Paris, Calmann-Lévy, p. 5.

LOMBROSO, C. (1895). *L'homme criminel*, Paris, Plon.

MILLS, C.W. (1960). (traduction en 1970), *Les causes de la troisième guerre mondiale*, Paris, Calmann-Lévy, 246 p. (Préface de C. Julien).

MILLS, C.W. (1962). *Power, Politics and People*, New York, IL, Horowitz, Ballantine Books, 653 p.

MILLS, C.W. (1962). *The Marxists*, New York, Laurel Ed., 479 p.

MILLS, C.W. (1963). « The professional ideology of social pathologist », dans *Power, Politics and People*, New York, Ballantine Books, p. 526-552.

MILLS, C.W. (1966). *Les cols blancs*, Paris, F. Maspero, 411 p.

MILLS, C.W. (1968). *L'imagination sociologique*, Paris, F. Maspero, 205 p.

MILLS, C.W. (1969). *L'élite du pouvoir*, Paris, F. Maspero, 375 p.

MOURANT, François (1984). « Déviance et délinquance : une revue des notions », dans *Service social* , vol. 33, n°s 2-3, p. 145-170.

PINATEL, J. (1969). *Traité de droit pénal et de criminologie*, Paris, Dalloz.

PLATT, Anthony, M. (1969). *The Child Savers : The Invention of Delinquency*, Chicago, The University of Chicago Press.

RIBORDY, François-Xavier (1990). « Déviance et criminalité », dans J. Lafontant (dir.), *Initiation thématique à la sociologie*, Saint-Boniface, Manitoba, Éditions des Plaines, p. 223-253.

ROSENQUIST, C.M. (1940). *Social Problems*, Englewood Cliffs, NJ, Prentice-Hall, p. 10-15, 20-22.

RUBINGTON, E. et M.S. WEINBERG, (1989). *The Study of Social Problems* (4e éd.), New York/Oxford, Oxford University Press.

SMITH, S. (1911). *Social Pathology*, New York, Macmillan.

Le fonctionnalisme

BACHMANN, C. et J. SIMONIN (1981). *Changer au quotidien : une introduction au travail social* (2 tomes), Paris, Études vivantes.

BECKER, S. (1966). *Social Problems : A Modern Approach*, New York, John Wiley & Sons.

BÉLANGER, P.W. et G. ROCHER (1970). *L'école et la société au Québec: recueil de textes*, Montréal, HMH, 400 p.

BLUM, R. (1970). *Dimensions sociologiques du travail social*, Paris, Centurion, 175 p.

BLUMER, H. (1971). « Social problems as collective behavior », *Social Problems* (18), p. 298-306.

CLOWARD, R. et L.B. OHLIN (1960). *Delinquency and Opportunity: A Theory of Delinquent Gangs*, Glencoe, The Free Press.

COENEN-HUTHER, J. (1984). *Le fonctionnalisme en sociologie et après ?* Bruxelles, Éd. de l'Université de Bruxelles, 200 p.

COHEN, A. (1971). *La déviance*, Gembloux, Belgique, Duculot, 239 p.

COHEN, N.A. (1964). *Social Problems and Social Work*, New York, NAS, 392 p.

COSTER, M. de (1987). *Introduction à la sociologie*, Bruxelles, De Boeck.

DAVIS, K. (1968). « Le mythe de l'analyse fonctionnelle », dans H. Mendras, *Éléments de sociologie*, Textes, Paris, A. Colin.

DELRUELLE-VOSSWINKEL, N. (1987). *Introduction à la sociologie générale*, Bruxelles, Éd. de l'Université de Bruxelles, 450 p.

DURAND, Weil, R. (1989). « Le fonctionnalisme ». *Sociologie contemporaine*, Paris, Vigot, p. 86-105.

ETZIONI, A. (1976). *Social Problems*, Englewood Cliffs, NJ, Prentice-Hall.

HENSHEL, R.L. et A.-M. HENSHEL (1973). *Perspectives on Social Problems*, Don Mills, Ontario, Longman.

HERPIN, M. (1973). *Les sociologues américains et le siècle*, Paris, Presses universitaires de France.

HOEFNAGELS, H. (1962). *La sociologie face aux problèmes sociaux*, Bruges, Desclée de Brouwer, 240 p.

HORTON, R. et R. HERMANSON (1975). *Social Problems*, Illinois, Irwin, p. 13-21.

INKELES, A. (1971). *Qu'est-ce que la sociologie ? Une introduction à la discipline et à la profession*, Scarborough, Ontario, Prentice-Hall of Canada, 138 p.

MATRAS, F. (1965). « Le concept de désorganisation sociale et individuelle », dans *Manuel de la recherche sociale dans les zones urbaines*, UNESCO, p. 195-209.

MERTON, R.K. (1953). « La prédiction créatrice », dans *Éléments de théorie et de méthode sociologique*, Paris, Plon, p. 140-161.

MERTON, R.K. (1965). *Social Theory and Social Structure*, Glencoe, The Free Press, 1949. Traduction partielle : *Éléments de théorie et de méthode sociologique*, Paris, Plon.

MERTON, R.K. et R.A. NISBET (1961). *Contemporary Social Problems* (4e éd., 1976), New York, Harcourt, 750 p.

OUELLET, P. (1998). *Matériaux pour une théorie générale des problèmes sociaux. Le développement régional réinterprété*. Thèse de doctorat en sciences humaines appliquées, Université de Montréal, 428 p.

RIBORDY, F.-X. (1990). « Déviance et criminalité », dans J. Lafontant (dir.), *Initiation thématique à la sociologie*, Saint-Boniface, Manitoba, Éditions des Plaines, p. 223-253.

RITZER, G. (1986). *Social Problems*, New York, Random House.

ROCHER, G. (1968). *Sociologie générale*, 3 tomes, Montréal, HMH.

ROACH, J.L. (1965). « Sociological analysis and poverty », *American Journal Social*, vol. 71, n° 1, p. 68-74.

RUBINGTON, E. et M.S. WEINBERG (1989). *The Study of Social Problems* (4e éd.), New York/Oxford, New Oxford of University Press,.

TREMBLAY, M.A. et E. GOSSELIN (1960). « Le Continuum pauvreté-prospérité, son utilité en tant qu'indicateur de désintégration sociale », *Service social*, vol. 9, n° 3, p. 14.

TUMIN, M. (1965). « The functionalist approach to social problems », *Social Problems*, n° 12, p. 379-388.

Les théories de l'ordre et du conflit

DAVID, H. et L. MAHEU (1971). « Problèmes sociaux, contradictions structurelles et politiques gouvernementales », *Québec occupé*, Montréal, Parti-pris, p. 141-157.

DORVIL, H. (1976). *Psychiatrie et antipsychiatrie : un même couple idéologique*, Mémoire de maîtrise, École de service social, Montréal, Université de Montréal.

DORVIL, H. (1985). « Types de sociétés et de représentations du normal et du pathologique : la maladie physique, la maladie mentale », dans J. Dufresne, F. Dumont et Y. Martin (dir.), *Traité d'anthropologie médicale*, Québec et Lyon, Presses de l'Université du Québec, Institut québécois de recherche sur la culture et Presses universitaires de Lyon, p. 305-332.

DORVIL, H. (1990). « La maladie mentale comme problème social », *Service Social*, vol. 39, n° 2, p. 44-58.

DURAND, C. (1963). « Note critique de l'ouvrage de H. Hoefnagels », dans *Sociologie du travail*, n° 2, avril-juin, p. 202-203.

HOEFNAGELS, H. (1962). *La sociologie face aux problèmes sociaux*, Bruges, Desclée de Brouwer, 240 p.

HORTON, J. (1964). « The dehumanization of anomie and alienation : a problem in the ideology of sociology », *The British Journal of Sociology*, vol. 15, n° 4, p. 283-300.

HORTON, J. (1966). « Order and conflict theories of social problems as competing ideologies », *American Journal of Sociology*, vol. 71, n° 6, p. 701-713.

MAYER, R. et J. PANET-RAYMOND (1991). « L'action communautaire de défense des droits sociaux », dans L. Doucet et L. Favreau (dir.), *Théorie et pratiques en organisation communautaire*, Sainte-Foy, Presses de l'Université du Québec, p. 97-118.

MARTINDALE, D. (1959). « Social disorganisation », dans H. Becker et A. Boskoff (dir.), *The Conflict of Normative and Empirical Approaches. Modern Sociology Theory*, New York, N.Y. Press.

CHAPITRE

3

D'UNE CONCEPTION CONSTRUCTIVISTE DE LA DÉVIANCE À L'ÉTUDE DES CARRIÈRES DITES DÉVIANTES
Retour sur la sociologie interactionniste et sur le courant de la réaction sociale[1]

JEAN POUPART, Ph. D.
École de criminologie, Université de Montréal
Centre international de criminologie comparée

---

1. Je tiens à remercier tout particulièrement Michèle Lalonde pour ses commentaires et l'aide apportée au moment de la révision finale de ce texte.

RÉSUMÉ

Ce chapitre traite du développement et des contributions des courants de la sociologie de la déviance interactionniste et de la réaction sociale dans les champs notamment de la sociologie et de la criminologie. Y sont examinées plusieurs thèses qui ont marqué et continuent de marquer l'étude de la déviance et plus globalement, celle des problèmes sociaux. Refusant de considérer la déviance comme une caractéristique inhérente aux actes ou aux personnes, les interactionnistes et les ethnométhodologues se sont attachés, dans une perspective constructiviste, à étudier les divers processus et mécanismes aussi bien informels que formels par lesquels sont assignés les statuts comme ceux de déviants ou de marginaux. À travers des concepts comme ceux de la stigmatisation et de la déviation secondaire, ils ont également examiné les conséquences que ces processus et mécanismes pouvaient avoir sur les trajectoires et les identités des personnes ou des groupes concernés. Adoptant une perspective empathique par rapport aux personnes dites déviantes, ils se sont également consacrés à l'étude des processus par lesquels certaines personnes s'impliquent dans les activités socialement réprouvées, à l'aide notamment du concept de carrière.

Dans ce chapitre, je présenterai quelques-unes des contributions majeures introduites dans les années 1960 et 1970 par les courants interactionniste et ethnométhodologique dans le champ de la sociologie de la déviance et du contrôle social. Ces courants ont eu une influence déterminante dans le renouvellement des problématiques de l'époque mais également sur les perspectives actuelles dans les disciplines notamment de la sociologie et de la criminologie. Avant de décrire les contributions de ces divers courants, une mise en contexte s'impose.

Dans les années 1960 s'est développé aux États-Unis un « nouveau » champ : celui de la sociologie de la déviance. Par rapport aux périodes antérieures, la nouveauté de ce champ résidait moins dans le choix des objets que dans la manière de les regrouper et de les aborder. Parler en termes de déviance permettait en effet un élargissement des problématiques en rassemblant sous un même chapiteau l'étude d'un ensemble d'objets qui apparaissaient à première vue relativement disparates et avaient été explorés séparément. En s'intéressant à des phénomènes aussi divers que la maladie mentale, la délinquance juvénile, la prostitution, les handicaps physiques tels la surdité et le bégaiement, l'usage des drogues et l'homosexualité, bref, aux diverses conduites sociales qui d'une façon ou d'une autre ont été ou sont jugées « anormales », les interactionnistes et les ethnométhodologues[2] vont attirer l'attention sur les expériences vécues en commun par les différentes catégories de déviants et sur les processus sociaux sous-jacents à ces expériences.

L'innovation la plus fondamentale introduite par les interactionnistes et les ethnométhodologues consiste toutefois dans l'introduction du thème de la réaction sociale. Comme on va le voir, ceux-ci vont s'interroger sur le rôle des groupes et des institutions sociales dans la définition de la déviance et sur les conséquences de ces définitions sur les trajectoires de ceux qui sont étiquetés comme déviants, ce qui constituait une véritable révolution paradigmatique par rapport à la sociologie et à la criminologie de l'époque qui, pour l'essentiel, s'étaient consacrées à l'étude des causes de la déviance. Au lieu de chercher pourquoi on est déviant, les interactionnistes et les ethnométhodologues vont se centrer en priorité sur l'analyse des conditions et des mécanismes sociopolitiques par lesquels certains groupes ou certains comportements sont étiquetés comme déviants.

---

2. Les fonctionnalistes avaient également contribué à cet élargissement des problématiques. On se rappellera que Merton (1938) définissait la déviance comme étant tout ce qui va à l'encontre des normes sociales.

À l'époque, on a caractérisé ce courant de recherche par la « théorie de l'étiquetage » (*labeling theory*), mais cette étiquette sera rejetée par les partisans de cette tradition qui préféreront parler plus globalement de la sociologie interactionniste de la déviance ou, encore, du courant de la réaction sociale pour qualifier une tendance forte au sein de celle-ci. En réalité, au départ en tout cas, dans les années 1960, la sociologie de la déviance, bien qu'encore relativement floue, était un champ où l'on étudiait aussi bien les processus d'implication dans la déviance que l'étude de la réaction sociale et des mécanismes de contrôle social (Becker, 1973). Dans les années 1970 et 1980 toutefois, l'accent sera mis sur l'étude de la réaction sociale et des mécanismes de contrôle social de telle sorte que l'on aura tendance à parler plutôt des thèses de la réaction sociale et de la sociologie du contrôle social.

Sur le plan intellectuel, ce courant de recherche s'inspire en partie de l'école de Chicago, première école de sociologie américaine au début du siècle, tant par l'importance qu'il attache à la perspective des acteurs sociaux que par l'emploi des méthodes ethnographiques (observation participante, récits de vie, entrevues en profondeur, etc.). Bien qu'issus de cette tradition, les sociologues interactionnistes de la déviance des années 1960 s'en démarquent substantiellement par le thème de la réaction sociale et par une plus grande distance critique par rapport aux institutions en place. Sur le plan théorique, toutefois, l'influence la plus déterminante de ce courant est sans doute celle de l'interactionnisme symbolique, perspective associée également à l'école de Chicago. Dans la lignée des travaux de Mead (1934) et de Blumer (1966), les interactionnistes s'interrogent sur le sens que les acteurs donnent à leur situation et à leurs actions, sens jugé essentiel pour comprendre leurs conduites sociales. Pour les interactionnistes également, les identités sociales et les statuts sociaux sont socialement transmis et socialement transigés à travers les interactions sociales. Pour les interactionnistes en effet, la conception que l'on a de soi (notre identité) et la conception que l'on a des autres (la manière dont nous les percevons et le sens que nous attribuons à leurs actions) se négocient en cours d'interactions et en fonction des contingences et des contraintes des situations. Dans le champ de la déviance, on peut déjà anticiper l'importance accordée par les interactionnistes aux interactions sociales et au contexte social dans l'assignation du statut de déviant et dans la négociation des identités déviantes.

Parallèlement à l'interactionnisme symbolique, bon nombre de travaux poursuivis dans le champ de la sociologie de la déviance vont s'inscrire dans une perspective ethnométhodologique. Au départ méconnu, ce courant théorique, inspiré notamment de la phénoménologie de Schutz (1962) et développé en particulier par Garfinkel (1967), s'avérera de plus en plus influent. Les ethnométhodologues[3] étudient ce qu'ils appellent les « méthodes » ou, si l'on préfère, les divers procédés par lesquels les membres d'une communauté construisent leur réalité et la réalité des autres dans le cours de leurs activités quotidiennes. Leur apport va être déterminant, notamment, dans l'analyse des processus de catégorisation, c'est-à-dire dans la manière dont aussi bien les profanes que les différents groupes d'experts au sein des organisations s'y prennent pour définir et cataloguer les diverses catégories de déviants.

Si la plupart des auteurs associés à la sociologie de la déviance et à la perspective de la réaction sociale vont s'alimenter aux deux perspectives précédentes, ils s'opposeront par ailleurs au courant théorique encore dominant dans les années 1960, le fonctionnalisme, notamment en ce qui a trait à leur vision de la société. Pour les fonctionnalistes, l'ordre social et la légitimité des institutions étaient fondés sur un large consensus social. Pour eux, il y avait une entente relative entre les divers groupes de la société sur les normes jugées fondamentales et sur les conduites estimées acceptables. C'est précisément cette vision du social que contesteront les interactionnistes. S'inspirant des thèses du conflit social (Dahrendorf, 1959), ils estimeront que les groupes sont en lutte pour préserver leurs intérêts et pour imposer leur propre système normatif. Dans cette lutte, les groupes dominants seront vus comme ayant plus de pouvoir non seulement pour établir leur point de vue, mais également pour influencer les diverses institutions sociales, y compris celles qui ont pour mission d'effectuer le contrôle social des déviants. Même si certains leur reprocheront de mettre trop peu l'accent sur cette question[4], les interactionnistes mettront en lumière la dimension politique de la définition des groupes déviants et de leur contrôle.

Cette remise en question de la vision fonctionnaliste de la société et cet intérêt pour la dimension politique de la déviance et du contrôle social sont à situer dans leur contexte historique. Les années 1960 sont, aux États-Unis comme souvent ailleurs en Occident, une période de forte contestation sociale, politique et culturelle. Dans la lignée des contestations étudiantes, du mouvement féministe, des luttes antiraciales, des revendications pour le respect des libertés civiles et pour la réduction de la pauvreté, des manifestations contre la guerre au Vietnam, les diverses formes d'inégalité et d'oppression seront dénoncées. Les thèses interactionnistes de la déviance s'inscrivent dans la foulée de ce mouvement général de

---

3. Pour une présentation simple et bien faite de l'ethnométhodologie en langue française, voir Coulon (1987).

4. Voir en particulier la critique que Gouldner (1968) fait de la position de Becker dans l'étude de la déviance. Voir également la critique des criminologues radicaux, notamment l'ouvrage de Taylor, Walton et Young, *The New Criminology*, 1973.

contestation tout comme d'ailleurs la sociologie et la criminologie inspirées notamment du néomarxisme, courant qui prend plus d'ampleur au même moment. Les interactionnistes prendront fait et partie pour les déviants, ne serait-ce qu'en présentant leur point de vue et en montrant l'impact des institutions de contrôle social sur leur identité et sur leur trajectoire.

Les thèses interactionnistes de la déviance vont entraîner une remise en question fondamentale des problématiques en cours, notamment en criminologie. Durant les années 1960 et 1970, la criminologie était en train de s'institutionnaliser soit comme spécialité au sein d'autres disciplines, soit comme discipline autonome, par exemple au Québec. Elle s'était donné pour mission de faire l'étude scientifique des déviants et de favoriser la réforme des institutions pénales responsables de les prendre en charge. Dans une position plus indépendante par rapport aux agences de contrôle social, les interactionnistes vont faire la critique du modèle scientifique de la criminologie traditionnelle, des présupposés de ses modèles d'intervention et des institutions qu'elle entendait réformer. Bien que certaines dimensions de la problématique interactionniste fussent en partie compatibles avec la criminologie traditionnelle, d'autres lui étaient totalement étrangères et remettaient fondamentalement en question ses orientations. Les interactionnistes, et dans leur sillage les courants critiques en criminologie, proposeront de se consacrer en priorité (pour certains, en exclusivité) à l'étude de la réaction sociale et aux mécanismes de contrôle social. Au fur et à mesure que les thèses interactionnistes et ethnométhodologiques de la déviance se diffuseront aussi bien en Europe qu'en Amérique du Nord, notamment dans les années 1970 et 1980, il y aura des clivages importants en criminologie entre les partisans des conceptions positiviste et constructiviste de la déviance.

C'est précisément de cette différence de conception et de perspective dans la conception de la déviance qu'il sera question dans la prochaine section. Les sections subséquentes seront consacrées, à l'aide de quelques études types, à la présentation de trois autres dimensions importantes de la problématique interactionniste ou ethnométhologique[5] : l'étude de la réaction sociale informelle et formelle, c'est-à-dire l'étude des processus informels et formels par lesquels les groupes ou

---

5. Sauf pour l'étude des carrières déviantes qui s'est faite dans une perspective foncièrement interactionniste, un bon nombre des travaux sur la déviance dans les années 1960 et 1970 s'inspirent de ces deux traditions théoriques, bien qu'avec des accents divers selon les auteurs. C'est pour cette raison que dans le texte je parle de la sociologie interactionniste et ethnométhodologique de la déviance, même s'il ne faut pas confondre ces deux perspectives. Pour des synthèses de ces courants dans le champ de la déviance, voir, entre autres, Chapoulie (1984), Coulon (1987), Herpin (1973), Liska (1981), Ogien (1995) et Pfohl (1985).

les institutions donnent aux autres le statut de déviant; l'étude des conséquences des processus d'étiquetage sur les déviants à partir notamment des notions de stigmatisation et de déviation secondaire; enfin, l'étude des processus d'implication dans la déviance envisagés notamment sous l'angle d'une carrière.

LA DÉVIANCE ET LE CRIME COMME RÉALITÉS SOCIALEMENT CONSTRUITES

Comme je l'ai laissé entendre précédemment, l'une des contributions les plus marquantes de la sociologie interactionniste et ethnométhodologique des années 1960 et 1970 est d'avoir proposé une nouvelle façon de concevoir la déviance et le crime. Cette conception, qui conduisait à repenser ces phénomènes comme des construits sociaux plutôt que comme des «faits bruts», pour reprendre l'expression de Pires (1993), n'allait pas de soi à l'époque. Aujourd'hui encore, elle continue de soulever de nombreuses discussions, non seulement parce qu'elle va à l'encontre de la manière dont on envisage spontanément la déviance et le crime, mais aussi parce qu'elle pose toute la question du statut de la réalité.

Ainsi, par rapport à des notions comme celles de déviance, de crime, de maladie mentale, mais également par rapport à d'autres notions comme celles de genre, de jeunesse ou de vieillesse ou encore d'ethnicité, deux conceptions s'opposent. La première, rattachée à l'approche dite positiviste, postule qu'il est possible d'établir d'une manière objective les comportements qui seraient «par essence» déviants, criminels ou relevant d'une maladie mentale, ainsi que les caractéristiques qui permettraient d'identifier, d'une manière tout aussi objective, ce que seraient, par exemple, un déviant, un criminel ou un malade mental. La seconde conception, associée quant à elle au constructivisme, considère que de dire que tel comportement ou telle personne sont déviants ou encore qu'ils possèdent un ensemble de caractéristiques qui leur sont propres serait le fruit d'une construction sociale. C'est cette manière autre de conceptualiser la déviance qu'ont introduite les interactionnistes et les ethnométhodologues, en affirmant qu'elle n'est pas une propriété inhérente aux actes, aux individus ou aux groupes, mais un attribut qui leur est socialement conféré.

Pour mieux comprendre ce que cela signifie, il m'apparaît utile de reproduire un passage abondamment cité d'un ouvrage de H.S. Becker, publié en 1963 et devenu depuis un classique. Intitulé *Outsiders. Studies in*

Sociology of Deviance, cet ouvrage a contribué à populariser la sociologie de la déviance interactionniste, aussi bien en Europe qu'aux États-Unis (Becker, 1985)[6].

> [...] Les groupes sociaux créent la déviance en instituant des normes dont la transgression constitue la déviance, en appliquant ces normes à certains individus et en les étiquetant comme des déviants. De ce point de vue, la déviance n'est pas une qualité de l'acte commis par une personne, mais plutôt une conséquence de l'application, par les autres, de normes et de sanctions à un « transgresseur ». Le déviant est celui auquel cette étiquette a été appliquée avec succès et le comportement déviant est celui auquel la collectivité attache cette étiquette.

Ainsi, selon Becker, la déviance est le résultat d'un processus social lié à la façon dont les groupes définissent les normes, transforment un acte en transgression de celles-ci, jugent celui qui le commet comme déviant et, enfin, lui assignent ce statut. En ce sens, les conduites sociales ne sont pas en soi déviantes ; elles ne le deviennent que si elles sont désignées comme telles dans un contexte social donné. En effet, dire qu'un acte est déviant suppose un jugement social, une qualification sociale qui dépend des représentations et des normes en usage dans ce contexte. C'est effectivement en référence à ces représentations et à ces normes que les comportements sont estimés acceptables ou non. C'est dans ce sens que Becker affirme, dans la citation précédente, que ce sont « les groupes sociaux qui créent la déviance » et c'est également selon la même logique qu'il soutient, tout comme Robert (1984) dans le contexte français, qu'il n'y a pas de crime ou de déviance s'il n'y a pas de normes qui les définissent comme telles.

Cette idée peut apparaître de prime abord relativement évidente. Après tout, on admet volontiers, comme le soutiennent les interactionnistes, que les normes sont relatives et que les mêmes comportements font l'objet d'un jugement qui varie dans le temps et dans l'espace. Ainsi, dans certains pays, la prostitution, l'avortement et la consommation de certaines drogues comme la marihuana sont des comportements proscrits par la loi, alors que dans d'autres ils ne le sont pas. De même, certaines conduites qui étaient autrefois vues comme inacceptables, telle l'homosexualité, sont devenues aujourd'hui de plus en plus admises, alors qu'à l'inverse certaines pratiques auparavant acceptées, comme l'usage de la cigarette, sont de plus en plus désapprouvées, voire interdites.

---

6. Pour un aperçu des premières formulations de la problématique interactionniste et ethnométhodologique de la déviance, en plus de l'ouvrage de Lemert (1951), voir en particulier les articles de Erikson (1962), de Kitsuse (1962) et de Kitsuse et Cicourel (1963).

Il est sans doute facile, lorsque les conduites font l'objet de dissension sociale, de prendre conscience des enjeux normatifs qui les entourent et du processus de qualification sociale qui conduit à les définir comme déviantes ou non. Mais qu'en est-il de ce processus s'agissant de situations moins « évidentes », par exemple le meurtre, situations que l'on a généralement tendance à considérer comme fondamentalement déviantes ? Plusieurs auteurs se rattachant à une conception positiviste du crime et de la déviance ont remis en question la perspective proposée par le courant interactionniste en affirmant que certains actes seraient, de toute évidence, de nature déviante ou criminelle. Pour ces auteurs, si le caractère objectivement déviant peut apparaître discutable dans le cas de certains comportements tels l'homosexualité ou l'usage de drogues douces, envisagés comme de la *soft deviance* (de la déviance légère), il en va différemment lorsqu'il s'agit de conduites qui apparaissent plus graves, tels le meurtre, la violence ou l'inceste.

Même dans ces cas, il faut, selon les interactionnistes, envisager la manière de les caractériser comme des constructions sociales. Si l'on prend l'exemple du meurtre, il existe, selon les interactionnistes, plusieurs situations qui consistent à enlever la vie à une personne, comme à la guerre, dans le cas du suicide assisté, lors de poursuites policières, lorsqu'un propriétaire de dépanneur tue un individu qui tente de lui dérober de l'argent ou, encore, lors d'un échange de coups entre deux belligérants ou d'un règlement de comptes. Si le meurtre (et plus généralement la déviance) tenait à la nature même du comportement, alors on devrait toujours conclure, face à un comportement identique – ici le fait d'enlever la vie à quelqu'un – que l'on est en présence d'un meurtre, ce qui n'est assurément pas le cas. Selon les contextes sociaux, on pourra en effet interpréter le fait d'enlever la vie à quelqu'un comme un geste nécessaire pour défendre son pays, comme un geste humanitaire pour soulager la souffrance, comme une activité nécessaire à la protection de la société, comme un acte de légitime défense ou encore comme un homicide. Bref, affirmer qu'un comportement est déviant ne tient donc pas à la nature de ce comportement au sens strict, mais bien à la conception que l'on s'en fait, conception liée entre autres au contexte dans lequel il prend place, aux croyances et aux normes qui encadrent la façon dont les individus ou les groupes appréhendent cet acte et les personnes susceptibles de l'avoir posé.

À cette idée fondamentale suivant laquelle ce qui est vu comme déviant dans une société ou un groupe donné dépend essentiellement du système normatif en vigueur dans cette société ou ce groupe s'ajoute celle qui consiste à affirmer que, pour qu'un individu ou un groupe soient considérés comme déviants, ils doivent avoir fait l'objet d'un processus d'étiquetage, c'est-à-dire d'un processus à travers lequel ils sont désignés en tant que tels. Cette seconde idée met l'accent sur le fait que le caractère déviant d'un individu ou d'un groupe résulte des activités au cours desquelles s'élabore un jugement de déviance. Elle conduit ainsi à considérer le rôle joué par les autres dans les phénomènes de déviance. En effet, non seulement ce sont eux qui définissent les normes, mais ce sont également eux qui les appliquent à un « transgresseur », le déviant étant celui auquel on a réussi à apposer avec succès cette étiquette, comme le souligne aussi Becker dans la citation précédente. En effet, il ne suffit pas qu'une personne contrevienne aux normes pour qu'elle soit vue comme déviante (pensons ici au fumeur de marihuana), encore faut-il que son comportement soit transformé en infraction, suscite une réprobation et entraîne une réaction de la part d'autrui, cet autrui pouvant être un individu ou une institution. D'où l'intérêt porté ici au processus de désignation de la déviance et, par conséquent, à la manière dont les groupes réagissent, de façon informelle ou formelle, aux conduites socialement réprouvées.

Concevoir la déviance (ou la criminalité) comme le produit de la réaction sociale et, dès lors, comme un construit n'a pas été sans susciter un certain nombre d'objections. Ainsi, pour certains, cela équivaut à conclure que le crime ou la déviance n'existent pas, qu'ils sont en quelque sorte une forme de fiction sociale. Ce n'est évidemment pas ce que soutiennent ceux qui, tant hier qu'aujourd'hui, adoptent une conception constructiviste de la déviance. Ces derniers font en effet une distinction entre le comportement même, qui existe bel et bien, et le fait de le qualifier comme déviant ou criminel, ce qui suppose un processus de définition sociale, lequel processus est d'ailleurs tout aussi réel que le comportement. De ce point de vue, le crime et plus globalement la déviance ont une existence en tant que « réalités socialement construites » et non en tant que propriétés inhérentes à certains actes et aux personnes qui les posent.

Une deuxième objection souvent énoncée à l'égard de la thèse interactionniste et constructiviste de la déviance, laquelle n'est pas sans découler en partie de la première, consiste à dire qu'adopter cette thèse revient à faire fi des conséquences que peuvent entraîner certains comportements pour les personnes, par exemple pour les victimes. Cette objection relève encore ici d'une méprise. Pour les constructivistes, il y a, bien sûr, des conséquences aux agissements. Par exemple, le fait d'asséner un coup de poing à quelqu'un peut provoquer des blessures de divers ordres. Toutefois, la manière d'interpréter cet événement et d'y réagir sera fort différente selon les circonstances dans lesquelles il prend place : bagarre de rue, match de hockey ou combat de boxe, policier qui frappe un individu lors d'une manifestation, scène de ménage. Ainsi, des actes aux conséquences physiques semblables pourront donner lieu à des reconstructions variables selon les contextes sociaux, c'est-à-dire à des interprétations et à des réactions fort différentes selon les circonstances et les personnes en présence.

Enfin, troisième objection, on a souvent accusé les interactionnistes, les ethnométhodologues et plus généralement l'approche constructiviste d'adopter une position relativiste qui équivaudrait à mettre sur le même pied toutes les formes de conduites sociales et, en bout de ligne, à rejeter tout système normatif. Avant de répondre à cette objection, deux précisions s'imposent. En premier lieu, en insistant sur la relativité des normes et sur les enjeux sociopolitiques de la définition des normes, les interactionnistes voulaient se distancier de la position normative qu'adoptent les institutions, les intervenants et les chercheurs lorsqu'ils tiennent pour acquis le jugement social porté sur les déviants. Bref, ne serait-ce qu'en présentant le point de vue des déviants, ils ont voulu attirer l'attention sur ce qui passe souvent inaperçu, à savoir qu'il existe des enjeux normatifs dans la désignation des phénomènes de déviance. En effet, dans les sciences sociales et humaines, et notamment dans les disciplines «d'intervention» comme le service social, la psychologie, la sexologie et la criminologie, disciplines s'intéressant globalement à l'analyse de ce qu'on appelle les problèmes sociaux tels qu'ils sont définis par les diverses institutions sociales, les risques d'oublier que les objets d'étude traités renvoient immédiatement aux systèmes normatifs défendus par ces institutions sont d'autant plus grands que ces systèmes sont souvent partagés spontanément par les chercheurs mêmes.

En second lieu, les interactionnistes refusaient de se prononcer, au nom de la science, sur ce qui serait «objectivement» de la déviance. Ou plutôt, ils le faisaient mais d'une manière radicalement différente de celle dont on l'entendait habituellement. Pour eux, si la science ne peut trancher objectivement, comme le soutiennent certains positivistes, sur les comportements qui seraient par «essence» déviants, elle peut toutefois tenter de faire l'étude «objective» de ce qui est considéré comme déviant dans un contexte social donné, par exemple en menant des enquêtes sur les représentations de la déviance ou du crime. Pour les interactionnistes, la compréhension des phénomènes de déviance est donc indissociable des enjeux normatifs.

Ces précisions étant faites, il importe de souligner que le fait d'adopter une perspective constructiviste et de prendre ainsi conscience que l'étude des «problèmes sociaux» renvoie à des enjeux normatifs ne signifie pas pour autant qu'il ne soit pas possible de prendre position en tant qu'acteur social et aussi en tant que scientifique sur la nature de ces enjeux, à condition de reconnaître qu'intervient alors le propre système de croyances du chercheur. Ainsi, c'est une chose de s'intéresser à ce qu'on appelle la violence dans le hockey, dans l'intention d'étudier comment, dans les années 1970, certains groupes tentaient de transformer cette question en un problème social ou, encore, d'essayer de voir la vision qu'en avaient les joueurs et les entraîneurs (Poupart, 1979). C'est autre chose de se prononcer soi-même contre la violence au hockey car, ce faisant, on prend position non pas au nom d'une science prétendument objective, mais en tant qu'acteur engagé comme tout le monde dans les réalités sociales. En somme, adopter une perspective constructiviste amène à déconstruire le point de vue des autres et son propre point de vue, mais n'empêche pas que l'on puisse prendre parti.

LA RÉACTION SOCIALE ET LES PROCESSUS INFORMELS ET FORMELS DE CONSTITUTION DE LA DÉVIANCE

En proposant d'envisager la déviance comme un statut socialement conféré, le courant interactionniste amorcera un changement de paradigme dans le champ de la sociologie de la déviance et de la criminologie, lequel changement, à son tour, entraînera un déplacement des objets d'étude. Comme je l'ai souligné, jusque-là les spécialistes de la criminologie, qu'ils proviennent de la psychologie, de la psychiatrie, du droit ou de la sociologie, s'étaient principalement attachés à rechercher les causes permettant d'expliquer les comportements dits déviants ou criminels, de même qu'à évaluer l'efficacité des mesures visant à contrer ces comportements. Or, dans la mesure où les processus de définition jouent un rôle primordial dans la détermination de ce qui est de l'ordre de la déviance, le courant interactionniste insistera sur l'importance de se pencher sur les différentes conditions et les différents mécanismes par lesquels les acteurs individuels ou collectifs, y compris les institutions de contrôle social, assignent à autrui le statut de déviant. Selon une terminologie usuelle, ce courant s'intéressera aux processus de réaction sociale aussi bien informels que formels, et ce, afin de comprendre ce qui façonne l'attribution de ce statut et ce qui en résulte comme conséquences pour les personnes concernées.

Avant de présenter quelques études classiques menées selon cette perspective, il convient de nous attarder sur le terme même de « réaction sociale ». Souvent utilisé – tout comme celui d'ailleurs de *labeling* – pour caractériser l'approche interactionniste de la déviance, ce terme, encore en usage aujourd'hui bien qu'il ait été populaire surtout dans les années 1960 et 1970, a suscité un certain nombre d'interrogations. L'une de celles-ci, relative à ce que Becker (1963) appelle la « déviance secrète », peut s'énoncer ainsi : si la déviance peut rester inconnue du groupe, comment est-il alors possible de parler de réaction sociale ? Pour les interactionnistes cependant, ce n'est pas parce que le groupe n'intervient pas directement qu'il ne fait pas pour autant sentir sa présence. En effet, la personne qui adopte telle ou telle conduite réprouvée socialement sait que celle-ci peut faire l'objet d'une telle réaction de la part d'autrui, et c'est précisément pour cette raison qu'elle tient parfois à garder sa conduite secrète. À cela s'ajoute le fait que la personne peut très bien s'auto-étiqueter comme déviante, c'est-à-dire estimer que sa conduite est répréhensible, et en ressentir une forme de honte et de blâme, et ce, même en l'absence de toute action de la part d'autrui. En somme, les processus de contrôle social visant à assurer la conformité sociale peuvent très bien opérer en dehors de toute action effective de la part du groupe.

La seconde critique, plus sérieuse, a été énoncée par les partisans mêmes du courant de la réaction sociale. Comme le souligne Robert (1984), parler en termes de réaction sociale pour attirer l'attention sur le rôle des groupes dans l'assignation du statut de déviant laisse croire que ceux-ci ne font que réagir au(x) comportement(s) des autres, alors qu'en pratique ils participent activement à la définition des situations jugées problématiques. Malgré les limites que comporte l'usage de la notion de réaction sociale, j'utiliserai ici cette notion parce qu'elle demeure encore aujourd'hui la plus fréquemment employée pour désigner ce courant de recherche. En plus d'une remise en question du statut ontologique du comportement tel que nous l'avons vu plus haut, les travaux inspirés du courant de la réaction sociale se développeront dans trois directions différentes : une première qui, dans une perspective historique, tente d'expliquer la manière dont sont socialement instituées de nouvelles catégories de déviants et l'émergence des institutions de contrôle social chargées de les prendre en charge ; une seconde qui s'intéresse aux processus informels et formels de constitution de la déviance ; une troisième, enfin, qui porte sur les conséquences pour les acteurs concernés des processus d'étiquetage.

En ce qui concerne la première direction de recherche, plusieurs des travaux des années 1960 qui s'inspirent de la perspective de la réaction sociale viseront, dans une perspective historique, à rendre compte de l'invention de nouvelles catégories sociales telles que la délinquance juvénile (Platt, 1969) ou de l'émergence de certains mouvements sociaux ayant donné lieu à la criminalisation de certains comportements comme le vagabondage (Chambliss, 1964), la consommation et la vente d'alcool (Gusfield, 1963) ou, encore, l'usage de la marihuana (Becker, 1985). Comme le dit Pfohl (1985), ces études utilisent une approche semblable à celle préconisée par Spector et Kitsuse (1977) lorsque, dans leur ouvrage intitulé *Constructing Social Problems,* ils proposent d'étudier les processus et les stratégies par lesquels certains groupes en viennent à dire que certaines situations ou comportements font socialement problème et à imposer politiquement leur point de vue, donnant ainsi lieu à la constitution de nouvelles classes de déviants. Ce courant d'étude deviendra encore plus populaire dans les années 1970 et 1980 alors que sera entreprise, dans une perspective critique, une série de travaux historiques sur l'émergence de nouveaux modes de contrôle social tels que ceux de Foucault (1975), de Garland (1985), d'Ignatieff (1978), de Rothman (1971) et de Laberge (1983).

Une part importante des études issues de la perspective de la réaction sociale va cependant porter sur les deux autres directions de recherche, soit sur les processus informels et formels de constitution de la déviance et sur les conséquences des processus d'étiquetage. En plus de l'examen de ces conséquences dont il sera question dans la prochaine section, les interactionnistes et les ethnométhodologues vont en effet étudier le rôle de la réaction sociale « informelle » (des interactions au sein des groupes primaires) et de la réaction sociale « formelle » (de l'action des agences de contrôle social), d'une part, dans la désignation de qui est ou non déviant et, d'autre part, dans le repérage, la sélection et la prise en charge des différentes catégories de déviants.

Deux hypothèses serviront d'arrière-plan à ces travaux. Selon la première hypothèse, le comportement d'une personne serait relativement secondaire dans l'assignation du statut de déviant par rapport à ce que l'on peut appeler, suivant les interactionnistes, les contingences sociales de l'action. Par contingences, ils entendent l'ensemble des considérations qui, bien qu'extérieures à ce qu'est ou à ce qu'a pu faire le « déviant », interviennent dans les processus d'étiquetage. Pensons ici aux représentations que l'on se fait dans un groupe donné des conduites jugées acceptables, à la présence ou non de victimes, à la proximité sociale entre l'« infracteur » et le groupe qui est témoin des conduites, à l'existence de mécanismes officiels ou alternatifs de règlement de conflits ou, encore, à la visibilité sociale des conduites. Comme on peut le constater, ces contingences relèvent tout autant des circonstances particulières dans lesquelles se déroulent les interactions sociales que des conditions objectives susceptibles d'en affecter le déroulement.

Une seconde hypothèse sur laquelle se fondent ces travaux est qu'il existe des formes de discrimination dans l'assignation des divers statuts de déviant et dans l'application des diverses mesures de contrôle social. En ce sens, certains groupes ont de plus grandes probabilités d'être étiquetés comme déviants et de faire l'objet d'une prise en charge institutionnelle. Entrent en effet en ligne de compte dans les processus de différenciation sociale des variables comme l'ethnicité, le genre, la religion, l'âge ou la classe sociale. Ce sont ces pratiques discriminatoires qui, par exemple, expliqueraient en grande partie que les noirs, les autochtones, les immigrants et les pauvres sont surreprésentés dans le système pénal.

L'étude de Chamboredon (1971) sur la délinquance juvénile a particulièrement fait ressortir l'importance de la position sociale dans le processus d'assignation du statut de délinquant. À partir d'une relecture des travaux sur la réaction sociale informelle et formelle, cette étude, qui constitue une première en langue française de l'approche interactionniste de la déviance, se propose d'expliquer pourquoi et comment les jeunes appartenant à des milieux défavorisés ont plus de chances que les jeunes issus des milieux favorisés d'être identifiés comme délinquants et pris en charge par les institutions une fois leur conduite portée à l'attention de ces dernières. Elle constitue également, dans la lignée des thèses de la réaction sociale, une excellente illustration des mécanismes informels et formels de constitution de la délinquance et, en ce sens, mérite d'être sommairement présentée.

Pour Chamboredon, la délinquance juvénile est le résultat d'un processus de définition et de sélection qui prend naissance bien avant l'intervention des agences de contrôle social : la police, les tribunaux pour jeunes et, enfin, les institutions de rééducation. L'auteur part en effet de la constatation que ce ne sont pas tous les délits qui sont renvoyés au système de justice, soit parce qu'ils suscitent peu la réprobation, soit parce qu'on croit peu à l'efficacité de ce système. Bien plus, le système de justice ne s'alimente que très peu de lui-même, prenant surtout ce qui lui est renvoyé[7]. Aussi apparaît-il fondamental pour Chamboredon d'examiner les processus informels de constitution de la délinquance, puisque ce sont eux qui, le plus souvent, entraînent l'intervention des agences officielles.

Selon Chamboredon, la délinquance est d'abord à situer par rapport aux divers mécanismes de régulation sociale propres aux différentes classes sociales. Certains milieux exercent un plus grand contrôle sur les jeunes, possèdent leurs propres mécanismes de résolution de conflits, se défendent mieux face à l'intervention des institutions de contrôle social et, comme il a déjà été souligné, ont davantage le pouvoir d'imposer leurs normes. Sur le plan normatif, Chamboredon estime notamment que les jeunes des milieux défavorisés se trouvent dans une position vulnérable. Leur éthique de classe risque en effet d'être en conflit avec les normes dominantes et notamment celles que privilégie le système pénal. Certaines conduites comme le fait de se battre pour défendre l'honneur de son frère, vues comme normales dans leur propre milieu, peuvent être jugées inacceptables selon la morale d'autres groupes et sont susceptibles d'être interprétées comme des signes de délinquance ou précurseurs de la délinquance. Cette possibilité augmente sensiblement si ces jeunes habitent des

_____

7. Voir également Robert (1977).

quartiers dominés par la classe moyenne. Minoritaires au sein de ces quartiers, leurs comportements risquent d'attirer davantage l'attention et d'être étiquetés comme délinquants au nom d'une morale différente. Pour Chamboredon, la compréhension des processus d'assignation de la délinquance doit donc nécessairement passer par une analyse des rapports de domination entre les différents groupes sociaux.

Les comportements des jeunes des milieux défavorisés sont également sujets à une plus grande visibilité sociale dans la mesure où ils prennent place davantage sur la scène publique (on pourrait dire la même chose pour les jeunes de la rue aujourd'hui), augmentant d'autant les risques qu'ils soient perçus comme problématiques. En comparaison, les jeunes des classes moyennes et supérieures jouissent, selon Chamboredon, d'un encadrement social plus étendu en faisant partie, par exemple, de clubs et d'associations diverses qui non seulement masquent leurs comportements aux yeux du public, mais contribuent, par des mécanismes internes de résolution de conflits, à faire en sorte qu'ils échappent à l'attention des institutions officielles de contrôle social. S'ajoute à cela le fait que les jeunes des milieux défavorisés sont plus susceptibles que ceux des autres milieux de vivre des expériences d'exclusion, par exemple à l'école.

Pour Chamboredon, les jeunes des milieux défavorisés font aussi l'objet d'une plus grande surveillance. Pour diverses raisons liées entre autres au fait que la délinquance est souvent considérée comme l'apanage des quartiers pauvres, la police exerce une plus grande vigilance auprès des jeunes de ces quartiers et il y a donc plus de chances qu'elle intervienne auprès d'eux. De plus, ces jeunes sont plus susceptibles d'une attention particulière de la part des intervenants sociaux. Faisant partie de familles souvent dites à « problèmes », ces jeunes peuvent être plus aisément perçus par ces intervenants comme des délinquants potentiels. Ces différents mécanismes d'exclusion peuvent avoir un effet de « prophétie qui s'autoréalise » (*self-fulfilling prophecy*), c'est-à-dire faire en sorte que les jeunes se marginalisent davantage parce qu'ils se sentent rejetés et, pour le dire dans les termes de Paugam (1991), disqualifiés socialement.

Il a été surtout question, en reprenant l'analyse proposée par Chamboredon, des mécanismes de la réaction sociale informelle et des étapes précédant l'intervention des agences de contrôle. Qu'advient-il lorsque ces agences entrent en action ? Quel rôle jouent-elles dans l'identification, la sélection et la prise en charge des déviants ? Bref, de quelles façons la réaction sociale formelle contribue-t-elle à la différenciation sociale des déviants, c'est-à-dire à faire en sorte que certains groupes soient identifiés comme étant à part et méritant l'intervention des institutions de contrôle social ? Il n'est évidemment pas question ici de faire le bilan des nombreuses études qui, à partir d'un examen des pratiques professionnelles et du fonctionnement des organisations, ont visé à rendre compte de la manière dont sont pour ainsi dire socialement produites les diverses catégories de déviants. En nous servant de quelques études classiques comme celles de Cicourel (1969) et de Scheff (1966), je me propose plutôt de présenter un bref aperçu de cette problématique.

Dans son ouvrage intitulé « L'organisation sociale de la délinquance juvénile » (*The Social Organization of Juvenile Justice*), Cicourel se propose de montrer que la délinquance, loin d'être une catégorie naturelle, est le produit des activités et des décisions routinières des membres (policiers, juges pour enfants, avocats, officiers de probation et éducateurs spécialisés) des diverses organisations pénales et, notamment, des « méthodes » qu'ils utilisent pour construire la réalité. S'inspirant de l'ethnométhodologie, Cicourel s'intéresse plus particulièrement à la manière dont, dans le cours de leurs activités normales au sein de leur organisation, ces intervenants en arrivent à catégoriser les jeunes avec lesquels ils sont en contact en fonction à la fois des contraintes organisationnelles et de leurs propres théories courantes sur ce que sont ces jeunes et sur ce qu'ils ont pu faire.

Avant d'en venir à la description de ces processus de catégorisation, il importe de faire remarquer qu'en continuité avec son livre (Cicourel, 1964) sur les méthodes et les données de recherche, Cicourel remet d'abord en question la validité des statistiques officielles comme mesure réelle de la délinquance, poursuivant ainsi la réflexion qu'il avait entreprise quelques années auparavant avec Kitsuse (Kitsuse et Cicourel, 1963)[8]. En effet, pour ces derniers, les statistiques officielles sont d'abord et avant tout le reflet du fonctionnement même des organisations qui agissent en matière de justice dans la mesure où ces statistiques résultent des activités par lesquelles ces organisations définissent, sélectionnent, traitent et prennent en charge les personnes perçues comme déviantes ainsi que des conditions qui influencent ces activités.

> *The conception of rates of deviant behaviour as the product of the socially organized activities of social structures provides a method of specifying the relevant structure to be investigated. The rates are constructed from the statistics compiled by specifiable organizations, and those rates must be explained in terms of the deviant-processing activities of those organizations. Thus, rates can be viewed as indices of organizational processes rather than as indices of the incidence of certain forms of behaviour. For example, variations in the rates of deviant behaviour among a given group (e.g., Negroes) as reflected in the statistics of different organizations may be a product of the differing definitions of deviant behaviour used by those organizations,*

---

8. Pour une critique de la validité des statistiques pénales et une analyse approfondie de la manière dont elles sont le produit des processus informels et formels de contrôle social, voir l'excellent article de Philippe Robert (1977).

differences in the processing of deviant behaviour, differences in the ideological, political, and other organizational conditions which affect the rage-making processes (Kitsuse et Cicourel, 1963, p. 250).

Pour démontrer que les statistiques officielles sont plus indicatives du fonctionnement des organisations que de la criminalité réelle, Cicourel compare les taux de délinquance de deux villes californiennes qui présentent des caractéristiques sociodémographiques similaires. Il en arrive à la conclusion que les variations observées dans les taux de délinquance entre les deux villes tiennent essentiellement, comme l'indique la citation précédente, à des différences dans les politiques de lutte contre la criminalité, dans les modes d'organisation des services de police et dans la manière dont les policiers appliquent au quotidien les directives données par leurs supérieurs.

Cicourel ne s'en tient pas uniquement à l'analyse de la production différentielle des taux de délinquance en relation avec le fonctionnement des diverses organisations concernées par la délinquance juvénile. Se basant sur des observations *in situ*, sur une analyse des dossiers institutionnels et sur des entrevues réalisées auprès de policiers et d'officiers de probation, il examine la manière dont ceux-ci s'y prennent, dans le cours de leurs activités et de leurs interactions quotidiennes, pour étiqueter certains jeunes de délinquants. À cet effet, il met en lumière comment les policiers, tout comme d'ailleurs les autres intervenants, procèdent par typification, c'est-à-dire par l'application de catégories préétablies. Étroitement associées à leurs expériences de travail antérieures et à leurs théories implicites concernant la délinquance juvénile, ces catégories servent en quelque sorte de grille de lecture pour l'appréciation des cas. Notamment, les policiers ont tendance à classer les jeunes en deux grandes catégories : les bons et les mauvais jeunes, les premiers étant ceux qui seraient impliqués dans des délits sans que cela soit symptomatique d'une mauvaise nature, alors que la délinquance des seconds serait révélatrice d'un caractère foncièrement immoral nécessitant une intervention immédiate.

Dans l'appréhension et la classification des cas, les policiers se fient, selon Cicourel, à un certain nombre de signes (*cues*) tels l'habillement, les intonations de la voix ou les expressions du visage, la démarche physique, les lieux où se déroule l'action ainsi que les attitudes des jeunes à leur endroit. Ainsi, ceux qui se montrent coopératifs, polis et repentants ont une plus grande chance de s'en tirer que ceux qui se montrent hostiles envers eux. Ce processus de reconstruction de ce que sont les jeunes se poursuit au moment de l'arrestation. Les policiers se servent alors des « informations » comme l'existence d'un dossier, la position sociale de la famille, la performance scolaire et les conduites antérieures pour confirmer l'image qu'ils se font des jeunes. Ces nouveaux indices sont interprétés sélectivement de manière à documenter davantage à quel genre de jeunes ils ont affaire. Ce processus de reconstruction est marqué par les divers stéréotypes concernant, par exemple, la condition sociale des jeunes et de leur famille ou, encore, leur origine ethnique. Si bien que les jeunes Blancs issus de milieux aisés ont ainsi plus de chances de s'en tirer que les jeunes Noirs des milieux défavorisés.

Comme on peut le voir, l'étude de Cicourel montre l'importance que les ethnométhodologues attachent, dans l'analyse des processus de catégorisation, aux procédés cognitifs[9] : existence de catégories préconçues sur ce que sont ou ne sont pas les délinquants, lecture sélective des «informations» dans le but de documenter les théories implicites, interprétation rétrospective des gestes et des actions passés à la lumière de l'idée que l'on s'est nouvellement faite du délinquant, justification après coup des décisions prises. Bref, l'image véhiculée des délinquants, par exemple dans les dossiers et dans les témoignages des intervenants à la cour, est indissociable du système de catégories et des façons de travailler de ces derniers.

Si les ethnométhodologues insistent abondamment sur les procédés cognitifs inhérents aux processus d'attribution de la déviance, les interactionnistes mettent souvent l'accent, quant à eux, sur les considérations d'ordre organisationnel, culturel, politique, économique et occupationnel susceptibles d'affecter ces processus. Nous avons vu précédemment qu'ils font l'hypothèse que les «contingences sociales» pèsent davantage dans l'assignation du statut de déviant que la nature même des comportements. C'est précisément ce qu'a tenté de démontrer Scheff dans une étude menée au début des années 1960 sur la maladie mentale et l'internement dans un établissement psychiatrique.

L'une des expériences conduites par Scheff a consisté à demander, par voie de questionnaire, à des psychiatres de trois établissements d'évaluer les cas nouvellement admis en fonction des critères légaux généralement retenus pour décider d'une hospitalisation involontaire, soit le degré présumé de dangerosité et la gravité de la maladie. En principe, seules auraient dû être hospitalisées les personnes vues comme présentant un risque réel de dangerosité ou celles perçues comme gravement atteintes de maladie mentale. Les résultats du questionnaire montrent qu'environ les deux tiers des nouveaux cas d'internement involontaire ne satisfaisaient pas aux exigences requises. Autrement dit, ces patients étaient internés, même si de l'avis des psychiatres chargés de leur évaluation il n'était pas certain qu'ils soient foncièrement dangereux ou très malades.

---

9. Pour d'autres exemples d'études qui ont porté sur les processus de catégorisation dans le contexte des pratiques professionnelles, voir Sudnow (1965) et Pfohl (1978).

Scheff en arrive à la conclusion que, lorsqu'il y a une incertitude quant à la présence de la maladie[10], les psychiatres ont tendance à présumer de la maladie mentale et à recommander l'hospitalisation. Des considérations financières, politiques et idéologiques expliqueraient, selon l'auteur, cette tendance. D'abord, les médecins étant rémunérés au nombre d'évaluations faites, il était avantageux pour eux de faire ces évaluations le plus rapidement possible et, à cet égard, beaucoup plus facile d'aller dans le sens des recommandations habituelles : celles de l'internement. Ensuite, sur les plans politique et professionnel, il était plus prudent pour les praticiens (juges et psychiatres) et pour les institutions pour lesquelles ils travaillent de recommander une hospitalisation non requise selon les critères légaux que de courir le risque d'être blâmé publiquement pour avoir laissé à l'extérieur un patient qui pouvait s'avérer violent.

Enfin, d'après Scheff, cette forte propension qu'avaient les psychiatres interrogés à préconiser l'internement s'expliquerait par leur idéologie professionnelle. Par exemple, selon leurs croyances médicales, ils avaient la conviction que, sans intervention, la condition des malades se détériorerait rapidement, qu'il existe une forme de traitement pour toutes les formes de maladie mentale, qu'il n'y avait pas de conséquence majeure à l'internement des patients ou, encore, qu'il y aurait un élément de danger associé aux divers types de maladie mentale. Ce sont surtout ces croyances, au demeurant largement contestées et contestables selon Scheff, qui affectaient d'abord et avant tout les pratiques des psychiatres en matière d'internement

Si l'étude de Scheff, réalisée dans les années 1960, visait à montrer que les contingences sociales associées au processus d'étiquetage sont plus importantes que le comportement dans l'assignation du statut de déviant, avec le recul, elle permet également de confirmer la thèse soutenue par les interactionnistes selon laquelle le contexte historique est fondamental pour comprendre les pratiques institutionnelles et professionnelles. En effet, dans le contexte actuel où les politiques en matière de santé mentale vont plutôt dans le sens de la désinstitutionnalisation, il est probable que, sans invalider sa thèse de fond, la réalisation d'une étude semblable à celle de Scheff mènerait aujourd'hui à des observations différentes.

---

10. En ce qui a trait à l'incertitude des diagnostics, voir l'expérience de Rosenhan (1973) qui a consisté à faire admettre huit personnes « normales » dans 12 hôpitaux différents sans que le personnel médical s'en rende compte.

RÉACTION SOCIALE, MARGINALISATION ET AMPLIFICATION DE LA DÉVIANCE : LES NOTIONS DE STIGMATISATION ET DE DÉVIATION SECONDAIRE

L'une des idées qui ont peut-être le plus contribué, du moins dans un premier temps, à faire connaître l'approche interactionniste de la déviance est la mise en relief des conséquences négatives que comporte la réaction sociale, tant informelle que formelle, sur les processus de marginalisation, et ce, en faisant apparaître les effets non seulement de marquage mais aussi d'ancrage dans la déviance qui peuvent en découler. De ce point de vue, la réaction des groupes ou des institutions aux conduites jugées anormales peut, en plus d'avoir un impact sur l'identité et le statut des personnes, contribuer à faire en sorte que celles-ci s'ancrent dans la déviance, produisant ainsi l'effet contraire à celui recherché. Revenons sur ces idées telles qu'elles ont pu être développées par les interactionnistes à travers les notions de stigmatisation et de déviation secondaire.

La citation suivante, tirée d'un ouvrage de Goffman (1963, p. 11) intitulé *Stigmate,* permettra de mieux cerner ce à quoi renvoie la notion de stigmatisation.

> Les Grecs, apparemment portés sur les auxiliaires visuels, inventèrent le terme de stigmate pour désigner des marques corporelles destinées à exposer ce qu'avait d'inhabituel et de détestable le statut moral de la personne ainsi signalé. Ces marques étaient gravées sur le corps au couteau ou au fer rouge, et proclamaient que celui qui les portait était un esclave, un criminel ou un traître, bref, un individu frappé d'infamie, rituellement impur, et qu'il fallait éviter, surtout dans les lieux publics... De nos jours, le terme s'emploie beaucoup en un sens assez proche du sens originel, mais s'applique plus à la disgrâce elle-même qu'à sa manifestation corporelle.

Ainsi, par stigmate, il faut entendre une forme d'attribut qui est donné à une personne et qui jette un discrédit profond sur elle. Selon Goffman, il existe trois types de stigmates : ceux qui découlent d'une malformation physique ; ceux qui relèvent de caractéristiques telles la race, la nationalité ou la religion ; ceux enfin qui renvoient à ce que d'autres peuvent considérer comme des tares, par exemple le fait d'être alcoolique ou toxicomane, détenu, suicidaire, assisté social, chômeur ou homosexuel.

Quelle que soit cependant la nature du stigmate, il a des conséquences négatives sur la personne qui en est affligée. Sur le plan symbolique, l'image que celle-ci a d'elle-même et que les autres ont d'elle risque d'être altérée. Un signe évident des conséquences négatives que comporte la stigmatisation réside dans le fait que certaines personnes décideront de taire certaines actions ou certains aspects de leur condition. Ainsi, par exemple, des personnes pourront, de peur d'être vues par les autres comme fragiles ou dérangées, décider de passer sous silence le fait qu'elles font usage de médicaments tels que les antidépresseurs ou les anxiolytiques, ou encore qu'elles suivent une thérapie avec un psychologue ou un psychiatre. Cependant, camoufler ce que d'autres peuvent voir comme une forme de déviance n'est pas toujours facile ni possible. Par exemple, certains ex-détenus peuvent craindre que leurs tatouages, vus comme des signes positifs à l'intérieur des murs, servent à les identifier une fois sortis de prison. Comme d'autres types de «déviants», les ex-détenus doivent également faire face au dilemme de cacher ou, au contraire, de révéler leur passé. Dire à un futur employeur que l'on a fait de la prison peut en effet diminuer ses chances d'obtenir un emploi, mais ne pas le dire, c'est courir le risque que l'employeur découvre par lui-même que l'on possède un casier judiciaire et qu'il nous congédie[11].

On le sait, les risques de stigmatisation existent même lorsque l'on n'a rien fait. Non seulement les familles dont l'un des membres est censé avoir adopté une conduite répréhensible peuvent se sentir honteuses de ce qu'il est ou de ce qu'il a fait, mais elles peuvent être l'objet elles-mêmes d'un rejet social. Outre la peur des représailles et les inconvénients liés à un procès, c'est également par crainte d'être blâmé ou de ressentir de la honte que certaines victimes hésitent à dénoncer la situation qu'elles ont vécue et à faire appel au système de justice.

Comme l'ont fait remarquer certains interactionnistes, les effets du marquage social dont peuvent faire l'objet les déviants ont plus de chances d'être considérables lorsqu'ils résultent de l'intervention des agences officielles. S'il est vrai que ces derniers peuvent également être rejetés de leur entourage immédiat, rejet pouvant aller jusqu'à une rupture des liens, il n'en reste pas moins que l'intervention des agences officielles de contrôle social a habituellement un impact majeur. Ces institutions ont sinon la légitimité, du moins l'autorité nécessaire pour discréditer publiquement l'image de la personne, de même que pour la contraindre à emprunter des trajectoires particulières. Dans son étude célèbre sur les malades mentaux, Goffman (1961) décrit comment, une fois hospitalisés – volontairement ou non –, les patients passent inévitablement par un processus de dégradation qui altère fondamentalement leur image d'eux-mêmes et les prive d'un certain nombre de droits qui leur étaient impartis auparavant, lorsqu'ils étaient considérés comme des personnes «normales». En parlant d'adaptations secondaires pour faire référence aux

---

11. Sur le stigmate associé au contact dans le système pénal, voir Pires (1983).

stratégies de résistance ou de contournement que peuvent être amenées à développer les personnes devant les contraintes que leur impose la vie en institution, Goffman montre que les patients, loin d'être des acteurs passifs, disposent d'une capacité d'agir sur les conditions de vie qui leur sont imposées. Il est bien certain toutefois que, de manière semblable aux autres types de déviants dans des situations analogues, cette capacité d'agir demeure relative à leur position au sein de l'institution et, en ce sens, présente des limites.

Être stigmatisé a donc des conséquences à la fois sur la conception de soi, sur les relations avec les autres et sur sa condition. Cependant, l'effet le plus paradoxal de la réprobation sociale et des divers mécanismes de contrôle social mis en œuvre afin d'assurer la conformité sociale des « déviants » est sans doute celui de produire souvent le résultat opposé à celui recherché, en faisant en sorte que ces derniers se trouvent plus exclus et plus marginalisés. Cet effet inattendu et en quelque sorte contradictoire, comme le dit Matza (1969), par rapport aux visées des institutions, avait déjà été souligné, en 1938, par Frank Tannebaum lorsqu'il parlait de la « dramatisation du mal » (*the dramatization of evil*) qu'entraîne fréquemment l'entrée en scène des agences de contrôle social. Tannebaum observait que les gestes que certains jeunes des quartiers populaires pouvaient poser dans le but de s'amuser, comme briser des fenêtres, courir sur les toits, commettre de petits vols ou ennuyer les passants, étaient souvent interprétés par le voisinage comme de la délinquance, entraînant ainsi l'intervention de la police, du tribunal pour les jeunes et, éventuellement, des centres de rééducation. Pour Tannebaum, la réprobation et la prise en charge institutionnelle de ces jeunes s'accompagnaient d'une relecture, d'une redéfinition de ce qu'ils avaient fait et de ce qu'ils étaient. Ces jeunes, du simple fait d'avoir adopté une conduite répréhensible, étaient dorénavant perçus comme essentiellement mauvais et d'une nature foncièrement délinquante. Malgré les résistances qu'ils pouvaient opposer à cette interprétation d'eux-mêmes, l'image que projetaient d'eux les institutions était si forte qu'en l'ajoutant au sentiment d'injustice éprouvé ils finissaient par se sentir différents des jeunes de leur quartier et par s'associer aux autres « délinquants » dont ils partageaient le sort. Pour Tannebaum, l'entourage et les institutions joueraient donc un rôle essentiel dans les processus d'étiquetage et de marginalisation.

Cette idée-choc lancée par Tannebaum a été reprise dans les années 1950 par Edwin Lemert à travers le concept de déviation secondaire. Comme celui-ci le souligne (Lemert, 1951, p. V), ce concept repose sur la thèse selon laquelle le contrôle social mène à la déviance plutôt que sur celle, comme on le prétend habituellement, que la déviance entraîne le contrôle social. Pour Lemert en effet, la réprobation des groupes et des agences de contrôle social peut être telle que la personne peut en venir à être convaincue elle-même qu'elle est véritablement déviante et agir en conformité avec ce nouveau statut.

Pour bien faire comprendre ce qu'il entend par déviation secondaire, Lemert fait une distinction entre ce qu'il appelle le déviant primaire et le déviant secondaire. Le déviant primaire est celui qui dévie d'une norme socialement acceptée, ce qui, selon l'auteur, non seulement peut s'expliquer de multiples façons, mais demeure également relativement fréquent. La plupart du temps cependant, les déviations aux normes n'ont pas l'effet de modifier l'identité et la trajectoire de la personne. Il en est tout autrement pour le déviant secondaire. La réprobation que suscite son comportement est telle que stigmatisé et sujet à toutes sortes de sanctions de la part du groupe et des institutions officielles qui le prennent en charge, il en vient à se percevoir et à se définir selon l'image que l'on projette de lui. Pour Lemert (1951, p. 76), le déviant secondaire est celui qui, pour reprendre ses termes, « adopte un comportement déviant ou un rôle fondé sur ce comportement comme un moyen de défense, d'attaque ou d'ajustement aux problèmes officiels ou officieux conséquents à la réaction sociétale qu'il suscite ». Le déviant secondaire est donc celui qui, acceptant le statut de déviant que les autres lui accolent, organise sa vie en fonction de ce statut. S'accepter comme déviant n'a évidemment pas que des conséquences négatives, puisque la personne peut en retirer certains avantages. Cela a cependant le désavantage de le confirmer objectivement dans un statut de marginal et de l'inscrire dans une trajectoire donnée.

L'ÉTUDE DES ACTIVITÉS ET DES CARRIÈRES « DÉVIANTES »

Une partie des travaux entrepris par les interactionnistes s'intéressera aux activités déviantes en elles-mêmes. Plus précisément, ces travaux viseront à analyser le processus par lequel certaines personnes en viennent à s'engager, par exemple, dans la prostitution, le recel de marchandises volées, le vol de banque, la pratique de l'avortement, l'usage ou la vente des drogues ou, encore, l'homosexualité.

Le modèle d'analyse qu'ils préconisent, modèle dont Matza (1969) a fait une présentation systématique dans son livre au titre évocateur *Becoming Deviant*, était en rupture avec bon nombre des études criminologiques menées jusqu'alors dans le domaine de la délinquance, lesquelles visaient à rechercher les facteurs d'ordre physiologique, psychologique ou social susceptibles d'expliquer les comportements des individus. Les interactionnistes reprochaient à ces études d'accepter comme allant de soi les définitions sociales données à la notion de déviance, de reposer sur une conception trop déterministe des conduites sociales et, enfin, de présumer que l'engagement dans les activités définies comme déviantes était indéniablement le signe d'une pathologie[12].

En accord avec leur orientation théorique, les interactionnistes proposaient d'appréhender les activités des acteurs dits déviants à partir de leur propre perspective. Selon eux, les activités sociales, y compris celles des « déviants », ne pouvaient être comprises qu'en les resituant dans leur contexte et qu'en prenant en considération les significations qu'elles revêtent pour les acteurs eux-mêmes. Faisant appel à l'observation participante et aux diverses formes d'entrevues de type qualitatif (entrevues en profondeur, récits biographiques, etc.), leur approche consistait à analyser les divers cheminements empruntés par les personnes, et ce, en prêtant une attention particulière à leur définition de la situation et à leur logique d'action. Se plaçant du point de vue des déviants et mettant entre parenthèses les jugements portés sur eux, ils essayaient de montrer comment, selon la perspective de ces derniers, telle ou telle façon d'agir pouvait faire sens. Sympathiques à leur cause, ils visaient également à montrer que sous un autre angle, en l'occurrence ici celui des déviants, la morale conventionnelle était contestable, de même qu'étaient contestables les interprétations en termes de pathologie faites à propos de leurs comportements. Certaines études antérieures, comme celle de Sutherland (1937) sur le voleur professionnel, avaient attiré l'attention sur le fait que, à bien des égards, les métiers illicites étaient comparables aux métiers traditionnels et que les différences supposées entre déviants et non-déviants étaient loin d'être évidentes. Pour la criminologie dominante cependant, les significations que les déviants pouvaient donner eux-mêmes de leur situation étaient soit ignorées, soit disqualifiées du seul fait que ces derniers « s'étaient mis au ban de la société ». Les déviants n'avaient pour ainsi dire pas de crédibilité et leur discours, analysé comme une forme de rationalisation ou de manipulation, servait essentiellement à documenter les véritables sources de leurs déficiences.

En plus de considérer comme essentiel le fait de tenir compte du point de vue des déviants, les interactionnistes estimaient important d'envisager l'implication dans la déviance comme un processus. Selon une formule consacrée, au lieu de se demander, comme le faisaient les positivistes, pourquoi on devient déviant, ils préféraient se demander comment on devient déviant, c'est-à-dire de comprendre le processus par lequel les acteurs ou les groupes d'acteurs en arrivent à s'impliquer plus ou moins

---

12. Pour une présentation du modèle positiviste en criminologie durant les années 1960, voir le chapitre intitulé « The positive delinquent » dans *Delinquency and Drift*, de Matza (1964).

profondément dans des pratiques sociales réprouvées. Empruntant à la perspective mise en avant, sous l'impulsion de E.C. Hughes (1958) dans le domaine des professions, les interactionnistes proposaient notamment d'envisager l'implication dans la déviance comme une carrière[13] ponctuée d'étapes ou de phases susceptibles d'être vécues de manière commune sans être pour autant ni linéaires, ni déterminées dans la mesure où l'engagement dans la déviance est susceptible de varier selon les personnes et les expériences.

En étudiant la déviance comme un processus de carrière, les interactionnistes voulaient montrer non seulement que l'implication dans la déviance est graduelle, mais également que les circonstances et le sens donné à cette implication peuvent différer selon les étapes du processus. Cette approche tranchait encore ici avec les approches habituelles qui cherchaient à trouver une série de facteurs constants susceptibles d'expliquer une fois pour toutes les comportements, indépendamment de l'évolution des situations. Pour Becker cependant[14], de la même façon que les raisons qui président au choix d'un métier peuvent être différentes de celles qui conduisent à y rester ou à le quitter, le contexte qui peut faire en sorte que, par exemple, certains expérimentent pour la première fois l'usage de la marihuana peut différer de celui qui les pousse à devenir des usagers réguliers. En ce sens, il apparaissait primordial, pour mieux comprendre ce qui peut faire en sorte que certaines personnes s'impliquent dans la « déviance » ou, au contraire, décident à un moment ou l'autre de s'en écarter, d'examiner de plus près ce qui est susceptible d'intervenir à chacune des étapes du processus.

Dans le modèle proposé, les interactionnistes accordaient une place privilégiée aux interactions aussi bien individuelles que collectives susceptibles d'affecter le sens que les acteurs donnent à leurs actions. L'étude classique de Becker sur les usagers de marihuana dans les années 1950 est une excellente illustration de l'importance de ces interactions sur l'expérience de la consommation. En effet, c'est en grande partie au contact des autres consommateurs que le novice apprend les techniques nécessaires à l'usage de la marihuana, comme fumer de la bonne façon, qu'il apprend à reconnaître les effets de la consommation et à trouver agréables

---

13. Pour des exemples de l'usage de la notion de carrière, en plus de la recherche de Becker (1963) sur les fumeurs de marihuana, voir les études de Goffman (1961) sur la carrière morale du malade mental, de Paugam (1991) sur les bénéficiaires de l'assistance sociale, de Duprez et Kokoreff (2000) sur les usagers et les revendeurs de drogues ainsi que ma propre étude sur les joueurs de hockey (Poupart, 1998).

14. Voir en particulier le chapitre 2 de *Outsiders* dans lequel Becker (1963) présente son modèle séquentiel de l'étude de la déviance.

ces effets. C'est également à leur contact que le novice découvre éventuellement les justifications servant à neutraliser les jugements négatifs associés au fait de consommer une substance interdite.

Même s'ils attachaient une importance particulière à la perspective des acteurs et à la manière dont celle-ci se structure en cours d'action et d'interaction, les interactionnistes jugeaient aussi essentiel, dans l'analyse des phénomènes de déviance, de tenir compte des conditions objectives susceptibles d'affecter les expériences des acteurs et leurs divers cheminements. Ainsi, pour poursuivre avec l'exemple de Becker, si le contact avec des groupes d'usagers pouvait faciliter l'usage de la marihuana, à l'inverse, le fait que cette activité soit prohibée par la loi et vue comme problématique, comme c'était tout particulièrement le cas dans les années 1950 au moment où Becker a réalisé son étude, était également une condition pouvant contribuer à faire en sorte que certains en évitaient la consommation par crainte des arrestations ou, encore, des représailles sociales telles qu'une mauvaise réputation et la perte d'un emploi.

Après avoir connu une vague de popularité dans les années 1960 et au début des années 1970, l'étude des activités et des carrières déviantes selon le modèle interactionniste connaîtra un déclin marqué. Du point de vue de la criminologie traditionnelle, elle sera vue comme trop subversive dans la mesure où elle remettait en question la morale conventionnelle et l'approche corrective des institutions. Du point de vue des partisans de la réaction sociale et d'une criminologie plus critique, l'étude des carrières déviantes sera considérée comme trop proche des préoccupations étiologiques de la criminologie traditionnelle, l'étude du comportement dit déviant apparaissant comme secondaire ou négligeable par rapport à l'analyse des processus sociaux et politiques entourant la définition de la déviance. En réalité, les partisans de cette perspective continueront de s'intéresser à l'expérience des personnes, moins pour analyser leurs activités dites déviantes que pour comprendre, à travers cette expérience, les mécanismes de contrôle social et les processus de marginalisation.

Il faudra attendre le tournant des années 1990 pour que les études portant sur l'implication dans la « déviance » jouissent à nouveau d'une certaine faveur. Jusqu'alors, en effet, dire que la déviance était un construit social et s'interroger en même temps sur les conduites des déviants apparaissait, aussi bien pour les positivistes que pour les constructivistes, comme épistémologiquement incompatibles. Sans entrer dans le détail d'un débat qui a toujours cours[15], c'est ce dernier point de vue d'une

---

15. Voir notamment les diverses positions adoptées sur cette question par Pires (1995), Debuyst (1995), Robert (1995) et Van Outrive (1995). Pour un bref aperçu des débats de paradigmes au sein de la criminologie, voir Poupart (1998).

incompatibilité irréductible entre les deux perspectives qui est en partie remise en question aujourd'hui. Outre le fait que les thèses de la construction sociale de la déviance se sont davantage imposées dans les deux dernières décennies, la position des partisans de la réaction sociale et des tenants du point de vue constructiviste concernant l'étude des conduites étiquetées déviantes est elle-même plus nuancée. Pour certains en effet, il est possible d'étudier, comme le faisaient les interactionnistes et comme le proposait déjà Becker (1973) au début des années 1970, à la fois les processus qui font que certains sont définis comme déviants et les processus qui font que certains s'impliquent dans les activités que les autres (ou soi-même) considèrent comme déviantes. À l'instar des études sur les processus de marginalisation, on peut en effet, à partir de la perspective des acteurs et d'une analyse des conditions objectives dans lesquelles ils se trouvent placés, s'interroger sur les processus qui font que certains acteurs adoptent certaines trajectoires dites déviantes, sur les stratégies qu'ils adoptent, sur les dilemmes qu'ils sont appelés à résoudre, sur les interventions dont ils peuvent être l'objet, sans pour autant accepter les jugements sociaux portés sur eux ni adopter une position tenant pour acquis que les comportements sont par essence déviants.

CONCLUSION

J'ai voulu présenter ici l'approche élaborée, dans les années 1960 et 1970, selon les perspectives interactionniste et ethnométhodologique dans le champ de la sociologie de la déviance et du contrôle social. Quelque quarante ans plus tard, cette approche apparaît toujours aussi pertinente. En dépit des limites inhérentes à toute perspective, elle demeure pour ainsi dire incontournable dans la manière d'appréhender ces phénomènes. À l'origine du courant constructiviste actuel, cette approche a été appliquée dans de nombreux autres champs comme ceux de la médecine, de la sociologie des professions, des arts, des relations ethniques, de la marginalité et, plus largement, de ce qu'on regroupe habituellement sous le vocable de problèmes sociaux. Parmi les apports les plus importants de ce courant, on peut noter :

- Un élargissement de l'objet d'étude en s'intéressant à l'ensemble des acteurs et des activités qui participent au phénomène de la déviance, soit non seulement aux processus par lesquels certaines personnes s'impliquent dans les activités socialement réprouvées, mais également aux processus et aux mécanismes par lesquels les divers groupes et les diverses institutions interviennent sur le plan niveau de la définition, de la sélection et de la prise en charge des déviants.

- Une dénaturalisation des notions comme celles de déviance, de crime, de maladie mentale et de problème social en montrant que celles-ci ne sont pas des faits bruts, mais des construits sociaux qui dépendent à la fois des systèmes normatifs en place et des processus par lesquels divers groupes ou institutions assignent à certaines personnes et à certains comportements des étiquettes spécifiques.

- Une meilleure compréhension des processus informels et formels d'attribution du statut de déviant ainsi que des multiples considérations d'ordre organisationnel, professionnel, politique, économique et culturel susceptibles d'affecter non seulement ces processus, mais également la manière dont s'opère plus globalement la différenciation sociale des « déviants », c'est-à-dire la manière dont sont socialement constitués les différents groupes de déviants.

- Une remise en question des statistiques officielles et des dossiers institutionnels en les considérant non pas comme des portraits objectifs de la criminalité et de la délinquance, mais comme des productions sociales liées essentiellement au fonctionnement des institutions et à la manière dont les multiples agents au sein de ces institutions s'y prennent, au fil de leurs activités quotidiennes, pour catégoriser leur clientèle.

- Une attention portée, à partir de notions comme celles de la stigmatisation et de la déviation secondaire, aux conséquences que peuvent avoir sur l'expérience et la trajectoire des « déviants » les différents mécanismes de régulation sociale et, en particulier, le rôle que peuvent jouer les diverses institutions et les diverses mesures de contrôle social dans les processus de marginalisation et de discrimination.

- Un modèle différent d'analyse des processus d'implication dans les activités dites déviantes qui tienne compte et rende compte de la perspective des acteurs, s'interroge sur les conditions objectives susceptibles de marquer leur cheminement, se distancie par rapport au point de vue des institutions officielles et contribue à faire connaître de l'intérieur l'univers de la « déviance ».

Sur le plan des politiques et des pratiques sociales, il est, ici comme ailleurs, difficile de mesurer l'impact des courants intellectuels. Si toutefois l'on prend l'exemple des thèmes de la stigmatisation et de l'amplification de la déviance, ces courants n'ont pas été sans servir de base rationnelle à plusieurs projets de réforme des années 1970 et 1980, dans les secteurs notamment de la santé mentale et de la justice[16]. Ainsi, si la

---

16. Pour un exemple de la position adoptée par certains interactionnistes face aux risques de stigmatisation qu'entraîne l'intervention des institutions de contrôle social, voir le livre d'Edwin N. Schur (1973) intitulé *Radical Non-intervention : Rethinking the Delinquency Problem*.

mise en place de politiques comme celles de la désinstitutionnalisation et de la déjudiciarisation tient à de multiples considérations, il n'en reste pas moins que c'est en partie au nom des risques de stigmatisation et des effets négatifs suscités par l'intervention des institutions que ces nouvelles politiques ont été mises sur pied. Au-delà de ces réformes, l'une des contributions les plus importantes de ce courant de pensée est sans doute d'inviter à une vigilance constante des multiples effets que peuvent avoir les diverses formes de régulation sociale et les différentes mesures à l'endroit des personnes marginalisées.

BIBLIOGRAPHIE

BECKER, H.S. (1967). « Whose side are we on ? », *Social Problems*, vol. 14, n° 3, p. 239-247.

BECKER, H.S. (1973), « La théorie de l'étiquetage : une vue rétrospective », dans H.S. Becker (dir.), *Outsiders*, Paris, Métailié (1985).

BECKER, H. (1985 [1963]). *Outsiders. Étude de sociologie de la déviance*, Paris, Métailié.

BLUMER, H. (1966). *Symbolic Interactivism*, Englewood Cliffs, NJ, Prentice-Hall.

CHAMBLISS, W. (1964). « A sociological analysis of the law of vagrancy », *Social Problems*, vol. 12, n° 1, p. 67-77.

CHAMBOREDON, J.-C. (1971). « La délinquance juvénile, essai de construction d'objet », *Revue française de sociologie*, vol. XXII, p. 335-377.

CHAPOULIE, J.M. (1984). « Everett C. Hughes et le développement du travail de terrain en France », *Revue française de sociologie*, vol. 25, n° 4, p. 582-608.

CICOUREL, A.V. (1964). *Method and Measurement in Sociology*, New York, Free Press.

CICOUREL, A.V. (1969). *The Social Organization of Juvenile Justice*, New York, Wiley.

COULON, A. (1987). *L'ethnométhodologie*, Paris, Presses universitaires de France.

DAHRENDORF, R. (1959). *Class and Conflict in an Industrial Society*, Londres, Routledge and Kegan Paul.

DEBUYST, C. (1995). « Qui récupère qui ? », *Déviance et société*, vol. 19, n° 3, p. 257-263.

DUPREZ, D. et M. KOKOREFF (2000). « Usage et trafics des drogues en milieux populaires », *Déviance et société*, vol. 24, n° 2, p. 143-166.

ERIKSON, K. (1962). « Notes on the sociology of deviance », *Social Problems*, vol. 9, p. 307-314.

ERIKSON, K. (1966). *Waywards Puritans*, New York, Wiley.

FOUCAULT, M. (1975). *Surveiller et punir*, Paris, Gallimard.

GARFINKEL, H. (1967). *Studies in Ethnomethodology*, Englewood Cliffs, NJ, Prentice-Hall.

GARLAND, D. (1985). *Punishment and Welfare*, Aldershot, Gower Publishing Co.

GOFFMAN, E. (1961). *Asiles*, Paris, Minuit.

GOFFMAN, E. (1963). *Stigmate*, Paris, Minuit (1975).

GOULDNER, A.W. (1968). « The sociologist as partisan : Sociology and the welfare state », *American sociologist*, vol. 3, p. 103-116.

GUSFIELD, J.R. (1963). *Symbolic Crusade*, Urbana, University of Illinois Press.

HERPIN, N. (1973). *Les sociologues américains et le siècle*, Paris, Presses universitaires de France.

HUGHES, E. (1958). *Men and Their Work*, New York, Free Press.

IGNATIEFF, M. (1978). *A Just Measure to Pain. The Penitentiary in the Industrial Revolution, 1750-1850*, Londres, Macmillan.

KITSUSE, J.I. (1962). « Societal reactions to deviant behavior », *Social Problems*, vol. 9, p. 247-256.

KITSUSE, J.I. et A.V. CICOUREL (1963). « A note on the use of official statistics », *Social Problems*, vol. 11, p. 131-139.

LABERGE, D. (1983). *La gestion de la marginalité : les États-Unis aux XVIIIᵉ et XIXᵉ siècles*. Thèse de doctorat, Montréal, École de criminologie, Université de Montréal.

LEMERT, E.M. (1951). *Social Pathology*, New York, McGraw-Hill.

LISKA, A.E. (1981). *Perspective on Deviance*, Englewood, NJ, Prentice-Hall.

MATZA, D. (1964). « The positive delinquent », dans D. Matza (dir.), *Delinquency and Drift*, New York, John Wiley, p. 1-32.

MATZA, D. (1969). *Becoming Deviant*, Englewood Cliffs, NJ, Prentice-Hall.

MEAD, G.H. (1934). *Mind, Self and Society*, Chicago, University of Chicago Press.

MERTON, R.K. (1938). « Social structure and anomie », *American Sociological Review*, vol. 3, p. 672-682.

OGIEN, A. (1995). *Sociologie de la déviance*, Paris, Armand Colin.

PAUGAM, S. (1991). *La disqualification sociale. Essai sur la nouvelle pauvreté*, Paris, Presses universitaires de France.

PFOHL, S.J. (1978). *Predicting Dangerousness*, Toronto, Lexington Books.

PFOHL, S.J. (1985). *Images of Deviance and Social Control*, New York, McGraw-Hill.

PIRES, A.P. (1983). *Stigmate pénal et trajectoire sociale*. Thèse de doctorat, Montréal, École de criminologie, Université de Montréal.

PIRES, A.P. (1993). «La criminologie et ses objets paradoxaux: réflexions épistémologiques sur un nouveau paradigme», *Déviance et société*, vol. XVII, n° 2, p. 129-161.

PIRES, A.P. (1995). «À propos des objets en criminologie: quelques réponses», *Déviance et société*, vol. 19, n° 3, p. 291-303.

POUPART, J. (1979). «La violence au hockey: une contingence de carrière, des impératifs organisationnels», *Déviance et société*, vol. 3, n° 1, p. 47-67.

POUPART, J. (1998). «La méthologie qualitative et la criminologie au Québec, de 1960 à 1985», dans J. Poupart, L. Groulx, R. Mayer, J.-P. Deslauriers, A. Laperrière et A. Pires (dir.), *La recherche qualitative: diversité des champs et des pratiques au Québec*, Montréal, Gaëtan Morin éditeur.

POUPART, J. (1999). «Vouloir faire carrière dans le hockey professionnel: l'exemple des juniors québécois dans les années 1970», *Sociologie et société*, vol. 31, n° 1, p. 163-179.

PLATT, A. (1969). *The Child-savers*, New York, Wiley.

ROBERT, Ph. (1977). «Les statistiques criminelles et la recherche», *Déviance et société*, vol. 1, n° 1, p. 3-27.

ROBERT, Ph. (1984). «Réaction sociale, contrôle social et construction d'objet de la recherche pénale», dans Ph. Robert (dir.), *La question pénale*, Paris, Droz, p. 89-116.

ROBERT, Ph. (1995).» Paradigme ou stratégie. Pires et la conception du crime», *Déviance et société*, vol. 19, n° 3, p. 267-278.

ROSENHAM, D.L. (1973). «On being sane in insane places», *Science*, vol. 179, p. 205-258.

ROTHMAN, D. (1971). *The Discovery of the Asylum: Social Order and Disorder in the New Republic*, Boston, Little Brown and Company, 376 p.

SCHEFF, T. (1966). *Being Mentally Ill*, Chicago, Aldine.

SCHUR, E.M. (1973). *Radical Non-intervention: Rethinking the Delinquency Problem*, Englewood Cliffs, NJ, Prentice-Hall.

SCHUTZ, A. (1962). Collected papers 1: *The Problems of Social Reality*, La Haye, Nijhoff.

SPECTOR, M. et J.I. KITSUSE (1977). *Constructing Social Problems*, Menlo Park, Benjamin/Cummings.

SUDNOW, D. (1965). «Normal crimes», *Social Problems*, vol. 12, p. 255-270.

SUTHERLAND, E. (1937). *The Professional Thief*, Chicago, The University of Chicago Press.

TANNEBAUM, F. (1938). *Crime and Community*, New York, Ginn.

TAYLOR, I., P. WALTON et J. YOUNG (1973). *The New Criminology*, Londres, Routledge and Kegan Paul.

VAN OUTRIVE, L. (1995). «La criminologie et ses objets paradoxaux: le nouveau doit se trouver ailleurs», *Déviance et société*, vol. 19, n° 3, p. 279-289.

4

LE CONSTRUCTIVISME ET LES PROBLÈMES SOCIAUX

ROBERT MAYER, Ph. D.
École de service social, Université de Montréal

RÉSUMÉ

D'inspiration interactionniste, le constructivisme rompt avec les lectures traditionnelles des problèmes sociaux. Plutôt que de s'acharner à décrire empiriquement les conditions objectives des problèmes sociaux, l'approche constructiviste analyse les problèmes sociaux comme le résultat des activités définitionnelles d'individus et de groupes divers. Dans ce texte, l'approche constructiviste est abordée tant sur le plan théorique que méthodologique et divers exemples de ce type d'analyse sont présentés.

D'inspiration interactionniste, le constructivisme rompt avec les lectures traditionnelles des problèmes sociaux. Cette perspective théorique souligne que les activités présumément subjectives et individuelles d'une part, et celles qui sont supposées objectives et sociétales d'autre part, se construisent ensemble dans les divers environnements sociaux, qu'ils soient intimes, institutionnels ou collectifs (Mehan, 1982, p. 82). Les études d'orientation constructiviste nécessitent donc des descriptions approfondies sur les relations entre les individus et les événements, le langage, la perception et le contexte institutionnel et culturel. Tout en reconnaissant que le constructivisme n'est pas totalement nouveau et qu'il « constitue un questionnement de longue date alimenté par des courants de conscience critique toujours présents dans les sciences sociales ». Zuniga (1993, p. 44) précise que le constructivisme n'est pas « un idéalisme métaphysique qui affirmerait allègrement que tout est illusion ; ni un relativisme cynique pour qui tout est relatif ; et il n'est pas non plus une déqualification de toute connaissance scientifique par sa réduction à ses déterminants externes » (*Ibid.*). Plus positivement, on peut dire que le constructivisme s'intéresse au « processus actif de construction d'une connaissance » et, dans cette optique, la science apparaît comme une construction sociale comme une autre (Zuniga, 1993, p. 40).

Dans le champ de l'analyse des problèmes sociaux, Hubert (1991) souligne que le débat entre les approches objectiviste et constructiviste est un débat fondamental dans les sciences humaines dans la mesure où « il pose le problème du statut des faits ou des conditions objectives dans l'analyse sociologique, en particulier quand ces faits sont d'origine extrasociale » (1991, p. 21). Il rappelle que la conception objectiviste de la science a toujours consisté à contrôler l'influence de l'observateur afin de s'approcher sans cesse davantage de l'analyse objective du monde. Au contraire, la conception constructiviste postule que « le sujet invente la réalité qu'il croit avoir découverte. Plutôt que de correspondre au monde objectif, on dira que le savoir s'en approche plus ou moins bien » (*Ibid.*, p. 22). Proche de la phénoménologie, cette perspective estime que la conscience de l'action fait partie intégrante du processus de connaissance. Selon Hubert, le spécifique de l'approche constructiviste « est précisément de rendre compte des différentes constructions de la réalité que les acteurs développent, d'étudier leurs conditions de production… » (*Ibid.*, p. 23). Ce faisant, les constructivistes opéreront un changement conceptuel important.

Zuniga (1993, p. 37) souligne qu'en service social, notamment, l'identification d'un problème social apparaît souvent comme un geste relativement simple, évident et objectif ; mais c'est précisément cette évidence, cette supposée simplicité dans le processus de définition d'un problème social que le constructivisme remet en question. Dans les faits, souligne Zuniga (*Ibid.*, p. 38), la réalité relative à la définition des problèmes sociaux est plus complexe. Nous nous proposons d'abord dans ce texte de revoir les raisons majeures de la formulation de cette nouvelle perspective sociologique, ses notions principales ainsi que leur articulation. Ensuite, nous apporterons des études constructivistes portant sur des « problèmes sociaux » québécois. Enfin, nous nous pencherons sur les principaux apports et limites du constructivisme.

LA PERSPECTIVE CONSTRUCTIVISTE ET L'ANALYSE DES PROBLÈMES SOCIAUX : LE MODÈLE SPECTOR ET KITSUSE

INSATISFACTIONS THÉORIQUES MENANT À UNE NOUVELLE PERSPECTIVE

Soulignons d'abord que la perspective constructiviste se situe en continuité avec l'approche interactionniste « dans la mesure où elle rompt à son tour avec la conception objectiviste de la problématisation sociale, notamment en ce qui concerne le statut des conditions objectives dans l'analyse. Elle s'en distingue cependant en adoptant un registre plus macro sociologique, qui l'incitera surtout à s'intéresser aux activités des groupes et des institutions visant à définir et légitimer publiquement des problèmes sociaux » (Ouellet, 1998, p. 61).

Déjà au début des années 1970, Blumer (1971) avait souligné la nécessité d'étudier le processus de définition collective des problèmes sociaux plutôt que l'analyse des conditions objectives. Ce processus amorce un changement du paradigme dans l'analyse des problèmes sociaux. Il soutiendra que la légitimation des problèmes sociaux aux fins de l'action collective, « reposait davantage sur des processus politiques et institutionnels que sur des attributs intrinsèques aux conditions prétendument "objectives" sur lesquelles on les appuyait » (Ouellet, 1998, p. 63). Plutôt que de s'acharner à décrire les conditions objectives, les chercheurs « devraient au contraire s'attarder à mieux comprendre le processus de définition collective des problèmes sociaux, particulièrement 1) l'émergence de l'attention publique à l'égard d'une situation problématique, 2) la légitimation des problèmes, 3) la mobilisation pour l'action collective, 4) la formulation d'un plan d'action (institutionnel) et 5) la transformation du plan officiel lors de la mise en œuvre » (Ouellet, 1998, p. 63).

Les travaux de Kitsuse et Spector (1973, 1977) illustrent bien cette perspective d'analyse. Ces derniers vont vouloir sortir le champ de l'analyse des problèmes sociaux des limites conceptuelles et méthodologiques de l'approche positiviste en proposant que dorénavant cette analyse « devrait se centrer sur l'analyse des processus définitionnels, les conditions objectives n'ayant d'autre sens que ceux que leur donnent ces groupes » (Ouellet, 1998, p. 65). Ainsi formulée, cette stratégie va centrer son attention quasi exclusivement sur les pratiques utilisées par les définisseurs des problèmes sociaux, notamment les institutions, pour mobiliser l'attention sur un enjeu public. Selon eux, l'approche fonctionnaliste est inadéquate pour cerner la véritable nature du problème social, car elle appréhende le problème social soit directement, comme une condition objective inacceptable pour la société, qui pose un problème et nécessite une intervention, soit indirectement, par le biais de la notion de désorganisation sociale. Spector et Kitsuse s'y opposent, stipulant que poser les problèmes sociaux comme condition objective mène à des difficultés méthodologiques considérables, puisque cela suppose l'existence d'un certain consensus autour de normes ou de valeurs, alors que les poser comme désorganisation sociale mène à des difficultés conceptuelles aussi importantes[1].

DÉFINITION CONSTRUCTIVISTE DES PROBLÈMES SOCIAUX : THÉORIE ET CONCEPTS

Sans être l'élément fondateur, l'ouvrage de Spector et Kitsuse (1977) s'est révélé un événement important dans la diffusion de l'approche constructiviste et son application à l'analyse des problèmes sociaux dans la mesure où il a permis « de systématiser une démarche qui était latente ou imparfaitement mise en œuvre jusque-là » (Hubert, 1991, p. 23).

Dans la perspective constructiviste, l'objet spécifique de l'analyse des problèmes sociaux est l'étude des « activités d'individus ou groupes qui ont des griefs ou expriment des revendications eu égard à certaines conditions putatives » (Spector et Kitsuse, 1977, p. 75). Ou encore : c'est « la manière dont s'élaborent collectivement les critères de perception de la réalité » (Duclos, 1987, p. 25). En d'autres mots, adopter cette perspective, c'est considérer que ce sont les acteurs eux-mêmes qui font d'une condition, qu'elle soit naturelle (une maladie, une pollution atmosphérique, etc.) ou sociale (une inégalité des chances de mobilité, un taux élevé de chômage, etc.), un problème social. Autrement dit, ils considèrent que dans toute revendication qui est posée à propos d'une condition qui est « censée » exister, ce sont les acteurs qui affirment son existence. Par conséquent, la manière dont les acteurs documentent une condition pour en

---

1. Ainsi, le chercheur qui définit un groupe particulier, une communauté ou une société du point de vue de la « désorganisation » pose un jugement moral sur le fonctionnement d'un système social. Ce jugement le place dans un dilemme moral et conceptuel qui menace sa position dite neutre et objective.

montrer l'importance ou, au contraire, pour la minimiser, fait déjà partie de l'analyse. À partir de là, le problème central, pour les constructivistes, est d'élaborer une théorie des problèmes sociaux, c'est-à-dire une théorie capable de rendre compte précisément de l'émergence, de la nature et du maintien des activités revendicatives (*claims-making activities*) mis en œuvre par les différents acteurs à propos de certaines conditions. En d'autres mots, la tâche du chercheur est de comprendre le processus par lequel des membres d'une société définissent une situation sociale comme un problème social (Spector et Kitsuse, 1977, p. 76).

Dans le but de clarifier la notion de problème social et d'éviter les impasses d'ordre conceptuel et méthodologique héritées des approches traditionnelles, Spector et Kitsuse (1977) élaborent ce qu'ils proclament être la première «sociologie des problèmes sociaux». Essentiellement, ils proposent que le chercheur constructiviste distingue entre les conditions objectives qui sont naturellement associées à un problème social et le processus par lequel se construisent les définitions de problèmes sociaux, ces dernières devenant l'objet d'étude central. Dans cette optique, un problème social n'existe plus en soi ; il résulte des démarches d'individus ou de groupes concernant des demandes de modification de certaines conditions sociales (Spector et Kitsuse, 1977, p. 75). L'existence d'un problème social dépend d'acteurs sociaux qui soulèvent un problème et veulent y remédier par leur intervention. Les problèmes sociaux deviennent par le fait même le travail de plusieurs acteurs sociaux (journalistes, médecins, politiciens, travailleurs sociaux et organisateurs syndicaux et autres). Leur existence dépend aussi de la présence de groupes qui définissent une condition comme problématique et qui tentent d'y remédier par une action quelconque. Deux types de groupes sont possibles : ceux qui sont directement touchés par la situation problématique et qui ont un intérêt à la transformer, d'une part, et ceux qui ne sont pas impliqués mais dont la situation heurte les valeurs, d'autre part. L'action des groupes sociaux peut ainsi dépendre des intérêts ou des valeurs de ces groupes. Dans différents lieux de discussion appelés arènes de construction, les acteurs participent à l'émergence d'un problème social.

Les affirmations des acteurs sociaux se rapportent moins à une condition objective inacceptable qu'à l'«imputation» de cette situation. Ce concept d'imputation, ou processus de définition à caractère subjectif de ce qu'est un problème social, est au cœur de l'analyse constructiviste, puisqu'il permet de remettre en question le statut même de sa réalité. L'émergence d'un problème social requiert donc une activité organisée de la part de groupes ou de mouvements sociaux revendiquant l'amélioration des conditions de vie sociales, économiques, politiques ou autres. Par conséquent, tous ceux qui s'y impliquent participent, *de facto,* au processus de définition des problèmes sociaux. Ainsi, l'analyse du processus revendicatif aide à mieux comprendre le processus de construction d'un problème social. L'analyse du processus revendicatif mènera aussi le chercheur à s'intéresser au travail des personnes qui travaillent aux diverses étapes de la construction de la réalité des problèmes sociaux, tels les journalistes, les médecins et les travailleurs sociaux.

Ce modèle d'analyse fait voir que les problèmes sociaux n'émergent pas d'une situation statique ou d'un événement spontané, mais de séries d'activités évoluant et s'influençant les unes les autres. Dans ce modèle, quatre étapes principales caractérisent l'évolution des problèmes sociaux (voir encadré de la page suivante).

Le constructivisme va à l'encontre de la conception objectiviste qui prétend aborder la réalité sociale de façon objective et neutre. Le constructivisme, au contraire, soutient que le sujet « invente » la réalité qu'il croit avoir découverte (Hubert, 1991, p. 22). Les différentes approches et théories sont considérées comme autant de discours, de points de vue, posés sur la réalité sociale. Cette perspective a eu un effet important sur la façon de définir ce qu'est un problème social. Dans cette perspective, les problèmes sociaux sont abordés à partir des activités des individus qui réussissent à les faire émerger en tant que problèmes.

Les constructivistes perçoivent également que le processus de définition des problèmes sociaux est relié aux intérêts des individus ou des groupes qui cherchent à s'approprier un champ d'intervention. Pour les constructivistes « les faits ou les conditions qui constituent les problèmes sociaux sont inséparables des acteurs sociaux » (Hubert, 1991, p. 29), d'abord parce que ce sont les acteurs sociaux eux-mêmes qui les constituent en tant que faits ; aussi parce que ce sont « les acteurs sociaux qui les rendent problématiques en exprimant à leur égard des revendications, en donnant éventuellement des définitions contradictoires ou en faisant valoir divers modes de traitement à leur appliquer » (Hubert, 1993, p. 29). En somme, les tenants du constructivisme s'interrogent sur l'existence d'un consensus social à la base de la définition d'un problème social et mettent l'accent sur la « composante subjective » des problèmes sociaux.

De son côté, Bonetti (1993) souligne que la société n'est pas naturellement portée à prendre en charge les problèmes sociaux. Pour que les autorités gouvernementales interviennent et prennent en charge un phénomène social, ce phénomène doit préalablement accéder au statut de problème social. Les diverses étapes de reconnaissance des problèmes sociaux constituent un processus de construction d'un problème social. Parmi les nombreuses formes que peut prendre la construction d'un problème social, l'auteur en mentionne cinq. La première forme, et la plus

Les principales étapes de l'analyse constructiviste

Le modèle d'analyse constructiviste estime que les problèmes sociaux n'émergent pas d'une situation statique ou d'un événement spontané, mais d'une série d'activités qui évoluent et s'influencent les unes les autres. Pour ce faire, Spector et Kitsuse, 1977, 1987) ont proposé un modèle d'analyse séquentiel qui comprend quatre étapes principales et qui permet de retracer le développement des problèmes sociaux.

1ʳᵉ étape. La première étape est celle où des individus ou des groupes définissent une situation comme étant problématique. On observe alors des tentatives collectives pour remédier à une condition perçue et jugée choquante et indésirable par certains individus ou groupes sociaux. Ces tentatives pour transformer des problèmes privés en débats publics constituent le point de départ du processus. Au cours de cette étape, les groupes formulent également des demandes à l'égard des pouvoirs publics afin de trouver une solution au problème.

2ᵉ étape. La deuxième étape débute au moment où les revendications des groupes sont approuvées par une agence gouvernementale ou par une institution officielle influente. Ce qui caractérise cette étape, c'est le fait que le problème social est pris en charge par un organisme public ou privé. Selon les auteurs, cette étape se termine lorsque « *complaints about some condition have become domesticated and routinized by some agency that develops a vested interest in doing something about complaints, though not necessarily in dealing with the conditions to which the complaints refers* » (Spector et Kitsuse, 1987, p. 151, cité par Lavergne, 1998, p. 26)

3ᵉ étape. La troisième étape prend naissance lorsque les groupes considèrent que la réponse qui a été donnée par les pouvoirs publics ou autres n'est pas adéquate ou suffisante. Cette étape est caractérisée par le fait que les citoyens considèrent la réponse officielle comme problématique, inappropriée au problème et qu'elle ne satisfait pas le groupe revendicateur. Ce dernier peut aussi dénoncer que la demande soit évacuée aux mains d'un comité d'étude. À cette étape, le groupe demandeur est souvent confronté à l'administration et à la bureaucratie et cette situation peut engendrer au sein du groupe du cynisme, du découragement ou de la résignation.

4ᵉ étape. Finalement, la quatrième étape prend forme lorsque le groupe revendicateur se dit profondément insatisfait de la solution imposée et qu'ils tentent d'appliquer des solutions différentes ou encore de créer des institutions dites alternatives. Cette étape reflète une remise en question de la légitimité des institutions, de leur capacité et de leur volonté de résoudre le problème.

classique, veut que le phénomène social soit reconnu à partir du moment où il menace la paix sociale. La deuxième forme est nommée « clientélisme » par l'auteur, c'est-à-dire que souvent la politique reconnaît un problème pour s'attirer les faveurs de l'électorat touché par le phénomène. La troisième forme de construction sociale constitue la reconnaissance par les autorités politiques d'un problème vécu par une catégorie sociale, à partir du moment où ce problème a des répercussions sur une autre catégorie dont les intérêts préoccupent davantage la classe politique. En quatrième lieu, les autorités peuvent être amenées à intervenir relativement à un problème lorsque celui-ci a des répercussions économiques. Finalement, cette intervention de l'État peut être justifiée lorsqu'il y a chez la population un vaste mouvement de compassion et de réactions émotives. Examinons cela de plus près.

Bonetti (1993) s'intéresse au processus par lesquels « des phénomènes sociaux accèdent au statut de problèmes nécessitant une attention et un traitement de la part des pouvoirs publics et des organisations que ceux-ci mandatent pour les gérer » (1993, p. 163). Plus concrètement, il analyse le processus de reconnaissance des problèmes sociaux. Au risque de choquer certains par cette mise en doute de la « réalité » des problèmes sociaux et de la misère « de ceux qui en souffrent », Bonetti souligne l'urgence « de ce travail de dénaturalisation et de déconstruction » à l'égard des problèmes sociaux, surtout si l'on veut, au niveau de l'action sociale, éviter « de prendre la proie pour l'ombre » (1993, p. 164). Bonetti précise que généralement la société ne se préoccupe des problèmes sociaux que « lorsqu'il y a réellement péril en la demeure » (*Ibid.*). Toutefois, la question est de savoir « dans quelles conditions, comment et au nom de quoi », les pouvoirs publics, qui au nom de la société, ont la responsabilité de résoudre les problèmes sociaux, en arrivent-ils à se « saisir » de ces problèmes (1993, p. 166). Il insiste sur le fait que la gestion des problèmes sociaux fait « l'objet de théorisation et de modalités de traitements contradictoires, qui tiennent à la fois aux rapports de force sociaux et politiques, au fonctionnement des institutions, aux traditions idéologiques et aux orientations politiques conjoncturelles, comme en témoignent les différences entre les pays » (1993, p. 167). De plus, le fait que ces questions ont donné lieu « à des affrontements, à des débats, à des analyses, à des formes d'action variées, à des changements de conception montre que ces problèmes ne sont pas légitimes par avance et qu'ils peuvent être posés et traités différemment. La place accordée à chacun de ces problèmes varie selon les périodes et les pays, et cela n'a qu'un lointain rapport avec leur acuité » (*Ibid.*).

Quelles sont les circonstances qui amènent les pouvoirs publics à définir une situation sociale comme problème social ? La première circonstance qui vient à l'esprit tient à une menace de l'ordre public par des phénomènes sociaux. Une seconde circonstance renvoie à des situations où des intérêts politiques ou électoraux sont en jeu pour les pouvoirs publics. La tentation du « clientélisme » est alors grande, surtout si les populations touchées « sont affectées pratiquement ou moralement par les difficultés de leurs proches » (Bonetti, 1993, p. 167). Certains de ces groupes cherchent à s'organiser et à recevoir le soutien de personnages politiques ou médiatiques. Bonetti cite l'exemple des groupes de personnes handicapées « dont le nombre pourtant restreint parvient à influencer de manière non négligeable les décisions politiques » (1993, p. 167). À d'autres occasions, les pouvoirs publics se mobilisent parce que certains problèmes « sont posés et traités en fonction des réactions qu'ils suscitent de la part de l'environnement social » (1993, p. 168). C'est le cas, par exemple, des « problèmes » de la délinquance ou de l'immigration, dans la mesure où « ils font problème à d'autres ». Dans d'autres circonstances, il s'agit d'un « mélange confus d'idéologie, de morale, de compassion, d'émotions, de réactions passionnelles sur fond de mauvaise conscience, face à des situations qui paraissent intolérables » (1993, p. 169). Dans certains cas, le problème n'est pas véritablement reconnu. Bonetti (1993, p. 170) cite l'exemple du chômage qui, malgré le fait que le problème touche une partie importante de la société (dans plusieurs pays européens plus de 10 % de la population active), n'émeut pas trop les pouvoirs publics.

En somme, Bonetti souligne que pour qu'une situation sociale soit reconnue comme problème social, elle doit remplir diverses conditions. Il faut d'abord « que ce phénomène fasse problème aux pouvoirs publics, mais aussi qu'il entre dans leur champ de compétence » (1993, p. 172). Par ailleurs, pour susciter cette intervention des pouvoirs publics, il faut généralement que ces derniers « soient interpellés à ce sujet par l'opinion publique, que celle-ci s'en émeuve et sollicite leur intervention. Un problème ne peut exister s'il n'est pas posé par certains acteurs qui ont acquis une légitimité et une capacité d'expression suffisantes pour en faire une chose publique, s'il n'est pas porté dans l'espace public par ceux qui le subissent ou par leurs représentants » (1993, p. 173). Toutefois, ce processus peut conduire à des situations plutôt paradoxales où les professionnels s'approprient, en quelque sorte, le problème, et ce, au nom de leur compétence technique. Ce processus de reconnaissance des problèmes sociaux est donc lié au mode de fonctionnement des organisations sociosanitaires qui interviennent dans le champ concerné.

La reconnaissance des problèmes sociaux est aussi fonction de la légitimité des organismes qui les prennent en charge. Bonetti insiste sur le fait que l'existence objective « de difficultés sociales profondes ne suffit pas à en faire des problèmes dont se saisissent les différentes instances de la société » (1993, p. 175). Pour ce dernier, il est clair qu'une question sociale « ne devient un problème social que si elles perturbent les relations sociales [ou si elle] occasionne une fracture dans le fonctionnement de la société » (*Ibid.*). Ainsi, la reconnaissance d'un problème social n'est pas fonction « de son importance pour les gens qui en souffrent », mais cela dépend plutôt du statut qu'il acquerra dans la hiérarchie des questions sociales, des risques que sa persistance fait encourir à la société, de la mobilisation des acteurs à son sujet, des capacités existantes ou potentielles pour le traiter » (Bonetti, 1993, p. 176). De plus, le processus de construction des problèmes sociaux résulte « d'une coproduction sociale entre les individus qui sont effectivement confrontés à des difficultés, les instances qui les font advenir sur la scène publique et ceux qui les gèrent, coproduction qui dépend des relations, des intérêts et des jeux de représentations mutuelles qui s'établissent entre ces acteurs » (*Ibid.*).

Plusieurs autres auteurs formulent des remarques qui vont sensiblement dans le même sens. Par exemple, Martin et Chopart croient que le travail scientifique impliqué dans l'analyse des problèmes sociaux doit mener à un important travail de « déconstruction », portant notamment « sur la mise en œuvre des systèmes d'intervention, sur les cloisonnements qu'ils induisent, leur capacité de réifier tel ou tel aspect de la vie sociale : la pauvreté est isolée du chômage, isolée de la vie familiale, etc. » (1988, p. 85). Bref, ils concluent que : « Les problèmes sociaux n'existent pas comme tels. Ils font l'objet de processus de construction » (*Ibid.*). D'autres auteurs arrivent aussi sensiblement à la même conclusion[2]. Quoi qu'il en soit, la place des conditions objectives dans l'analyse sociologique a continué à susciter des débats.

---

2. Les réflexions de Landreville (1983) reprennent cette idée. De même, les travaux de Tachon (1985) appuient l'idée qu'étant essentiellement le résultat (ou le produit) « de constructions historiques », les problèmes sociaux « apparaissent comme des notions relatives, faisant l'objet de réinterprétations par les agents et les institutions dans leurs stratégies pour se partager les moyens symboliques, économiques et techniques de l'action sociale » (1985, p. 177). Ce processus de réinterprétation constitue une véritable « mise en scène » du problème social. Ainsi, l'intervention sociale se construit presque toujours selon un même scénario : « un "problème social" légitimé par des références politiques et techniques génère des institutions qui mobilisent des investissements et des personnels spécialisés. Les institutions et les personnels spécialisés jouent alors avec la manifestation publique du "problème" ; ils proclament l'urgence de la question, justifiant ainsi leur présence » (1985, p. 179).

ILLUSTRATIONS D'ANALYSES CONSTRUCTIVISTES

Nous nous sommes familiarisés jusqu'ici avec les idées constructivistes essentielles à une compréhension nouvelle des problèmes sociaux. Au Québec, un certain nombre d'études se sont inspirées de cette perspective. Afin de mieux comprendre ces notions appliquées à certains « problèmes sociaux » du Québec des dernières années, nous nous pencherons sur cinq applications concrètes du constructivisme. La prostitution juvénile, l'abus sexuel des enfants, la violence conjugale, l'ivresse au volant et le vieillissement représentent des problématiques que certains intervenants sociaux croisent quotidiennement dans leur pratique.

LE CAS DE LA PROSTITUTION JUVÉNILE

Dans le cas de la prostitution juvénile, Fahmi (1987) a voulu reconstituer les événements contribuant à son émergence comme problème social au Québec. En résumé, il rend plus évident le rôle des intervenants, et particulièrement celui des médias, dans la définition du problème. La construction du problème des jeunes dits prostitués s'est donc élaborée autour de différentes scènes et elle a été alimentée par l'arrivée de nouveaux acteurs sociaux (policiers, commissions d'enquête, etc.). Ainsi, montre Fahmi, la définition du problème s'appuie sur un jugement moral (protection et punition) qui tient peu compte de la réalité socioéconomique des jeunes dans cette condition. Le phénomène de la prostitution juvénile n'est pas nouveau au Québec. Pourtant, ce n'est que depuis la fin des années 1970 que l'on s'interroge sur cette réalité en tant que problème social, alors que plusieurs intervenants sociaux participent aux débats et qu'une large diffusion médiatique contribue à faire connaître davantage la question.

Il importe ici de noter que c'est une agence officielle, le Comité de la protection de la jeunesse (CPJ) qui a pris l'initiative d'agir. Ainsi, contrairement à la vision traditionnelle, on constate que l'insatisfaction et les réactions institutionnelles ne découlent pas d'une détérioration de conditions objectives. L'agence impute plutôt à la population, dite victime, une situation qu'elle juge répréhensible moralement. La construction du problème est entreprise puisqu'en élargissant le débat à la sphère publique on fait en sorte que d'autres acteurs s'y greffent[3]. Un certain consensus institutionnel s'est progressivement forgé sur le plan de la définition du problème et des mesures à prendre. Le client-adulte a émergé comme étant le coupable et le débat public s'est de plus en plus centré sur l'exploitation

---

3. Notamment, le BCJ (Bureau de consultation jeunesse de Montréal) et le groupe PIaMP (Projet d'Intervention auprès des mineur(e)s prostitué(e)s) se disputeront le droit d'intervenir auprès de cette clientèle.

sexuelle. Ce débat a amené une condamnation morale à l'égard des jeunes, perçus et définis comme naïfs ou troublés (besoin de protection), et une volonté de répression à l'égard des adultes (besoin de punition)[4]. Selon Fahmi, cette recherche montre que le discours de revendications des agents sociaux découle moins du degré objectif de détérioration d'une condition que des imputations qui y sont associées. Le principal enjeu ici n'a pas été le bien-être du jeune dit prostitué, qui n'a jamais participé à la définition de son « problème », il se situe davantage au niveau des intérêts des acteurs communautaires, professionnels, administratifs et politiques. Le rôle prépondérant des médias dans la définition d'un problème doit être souligné dans la mesure où ces derniers ont participé à la diffusion de la version « officielle » du problème.

LE CAS DES ABUS SEXUELS D'ENFANTS AU QUÉBEC

Sensiblement dans la même perspective, Manseau (1988, 1990) a analysé les processus de définition et de prise en charge institutionnelle du problème de l'abus sexuel au Québec. Globalement, elle note que la présence d'un fort mouvement de protection de la jeunesse a engendré un dispositif d'intervention ayant un impact direct sur la définition de l'abus sexuel et sur les représentations que suscite ce phénomène (1988, p. 41). Elle en conclut que l'abus sexuel « est une forme de construit institutionnel et professionnel comme c'est le cas pour tous les problèmes sociaux qui s'élaborent à partir d'un discours extérieur à celui des personnes faisant l'objet d'un contrôle étatique » (1988, p. 46). Cette nouvelle représentation, dit-elle, s'appuie moins sur les intérêts concrets des victimes que sur ceux qui découlent de la prise en charge.

L'étiquette d'« abus sexuel à caractère incestueux » est de plus en plus courante au Québec. Manseau s'est penchée sur cette problématique afin de comprendre comment l'inceste est devenu un problème social important et de quelle façon les nouvelles représentations se construisent. Son analyse se structure à partir de l'action définitionnelle d'un petit groupe de personnes qui sont parvenues à faire prévaloir leur définition

---

4. Par ailleurs, à cette époque, la commission Badgley est instituée par les ministères de la Justice et de la Santé et du Bien-être social. Elle a pour mandat de réaliser une enquête nationale (à partir de sondage) sur les infractions sexuelles commises à l'égard des enfants. Au même titre que l'inceste, la pédophilie, la pornographie infantile et les agressions sexuelles, son rapport (août 1984) présente la prostitution des mineurs comme une infraction contre les enfants. Il recommande que la prostitution juvénile soit jugée illégale et condamnable à une peine maximale de deux ans de prison. Suivra le rapport de la commission Fraser qui, à l'aide d'audiences publiques, démontrera le consensus social entourant la nécessité de protéger le mineur et d'être plus sévère avec l'adulte. Ces deux rapports deviendront des références importantes dans le débat sur la prostitution des mineurs au Canada.

de l'abus sexuel et à l'institutionnaliser sous forme d'un nouveau problème social. Ce mouvement d'institutionnalisation aura beaucoup d'impact sur le processus de définition, dans la mesure où les professionnels seuls porteront la cause contre l'abus sexuel au Québec.

Suivant l'orientation constructiviste de sa recherche, Manseau insiste sur les liens entre ce nouveau problème de l'abus sexuel et les acteurs principaux qui l'ont construit. Significativement, le silence de l'acteur principal est mis en lumière. L'auteure note que le processus de construction s'est effectué dans un cadre largement extérieur aux personnes directement touchées par la question, puisque, lors des discussions entourant l'institutionnalisation du problème de l'abus sexuel au Québec, aucun groupe d'enfants ou de parents concernés ne s'est fait entendre. Seuls les professionnels ont fait valoir leur point de vue. Ainsi, malgré le fondement réel d'enfants abusés sexuellement, l'interprétation qu'ils ont de leur condition, pourtant essentielle, nous est pratiquement inconnue. La validité des statistiques s'en est aussi ressentie, puisque celles-ci proviennent surtout des activités des personnes chargées de définir l'abus sexuel. Manseau estime que, dans ce rapport de force, les victimes n'ont pas de véritable droit de parole.

Par ailleurs, le mouvement de protection qui s'est rapidement et fortement implanté au Québec a consacré beaucoup d'efforts pour sensibiliser la population à ce problème. Toutefois, Manseau (1988, p. 43) s'interroge sur l'importance du problème ainsi que sur les assertions selon lesquelles le phénomène a augmenté. Cette insistance lui paraît plutôt découler de buts liés à la préservation d'une idéologie de protection. Selon elle, l'intérêt des professionnels pour le problème de l'inceste est aussi lié à des avantages politiques et économiques. Sur le plan politique, la rentabilité de cette question paraît évidente. Dans une conjoncture économique de compressions dans les programmes, la protection des enfants et l'insistance sur l'existence des abus sexuels légitiment l'intervention étatique et attirent la sympathie populaire. Pourtant, elle souligne que beaucoup d'autres problèmes touchant les jeunes, « tels la déchéance parentale, la privation de conditions matérielles nécessaires, l'absentéisme scolaire, les troubles de comportement, la mendicité, les fugues » (*Ibid.*) ont été peu discutés par les divers intervenants sociaux.

Un peu dans la même perspective, il ressort que, depuis le début des années 1980, la société québécoise a progressivement « découvert » les phénomènes de négligence et d'abus physique et sexuels faits aux enfants (Massé, 1992). Et selon Bouchard *et al.* (1994), cette même société serait sur le point de découvrir que des mots ou des gestes peuvent parfois faire aussi mal qu'une agression physique et qu'en conséquence elle serait de plus en plus sensible à la maltraitance psychologique.

LA VIOLENCE CONJUGALE AU QUÉBEC

Lavergne (1998) a analysé le processus de construction de la violence faite aux femmes en milieu conjugal comme problème sociopénal. Elle a porté son attention sur les mécanismes de construction subjective du problème en question plutôt que sur l'analyse de ses conditions objectives. Ce qui l'intéressait, c'était d'étudier les circonstances entourant l'émergence de cette question comme problème social au Québec et la manière dont la définition et les solutions pour y faire face ont évolué au cours du processus. Pour ce faire, elle a examiné le discours des groupes qui ont lancé le mouvement ainsi que celui des autres acteurs et actrices qui ont pris part au processus de construction sociale.

Les résultats de cette étude montrent que le processus étudié s'est transformé selon quatre étapes que l'on peut résumer de la manière suivante. Une première étape correspond à l'émergence du problème de la violence faite aux femmes en milieu conjugal. Des groupes de femmes issus du mouvement féministe au Québec définissent la violence subie par les femmes en milieu conjugal comme une situation problématique et entreprennent d'aider ces femmes à travers la création de ressources d'hébergement. Les groupes cherchent également à rendre publique cette situation-problème et à se faire connaître comme ressources dans le but d'obtenir une aide financière de l'État (Lavergne, 1998, p. 4)

La deuxième étape est marquée par la politisation du problème. Celui-ci a acquis son caractère public grâce à l'action des femmes, mais aussi parce qu'un autre acteur, le Conseil du statut de la femme, a pris part à l'entreprise définitionnelle ; le conseil a en quelque sorte facilité la reconnaissance officielle du problème par le gouvernement québécois en traduisant et en adaptant le discours et les demandes des groupes dans un langage compatible avec celui de l'État et des autres principaux acteurs sociaux. Ainsi, la violence faite aux femmes est présentée comme un problème : 1) de mentalité qui fait des femmes la propriété des hommes, 2) de discrimination attribuable au manque d'accès des femmes à des services publics d'aide, et 3) à un manque de sensibilisation de la part des intervenants et intervenantes des services publics à l'égard du problème et des femmes qui en sont victimes. La solution au problème se situe dans ce contexte, dans le réaménagement des services publics et dans l'octroi d'une aide financière aux groupes de femmes appartenant au milieu communautaire.

La troisième étape correspond au moment où l'État, par l'intermédiaire de deux ministères surtout, le ministère des Affaires sociales de l'époque et celui de la Justice, reconnaît le caractère social du problème et accepte de le prendre en charge. Le problème est alors défini selon les logiques institutionnelle et organisationnelle propres à ces organisations.

Par exemple, le ministère des Affaires sociales présente le problème comme celui des femmes violentées définies comme une population à risque qui nécessite des services spécialisés offerts par les services sociaux et, dans une moindre mesure, par les maisons d'hébergement. Pour sa part, le ministère de la Justice analyse le problème de la violence conjugale comme un crime impliquant un contrevenant et une victime. Le geste d'agression est, quant à lui, défini comme une menace à la stabilité de la famille. Les programmes de traitement pour conjoints violents sont alors favorisés par le ministère comme un moyen curatif permettant de réhabiliter les contrevenants et de protéger l'institution de la famille.

À la dernière étape, on conteste la définition et les solutions proposées précédemment. Certains acteurs et actrices remettent en question l'absence de perspective globale à l'égard du problème, le manque de concertation entre les différents groupes en présence et surtout le manque de financement des ressources communautaires dans ce domaine. Ce débat se poursuit encore de nos jours.

La comparaison des résultats obtenus avec ceux d'autres recherches menées sur la présence du même problème social dans des contextes culturels ou nationaux différents a révélé que l'importance accordée à l'intervention sociale plutôt qu'au recours au système pénal dans la résolution du problème constitue l'un des éléments majeurs qui distingue le Québec du reste du Canada et des États-Unis. La criminalisation est considérée au Québec comme une solution acceptable uniquement dans la mesure où elle s'inscrit en complémentarité avec un ensemble de mesures à caractère psychosocial. Par ailleurs, tout en se situant dans une perspective constructiviste, l'auteure précise qu'elle a dû intégrer, en cours d'analyse, une préoccupation pour la dimension structurelle, car les individus et les groupes sociaux qui participent à la définition des problèmes sociaux « ne disposent pas tous des mêmes moyens, ni des mêmes ressources » (Lavergne, 1998, p. 49).

LE PROBLÈME SOCIAL DE L'IVRESSE AU VOLANT ET CELUI DU TROISIÈME ÂGE

Lebœuf (1990) s'est intéressé au processus de la construction du problème social de l'ivresse au volant. Plus spécifiquement, l'auteur a analysé « la nature des changements législatifs et [...] les conceptions de l'ivresse au volant » par divers définisseurs. Il s'agissait de répondre aux questions suivantes : « Comment la sélection d'un comportement comme l'ivresse au volant s'est-elle opérée ? Comment le comportement est-il défini ? Par qui ? Quel est l'impact de la réaction des définisseurs ? D'une façon globale, nous analysons le rapport entre les définitions, les stratégies auxquelles

les définisseurs ont eu recours pour soumettre et faire accepter leurs points de vue et les enjeux suscités par la production d'une loi» (1990, p. 395). Au terme de l'analyse, Lebœuf souligne que «de tous les définisseurs, les experts du domaine médical ont tenu le rôle le plus déterminant. Ils ont qualifié par leurs connaissances et quantifié par leurs outils scientifiques le comportement d'ivresse au volant. De la sorte, ils ont imposé une partie de leur science au droit criminel» (1990, p. 415).

Par ailleurs, les travaux de Lenoir (1979) qui portent sur le «troisième âge» illustrent bien les mécanismes sociohistoriques de l'émergence des problèmes sociaux. Ils démontrent que «l'invention» du troisième âge correspond d'abord à un problème de solidarité intergénérationnelle qui prend son origine dans l'organisation industrielle, ayant pour effet d'introduire une gestion différenciée et arbitraire de cette population; cette situation suscite à son tour l'apparition d'agents spécialisés dans cette gestion ainsi que l'émergence de mouvements de revendications chez le groupe ainsi géré. De même, au Québec, Pilon (1990) souligne qu'au-delà de sa dimension biologique, le phénomène de la vieillesse est essentiellement un phénomène social. Dans cette perspective, la vieillesse n'existe pas en soi et on ne peut pas analyser ses dimensions «in vitro, coupées et isolées de la réalité sociale» (1990, p. 142). De plus, «le processus de fabrication de la vieillesse se déploie dans l'engrenage des rapports sociaux». Sur le plan historique, il rappelle qu'avec le développement de la société industrielle et la division du travail la vieillesse a été dévalorisée comme le montrent les multiples analyses anthropologiques. Avec la réorganisation de l'emploi selon l'âge, l'éviction des plus âgés du marché du travail salarié s'est accélérée. Le processus de la mise à l'écart du travail salarié par la mise à la retraite (de façon anticipée ou non) s'est aussi accéléré. En somme, «C'est [...] par des forces extérieures environnantes – imposition de nouvelles normes de travail, destruction des modes de vie préindustriels – que la vieillesse, cette chose sociale, a été repérée et transformée en catégorie économiquement dépendante et improductive» (1990, p. 148). En conséquence, la vieillesse reflète une construction sociale de la réalité.

ÉLÉMENTS D'ÉVALUATION : FORCES ET FAIBLESSES DU CONSTRUCTIVISME

Plusieurs auteurs ont souligné que l'approche constructiviste a, sans aucun doute, contribué à renouveler l'analyse sociologique des problèmes sociaux et elle a stimulé la recherche sociale des questionnements nouveaux (Schneider, 1985). Pour sa part, Ouellet estime que cette approche a permis « de lever le voile progressivement sur le caractère contingent des problèmes sociaux en mettant en lumière les mécanismes normatifs, symboliques et politiques qui participent à leur émergence comme objet d'appréhension publique ainsi qu'à leur définition et leur légitimation comme objet de l'action collective » (1998, p. 70). Cette approche a aussi montré que les problèmes sociaux suscitent non seulement des débats au sein de la société mais qu'ils deviennent des enjeux de pouvoir « entre certains groupes sociaux. Ces analyses ont aussi « révélé » empiriquement, le rôle très actif des mouvements sociaux et des groupes identitaires dans la construction des problèmes sociaux » (*Ibid.*, p. 71).

Par ailleurs, l'approche constructionniste a aussi suscité un certain nombre de critiques. Se situant en rupture avec les approches objectivistes qui avaient dominé jusque-là, ces nouvelles recherches ont mis en lumière « les stratégies de persuasion utilisées par les groupes de définisseurs, et les rapports de domination politique et économique qui les motivent » (Ouellet, 1998, p. 66). Malheureusement, un certain nombre de ces recherches débouchèrent sur une sorte de « chasse aux problèmes construits (au sens métaphorique des termes), dont la signification acquit souvent dès lors, le sens de faux problèmes, non sans donner lieu à des stratégies intellectuelles discutables » (*Ibid.*, p. 67).

Ainsi, du point de vue objectiviste, la démarche constructiviste est trop réductrice. En effet, si le chercheur ne doit pas exclure d'étudier le processus par lequel des acteurs définissent une condition particulière comme un problème social, il doit surtout, selon Hazelrigg (1986, p. 2), comprendre la condition elle-même comme une situation objective qui est logiquement antérieure à la perception qu'en ont les acteurs. Plus fondamentalement, les critiques de Woolgar et Pawluch (1985) méritent attention. Ils passent en revue la forme et le fond d'études constructivistes et ils notent une remarquable similarité dans la structure explicative de toutes ces études. Cette forme commune aux analyses constructivistes des problèmes sociaux recensées comporte habituellement trois dimensions principales: un phénomène, ou condition putative, vers lequel des activités de revendication sont dirigées; une ou plusieurs définitions ou demandes exprimées à propos de cette condition; des précisions sur l'identité des demandeurs ou définisseurs. Pour ces auteurs, les tenants de l'approche constructiviste font preuve de relativisme sélectif en plaçant une limite entre ce qui doit être considéré comme problématique (les activités revendicatives) et ce qui ne doit pas l'être (les conditions). Pour réaliser une telle distinction, la sociologie constructiviste utilise, d'après ces auteurs, une stratégie de rhétorique – le trucage ontologique (*ontological gerrymandering*) – qui consiste à laisser dans l'ombre le caractère problématique des énoncés « objectifs » sur les conditions pour mettre uniquement en avant la relativité des réponses données par les acteurs à ces conditions.

Certains ont aussi reproché à cette perspective une sorte d'indifférence à l'égard des dimensions théorique, politique et éthique dans l'analyse des problèmes sociaux (Pires, 1994). Au plan théorique, l'apport de l'analyse constructionniste est certes important, mais il demeure limité dans la mesure où cette approche se limite « à décrire comment les acteurs (le plus souvent des acteurs institutionnels, des mouvements sociaux et d'autres acteurs publics) procèdent dans un monde construit ici et maintenant plutôt qu'à tenter d'expliquer pourquoi ils agissent ainsi » (Ouellet, 1998, p. 72). Par ailleurs, on a aussi reproché à l'analyse constructionniste de trop centrer son attention sur le discours médiatisée « des groupes d'intérêts, des institutions, des porte-parole des mouvements sociaux, bref, sur les affaires publiques. Assez paradoxalement d'ailleurs, ses composantes interactionnistes s'en trouvent donc limités à des grands ensembles impersonnels dans lesquels les actes individuels se trouvent traités passivement comme une variable dépendance du spectacle politico-médiatique hautement symbolique qui accompagne les débats publics sur les problèmes sociaux » (Ouellet, 1998, p. 73). Dans cette perspective, les problèmes sociaux deviennent essentiellement un discours et non un enjeu de pouvoir entre différents groupes sociaux.

Au plan éthique, on lui a reproché de se refuser « à porter des jugements sur les conditions elles-mêmes » et de ne pas suffisamment prendre en considération « les dimensions morales ou éthiques, présentes dans la définition des problèmes sociaux » (Ouellet, 1998, p. 74). De plus, on va reprocher à l'analyse constructionniste une certaine « inutilité sociale » pour l'intervention sociale : « Cette critique est partagée par les objectivistes et les praticiens. En effet, ceux-ci acceptent mal que l'on délaisse l'étude des conditions associées aux problèmes sociaux. Ils rejettent cette attitude nihiliste propre au doute mondain de notre époque qui cherche à "déconstruire" (au sens littéral) les processus sociaux qui les érigent en objet d'appréhensions tout en essayant de démontrer leur soi-disant vacuité » (Ouellet, 1998, p. 75)[5]. Ce dernier estime que l'ensemble

---

5. Une critique proche se retrouve chez Delchambre (1991) qui précise : « Il faut bien admettre que ce n'est pas parce que les problèmes sociaux surgissent à travers le filtre imaginaire d'une construction sociale, que ceux-ci se réduisent à quelques conventions relatives à leur perception sociale. Le constructivisme, jusque-là fécond, devient fallacieux (et donc dangereux), s'il ne permet pas la prise en compte, en particulier dans une optique pratique, des conditions structurelles pesant sur le phénomène socialement perçu comme dysfonctionnel » (*Ibid.*).

de ces critiques a limité sérieusement l'approche constructionniste dans ses prétentions à fournir un cadre théorique et méthodologique d'ensemble dans l'analyse des problèmes sociaux.

CONCLUSION

Selon Hubert (1991), l'approche constructiviste a le mérite de rappeler à tous que les faits ou les conditions qui sont censés constituer les problèmes sociaux sont inséparables des acteurs sociaux. Toutefois, « relativiser de cette manière les faits qui sont présentés par les acteurs ne doit cependant pas conduire à conclure à l'inconsistance de ces faits, ce qui reviendrait d'ailleurs à prendre parti dans le débat du point de vue de ceux qui ont intérêt à en minimiser l'importance » (1991, p. 29). Ainsi, l'une des grandes forces du constructivisme se situe dans son questionnement de la « réalité » des problèmes sociaux et les illustrations constructivistes de ce texte nous sensibilisent à cette question.

Par ailleurs, les perspectives objectiviste et constructiviste se distinguent surtout par l'objet qu'elles étudient en priorité. Pour les constructivistes, le chercheur ne doit s'intéresser qu'aux activités revendicatives des acteurs, alors que pour les objectivistes le champ d'investigation doit être élargi à ces conditions elles-mêmes. De cette différence découle la manière dont les deux perspectives expliquent l'émergence d'activités revendicatives. C'est ainsi que les constructivistes privilégient les circonstances socio-historiques et l'interaction entre les acteurs pour expliquer les variations dans les définitions que ceux-ci donnent des conditions, tandis que les objectivistes mettent en avant les caractéristiques (et l'évolution) des conditions objectives elles-mêmes comme déterminantes, en grande partie, de ces mêmes activités revendicatives (Delcourt, 1991 ; Hubert, 1991).

Contribution originale des constructivistes : dans leur esprit, le chercheur qui agit comme « expert » fait partie de la construction d'un problème social au même titre que les autres acteurs sociaux. Plus que d'analyser le problème, il en fait partie parce qu'il contribue à former une réalité qui n'existe pas en soi (Spector et Kitsuse, 1977, p. 70). Zuniga (1993) a souligné que la perspective constructiviste éclaire les conditions de production des théories en sciences sociales, et ce faisant, elle permet une lecture plus critique de l'approche scientifique des problèmes sociaux. Cette démarche aide également à mieux percevoir l'influence de certains acteurs dominants, l'État par exemple, dans la définition et la prise en charge des problèmes sociaux. Zuniga a également montré en quoi la perspective constructiviste est utile pour réorienter la formation des intervenants sociaux et leur donner un sentiment de plus grande rationalité dans leurs analyses et de plus grande autonomie dans leurs interventions. Même si l'on doit reconnaître qu'en travail social « le constructivisme en est encore à ses balbutiements », il n'en reste pas moins qu'il « permet de critiquer les contraintes imposées par une idéologie positiviste dans la formation théorique des travailleurs sociaux » (Zuniga, 1993, p. 49). De plus, pour les tenants du constructivisme, cela peut nous inciter à une plus grande tolérance. En effet, puisque « nous savons que nous ne connaissons jamais la vérité, que notre vision du monde convient seulement plus ou moins à la réalité », nous devenons alors plus tolérant (Hubert, 1991).

BIBLIOGRAPHIE

BLUMER, H. (1971). « Social problems as collective behavior », *Social Problems*, n° 18, p. 298-306.

BONETTI, M. (1993). « La construction des problèmes sociaux », dans V. de Gaulejac et S. Roy (dir.), *Sociologies cliniques*, Paris, Desclée de Brouwer, p. 163-176.

BOUCHARD, C., M.C. GAUTHIER, R. MASSÉ et M. TOURIGNY (1994), « Les mauvais traitements envers les enfants », dans de F. Dumont, S. Langlois et Y. Martin (dir.), *Traité des problèmes sociaux*, Québec, Institut québécois de recherche sur la culture, p. 363-380.

BERGER, P. et T. LUCKMANN (1986 [1967]). *La construction sociale de la réalité*, Paris, Méridiens-Klincksieck, 288 p.

DELCHAMBRE, J.P. (1991). « La construction sociale du décrochage scolaire », *Recherches sociologiques*, vol. 22, n°s 1-2, p. 65-88.

DELCOURT, J. (1991). « Les problèmes sociaux d'une société à risque », *Recherches sociologiques*, vol. 22, n°s 1-2, p. 1-20.

DUCLOS, D. (1987). « La construction sociale du risque : le cas des ouvriers de la chimie face aux dangers industriels », *Revue française de sociologie*, vol. 28, p. 17-42.

FAHMI, K. (1987). *La prostitution des mineurs : construction d'un problème social*, Montréal, Bureau Consultation-Jeunesse (BCJ), 61 p.

FULLER, R.C. et R.R. MYERS (1941). « The natural history of a social problem », *American Sociological Review*, n° 6, p. 320-328.

GUSFIELD, J. (1989). « Constructing the ownership of social problems : Fun and profit in the welfare state », *Social Problems*, vol. 36, n° 5, p. 431-441.

HAZELRIGG, L.E. (1986). « Is there a choice between « constructionism » and « objectivism » ? », *Social Problems*, vol. 33, n° 6, décembre, S1-S13.

HILLGARTNER, S. et C. BOSKI (1988). « The rise and fall of social problems : A public arenas model », *American Journal of Sociology*, vol. 94, n° 1, p. 53-78.

HUBERT, M. (1991). « L'approche constructiviste appliquée à la sociologie des problèmes sociaux : élément d'un débat », *Recherches sociologiques*, vol. 22, nos 1-2, p. 21-32.

KARTSZ, S. (1988). « Déconstruire la vieillesse », *Les Cahiers de la recherche sur le travail social*, no 15, p. 33-45.

KITSUSE, J. (1980). « Coming out all over : Deviants and the politics of social problems », *Social Problems*, no 1, p. 1-13.

KITSUSE, J. et M. SPECTOR (1973). « Toward a sociology of social problems : Social conditions, value-judgments and social problems », *Social Problems*, no 20, p. 407-419.

KITSUSE, J. et M. SPECTOR (1974). « Social problems and deviance : Some parallel issues », *Social Problems*, vol. 22, no 5, p. 584-594.

LANDREVILLE, P. (1983). « Normes sociales et normes pénales », *Les Cahiers de l'École de criminologie*, Montréal, Université de Montréal, 69 p.

LANGLOIS, S. (1993). « Conclusion et perspectives : fragmentation des problèmes sociaux », dans F. Dumont, S. Langlois et Y. Martin (dir.), *Traité des problèmes sociaux*, Québec, Institut québécois de recherche sur la culture, p. 1107-1129.

LAVERGNE, C. (1998). *Analyse du processus de construction de la violence faite aux femmes en milieu conjugal comme problème sociopénal au Québec*, Thèse, département de criminologie, Université de Montréal.

LEBŒUF, M. (1990). « La construction sociale des lois criminelles : l'expérience canadienne concernant l'ivresse au volant », *Déviance et Société*, vol. 14, no 4, p. 395-420.

LE MOIGNE, J.L. (1995). *Les épistémologies constructivistes*, Paris, Presses universitaires de France, 127 p.

LENOIR, R. (1979). « L'invention du troisième âge (ou la constitution du champ des agents de gestion de la vieillesse) », *Actes de la recherche en sciences sociales*, Paris, nos 26-27, p. 57-82.

LOPATA, H. (1984). « Social construction of social problems overtime », *Social Problems*, vol. 31, no 3, p. 249-272.

LOSEKE, D. et S.E. CAHILL (1984). « The social construction of deviance : Experts on battered women », *Social Problems*, vol. 31, no 3, p. 296-310.

MANSEAU, H. (1988). « La définition ou la fabrication de l'abus sexuel d'enfants au Québec », *Revue internationale d'action communautaire*, nos 19/59, p. 41-47.

MANSEAU, H. (1990), *L'abus sexuel et l'institutionnalisation de la protection de la jeunesse*, Sainte-Foy, Presses de l'Université du Québec, 169 p.

MARTIN, C. et J.N. CHOPART (1988). « Derrière l'éclatement : la permanence de la question sociale », *Revue internationale d'action communautaire*, 19/59, p. 79-89.

MASSÉ, R. (1992), « Construction sociale et culturelle de la maltraitance », *PRISME*, vol. 3, no 1, p. 12-15.

MAYER, R. et M. LAFOREST (1990). « Problème social : le concept et les principales écoles théoriques », *Service Social*, vol. 39, no 2, p. 13-43.

MEHAN, H. (1982). « Le constructivisme social en psychologie et en sociologie », *Sociologie et Sociétés*, vol. 14, n° 2, p. 77-96.

OUELLET, P. (1998). *Matériaux pour une théorie générale des problèmes sociaux*, Thèse, Sciences humaines appliquées, Université de Montréal, ronéo, 428 p.

PERREAULT, M. (1993). « MTS et sida : construction sociale d'une épidémie mondiale », dans F. Dumont, S. Langlois et Y. Martin (dir.), *Traité des problèmes sociaux*, Québec, Institut québécois de recherche sur la culture, p. 197-223.

PFOHL, L. (1978). « The discovery of child abuse », *Social Problems*, vol. 24, n° 3, p. 310-323.

PFOHL, L. (1985). « Toward a sociological deconstruction of social problems », *Social Problems*, vol. 32, n° 3, février, p. 229-232.

PILON, A. (1990). « La vieillesse : reflet d'une construction sociale du monde », *Nouvelles pratiques sociales*, vol. 3, n° 2, p. 141-156.

PIRES, A. (1993). « La criminalité : enjeux épistémologiques, théoriques et éthiques », dans F. Dumont, S. Langlois et Y. Martin (dir.), *Traité des problèmes sociaux*, Québec, Institut québécois de recherche sur la culture, p. 247-277.

RUBINGTON, E. et M.S. WEINBERG (1980). *The Study of Social Problems : Six Perspectives*, New York, Oxford University Press, 301 p.

SCHNEIDER, J.W. (1985). « Defining the definitional perspective on social problems », *Social Problems*, vol. 32, n° 3, février, p. 232-234.

SPECTOR, M. et J. KITSUSE (1977). *Constructing Social Problems*, Menlo Park, Cummings.

SPECTOR, M. et J. KITSUSE (1987). *Constructing Social Problems*, New York, Aldyne de Gruyter, 184 p.

STELLING, R. (1990). « Media discourse and the social construction of risk », *Social Problems*, vol. 37, n° 1, p. 80-95.

STERN, M. (1984). « The emergence of the homeless as a public problem », *Social Service Review*, juin, p. 291-301.

TACHON, M. (1985). « Travail social et gestion des problèmes sociaux », dans F. Bailleau, N. Lefrancheur et V. Feyre (dir.), *Lectures sociologiques du travail social*, Paris, Éd. Ouvrières, p. 177-187.

TOPOLOV, C. (1987). « Invention du chômage et politiques sociales au début du siècle », *Les temps modernes*, n°s 496-497, p. 52-92.

VON GLASERSFELD, E. (1988). « Introduction à un constructivisme radical », dans P. Watzlawick, *L'invention de la réalité. Contributions au constructivisme*, Paris, Seuil.

WATZLAWICK, P. (1988). *L'invention de la réalité. Contributions au constructivisme*, Paris, Seuil, (1e éd. allemande, 1981).

WOOLGAR, S. et D. PAWLUCH (1985a). « Ontological gerrymandering : The anatomy of social problems explanation », *Social Problems*, vol. 32, n° 3, février, p. 214-227.

WOOLGAR, S. et D. PAWLUCH (1985b). « How shall we move beyond constructivism ? », *Social Problems*, vol. 33, n° 2, décembre, p. 159-162.

ZUNIGA, R. (1993). « La théorie et la construction des convictions en travail social », *Service Social*, vol. 42, n° 3, p. 33-53.

5

LA CONSTRUCTION D'UN PROBLÈME SOCIAL EN MALADIE
Le cas de l'alcoolisme en Amérique du Nord

AMNON JACOB SUISSA, Ph. D.
Département de travail social, Université du Québec à Hull

Résumé

Cet article porte sur le phénomène de la construction sociale de la maladie de l'alcoolisme en Amérique du Nord. Il a pour but de comprendre comment le discours médical dominant en toxicomanie, en particulier en ce qui regarde l'alcoolisme, se retrouve associé à une maladie permanente, alors que des preuves scientifiques contraires à ce discours s'accumulent depuis près de quarante ans. À cette fin, les phases historiques significatives ainsi que quelques enjeux scientifiques et sociaux sont examinés et analysés sur une base critique dans le but de démontrer que le discours de la maladie de l'alcoolisme est non fondé et constitue en fait un problème social. Étant donné l'étendue impressionnante des informations sur le sujet, et pour des raisons d'ordre pratique, nous nous sommes limité à certains facteurs explicatifs tels que les repères historiques, les concepts de dépendance, maladie et alcoolisme, pour conclure avec le recours à la médicalisation dans la gestion des problèmes sociaux.

Dans un premier temps, et à travers une analyse des repères historiques en Amérique du Nord, cet article tente de démontrer que la maladie appliquée à l'alcoolisme est en fait le produit d'une construction sociale inscrite dans un contexte social et historique donné. À cette fin, nous illustrons le fait que les modes de consommation, par exemple, renvoient à des réactions sociales dans l'espace public qui diffèrent selon les classes sociales, le contexte économique et politique. Nous mettons également en relief le fait que l'alcool peut, durant une période et dans un contexte donnés, être compris comme une bonne création de Dieu et, dans d'autres circonstances, être associé plutôt à la déviance et à la maladie.

Dans un deuxième temps, nous centrons notre réflexion sur certains concepts clés tels que dépendance, maladie et alcoolisme afin d'en préciser le sens mais aussi de faire ressortir l'aspect multifactoriel dans le processus de construction sociale des problèmes sociaux, dans ce cas-ci celui de l'alcoolisme. Dans ce cadre, nous élargissons la version purement physiologique et psychologique de ces concepts pour privilégier le concept de style de vie dans lequel l'abus de substance est intégré au plan social. Dans cette perspective, nous démontrons que le terme alcoolisme, par exemple, est en fait un concept relativement nouveau sur le plan historique et qu'il a été l'objet de plusieurs définitions qui changeaient de sens selon le pouvoir des groupes sociaux en présence.

Dans un troisième temps, notre étude souligne qu'il est important de nous interroger sur les enjeux actuels et futurs de la médicalisation grandissante des comportements sociaux en général, et de l'alcoolisme/toxicomanie en particulier. En résumé, nous opposons au discours de la maladie de l'alcoolisme une ébauche de contre-discours où le processus de dépendance est compris comme un problème social et un phénomène multifactoriel.

LA CONSTRUCTION SOCIALE DE LA MALADIE DE L'ALCOOLISME : QUE NOUS RÉVÈLE L'HISTOIRE ?

À travers l'histoire, on peut observer que toutes les cultures humaines ont utilisé une ou plusieurs substances pour transcender leur sens de séparation et se sentir plus unis avec la nature, Dieu ou le surnaturel (Weil, 1972, p. 17). En ce qui a trait à l'alcool, il a été utilisé à des fins religieuses dans plusieurs régions du monde et le rôle du vin dans les rituels catholiques romains et juifs est d'ailleurs encore bien présent de nos jours.

Quant aux pratiques de consommation, les premières traces historiques se trouvent dans les pratiques d'usage durant la période médiévale en Europe (Warner, 1992, p. 410). Selon Sournia (1990), la question des modes de consommation varie fortement selon les classes sociales auxquelles on appartient. Ainsi, les citoyens plus favorisés sur le plan économique mettaient l'accent sur l'ivrognerie des classes sociales défavorisées comme la cause de la misère urbaine. Parallèlement, les habitudes de consommation des classes privilégiées ne faisaient pas l'objet d'examen ou de jugement social.

Selon Dufourcq (1975), les groupes sociaux défavorisés étaient généralement considérés comme déviants par l'élite du pays pour deux raisons : la première est qu'ils appartenaient d'abord à une autre classe sociale sur le plan économique et politique, la seconde est qu'ils optaient pour un certain mode public de consommation qui ne cadrait pas du tout avec les valeurs de l'élite dirigeante. Celle-ci les voyait comme étant la pire sorte de gens, les porteurs de vices moraux et de péchés pour la société.

Même si les textes du Moyen Âge se caractérisent par des descriptions multiples de la surconsommation, il faut attendre le XVIIe siècle, plus précisément 1619 en Europe, pour assister à la première conception de l'habitude régulière de consommation comme une maladie incurable. Définie ainsi, l'ivrognerie, étiquetée comme maladie épidémique en 1680, était associée à l'hydropisie, à la fièvre, à la goutte et à la pleurésie (Warner, 1992, p. 419). Ce bref survol de l'Europe nous suggère que l'alcoolisme en tant que maladie est en fait un phénomène historique relativement récent.

De l'autre côté de l'Atlantique, les premières tentatives visant à caractériser l'intoxication chronique comme une maladie ont émergé à la fin de la période coloniale, soit durant les dernières décennies du XVIIIe siècle aux États-Unis (Miller et Chappel, 1991 ; Sournia, 1990 ; Levine, 1984). Cette période coïncidait avec l'avènement de la médecine, qui se présentait de plus en plus comme une profession scientifique et organisée (Servier, 1967). Auparavant, l'alcool était vu par les pouvoirs cléricaux comme une bonne création de Dieu (*a good creature of God*), et boire durant les XVIIe et XVIIIe siècles était associé plus à la normalité qu'à la déviance. D'ailleurs, l'ivrognerie était jusqu'à un certain point intégrée sur le plan social (Lender, 1973, 1979 ; Levine, 1978 ; Keller, 1976) et les maisons de boissons (*drinking houses*), qui représentaient des espaces reconnus de socialisation, étaient largement tolérées par les instances cléricales protestantes de l'époque.

Sur le plan politique, l'intérêt public pour l'ivrognerie a d'abord été mis en évidence par un groupe restreint de dignitaires du clergé qui voyait dans l'excès de boisson un acte de péché et une œuvre du démon

(Schneider, 1978). Ce groupe semblait exercer un pouvoir non négligeable à l'intérieur de l'Église, puisqu'il imposa divers types de punitions aux citoyens qui s'enivraient en public : réprimande, dégradation publique, amendes, ostracisme et emprisonnement.

En termes pratiques, nous pouvons dire que les réactions visant à décourager certains types de comportements liés à l'alcool sont à comprendre comme le reflet d'intérêts et d'idéologies de la part de groupes privilégiés de l'époque. Selon Gusfield (1981), les intérêts de ces groupes étaient représentés par des spécialistes qui véhiculaient un discours à saveur universelle tout en étant chargés de fournir des réponses aux comportements vus comme des problèmes sociaux publics.

LE PIONNIER DE LA MÉDICALISATION DE L'ALCOOLISME : DR BENJAMIN RUSH

La première personnalité influente de l'époque qui a synthétisé en profondeur l'argument voulant que l'abus d'alcool soit une maladie de la volonté était le Dr Benjamin Rush. Même s'il n'avait pas spécifié les mécanismes par lesquels la maladie de la volonté se développait, ses idées représentaient une voie alternative à la moralité traditionnelle de l'Église. Il cumulait plusieurs titres honorifiques et représentait une figure de grande crédibilité aux yeux du pouvoir (Levine, 1978, p. 110 ; Miller et Chappel, 1991, p. 197). Ayant reçu une formation en médecine à l'Université d'Edimbourg, qui était alors considérée comme « La Mecque » des facultés de médecine, Rush était reconnu comme un éminent intellectuel. L'Association américaine des psychiatres le considère comme le véritable pionnier de la psychiatrie aux États-Unis. De plus, Rush était signataire de la Déclaration d'indépendance, médecin attitré de l'armée révolutionnaire et fondateur du collège médical de Philadelphie.

En 1784, il rédigeait un premier document sur l'alcoolisme intitulé *The Effects of Ardent Spirits upon the Human Body and Mind.* Dans cet écrit, Rush avançait l'idée que la personne qui a perdu le contrôle sur la boisson souffre de la maladie de la volonté (*disease of the will*). Dans cette optique, plusieurs signes de folie étaient associés à l'ivresse, dont chanter, sauter, danser nu, imiter des bruits d'animaux, crier, briser des verres et des assiettes (Rush, 1943, p. 326).

Selon Schneider (1978, p. 363), cette période coïncidait avec l'intervention de médecins de plus en plus nombreux qui essayaient de trouver des solutions de nature médicale à l'imbroglio des habitudes régulières de consommation. En empruntant un langage médical fondé sur l'obsession et sur le désir insatiable plutôt que sur l'amour de la boisson, nous assistons à un changement de discours et de vocabulaire qui aura d'importantes répercussions sur le mode de gestion des problèmes associés à l'abus d'alcool. On assiste graduellement alors à une redéfinition des comportements qui passent de déviants à faibles et malades (Conrad et Schneider, 1980, p. 81).

MOUVEMENT DE LA TEMPÉRANCE ET CONTEXTE SOCIAL

À la suite de la diffusion des propos de Rush, plusieurs médecins éminents se rallient au discours de la tempérance et deviennent les premiers porte-parole et les guides de cette idéologie (Levine, 1978 ; Cassedy, 1976). Selon Wilkerson (1966), le rôle des médecins était tellement important que certaines autorités n'hésitaient pas à nommer cela le mouvement de la tempérance des médecins (*the physicians temperance movement*). Par la publication de plusieurs articles et dépliants, ce mouvement réussit à rejoindre également des pasteurs, des prêtres, de riches hommes d'affaires, des commerçants et des propriétaires de fermes afin de dénoncer les ravages causés par l'alcool. Dans ce contexte des premières décennies du XIXᵉ siècle, les classes économiques privilégiées, principalement marchandes et manufacturières, étaient préoccupées davantage par la consommation des classes ouvrières dans le sens d'une certaine discipline et d'une éthique au travail (Fingarette, 1988b, p. 7). En effet, on attribuait à l'alcool une grande proportion de la pauvreté et du crime. Ses effets étaient aussi vus comme affaiblissant les centres moraux du cerveau qui relâchaient alors les passions animales du buveur violent (Levine, 1984, p. 111).

Présenté ainsi, ce type de discours réussit graduellement à obtenir l'adhésion des classes moyennes qui voyaient leurs intérêts mieux défendus par une alliance avec les classes riches et privilégiées. Pour souder ces alliances, un renforcement du discours bouc-émissaire sur l'alcool et ses conséquences s'avérait encore plus nécessaire. Selon Gusfield (1975), cette combinaison de facteurs traduisait en fait la montée des idées sur le plan idéologique et politique plutôt que la réalité scientifique et observable sur le sujet de l'alcool. En tant que slogan moral, ce discours permit l'installation d'une attitude sociale fondée sur la pitié et mit en veilleuse l'approche jusque-là punitive.

Autour de 1915, ces alliances se sont concrètement cristallisées quand plusieurs groupes sociaux, dont le clergé à majorité protestante, les classes moyennes et les puissantes entreprises, unirent leurs forces pour la promotion de la prohibition. Ce déplacement significatif est à comprendre dans une dynamique conflictuelle des rapports économiques et sociaux entre l'élite économique et ses alliés contre la classe ouvrière. Économiques, car les entreprises y voyaient des bénéfices et des gains concrets :

a) une main-d'œuvre sobre et abstinente serait plus efficace et plus productive ;

b) moins d'accidents au travail signifierait moins d'argent pour les compensations et les règlements en cour ;

c) les travailleurs auraient plus d'argent à dépenser pour l'achat de marchandises diverses ;

d) il y aurait moins de grèves et de demandes d'augmentation de salaires ;

e) une fois fermés, les bars (*saloons*) ne serviraient plus aux assemblées syndicales et aux organisations socialistes alors issues de l'Europe ;

f) il y aurait moins de crimes, de pauvreté, de maladie, de désordre urbain ; donc moins de taxes à payer pour les services publics, notamment la police, les prisons et les hôpitaux (Sinclair, 1965).

Sur le plan social, cette transformation majeure était vue comme un gage de paix, de prévention des manifestations de déviance et d'un profond sens moral. Sur le plan pratique, les modes de consommation durant la prohibition (1919-1933) changèrent parallèlement aux changements plus globaux sur les plans économique et social. Si l'alcool était moins accessible et plus cher pour les classes ouvrières, il se retrouvait par contre en grande quantité chez les classes moyennes et riches qui voyaient leur consommation fortement augmenter. L'émergence des « *night clubs* », comme nouvelles institutions réservées à cette élite, témoignait fortement de cette distinction sociale de classes et, avec elle, des modes de consommation. Le résultat de ces pratiques discriminatoires fut le développement graduel d'un système souterrain de production et de distribution d'alcool par le crime organisé.

Jusque-là, il n'y avait pas encore d'opposition organisée à la prohibition. Il a fallu attendre 1926 pour voir la montée d'un mouvement dont le but était d'annuler les lois de la prohibition. À sa tête, de puissants conglomérats économiques, sous le parapluie de l'AAPA (Association Against the Prohibition Amendment), s'opposaient à un amendement et exigeaient la disparition pure et simple des lois en place. L'AAPA était financée par des compagnies comme Dupont Chemicals, General Motors, American Telephone and Telegraph, Pacific Railroad, General Electric, U.S. Steel et Boeing Aircraft. Sur le plan économique, ces entreprises désiraient la restauration des taxes sur les liqueurs, car elles estimaient que leur fardeau fiscal serait moins lourd si la prohibition prenait fin. Ce problème devint plus sérieux au moment de la dépression économique de 1929. En effet, on a assisté durant cette période à un mécontentement généralisé de la population, en particulier des groupes de chômeurs qui exprimaient leur désarroi par des émeutes et de grandes manifestations. Il a fallu attendre 1932, la pire année de la dépression, pour voir l'abolition de la prohibition prônée par les élites de l'économie, dont John. D. Rockefeller qui estimait que le statu quo mettait sérieusement en question l'ordre social.

Parmi les autres grands développements historiques de cette époque aux États-Unis dans le champ de l'alcoolisme, trois facteurs eurent une influence considérable dans l'adoption et la validation du concept de la maladie : les travaux du centre de recherche de l'université Yale et la dissémination « scientifique » de l'alcoolisme comme une maladie ; l'expansion du mouvement des Alcooliques Anonymes et de son idéologie ; et, enfin, l'élaboration du modèle de Jellinek fondé sur la maladie dite progressive de l'alcoolisme.

LA DÉPENDANCE À L'ALCOOL : MALADIE OU PROBLÈME PSYCHOSOCIAL ?

Depuis plus de deux cents ans, l'alcoolisme en Amérique du Nord est associé à la maladie : prédisposition héréditaire, maladie progressive, perte de contrôle, allergie, carence hormonale, génétique (Alcoholic Anonymous, 1939 ; Rush, 1943 ; Jellinek, 1960 ; Altman, 1990 ; Goodwin, 1988 ; Peterson, 1992). À l'opposé de cette perspective, le paradigme multifactoriel ou alternatif démontre, à travers des recherches longitudinales et récentes, que la conception de l'alcoolisme comme une maladie contribue à une augmentation générale du taux d'alcoolisme et à une perte de contrôle des individus alcooliques à l'extérieur, tout cela accompagné d'une estime de soi et d'une satisfaction sociale faibles (Fingarette, 1970, 1988a, 1988b ; Heather et Robertson, 1981 ; Vaillant, 1983 ; White, 1991).

Alors que le modèle médical de l'alcoolisme continue donc de jouer un rôle central dans la dissémination de l'information voulant que le comportement abusif de l'alcool soit une maladie, plusieurs recherches et études démontrent, au contraire, que cette vision contribue à produire de plus en plus de malades sur le plan social (Conrad et Schneider, 1980 ; Peele, 1989, 1991 ; Fingarette, 1988a ; Szasz, 1992 ; Sanchez-Craig, 1994 ; Anthenelli, 1998 ; Suissa, 1998a, 1998b).

Parmi les facteurs importants qui ont contribué à la consolidation de ce discours dominant, nous pouvons souligner en premier lieu la déclaration de l'Association médicale américaine qui a officialisé en 1956 l'alcoolisme comme étant une maladie. Cette réalité historique représente, sur les plans politique et institutionnel, une étape importante dans la légitimité du discours traditionnel associant alcoolisme et maladie. En deuxième lieu, cette puissante organisation a adhéré à l'idéologie des douze étapes du mouvement des Alcooliques Anonymes. Ces deux faits constituent la pierre angulaire de la socialisation et de l'acceptation de la dépendance à l'alcool comme une maladie.

Selon Peele (1989, 1991), le processus de socialisation de la maladie de l'alcoolisme par le mouvement des Alcooliques Anonymes permet également d'avoir deux effets précis. En jouant le rôle de relais idéologique du discours médical dans la sphère sociale élargie, il contribue d'un côté à légitimer socialement les principes de la maladie de l'alcoolisme et, de l'autre, à déplacer jusqu'à un certain point les responsabilités sociales des personnes dépendantes dans leurs comportements de consommation. Dans cette optique, et au nom d'une maladie jugée permanente et irréversible, l'individu alcoolique est alors considéré comme une victime d'un processus sur lequel il est généralement incapable d'exercer un contrôle. En gros, nous remarquons que le discours médical associant alcoolisme et maladie est constitué, d'une part, de données scientifiques et conceptuelles – recherches de Rush, Jellinek, Goodwin, et autres études sur les jumeaux, sur les liens génétiques ou d'hérédité, sur les versions neurochimiques ou neurocomportementales, etc. (Suissa, 1998a) – et, d'autre part, du soutien idéologique et social du mouvement des Alcooliques Anonymes.

Ce mouvement, fondé en 1935, constitue en effet un bastion idéologique puissant du renforcement et de la consolidation de l'idéologie de la maladie de l'alcoolisme. Dans cette perspective, les première et troisième des douze étapes des Alcooliques Anonymes continuent encore aujourd'hui de répandre l'idée que l'alcoolisme est une maladie attribuable à une perte de contrôle : « Nous admettons être sans pouvoir devant l'alcool, notre vie est devenue insoutenable, nous décidons de confier nos volontés et nos vies aux soins de Dieu tel que nous le comprenons. » Ces conditions, qui témoignent de l'importance de la perte de contrôle dans le discours associant l'alcoolisme à une maladie, soulèvent toutefois des questions et recèlent des contradictions importantes autant sur le plan individuel que social. Parmi celles-ci, et dans la mesure où la personne commence à boire pour certaines raisons personnelles ou sociales, comment ces mêmes raisons peuvent-elles être effacées une fois que la personne devient dépendante ou est considérée comme malade ? Alors que les raisons et les motivations des individus dans leurs relations aux substances ou à des activités constituent un élément central dans la compréhension du phénomène de la dépendance, elles se retrouvent écartées du champ explicatif par ce type de discours.

En fait, depuis la déclaration officielle par l'Association médicale américaine en 1956 selon laquelle l'alcoolisme devait être traité comme une maladie dans les hôpitaux, l'alcoolisme est continuellement en hausse et est reconnu aujourd'hui comme la troisième cause de décès des adultes américains âgés de moins de 40 ans (Royce, 1989). Plusieurs écrits dans la littérature américaine définissent également l'alcoolisme comme étant la cause de coûts sociosanitaires exorbitants qui atteignent une centaine de milliards de dollars annuellement (Volpicelli, 1991). Selon Miller et Hester (1985), plus de 100 000 personnes décèdent chaque année de l'alcoolisme. D'après l'American Psychiatric Association (1988), 18 millions d'adultes seraient affectés par ce problème, parmi lesquels 10,6 millions d'individus sont considérés comme dépendants et 7,3 millions comme des abuseurs.

Une autre recherche de Royce (1989, p. 23) révélait également que l'alcool était directement ou indirectement impliqué dans près de 67 % des cas d'abus physique, 41 % des cas de viol, 80 % des cas de violence conjugale, 72 % des cas de violence avec port de couteau et 83 % des homicides aux États-Unis. Il serait aussi l'un des prédicteurs les plus puissants des taux de suicide chez les itinérants (Hawton *et al.*, 1989). D'autres auteurs soutiennent que l'abus d'alcool a tendance à être associé à des dossiers criminels comportant des crimes sérieux, tels les assauts, ou que 33 à 58 % des alcooliques sont des itinérants urbains selon les critères du DSM-IV.

Devant ces chiffres alarmants, il s'agit de rester alerte et de nuancer le fait qu'ils semblent laisser entendre que la cause de ces problèmes sociaux réside dans la substance alcool, ce qui n'est pas le cas. Les problèmes sociaux, dont ceux pouvant être associés à l'abus d'alcool, ne peuvent trouver d'explication valable dans la substance, il faut plutôt se tourner vers les relations que les individus entretiennent avec cette substance et vers les rapports sociaux pour comprendre la complexité de cette réalité.

DU CONCEPT DE DÉPENDANCE À UN PHÉNOMÈNE MULTIFACTORIEL

L'analyse du phénomène des dépendances est ancré sur le plan historique dans une variété de disciplines dont la médecine, la psychologie, la physiologie, la sociologie, le travail social, la biologie, la chimie, la criminologie, l'économie, la politique, etc. Selon Room (1983, 1995), la définition même du terme dépendance constitue, sur le plan historique, un terrain propice à de multiples interprétations et controverses. D'ailleurs, les changements fréquents dans les définitions de la dépendance qui ont eu lieu durant les années 1960 et 1970 sont à comprendre comme un ajustement de l'*establishment* médical à une série d'articles sociologiques critiquant le concept de maladie de l'alcoolisme. Pour l'Association américaine de psychiatrie, ce n'est qu'en 1980 que la Classification internationale des maladies (*International Classification of Diseases*) et le Manuel diagnostique et statistique (DSM-III) adoptent la définition de dépendance en substitut à alcoolisme et intoxication.

Par voie de conséquence, les divers intervenants dans ce domaine continuent à ne pas partager une perspective commune des normes autant sur le plan des idées que sur le plan des traitements à privilégier. Devant cette panoplie de versions qui illustrent la dimension phénoménale plutôt qu'unidimensionnelle de la dépendance, le modèle médical continue de jouer un rôle prépondérant dans le discours qui associe alcoolisme à maladie tout autant que dans sa prise en charge.

En fait, chaque formation sociale (Hulsman et Ransbeek, 1983) aura sa propre version de la dépendance selon la discipline à laquelle elle appartient et la position hiérarchique qu'elle occupe dans la société. Dans cette optique, les pharmaciens comprendront le phénomène des dépendances comme une suite de réactions aux substances et comme la tolérance croissante du corps au produit, les physiologistes comme un dysfonctionnement des organes et du métabolisme, les généticiens comme une carence d'un gène spécifique, les psychiatres comme un désordre tel que défini au DSM-IV, les psychologues comme un symptôme de problèmes sous-jacents ou d'estime de soi, les sociologues comme une réaction au processus de régulation sociale et des contraintes inhérentes aux rapports sociaux, etc.

Dans un champ aussi complexe que celui de la toxicomanie, il s'avère très difficile, voire impossible, d'identifier une perspective commune aux diverses réalités renvoyant aux modèles abusifs de consommation. La définition du terme dépendance n'est pas neutre et peut donc susciter de multiples interprétations et controverses. En fait, elle représente un enjeu crucial autant sur le plan scientifique que social, car les divergences autour de la maladie de l'alcoolisme constituent jusqu'à un certain point le reflet des rapports sociaux de pouvoir et des contradictions soulevées par les parties en présence. Selon le statut qu'on occupe dans la hiérarchie du pouvoir et les intérêts en jeu dans les rapports sociaux, le choix de la définition du terme dépendance variera fortement d'une période historique donnée à une autre. Certains chercheurs et cliniciens verront la question de la dépendance en termes moraux, d'autres en termes biomédicaux, culturels ou psychosociaux.

Quant à la définition plus actuelle du concept de dépendance, Weil (1983, p. 22) et Peele (1991) soulignent que ce n'est pas la substance toxique en soi qui détermine le niveau de risque ou de souffrance, mais bien la nature de la relation qu'on établit avec celle-ci. En insistant davantage sur le rapport entre l'individu, la substance et le contexte social, Weil relève plusieurs facteurs qui peuvent mieux nous expliquer le phénomène de la dépendance. Parmi ceux-ci, la substance, la dose, le mode d'absorption, la perception et la connaissance du produit par le consommateur, les raisons et les motivations personnelles et sociales qui ont mené à l'abus, l'effet attendu (placebo), les croyances culturelles, les valeurs attribuées au produit, le système sociolégal, le milieu familial, l'environnement, etc. Tous ces facteurs peuvent être en corrélation mais ne peuvent séparément expliquer la complexité du phénomène de la dépendance. En résumé, Weil (1983, p. 24) définit la dépendance non pas comme un état permanent de maladie, mais plutôt comme un continuum multifactoriel d'apprentissage dans le rapport individu, substance et contexte social. Selon cet auteur, il n'y a pas de bonne ou de mauvaise drogue, il y a seulement une bonne ou une mauvaise relation à ces substances.

En complémentarité à ces propos, Peele (1982, p. 20) et Cormier (1984) enrichissent la définition de la dépendance en l'envisageant comme une manière de vivre, une façon de faire face au monde et à soi-même, *un style de vie*. De ce point de vue, le phénomène de la dépendance nous permet de situer la toxicomanie, non pas comme un problème rattaché uniquement aux substances, mais bien comme un problème d'individu et de société (Suissa, 1993). Étant donné qu'elle inclut autant les substances que les activités pouvant être asservissantes pour l'individu sur le plan social, la dépendance, de ce point de vue, représente une réalité multifactorielle et complexe, et constitue par ce fait même un phénomène social.

À partir de ce bref survol, nous pouvons dire que la richesse du terme dépendance réside dans sa faculté d'englober une variété impressionnante d'activités humaines, y compris celles de dépendance aux substances toxiques ou à toutes sortes d'activités pouvant être nuisibles au développement de l'individu. Nous pouvons remarquer que le terme de dépendance change effectivement de connotation et de signification selon la dynamique particulière des rapports sociaux en présence dans un contexte historique donné. Dans ce sens, il y a lieu de parler de construction d'un problème social et non d'une donnée naturelle en soi.

DU CONCEPT DE MALADIE

Devant l'écart important entre les tenants du discours de la maladie associé au phénomène des dépendances et leurs opposants qui considèrent
cette vision comme déterministe pour les comportements, Peele (1989,
p. 5) contribue d'une manière originale à la clarification de ce débat en
réussissant à contextualiser l'évolution générale et historique du concept
de maladie. Ce chercheur y distingue principalement trois catégories : le
mal physique, les troubles mentaux et les dépendances.

Le mal physique renvoie à des désordres physiologiques suivis de manifestations physiques (cancer, tuberculose, choléra, sida, malaria, etc.). Ces
désordres sont généralement compris comme des maladies sans qu'il y ait
une remise en question ou un doute à leur sujet. Sous cet angle, les
déséquilibres qui portent ici le nom de maladie sont associés directement
au fonctionnement du corps où l'enjeu est de mesurer, diagnostiquer et
traiter les dommages causés par ces maladies. Ainsi comprises, ces maladies sont définies prioritairement à travers des effets physiques clairement
mesurables.

Les troubles mentaux, connus aussi sous le nom de troubles ou désordres
émotionnels, ne sont pas définis de la même façon que le mal physique.
En effet, ce que nous en percevons et en savons vraiment n'est plus mesuré
dans le corps des sujets, mais plutôt par l'interprétation de leurs pensées,
de leurs sentiments ou de certaines activités dont les motivations apparaissent comme incompréhensibles et inintelligibles sur le plan mental et
social. Selon Szasz (1992), même si les troubles mentaux ne peuvent être
examinés par les effets physiques mesurables, comme on le fait dans la
première catégorie, la tendance sociomédicale est de nommer cela une
maladie mentale sans qu'il y ait nécessairement un diagnostic clair.

La troisième catégorie, celle des *dépendances,* se rapproche des troubles
mentaux d'où elle est issue. En effet, si les désordres mentaux sont surtout
associés à des déséquilibres des pensées et des sentiments, les désordres
de dépendance, quant à eux, sont plutôt identifiables par des comportements observables. Ainsi, on aura tendance à nommer un alcoolique ou
un toxicomane malade toute personne qui surconsomme des psychotropes de manière compulsive et pour qui l'acquisition de substances est
une activité centrale intégrée à son style de vie.

Selon Peele (1989, p. 6), en nivelant les critères de la première
catégorie de la maladie physique avec ceux des comportements de dépendance, la société américaine se retrouve « manipulée » par des étalons de
mesure dictés principalement par le monde médical. Par exemple, en
réclamant que des alcooliques restent alcooliques à vie, alors qu'ils sont
abstinents parfois durant plusieurs années, l'alcoolisme apparaît comme

étant plus lié à un cancer, dans le sens de maladie physique mesurable, plutôt qu'à un comportement psychosocial. Or, les dépendances impliquent principalement des comportements spécifiques avec des conditions particulières. Par conditions particulières, il faut entendre les réalités psychologiques et individuelles (événement traumatisant, dépression, faible estime de soi, motifs de l'abus), mais aussi les conditions sociales (statut économique, contexte de l'illégalité de la substance, environnement familial, etc.). Cette combinaison de facteurs, inscrits dans la relation individu-substance, semble fournir un meilleur éclairage sur les raisons de la création du cycle de la dépendance.

Dans la gestion des problèmes de dépendance par l'intermédiaire du paradigme médical dominant, Peele (1989, p. 20) retient huit postulats paradoxaux qui contribuent à l'augmentation de l'incidence des problèmes liés aux dépendances et à une certaine déresponsabilisation sociale des personnes souffrantes.

1. La perte de contrôle : quand le comportement de dépendance est amorcé, il est difficile voire impossible de s'arrêter sans une intervention.

2. La personne souffrante ne peut reconnaître la maladie sans l'aide des experts.

3. La maladie existe en soi et ne peut être rattachée aux influences du développement de la personne ou à l'environnement.

4. Si la maladie n'est pas traitée, elle progressera inexorablement.

5. La maladie est un trouble permanent.

6. La maladie répond généralement à seulement deux types de traitement : l'intervention médicale et le groupe anonyme de soutien.

7. Les personnes souffrant de cette maladie ne peuvent être tenues responsables de leurs comportements.

8. La raison pour la prévalence de toute maladie est la tendance de la société à nier sa présence.

En complément aux propos de Peele, Szasz (1987) nous rappelle qu'une maladie, ainsi qu'il est mentionné dans la littérature en pathologie, est un phénomène limité spécifiquement au corps. La tentative de l'associer à un comportement comme la dépendance peut se faire en tant que métaphore, mais est inacceptable sur le plan scientifique. Selon Szasz, un comportement ne peut constituer une maladie en soi, car cela suppose une action et une conduite poursuivies par un agent désirant atteindre un certain but. Autrement dit, l'acte de surconsommation en toxicomanie fait appel d'abord à une certaine intentionnalité chez la personne dans la direction et le choix de ses comportements. Dans ce sens, un comportement de dépendance ne peut être qualifié de maladie et une distinction s'avère donc indispensable entre une maladie, dans le sens de la première catégorie, et les comportements de dépendance, généralement compris comme compulsifs.

DU CONCEPT D'ALCOOLISME

D'un point de vue historique, le terme alcoolisme n'apparaît dans la littérature qu'à partir de 1852. Selon Sournia (1990), ce terme fut créé par un médecin européen d'origine suédoise du nom de Magnum Huss. Inquiet des ravages causés par l'alcool dans son pays, en particulier par l'aquavit (alcool distillé de la pomme de terre), Huss s'intéressa aux manifestations de l'alcoolisme chez les personnes souffrant de surconsommation chronique. Il collabora également avec Rush et Trotter, dans des recherches sur les dimensions biologiques de l'alcool et sur ses effets dégénérateurs sur l'individu. Ce nouveau concept de Huss eut le mérite d'intéresser momentanément la profession médicale au phénomène des problèmes liés à l'alcool ; ses travaux eurent une influence considérable en ce qui a trait aux attitudes médicales de 1852 à 1950, soit pendant un peu plus d'un siècle (Glaude, 1995, p. 82).

Selon Fouquet et Deborde (1985, p. 153), jusqu'en 1850, rares étaient les médecins qui avaient traité de l'abus d'alcool, le discours médical à ce sujet étant alors considéré comme pauvre et incertain. Au Canada français, les médecins ne font pas exception à la règle et démontrent également peu d'enthousiasme à l'égard du problème éthylique. Selon Glaude (1995, p. 82), les recherches historiques des revues médicales durant la période 1892-1988 sur les thèmes de l'alcool témoignent de cette réalité. Sauf durant les années 1910-1920, peu d'articles sont en effet consacrés aux questions de l'éthylisme. Il a fallu attendre les années 1950 pour percevoir un intérêt plus marqué pour cette question, cette période coïncidant davantage avec l'entrée en scène des travaux classiques de Jellinek et des sciences sociales.

Si le terme ivresse est connu depuis l'Antiquité, l'intoxication causée par la consommation excessive d'alcool a, elle aussi, fait l'objet de descriptions innombrables au cours des siècles (Peele, 1982, p. 7). Selon ce chercheur, le terme alcoolisme, en tant que syndrome complexe, n'a été décrit de la sorte que beaucoup plus récemment, et sa description coïncide avec l'avènement de la technologie et l'élaboration des grandes classifications psychiatriques.

À la lumière de ces repères historiques et sociaux, on peut mieux comprendre l'évolution dans la définition du terme alcoolisme. Ce contexte a nettement contribué à renforcer le discours médical sur l'alcoolisme en Amérique du Nord et dans le monde. Grâce à une approche plus médicale des comportements de dépendance, et avec l'appui d'institutions internationales et du mouvement des Alcooliques Anonymes, la définition de l'abus d'alcool comme étant une maladie de l'alcoolisme est aujourd'hui un concept socialement et institutionnellement inscrit dans la conscience collective.

CONCLUSION

L'application du concept de maladie dans le champ des dépendances n'est pas neutre et repose en fait sur un processus d'étiquetage social des problèmes qui se transforment en maladies permanentes. Désigner un comportement comme une maladie transforme ce comportement, dans la mesure où il y a une identité de malade à construire et à assumer sur le plan des gestes et des mouvements. Cette transformation implique une adhésion sociale à la permanence d'un statut particulier, et de cette dynamique des rapports sociaux qui se construisent on peut déduire que les personnes «malades» n'existent qu'en relation avec ceux qui tentent de les contrôler (Pfohl, 1985).

Sur le plan idéologique, le rôle principal joué par le mouvement des Alcooliques Anonymes permet la consolidation du discours de la maladie et sa socialisation de plus en plus répandue. Peut-on à ce moment-là parler de changement social, si le statut de malade chronique neutralise le pouvoir d'un agir collectif?

À part la perspective pénale de contrôle dans le champ des dépendances, nous remarquons que la perspective thérapeutique qui passe par la médicalisation constitue une avenue privilégiée pour gérer les problèmes sociaux associés aux dépendances dans notre société et à l'alcoolisme en particulier. Cette perspective correspond à un processus par lequel on en vient à définir et à traiter des problèmes non médicaux, principalement sociaux, comme des problèmes médicaux (Conrad, 1995). Si le grand attrait que manifeste la population américaine pour ce modèle de la maladie s'explique principalement par une certaine dé-stigmatisation sociale de l'abuseur (Tournier, 1985, p. 44), la médicalisation des comportements alcooliques semble s'imposer de plus en plus comme une solution de remplacement à l'approche pénale et judiciaire.

Cela étant, plusieurs alcooliques réussissent à briser le cycle de la dépendance à l'alcool ou réduisent leurs consommations, et ce, sans être étiquetés de malades à vie (Suissa, 1998a, 1998b). Régulièrement, des milliers de personnes arrêtent de consommer du tabac, réduisent leur consommation d'alcool, perdent du poids, créent des relations amoureuses et affectives saines, sans aucune intervention extérieure de quelque groupe ou expert. À ce sujet, un sondage Gallup effectué en 1990 révélait que le soutien donné par les amis (14 %), les parents, enfants et fratrie (21 %), l'épouse, le conjoint ou l'être aimé (29 %) expliquait la majeure partie des succès dans la résolution des problèmes, comparativement à 6 % pour les médecins, les psychologues et les psychiatres, toutes professions confondues (Peele, 1991). Toujours au point de vue des traitements, ceux fondés sur le concept de la maladie sont généralement imposés comme des voies alternatives à la prison dans la gestion des problèmes de déviance tels que la violence, les abus sexuels, la conduite en état d'ébriété, etc. Ne doit-on pas considérer les forces personnelles et sociales des individus et de leurs réseaux dans le sens de l'*empowerment* plutôt que de se concentrer sur leurs faiblesses ?

En conclusion, le discours actuel en Amérique du Nord qui associe alcoolisme à maladie milite contre les potentiels humains en interdisant le changement et en étiquetant les alcooliques de malades à vie. C'est dans une dynamique de construction sociale des problèmes sociaux et de rapports sociaux de pouvoir, et non dans une approche déterministe des comportements dits compulsifs, que nous pouvons mieux saisir le phénomène des dépendances en général et de l'alcoolisme en particulier.

BIBLIOGRAPHIE

ALCOHOLICS ANONYMOUS WORLD SERVICES (1939, 1952, 1953, 1981). *Twelve Steps and Twelve Traditions*, New York, AA World Services.

ALTMAN, L. (1990). « Scientists see a link between alcoholism and a specific gene », *New York Times*, 18 avril.

AMERICAN MEDICAL ASSOCIATION (1956). « Report of the officers to the members of the House of the American Medical Association. Hospitalization of patients with alcoholism », *Journal of the American Medical Association*, vol. 162, p. 750.

ANTHENELLI, R. (1998). « Platelet monoamine oxidase activity in subgroups of alcoholics and controls », *Alcohol Clinical Experience Research*, vol. 22, p. 598-604.

CASSEDY, J. (1976). « An early American hangover : The medical profession and intemperance, 1790-1860 », *Bulletin of the History of Medicine*, vol. 50, p. 405-413.

CONRAD, P. (1995). «Médicalisation et contrôle social», dans *Médicalisation et contrôle social*, ACFAS, vol. 84, p. 9-31.

CONRAD, P. et J. SCHNEIDER (1980). *Deviance and Medicalization: From Badness to Sickness*, Philadelphia, Temple University Press.

CORMIER, D. (1984). *Toxicomanies: styles de vie*, Montréal, Gaëtan Morin éditeur.

DUFOURCQ, C. (1975). *La vie quotidienne dans les ports méditerranéens au Moyen Âge (Provence-Languedoc-Catalogne)*, Paris, Hachette.

FINGARETTE, H. (1970). «The perils of Powell: In search of a foundation for the disease concept of alcoholism», *Harvard Law*, vol. 83, p. 793-812.

FINGARETTE, H. (1988a). *Heavy Drinking: The Myth of Alcoholism as a Disease*, Berkeley, University of California Press.

FINGARETTE, H. (1988b). «Alcoholism: The mythical disease», *The Public Interest*, vol. 91, p. 3-23.

FOUQUET, P. et M. DEBORDE (1985). *Le roman de l'alcool*, Paris, Seghers.

GLAUDE, R. (1995). *L'approche de la société québécoise face au phénomène de l'alcoolisme: analyse du discours clérical, médical et gouvernemental (1660-1986)*, Mémoire de maîtrise, Sherbrooke, Département d'histoire, Université de Sherbrooke.

GOODWIN, D. (1988). *Is Alcoholism Hereditary?*, New York, Oxford University Press.

GUSFIELD, J. (1975). «Categories of ownership and responsibility in social issues», *Journal of Drug Issues*, vol. 5, p. 285-303.

GUSFIELD, J. (1981). *The Culture of Public Problems*, Chicago, University of Chicago Press.

HAWTON, K. *et al.* (1989). «Alcoholism, alcohol and attempted suicide», *Alcohol and Alcoholism*, vol. 24, n° 1, p. 3-9.

HEATHER, N. et I. ROBERTSON (1981). *Controlled Drinking*, Londres, Methuen.

HEATHER, N. et I. ROBERTSON (1989). *Problem Drinking*, Oxford, Oxford University Press.

HULSMAN, L. et H. RANSBEEK (1983). «Évaluation critique de la politique des drogues», *Déviance et Société*, vol. 7, p. 271-280.

JELLINEK, E. 1960. *The Disease Concept of Alcoholism*, New Haven, Connecticut.

KELLER, M. (1976). «Problems with alcohol: An historical perspective», dans W. Filstead, J. Rossi et M. Keller (dir.), *Alcohol and Alcohol Problems*, Cambridge, MA, Ballinger Publishing Co., p. 5-28.

LENDER, M. (1973). «Drunkenness as an offense in early New England: A study of "Puritan" attitudes», *Quarterly Journal of Studies on Alcohol*, vol. 34, p. 353-366.

LENDER, M. (1979). «Jellinek typology of alcoholism: Some historical antecedents», *Journal of Studies on Alcohol*, vol. 40, p. 361-365.

LEVINE, H. (1978). «The discovery of addiction: Changing conceptions of habitual drunkenness in America», *Journal of Studies on Alcohol*, vol. 39, p. 143-174.

LEVINE, H. (1984). « The alcohol problem in America : From temperance to alcoholism », *British Journal of Addiction*, vol. 79, p. 109-119.

MILLER, N. et J. CHAPPEL (1991). « History of the disease concept », *Psychiatric Annals*, vol. 21, p. 196-205.

MILLER, W. et R. HESTER (1985). « The effectiveness of treatment techniques : What works and what doesn't », dans W. Miller (dir.), *Alcoholism : Theory, Research and Treatment*, Lexington, MA, Ginn Press.

PEELE, S. (1982). *L'expérience de l'assuétude*, Recueil de textes, Montréal, Faculté de l'éducation permanente, Université de Montréal.

PEELE, S. (1989). *Diseasing of America*, Massachusetts, Lexington Books.

PEELE, S. (1991). *The Truth about Addiction and Recovery*, New York, Simon et Schuster.

PETERSON, J. (1992). « The international origins of Alcoholic Anonymous », *Contemporary Drug Problems*, vol. 19, p. 53-74.

PETERSON, J. *et al.* (1992). « Cognitive dysfunction and the inherited predisposition to alcoholism », *Journal of Studies on Alcohol*, vol. 33, p. 154-160.

PFOHL, S. (1985). *Images of Deviance and Social Control*, New York, McGraw-Hill.

ROOM, R. (1983). « Sociological aspects of the disease concept of alcoholism », dans R. Smart *et al.* (dir.), *Research Advances in Alcohol and Drug Problems*, vol. 7, New York, Plenum Press, p. 47-91.

ROOM, R. (1995). *Issues in the Cross-Cultural Validity of Dependence Definitions.* Article de conférence présenté lors du 37e congrès international sur l'alcool et les dépendances, San Diego, Californie, p. 1-11.

ROYCE, J. (1989). *Alcohol Problems and Alcoholism : A Comprehensive Survey*, New York, Free Press.

RUSH, B. (1943). « An inquiry into the effects of ardent spirits upon the human body and mind », *Quarterly Journal of Studies on Alcohol*, vol. 4, p. 321-341.

SANCHEZ-CRAIG, M. (1994). *Saying When : How to Quit Drinking or Cut Down*, Toronto, Addiction Research Foundation.

SCHNEIDER, J. (1978). « Deviant drinking as disease : Alcoholism as a social accomplishment », *Social Problems*, vol. 25, p. 361-372.

SERVIER, J. (1967). *Histoire de l'utopie*, Paris, Gallimard.

SINCLAIR, A. (1965). *Era of Excess : A Social History of the Prohibition Movement*, New York, Harper.

SOURNIA, J. (1990). *A History of Alcoholism*, Oxford, Basil Blackwell.

SUISSA, A. (1993). « Effets sociaux négatifs du concept de maladie appliqué aux toxicomanies », *Intervention*, vol. 93, p. 18-27.

SUISSA, A. (1998a). *Pourquoi l'alcoolisme n'est pas une maladie*, Montréal, Fidès.

SUISSA, A. (1998b). «Alcoolisme, boire contrôlé et abstinence : fondements scientifiques et enjeux sociaux», *Psychotropes*, vol. 4, n° 3, p. 35-55.

SZASZ, T. (1972). «Bad habits are not diseases : A refutation of the claim that alcoholism is a disease», *Lancet*, juillet, p. 83-84.

SZASZ, T. (1987). *Insanity : The Idea and its Consequences*, New York, John Wiley.

SZASZ, T. (1992). *Our Right to Drugs : The Case for a Free Market*, New York, Praeger.

TOURNIER, R. (1985). «The medicalization of alcoholism : Discontinuities in ideologies of deviance», *Journal of Drug Issues*, hiver, p. 39-49.

VAILLANT, G. (1983). *The Natural History of Alcoholism*, Cambridge, Harvard University Press.

VOLPICELLI, R. (1991). «Psychoactive substance use disorders», dans D. Rosenham et M. Seligman (dir.), *Abnormal Psychology*, New York, W.W. Norton, p. 450-491.

WARNER, J. (1992). «Before there was "alcoholism": Lessons from the medieval experience with alcohol», *Contemporary Problems*, vol. 19, p. 409-429.

WEIL, A. (1972). *The Natural Mind*, Boston, Houghton Mifflin.

WEIL, A. (1983). *From Chocolate to Morphine : Understanding Psychoactive Drugs*, Boston, Houghton Mifflin.

WHITE, S. (1991). *The Disease Concept of Alcoholism : Correlates of Alcoholic Anonymous Membership*. Thèse de doctorat non publiée, University of Maine.

WILKERSON, A. (1966). *A History of the Concept of Alcoholism as a Disease*. Thèse de doctorat non publiée, University of Pennsylvania.

6

LA PRÉVENTION DES PROBLÈMES PSYCHOSOCIAUX ET LA PROMOTION DE LA SANTÉ ET DU BIEN-ÊTRE
Un champ d'intervention commun

LUC BLANCHET, M.D.
Service Enfance-Famille, Hôpital Jean-Talon à Montréal
Comité de la santé mentale du Québec

Résumé

La prévention des problèmes psychosociaux et la promotion de la santé et du bien-être représentent, selon l'auteur, les deux facettes d'une même médaille. Elles ont, en tout cas, le même champ d'intervention. Les principales caractéristiques de ce champ d'intervention sont l'appropriation du pouvoir par les individus et les collectivités, l'action sur les déterminants de la santé et du bien-être, l'utilisation de stratégies et de méthodes d'intervention multiples et complémentaires et l'action intersectorielle. L'état actuel de la recherche permet de dégager trois facteurs qui semblent jouer un rôle prépondérant dans la détermination de la santé et du bien-être des populations : le revenu et la situation sociale, l'environnement social et les ressources psychologiques personnelles. Si ces déterminants jouent un rôle plus significatif que d'autres sur la santé, le bien-être et la prévention des problèmes psychosociaux, il faut néanmoins reconnaître le caractère essentiellement interactif de tous les déterminants et l'importance variable de chacun dans la réalité et le vécu des individus. À partir de ces constats, l'auteur suggère quelques pistes pour l'intervention, notamment la nécessité de l'action intersectorielle.

La prévalence contemporaine des problèmes psychosociaux – abus et négligence des enfants, délinquance, abus de substances, violence conjugale et familiale, suicide, pour ne nommer que ceux-là – démontre aisément, pour qui veut y regarder, les limites de l'intervention curative individuelle, toute nécessaire qu'elle soit par ailleurs. Il n'est donc pas superflu de se pencher sur les avantages des approches de population que constituent la prévention et la promotion. La prévention des problèmes psychosociaux et la promotion de la santé et du bien-être représentent, pour ainsi dire, les deux faces d'une même médaille. On pourrait sans doute parler ici d'une médaille d'honneur en faveur de leurs défenseurs, tellement ces activités sont reléguées au second plan dès que l'on s'inscrit dans la logique dominante des « services à la population ». Mais avant d'aller plus loin, précisons ce que nous entendons par ces termes de prévention et de promotion.

PRÉVENTION ET PROMOTION

La conceptualisation de la **prévention** en trois domaines distincts – la prévention primaire, secondaire et tertiaire – s'est développée vers la fin des années 1940 aux États-Unis dans le secteur de la santé publique[1]. Cette typologie définit chacune des trois grandes catégories d'intervention selon leur moment d'applicabilité dans l'évolution du processus pathologique. Ainsi, la prévention primaire doit être implantée au cours de la période qui précède le début du processus pathogénétique. La prévention secondaire, pour sa part, intervient dès que la pathologie peut être détectée : on parle alors de dépistage et d'intervention précoces. La prévention tertiaire, enfin, intervient lorsque la déficience et l'invalidité se sont installées : on est ici dans le domaine du traitement et de la réadaptation.

Pour plusieurs auteurs[2,3,4] cette conceptualisation de la prévention est tellement large qu'elle englobe presque toutes les activités qui ont cours dans le domaine de la santé et des services sociaux. En effet, parler

---

1. H.R. Leavell et E.G. Clark, *Preventive Medicine for the Doctor in His Community*, New York, McGraw-Hill, 1965.

2. B.L. Bloom, « Advances and obstacles in prevention of mental disorders », dans H.C. Schulberg et M. Killilea (dir.), *The Modern Practice of Community Mental Health*, San Francisco, Jossey-Bass, 1982, p. 126-147.

3. E.L. Cowen, « Primary prevention in mental health : Past, present and future », dans R.D. Felner *et al.*, *Preventive Psychology, Theory, Research and Practice*, New York, Pergamon Press, 1983, p. 11-25.

4. S.E. Goldston, « Some fundamental concepts about the prevention of mental and emotional disorders », dans S.E. Goldston, J. Yager, C.M. Heinicke et R.S. Pynoos (dir.), *Preventing Mental Health Disturbances in Childhood*, American Psychiatric Press, 1990, p. 5-23.

de prévention quand il s'agit de réadaptation ou de traitement, même précoce, contribue à entretenir la confusion, tant chez les intervenants que chez les décideurs publics. Rappelons seulement qu'au sens étymologique le terme prévention signifie « venir avant » et que les actions préventives doivent donc avoir une qualité d'antériorité. Beaucoup de chercheurs et de praticiens[5,6,7] pensent d'ailleurs qu'en plus de la confusion engendrée par cette conceptualisation tripartite de la prévention, les termes de « prévention » secondaire et tertiaire retardent l'essor de la véritable prévention, la primaire.

Quant à la **promotion**, il s'agit d'un terme relativement nouveau, mais qui recouvre plusieurs types d'activités ou d'interventions qui, elles, ne sont pas forcément nouvelles. En effet, il y a des lunes que se développent, partout dans le monde, des mouvements de participation des populations à des projets d'amélioration des conditions de vie favorables à la santé. Qu'il s'agisse d'élargir l'accès à des logements décents, à des espaces verts ou à des loisirs, de lutter contre la pauvreté ou d'exercer des pressions populaires pour des politiques sociales justes, il y a déjà longtemps qu'il se fait de la promotion de la santé et du bien-être.

Cette nouvelle « appellation contrôlée » comporte néanmoins, malgré son émergence récente, ses fondements théoriques et pratiques propres. Au moins deux grandes écoles de pensée coexistent. Il y a la « position américaine »[8], qui met l'accent sur le développement et le maintien de saines habitudes de vie et la création d'environnements sains. Les cibles d'action sont ici les comportements individuels et l'environnement, dans la mesure où celui-ci exerce une influence sur les comportements individuels. Notons par ailleurs la position de l'Organisation mondiale de la santé (OMS – Bureau de l'Europe)[9], qui met l'accent sur la qualité de vie et sur l'amélioration des conditions favorables à la santé. Les cibles d'action sont cette fois la situation économique, les conditions de vie et l'équité dans l'accès à la santé. L'action sur l'environnement est déterminante dans la mesure où elle contribue globalement au bien-être et à l'égalité des chances face à la santé.

---

5. M. Kessler et G.W. Albee, « Primary prevention », *Annual Review of Psychology*, vol. 26, 1975, p. 557-591.

6. D. Lafortune et M.C. Kiely, « Prévention primaire des psychopathologies : appellation contrôlée », *Santé mentale au Québec*, vol. 14, n⁰ 1, 1989, p. 54-68.

7. L. Blanchet *et al.*, *La prévention et la promotion en santé mentale – Préparer l'avenir*, Comité de la santé mentale du Québec, Gaëtan Morin éditeur, 1993.

8. Surgeon General's Report on Health Promotion and Disease Prevention, *Healthy People*, Washington, DC, U.S. Government Printing Office, 1979.

9. Organisation mondiale de la santé, *Global Strategy for Health for All by the Year 2000*, Genève, 1981.

On en arrive ainsi à proposer les définitions suivantes, qui en recoupent plusieurs autres puisées dans la littérature nord-américaine et européenne :

> La **prévention** vise la réduction de l'incidence des problèmes psycho-sociaux et de santé en s'attaquant aux facteurs de risque et aux conditions pathogènes.
>
> La **promotion** vise l'accroissement du bien-être personnel et collectif en développant les facteurs de robustesse et les conditions favorables à la santé.

On le voit, ces définitions comportent à la fois des différences et des similarités[10]. Les principales différences se situent sur le plan des objectifs (réduire l'incidence des problèmes *vs* accroître le bien-être), des moyens (réduire les facteurs de risque *vs* mettre en place les conditions favorables) et du moment de l'intervention (avant l'apparition des problèmes *vs* en tout temps). Les similarités ont trait principalement au fait qu'il s'agit d'interventions proactives, s'adressant à la population générale ou à des groupes cibles et utilisant des stratégies et des méthodes d'intervention multiples et complémentaires.

S'il apparaît avantageux, d'un point de vue théorique, de distinguer les concepts de prévention et de promotion, leurs caractéristiques communes ainsi que la nécessité « politique » d'assurer leur développement et leur financement invitent tout de même à les regrouper dans un même champ d'intervention. Cela permet en outre de différencier clairement leur champ d'intervention des autres champs du domaine de la santé et des services sociaux, à savoir le traitement et la réadaptation.

CHAMP D'INTERVENTION

Les principales caractéristiques du champ d'intervention de la prévention et de la promotion sont : l'appropriation du pouvoir par les individus et les collectivités ; l'action sur les déterminants de la santé et du bien-être, caractéristique généralement reliée à la perspective promotionnelle ; l'utilisation de stratégies et de méthodes d'intervention multiples et complémentaires ; et, enfin, l'action intersectorielle.

---

10. L. Blanchet *et al.*, *op. cit.*, p. 15-23.

L'APPROPRIATION DU POUVOIR

La notion d'appropriation du pouvoir trouve ses origines dans un courant d'analyse critique des conditions de vie de groupes sociaux marginalisés et des structures sociales et politiques qui génèrent ou maintiennent les inégalités sociales[11]. Elle renvoie essentiellement à la capacité des individus et des groupes à développer une conscience individuelle et collective et à élaborer des actions pour transformer les différents environnements et institutions qui entretiennent les inégalités sociales et la répartition injuste des ressources, entravant ainsi l'épanouissement du potentiel individuel et collectif.

Appliquée au domaine de la prévention et de la promotion, l'appropriation du pouvoir véhicule principalement l'idée d'une augmentation de la maîtrise qu'exercent les individus sur leur propre vie. L'appropriation du pouvoir se rapporte donc au développement d'un état psychologique (sentiment de maîtrise, de compétence, d'estime de soi) ainsi qu'à la modification des conditions de l'environnement qui permettent de redistribuer ce pouvoir. Le concept d'appropriation s'inscrit ainsi à deux niveaux : celui de la personne et celui de la collectivité[12].

L'appropriation comme démarche individuelle consiste à faire échec à la résignation acquise. Pour la personne dont la confiance en soi, l'emprise sur son environnement, l'espoir et la capacité d'interaction ont été amoindris ou anéantis pendant des périodes plus ou moins longues, il est indispensable qu'elle reconquière un sentiment de maîtrise sur sa vie. La pratique de l'appropriation du pouvoir est exigeante pour les milieux d'intervention, les usagers des services et leur entourage. Elle est distincte et même contradictoire par rapport à la notion de « prise en charge », laquelle découle souvent d'une conception de l'aidant comme expert et de l'aidé comme essentiellement dépourvu de la capacité de résoudre ses propres problèmes.

La perspective collective de l'appropriation du pouvoir présuppose, quant à elle, l'appartenance à un groupe social privé d'un pouvoir d'action suffisant et la mise en œuvre d'activités de gain de pouvoir. Cela implique la détermination des déficits de pouvoir dans une collectivité, la prise de conscience de ces déficits par la population concernée et la mobilisation des ressources collectives en vue d'effectuer les changements nécessaires. La perspective collective de l'appropriation du pouvoir se

---

11. E. Corin *et al.*, « Les figures de l'aliénation. Un regard alternatif sur l'appropriation du pouvoir », *Revue canadienne de santé mentale communautaire*, vol. 15, n° 2, 1996, p. 45-67.

12. L. Blanchet et N. Gauthier, *La promotion de la santé mentale et du bien-être de la population*, document de travail pour la mise à jour de la Politique de santé mentale du Québec, 1998.

révèle souvent centrale, sur le terrain, pour rendre compte du succès ou de l'échec des programmes de prévention des problèmes psychosociaux et de promotion de la santé et du bien-être.

L'ACTION SUR LES DÉTERMINANTS DE LA SANTÉ ET DU BIEN-ÊTRE

En matière de santé et de bien-être, il existe un certain nombre de conditions et de ressources préalables : la paix, un abri, de la nourriture et un revenu. Toute amélioration du niveau de santé trouve son ancrage dans ces éléments de base. Au-delà de ces conditions et ressources préalables, on divise habituellement les déterminants de la santé et du bien-être en cinq catégories[13] : l'environnement social, culturel et économique ; les capacités et compétences de vie personnelles ; l'environnement physique ; les habitudes de vie et les comportements ; et l'organisation du système de soins et de services. Les connaissances sur les déterminants de la santé et du bien-être ont beaucoup progressé au cours des dernières années. Voici quelques données concernant les déterminants les mieux connus.

L'environnement social, culturel et économique

Les conditions de vie

Le revenu et la situation sociale. Il est de plus en plus évident qu'une meilleure situation socioéconomique est associée à une meilleure santé[14]. Non seulement la perception qu'une personne a de son état de santé est fonction de son revenu, mais il existe des liens entre le revenu et l'état de santé : plus la répartition des richesses est équitable, plus la population est en bonne santé. L'état de santé est également fonction de la situation sociale : la santé s'améliore à mesure qu'une personne s'élève dans la hiérarchie sociale[15,16]. En fait, ces deux éléments semblent constituer, selon les données de recherche les plus récentes, les deux déterminants les plus puissants de la santé et du bien-être.

---

13. « Ottawa charter for health promotion », *Health Promotion*, vol. 1, n° 4, 1987, p. 3-5.

14. The World Bank/International Bank for Reconstruction and Development, *World Development Report 1993 : Investing in Health*, Oxford, Oxford University Press, 1993.

15. R. Wilkins et O. Adams, *Healthfulness of Life*, Montréal, Institute for Research on Public Policy, 1978.

16. M.G. Marmot, M.A. Kogevinas et M. Elston, « Social/economic status and disease » *Annual Review of Public Health*, vol. 8, 1987, p. 111-135.

La scolarité. Plus le niveau de scolarité d'une population est élevé, meilleure est sa santé physique et mentale. Une personne instruite est en meilleure santé et plus prospère, parce qu'elle possède des connaissances et des compétences qui l'aident à résoudre ses problèmes et lui donnent le sentiment d'avoir de la maîtrise sur sa vie[17].

L'emploi. Le fait d'occuper un emploi constitue un atout important pour l'individu : en plus du revenu qu'il lui procure, l'emploi lui permet d'utiliser ses compétences et d'avoir une participation sociale. Les conditions de travail y sont pour beaucoup dans les effets positifs ou négatifs sur la santé et le bien-être. Il est bien connu que le chômage et l'instabilité économique engendrent de graves problèmes de santé, physique et mentale[18].

Les réseaux de soutien social. Le soutien social apparaît comme un facteur clé pour la santé et le bien-être. Une documentation scientifique abondante démontre en effet que le soutien puisé par l'individu dans ses réseaux sociaux contribue de façon importante à sa santé et à son bien-être[19]. Le soutien social influence non seulement l'interprétation que fait un individu des difficultés qu'il éprouve, mais sa façon de réagir à ces difficultés. En outre, l'attention et le respect dont un individu est l'objet dans le cadre de ses relations sociales et le sentiment de satisfaction et de bien-être qu'il en retire semblent servir de zone tampon prévenant l'apparition de problèmes de santé.

Les valeurs et les normes liées à la culture

Dans le dernier demi-siècle, la société québécoise, par exemple, a connu des changements importants de ses valeurs et normes traditionnelles : évolution de la pratique religieuse, transformation de la famille, mouvement des femmes vers l'égalité, précarisation de l'emploi, vieillissement de la population, composition de plus en plus multiethnique de la population... Ces changements étant survenus rapidement, la perte de repères autrefois stables a eu des répercussions profondes sur la vie des gens. Parfois l'effet de ces changements a été libérateur. Parfois aussi, certains groupes de la population s'en sont retrouvés fragilisés, plus vulnérables, plus sensibles aux problèmes de santé.

---

17. Comité consultatif fédéral-provincial-territorial sur la santé de la population, *Stratégies d'amélioration de la santé – Investir dans la santé des Canadiens*, Ottawa, Publications, Santé Canada, 1994.

18. C. D'Arcy, « Unemployment and health : Data and implications », *Canadian Journal of Public Health*, vol. 77, Supp. 1, 1986.

19. F.R. Mustard et J. Frank, *The Determinants of Health*, Toronto, Canadian Institute for Advanced Research, Publication n° 5, 1991.

Les milieux de vie

La famille. La famille représente le premier lieu de socialisation pour l'enfant. Elle lui apporte la sécurité affective et lui fournit les conditions propices à son développement[20]. Les relations précoces parents-enfant fournissent les bases d'un modèle relationnel par lequel l'enfant entrera en contact avec d'autres adultes et avec ses pairs. La famille constitue également une source importante d'identité et d'estime de soi pour l'homme et la femme. Plusieurs études ont démontré que les personnes retirent d'une relation conjugale satisfaisante de nombreux bénéfices pour la santé et le bien-être.

Le milieu scolaire. Les enfants et les jeunes passent une bonne partie de leurs journées à l'école. Un milieu scolaire stimulant, ouvert à la participation des parents et de la collectivité, où l'on met l'accent sur une communication et un climat sains, constitue un déterminant favorable à leur santé et à leur bien-être[21].

Le milieu de travail. Plus une personne a d'emprise sur son milieu de travail ou sur sa vie professionnelle, plus elle jouit d'une bonne santé. Le soutien social en milieu de travail, qui se mesure au nombre et à la qualité des interactions positives entre collègues, joue ici un rôle de premier plan. Un milieu de travail sécuritaire contribue également à maintenir la population en bonne santé[22].

Un quartier, une ville et un village sécuritaires. Le fait de vivre dans un milieu où l'on se sent en sécurité, où les services sont à proximité, où l'air est sain, où les milieux encouragent la création de liens entre les individus, favorise le développement d'un tissu social soutenant et donc d'une bonne santé.

Les capacités et compétences de vie personnelles

Le patrimoine biologique et génétique. La constitution biologique et génétique de base de l'organisme humain est l'un des déterminants fondamentaux de la santé[23]. Le patrimoine génétique prédispose l'individu à adopter tout un ensemble de comportements qui influent sur son état de

---

20. C. Hertzman et M. Wiens, *Child Development and Long-Term Outcomes: A Population Health Perspective and Summary of Successful Interventions*, Department of Health Care and Epidemiology, University of British Columbia, 1994.

21. D.R. Entwisle, « The role of schools in sustaining early childhood program benefits », *The Future of Children*, vol. 5, n° 3, 1995, p. 133-144.

22. « Organization for economic development and cooperation », *The OECD Employment Outlook*, Paris, 1989.

23. Comité consultatif fédéral-provincial-territorial sur la santé de la population, *op. cit.*, p. 21.

santé. Les connaissances génétiques occupent donc une place importante et la recherche dans ce domaine pourrait offrir des possibilités de prévention de certaines conditions génétiques.

Le sexe. Certaines caractéristiques liées au sexe ont des répercussions importantes sur la santé et le bien-être[24] : le niveau de détresse psychologique, l'indice d'événements stressants, la consommation de médicaments et les idées suicidaires sont plus marqués chez les femmes ; chez les hommes, ce sont les taux de suicide et la dépendance à l'alcool et aux drogues fortes qui sont plus élevés.

Le fait d'être une femme signifie encore trop souvent être exposée à des attitudes discriminatoires. Pensons aux « ghettos » d'emplois féminins, à la violence[25]. Le défi de l'égalité demeure entier.

L'ethnie. Appartenir à une ethnie, cela signifie partager des valeurs, des croyances, adopter des attitudes et des comportements sanctionnés par le groupe d'appartenance. Faire partie d'une minorité ethnique pose des défis particuliers. Des actions portant sur la tolérance, sur la réduction des préjugés liés à la race et sur la promotion d'une société ouverte et se percevant d'emblée comme pluriethnique peuvent certes favoriser la santé et le bien-être des populations ethniques minoritaires.

L'âge. Les diverses phases de transition représentent autant de périodes critiques dans le développement d'une personne. Elles se caractérisent à la fois par une plus grande vulnérabilité et par une capacité accrue d'apprentissage. Aussi est-il important de traiter de toutes les phases de transition où se vivent ces crises du développement : transition famille/ garderie/école, école/travail, travail/chômage, travail/retraite.

Les ressources psychologiques personnelles. Les ressources psychologiques personnelles incluent au premier chef la capacité de s'adapter aux nombreux changements qu'apporte la vie. La capacité d'adaptation, qui semble s'acquérir dans les premières années de la vie, favorise la santé et le bien-être. Elle permet de développer son autonomie, de résoudre des problèmes et de faire des choix éclairés qui améliorent la santé. Les recherches démontrent que ce sont les gens qui se sentent efficaces et capables de s'adapter à ce qui leur arrive dans la vie qui réussiront le mieux à adopter et à maintenir des comportements et un mode de vie sains[26].

---

24. N. Guberman, J. Broué, J. Lindsay, L. Spector (en collaboration avec L. Blanchet, F. Dorion et F. Fréchette), *Le défi de l'égalité – La santé mentale des hommes et des femmes*, CSMQ, Gaëtan Morin éditeur, 1993.

25. Ministère de la Santé et des Services sociaux, *Écoute-moi quand je parle !*, Rapport du comité de travail sur les services de santé mentale offerts aux femmes, Gouvernement du Québec, 1997.

26. C. Hertzman et M. Wiens, *op. cit.*

Il faut aussi souligner que, si l'on favorise dès l'enfance l'acquisition des compétences, on augmente la probabilité que se développent des adultes qui auront une bonne idée d'eux-mêmes et qui adopteront des comportements sains. Les recherches sur la résilience des enfants[27, 28] (capacité de s'adapter et de se développer harmonieusement en dépit de circonstances présentant des menaces pour le développement) font ressortir plusieurs facteurs de protection de la santé et du bien-être liés soit à l'individu, soit à la famille ou encore à l'environnement social.

L'environnement physique

Les conditions de l'habitation sont déterminantes pour le développement et le maintien de la santé et du bien-être des personnes. Cela suppose que l'on vit dans un environnement où l'air est pur[29], le chauffage adéquat, les conditions sanitaires appropriées. Cela suppose également que le lieu de résidence est sécuritaire et adapté aux conditions de vie de la personne qui y habite.

Les habitudes de vie et les comportements

Être actif intellectuellement et socialement, faire de l'activité physique, se créer un réseau d'appartenance, ne pas fumer, être modéré dans sa consommation de nourriture et d'alcool procurent un bien-être physique et mental qui protège de la sédentarité et de ses effets négatifs. Il est désormais prouvé qu'une alimentation saine, la consommation modérée d'alcool et l'exercice physique pratiqué régulièrement et modérément préviennent plusieurs types de maladies[30, 31].

L'organisation du système de soins et de services

Les services sociaux et de santé contribuent, par leur qualité, leur accessibilité et leur intégration dans les collectivités, à l'amélioration et au maintien de l'état de santé de la population. Cela est particulièrement vrai

27. M. Radke-Yarrow et E. Brown, « Resilience and vulnerability in children of multiple-risk families », *Development and Psychopathology*, vol. 5, n° 4, 1993, p. 581-592.

28. E.E. Werner, « Risk, resilience and recovery: Perspective from The Kauai longitudinal study », *Development and Psychopathology*, vol. 5, n° 4, 1993, p. 503-515.

29. P. Cotton, « Medical news and perspectives: Best data yet say air pollution kills below levels currently considered safe », *Journal of the American Medical Association*, vol. 269, n° 24, 1993, p. 3087-3088.

30. J.D. Gussow et P.R. Thomas, *The Nutrition Debate: Sorting out Some Answers*, Bull Publishing, 1986.

31. C. Bouchard *et al.*, *Physical Activity, Fitness, and Health*, Proceedings and Consensus Statement, Champaign, IL, Human Kinetics, 1994.

pour les services dont le but est de prévenir les problèmes ou de promouvoir la santé. Il apparaît néanmoins important de situer le système de soins et de services à sa juste place dans la hiérarchie des déterminants de la santé et du bien-être et de résister aux pressions corporatistes qui s'exercent pour « surinvestir » dans ce déterminant.

Il reste encore beaucoup à apprendre sur les déterminants de la santé et du bien-être. Mais l'état actuel de la recherche permet de dégager trois facteurs qui semblent jouer un rôle prépondérant dans la détermination de la santé et du bien-être des populations[32]. Ce sont :

- *le revenu et la situation sociale.* La répartition des revenus et la réduction de la pauvreté relative offrent plus de probabilités d'améliorer la santé et le bien-être que l'augmentation de la richesse globale d'une nation.

- *l'environnement social* exerce une influence très forte sur la santé et le bien-être. Les facteurs de soutien associés aux environnements sociaux ont une importance aussi déterminante sur la santé que les conditions matérielles.

- *les ressources psychologiques personnelles*, dont plusieurs s'acquièrent durant l'enfance et l'adolescence, permettent d'accroître l'autonomie, l'estime de soi, l'appropriation du pouvoir.

Si les recherches démontrent que certaines catégories de déterminants jouent un rôle plus significatif que d'autres sur la santé et le bien-être, il faut néanmoins reconnaître le caractère essentiellement interactif de tous les déterminants dans la réalité et le vécu des personnes. L'importance de chaque déterminant varie d'un individu à l'autre, mais ils se conjuguent, se superposent pour former une « épaisseur sociale » qui prend une couleur particulière chez chaque personne.

LES STRATÉGIES ET LES MÉTHODES D'INTERVENTION

La Charte d'Ottawa[33] ainsi que l'Association pour la santé publique du Québec[34] ont identifié les principales stratégies et méthodes d'intervention pouvant exercer une influence sur la santé et le bien-être.

---

32. L. Blanchet et N. Gauthier, *op. cit.*, p. 13-14.

33. « Ottawa charter for health promotion », *op. cit.*, p. 3-5.

34. Association pour la santé publique du Québec, *Document de consensus sur les principes, stratégies et méthodes en promotion de la santé*, 1993.

Les stratégies

Le renforcement du potentiel des personnes

Les actions visent à promouvoir le développement d'habitudes de vie saines et responsables ou encore à renforcer les capacités psychologiques et sociales personnelles. Il s'agit, en quelque sorte, de recourir à des interventions qui permettent aux enfants, aux adolescents et aux adultes d'acquérir des compétences et de développer des comportements et des attitudes qui augmentent leur capacité de faire face aux exigences de la vie quotidienne.

Le soutien des milieux de vie

Il est important de soutenir la famille, l'école et le monde du travail pour qu'ils soient des milieux de vie de qualité, c'est-à-dire des milieux où les individus peuvent exercer leurs compétences tout en établissant des relations harmonieuses. Les actions ou programmes qui favorisent le renforcement des réseaux de soutien social, comme la création de groupes d'entraide visant la transformation des rapports sociaux entre les hommes et les femmes dans le sens d'une plus grande équité, les programmes d'accès à l'égalité des chances en emploi, l'éducation non sexiste et la réduction du harcèlement sexuel au travail représentent quelques exemples de cette stratégie de soutien des milieux de vie.

Le renforcement de l'action communautaire

Cette stratégie est souvent associée au processus d'appropriation du pouvoir, qui consiste à permettre aux individus d'augmenter leur emprise sur leur vie personnelle et leur environnement. On peut citer, à titre d'exemples, le mouvement de Solidarité rurale ou, encore, l'approche milieu préconisée par plusieurs CLSC et groupes communautaires.

L'action auprès des groupes vulnérables

L'action auprès des groupes vulnérables est fondée sur la conviction que des iniquités empêchent bon nombre de personnes d'exploiter pleinement leur potentiel, leurs habiletés. Le choix d'agir pour et avec les groupes vulnérables implique aussi que les actions, pour être efficaces, doivent être conçues à partir des perceptions et des valeurs propres à ces groupes. Elles doivent être adaptées à leur langage et mettre à contribution leur dynamisme, leurs forces, de même que celles de leur milieu.

L'harmonisation des politiques publiques et l'amélioration des conditions de vie

La promotion de la santé et du bien-être d'une population dépasse large-ment la question de la prestation des soins et services, quel qu'en soit le niveau de qualité et d'accessibilité. Elle concerne ces actions gouverne-mentales qui débordent le cadre d'exercice du pouvoir du ministère de la Santé et des Services sociaux, et qui exercent un effet déterminant sur la santé des populations. L'action intersectorielle, sur laquelle nous revien-drons plus loin (section 4), représente un passage obligé pour la réalisation de cette stratégie fondamentale que sont l'harmonisation des politiques publiques et l'amélioration des conditions de vie.

La réorientation du système de santé et de services sociaux

Si les services de traitement et de réadaptation demeurent incontestable-ment nécessaires, il n'est pas moins essentiel d'implanter, à l'intérieur même du réseau de la santé et des services sociaux, des activités de pré-vention et de promotion de la santé et du bien-être. Il faut donc, si l'on veut diminuer un jour le flot des problèmes en amont, réorienter les services de santé et les services sociaux de façon à accorder une plus grande part à ces activités de prévention et de promotion. Il a été maintes fois démontré que les interventions visant à instrumenter adéquatement les individus avant l'apparition des problèmes sont plus efficaces et moins coûteuses que celles qui tentent d'enrayer des problèmes psychosociaux, en particulier quand ces derniers ont pris racine durant l'enfance ou l'adolescence.

Les méthodes d'intervention

Voici un bref aperçu des méthodes d'intervention les plus couramment utilisées en prévention et en promotion. Il y a tout d'abord *l'éducation pour la santé*, méthode qui s'adresse aux valeurs, attitudes, habiletés ou com-portements des individus et des collectivités. Puis *la communication*, qui est un processus d'échange faisant appel aux médias. Elle s'adresse aux grands groupes d'individus au moyen de médias écrits et électroniques. *Le marketing social* vise, quant à lui, à «vendre» des idées sociales favo-rables dans ce cas-ci à la santé et au bien-être. Il est souvent utilisé dans le cadre de campagnes de sensibilisation.

L'action communautaire est un processus collectif qui permet aux indi-vidus et aux collectivités de se regrouper pour définir leurs propres objec-tifs et choisir leurs propres moyens d'action. Les notions de connaissance des besoins, de respect des valeurs, de participation des populations, de concertation, d'action démocratique et d'amélioration des conditions de vie sont spontanément associées à l'action communautaire. Celle-ci recourt à plusieurs moyens, notamment : la mise sur pied ou la consolidation de réseaux de soutien, la création de coalitions ou de regroupements de défense des droits et de groupes d'entraide et, enfin, diverses stratégies de développement social et économique.

Le changement organisationnel peut se définir comme le résultat de tous ces programmes et mesures qui visent à influencer l'organisation sociale, les mentalités et les pratiques pour maintenir et améliorer la santé et le bien-être des participants à une organisation donnée. Le changement organisationnel déborde le réseau de la santé et des services sociaux. Il s'adresse à tous les milieux qui exercent une influence sur les déterminants de la santé et du bien-être : école, travail, quartier, ministères, etc.

Il y a enfin *l'action politique*. En promotion et prévention, les moyens d'action politique sont de deux ordres. Le premier consiste à faire des pressions politiques en faveur de groupes dont la santé et le bien-être paraissent menacés, tandis que l'autre consiste à participer à l'élaboration ou à l'application de lois et politiques publiques qui favorisent la santé et le bien-être d'une population.

L'ACTION INTERSECTORIELLE

L'État a créé un vaste ensemble d'institutions publiques pour soutenir les citoyens. Ces institutions traduisent les besoins de la population en « services », qui sont répartis en divers secteurs : santé et services sociaux, éducation, logement, justice, etc. Il faut cependant déplorer le manque flagrant et persistant de concertation entre ces grands secteurs d'activité[35]. Chacun intervient souvent à sa manière, selon ses priorités, son mode de fonctionnement et, pour ainsi dire, selon sa culture propre. Or, il faut aujourd'hui mettre l'action intersectorielle à l'ordre du jour.

Dans un avis du Comité de la santé mentale du Québec à paraître[36], les auteurs, s'appuyant sur une recension exhaustive des écrits sur le sujet, proposent la définition suivante de l'action intersectorielle :

> L'action intersectorielle consiste à adopter des stratégies dans des secteurs divers de la société, stratégies qui transcendent les seuls services de santé et services sociaux et visent des résultats de santé physique ou mentale en

---

35. Comité de la santé mentale du Québec, *Recommandations pour développer et enrichir la Politique de santé mentale*, Sainte-Foy (Québec), Les Publications du Québec, 1994.

36. D. White, L. Jobin, D. McCann et P. Morin, *Pour sortir des sentiers battus : l'action intersectorielle en santé mentale*, Comité de la santé mentale du Québec (sous presse).

agissant sur les conditions de vie collectives d'une population ainsi que sur les déterminants sociaux, économiques, culturels et politiques de ces conditions de vie.

On le voit, l'action intersectorielle va bien au-delà de la concertation administrative ou de la coopération entre divers acteurs ou établissements du secteur de la santé et des services sociaux. En fait, la concertation interorganisationnelle et le partenariat sur le terrain entre les acteurs des services de santé et des services sociaux s'apparentent davantage à de l'action intrasectorielle. Tandis que l'action intersectorielle concerne ces stratégies qui débordent le cadre d'intervention de ce réseau et qui exercent un effet déterminant sur la santé des populations. Ainsi, par exemple, «s'attaquer au problème de l'insuffisance du revenu, augmenter le degré de scolarisation, améliorer l'accessibilité aux logements à prix modique, accentuer la création d'emplois stables et faciliter l'accès au marché du travail constituent autant de politiques publiques déterminantes par rapport à la santé [...] et dont la stratégie commune consiste à améliorer les conditions de vie[37]».

La collaboration entre les nombreux secteurs et le soutien actif du grand public sont essentiels au succès des stratégies de prévention des problèmes psychosociaux et de promotion de la santé et du bien-être. Le secteur de la santé et des services sociaux ne peut intervenir isolément, car la plupart des déterminants échappent à sa compétence. Parmi les grands secteurs à mobiliser, outre celui de la santé et des services sociaux, il faut mentionner l'économie, l'éducation, l'environnement et l'emploi. Le secteur bénévole, le secteur professionnel, le milieu des affaires, les consommateurs et les organisations syndicales doivent aussi participer, avec les divers paliers de gouvernements, y compris les municipalités.

Les représentants des groupes qui vivent dans des conditions défavorables et dont l'état de santé est nettement inférieur seront des partenaires essentiels dans les initiatives visant à répondre aux besoins spécifiques de ces groupes. D'autres groupes, enfin, pourraient être d'importants participants: les groupes confessionnels, les organisations ethnoculturelles et les organisations représentant les personnes ayant des besoins spéciaux.

La présence ou l'absence de politiques sociales cohérentes (emploi, services de garde, sécurité du revenu, logement social, etc.), la teneur et la portée des mesures prises par l'État exercent une influence sur la vie quotidienne de toute la population. Mais cette influence est plus grande

---

37. L. Blanchet *et al.*, *op. cit.*, p. 28.

encore chez les groupes les plus vulnérables. Elle peut miner leur senti-ment de sécurité ou, au contraire, resserrer la solidarité, favoriser l'appro-priation du pouvoir chez les individus et les groupes et, de façon générale, soutenir le développement social[38].

IMPLICATIONS POUR L'INTERVENTION

L'adage populaire dit qu'«il vaut mieux prévenir que guérir». Quand on considère l'importance du changement de paradigme à effectuer pour passer de pratiques essentiellement curatives aux approches de population qui caractérisent la prévention et la promotion, on comprend qu'il y a plusieurs défis à relever. En voici quelques-uns pour terminer.

MODIFIER LES PRATIQUES D'INTERVENTION

Le travail en amont des problèmes exige des professionnels de la santé et des services sociaux une modification de leurs pratiques d'intervention. Le raz-de-marée des problèmes psychosociaux le prouve à l'évidence : l'intervention individuelle ne suffit pas à la tâche ! Il est nécessaire de proposer des approches novatrices orientées vers les collectivités et exer-çant un impact sur les principaux déterminants de la santé et du bien-être. Il faut aussi établir un meilleur équilibre entre les efforts consentis aux soins et ceux à consentir à la prévention des problèmes psychosociaux et à la promotion de la santé et du bien-être.

AGIR SUR LES DÉTERMINANTS DE LA SANTÉ ET DU BIEN-ÊTRE

Agir sur les principaux déterminants de la santé exige une volonté gou-vernementale de mettre en place des politiques de développement social basées sur l'emploi et de proposer une meilleure répartition de la richesse par des mesures fiscales appropriées. Cela suppose également, sur les plans local et communautaire, la mise en œuvre d'activités visant à soutenir et à dynamiser les réseaux de soutien social des individus et des collec-tivités ainsi que des mesures et programmes favorisant le développement des ressources psychologiques personnelles. Un développement sain dès l'enfance constitue un important facteur de robustesse qui permet de jouir des autres étapes de la vie.

---

38. Comité de la santé mentale du Québec, *op. cit.*, p. 15.

SOULIGNER LA NÉCESSITÉ DE L'ACTION INTERSECTORIELLE

Le grand défi du réseau de la santé et des services sociaux consiste à élargir le débat sur les politiques de santé et l'organisation des soins en y ajoutant les dimensions socioéconomiques et de politiques publiques ayant un lien établi avec l'amélioration de la santé et du bien-être. Il est nécessaire d'adopter des stratégies, mesures et politiques concertées entre des secteurs d'activité tels que la santé et les services sociaux, l'économie, l'éducation, l'emploi, l'environnement, etc. Étant donné que les changements positifs qui en résulteront se feront sentir dans tout le spectre socioéconomique, même un petit succès aura un effet sensible sur l'état de santé global et sur le bien-être de la population.

AUGMENTER LES BUDGETS CONSACRÉS AUX ACTIVITÉS DE PRÉVENTION ET DE PROMOTION

Il existe un déséquilibre très marqué entre les ressources financières allouées pour répondre aux besoins individuels des personnes dont la santé est perturbée et les ressources réservées au maintien et à l'amélioration de la santé de la population. À peine 1,4 % des dépenses du budget de la santé étaient allouées à la promotion et à la prévention en 1995-1996 soit 210 millions de dollars, ce qui constitue une diminution de 0,3 % depuis 1982. Ce budget comprend les dépenses liées à la santé au travail, à la santé scolaire, à la santé maternelle et infantile, à la santé dentaire ainsi que les budgets consacrés à la promotion et à la prévention[39]. En fait, la faiblesse des moyens financiers au service de la prévention et de la promotion de la santé et du bien-être reflète le peu d'importance que l'on accorde à ce type d'activités.

DÉVELOPPER UNE NOUVELLE PERSPECTIVE

La prévention des problèmes psychosociaux passe par l'action intersectorielle sur les principaux déterminants de la santé et du bien-être. Il ne faut pas seulement prévenir la marginalisation, l'isolement et l'exclusion sociale. Il ne suffit pas de soutenir l'adaptation individuelle ou encore de réduire tel ou tel risque associé à un événement ou à une condition de vie particulière. Il faut plutôt aménager des conditions favorables et intervenir dans une perspective d'appropriation du pouvoir d'action. Il faut agir, en somme, sur l'ensemble des déterminants dont l'effet combiné se

---

39. Ministère de la Santé et des Services sociaux, Système d'informations financières et opérationnelles, 1997.

traduira par un gain sur la maîtrise des événements, permettant aux personnes de grandir en harmonie avec leur milieu et de maintenir un équilibre dynamique à la base d'une bonne santé. Il s'agit bel et bien d'un nouveau paradigme, d'une nouvelle perspective à développer.

BIBLIOGRAPHIE SÉLECTIVE

ALBEE, G.W. (1982). « Preventing psychopathology and promoting human potential », *American Psychologist,* vol. 37, n° 9, p. 1043-1050.

ALBEE, G.W. (1985). « The answer is prevention », *Psychology Today,* février, p. 60-64.

ASSOCIATION POUR LA SANTÉ PUBLIQUE DU QUÉBEC (1993). *Document de consensus sur les principes, stratégies et méthodes en promotion de la santé.*

BLANCHET, L. et N. GAUTHIER (1998). *La promotion de la santé mentale et du bien-être de la population.* Document de travail pour la mise à jour de la Politique de santé mentale du Québec.

BLANCHET, L., M.-C. LAURENDEAU, D. PAUL et J.-F. SAUCIER (1993). *La prévention et la promotion en santé mentale – Préparer l'avenir,* Comité de la santé mentale du Québec, Gaëtan Morin éditeur.

BLOOM, B.L. (1986). « Primary prevention : An overview », dans J.T. Barter et S.W. Talbott (dir.), *Primary Prevention in Psychiatry : State of The Art,* American Psychiatric Press, p. 3-12.

BLOOM, M. (1981). *Primary Prevention : The Possible Science,* Englewood Cliffs, NJ, Prentice-Hall.

COMITÉ CONSULTATIF FÉDÉRAL-PROVINCIAL-TERRITORIAL SUR LA SANTÉ DE LA POPULATION (1994). *Stratégies d'amélioration de la santé – Investir dans la santé des Canadiens,* Ottawa, Publications, Santé Canada.

COMITÉ DE LA SANTÉ MENTALE DU QUÉBEC (1994). *Recommandations pour développer et enrichir la Politique de santé mentale du Québec,* Sainte-Foy, Les Publications du Québec.

CORIN, E., L. RODRIGUEZ DEL BARRIO et L. GUAY (1996). « Les figures de l'aliénation. Un regard alternatif sur l'appropriation du pouvoir », *Revue canadienne de santé mentale communautaire,* vol. 15, n° 2.

COWEN, E.L. (1983). « Primary prevention in mental health : Past, present and future », dans R.D. Felner, L.A. Jason, J.N. Moritsugu et S.S. Farber (dir.), *Preventive Psychology, Theory, Research and Practice,* New York, Pergamon Press.

FORUM NATIONAL SUR LA SANTÉ (1996). *La santé et ses déterminants.* Sommaires des documents de synthèse rédigés pour le Forum national sur la santé, Ottawa.

KESSLER, M. et S.E. GOLDSTON (1986). *A Decade of Progress in Primary Prevention,* Hanover, University Press of New England.

LAFORTUNE, D. et M.C. KIELY (1989). « Prévention primaire des psychopathologies : appellation contrôlée », *Santé mentale au Québec*, vol. XIV, n° 1.

LEAVELL, H.R. et E.G. CLARK (1965). *Preventive Medicine for the Doctor in His Community*, New York, McGraw-Hill.

MINISTÈRE DE LA SANTÉ ET DES SERVICES SOCIAUX (1992). *La politique de la santé et du bien-être*, Québec, Gouvernement du Québec.

MINISTÈRE DE LA SANTÉ ET DES SERVICES SOCIAUX (1997). *Priorités nationales de santé publique : 1997-2002*, Québec, Les Éditions Excell, Gouvernement du Québec.

ONTARIO MINISTRY OF COMMUNITY AND SOCIAL SERVICES (1990). *Better Beginnings, Better Futures : An Integrated Model of Primary Prevention of Emotional and Behavioural Problems*, Toronto, Queen's Printer for Ontario.

ORGANISATION MONDIALE DE LA SANTÉ (1981). *Global Strategy for Health for All by the Year 2000*, Genève.

« OTTAWA CHARTER FOR HEALTH PROMOTION », *Health Promotion*, vol. 1, n° 4, 1987.

PRANSKY, J. (1991). *Prevention. The Critical Need*, Springfield, MO, Burrel Foundation & Paradigm Press.

PRICE, R.H., E.L. COWEN, R.P. LORION et J. RAMOS-MCKAY (1988). *Fourteen Ounces of Prevention : A Case Book for Practitionners*, Washington, DC, American Psychological Association.

SURGEON GENERAL'S REPORT ON HEALTH PROMOTION AND DISEASE PREVENTION (1979). *Healthy People*, Washington, DC, U.S. Government Printing Office.

7

LA CONSTRUCTION ANTHROPOLOGIQUE DES PROBLÈMES SOCIAUX
L'exemple de la déficience intellectuelle

MICHEL DESJARDINS, Ph. D.
CIRADE, Université du Québec à Montréal
Department of Social Medicine de la Harvard Medical School

RÉSUMÉ

*Le présent chapitre traite de la construction anthropologique de la défi-
cience intellectuelle. Au cours des trente-cinq dernières années, l'anthropologie a interrogé successivement ou parallèlement les fondements
culturels de la déficience intellectuelle, l'origine sociale de certaines souffrances des personnes ainsi classées, les processus qui favorisent l'apprentissage de cette insuffisance et, plus récemment, les fonctions mystificatrice
et ségrégative de la rééducation sociale. Les résultats des recherches associées à ces thèmes et les débats épistémologiques qu'elles suscitent sont
exposés dans les différentes sections et dans la conclusion du chapitre.*

Les mondes dans lesquels vivent les différentes sociétés sont des mondes distincts et non pas seulement le même monde sous des étiquettes différentes.

(Sapir, 1968, p. 134)[1]

L'historicisme s'est imposé en anthropologie durant la première moitié de ce siècle à travers les œuvres des tenants du relativisme culturel (Benedict; Hallowel; Redfield; Sapir; Whorf[2]). Cette perspective postule que les éléments de l'univers ne sont pas directement accessibles; ils nous apparaissent toujours sous forme d'artefacts, de construits de la pensée. Ils sont perçus et interprétés au moyen des concepts et des catégories de chaque époque et de chaque groupe social (Cassirer; Certeau; Good[3]). Corin *et al.* résument ainsi les fondements de cette conception de la réalité humaine.

> [...] l'homme n'est jamais en contact avec une réalité brute qui aurait un sens par elle-même, directement, sans médiation. Sur le plan de la perception, déjà, tout repérage d'objets ou de parties d'objet implique une distribution du monde sensible en fonction d'un partage de significations, qui différencie par exemple le bras, la main, le bâton, et qui en fait des réalités discontinues. De manière plus importante, le fait d'identifier certains aspects de la réalité comme « significatifs » dépend d'un ensemble de représentations qui permettent de situer l'élément observé dans un cadre de référence plus large[4].

Les problèmes sociaux sont donc inséparables des cadres de référence qui les définissent et la science n'échappe pas à cette contrainte: elle est un cadre de référence parmi plusieurs autres. Les descriptions scientifiques des problèmes sociaux sont donc des réalités historiques: elles s'opposent aux descriptions de la science du passé et elles seront niées par les descriptions de la science de demain. Vus sous cet angle, les microbes, le code génétique, le cancer, la mort, la schizophrénie et la trisomie 21 apparaissent non plus comme des faits bruts, mais comme des

---

1. E. Sapir, *Linguistique*, Paris, Les Éditions de Minuit, 1968.

2. R. Benedict, *Patterns of Culture*, Boston, Houghton Mifflin Company, 1934; A.I. Hallowel, « Ojibwa ontology, behavior, and world view », dans S. Diamond (dir.), *Culture in History: Essays in Honor of Paul Radin*, Berkeley, Columbia University Press, 1960; R. Redfield, « The primitive world view », dans *Proceedings of the American Philosophical Society*, vol. 96, nº 1, 1952; E. Sapir, *Anthropologie*, Paris, Les Éditions de Minuit, 1967; B. Whorf, *Linguistique et anthropologie*, Paris, Denoël/Gonthier, 1969.

3. E. Cassirer, *Language and Myth*, New York, Dover Publications, 1946; M. de Certeau, *L'invention du quotidien: 1. Arts de faire*, Paris, Gallimard, 1990; B.J. Good, *Medicine, Rationality, and Experience. An Anthropological Perspective*, Cambridge, Cambridge University Press, 1994.

4. E.E. Corin *et al.*, *Comprendre pour soigner autrement. Repères pour régionaliser les services en santé mentale*, Montréal, Presses de l'Université de Montréal, 1990, p. 116.

constructions de la conscience humaine dont la forme fluctue selon les sociétés et les époques. L'anthropologie étudie donc les cadres de référence que les communautés humaines utilisent afin d'identifier les éléments de l'univers, de leur attribuer un sens et d'interagir avec eux. Le présent chapitre portera sur un courant de recherche qui s'inspire de cette tradition, à savoir l'anthropologie de la déficience intellectuelle.

Au cours des trente-cinq dernières années, les chercheurs de cette sous-discipline ont examiné les cadres de référence qui règlent le rapport de notre société à la déficience intellectuelle sous divers angles. Quatre thèmes ont plus particulièrement retenu leur attention : *a)* l'invention de la déficience intellectuelle, *b)* les effets néfastes du stigmate de la déficience intellectuelle, *c)* l'apprentissage de la déficience intellectuelle et *d)* les fondements mythiques et imaginaires de la rééducation sociale. Les sections suivantes exposent les résultats de recherches associées à chacun de ces thèmes.

LA DÉFICIENCE INTELLECTUELLE EST UN CONSTRUIT CULTUREL

L'anthropologie de la déficience intellectuelle est apparue à la fin des années 1960. Son fondateur, Robert Edgerton[5], fut l'un des premiers chercheurs à affirmer que la déficience intellectuelle est un fait social non seulement extrinsèquement, par la réaction de la société à l'égard des personnes ainsi classées, mais aussi ontologiquement. Il s'inspirait des acquis de l'anthropologie et de la sociologie de la déviance, et notamment des œuvres de Benedict, de Sapir et de Goffman[6]. Ces auteurs ont démontré que la déviance n'existe pas en soi, qu'elle est un fait relationnel : un comportement n'est jugé déviant que par rapport à une règle ou à une convention (Sartre ; Bataille[7]). Edgerton illustre ce point en soulignant les liens qui unissent le milieu scolaire aux typologies intellectuelles : entre 80 % et 90 % des personnes classées déficientes intellectuelles ne reçoivent ce statut qu'à leur arrivée à l'école. Ces personnes ne présentent aucune

5. R.B. Edgerton, *The Cloak of Competence : Stigma in the Lives of the Mentally Retarded*, Berkeley, University of California Press, 1967.

6. R. Benedict, 1934, *op. cit.* ; E. Sapir, 1967, *op. cit.* ; E. Goffman, *Asylums : Essays on the Social Situation of Mental Patients and Other Inmates*, New York, Anchor Books, Doubleday, 1975. Autre titre où cet auteur traite de cette question : *Stigmate. Les usages sociaux des handicaps*, Paris, Les Éditions de Minuit.

7. J.-P. Sartre, *Baudelaire*, Paris, Gallimard, 1963 ; G. Bataille, *L'érotisme*, Paris, Collection 10-18, 1965.

anomalie organique[8] et ne sont classées déficientes qu'en fonction de leurs performances scolaires. La déficience intellectuelle de ces personnes est donc créée, conclut Edgerton, par le milieu scolaire : elle n'existe pas en dehors de ses normes.

> *It may seem strange to think of schools as one of the causes of sociocultural retardation, but a number of experts assert exactly this. They made the claim because most socioculturally retarded children are first officially identified as such in school, and once these children leave school many will never be identified as retarded again. In the United States, this phenomenon has led to the use of the term « the six-hour retarded child », referring to the fact that children who cannot adequately perform the academic tests required in school nevertheless adapt perfectly well to life outside school. Thus the argument has been made that since these children who are primarily poor, minority-group members from inner cities are only retarded in school, then the school itself has « created » their retardation[9].*

Cette conclusion est partagée par des chercheurs issus de plusieurs disciplines, dont Richardson, Guskin, Ryan et Thomas, Bodgan *et al.*, Gould, Mehan, Gateaux-Mennecier et Ingstad et White[10].

Les biais culturels des tests de QI influencent, eux aussi, l'épiphanie de la déficience intellectuelle. Edgerton observe, en premier lieu, que ces tests mesurent seulement les aptitudes intellectuelles des élèves et qu'ils négligent les autres dimensions de l'intelligence (Jacquard ; Gould[11]). Il note, en second lieu, que les seuils de ces tests sont arbitraires et qu'ils varient d'une époque à l'autre. En 1924, un individu qui présentait un QI de 74 était classé débile léger. Aujourd'hui, ce même individu serait classé normal et il ne souffrirait d'aucune mesure discriminatoire. En troisième lieu, Edgerton observe que les tests de QI reflètent les valeurs et les préoccupations de la classe moyenne blanche, cela au détriment des membres des classes défavorisées et des communautés ethnoculturelles (Mercer ;

---

8. G.T. Ramsey *et al.*, « Infants' home environments : A compilation of high-risks families and families from the general population », *American Journal of Mental Deficiency*, vol. 80, n° 1, 1975.

9. R.B. Edgerton, *Mental Retardation*, Cambridge, Harvard University Press, 1979, p. 72-73.

10. S.A. Richardson, « Reaction to mental subnormality », dans M.J. Begab et S.A. Richardson (dir.), *The Mentally Retarded and Society : A Social Science Perspective*, Baltimore, University Park Press, 1975 ; S.L. Guskin, « Theoretical and empirical strategies for the study of the labelling of mentaly retarded persons », *International Review of Research in Mental Retardation*, vol. 9, Academic Press, 1978 ; J. Ryan et T. Thomas, *The Politics of Mental Retardation*, Londres, Pelican Books, 1980 ; R. Bodgan *et al.*, *Inside Out : The Social Meaning of Mental Retardation*, Toronto, University of Toronto Press, 1982 ; J. Gould, *La malmesure de l'homme : L'intelligence sous la toise des savants*, Paris, Éditions Ramsay, 1983 ; H. Mehan, « Educational handicap as cultural meaning system », *Ethos*, vol. 16, n° 1, 1988 ; J. Gateaux-Mennecier, *La déficience légère, une construction idéologique*, Paris, Les Éditions du CNRS, 1990 ; B. Ingstad et S. Reynolds White, *Disability and Culture*, Berkeley, University of California Press, 1995.

11. A. Jacquard, *Moi et les autres : Initiation à la génétique*, Paris, Éditions du Seuil, 1983 ; J. Gould, 1983, *op. cit.*

Edgerton ; Gould[12]). Edgerton conclut de ces trois biais, qui n'épuisent évidemment pas le sujet, que la déficience intellectuelle est une création culturelle plutôt qu'un fait brut et objectif.

Les chercheurs qui se sont intéressés à d'autres cultures ont eux aussi observé ce phénomène. Les travaux de Malinowski, de Peters et de Devereux sont à ce titre exemplaires. Ces trois chercheurs ont observé, chacun de leur côté, que certaines des personnes classées déficientes intellectuelles aux États-Unis seraient considérées comme normales chez les Trobriandais de la Mélanésie[13], chez les Tamang du Népal[14] ou chez les Sedang de l'Indochine[15], et que certains membres de ces sociétés classés déficients intellectuels chez eux seraient considérés comme des personnes présentant un handicap phonétique ou un handicap auditif aux États-Unis. On trouve là une nouvelle preuve que la déficience intellectuelle n'est pas une catégorie neutre et objective, mais plutôt un construit culturel – ou, si l'on préfère, un construit imaginaire[16] ou idéologique[17] – dont la teneur varie selon les époques et les sociétés.

LA SOUFFRANCE EN TANT QUE FAIT SOCIAL

La déficience intellectuelle est aussi extrinsèquement un fait social, par la valeur que la société lui attribue et par le traitement que l'entourage réserve à ces personnes. Cette valeur et ce traitement sont eux aussi déterminés par les cadres de référence de la société. Edgerton consacre sa monographie *The Cloak of Competence* à ces deux aspects de la vie des personnes classées déficientes intellectuelles. Plus précisément, il décrit comment 51 ex-patients d'un hôpital pour déficients intellectuels réagissent

---

12. J.R. Mercer, *Labelling the Mentally Retarded : Clinical and Social System Perspectives on Mental Retardation*, Berkeley, University of California Press, 1973 ; R.B. Edgerton, 1979, *op. cit.* ; J. Gould, 1983, *op. cit.*

13. B. Malinowski, *La vie sexuelle des sauvages du Nord-Ouest de la Mélanésie*, Paris, Petite Bibliothèque Payot, 1930.

14. L.G. Peters, « Concepts of mental deficiency among the tamang of Nepal », *American Journal of Mental Deficiency*, vol. 84, 1980.

15. G. Devereux, « Ethnopsychological aspects of the terms "Deaf" and "Dumb" », dans David Howes (dir.), *The Varieties of Sensory Experience. A Sourcebook in the Anthropology of the Senses*, Toronto, University of Toronto Press, 1991.

16. R.A. Shweder, « Anthropology's romantic rebellion against the enlightenment, or there's more to thinking than reason and evidence », dans R.A. Shweder et R.A. Levine (dir.), *Culture Theory. Essays on Mind, Self, and Emotion*, Cambridge, Cambridge University Press, 1984.

17. J. Gateaux-Mennecier, 1990, *op. cit.*

à l'attitude et au comportement des autres à leur égard[18]. En premier lieu, il constate que ses informateurs refusent d'être classés parmi les déficients intellectuels, parmi les débiles. Ce statut, disent-ils, les avilit tant à leurs propres yeux qu'aux yeux des autres : il fait d'eux des sous-personnes, des êtres sans valeur ni dignité. En second lieu, il observe que ses informateurs abhorrent également leur internement passé, qu'ils décrivent comme un des événements les plus douloureux et les plus humiliants de leur existence. Ces personnes voient en quelque sorte leur vie aspirée par ces deux tares qui risquent à tout moment d'apparaître au regard d'autrui et de les disqualifier. Elles consacrent presque toutes leurs énergies à camoufler ces tares et à se construire une apparence normale. Par exemple, elles évitent de fréquenter d'autres individus classés déficients intellectuels de façon à ne pas révéler leur propre statut, elles ne révèlent à personne leur passé institutionnel et elles emportent des livres ou des journaux lorsqu'elles se déplacent en public de façon à cacher leur analphabétisme. Ces pathétiques tentatives de camouflage n'atteignent cependant que partiellement leur but : elles ne cachent pas leur différence et leur inadaptation à la société industrielle.

Edgerton conclut de ces observations que la souffrance de ses informateurs est un fait social plutôt qu'intrapsychique : c'est le sens et la valeur que nous attachons à leurs difficultés qui les blessent le plus, et non ces difficultés elles-mêmes. Leur douleur perdurera tant et aussi longtemps que nous les traiterons d'arriérés et d'idiots, c'est-à-dire tant que nous ne changerons pas nos cadres de référence. Edgerton préconise donc l'abandon de l'expression déficience intellectuelle et l'adoption d'un terme nouveau qui expliquera les difficultés de ces personnes sans les disqualifier.

> *What is needed is a stigma-free explanation that helps the retarded person to explain his relative incompetence without suggesting that his affliction is one of basic and ineradicable stupidity*[19].

Soyons clair, Edgerton ne propose pas que nous camouflions la déficience intellectuelle (au moyen d'un euphémisme), mais que nous l'abolissions. La création de ce nouveau terme implique l'invention d'un nouveau cadre de référence et la création d'une nouvelle réalité. Il nous invite à renouveler notre perception de ces personnes. Braginsky *et al.*[20],

---

18. Edgerton s'inspire cette fois de la théorie du stigmate. Voici comment Goffman, le pionnier de cette approche, définit cette notion : « Le mot stigmate servira donc à désigner un attribut qui jette un discrédit profond, mais il faut bien voir qu'en réalité c'est en termes de relations et non d'attributs qu'il convient de parler » (1975, p. 13). Voir J. Gould, 1983, *op. cit.*

19. R.B. Edgerton, 1967, *op. cit.*, p. 212-213.

20. D.D. Braginsky *et al.*, *Hansels and Gretels : Studies of Children in Institutions for the Mentally Retarded*, New York, Holt, Rinehart and Wilson, 1971.

de même que Bodgan *et al.*[21], proposent eux aussi cette solution : ils recommandent l'abandon des catégories cognitives actuelles et des services spécialisés. En raccourci, ces auteurs préconisent non pas le réformisme social, car il favorise le maintien des institutions existantes, mais bien la révolution culturelle, la réinvention de la réalité.

Ces recommandations ne font cependant pas l'unanimité au sein de la communauté scientifique. Premièrement, Richardson, Begab, Gotlieb, Rowitz ainsi que Schuster *et al.*[22] reprochent à ces chercheurs d'avoir généralisé leurs conclusions à l'ensemble des personnes classées déficientes intellectuelles alors que leurs échantillons sont restreints. Nous ignorons donc quelle est la portée sociale des processus qu'ils décrivent. Deuxièmement, Richardson, Begab, Guskin, Rowitz, Peters et Kaufman[23] reprochent à ces chercheurs de ne dépeindre que les désavantages de l'étiquette de déficience intellectuelle et d'ignorer les aspects positifs des services spécialisés : une formation continue, un travail adapté, des loisirs, un gîte, des liens amicaux, des réseaux d'entraide, des personnes-ressources, et ainsi de suite. Ces aspects enrichissent la qualité de vie et le bien-être de ces personnes. Troisièmement, Richardson, Begab, Rowitz et Mehan[24] affirment qu'il est impossible de déterminer la source de la souffrance morale de ces personnes : les facteurs sociaux qui affectent leur bien-être sont trop nombreux et ils varient trop d'un individu à l'autre pour qu'on puisse mesurer l'influence spécifique du stigmate de la déficience intellectuelle.

À la fin des années 1970, Edgerton valida cette troisième critique lorsqu'il analysa l'ensemble des données que les membres du Socio-Behavioral Group du Mental Retardation Research Center (UCLA) avaient recueillies sur le stigmate de la déficience intellectuelle.

---

21. R. Bodgan *et al.*, 1982, *op. cit.*

22. S.A. Richardson, 1975, *op. cit.* ; M.J. Begab, « The mentally retarded and society : Trends and issues », dans M.J. Begab et S.A. Richardson (dir.), *The Mentally Retarded and Society : A Social Science Perspective*, Baltimore University Park Press, 1975 ; J. Gotlieb, « Public, peer, and professional attitudes toward mentally retarded persons », dans M.J. Begab et S.A. Richardson (dir.), *The Mentally Retarded and Society : A Social Science Perspective*, Baltimore, University Park Press, 1975 ; L. Rowitz, « A sociological perspective on labelling in mental retardation », *Mental Retardation*, vol. 19, n° 2, 1981 ; T.L. Schuster *et al.*, « Labeling, mild retardation, and long-range social adjustment », *Sociological Perspectives*, vol. 29, n° 4, 1986.

23. S.A. Richardson, 1975, *op. cit.* ; M.J. Begab, 1975, *op. cit.* ; S.L. Guskin, 1978, *op. cit.* ; L. Rowitz, 1981, *op. cit.* ; L.G. Peters, « The role of dreams in the life of a mentally retarded individual », *Ethos*, n° 11, 1983 ; S.Z. Kaufman, « Life history in progress : A retarded daughter educates her mother », dans L.L. Langness et H.G. Levine (dir.), *Culture and Retardation : Life Histories of Mildly Retarded Persons in American Society*, Dordrecht, D. Reidel Publishing Company, 1985.

24. S.A. Richardson, 1975, *op. cit.* ; M.J. Begab, 1975, *op. cit.* ; L. Rowitz, 1981, *op. cit.* ; H. Mehan, 1988, *op. cit.*

Efforts to reduce these qualitative data to simple, linear, cause and effect influences, such as assertions about the effects of labeling, are usually very difficult, if not impossible. Thus, despite the unique richness of our data relating to labeling processes in the lifes of mentally retarded persons living in community settings, we can seldom point to direct cause and effect relationships. [...] In this complex world it is ordinary impossible to identify labeling as an event or process that causes, or even necessarily conduces toward such outcomes as low self-esteem and diminished social competence[25].

À la suite de cet échec, Edgerton délaissa l'étude de l'étiquette pour centrer ses recherches sur l'apprentissage de la déficience intellectuelle. La section suivante résume les grandes lignes de ce troisième domaine de recherche de l'anthropologie de la déficience intellectuelle.

L'APPRENTISSAGE DE LA DÉFICIENCE INTELLECTUELLE

La sociologie et l'anthropologie ont depuis longtemps constaté que les conduites déviantes sont aussi codées et qu'elles sont autant acquises que les conduites normales. Elles sont elles aussi réglées par les cadres de référence de la société. Les patients psychiatriques, les homosexuels, les jeunes délinquants, les aveugles, les clochards, les toxicomanes et les criminels n'agissent pas de façon purement idiosyncratique ou aléatoire, mais se conforment plutôt, pour reprendre l'expression de Linton, à des « modèles d'inconduites » (cité par Corin *et al.*)[26]. Ils adoptent les comportements et les attitudes que la société associe à leur déviance (Goffman ; Bataille ; Marsella ; Good[27]). « Tout se passe, résume Devereux, comme si le groupe disait à l'individu : "ne le fais pas, mais si tu le fais, voilà comment il faut s'y prendre". » (cité par Corin *et al.*[28]) Ainsi codé et contrôlé, l'au-delà de la norme apparaît moins menaçant : il porte un nom, il est déchiffrable, il a des frontières connues, il est isolé du monde profane et il est même prévisible. Au reste, l'aspect tragique ou pitoyable

25. R.B. Edgerton, « A case of delabeling : Some practical and theoretical implications », dans L.L. Langness et H.G. Levine (dir.), *Culture and Retardation : Life Histories of Mildly Retarded Persons in American Society*, Dordrecht, D. Reidel Publishing Company, 1985, p. 103.

26. E.E. Corin *et al.*, 1990, *op. cit.*, p. 119.

27. E. Goffman, 1975, *op. cit.* ; G. Bataille, 1965, *op. cit.* ; A.J. Marsella, « Culture, self and mental disorder », dans A.J. Marsella, G. Devos et F.K. Hsu (dir.), *Culture and Self : Asian and Western Perspectives*, New York, Tavistock Publications, 1985 ; B.J. Good, 1994, *op. cit.*, p. 119.

28. D.M. Schneider (1976, p. 200-201) exprime ainsi cette conclusion des sciences sociales : « *There is a right way to be wrong ; there is a proper way to be improper, there are clearly correct forms of illegal action. [...] That deviance is as normatively regulated as is conformity has been known for a long time now.* » « Notes toward a theory of culture », K.H. Basso et H.A. Selby (dir.), *Meaning in Anthropology*, Albuquerque, University of New Mexico.

qu'il présente habituellement renforce la conception de l'ordre et les valeurs de la majorité. À la fin des années 1970, les anthropologues n'avaient cependant pas encore examiné sous cet angle les deux traits distinctifs des personnes classées déficientes intellectuelles, à savoir leur incompétence et leur dépendance[29].

Edgerton et ses collègues du Socio-Behavioral Group entreprirent de combler cette lacune en étudiant les processus d'apprentissage « *which routinely serve to teach "mentally retarded" persons to be incompetent*[30] ». Deux processus d'apprentissage de l'incompétence ont été alors identifiés : 1) la relégation de ces personnes dans une marge et 2) leur prise en charge par l'entourage. Les personnes classées déficientes sont exclues des activités usuelles et elles ne sont pas exposées aux mêmes expériences que les personnes normales. De plus, elles vivent principalement entre elles et n'apprennent à communiquer qu'avec les autres usagers des services spécialisés. Par ailleurs, la présence constante de leurs parents ou de leurs protecteurs affecte elle aussi leur développement : elle freine leur croissance et leur accession à l'autonomie. De fait, ces personnes ne contrôlent presque aucun des aspects clés de leur vie quotidienne : leur espace privé, leur plan d'activités, leurs repas, leurs déplacements, leurs fréquentations, leurs achats, leurs loisirs, leur consommation d'alcool, leur vie sexuelle et leurs amours[31]. L'exemple de la sexualité illustre le fonctionnement de ces processus d'apprentissage de l'incompétence. Kempton *et al.*, Edgerton, Dupras ainsi que Desaulniers *et al.*[32] ont constaté que l'entourage cultive l'immaturité et l'incompétence sexuelles de ces personnes afin de les protéger de la débauche, des abus d'autrui, des maladies, de la reproduction et des responsabilités parentales. « Pour leur éviter des embêtements, précise Dupras, on limitera l'expression de leur sexualité ; on ira jusqu'à encourager leur

---

29. D.D. Braginski *et al.*, 1971, *op. cit.* ; J.M. Mercer, 1973, *op. cit.* ; M.J. Begab, 1975, *op. cit.* ; C. Rhoades *et al.*, « Normalization of a deviant subculture : Implication of the movement to resocialize mildly retarded persons », *Mid-American Review of Sociology*, 1976 ; H.C. Haywood, « The ethics of doing research... and of not doing it », *American Journal of Mental Deficiency*, 81, 1977 ; S.L. Guskin, 1978, *op. cit.* ; J. Ryan et F. Thomas, 1980, *op. cit.* ; L. Rowitz, 1981, *op. cit.* ; R. Bogdan *et al.*, 1982, *op. cit.*, font tous référence à cet apprentissage de l'incompétence, mais ils ne l'analysent pas de façon systématique.

30. R.B. Edgerton, 1985, *op. cit.*, p. 103.

31. L.L. Langness et H.G. Levine, *Culture and Retardation : Life Histories of Mildly Retarded Persons in American Society*, Dordrecht, D. Reidel Publishing Co., 1985.

32. W. Kempton *et al.*, *Guidelines for Training in Sexuality and Mentally Handicaped*, Philadelphia, Planned Parenthood Association of Southeast Pennsylvania, 1977 ; R.B. Edgerton, 1979, *op. cit.* ; A. Dupras, « La sexualité des personnes handicapées : interdite ou permise ? », dans A. Hébert, S. Doré et I. de Lafontaine (dir.), *Élargir les horizons. Perspectives scientifiques sur l'intégration sociale*, Sainte-Foy, Les Éditions MultiMondes, 1994 ; M.P. Desaulniers *et al.*, *Facteurs influençant le vécu sexuel de personnes présentant une déficience intellectuelle*, Trois-Rivières, Centre de services en déficience intellectuelle Mauricie–Bois-Francs, 1995.

inactivité sexuelle[33].» L'impuberté permanente de ces personnes est donc le fruit d'un apprentissage, plutôt que d'une malformation[34]. En un mot, elle est une «déviance secondaire[35]», c'est-à-dire une création culturelle.

Ces chercheurs changent cependant d'identité, ils cessent d'être des scientifiques pour devenir des militants, lorsqu'ils dénoncent l'existence de ces processus d'apprentissage de l'incompétence. Ils prétendent alors que ce mode de contrôle est impropre à une société évoluée et nuisible pour ces personnes, car il accentue inutilement leur altérité et leur ségrégation. Ces deux affirmations restent toutefois mal fondées : jamais démontrées, ce sont des postulats. D'une part, les société ont toutes des frontières, des marges et des exclus, quel que soit leur niveau d'organisation sociopolitique et économique[36]. En outre, elles imposent toutes des « modèles d'inconduite » à leurs déviants afin de conserver un certain contrôle sur l'au-delà de la norme[37]. D'autre part, l'inutilité et la malignité de ces « modèles d'inconduite » ne sont pas évidentes. Comme nous l'avons noté précédemment, Begab, Richardson, Guskin, Rowitz, Peters et Kaufman[38] ont souligné que ces « modèles d'inconduite » initient les personnes classées déficentes intellectuelles à un monde distinct qui leur offre de nombreuses possibilités de contacts et de réalisations personnelles. Ces modèles ne transmettent donc pas seulement des incompétences, comme le prétendent les chercheurs du Socio-Behavioral Group, mais aussi des compétences : notamment celles requises dans ce « monde à part ». Bref, avant d'éradiquer l'ensemble des incompétences acquises par les personnes dites déficientes, il faudrait se demander si nous n'éliminerons pas en même temps le monde qui permet à ces personnes de croître et de s'adapter à leur inadaptation à la société globale. L'état actuel des connaissances ne permet malheureusement pas de répondre avec certitude à cette question capitale.

La prochaine section présente une recherche qui transpose sur un autre plan, celui des théories de la signification plutôt que celui des théories de l'étiquette et de l'apprentissage, l'étude des cadres de référence que les sociétés associent à la déficience intellectuelle. J'y expose les résultats de mes recherches doctorales sur les fondements mythiques et imaginaires de la rééducation sociale.

---

33. A. Dupras, 1994, *op. cit.*, p. 189.

34. R. Bodgan et S. Taylor (1982, p. 222) dépeignent cet apprentissage de l'incompétence dans les termes suivants : *« The system of delivering services and the label of "retardation" have indeed covered Ed and Pattie with a cloak, a cloak of incompetence. »*

35. L.L. Langness et H.G. Levine, 1985, *op. cit.*

36. R. Bastide, *Sociologie des maladies mentales*, Paris, Flammarion, 1965.

37. M. Foucault, *Surveiller et punir. Naissance de la prison*, Paris, Gallimard, 1975.

38. M.J. Begab, 1975, *op. cit.* ; S.A. Richardson, 1975, *op. cit.* ; S.L. Guskin, 1978, *op. cit.* ; L. Rowitz, 1981, *op. cit.* ; L.G. Peters, 1983, *op. cit.* ; S.Z. Kaufman, 1985, *op. cit.*

LA RÉÉDUCATION SOCIALE COMME RITE DE PURIFICATION

Le redressement des irrégularités est l'un des domaines d'études les plus anciens et les plus riches de l'anthropologie. Les anthropologues s'intéressent en effet à ce procédé depuis la fin du XIXe siècle, c'est-à-dire depuis les débuts de cette discipline. Les recherches sur ce thème ont premièrement permis d'établir que « ce qui échappe à la règle, ce qui est anormal, se présente d'emblée comme impur[39] », et ce, dans toutes les sociétés. Les irrégularités sont par là partout associées à la souillure et à la profanation et, à ce titre, elles suscitent partout l'horreur, l'abomination, le dégoût, l'abjection et la répulsion. Ces recherches ont également démontré que les sociétés disposent de deux procédés afin de se protéger des miasmes de l'insolite : les tabous et les rites de purification. Les tabous prohibent les contacts avec les déviants et justifient leur exclusion du centre de la vie collective (Caillois ; Douglas[40]). Les rites de purification agissent dans le sens opposé : ils effacent les incongruités de l'individu et autorisent son retour dans la collectivité (Van Gennep ; Turner[41]). Jusqu'à tout récemment, les sociétés occidentales ont utilisé principalement la tabouisation afin de contrôler l'impureté des idiots et des imbéciles (Foucault ; Begab ; Guillaume ; Ryan *et al.* ; Gateaux-Mennecier[42])[43]. L'ACAQ résume ce constat de la façon suivante :

> La déficience intellectuelle demeura un tabou dans nos sociétés jusque vers les années 60. Les personnes présentant une déficience intellectuelle n'étaient alors que des « idiots », des « arriérés » ou des « débiles », que l'on cachait[44].

---

39. J. Cazeneuve, *Sociologie du rite. Tabou, magie, sacré*, Paris, Presses universitaires de France, 1971, p. 64.

40. R. Caillois, *L'homme et le sacré*, Paris, Gallimard, 1950 ; M. Douglas, *Purity and Danger. An Analysis of the Concepts of Pollution and Taboo*, Londres, Ark Paperbacks, 1966.

41. A. van Gennep, *The Rites of Passage*, Chicago, The University of Chicago Press, 1960 ; V. Turner, *The Ritual Process. Structure and Antistructure*, Ithaca, Cornell University Press, 1969.

42. M. Foucault, *Histoire de la folie*, Paris, Librairie Plon, 1961 ; M.J. Begab, 1975, *op. cit.* ; M. Guillaume, *Éloge du désordre*, Paris, Gallimard, 1978 ; J. Ryan *et al.*, 1980, *op. cit.* ; J. Gateaux-Mennecier, 1990, *op. cit.*

43. Cette impureté s'exprime notamment à travers la figure de la « bête diabolique » (Gateaux-Mennecier, 1990, p. 41) qui a été utilisée du début du XVIe siècle à la seconde moitié du XXe siècle afin de représenter les idiots et les débiles. Cette figure expulse ces personnes hors de l'humanité et leur confère un statut surnaturel et menaçant, entre la bête et le démon.

44. Association des centres d'accueil du Québec, *Rôle et orientations des centres de services d'adaptation et de rééducation pour personnes ayant une déficience intellectuelle*, Montréal, Association des centres d'accueil du Québec, 1987, p. 3.

Durant les années 1960, cette attitude fut critiquée au Québec par plusieurs groupes, dont les professionnels de la santé, les fonctionnaires des services sociaux et les associations de parents, qui la jugeaient anachronique et inique. Ces critiques favorisèrent la création des centres d'accueil de réadaptation durant les années 1970, puis l'adoption, durant la décennie suivante, des politiques de désinstitutionnalisation et de réinsertion sociale des personnes classées déficientes intellectuelles. L'application de cette réforme fut finalement complétée vers la fin des années 1980[45]. Il est donc permis de croire, comme l'affirme le discours officiel, que la société québécoise ne maîtrise plus aujourd'hui ces personnes en les tabouisant, mais plutôt en les rééduquant ou, si l'on préfère, en les purifiant.

Même si certains établissements ont effectué ce virage au début des années 1960, les anthropologues ont jusqu'à maintenant peu étudié la réadaptation de ces personnes. J'ai donc décidé de réparer cet oubli et d'explorer les cadres de référence qui règlent la rééducation sociale des usagers d'un centre de services spécialisés, le centre d'accueil Centres Marronniers, situé à Montréal[46]. Entre les mois de janvier 1989 et décembre 1990, j'ai observé et interrogé 17 usagers classés déficients intellectuels légers et âgés de 21 à 40 ans. Mon objectif consistait à reconstruire les systèmes de significations culturelles qui structurent la rééducation sociale et le mode de vie de ces 17 personnes[47]. Le prochain paragraphe résume les principales conclusions de cette recherche.

Durant mon travail de terrain, j'ai constaté en premier lieu que les usagers de ce centre de services vivent dans un monde distinct qu'ils ne quitteront pour la plupart jamais. La communauté parallèle des usagers comprend, à part eux, des éducateurs, des animateurs de loisir, des enseignants, des travailleurs sociaux, des employés de soutien et des administrateurs. Les usagers n'ont presque aucun contact à l'extérieur de cette communauté, même s'ils vivent parmi les autres citadins, au centre de l'espace urbain. En deuxième lieu, j'ai observé que ce monde distinct est un simulacre du nôtre, qu'il reproduit à une échelle réduite. De fait, les usagers vivent dans des immeubles, des ateliers, des centres de loisir et des

---

45. L'ACAQ résume ainsi la version officielle des pratiques institutionnelles : « Les services sont maintenant offerts dans la communauté et sont axés sur le développement de l'autonomie permettant le retour et le maintien des personnes dans le milieu » (1987, p. 181).

46. M. Desjardins, *La rééducation sociale comme système de significations culturelles, le cas de la déficience intellectuelle légère*. Thèse de doctorat, Université de Montréal, Montréal, 1998. Le lecteur peut également consulter l'article « La vie parallèle des bénéficiaires d'un centre d'accueil de réadaptation », paru en juin 1999 dans la *Revue francophone de la déficience intellectuelle*.

47. Cet objectif inscrit d'emblée cette recherche doctorale dans la continuité des théories sémiotiques de la culture.

salles de classe qui ressemblent aux lieux usuels, mais qui ont été reconstruits en miniature. Les usagers miment dans ces modèles réduits les us et coutumes de la majorité. En dernier lieu, j'ai constaté avec surprise que les imitations des usagers sont valorisées par ceux-ci et par leur entourage sur un double plan : sacré et profane[48]. D'un côté, celui du sacré, les usagers affirment que leur monde miniature ne se distingue pas de celui des autres citadins et qu'ils vivent déjà au sein de la collectivité, voire qu'ils sont déjà des personnes normales[49]. D'autre part, du côté du profane, les usagers soulignent la ressemblance de plus en plus grande entre leur monde miniature et celui de la majorité, et ils vantent les progrès qu'ils ont accomplis depuis le début de leur rééducation : un jour, affirment-ils fièrement, ils deviendront des personnes normales.

Le discours officiel s'appuie donc sur une vision mystificatrice ou du moins erronée de la réalité. Comme nous venons de le voir, la déficience intellectuelle demeure un tabou dans la société québécoise et la rééducation sociale n'est pas, contrairement à ce qu'affirme le discours officiel, un rite de purification mais de relégation : elle n'élimine pas la souillure et elle n'intègre pas à la vie collective. Ces conclusions n'impliquent toutefois pas que la rééducation sociale est un échec complet ou encore qu'elle est totalement néfaste pour ces personnes et pour la société. D'une part, la rééducation sociale permet à ces personnes de s'agréger à un groupe d'appartenance, de vivre des réussites, de participer symboliquement au fonctionnement de la société et de sublimer leur altérité (Wagner ; Baudrillard ; Fernandez[50]). Les usagers retirent de tout cela un supplément d'être qui rend leur impureté plus supportable ou, si l'on préfère, moins étouffante. D'autre part, la rééducation sociale permet à la société d'isoler les usagers « du centre radieux et vivifiant de la vie collective[51] » tout en créant l'illusion qu'elle les intègre et les accepte. Ce faisant, la société résout la contradiction entre sa peur de l'impureté et le respect de ses principes fondateurs : la Charte des droits de l'homme, la déclaration de l'ONU sur les droits des personnes handicapées et la Charte des droits et libertés de la personne du Québec. Il ressort de l'ensemble de ces données que la rééducation sociale sert en premier lieu les intérêts de la société plutôt que ceux des usagers : ses nombreuses

---

48. M. Eliade, *Le sacré et le profane*, Paris, Gallimard, 1965.

49. G. Bateson, *Vers une écologie de l'esprit, tome 1*, Paris, Seuil, 1977.

50. R. Wagner, *The Invention of Culture*, Chicago, The University of Chicago Press, 1975 ; J. Baudrillard, *De la séduction*, Paris, Les Éditions Galilée, 1979 ; J. Fernandez, « The Arguments of Image and the Experience of Returning to the Whole », dans V.W. Turner et E.M. Bruner (dir.), *The Anthropology of Experience*, Urbana, University of Illinois Press, 1986.

51. Caillois, 1950, *op. cit.*, p. 62.

contributions à la qualité de vie de ces derniers visent en effet plus à adoucir leur tabouisation et à dissimuler leur discrimination qu'à les intégrer à la collectivité.

CONCLUSION

Ce survol de l'anthropologie de la déficience intellectuelle illustre comment cette sous-discipline enrichit de plusieurs façons notre compréhension de cette condition et contribue au débat entourant l'intégration sociale de ces personnes. Au cours des trente-cinq dernières années, l'anthropologie a révélé les fondements culturels de la déficience intellectuelle, l'origine sociale de la souffrance de ces personnes, les processus qui favorisent l'apprentissage de l'incompétence et, plus récemment, les fonctions mystificatrice et ségrégative de la rééducation sociale. Plusieurs questions essentielles restent toutefois en suspens et attendent toujours leur résolution. La déficience intellectuelle est-elle une création nécessaire ou superflue? Notre société peut-elle ne plus tabouiser les personnes ainsi classées? Peut-elle ne plus cultiver leurs incompétences? Quel serait le destin de ces personnes si elles n'étaient pas classées déficientes intellectuelles? Échapperaient-elles à l'impureté ou seraient-elles l'objet d'un autre tabou? Leurs conditions de vie se détérioreraient-elles ou s'amélioreraient-elles? Ces questions favoriseront probablement la création de nouvelles pistes de recherche au cours des prochaines années et elles susciteront de nouveaux débats entourant la destinée de ces personnes, chaque époque étant porteuse – comme nous l'avons vu dans l'introduction – de nouveaux savoirs qui légitiment ses positions ou qui explorent ses contradictions.

BIBLIOGRAPHIE SÉLECTIVE

BASTIDE, R. (1965). *Sociologie des maladies mentales*, Paris, Flammarion.

BAUDRILLARD, J. (1979). *De la séduction*, Paris, Éditions Galilée.

CASSIRER, E. (1946). *Language and Myth*, New York, Dover Publications.

CAZENEUVE, J. (1971). *Sociologie du rite. Tabou, magie, sacré*, Paris, Presses universitaires de France.

CORIN, E.E., G. BIBEAU, J.-C. MARTIN et R. LAPLANTE (1990). *Comprendre pour soigner autrement. Repères pour régionaliser les services en santé mentale*, Montréal, Presses de l'Université de Montréal.

DESJARDINS, M. (1998). *La rééducation sociale comme système de significations culturelles. Le cas de la déficience intellectuelle légère.* Thèse de doctorat, Montréal, Université de Montréal.

DOUGLAS, M. (1966). *Purity and Danger. An Analysis of the Concepts of Pollution and Taboo,* Londres, Ark Paperbacks.

EDGERTON, R.B. (1967). *The Cloak of Competence: Stigma in the Lives of the Mentally Retarded,* Berkeley, University of California Press.

FOUCAULT, M. (1965). *Surveiller et punir. Naissance de la prison,* Paris, Gallimard.

GATEAUX-MENNECIER, J. (1990). *La déficience légère, une construction idéologique,* Paris, Éditions du CNRS.

GEERTZ, C. (1973). *The Interpretation of Cultures,* New York, Basic Books.

GOFFMAN, E. (1961). *Asylums: Essays on the Social Situation of Mental Patients and Other Inmates,* New York, Anchor Books, Doubleday.

GOOD, B.J. (1994). *Medicine, Rationality, and Experience. An Anthropological Perspective,* Cambridge, Cambridge University Press.

INGSTAD, B. et S. REYNOLDS WHITE (1995). *Disability and Culture,* Berkeley, University of California Press.

LANGNESS, L.L. et H.G. LEVINE (1985). *Culture and Retardation: Life Histories of Mildly Retarded Persons in American Society,* Dordrecht, D. Reidel Publishing Co.

MEHAN, H. (1988). « Educational handicap as cultural meaning system », *Ethos,* vol. 16, n° 1.

RYAN, J. et F. THOMAS (1980). *The Politics of Mental Retardation,* Londres, Pelican Books.

SHWEDER, R.A. (1984). « Anthropology's romantic rebellion against the enlightenment, or there's more to thinking than reason and evidence », dans R.A. Sweder et R.A. Levine (dir.), *Culture Theory. Essays on Mind, Self, and Emotion,* Cambridge, Cambridge University Press.

TURNER, V. (1969). *The Ritual Process. Structure and Anti-Structure,* Ithaca, Cornell University Press.

VAN GENNEP, A. (1960). *The Rites of Passage,* Chicago, The University of Chicago Press.

8

LE HANDICAP
Origines et actualité d'un concept

HENRI DORVIL, Ph. D.[1]
École de travail social, Université du Québec à Montréal
Groupe de recherche sur les aspects sociaux de la santé et de
la prévention (GRASP/Centre FCAR), Université de Montréal

1. L'auteur remercie sincèrement madame Louise Charbonneau, com-
mis de logiciels à l'École de travail social de l'Université du Québec
à Montréal, pour le traitement de texte de ce chapitre.

RÉSUMÉ

Par une revue de la littérature scientifique et des exemples tirés de la vie courante, l'auteur rappelle les origines ambiguës et l'actualité prégnante du concept du handicap. D'un côté le handicap/désavantage surtout, de l'autre, en filigrane, la présence discrète du handicap/avantage. Une section intitulée «implications pour l'intervention» met l'accent sur l'acquisition des habiletés sociales et la contribution des merveilles de la microélectronique dans l'intégration sociale des personnes ayant une incapacité physique.

Remonter le cours de l'histoire pour retracer les origines de la notion du handicap révèle sans doute aucun l'engouement que suscite ce champ de recherche et montre surtout à quel point il est encore actuel. En effet, 1992 marquait la fin de la décennie des personnes handicapées décrétée par l'ONU, mais sonnait également l'heure des bilans, des prospectives, du démarrage de nouvelles pistes de recherche avec, comme point de départ, la révision du concept même de handicap, de sa nomenclature et du modèle conceptuel qui lui était sous-jacent. S'il est généralement admis que cette décennie a été l'occasion pour les personnes handicapées de marquer des points sur le plan de leurs droits et de leurs conditions de vie, 1981-1992 a été aussi l'occasion d'une démarche internationale de grande envergure, sous la houlette de l'Organisation mondiale de la santé (OMS), à laquelle ont participé divers comités d'experts de différents pays. Plus près de nous, le Comité québécois de la classification internationale des déficiences, incapacités et handicaps (CQCIDIH) et la Société canadienne de la classification internationale des déficiences, incapacités et handicaps (SCCIDIH) ont activement participé à cet effort de la communauté scientifique mondiale. Mais si l'on veut lever le voile sur l'ambiguïté et le contresens qui entourent les termes « handicap », « handicapé », il faut aller plus loin que l'année 1980, date de la publication par l'OMS de la CIDIH qui a connu depuis des expérimentations dans plusieurs contextes culturels. Bref, hier comme aujourd'hui, la problématique tourne autour d'une question centrale : qui porte le poids du handicap, la société ou la personne étiquetée ? Dans un premier temps, nous situerons les origines du concept de handicap en signalant au passage les paradoxes dont celui-ci a été l'objet. Ensuite, nous présenterons ses développements récents ainsi que les principales études qui lui donnent droit de cité. En dernier lieu, nous traiterons des implications pour l'intervention.

LES ORIGINES DU CONCEPT

Le principe du handicap au golf, c'est d'égaliser les chances des concurrents dans un contexte de compétition. Ce principe permet à quelqu'un de se mesurer avec des personnes de force supérieure en éliminant les différences d'habileté entre les joueurs. Par exemple, un « pro » comblera 18 trous en 76 coups, alors qu'un joueur d'expérience moindre fera le même trajet en 100 coups. Le handicap de départ de ce dernier serait de 24. Si dans une autre journée cette même personne réalise le parcours en 98 coups, étant donné son handicap de 24, c'est un parcours de 74 qu'elle aura réalisé. Elle se rapproche ainsi de la performance du « pro », améliore ses chances de gagner un trophée. L'égalisation des chances au départ permet au joueur moins expérimenté de garder l'espoir de vaincre, de maintenir le plaisir de jouer en rompant avec la perspective de perdre à coup sûr. Dans ce cas, il s'agit d'une épreuve sportive où l'inégalité des chances des concurrents est compensée au départ. Cette situation sous-entend deux principes. Le premier veut que le handicap n'existe pas en soi. Il se situe par rapport à une norme, se définit par la comparaison avec quelqu'un d'autre. Et là nous rejoignons Becker[2] – et nous partageons entièrement sa définition – pour qui la déviance et le handicap ne résident pas dans un comportement, un état donné, mais dans la réaction de l'autre qui représente la norme désirable, valorisée dans le jeu, qu'il soit sportif ou social. Le second principe fait état d'une convention qui vise à améliorer la position de la personne désavantagée.

Plus que sur le « terrain » du golf, c'est dans le domaine des courses de chevaux sur pelouse (*turf*) que le handicap (en anglais *hand in cap*, c'est-à-dire main dans le chapeau) prend son origine, en 1827. Selon le *Petit Robert* (1988), il s'agit d'une course ouverte à des chevaux dont les chances de vaincre, naturellement inégales, sont, en principe, égalisées par l'obligation faite aux meilleurs de porter un poids plus grand (courses au galop) ou de parcourir une distance plus longue (courses au trot). Selon Jacques Côté[3] qui a étudié la question, le moyen utilisé pour égaliser les chances consiste à ajouter ou à enlever sous la selle des plaques de fonte de 2,2 kg (5 livres). C'est le commissaire handicapeur qui a la responsabilité d'égaliser les chances des concurrents en chargeant davantage le meilleur cheval et en délestant le plus possible la monture qu'il juge moins compétitive pour diverses raisons. Cette pondération joue dans une fourchette de poids allant de 43,1 kg (95 livres) à 61,8 kg (136 livres). Le commissaire handicapeur utilise une échelle de poids pour effectuer l'égalisation des chances. Cette échelle a été bâtie à la suite de « générations » d'essais et d'erreurs afin d'établir un niveau de base pour pondérer les chances de chevaux d'âge ou de sexe différents ; ce qui peut varier suivant le mois et la distance de la course. Henri-Jacques Stiker[4] présente bien le modèle du handicap à l'aune de la raison productiviste et technologique de notre temps : sur l'ensemble des citoyens, on *repère* une population particulière à la manière dont on extrait la population des chevaux de course sur l'ensemble de la race chevaline. Cette extraction catégorielle a pour but l'amélioration de cette population (but du *turf* pour la race chevaline) que l'on va d'abord *classer* : de même qu'il y a les pur-sang, les trotteurs, etc., il y a les handicapés physiques, mentaux, sensoriels, etc.

---

2. H. Becker, *Outsiders. Études de sociologie de la déviance*, Paris, Éditions A.M. Métailié, 1985.

3. J. Côté, « La notion de handicap : l'histoire d'un prodigieux contresens », *Synergie*, vol. 3, 1991, p. 2.

4. H.-J. Stiker, « Handicap et Exclusion. La construction sociale du handicap », dans S. Paugam (dir.), *L'exclusion : l'état des savoirs*, Paris, La Découverte, 1996, 583 p.

Pour chaque catégorie sont désormais prévues des formes et des techniques d'entraînement et de rattrapage, et donc une *spécialisation* accentuée. Enfin, il y a une *mise à l'épreuve*, un reclassement, une réinsertion et ainsi, dans la mesure du possible, une participation en parts égales à la compétition commune.

Toujours dans le domaine sportif, nous retrouvons cette même conception du handicap dans le premier choix au repêchage au hockey de la Ligue nationale. Il s'agit du privilège consenti à l'équipe qui a terminé la saison précédente en dernière position du classement général de sélectionner, parmi les nouveaux arrivants, le joueur le plus prometteur sur le plan de la performance sportive. Sans ce correctif dans la « sélection de l'espèce », la même équipe déficiente serait condamnée au fil des ans à être médiocre et à se retrouver éternellement en fond de cale, ce qui aurait pour conséquence de décourager les partisans, l'entraîneur-chef, les joueurs, les propriétaires de l'équipe et, par ricochet, d'affaiblir toute la ligue. De là, la nécessité d'égaliser les chances des équipes par ce mécanisme annuel en plus des transactions ponctuelles. On se souviendra de la performance des Nordiques de Québec durant la saison 1992-1993, l'année qui a suivi leur droit prioritaire au repêchage. Au cours de cette même saison, une autre équipe a fait en sorte de perdre deux parties consécutives afin d'avoir ainsi le privilège d'être « handicapée » et de « mériter » le premier choix au repêchage en 1993-1994. Cette façon d'offrir une chance au joueur handicapé, cette manière d'« arranger » les règles du jeu afin d'égaliser les chances de vaincre, de tirer son épingle du jeu parmi des joueurs de force inégale, se retrouve dans d'autres domaines de la vie en Occident. Songeons par exemple aux traités internationaux, plus particulièrement au système monétaire européen (SME). Ainsi, le ballottement et ensuite la sortie à l'automne 1992 de la livre anglaise et de la lire italienne de ce système ont sonné l'alarme, ont sensibilisé les partenaires de ce marché commun à la réalité de la force inégale des monnaies des différents pays. Pour la survie du système que menaçait l'appétit glouton des cambistes, pour freiner la spéculation, pour maintenir les grands équilibres économiques, bref, pour ne pas mettre en congé d'autres devises « incapables » de suivre le courant, les « maîtres du jeu » ont dû élargir (en août 1993) les marges de fluctuation au sein du SME. Dans ce même esprit, d'autres mesures sont prises de temps à autre pour « soutenir » une devise trop faible : intervention des banques centrales par leurs réserves de change, jeu des taux d'escompte, des taux d'intérêt, politique économique. L'entrée en scène en janvier 1999 de la monnaie unique européenne (l'euro) pose un nouveau jalon dans ce processus qui vise ultimement à attribuer la même valeur à la force de travail de tous les habitants d'un même continent, et peut-être un jour du monde entier. Plus encore, dans la réforme du système monétaire international (SMI) qui se profile à l'horizon et dans la perspective d'une monnaie commune entre les trois Amériques[5], il faudrait chercher à répartir les handicaps entre les pays les plus fortement industrialisés, les pays émergents et les pays du tiers-monde. Recourir par exemple à cette taxe imaginée en 1972 par l'économiste américain James Tobin, lauréat du prix Nobel d'économie, consistant à prélever de 0,15 à 0,25 % sur toutes les transactions simples et les produits dérivés liés à des opérations de change, où 1800 milliards de dollars sont transigés chaque jour, afin de stabiliser les flux financiers et de percevoir concomitamment un impôt devant financer à l'échelle planétaire la lutte contre la pauvreté, de loin le problème social numéro un. Mais ce n'est encore qu'une utopie. Les tenants du handicap/ désavantage s'accrochent à leurs positions. Selon la thèse[6] de Chossudovsky, le nouvel ordre financier qui se nourrit de la pauvreté et de la destruction de l'environnement est en train de créer un véritable *apartheid* social dans et entre les nations.

En conformité avec ce qui se passe dans la plupart des compétitions sportives où un désavantage est imposé au concurrent plus expérimenté ou génétiquement avantagé, il fut un temps où il y a eu, sinon glorification du handicap, de la différence, du moins certains bénéfices appréciables. Un temps où la société allégeait le handicap en récompensant en quelque sorte l'individu porteur. Cette compréhension émane d'ailleurs de la tradition occidentale en matière de convivialité, d'entraide mutuelle, de communautarisme, de réseau social de soutien, de partage, de solidarité familiale et civique, de service social, qui consiste à aider l'autre à s'aider lui-même. C'est de là que découlent les mesures d'indemnisation, de protection sociale, de réinsertion professionnelle ainsi que les droits des personnes handicapées inscrites dans les déclarations et conventions des droits de la personne. Il faut mettre sur le compte de cette attitude le statut spécial (pension à vie, membre du personnel de Sa Majesté) réservé aux personnes différentes dans les cours royales, de même que le don de divination, de guérison et tout pouvoir autre que l'on prêtait au fil des temps à ces « enfants des dieux ». Mais, malgré tout, la presque totalité du champ historique est occupée par une pratique où non seulement le poids du handicap est porté exclusivement par l'individu handicapé, mais où le porteur du handicap est puni, voire sacrifié. Et, c'est vers 1950, selon le *Petit Robert* (1990, p. 911), qu'a eu lieu l'inversion du sens propre qui a toujours eu jusqu'alors droit de cité. Désormais, un handicap devient synonyme d'un désavantage, d'une infériorité qu'on doit supporter. Plus encore,

---

5. L'Amérique anglophone, l'Amérique francophone et l'Amérique hispanophone.

6. M. Chossudovsky, *La mondialisation de la pauvreté*, Montréal, Les Éditions Écosociété, 1997.

handicapé ou handicapée (adjectif et nom) se dit d'une personne présentant une déficience (congénitale ou acquise) des capacités physiques ou mentales. Toute une kyrielle de termes dévalorisants, comme infirme, invalide, estropié, mutilé, « mis hors de combat », est venue s'agglutiner autour de ce nouveau sens pour faire écran à la réalité. Côté[7] traduit bien la nouvelle réalité découlant de cette rupture épistémologique :

> Le handicap est devenu une caractéristique individuelle dévalorisante découlant automatiquement d'une incapacité ou d'une déficience. C'est assumer qu'un individu qui présente une déficience ou une incapacité est nécessairement inférieur, mal placé, hors concours, disqualifié. Il fait pitié avec sa différence, l'attention étant entièrement centrée sur cette particularité perçue comme envahissante et qui le désigne comme une victime. Dans ce glissement de sens, la contribution des citoyens ayant la chance de n'avoir ni déficience ni incapacité est complètement évacuée. La société ne leur demande plus d'accepter une surcharge pour équilibrer les chances de réussite.

Cette nouvelle conception du handicap tranche définitivement avec les situations qui ont cours dans les épreuves sportives où le handicap retombe sur les épaules du plus fort. Dans le sens propre du terme handicap, ce sont les personnes normales qui supporteraient le poids du handicap au bénéfice des plus faibles.

Cependant, même si nous retraçons, ne serait-ce qu'en filigrane, une conception du handicap/avantage dans l'histoire, comme nous l'avons dit plus haut, c'est le handicap/désavantage accolé à l'individu porteur qui prévaut dans la plupart des cas. Les représentations et les pratiques glanées au fil du temps sont là pour en témoigner largement. Au cours des siècles, la société a mis au point toute une kyrielle de pratiques normatives de défense du corps social contre la marginalité représentée par les personnes handicapées. On se souviendra du bannissement visible des corps différents dans les léproseries aux portes de la Cité, de l'enfermement asilaire et aujourd'hui du spectacle des exclus dans le cadre désinstitutionnel. Depuis toujours, les personnes handicapées ont vécu une vie fort différente de celle des autres citoyens. Elles on dû subir l'intolérance des règles sociales qui n'étaient guère adaptées pour elles. Ces règles adoptées par chaque groupe social, pour chaque société, établissent une certaine normalité qui se révèle dans les lois, les coutumes, les religions, le mode de vie. Ces « façons de voir », ces « manières de vivre » se transmettent de génération en génération et constituent la trame culturelle enseignée aux enfants. Cette interprétation de la réalité distingue également les critères

---

7. Côté, *op. cit.*, p. 3.

du normal et de l'anormal. On n'est pas normal quand physiquement ou psychiquement on ne ressemble pas aux autres, quand on ne possède pas le même potentiel physique ou mental que la majorité. On rentre aussi :

> [...] dans la catégorie des anormaux, quand on appartient à un groupe qui ne pense pas comme les autres ou qu'on agit simplement « à côté » des comportements habituels de l'ensemble des citoyens soit par incapacité individuelle à s'adapter aux règles du jeu proposées, soit parce que celles-ci n'ont jamais tenu compte des différences de capacités d'adaptation de certains citoyens[8].

Dans cette croisade pour l'uniformisation des corps et des esprits, les normes de beauté physique s'avèrent primordiales. Le corps, c'est un véhicule de communication, c'est le premier message que l'individu envoie au monde extérieur[9]. On comprendra dès lors les préjugés défavorables qui affligent les corps différents et aussi la très forte croissance de la clientèle de la chirurgie plastique et esthétique dans nos sociétés narcissiques. Par exemple, alors qu'il y a trente ans les prothèses mammaires au gel de silicone ont été introduites sur le marché pour répondre strictement aux besoins des victimes du cancer du sein ou d'un accident, de nos jours, 80 % des interventions chirurgicales dans ce secteur sont effectuées pour des motifs d'ordre esthétique[10]. La mode actuelle oblige les femmes cotées extrêmement petites (les lilliputiens), 28AA (cage thoracique et buste), et celles extrêmement fortes, 44DD (les montgolfières), à se rapprocher de la ligne médiane fixée à 36C. Le désir d'être belle, d'être à l'aise dans un soutien-gorge, la hantise d'atteindre cette grosseur normale poussent les AA et les DD à braver le bistouri du chirurgien[11]. L'image du corps est également prégnante dans les situations d'anorexie et de boulimie. Dans le même ordre d'idées, un organisme de défense des personnes obèses déclare : « On ne demande pas aux grosses personnes de changer de poids, mais bien à la société de changer sa perception et ses agissements envers ces personnes[12]. »

---

8. Les Conférences socioéconomiques du Québec, *L'intégration de la personne handicapée – État de la situation*, Gouvernement du Québec, 1981, p. 7.

9. H. Dorvil, M. Renaud et L. Bouchard, « L'exclusion des personnes handicapées », dans F. Dumont, S. Langlois et Y. Martin (dir.), *Traité des problèmes sociaux*, Québec, Institut québécois de recherche sur la culture, 1994, p. 711-738.

10. F. Pelletier, « Attention : mamelons dangereux ! », *La Presse*, 7 mars 1992, p. B-3. Voir aussi le magazine *Mother Jones*, « People, politics and other passions », vol. 17, n° 1, janvier-février 1992.

11. L. Purves, « Me and my bra, from AA to DD and back again », *The Times*, Grande-Bretagne, 27 novembre 1993, section 3.

12. S. Walsh, *Les normes sociales et juridiques concernant le poids des individus*, Mémoire de maîtrise, Département de sociologie, Université du Québec à Montréal, 1992, p. 139.

L'image du corps constitue aussi un enjeu majeur lors des joutes électorales. Si des spécialistes[13] du marketing et de la caricature s'emploient à défriser à coups de gel et de fixatif les cheveux du nouveau chef libéral pour rendre son visage conforme à l'image traditionnelle des leaders canadiens-français, des journalistes d'ici et d'ailleurs attirent l'attention sur les avantages et les désavantages des handicaps physiques des politiciens. Macintyre[14] disait:

> [...] *with politics in such a fragmented state, the tone of the election campaign has reached unprecedented levels of acrimony, for Canada at least. The Conservatives, for example, ran an ad drawing attention to Mr Chrétien's slight facial paralysis, drawing a haughty and hurt « God gave it to me » from the Liberal leader.*

Cette paralysie partielle dans le visage du premier ministre canadien viendrait d'un endommagement du septième nerf crânien, l'organe servant de conducteur des influx nerveux de la sensibilité et de la motricité.

Au Québec, Gagnon[15] apporte le point de vue opposé du handicap. L'histoire remonte également à une campagne électorale où le premier ministre Lucien Bouchard a été l'invité d'un *talk show* à TVA. Après quelques anecdotes pour amuser le public, l'émission s'est clôturée sur une note touchante rappelant les jours terribles où M. Bouchard, victime de la bactérie mangeuse de chair humaine (streptocoque A), était entre la vie et la mort à l'hôpital Saint-Luc. L'objectif, selon cette chroniqueuse, était de:

> Redéployer le grand courant de sympathie qu'avait suscité sa maladie... Quoi de mieux pour toucher le public féminin, le plus réfractaire au message péquiste.

Ainsi, le premier ministre aurait voulu récolter en pleine campagne électorale des bénéfices secondaires de sa maladie et du handicap qui en a résulté, soit l'amputation d'une jambe. Deux premiers ministres francophones porteurs de deux types de handicaps, l'un très visible au visage, l'autre caché et supporté par une prothèse, deux interprétations différentes, handicap/désavantage d'un côté, handicap/avantage de l'autre. Il semblerait que l'amputation, la non-voyance, voire l'épilepsie suscitent des attitudes plus favorables que toute paralysie. Des spécialistes de l'intégration

---

13. « Le nouveau look "Accroche-cœur" de Jean Charest. » *Le Devoir*, page éditoriale, A-10, 6 et 7 février 1999. À notre avis, il n'y a aucune incompatibilité entre le fait d'avoir des cheveux bouclés et une position de défense énergique des intérêts supérieurs du Québec.

14. B. Macintyre, « Nation of niceness tears itself apart », *The Times*, Grande-Bretagne, 23 octobre 1993, p. 18.

15. L. Gagnon, « AH! Qu'est-ce qu'on est bien! », *La Presse*, 12 novembre 1998, p. B-3.

sociale des personnes handicapées[16] ont bien compris la position stratégique du corps dans la communication avec autrui. Dans la société contemporaine, disent-ils en chœur, le physique constitue une valeur qui influence grandement notre manière de juger une personne. En effet, la santé du corps est associée à l'efficacité et la performance, alors que sa beauté est reliée à la capacité de séduire et de plaire. Souvent, de façon spontanée, on attribue à quelqu'un des traits de personnalité à partir de la simple observation de son apparence physique. Les premières impressions ressenties entre des étrangers sont donc largement conditionnées par l'apparence du corps. On peut s'imaginer dès lors les fortes réactions que peuvent susciter des personnes avec un handicap visible lorsqu'elles entrent en contact avec autrui : un sentiment d'inconfort se traduisant par l'évitement, le fait de dévisager, etc.

Dès lors, la question centrale qui se pose est la suivante : les règles du jeu peuvent-elles changer ? On entend par là ces règles qui sont à l'origine de l'apparition des déficiences physiques et mentales :

- celles qui défavorisent le développement du potentiel d'adaptation et d'intégration des personnes souffrant d'une limitation fonctionnelle et sociale ;

- celles qui régissent la permanence de l'exclusion sociale des personnes handicapées. Peut-on modifier ces règles du jeu de l'organisation sociale qui marginalisent les porteurs de handicap ? La question est de taille, car, comme on va le constater par un survol historique, ces règles remontent à l'Antiquité.

À la suite de multiples observations menées dans diverses contrées, Claude Lévi-Strauss[17] a décelé un choix, un parti pris en faveur des normaux, des formes pures et, par le fait même, une méfiance, une peur à l'égard des déviants considérés comme porteurs du mal. Il distingue ainsi les sociétés qui pratiquent l'anthropophagie, c'est-à-dire qui voient dans l'absorption de certains individus détenteurs de forces redoutables le seul moyen de neutraliser celles-ci et même de les mettre à profit ; et celles qui, comme la nôtre, appliquent ce qu'on pourrait appeler l'anthropémie (du grec *émein*, vomir). Ainsi, ces dernières sociétés, placées dans la même situation, ont choisi la solution inverse, qui consiste à expulser du corps social ces individus « différents » en les tenant temporairement ou définitivement isolés, sans contact avec l'humanité, dans des établissements destinés à les recevoir.

---

16. P. Sheenan, J.-M. Boisvert, M. Pépin et P. Fougeyrollas, « Les attitudes envers les personnes ayant une incapacité physique », *Revue internationale de psychologie sociale*, n° 2, 1995.

17. C. Lévi-Strauss, *Tristes tropiques*, ch. xxxviii intitulé « Un petit verre de rhum », Paris, Plon, 1955, p. 418.

Dans toute communauté africaine, asiatique ou occidentale, la transgression d'un tabou, d'un mythe ou d'une norme conduira au rejet des coupables, des audacieux, des hors caste. Dans la ville de Sparte, il y a deux millénaires, on jetait les «anormaux» au fond d'un précipice. Dans cette même ville, rapporte Fougeyrollas[18], les mères ayant mis au monde un enfant «difforme» devaient emporter ce dernier en dehors de la cité pour le tuer. Pendant l'Inquisition, on brûlait les anormaux. Ainsi, l'exclusion des personnes handicapées est un invariant que l'on retrouve de tout temps, en tout lieu et chez tous les peuples. Seules changent la forme, la formalité de l'exclusion, avec le temps et les lieux et suivant les idéologies des groupes d'individus. Ainsi de sorciers ces exclus sont-ils devenus des résidents, des patients, des bénéficiaires, des personnes usagères. D'ailleurs, le cas des enfants handicapés illustre bien l'évolution des mentalités et le déploiement étapiste des mécanismes d'exclusion au cours des siècles. Autrefois, en Grèce comme à Rome, les enfants «infirmes» étaient lapidés. Hier encore, dans les années 1950, ils étaient traités différemment d'aujourd'hui. Bien des croyances, des représentations sociales sont à l'origine de l'attitude manifestée à l'égard de la différence. Des motifs d'ordre religieux, tout d'abord. Selon Fougeyrollas, l'enfant handicapé était considéré dans les temps antiques comme une menace, un fantasme social, une image de mort, de *déraison*. Plus tard, et ce, jusqu'à la fin des années 1950, la folie, l'«infirmité» étaient considérées soit comme un don, soit comme une punition de Dieu ou des dieux, d'où le sentiment de résignation, de soumission aux desseins divins. Les écritures saintes révèlent la même ambiguïté en relatant la guérison miraculeuse de l'aveugle par le Christ:

> Or, comme il passait, il vit un homme aveugle de naissance. Et ses disciples lui demandèrent: «Rabbi, qui a péché, cet homme ou ses parents, pour qu'il soit né aveugle?» Jésus répondit: «Ni cet homme ni ses parents n'ont péché, mais c'est pour que soient manifestées en son cas les œuvres de Dieu[19].»

Bref, la déficience est-elle une manifestation de la «colère de Dieu»?

L'histoire montre une grande fluctuation et une alternance dans la façon de traiter les personnes handicapées. Ainsi, au Moyen Âge, alors que l'Église brûle fous et sorciers qu'elle considère comme possédés du démon, des religieux et des humanistes créent des œuvres charitables pour protéger, éduquer les sourds, les aveugles et les «arriérés» de tout acabit. Jusqu'à la fin du XIXᵉ siècle, le moyen le plus sûr d'abaisser l'effectif humain était l'infanticide, étant donné que l'avortement sécuritaire n'existait pas. Sans surplus économique, ces sociétés de subsistance ne

---

18. P. Fougeyrollas, «Normalité et corps différents: regard sur l'intégration sociale des handicapés physiques», *Anthropologie et Sociétés*, vol. 2, nᵒ 2, 1978.

19. Apôtre Jean 8:52-9: 19, *Les Écritures saintes*.

pouvaient nourrir des bouches non productives. McKweon[20] rapporte des cas fréquents d'infanticide, d'abandon d'enfants montrant des déficiences génétiques. Et dans cette même période de l'histoire, la médecine, mieux armée grâce à l'anatomopathologie et à la bactériologie, maintenait en vie de plus en plus de sujets fragiles. L'institutionnalisation, qui date du XVIIᵉ siècle, ne coexiste-t-elle pas de nos jours avec la désinstitutionnalisation? De plus, les biotechnologies de pointe permettent actuellement d'établir un diagnostic prénatal et d'offrir ainsi aux parents le choix de dire oui ou non à un éventuel bébé handicapé en prenant la voie de la poursuite de la grossesse ou celle de l'avortement. Comme le soutient Retsinas: «Avant le diagnostic prénatal, nous disions oui aux enfants handicapés parce que nous les familles, les médecins, les gouvernements n'avions pas d'alternative moralement acceptable. Depuis les années 1980, cette technologie est disponible pour nous offrir cette alternative[21].» Selon *Le Figaro*, la Cour de cassation de France reconnaît que c'est une faute médicale de ne pas alerter une mère pouvant mettre au monde un enfant handicapé. Cette nouvelle situation change l'attitude des parents et, par ricochet, de toute la société à l'égard des enfants handicapés. Comme on peut le constater, dans le temps, les termes handicap, handicapé sont mal définis, ambigus, sujets à des interprétations contradictoires. Empreint de relativisme culturel, leur sens varie aussi suivant les lieux, les groupes d'intérêts personnels parfois durant le même siècle, voire la même décennie. Mais l'année internationale des personnes handicapées en 1981 a marqué un tournant décisif dans la représentation sociale de cette catégorie de citoyens et dans leur place au sein de la société. C'est de ce mouvement d'idées que nous allons rendre compte dans la prochaine section.

L'ACTUALITÉ D'UN CONCEPT

Autrefois, les définitions de handicap, de handicapé étaient d'ordre statistique et même statique. Dans les années 1950 par exemple, on décrivait l'enfant handicapé comme l'«enfant entrant dans la vie avec un retard par rapport aux enfants normaux du même âge réel que lui». En France, la loi du 23 novembre 1957 considère comme travailleur handicapé «toute personne dont les possibilités d'acquérir ou de conserver un emploi sont effectivement réduites par suite d'une insuffisance ou d'une diminution de ses capacités physiques ou mentales». Jusque-là, il s'agissait de comptabiliser le nombre d'individus qui, à cause de caractéristiques spécifiques, ne correspondaient pas à la norme majoritaire. Bref, c'est l'individu qui

---

20. T. McKweon, *The Origins of Human Disease*, Grande-Bretagne, Basic Blackwell, 1988, p. 27.
21. J. Retsinas, «The impact of prenatal technology upon attitudes toward disabled infants», *Research in the Sociology of Health Care*, vol. 9, 1991, p. 75-102.

portait à lui tout seul le poids du handicap. De nos jours, on semble mettre plutôt l'accent sur les déterminants environnementaux. Par exemple, beaucoup d'individus doivent faire face à des risques qui peuvent se traduire en déficience et en incapacité : petit poids à la naissance, conditions de travail dangereuses, précarité d'emploi, milieu de travail non adéquat, contexte familial peu soutenant et parfois violent, mauvaise socialisation à l'école, etc., sans oublier le jeu de fluctuation du champ du «normal/ fonctionnel» qui, de nos jours, tend à se rétrécir et à jeter dans la marge de plus en plus de personnes jugées non performantes. Et nous arrivons ainsi à la construction sociale du handicap. Dans cette nouvelle perspective, qu'est-ce que le handicap ? Selon l'OMS[22], la notion de handicap rend compte d'un processus qui recouvre plusieurs dimensions :

> **La déficience** est une perte, une malformation ou une anomalie d'un organe, une altération d'une structure ou d'une fonction mentale, psychologique, physiologique ou anatomique. C'est la résultante d'un état pathologique objectif, observable, mesurable et pouvant faire l'objet d'un diagnostic.
>
> **L'incapacité** est une perte ou une limitation, un manque d'habileté pour accomplir une activité de la manière ou à l'intérieur des limites considérées comme normales pour un être humain. L'incapacité provient de la déficience et de la réaction de chaque individu par rapport à celle-ci dans un type d'activités précis. Il existe tout un domaine varié de situations : incapacité par rapport aux soins personnels, à la mobilité, aux communications, à un travail, etc.
>
> **Le handicap ou désavantage social** est une limite ou un empêchement, découlant d'une déficience ou d'une incapacité, pour une personne de jouer, dans son milieu, les rôles joués par les autres individus. La notion de handicap fait référence aux valeurs d'un milieu ; elle se caractérise par la différence entre une performance individuelle et les attentes d'un groupe dont l'individu fait partie.

Dans le modèle originel de 1980 de l'Organisation mondiale de la santé, les liens entre ces trois dimensions semblent linéaires. Un courant de pensée, représenté principalement au Québec par Fougeyrollas[23], suggère que le handicap se situe plutôt dans l'interaction individu-environnement. Le handicap n'existe pas si l'environnement est adapté, modifié pour tenir compte des besoins de l'individu. De 1989 à nos jours, ce modèle interactif est fignolé jusqu'à aboutir à ce que l'auteur appelle le processus de production des handicaps, explicité par cinq définitions qui en reprennent les principaux éléments :

---

22. Organisation mondiale de la santé (OMS), *Classification internationale des handicaps : déficiences, incapacités et désavantages*, Paris, CTNERHI – INSERM, 1988, 203 p.

23. P. Fougeyrollas, «Le processus de production des handicaps : analyse de la consultation et nouvelles propositions complètes», *Réseau international CIDIH*, vol. 4, nᵒˢ 1-2, juin 1991.

Les causes d'une déficience peuvent être regroupées en quatre catégories :

1. celles qui sont rattachées à l'organisation sociale et environnementale,

2. celles qui relèvent du comportement individuel (social, culturel),

3. celles qui font suite à un accident,

4. celles qui sont liées à la biologie. Pour chacune des catégories, plusieurs facteurs de risque sont mentionnés.

« La déficience correspond à toute anomalie et à toute modification physiologique, anatomique ou histologique. » Une déficience résulte d'une ou de plusieurs causes.

« L'incapacité correspond à toute perturbation, résultant de la déficience, des activités physiques et mentales considérées comme normales pour un être humain (selon les caractéristiques biologiques). » Elle se manifeste comme un degré de modification, par excès ou par défaut, de la capacité d'accomplir une activité physique ou mentale, à la suite d'une ou de plusieurs déficiences.

Les obstacles se définissent comme « l'ensemble des dimensions sociales, culturelles et écologiques qui déterminent l'organisation et le contexte d'une société ».

« La situation de handicap est une perturbation pour une personne dans la réalisation d'habitudes de vie compte tenu de l'âge, du sexe, de l'identité socioculturelle, résultant, d'une part, de déficiences ou d'incapacités et, d'autre part, d'obstacles découlant de facteurs environnementaux. »

« Les habitudes de vie sont celles qui assurent la survie et l'épanouissement d'une personne dans la société tout au long de son existence. Ce sont les activités quotidiennes et domestiques ainsi que les rôles sociaux valorisés par le contexte socioculturel pour une personne selon son âge, son sexe, son identité sociale et personnelle. »

Rapportée par Côté[24], la définition suédoise du handicap est semblable, sur le fond tout au moins, au modèle interactif québécois. L'individu est jugé constant et l'environnement variable. Le handicap découlerait des imperfections de l'environnement qui, variable, créerait ou non pour l'individu des situations de handicap. Ainsi, certains milieux, tant physiques que sociaux, seraient relativement incapables de pourvoir aux besoins d'une catégorie de citoyens.

---

24. Côté, *op. cit.*, p. 4.

En dernier lieu, il existe une autre approche du handicap, l'auto-handicap. Le rejet ainsi que l'aide excessive soulignent la différence et creusent la distance entre la personne handicapée et autrui. Il arrive que des « handicapés », assurés de recevoir une pension à vie et d'être servis sans effort, ne suivent aucun programme de réadaptation et adoptent une attitude d'oisiveté, de retrait social. On peut même imaginer une situation idéale où toutes les conditions nécessaires au plein épanouissement de la personne handicapée se rencontreraient. Malgré tout, il resterait encore des « personnes dont le milieu intérieur (psychologique) créerait une situation de handicap en interaction avec une déficience ou une incapacité perçue comme autodévalorisante ». Même s'il n'existe pas une forte tradition de recherche sur cet aspect du handicap, les bénéfices secondaires sur le plan de la représentation (« les innocents sacrés ») comme sur le plan des modalités de vie (traitement de faveur, discrimination positive) sont présents depuis longtemps. Ainsi, les conséquences néfastes du handicap doivent être répertoriées d'abord du côté des obstacles dressés par les environnements, tant physiques que sociaux. C'est assurément l'organisation de l'espace social qui soulève les obstacles les plus courants, comme en témoignent la quasi-totalité des écrits. Cependant, comme cela a toujours été le cas, il faut également tenir compte de la motivation, de la formation, des valeurs, des attitudes de la personne handicapée elle-même.

Actuellement, s'il s'avère si difficile pour une personne handicapée de surmonter ces obstacles et de se réinsérer socialement, c'est qu'il existe des normes sociales auxquelles elle ne peut pas toujours se conformer.

> Une norme, une règle, c'est ce qui sert à faire droit, à dresser, à redresser. Normer, normaliser, c'est imposer une exigence à une existence, à un donné dont la variété, le disparate s'offre au regard de l'exigence comme un indéterminé hostile, plus encore qu'étranger. Une norme se propose comme un modèle possible d'unification d'un divers, de résorption d'une différence, de règlement d'un différend[25].

La matrice normative détermine les attentes de la société à l'égard des individus et des groupes qui la composent. En définissant ce qui est normal, la matrice évoque immanquablement ce qui ne l'est pas. Recourir à la norme, à la règle, c'est aussi vouloir abolir toute différence. Et toute organisation doit, pour se maintenir, reposer obligatoirement sur des règles, implicites et explicites, qui entraînent l'exclusion de « tout ce qui dans le réel est sinueux et tordu[26] ».

---

25. G. Canguillem, *Le normal et le pathologique*, Paris, Presses universitaires de France, 1966.
26. R. Dhoquois, *Appartenance et exclusion*, Paris, L'Harmattan, 1991, p. 16.

Selon Dhoquois, « l'exclusion résulte de la fermeture d'un espace social au nom de normes qui ne sont pas nécessairement celles de la société dominante, mais qui peuvent être nos propres normes, éventuellement changeantes ou réversibles selon la situation personnelle où nous nous trouvons placés. Dans ces conditions, tout le monde est exclu et tout le monde exclut à un moment donné [...]. » Qu'il s'agisse de l'exclusion privée vécue à travers une relation interactive entre deux individus et de l'exclusion massive qui mène à l'internement et au génocide, le commun dénominateur de ces individus, de ces groupes discriminés est de n'être pas ce qu'ils devraient être au regard des dominants, de ne pas correspondre au canon de la conformité. La conformité étant ce qui sert de référence au groupe qui, disposant des moyens de pouvoir, peut assurer la diffusion de ce canon au nom de la nature, du droit, de la religion, de la science, pour reprendre les critères d'objectivité, d'universalité répertoriés par Noël (1989) à travers l'histoire[27]. Cette attitude d'exclusion à l'égard des corps différents fait partie intégrante de tout un univers de pratiques de la conformité où les diverses composantes se renforcent, embrassent (et embrasent...) tous les secteurs de la société. L'image de la conformité s'observe aussi bien dans les règles de bienséance, les dictons, les proverbes, les maximes, les manuels de pastorale, les histoires de sorcières de nuit (les Babayagas) ou de jour (Karaba), l'apprentissage de la forme et de la direction des lettres dans les écoles maternelles, la présence ou l'absence d'images du Petit Jésus, de la Sainte Vierge ou de saint Joseph collées en bordure du cahier de l'école de notre enfance, les codes de vie, les bandes dessinées et les émissions télévisées pour enfants et les films que sur le fil à plomb, l'équerre ou le niveau de l'ouvrier érigeant le mur d'un édifice, les coffrages servant de moule au béton sur un chantier de construction, les clauses normatives du travail, les règlements de la circulation routière, les modèles de l'industrie du meuble, de la chaussure, du vêtement, la coupe de tissu, l'agencement des pièces, la coiffure dans les défilés de mode, les collections symbolisées par le mannequin vedette du moment, le bazar des couleurs dans le maquillage, la taille de guêpe, les lèvres toujours hydratées et le sourire *Pepsodent* de l'hôtesse de l'air d'autrefois, les normes dans la danse en ligne « sur pieds » ou en fauteuil roulant au Centre François-Charon ou ailleurs, l'appellation d'origine contrôlée (AOC) dans le monde vinicole, le classement des

---

27. L. Noël, *L'intolérance : une problématique générale*, Montréal, Éditions du Boréal, 1989, 308 p.

valeurs nutritives et symboliques attribué aux fruits[28], aux légumes, aux boissons, aux différents aliments en général, sans oublier le regard des autres par l'intermédiaire des règlements des municipalités canadiennes qui exigent qu'il y ait de la pelouse entre la façade des maisons et le trottoir (et non un jardin sauvage…), selon une doctrine d'aménagement urbain importée des États-Unis vers 1860. Une pelouse verte, immaculée coupée à la bonne hauteur (moins de 10 cm) et surtout sans pissenlits…

En somme, l'exclusion se traduit, entre autres, par une intolérance sociale à l'égard du différent, « une incapacité de supporter ce qui dévie de la norme sociale[29] ». Par toutes sortes d'attitudes subtiles, la population des normaux signifie à cette catégorie sociale – celle des différents – qu'elle n'est pas comme tout le monde, qu'elle doit rester à sa place, c'est-à-dire en marge du monde des normaux. Le regard et les gestes qu'elle pose à l'égard des personnes marginales participent à la mise en place et au maintien d'une situation de handicap.

Par ailleurs, le désavantage social ou le handicap, tel que le définit l'OMS (1988), s'applique à une grande variété de situations réduisant l'autonomie des individus qui ne répondent pas aux normes biologiques, fonctionnelles et sociales. Or, une déficience, qu'elle soit intellectuelle, psychique, motrice ou sensorielle n'entraîne pas toujours un handicap. Quelqu'un qui est à même de vivre avec sa déficience n'est pas handicapé. En ce sens, le handicap est construit socialement. Une auteure situe à sa juste valeur la dimension sociale de cette question :

> *The social construction of disability, like that of gender, demonstrates that it is the attitudes and institutions of the nondisabled, even more than the biological characteristics of the disabled, that turn these characteristics into handicaps*[30].

Le handicap n'exprime donc pas un statut. Il renvoie à la dynamique sociale particulière que provoquent les obstacles à la réinsertion qu'une société institue et qui empêche les individus d'accomplir n'importe quel

---

28. Comme les fêtes foraines, les festivals constituent l'un des lieux privilégiés de l'expression de la conscience collective qui dicte les normes et renouvelle l'allégeance du groupe. Ainsi, au Festival de la fraise de Sainte-Madeleine (Montérégie) en 1992, les participants d'une table ronde se sont mis d'accord pour proclamer la fraise le plus beau fruit, le plus flamboyant, nutritif, aphrodisiaque même. Plus que la pomme, la prune, le raisin, etc., alors que la framboise ne serait rien qu'une fraise de bas de gamme, une fraise qui a eu la chair de poule, la tremblette quoi ! En énonçant cette forme d'idéologie dominante de la beauté, on venait de créer un corps différent sur lequel on a posé une valence négative.

29. C. Gentilli et P. Coppo, « L'apport de quelques considérations ethnopsychiatriques à l'idée de normativité », *Perspectives psychiatriques*, n° 94, 1983, p. 353-356.

30. A. Asch, « Reproductive Technology and Disability » dans Nadine Taub et Sherill Cohen (dir.), *Reproductive Laws for the 1990's : A Briefing Handbook*, The State University of New Jersey, 1988, p. 61-62.

rôle. Fougeyrollas définit d'ailleurs le handicap comme une situation déterminée par « les obstacles sociaux, culturels, économiques, environ-nementaux liés aux mentalités, à l'organisation des services et aux légis-lations[31] ». En d'autres termes, le handicap synthétise les mécanismes d'exclusion qui bloquent la réinsertion sociale des marginaux. Il résulte de l'écart entre les attentes d'une société à l'égard des rôles sociaux des personnes handicapées dans différents domaines de la vie et la perception de ce que ces personnes handicapées peuvent réellement accomplir. Le handicap s'enracine dans l'intolérance du public à l'égard des personnes marginales et dans la réaction de ces dernières à la situation d'iniquité qu'elles subissent. Le handicap des personnes marginalisées se reconnaît au degré relativement faible d'intégration sociale de ces personnes, c'est-à-dire à leur faible participation sociale dans les différentes sphères de la vie. À ce propos, le monde du travail constitue un enjeu central.

Actuellement, le travail, support par excellence de l'estime de soi et facteur important de maîtrise de l'environnement social, constitue le véhi-cule principal de l'inclusion dans la société de toute personne, handicapée ou non. Or, les chiffres du Census Bureau des États-Unis (1983) font largement état de la situation des personnes « handicapées » dans le monde du travail.

> Twenty-six percent of disabled people, as compared with 10 percent of the nondisabled of working age, live at or below the poverty level. For some people, poverty causes disability, while for others it is the consequences of disability that cast them into poverty[32].

Pour souligner davantage les composantes sociales de l'incapacité, une autre auteure ajoute : « *Americans with disabilities are the largest, poorest, least employed, and least educated minority in America*[33]. »

Une enquête[34] menée en Alberta auprès de 3263 employeurs repré-sentant les principaux secteurs industriels permet de distinguer les employeurs qui embauchent des personnes avec des troubles de compor-tement de ceux qui refusent de le faire. Chez ces derniers, on relève beaucoup de réponses d'évitement du type « Pas de débouchés dans

---

31. P. Fougeyrollas, « Orientations pour le futur de l'adaptation et de la réadaptation des personnes fonctionnellement limitées », dans M. Bolduc, *Analyse de la cohérence des poli-tiques québécoises à l'égard des personnes ayant des incapacités*, 1986.

32. A. Asch, *op. cit.*

33. J. West, « Introduction – implementing the act : Where we begin » dans F. West (dir.), *The Americans with disabilities : From Policy to Practice*, *The Milbank Quarterly*, vol. 69, sup-pléments 1/2, 1991.

34. D. Gibson, « Réceptivité des employeurs à l'égard des personnes qui présentent des troubles de comportement : Quand « oui » veut dire « non », *Santé mentale au Canada*, juin 1986.

l'immédiat», «L'embauche ne relève pas du bureau d'ici». Par ordre d'importance, un deuxième type de réponse peut se résumer ainsi : la personne handicapée aurait besoin de surveillance étroite, continue et coûteuse, elle serait démesurément sujette aux accidents, elle aurait une mauvaise santé, ce qui entraînerait un absentéisme chronique et un mauvais rendement au travail. Enfin, plusieurs employeurs étaient incapables de fournir des explications valables. De plus, on peut noter une variation dans l'attitude selon qu'il s'agit d'un milieu de «cols blancs» (haute résistance) ou de «cols bleus».

En ce qui regarde les employeurs qui manifestent le désir d'embaucher des personnes ayant des troubles de développement, il n'y a pas de passage à l'acte chez eux, les bonnes intentions demeurant une mesure de résistance passive. Souvent, ces employeurs n'étaient même pas disposés à recevoir des demandes de renseignements ou d'emploi de personnes handicapées.

Une recherche récente[35] effectuée à partir d'un échantillon représentatif de 2228 secteurs de l'industrie française a établi hors de tout doute la forte discrimination qui frappe les personnes handicapées en quête d'emploi.

Toutefois, depuis le début des années 1980, le ministère de la Santé et des Services sociaux du Québec (1987) scinde l'ancien réseau des ateliers protégés en deux réseaux distincts présentant également des vocations distinctes : les services d'apprentissage aux habitudes de travail (S.A.H.T.), fournis par les centres d'accueil et de réadaptation, et le réseau des centres de travail adapté (C.T.A.) qui ont opté pour la production de biens et services dans un cadre de petites et moyennes entreprises subventionnées. Selon l'ensemble des écrits, il existe des avantages associés au mode du travail régulier ; par exemple, la possibilité d'établir des interactions avec des compagnons de travail non handicapés. Dans un milieu de travail régulier, le travailleur peut s'attendre à des rôles plus valorisés et normalisés que ceux vécus en atelier préparatoire. La qualité de vie de l'employé se trouve d'autant plus améliorée. Cela signifie que la transition entre le stage et l'emploi rémunéré doit s'opérer pour mettre ainsi fin aux «stages à vie». Par ailleurs, de plus en plus, on se dirige aux États-Unis comme au Québec vers l'intégration individuelle : une seule personne est intégrée dans une entreprise. Un tel procédé s'avère très peu stigmatisant pour la personne, car il évite le regroupement de travailleurs handicapés.

35. J.-F. Ravaud, B. Madiot et I. Ville, «Discrimination towards disabled people seeking employment», *Social Sciences and Medicine*, vol. 35, n° 8, 1992, p. 951-958.

Malgré tout, en dépit de l'effort des promoteurs de l'intégration à l'emploi, deux auteurs, Madgin et Foucher[36], relèvent encore chez un bon nombre d'employeurs des attitudes de nature surprotectrice. Si 90 % des employeurs interrogés croient aux capacités de travail des personnes handicapées, 45 % les voient en milieu de travail régulier, alors que 55 % les associent davantage à des centres spécialisés. Les autres réticences soulevées ont trait à l'importance de l'encadrement requis, à la crainte de ne pas être soutenu par un centre spécialisé, à la complexité de la tâche, à un éventuel risque d'accident plus élevé chez les déficients intellectuels comparativement aux employés « normaux ».

Dans un contexte social où l'argent se raréfie et où la volonté politique s'oriente vers le retour à la communauté des personnes traditionnellement institutionnalisées, la réduction de situations de handicap constitue l'enjeu majeur de ce début de siècle. L'objectif à atteindre est de permettre à tous, en particulier aux personnes qui souffrent d'un handicap, mais également aux personnes vivant dans la communauté qui les accueille, de mener une vie socialement et économiquement satisfaisante, c'est-à-dire d'être en mesure d'atteindre une intégration sociale pleine et entière. L'analyse de ces situations de handicap devrait éclairer les voies à suivre pour les réduire[37].

D'un autre côté, à un moment où l'on parle de plus en plus de purification ethnique, la production des handicaps constitue, elle aussi, un enjeu. C'est l'essence même du handicap qui change. Au XIXe siècle, les communautés religieuses venaient en aide aux personnes qui présentaient des déficiences sensorielles d'ordre auditif, visuel ou langagier. Dorénavant, il faut compter avec les amputés de la Deuxième Guerre mondiale (1939-1945), les accidentés du travail et de la route, les victimes de la polyomyélite, les enfants de la thalidomide, les handicapés mentaux, les handicapés physiques à la suite d'une maladie invalidante. Il faut mentionner aussi le vieillissement d'une société aux prises avec des incapacités grandissantes où l'augmentation de l'espérance de vie se gagne au détriment de l'autonomie.

De plus, en dépit des techniques complexes utilisées pour le diagnostic prénatal, des enfants naissent avec des déficiences génétiques ; en outre, l'impact des contingences socioéconomiques (petit poids à la naissance, contexte familial violent, etc.) n'est pas négligeable. Considérant

---

36. L. Madgin et R. Foucher, *La réceptivité des employeurs du secteur manufacturier de la région des Basses-Laurentides à l'égard de l'intégration au travail des personnes vivant avec une déficience.* Rapport de recherche, Saint-Jérôme, La Ruche et CAPAR, 1989.

37. *Élargir les horizons. Perspectives scientifiques sur l'intégration sociale.* Ouvrage collectif sous la direction de l'OPHQ, Sainte-Foy, Éditions Multimondes et Paris, IBIS Press, 1994, 471 p.

cette nouvelle conjoncture, il faudra revenir au sens propre du terme handicap, c'est-à-dire un désavantage imposé à un concurrent mieux qualifié afin que les chances se trouvent égales au départ de la compétition.

Autrement dit, la personne handicapée n'a pas à porter toute seule le poids du handicap. Ce poids devrait être partagé par la personne normale ainsi que par l'ensemble de la société. Ce point de vue dénote le relativisme culturel du handicap sur le plan des personnes, certes, mais il est aussi vrai de la variation des attitudes selon le temps et les lieux. Un gaucher n'est gaucher que dans un monde de droitiers, une personne n'est handicapée que dans un monde de normaux. Un Noir ne fait partie de la minorité visible que dans un monde de Blancs, et en Afrique ce sont les Blancs qui constituent la minorité visible. Mais le chemin sera très long encore avant de concrétiser le slogan de l'Office des personnes handicapées du Québec : **les personnes handicapées ne sont pas un handicap.**

IMPLICATIONS POUR L'INTERVENTION

Depuis deux décennies environ, on parle couramment d'un Québec divisé en deux : celui des riches, celui des pauvres. Également du Québec des centres urbains et de celui des régions, un Québec de souche, un Québec des ethnies, voire un Québec arc-en-ciel sur le plan des orientations sexuelles : hétérosexualité, homosexualité, bisexualité, transsexualité et toutes les variantes cachées ou déclarées de ces catégories connues. Font partie aussi du Québec pluriel les 3 % de personnes classées déficientes intellectuelles, les 3 % de personnes classées malades mentales, les 12 % de personnes handicapées physiques. Ces fragments populationnels risquent d'augmenter avec la hausse spectaculaire de l'espérance de vie[38] à la naissance (75,8 ans pour les hommes et 81,4 ans pour les femmes) sans oublier la désinstitutionnalisation qui pousse ces nouveaux citoyens à partager de plus en plus les espaces sociaux (logement, loisirs, travail, école, etc.) avec les gens « normaux ».

En ce début du XXIe siècle, il existe, à notre avis, deux types d'intervention, l'un symbolique, l'autre technique, qui peuvent aider à vivre normalement malgré un handicap. Il est établi par des experts[39] que la

---

38. Statistique Canada, chiffres de 1997. Voir aussi Organisation mondiale de la santé (OMS, 1998). Ce rapport annuel prévoit une espérance de vie moyenne de 81 ans pour les Canadiens en l'an 2025.

39. S. Morier, J.-M. Boisvert, M. Loranger et D. Arcand, « L'incapacité physique nécessite-t-elle des habiletés sociales particulières ? », *Revue canadienne de réadaptation*, vol. 9, no 2, 1996.

personne physiquement limitée s'avère aussi compétente socialement qu'une autre personne, mais qu'elle éprouve des difficultés liées en majeure partie aux attitudes et aux comportements des autres à l'égard de la limitation physique. Il faut donc outiller ces personnes handicapées d'habiletés sociales spécifiques, à défaut de quoi elles adopteront une position de retrait social jusqu'à l'isolement, la dépression. L'utilisation d'habiletés sociales spécifiques est certes un moyen efficace pour faciliter leurs échanges avec les autres, mais c'est aussi une stratégie d'évaluation positive par autrui. Quelles sont donc ces habiletés sociales de nature à favoriser la diminution de l'inconfort des autres en leur présence ?

La révélation de soi. Il appert que les gens réagissent d'une façon significativement plus positive envers l'individu « marginalisé » lorsque celui-ci utilise la révélation de soi dans un contexte approprié et d'une façon constructive.

L'amorce de l'interaction. On invite l'interlocuteur à poser des questions sur l'incapacité, cette dernière ne constituant qu'une des caractéristiques physiques de la personne handicapée ; ensuite on énonce certains avantages reliés à sa condition.

Manifestions d'intérêts communs. Il est utile de se trouver des centres d'intérêt communs pour encourager les interactions sociales.

La communication non verbale. À cause de certaines limitations physiques, assez souvent le contenu verbal des personnes handicapées ne s'accorde pas avec le contenu non verbal, ce qui risque de créer des distorsions dans l'échange social. Les personnes ayant une incapacité se doivent d'apporter des correctifs pour aider les autres à interpréter leurs véritables intentions.

L'affirmation de soi. Depuis environ vingt ans, nous savons que le comportement affirmatif consiste à exprimer[40] ses besoins et ses sentiments tout en tenant compte des droits d'autrui. Et que ça s'apprend par entraînement.

L'humour. Il faut savoir reconnaître la limitation imposée par une incapacité physique, oui, mais ne pas accorder trop d'importance à cette caractéristique. La seule différence objective[41] qui existe entre une personne dite normale et une autre en fauteuil roulant est la capacité ou non de marcher. Dire, par exemple, à son interlocuteur qu'on n'a jamais de difficulté à se trouver un siège constitue une bonne blague et diminue l'importance des inconvénients liés à la limitation.

---

40. J.-M. Boisvert et M. Beaudry, *S'affirmer et communiquer*, Montréal, Éditions de l'Homme, 1979.

41. S. Morier *et al.*, *op. cit.*, p. 88.

Un programme d'intervention prenant en compte ces différentes dimensions des habiletés sociales est de nature à favoriser l'augmentation de la qualité des contacts sociaux des personnes handicapées physiques. Cependant, dans tout programme d'intervention axé sur l'autonomie de la personne, l'expertise professionnelle et l'expertise expérentielle[42] sont complémentaires. L'essentiel consiste à intervenir non pas sur mais avec les populations exclues et marginalisées. La crédibilité et le succès de ces programmes reposent sur l'implication et la compétence des personnes ayant une incapacité physique. Le potentiel de ces personnes est immense, mais les « normaux » s'acharnent à les réduire à une incapacité frappant une petite partie de leur corps. Les médias ont ainsi fait grand bruit récemment de l'exploit de Tom Whittaker, ce premier alpiniste amputé à avoir atteint le sommet du mont Everest. De nouvelles prothèses permettent d'ailleurs à des milliers de mutilés de mener une vie normale.

La mise en circulation de la première génération de véritables prothèses remonte à Ambroise Paré, un chirurgien militaire français du XVIe siècle. Constituées uniquement d'une barre de bois et d'un crochet de métal, les premières prothèses s'avéraient très rudimentaires. De nos jours, le nombre de mutilés de guerre, de victimes des champs de mines antipersonnel, d'accidents de la route poussent les chercheurs en microélectronique à inventer de nouveaux procédés de fabrication. Les fabricants de membres artificiels utilisent des systèmes hydrauliques, des articulations du genou d'une grande complexité, des pieds flexibles en fibre de carbone, des matières plastiques permettant de marcher et de bouger plus naturellement. Les mouvements des bras, des pieds, des mains artificiels sont rendus plus vrais grâce aux progrès de la microélectronique. C'est pourquoi des personnes dites normales côtoient des personnes mutilées qui font du vélo, jouent au basket-ball, conservent leur emploi de mannequin, pratiquent l'alpinisme.

La voie symbolique comme la voie technique doivent être mises à contribution pour la pleine intégration sociale des personnes ayant une incapacité physique. Les groupes et instituts de recherche devraient entreprendre des études, des échanges d'expertises afin de comparer les mises en pratique des politiques sociales concernant divers types de handicaps dans des pays différents, comme le suggère[43] par exemple l'International League of Societies for Persons with Mental Handicap.

---

42. Y. Le Bossé, « Empowerment et pratiques sociales : illustration du potentiel d'une utopie prise au sérieux », *Nouvelles pratiques sociales*, vol. 9, n° 1, 1996.

43. E.S. Prudent, *Social Change and Social Context : A Case Study of the International League of Societies for Persons with Mental Handicap (ILSMH)*, Ph.D. Dissertation, Brandeis University, vol. 26, n° 4, 1990, No. 1636.

BIBLIOGRAPHIE SÉLECTIVE

ASCH, A. (1988). «Reproductive technology and disability», dans N. Taub et S. Cohen (dir.), *Reproductive Laws for the 1990's. A Briefing Handbook*, The State University of New Jersey.

BECKER, H. (1985). *Outsiders – Études de sociologie de la déviance*, Paris, Éd. A.M. Métailié.

BOISVERT, J.-M. et M. BEAUDRY (1979). *S'affirmer et communiquer*, Montréal, Éditions de l'Homme.

CANGUILLEM, G. (1966). *Le normal et le pathologique*, Paris, Presses universitaires de France.

CHOSSUDOVSKY, M. (1997). *La mondialisation de la pauvreté*, Montréal, Les Éditions Écosociété, 248 p.

CÔTÉ, J. (1991). «La notion de handicap: l'histoire d'un prodigieux contresens», *Synergie*, vol. 3.

DHOQUOIS, R. (1991). *Appartenance et exclusion*, Paris, L'Harmattan.

DORVIL, H., M. RENAUD et L. BOUCHARD (1994). «L'exclusion des personnes handicapées», dans F. Dumont, S. Langlois et Y. Martin (dir.), *Traité des problèmes sociaux*, Québec, Institut québécois de recherche sur la culture, p. 711-738.

FOUGEYROLLAS, P. (1978). «Normalité et corps différents: regard sur l'intégration sociale des handicapés physiques», *Anthropologie et Sociétés*, vol. 2, no 2.

LE BOSSÉ, Y. (1996). «Empowerment et pratiques sociales: illustration du potentiel d'une utopie prise au sérieux», *Nouvelles pratiques sociales*, vol. 9, no 1.

LÉVI-STRAUSS, C. (1955). *Tristes tropiques*, ch. xxxviii intitulé «Un petit verre de rhum», Paris, Plon.

McKWEON, T. (1988). *The Origins of Human Disease*, Grande-Bretagne, Basic Blackwell.

MORIER, S., J.-M. BOISVERT, M. LORANGER et D. ARCAND (1996). «L'incapacité physique nécessite-t-elle des habiletés sociales particulières?», *Revue canadienne de réadaptation*, vol. 9, no 2.

NOËL, L. (1989). *L'intolérance: une problématique générale*, Montréal, Éditions du Boréal, 308 p.

ORGANISATION MONDIALE DE LA SANTÉ (OMS) (1988). *Classification internationale des handicaps: déficiences, incapacités et désavantages*, Paris, CTNERHI – INSERM, 203 p.

OPHQ (dir.) (1994). *Élargir les horizons. Perspectives scientifiques sur l'intégration sociale*, Québec et Paris, Éditions Multimondes et IBIS Press, 471 p.

PARIZOT, J.C. (2001). «Arrêt Perruche, Jusqu'où va-t-on aller dans ce rejet de la différence / une provocation pour les handicapés», *Le Figaro*, section Débats et opinions, 6 juillet, p. 11.

RAVAUD, J.-F., B. MADIOT et I. VILLE (1992). « Discrimination towards disabled people seeking employment », *Social Sciences and Medicine*, vol. 35, n° 8, p. 951-958.

RETSINAS, J. (1991). « The impact of prenatal technology upon attitudes toward disabled infants », *Research in the Sociology of Health Care*, vol. 9.

SHEENAN, P., J.-M. BOISVERT, M. PÉPIN et P. FOUGEYROLLAS (1995). « Les attitudes envers les personnes ayant une incapacité physique », *Revue internationale de psychologie sociale*, n° 2.

STIKER, H.-J. (1996). « Handicap et exclusion. La construction sociale du handicap », dans S. Paugam (dir.), *L'exclusion : l'état des savoirs*, Paris, La Découverte, 583 p.

WALSH, S. (1992). *Les normes sociales et juridiques concernant le poids des individus*. Mémoire de maîtrise, Département de sociologie, Université du Québec à Montréal, p. 139.

WEST, J. (1991). « Introduction – implementing the act : Where we begin », dans F. West (dir.), *The Americans with Disabilities : From Policy to Practice*, *The Milbank Quarterly*, vol. 69, suppléments 1/2.

9

LA MÉDICALISATION

DAVID COHEN, Ph. D.
École de service social, Université internationale de la Floride
Groupe de recherche sur les aspects sociaux de la santé
et de la prévention (GRASP/Centre FCAR), Université de Montréal

RÉSUMÉ

*La médicalisation renvoie à la définition de comportements ou phéno-
mènes en langage médical, à leur description comme maladies ou problèmes de santé, ou encore à leur prise en charge selon des moyens
médicaux. Cette approche sociologique de la « construction » des problèmes
sociaux a produit de nombreux travaux sur la médicalisation de la
déviance. Des travaux plus récents portent sur la médicalisation de comportements plus normaux, tels le tabagisme, l'obésité ou la ménopause.
Ce chapitre esquisse les grandes lignes de cette approche sociologique,
résume des travaux récents sur divers phénomènes médicalisés (la mort,
le suicide, la grossesse, la ménopause, la gestion des personnes coupables
de délits sexuels, les nouvelles scientifiques) afin d'illustrer différentes
facettes de la médicalisation. Le contexte et les conséquences de la médicalisation sur la société sont discutés. Les limites de l'approche sont
soulignées. L'évidence indique que la médicalisation augmente dans la
société contemporaine, mais que ses formes et sa dynamique varient avec
les changements sociaux et technologiques. Le chapitre conclut sur les
implications de la médicalisation pour les intervenants psychosociaux.*

Le terme « médicalisation » renvoie aux processus par lesquels des comportements ou des phénomènes posant problème pour les individus ou la société sont définis ou redéfinis en termes médicaux, se voient attribuer des causes médicales, ou sont pris en charge selon des procédures ou des moyens médicaux. Les auteurs qui écrivent sur la médicalisation incluent généralement, sous le vocable « médical », plusieurs tendances *biologisantes*, *pathologisantes* ou *réductionnistes* qui ne font pas forcément partie intrinsèque de la médecine, mais qui sont habituellement associées à ses théories et à ses pratiques.

Comme modèle théorique sociologique décrivant une forme particulière de « construction » des problèmes sociaux, la médicalisation a généré une foule d'études de cas. Plusieurs des travaux ont porté sur la *médicalisation de la déviance*, c'est-à-dire sur la transformation de conduites désapprouvées ou hors normes – le suicide, l'utilisation de drogues illicites, etc. – en « maladies » ou « problèmes de santé ». Plus récemment, les travaux ont relevé une médicalisation croissante d'événements ou de comportements aussi banals que la ménopause, l'obésité, le tabagisme, la tristesse, les difficultés d'apprentissage et la violence.

Ce chapitre esquisse les grandes lignes de la médicalisation des problèmes psychosociaux qui viennent à préoccuper les professionnels des services sociaux et de la santé. Il résume ensuite des études de cas de phénomènes médicalisés, pour faire ressortir les différentes facettes de la médicalisation. Il présente les avis des auteurs quant aux conséquences de la médicalisation. Finalement, il indique les limites de l'approche et discute des implications pour l'intervention psychosociale.

LA MÉDICALISATION DE LA DÉVIANCE

Les premiers auteurs[1] à décrire le processus de médicalisation se sont penchés sur la participation croissante de la psychiatrie à la redéfinition médicale de conduites considérées comme des péchés ou des crimes (masturbation, homosexualité, perversions sexuelles, alcoolisme, suicide). Dans les années 1970, le terme s'est implanté dans les écrits en sciences sociales, particulièrement dans le contexte d'une *critique* d'une société médicalisée ou surmédicalisée[2].

---

1. T.S. Szasz, *Law, Liberty, and Psychiatry*, New York, MacMillan, 1963 ; aussi, K.I. Zola, « Medicine as an institution of social control », *Sociological Review*, vol. 20, p. 487-504, 1972. Voir aussi D. Cohen, « Critical psychiatry », dans A.E. Alen et E. Kazdin (dir.), *Encyclopedia of Psychology*, New York et Londres, Oxford University Press, 2000.

2. I.D. Illich, *Némésis médicale : L'expropriation de la santé*, Paris, Seuil, 1975.

Le titre d'un article paru le 23 novembre 1992 dans le quotidien *La Presse* révèle succinctement mais parfaitement la médicalisation du problème des enfants qui dérangent la classe : « Ces "petits monstres" sont en fait des petits malades. » Dans un ouvrage classique, Peter Conrad et Joseph Schneider ont proposé un modèle théorique séquentiel pour expliquer et décrire comment procède la tentative de conceptualiser un comportement indésirable comme problème d'ordre médical[3].

La première étape est évidemment la définition d'un comportement comme moralement *déviant*. Ainsi, la folie ou l'ébriété chronique étaient considérées comme des phénomènes indésirables bien avant leur désignation comme problèmes médicaux.

La deuxième étape, la « prospection », consiste en une définition – habituellement peu remarquée – du problème comme étant réellement de nature médicale, malgré les apparences (par exemple la « dépendance » à Internet[4]). Cette étape peut être caractérisée par l'apparition d'un nouveau terme médical (par exemple le diagnostic psychiatrique de « syndrome de stress post-traumatique » dans la troisième édition du *Diagnostic and Statistical Manual of Mental Disorders* [DSM-III] en 1980) ou par le compte rendu de l'effet d'une substance chimique sur un problème particulier (par exemple des psychostimulants donnés aux enfants inattentifs en classe).

À la troisième étape, différents « entrepreneurs moraux » et représentants d'intérêts organisés tentent d'élargir le territoire médical en insistant sur l'ampleur du problème en question et en revendiquant droits et privilèges sur la façon de concevoir et d'agir sur ce problème. Les médecins concernés font la promotion de leur point de vue surtout auprès des intervenants non médicaux qui doivent régulièrement faire face au problème en question. En parallèle, d'autres acteurs jouent ici des rôles clés, au moyen de campagnes de publicité, de lobbying auprès des décideurs et de contacts directs auprès du public. Il peut s'agir, dans le cas de la médicalisation de l'acoolisme, d'organismes comme Alcooliques Anonymes[5] ; dans le cas de l'hyperactivité, de groupes de parents d'enfants avec des problèmes d'adaptation scolaire[6] ; dans le cas du syndrome de stress post-

---

3. P. Conrad et J. Schneider, *Deviance and Medicalization : From Badness to Sickness* (2ᵉ éd.), St. Louis, Mosby, 1998.

4. « Internet addiction not a virtual pathology », communiqué de presse de Reuters Health, disponible à http://psychiatry.medscape.com/reuters/prof/1999/08/08.25/od08259a.html, daté du 25 août 1999.

5. J.A. Suissa, « Effets sociaux négatifs du concept de maladie appliqué aux toxicomanies », *Intervention*, nᵒ 93, p. 18-27, 1994.

6. G. Lloyd et C. Norris, « Including ADHD ? », *Disability & Society*, vol. 14, p. 505-517, 1999.

traumatique, d'une association de vétérans de la guerre du Vietnam[7]; dans le cas de la timidité rebaptisée « phobie sociale » et traitée au moyen d'un médicament psychotrope, d'une entreprise pharmaceutique[8]. Ces groupes se distinguent par leurs intérêts directs – qu'ils soient économiques, moraux, administratifs ou thérapeutiques – dans l'adoption de la nouvelle perspective.

La quatrième étape, celle de la « légitimité » ou « consolidation », débute lorsque les partisans de la nouvelle catégorie réclament de l'État qu'il reconnaisse officiellement la nouvelle désignation et les pouvoirs de définition et de gestion du problème qu'elle implique. Les assises de cette étape sont les commissions d'enquête, les tribunaux et les législatures.

Finalement, la désignation médicale devient *institutionnalisée*, atteignant une phase de semi-permanence. Elle peut être officiellement codifiée (dans un manuel professionnel come le DSM, par exemple), reconnue à des fins de remboursement de frais médicaux par une compagnie d'assurances, nommée dans une loi, appuyée par une décision juridique. La nouvelle désignation peut aussi être bureaucratisée, grâce à des institutions de contrôle social (institut de santé, conseils de recherche, comités ministériels) qui fournissent un soutien idéologique, intellectuel, financier et pratique pour la médicalisation. Ces bureaucraties offrent des bourses de recherche, de l'assistance technique et d'autres bénéfices directs et indirects aux partisans d'un point de vue particulier. Ces bureaucraties doivent également tenter de supprimer les points de vue opposés et d'exclure leurs partisans du débat, car elles dépendent pour leur survie d'une acceptation inconditionnelle et de l'élargissement de la désignation en question. À cette étape, la désignation médicale est devenue le paradigme régnant.

Cette séquence prototypique n'est pas invariable et ses étapes peuvent se chevaucher. Le contexte culturel peut influencer la trajectoire de médicalisation d'une déviance particulière. Ainsi, dans l'ancienne Union soviétique, la médicalisation de la protestation politique durant les années 1960 et 1970 (quand de nombreux dissidents politiques recevaient le diagnostic de « schizophrénie larvée », hospitalisés dans des institutions psychiatriques et drogués aux neuroleptiques) semble avoir émergé assez rapidement et elle s'est estompée avec la libéralisation des politiques d'émigration dans les années 1980.

---

7. W.J. Scott, « PTSD in DSM-III : A case study in the politics of diagnosis and disease », *Social Problems*, vol. 37, p. 294-310, 1990.

8. M. Cottle, « Selling shyness : How doctors and drug companies created the "social phobia" epidemic », *The New Republic* [www.thenewrepublic.com], 2 août 1999.

La folie, l'alcoolisme, le comportement suicidaire et l'utilisation prolongée de drogues illicites sont les principales déviances médicalisées durant les deux derniers siècles et aujourd'hui à l'étape institutionnalisée. La théorie de Conrad et Schneider sert aussi à analyser l'émergence plus récente – et apparemment accélérée – d'autres désignations médicales de comportements nouvellement ou anciennement définis comme déviants ou indésirables par les autorités ou les sujets eux-mêmes. Ces comportements comprennent, entre autres, l'infertilité des couples[9], le «jeu compulsif»[10], le tabagisme[11] et le racisme[12].

LE DSM ET LA MÉDICALISATION

Le DSM de l'Association américaine de psychiatrie est l'un des meilleurs indicateurs de la médicalisation de la déviance, de la détresse psychosociale et de la «peine de vivre». Ainsi, le DSM-I (1952) contenait 106 catégories diagnostiques, l'édition de 1968 (DSM-II) en avait 182, l'édition de 1980 (DSM-III) en comptait 205 et celle de 1987 (DSM-III-R), 292. Quatre ans avant la parution du DSM-IV en 1994, des auteurs[13] ont prédit par simple extrapolation linéaire qu'il contiendrait environ 350 diagnostics: cette édition en contient bien, selon la règle de comptage utilisée, entre 357 et 390. Chaque diagnostic est considéré officiellement comme le nom d'un «trouble mental» à composante *médicale* certaine.

Dans les faits, plusieurs comportements médicalisés deviennent «psychiatrisés». Cela signifie que le discours légitimisé sur ces comportements provient principalement de la psychiatrie et que la gestion de ceux-ci s'accomplit surtout par la prescription de médicaments psychotropes. Un élément crucial facilite la désignation d'états émotionnels ou psychosociaux indésirables comme des troubles mentaux: le fait qu'en psychiatrie,

9. G. Becker et R.D. Nachtingall, «Eager for medicalization: The social production of infertility as a disease», *Sociology of Health & Illness*, vol. 14, n⁰ 4, p. 456-468, 1992.

10. J. Rosecrance, «Compulsive gambling and the medicalization of deviance», *Social Problems*, vol. 32, n⁰ 3, p. 275-284, 1985.

11. D. Cohen, «Le tabagisme: norme, déviance, maladie, ou délit?», dans L. Bouchard et D. Cohen (dir.), *Médicalisation et contrôle social*, Montréal, Acfas, 1995, p. 121-132.

12. D. Wellman, «From evil to illness: Medicalizing racism», *American Journal of Orthopsychiatry*, vol. 70, n⁰ 1, p. 28-32, 2000.

13. R.K. Blashfield *et al.*, «Suggested guidelines for including or excluding categories in the DSM-IV», *Comprehensive Psychiatry*, vol. 31, n⁰ 1, p. 15-19, 1990.

comparativement aux autres branches médicales, il n'est pas nécessaire de *découvrir* une maladie (et de confirmer sa présence au moyen de tests diagnostiques indépendants), mais plutôt de la *nommer*[14].

Certains auteurs ont analysé minutieusement la façon dont les architectes des éditions récentes du DSM créent des nouveaux diagnostics[15]. Kutchins et Kirk[16] ont ainsi résumé le déroulement : un comité d'experts choisit le nom d'une étiquette, rédige une description générale du problème, établit un menu de critères diagnostiques, vérifie ces critères auprès des partisans du nouveau diagnostic, décide combien des critères seront requis pour poser le diagnostic et combat l'opposition (s'il y en a une). Dès lors, un nouveau trouble mental existe.

Parmi les diagnostics officiels apparaissant dans les dernières éditions du DSM, on remarque l'insomnie, la perte de désir sexuel, l'intoxication à la caféine, le mutisme occasionnel ainsi que les problèmes d'apprentissage de la lecture et des mathématiques.

LES NOUVEAUX PROBLÈMES MÉDICALISÉS

Des travaux récents jettent un regard sur divers problèmes nouvellement médicalisés ou en cours de médicalisation. Parmi ces questions, celle de la mort a fait l'objet de nombreux travaux mais les auteurs continuent de définir de nouvelles facettes de sa médicalisation. Ainsi, Conrad[17] donne l'exemple de l'application de la peine capitale au moyen d'injections léthales afin illustrer l'implication de médecins dans une activité extrême de contrôle social par l'État.

Kozak[18] constate comment les certificats de décès ne permettent d'inscrire que les causes *immédiates*. Au moyen d'études de cas de mort violente sur des réserves indiennes, cet auteur indique que les certificats de décès permettent d'étiqueter les accidents consécutifs à une ingestion

---

14. E.C. Cooksey et P. Brown, « Spinning on its axes : DSM and the social construction of psychiatric diagnosis », *International Journal of Health Services*, vol. 28, n° 3, p. 525-554, 1998.

15. S. Kirk et H. Kutchins, *The Selling of DSM : The Rhetoric of Science in Psychiatry*, Chicago, Aldine de Gruyter, 1992 ; Paula Caplan, *They Say You're Crazy : How The World's Most Powerful Psychiatrists Decide Who's Normal*, Reading, Perseus, 1996.

16. H. Kutchins et S. Kirk, *Making Us Crazy : DSM : The Psychiatric Bible and the Creation of Mental Disorders*, New York, Free Press, 1998.

17. P. Conrad, « Médicalisation et contrôle social », dans L. Bouchard et D. Cohen (dir.), *Médicalisation et contrôle social*, Montréal, Acfas, 1995, p. 9-31.

18. D. Kozak, « Reifying the body through the medicalization of violent death », *Human Organization*, vol. 53, n° 1, p. 48-54, 1994.

d'alcool comme des événements « médicaux ». Kozak est d'avis que cette stratégie soulage la société de sa responsabilité de fournir une réponse appropriée à la détresse psychosociale et à l'impuissance politique chroniques de certains groupes défavorisés.

Dans les sociétés occidentales, de plus en plus de personnes atteintes de maladies terminales mettent fin à leur vie avec l'aide directe ou indirecte de médecins. Certains voient dans le « suicide assisté médicalement » ou dans l'euthanasie active volontaire (telle que pratiquée notamment aux Pays-Bas) une expression de l'autonomie de l'individu ; d'autres y voient une contrainte enlevée à l'utilisation des technologies médicales pour prolonger la vie. D'autres auteurs encore trouvent que, loin de « démédicaliser » la mort, le suicide assisté *médicalise le suicide*, puisqu'il transforme un acte privé (le suicide) en un « événement médical »[19]. Il renforce aussi le contrôle médical sur d'autres sphères du social : au lieu de permettre aux individus d'obtenir librement des médicaments pouvant terminer la vie, on perpétue le privilège des médecins de les prescrire dans ce même but.

Les délits sexuels constituent un autre phénomène nouvellement remédicalisé. Durant les années 1990 aux États-Unis et au Canada, le public a exercé de fortes pressions pour que demeurent incarcérés les individus reconnus coupables de délits sexuels et purgeant une peine d'emprisonnement. Divers États américains se sont donc tournés vers le système de santé mentale et ont récupéré l'hospitalisation psychiatrique involontaire pour ces individus – une politique abandonnée vers le début des années 1960, alors que les délits sexuels étaient en voie de criminalisation. Alexander[20] décrit comment diverses législatures, avec l'aide de quelques professionnels de santé mentale, ont « reconstruit » juridiquement les personnes coupables de délits sexuels en malades mentaux. Cela a permis – grâce aux critères juridiques nécessitant la présence à la fois d'un trouble mental *et* de la dangerosité – de garder ces personnes incarcérées indéfiniment à l'hôpital psychiatrique après la fin de leur sentence criminelle.

Parfois, la médicalisation se concrétise autour d'un objet ou d'un rituel particulier. Jacoby[21] décrit comment un petit instrument médical (le calendrier obstétrique en forme de rondelle) sert à imposer une nouvelle

---

19. T. Salem, « Physician-assisted suicide : Promoting autonomy – or medicalizing suicide ? », *Hastings Center Report*, vol. 29, n° 3, p. 30-36 ; Thomas S. Szasz, *Fatal Freedom : The Ethics of Suicide*, New York, Praeger, 1999.

20. R. Alexander, « Reconstructing sex offenders as mentally ill : A labelling explanation », *Journal of Sociology and Social Welfare*, vol. 24, n° 2, p. 65-76, 1997.

21. M. Jacoby, « Time, magic, and gynecology », *Science in Context*, vol. 8, n° 1, p. 231-248, 1995.

façon non seulement de mesurer les étapes de la grossesse (en semaines plutôt qu'en mois), mais aussi de les vivre. La méthode ordinaire, profondément enracinée dans la physiologie et la culture, est ainsi remplacée. La « rondelle » a plusieurs usages, dont celui d'estimer la taille du fœtus. Elle joue cependant un rôle additionnel dans la médicalisation de la grossesse en donnant au médecin une information privilégiée. Elle influence également la réflexion sur le début exact de la grossesse, question aux grandes implications morales.

Les écrivains féministes ont longtemps mis l'accent sur les façons dont le corps et la vie des femmes ont été médicalisés et contrôlés par une profession médicale masculine (quoique les femmes constitueront bientôt près de la moitié du corps médical). Ces écrivains se sont penchés sur les technologies médicales utilisées seulement ou principalement par les femmes, comme les technologies de reproduction et – jusqu'à récemment – les médicaments psychotropes. Kaufert et Lock[22] ont étudié un phénomène universel mais récemment médicalisé : la ménopause. Ces auteurs ont examiné les représentations visuelles de la femme ménopausale dans les publicités pharmaceutiques et les médias. Dans les années 1970, ces illustrations montraient des femmes déprimées et pâles. Mais dans les portraits des années 1990 la femme ménopausale apparaît en pleine vitalité, avec une peau, des dents et des cheveux parfaitement sains, trop en forme pour jamais se fracturer une hanche, subir une crise cardiaque ou connaître le déclin graduel de ses facultés mentales. Kaufert et Lock argumentent que cette représentation récente ne correspond pas à la réalité du vieillissement, bien qu'elle détermine comment les femmes vieillissantes se voient et comment elles sont perçues dans la société. La femme est ainsi tenue responsable de ce qui arrivera inévitablement à son corps et elle est subtilement incitée à prendre certaines décisions lors de la ménopause – particulièrement à entreprendre le traitement hormonal préconisé par l'industrie pharmaceutique.

La médicalisation touche également des phénomènes qui ont peu à voir avec le comportement humain. Ainsi, Bauer[23] nous montre comment même la présentation des nouvelles scientifiques dans les médias peut être médicalisée. Au moyen d'une analyse longitudinale de la science dans la presse écrite, cet auteur montre que les métaphores de la physique et de la chimie ont fourni les sources principales d'imagination scientifique des

22. P.A. Kaufert et M. Lock, « Medicalization of women's third age », *Journal of Psychosomatic Obstetrics and Gynecology*, vol. 18, p. 81-86, 1994.

23. M. Bauer, « The medicalization of science news – from the "rocket-scalpel" to the "gene-meteorite" complex », *Social Science Information*, vol. 37, n° 4, p. 731-751, 1998.

années 1930 jusqu'aux années 1980. Plus récemment, le reportage scientifique a assimilé la rhétorique des nouvelles biomédicales : il est de plus en plus caractérisé par la « personnalisation » (centré autour d'histoires de vraies gens), l'« alarme » (accentuant un risque de danger) et la citation d'experts (légitimant l'argument présenté).

LES CONTEXTES ET LES DÉTERMINANTS DE LA MÉDICALISATION

Les auteurs ont longtemps attiré l'attention sur les facteurs sociaux qui favorisent la médicalisation : le recul de la pensée religieuse (la sécularisation) ; la foi dans la science, la rationalité et le progrès ; l'augmentation du pouvoir et du prestige de la profession médicale ; le penchant nord-américain pour les solutions individuelles et technologiques aux problèmes sociaux ; et une tendance humanitaire généralisée dans les sociétés occidentales. Conrad souligne : « Ces facteurs n'expliquent pas entièrement la croissance de la médicalisation durant notre siècle, mais ils en constituent le contexte[24]. »

Dans les cas plus anciens de médicalisation de la déviance, les développements technologiques semblent compter pour peu, alors que dans les cas plus récents ils sont plus déterminants. De nos jours, l'utilisation de médicaments psychotropes – qui touche dans les pays occidentaux environ 40 % des personnes âgées, 15 % des adultes et 8 % des enfants – est l'une des principales causes *et* conséquences de la médicalisation[25]. L'utilisation de ces médicaments a tendance à augmenter les contacts avec les médecins et à assimiler la « détresse » à la « maladie ». À son tour, le fait de voir la détresse psychosociale comme une « maladie traitable » encourage la prise de médicaments, prolonge la durée de cette dernière et élargit ses indications. À cause de son financement croissant de la recherche et de la formation médicale et de ses activités innombrables de promotion des médicaments (y compris la nouvelle promotion des médicaments directement auprès des consommateurs dans les médias), l'industrie pharmaceutique peut aujourd'hui être considérée comme l'une des principales forces accélérant la médicalisation.

24. Conrad, *op. cit.*, p. 13.
25. D. Cohen, « Les "nouveaux" médicaments de l'esprit : marche avant vers le passé ? », *Sociologie et Sociétés*, vol. 22, p. 17-33, 1997.

LES CONSÉQUENCES DE LA MÉDICALISATION

La plupart des auteurs en sciences sociales qui se penchent sur la médicalisation ne la voient pas d'un bon œil. Selon Sarbin[26], la médicalisation croissante de la détresse psychologique contribue directement à la croyance que les individus ne sont pas responsables de leurs actes. Cette croyance est une extension non justifiée de la compassion que l'on ressent pour ceux qui sont victimes de blessures ou d'accidents fortuits. Pour Sarbin, « le tissu de la société démocratique est menacé si les citoyens sont perçus comme des organismes passifs plutôt que des êtres proactifs, responsables des choix qu'ils font lorsqu'ils définissent leurs propres récits personnels[27] ». Selon Hanson[28], la médicalisation n'est qu'une partie d'une perspective sociohistorique et idéologique plus large, le « médicalisme », qui sert moins à intervenir qu'à expliquer un problème et surtout à ôter le blâme de l'individu qui en souffre – d'où la recherche incessante d'explications médicales et de traitements médicaux même si ces derniers ne sont pas nécessairement efficaces.

Illich a prédit que les progrès associés aux traitements médicaux se transformeraient graduellement en catastrophes et que l'ampleur des maladies iatrogéniques (provoquées par les traitements) serait très élevée[29]. Par exemple, les réactions néfastes aux médicaments (correctement administrés, sans compter les erreurs médicales, dans les hôpitaux seulement) provoquent chaque année plus de 100 000 décès aux États-Unis, ce qui constitue la quatrième cause de décès[30]. De manière générale, Illich était d'avis que la dépendance à la médecine entraînerait éventuellement une obsession à l'égard de la santé comme valeur, une « médicalisation de la vie », avec une perte progressive du « droit des populations à l'autodétermination ».

Selon Szasz, la médicalisation s'accompagne de la montée de « l'État thérapeutique », c'est-à-dire l'alliance entre la Médecine et l'État qui a remplacé, à des fins de contrôle social, l'alliance entre l'Église et l'État

26. T. Sarbin, « On the futility of psychiatric diagnostic manuals (DSMs) and the return of personal agency », *Applied and Preventive Psychology*, vol. 6, n° 4, p. 233-243, 1997.

27. *Ibid.*, p. 242.

28. B. Hanson, « Medicalism : A model of co-emergent health care process », manuscrit non publié, 1997.

29. Illich, *op. cit.*

30. J. Lazarou *et al.*, « Incidence of adverse reactions in hospitalized patients : A meta-analysis of prospective studies », *Journal of the American Medical Association*, vol. 279, n° 15, p. 1200-1205, 1998.

autrefois dominante et incontestée[31]. Selon cet auteur, tout comme la cause de la liberté individuelle a exigé une stricte séparation entre pouvoirs religieux et pouvoirs laïques, elle exige aujourd'hui une séparation identique entre la médecine et l'État.

La médicalisation de divers comportements est fréquemment justifiée par le fait qu'elle diminue la stigmatisation sociale des individus qui les manifestent et qu'elle encourage ces individus à se faire traiter. La médicalisation apparaît ainsi comme une tendance réformiste humanitaire, une solution humaine à la punition ou à la répression. Pourtant, peu de recherches nous éclairent sur ces résultats. Nous ne savons pas réellement si la stigmatisation diminue quand l'individu déviant est perçu comme impuissant à contrôler sa déviance. Nous savons cependant que, malgré la tendance à considérer la folie comme une maladie au même titre que les maladies physiques, les préjugés et les peurs envers les « malades mentaux » persistent[32], et l'accroissement récent des mesures coercitives envers les psychiatrisés correspond à la recrudescence de l'approche biomédicale en santé mentale. Cela nous suggère que le fait de médicaliser une déviance change sa définition et les moyens de sa prise en charge, mais laisse intacte son évaluation *morale*.

Breggin et Breggin[33] sont d'avis qu'en attribuant à un problème particulier (par exemple la dépression) une cause profondément interne mais indépendante de la volonté de l'individu (par exemple un déséquilibre biochimique d'origine génétique), la médicalisation contribue à réduire l'autonomie et ultimement l'insertion sociale de l'individu.

Cohen[34] estime que la médicalisation sert aujourd'hui d'idéologie égalitaire. Les réformes politiques et économiques ne réussissant pas toujours à garantir l'égalité des classes, l'idée que toute personne – riche ou pauvre, célèbre ou inconnue – puisse souffrir d'un déséquilibre biochimique ou bénéficier d'un traitement psychotrope constitue une forme de « nivellement moral » qui remplace, au moins temporairement, la recherche

---

31. Szasz, 1963, *op. cit.*, p. 261. Voir aussi, du même auteur, *The Therapeutic State : Psychiatry in the Mirror of Current Events*, Buffalo, Prometheus Books, 1994 ; aussi, Nicholas N. Kittrie, *The Right to Be Different : Deviance and Enforced Therapy*, Baltimore, The Johns Hopkins Press, 1971.

32. B. Link et Jo C. Phelan, « The labeling theory of mental disorder (II) : The consequences of labeling », dans A.V. Horvitz et T.L. Scheid (dir.), *A Handbook for the Study of Mental Health : Social Contexts, Theories, and Systems*, New York, Cambridge University Press, 1999, p. 30-36.

33. P. Breggin et G. Breggin, *Talking Back to Prozac*, New York, St. Martin's Press, 1994.

34. Cohen, 1997, *op. cit.*

de l'égalité véritable. En « normalisant » la détresse qui sert parfois de moteur au changement social, politique et culturel, la médicalisation contribuerait à « affaiblir » la culture.

LES LIMITES DE LA MÉDICALISATION

La théorie de la médicalisation présente généralement l'individu ou le grand public comme essentiellement « passif » et sans perspective critique face aux tendances expansionnistes médicales, quelles que soient leurs origines. La médicalisation explique difficilement l'opposition, la critique ou la résistance à la médecine. Selon Williams et Calnan[35], les théoriciens de la médicalisation auraient tendance à exagérer l'emprise de la médecine sur l'expérience et la mentalité contemporaines.

La médicalisation n'est pas un processus absolu ; il existe de toute évidence des *degrés* de médicalisation que la théorie n'apprécie pas pleinement. Certains phénomènes sont complètement médicalisés (la naissance et la mort), d'autres partiellement (la toxicomanie, la ménopause), d'autres minimalement (la « codépendance », la violence familiale).

Des travaux nous suggèrent aussi des phénomènes de « démédicalisation[36] », dont le plus connu reste le retrait de l'homosexualité comme diagnostic psychiatrique dans les années 1970. Il semble aussi que le grand public soit plus sceptique à l'égard des « progrès de la médecine » que les théoriciens de la médicalisation ne le réalisent[37]. Finalement, les médecins eux-mêmes expriment parfois des réserves quant à l'expansion de leur compétence[38]. Il reste qu'à cause du pouvoir et du prestige de la médecine la démédicalisation ne réussit qu'après une forte mobilisation idéologique, professionnelle et publique organisée qui défie ouvertement la définition et le contrôle médicaux et qui offre une voie de solution jugée supérieure et plus pratique.

---

35. S. Williams et M. Calnan, « The "limits" of medicalization ? Modern medicine and the lay populace in "late" modernity », *Social Science and Medicine*, vol. 42, p. 1609-1620, 1996.

36. J.S. Lowenberg et F. Davis, « Beyond medicalization and demedicalization : The case of holistic health », *Sociology of Health and Illness*, vol. 16, p. 579-588, 1994.

37. M. Calnan, « Lay evaluation of medicine : Report of a pilot study », *International Journal of Health Services*, vol. 18, p. 311, 1988.

38. S.J. Williams et M. Calnan, « Perspectives on prevention : The views of general practitioners », *Sociology of Health and Illness*, vol. 16, p. 372, 1994.

IMPLICATIONS POUR L'INTERVENTION PSYCHOSOCIALE

La médicalisation touche directement les intervenants psychosociaux, régulièrement appelés à évaluer des cas d'individus dont les difficultés sont aujourd'hui médicalisées (personnes découragées ou déprimées, personnes violentes, enfants hyperactifs ou inattentifs, etc.). Ces intervenants ne servent souvent que d'intermédiaires ou d'éléments accessoires à une prise en charge médicalisée, où la prescription de psychotropes est perçue comme une composante essentielle.

Dans une relation aidante psychosociale auprès d'un jeune avec des antécédents de violence, par exemple, la prise d'un médicament psychotrope par ce jeune peut entraîner plusieurs altérations des représentations chez le sujet et chez l'intervenant. De nouvelles questions peuvent se poser sur la nature exacte du problème, sur la persistance ou l'irréversibilité de ce problème, sur le type de comportement qui sera considéré comme indiquant une amélioration de son fonctionnement, sur les ingrédients nécessaires à une intervention réussie, sur les buts ultimes de cette intervention. D'autres questions surgissent quant à l'indépendance clinique de l'intervenant psychosocial et à ses responsabilités déontologiques vis-à-vis de son client, des parents de celui-ci, des autres professionnels de la santé. Ces questions complexes sont encore peu abordées sérieusement par les chercheurs dans le domaine de l'intervention psychosociale. Dans la partie clinique, elles exigent du praticien une réflexion approfondie pour chaque cas individuel, mais le travail de plus en plus bureaucratisé des intervenants psychosociaux publics ne facilite pas ce type de réflexion éthique et critique. Dans un contexte d'intervention fortement médicalisée, le danger existe aussi que les intervenants psychosociaux court-circuitent leurs propres stratégies d'évaluation et d'intervention, ayant implicitement accepté que celles-ci sont aujourd'hui désuètes, peu disponibles ou trop coûteuses[39].

CONCLUSION

Le concept de médicalisation nous permet de mieux comprendre d'importantes tendances sociales, culturelles et thérapeutiques, pendant que la théorie de la médicalisation de la déviance continue de représenter une approche analytique fertile.

---

39. D. Cohen, I. Clapperton, P. Gref, Y. Tremblay et S. Cameron, *Déficit d'attention/Hyperactivité : Perceptions des acteurs et utilisation de psychostimulants*, Laval, Régie régionale de la santé et des services sociaux, 1999.

Tout indique que le courant de médicalisation dans la société contemporaine va en augmentant, non en diminuant. En particulier, l'obsession contemporaine de devoir localiser les précurseurs génétiques de la maladie, du tempérament et des traits de personnalité indique comment le savoir médical continue à tracer les frontières de la «normalité» et à définir celle-ci selon une approche scientifique qui repose sur le matérialisme et le déterminisme. La médicalisation fait donc revivre, de manière très actuelle, des débats philosophiques anciens et repose des questions fondamentales sur les relations entre les savoirs scientifique et professionnel, d'une part, et le contrôle social, d'autre part. Il semble clair que les formes, les degrés et les stratégies de médicalisation continueront de varier avec les changements technologiques, politiques et idéologiques et avec la complexité croissante des problèmes que nous devons résoudre à l'aube du XXIᵉ siècle.

BIBLIOGRAPHIE SÉLECTIVE

AIACH, P. et J. DELANOË (1998). *L'ère de la médicalisation. Ecce homo sanitas,* Paris, Anthropos.

BOUCHARD, L. et D. COHEN (dir.) (1995). *Médicalisation et contrôle social,* Montréal, Association canadienne-française pour l'avancement des sciences.

CONRAD, P. (1992). «Medicalization and social control», *Annual Review of Sociology,* vol. 18, p. 209-232.

CONRAD, P. et J. SCHNEIDER (1998). *Deviance and Medicalization: From Badness to Sickness* (2ᵉ éd.), St. Louis, Mosby.

ILLICH, I. (1975). *Némésis médicale: L'expropriation de la santé,* Paris, Seuil.

KUTCHINS, H. et S. KIRK (1998). *Making Us Crazy: DSM, The Psychiatric Bible and the Creation of Mental Disorders,* New York, Free Press.

SZASZ, T.S. (1984). *The Therapeutic State: Psychiatry in the Mirror of Current Events,* Buffalo, Praeger.

10

LA QUESTION SOCIALE EN FRANCE
De l'injustice à la formulation de nouveaux idéaux

ISABELLE ASTIER, Ph. D.
Université de Lyon II

JEAN-FRANÇOIS LAÉ, Ph. D.
Université de Paris VIII Saint-Denis

Résumé

En France, le social est né avec la société industrielle, c'est-à-dire à la fin du XIXe siècle. Cette époque correspond à l'avènement des régimes assurentiels destinés à garantir l'égalité entre les citoyens. Mais une centaine d'années plus tard, la France n'a pas échappé à la crise de l'État-providence et elle ne parvient que difficilement à assurer les citoyens contre les risques de la vie en société. L'augmentation du chômage, le vieillissement de la population et la précarité de l'emploi rendent difficiles les réponses aux questions sociales. C'est dans ce contexte que l'État adopte une «politique transversale»: construction de HLM, instauration d'une loi sur le RMI (revenu minimum d'insertion, etc.). Mais ces efforts demeurent insuffisants. Il convient de dénoncer le double jeu de l'État qui, d'une part, souhaite garantir l'égalité sociale et, de l'autre, se compromet avec une logique de l'injustice favorable à la fragilisation de la protection sociale. Il y a dès lors urgence à critiquer l'absence d'idéaux durables au sein de l'État.

Chaque décennie a ses mots d'ordre pour rassembler des programmes politiques, des institutions, des financements et des acteurs autour d'une cible. Quels que soient ces mots – exclusion, relégation, marginalisation, discrimination, intégration, insertion –, ils désignent toujours une faille dans la solidarité nationale, une différence trop forte dans les inégalités entre individus, « la part des sans-part » que l'on recouvre génériquement sous le terme de « la question sociale » en France, l'*underclass* aux États-Unis ou la *marginalidad* en Amérique latine.

La part des sans-part dessine à grands traits l'espace de la division dans une démocratie, une modalité problématique du partage des lieux, des services, de la protection et de la justice ; une procédure d'exposition des parties d'une société comme posant un problème du côté de ceux qui ont perdu une part d'autonomie, suscitant des solutions et des règles de discussion. Ainsi, « la question sociale » consiste à exposer publiquement un litige comme le symptôme d'un problème qui n'est jamais que le manque des moyens de sa solution : manque d'autonomie et relation de dépendance négative, manque de biens à partager, lacune dans les règles de prévention des conflits, absence d'accès concret à différents droits, faible effectuation pratique d'une loi. Autrement dit, c'est la construction sociopolitique d'un litige non réglé dans une communauté divisée, la vraie mesure de l'altérité qui unit les interlocuteurs en les tenant à distance, d'un côté l'individu possessif qui gagne en indépendance, de l'autre un individu négatif limité dans sa propre « possession de soi ».

L'actualité en porte témoignage. Prenons par exemple les ouvriers de chez Renault ou Citroën des années 1970 : c'est lorsque les ouvriers seront dépossédés de leur emploi qu'apparaîtra le visage de l'ex-ouvrier immigré. L'immigré comme problème est d'abord un ouvrier qui a perdu son nom et son statut, qui n'est plus visible comme tel. À la place de l'ouvrier, l'immigré apparaît immédiatement comme objet d'un problème et susceptible de créer un tort « au bon Français blanc ». Cet exemple parmi cent montre que la formulation de la question sociale ne relève aucunement des sciences sociales, mais s'enroule au cœur même de la politique, dans les attributs de la souveraineté, dans sa gestion moderne des intérêts à l'égard des classes sans qualités, celles dont le risque est de basculer dans des zones de dépendance extrême. C'est le souverain qui fixe les termes de la question sociale en désignant les lieux d'écart de la démocratie.

UN PAYSAGE SOCIAL DÉCHIRÉ

De l'autre côté du miroir de ces mots (l'*underclass*, la *marginalidad*, la question sociale), un visage se découvre sous les traits du doux mot de « social », cette capacité corrective de l'État à maintenir la cohésion d'une société par le transport des affaires privées dans un cadrage public. Soit l'idée qu'une grande part des événements que nous vivons intimement, « nos petites affaires privées », sont aussi charpentés par des droits, des obligations et de l'intervention publique qui annoncent un programme d'action. Une grippe ! L'assurance sociale interviendra dans le remboursement des soins. Un accident du travail ! Un statut d'inaptitude me permettra de subvenir à mes besoins. Je suis abandonné par mes parents ! Le statut de pupille de la nation m'ouvrira la possibilité malgré tout de faire des études et de trouver une famille d'accueil. Mon mari décède ! Le statut d'ayant-droit est là pour permettre une pension de réversion de son salaire. Je ne peux accéder au logement ordinaire ! Une allocation-logement m'aidera à y parvenir. Je perds mon emploi ! Une allocation couvrira une part de ce risque. Un trouble persistant de la pensée ou de mes relations sociales ! Certaines institutions spécialisées pourront m'aider à retrouver le cours ordinaire de la vie. Se tient ainsi aux aguets, tout au long de notre vie durant, un cercle de statuts et d'obligations modernes, un système de protections certainement imparfait, mais qui double comme une mitaine de cuir la sphère de « nos petites affaires privées » et qui se nomme : le social.

L'histoire du social montre cet étrange personnage qui plante des statuts protecteurs et nomme des collectifs : l'inapte au travail, l'accidenté, l'allocataire, le pupille de la nation, l'assuré, le cotisant, le retraité, le locataire, le commerçant, l'ouvrier, l'ayant-droit, le domestique, le sous-locataire, l'hébergé, l'apprenti, le conducteur, le client, le chômeur, l'endetté, le handicapé, l'économiquement faible. Ces personnages n'existaient pas au XVIIIe siècle, ce sont des noms qui surgissent des statuts protecteurs comme des fables du *welfare state*, principalement à la fin du XIXe siècle. Un jour ou l'autre, nous traverserons plusieurs de ces statuts, nous sentirons concrètement la force protectrice du social, qui porte sur une vague l'individu moderne.

Historiquement, en France, disons que le social est né avec la société industrielle et avec les rentes d'État qui socialiseront à la fin du XIXe siècle un type de possession sociale – rente vieillesse, rente maladie, rente accident du travail, rente sous forme de multiples allocations – comme quelque chose qui s'identifie à une possession durable, le temps d'une vie, à un mécanisme que l'on peut définir comme une part sociale de la propriété.

C'est à partir de ces définitions simples que, lorsqu'une de ces parts vient à manquer, un problème social se pose : le paupérisme et le registre de l'anormalité du XIXᵉ siècle, la non-intégration par le logement au début du XXᵉ siècle, le registre de l'exclusion de certains droits de la fin de ce siècle.

On comprendra que ces problèmes sont tout autant réels qu'idéologiques. En effet, s'il se peut fort bien que l'on soit en dehors d'une ou de plusieurs de ces parts (logement, travail, santé, retraite), on reste malgré tout rattaché à ce système général de production de l'individu moderne. Il n'y a pas de dehors absolu. Des institutions intermédiaires et de vastes transferts économiques irrigueront bien d'autres rôles sociaux, quand bien même cette réalité serait détestable. D'exclusion totale, il n'y a point. Mais comment se formule concrètement cette division en cette fin de siècle ? Que s'est-il passé en France ?

1975. On peut dire que l'opacité du social était encore une condition implicite de la cohésion des groupes qui présupposait que les individus étaient égaux devant les différents risques sociaux : il n'y avait qu'à tirer la chaîne du principe assurantiel pour produire un sentiment d'équité. L'intervention sociale n'agissait que dans les marges de la société pour compenser ses ratés, quelques préventions pouvaient suffire pour parvenir à rééquilibrer les défaillances sur les bords. La promotion sociale générale effaçait quelque peu les inégalités traduites en termes de simple dysfonctionnement.

1990. Une famille sur quatre en France connaît le chômage dans son entourage proche. Le voile d'ignorance inhérent au système assurantiel achève de se déchirer. Un million de bénéficiaires du RMI, l'équivalent du bien-être social québécois, viennent s'ajouter aux trois millions de chômeurs, auxquels viennent se joindre près de cinq millions de bénéficiaires de prestations sociales de tous ordres. En quinze ans, alors que l'État servait de puissante interface pour les individus et les groupes, sa place devient plus abstraite du fait du brouillage des rapports sociaux.

2000. Deux cent mille familles surendettées sont entrées dans la moulinette des procédures d'apurement des dettes. Des diplômés de l'enseignement supérieur se trouvent dans un marais d'incertitudes. Ils se disputent qui un emploi de trois mois, qui un emploi-jeune, qui une aide au logement, qui une aide médicale. La crise est au centre de tous les systèmes de redistribution : les retraites, l'assurance maladie, l'emploi salarié et les prestations de chômage. La cruelle connaissance par tous des différences entre les individus et entre les groupes met à l'épreuve les fondements du contrat social.

Miné à sa base, le principe assurantiel social ne parvient plus à reprendre les morceaux éclatés des risques sociaux qui sont devenus très hétérogènes. La connaissance progressive des différences de traitement et de couverture, de protection et de rattrapage produit un mouvement de désolidarisation où chacun reprend l'addition des gains et des pertes dans telle ou telle classe de risque. En gros, chacun trouve une part d'illégitimité à telle ou telle forme de compensation des différences : les corporations ont tendance au repli, les réactions catégorielles étroites se manifestent bruyamment. Battu en brèche, le principe d'assurance et de solidarité est dépassé par le caractère problématique des risques qui ne sont plus le simple produit de l'aléa, mais se traduisent en termes d'injustice. C'est ce mouvement d'individualisation des risques qui non seulement suscite les débats les plus vifs, mais qui a aussi transformé la réflexion sur les procédures de solidarité mécanique.

Voilà pour le paysage. Reste maintenant à relever les grandes transformations de l'intervention face à cette nouvelle question sociale. Soulignons dès maintenant trois éléments qui sont le fruit de notre histoire sociale, de nos relations professionnelles, et qui constituent un problème sérieux pour l'adaptation de l'intervention sociale : le lien encore trop étroit entre la protection sociale et le travail ; la faiblesse des moyens des administrations sociales et les liens ténus qui existent entre la politique sociale et des politiques structurantes comme la politique de l'école ou du logement ; enfin, la grande dispersion des moyens et des instruments des politiques sociales. Afin de palier ces trois grands défauts, depuis le début des années 1980 sont nées ce que l'on a appelé des « politiques transversales ». À titre d'exemple, nous en évoquerons deux ici : la politique de la Ville et le RMI.

LA POLITIQUE DE LA VILLE

La politique de la Ville est née en 1977 avec la création du comité interministériel « habitat et vie sociale », chargé de financer la part « État » dans des contrats passés entre la commune, les propriétaires HLM et l'État pour l'aménagement d'une cinquantaine de sites en banlieue de grandes agglomérations. L'approche « HVS » était novatrice : elle se voulait globale, transversale ; elle requérait la participation des habitants aux projets qui les concernent. Cette approche territoriale et globalisée est développée et confirmée à partir de rapports de missions remis au gouvernement dans les années 1981-1982. La logique de « développement social des quartiers » va se substituer aux expérimentations HVS. Se confirme alors l'idée pour les politiques sociales d'une prise en charge globale des populations cumulant des handicaps sur des territoires précis, tout en les voulant acteurs du changement. On peut voir là un retour à la conception communautaire du social, l'idée d'une possible solidarité par la similitude des conditions et l'appartenance à un même lieu. C'est ce qui explique l'importance conférée à la notion et à la pratique de la médiation : il s'agit de renforcer le lien social là où les rapports se vivent sans renvoyer les problèmes à une instance étatique lointaine mais en cherchant les solutions dans une socialité concrète, une solidarité active que l'on avait oubliée. La rhétorique de la médiation qui est celle des métiers de la ville est une tentative de réponse à la crise du modèle d'intégration, à ce vide social que l'on a appelé « le problème des banlieues » et que l'on peut définir comme la perte de perception des règles communes.

L'INSERTION : ENTRE LE SOCIAL ET L'ÉCONOMIQUE

L'autre grande politique transversale porte le nom de Revenu minimum d'insertion. Nous sommes là en présence d'une tentative de réponse à la crise du modèle de la protection sociale qui consiste à créer une prestation nouvelle à la charnière entre protection sociale et politique de l'emploi. L'originalité de la loi de décembre 1988 est qu'elle lie intimement une prestation quasi universelle, qui constitue un droit, et une démarche d'insertion basée sur un engagement contractuel entre l'individu et la société. L'examen des contrats d'insertion donne lieu à une vaste entreprise d'évaluation des capacités des personnes qui mobilise, via les commissions locales d'insertion, des dispositifs administratifs, des professionnels d'horizons divers.

L'évaluation de la mise en œuvre de la loi sur le RMI achevée en 1992 a débouché sur une série de débats au sein de la société française que l'on peut répartir en trois grandes interrogations. Tout d'abord, comment améliorer l'insertion des allocataires et l'efficacité du dispositif mis en place ? Les études ont montré que, si le revenu minimum a effectivement amélioré les conditions de vie des allocataires, la dynamique d'insertion est insuffisante. Le second débat a porté sur l'obligation d'insertion et certains ont dénoncé l'absurdité de cette contrepartie compte tenu du contexte économique, estimant nécessaire d'aller vers une déconnexion du revenu minimum et de l'insertion pour créer une allocation universelle. Enfin, le dernier débat, relancé avec la loi sur les emplois-jeunes, porte sur la question du droit au travail contre le droit à l'emploi et sur la création de vrais emplois venant se substituer aux politiques d'insertion, soupçonnées de ne proposer aux personnes que du « faux travail ».

DE L'AUTRE CÔTÉ DU MIROIR

De l'autre côté du miroir, le chômage est devenu en France un chômage de masse qui pèse de tout son poids sur la société. Massif, persistant, croissant, il touche désormais tous les milieux, tous les âges, tous les groupes sociaux, tous les territoires. Les inégalités demeurent malgré tout très fortes. Mais si, par exemple, il touche plus fréquemment les non-diplômés, quel que soit le niveau de diplôme, l'insertion des jeunes sur le marché de l'emploi est de plus en plus longue et de plus en plus difficile.

On ne peut appréhender correctement le chômage sans passer de l'analyse du chômage à l'examen des trajectoires des chômeurs. S'intéresser aux chômeurs, c'est sortir de l'alternative chômage ou emploi pour examiner les formes concrètes que peut prendre l'emploi, mais c'est aussi prendre en compte les conditions de vie qui caractérisent chaque situation et chaque parcours. C'est ce qu'a fait un rapport du Commissariat général au plan en additionnant toutes les catégories de personnes qui ne sont pas vraiment au chômage mais qui en sont proches : les personnes en emploi aidé dans le secteur non marchand, les chômeurs découragés qui ne cherchent plus de travail, les personnes qui désirent travailler mais qui ne cherchent pas d'emploi du fait des circonstances, les personnes bénéficiant de dispositifs de cessation anticipée d'activité et, enfin, les personnes bénéficiant d'un dispositif de formation. Au total, c'est 6,7 millions de personnes qui subissent la dégradation de la situation de l'emploi. Ainsi, les quelque trois millions de chômeurs ne formeraient que le noyau dur d'un vaste phénomène de décomposition de la relation au travail touchant près de sept millions de personnes.

Ce rapport alimente la thèse qui considère avant tout l'exclusion comme une forme extrême d'inégalité. C'est notamment l'idée que défend Robert Castel qui établit un continuum entre ceux qui sont intégrés, ceux qui sont précarisés et ceux qui sont « désaffiliés ». Pour lui, « la question de l'exclusion est bien un effet de l'effritement de la condition salariale, essentiel sans aucun doute, mais qui déplace en bordure de la société ce qui d'abord la frappe au cœur ». Les inégalités sont à ses yeux un facteur permanent de production de l'exclusion. Dans cette perspective, l'intervention sociale doit se placer au niveau de la prévention et dans l'intervention en amont lorsque la précarité n'a pas encore basculé dans l'exclusion.

Quelles sont les conséquences d'une telle crise de légitimité de la solidarité ? On peut dire que le voile déchiré sur la connaissance des différences inacceptables entre telle ou telle situation a nettement déplacé le code de la proximité à l'égard de ceux qui sont devenus les démonstrateurs de cet effondrement. Une file d'attente devant un foyer d'hébergement, des jeunes chômeurs qui vont de guichet en guichet, des migrants qui squattent un immeuble, des enfants qui ne peuvent plus déjeuner à la cantine scolaire, des femmes surendettées… Ce rapprochement vers ces situations est le corrélat inévitable de l'effondrement d'un monde, une précarité élargie qui agrandit l'inquiétude et la crainte du futur. Non pas que ces situations soient totalement nouvelles. Mais cette crise de légitimité opère un net déplacement de nos dispositifs affectifs puisque cela peut nous arriver.

Voilà ce qui est nouveau : cette crise possède une fonction politique, celle de créer un contrechamp en nous faisant basculer un instant du côté d'une réalité en manque d'idéaux. Le « comment cela lui est-il arrivé ? » n'est plus interprété du côté de l'aléa ou du hasard, mais immédiatement placé dans le jeu de dominos de la protection sociale qui, pièce par pièce, s'est effondré : chute de la protection du travail qui laisse filer hors du chômage des populations vulnérables ; affaissement de la protection sociale générale qui ne parvient pas à consolider un socle minimum de garanties ; déclin du secours territorial qui s'émiette en autant d'associations que de bonnes volontés ; réseau familial qui, lui-même menacé, ne peut plus retenir fermement l'individu sans appui. Chaque domino se renverse sur le suivant dans une chaîne ininterrompue en creusant la connaissance des différences entre les hommes. L'accès et l'égalité des droits sont remis en question.

VERS UNE MEILLEURE PROTECTION DE L'INDIVIDU

C'est dire finalement qu'au travers de ce que l'on nomme en France « la question sociale » se joue concrètement une formulation politique dont on attend qu'elle dénoue le réel, éloigne le drame, plante des idéaux dans la réalité. On compte sur elle pour opérer un léger déplacement de nos dispositifs affectifs, une préhension active du « Comment cela lui est-il arrivé ? » comme principale question signalant une nouvelle proximité, une mobilisation de l'inquiétude comme une dette. Tout se passe comme si la question sociale transportait les angoisses privées vers une communauté de dettes à l'égard de ses membres, lorsque des affects publics empoignent un passé effondré, comme s'il était temps encore de faire qu'il n'ait jamais été et de dresser un contrefort par l'intervention sociale.

Chaque fois que nos angoisses se transposent sur cette scène publique de la dette, reconnaissant une terrible parenté avec celui qui s'effrite et dont l'existence se referme au point de devenir une prison, l'intervention sociale consiste à protéger l'individu afin de trouver un nouveau rapport d'émancipation. Ce qui fait qu'un homme est un homme, c'est le fait qu'il soit émancipé par rapport à la volonté des autres. À défaut, lorsque le risque de vivre comme un individu autonome dans une société devient négatif, ce risque appelle de nouveaux droits ou des statuts particuliers nécessaires à la régulation des conséquences invalidantes. C'est, croyons-nous, l'objet central de l'intervention sociale : elle consiste à resserrer les mailles de la sécurité pour mettre à la disposition des individus les moyens de construire leur autonomie, à tricoter les intersections, publique et privée, qui permettent de matérialiser une protection de la capacité individuelle. Par là, la « constitution de soi » est indissociable des institutions de protection, l'homme est bien un animal social qui, pour élargir « sa propre possession », se nourrit de règles et d'obligations censées le soutenir.

BIBLIOGRAPHIE

ASTIER, I. (1997). *Revenu minimum et souci d'insertion*, Paris, Desclée de Brouwer.

CASTEL, R. (1995). *Les métamorphoses de la question sociale. Une chronique du salariat*, Paris, Fayard.

DONZELOT, J. (1991). *Face à l'exclusion : le modèle français*, Paris, Esprit.

LAÉ, J.-F. (1996). *L'instance de la plainte. Une histoire politique et juridique de la souffrance*, Paris, Descartes.

MUNARD, N. (1995). *La protection sociale*, Paris, Repères/La Découverte.

ROSANVALLON, P. (1995). *La nouvelle question sociale : repenser l'État-providence*, Paris, Le Seuil.

COLLECTIF (1996). « Vers un revenu minimum inconditionnel ? », *Recherches – La Revue du MAUSS*, no 7, 1er semestre.

MONDIALISATION, EXCLUSION ET INTERVENTION
Essai d'interprétation

DANIEL HOLLY, Ph. D.
Département de science politique, Université du Québec à Montréal

RÉSUMÉ

Le mouvement général de l'économie mondiale, ces dernières années, n'a pas manqué de retenir l'attention des observateurs de la scène internationale. Les analyses se sont succédé, faisant de la mondialisation un thème à la mode, la mettant au centre des débats. La mondialisation est l'expression de la « loi » du développement du capitalisme, « loi » qui exige que soient mises en place des conditions propices à l'accumulation du capital. La production des conditions d'une mise en valeur satisfaisante du capital crée inévitablement des tensions dans l'économie mondiale et par ricochet dans les économies nationales. Ces tensions sont de véritables manifestations des antagonismes du système, elles en menacent l'existence et poussent à l'adoption de mesures compensatoires, au nom du maintien de l'intégrité de l'économie mondiale et du même coup de celle du système mondial.

Le mouvement général de l'économie mondiale, ces dernières années, n'a pas manqué de retenir l'attention des observateurs de la scène internationale. L'ampleur du phénomène est telle que toute une littérature s'est développée qui se propose d'en élucider les tenants et les aboutissants. Les analyses se sont succédé, faisant de la mondialisation un thème à la mode, la mettant au centre des débats. Nombre d'auteurs y ont vu un mouvement radicalement nouveau, une phase nouvelle du développement du capitalisme; une intensification, un approfondissement de processus anciens[1]. Toutefois, la majorité de ceux qui s'intéressent au phénomène s'accordent sur son étendue, sur son poids, voire sur son caractère déterminant. Aucune société ne serait épargnée. Toutes en subiraient la loi et seraient contraintes de s'adapter aux conditions actuelles de l'économie mondiale. Et les populations ne seraient pas épargnées, puisque la vie individuelle en serait directement affectée. Tout cela en partie parce que la mondialisation est porteuse du resserrement de l'articulation des économies nationales dans l'économie mondiale.

Un fait ressort fortement de toutes ces études : pour tous les auteurs concernés, l'économie mondiale est un système. Et si toutes les économies nationales en font partie, elles subissent, en tant que partie d'un tout, la tyrannie/domination du tout. C'est vrai pour les tenants de l'orthodoxie économique comme pour les critiques du libéralisme économique. L'articulation de plus en plus étroite des économies nationales dans le système de l'économie mondiale entraîne des effets révélateurs de ces rapports. Voilà qui soulève des questions théoriques qu'il est intéressant de considérer parce qu'elles sont susceptibles d'éclairer le problème au cœur de ce travail.

En général, le resserrement des interdépendances au sein de tout système social est toujours source d'inquiétude ou de questionnement. Processus de renforcement des interrelations fondatrices de l'ordre en question, ce resserrement a des conséquences importantes sur les éléments du système. D'un côté, la prégnance des contraintes exercées par le tout sur les parties s'en trouve confortée, obligeant celles-ci à s'aligner davantage sur la dynamique d'ensemble et à s'y conformer. De l'autre, se développe une aggravation des tensions internes du système, sur fond d'affermissement et de détérioration de certaines conditions qui le caractérisent, donc des antagonismes actifs en son sein, accentuant du coup l'obligation de contrer pareille évolution par le recours à des mesures de rétroaction négative. Il s'ensuit que des interventions de nature spécifique de la part des agents sociaux sont suscitées et imposées par ces développements pour, d'une part, appuyer le mouvement général des choses, l'accompagner et en favoriser l'aboutissement, et, d'autre part, refouler et

---

1. Voir, par exemple, G. Thompson, « Introduction : situer la mondialisation », *Revue internationale des sciences sociales*, juin 1999, n° 160.

contrôler les antagonismes, ou les exacerber, selon, bien entendu, les préférences des acteurs sociaux. L'intervention est, en ce sens, inscrite profondément dans la réalité sociale. Mode caractéristique de fonctionnement des systèmes sociaux, elle est de ce fait inévitable. Elle est le garant de leur reproduction, ce par quoi la reproduction est assurée.

Concernant la mondialisation, ce qui est posé par les développements précédents est bien la question des initiatives suscitées par sa dynamique ; initiatives pour appuyer le mouvement de la mondialisation, initiatives pour en corriger les effets. Bien que les actions correctrices soient indissociables des premières en ce sens qu'elles assurent le développement de la mondialisation, il est nécessaire de les distinguer analytiquement. Les actions correctrices sont, en effet, une réponse aux situations créées par les initiatives d'appui et, de ce fait, doivent être étudiées séparément. C'est cette dimension de la mondialisation qui nous intéresse ici. Il s'agira, à partir de la prise en compte des effets entraînés par ce phénomène, d'en dégager les conséquences pour l'action humaine. Il va sans dire que notre attention sera centrée sur les lieux où se déploie cette mondialisation, c'est-à-dire sur les espaces nationaux. C'est là que s'inscrivent fondamentalement les activités et les développements désignés comme mondialisation. Les territoires nationaux en sont les lieux d'ancrage incontournables. Et c'est dans l'impact cumulatif des résultats atteints sur ce chapitre que la mondialisation suit son cours, s'intensifie, bref, se « réalise ».

La discussion s'articule en trois points : le premier est une présentation schématique de la mondialisation ; le deuxième s'attache à en dégager les conséquences sociales « négatives » ; le troisième, enfin, présentera brièvement certaines interventions correctrices provoquées par les situations créées par la mondialisation.

LA MONDIALISATION : UN ESSAI D'APPRÉHENSION

Le concept de mondialisation échappe à une seule définition. Plusieurs ont été proposées qui parfois diffèrent les unes des autres. Pour la Commission européenne, par exemple :

> La mondialisation peut se définir comme le processus par lequel l'interdépendance entre les marchés et la production de différents pays s'accroît sous l'effet des échanges de biens et de services ainsi que des flux financiers, et technologiques. Il ne s'agit pas là d'un phénomène nouveau, mais de la poursuite d'une évolution amorcée depuis bien longtemps[2].

---

2. Cité dans G. Thompson, *op. cit.*, p. 160.

Pour d'autres auteurs, la mondialisation est plus que la poursuite d'une évolution:

> Expression de l'expansion spatiale du capitalisme [...] la mondialisation est aussi et avant tout un processus de contournement, délitement et, pour finir, démantèlement des frontières physiques et réglementaires qui font obstacle à l'accumulation du capital à l'échelle mondiale [...] Le phénomène de mondialisation traduit une mutation plus qu'une continuité dans ce processus [...] La mondialisation s'inscrirait ainsi dans une tendance plus longue, celle de la soumission progressive de tout espace physique et social à la loi du capital, loi d'accumulation sans fin [...][3].

S'il est difficile de trouver une définition qui fasse l'unanimité, il est toutefois possible de se faire une idée de ce que recouvre le terme de mondialisation. Le concept tente de rendre compte des changements importants survenus dans le monde en matière d'échange de biens et de services ainsi que de flux financiers et technologiques. En d'autres termes, ce sont les transformations dans le domaine des échanges, de l'investissement productif au niveau mondial et de la finance au cours des deux dernières décennies qui constituent les traits distinctifs de la mondialisation. Sans conteste, c'est bien le mouvement de l'accumulation du capital qui est concerné. Que pouvons-nous en dire?

L'investissement productif à l'étranger occupe une place centrale dans le processus de formation de l'économie mondiale. L'investissement direct à l'étranger (IDE), désigné parfois sous le nom d'internationalisation de la production, a joué un rôle de premier plan. C'est un processus ancien dont on peut retracer les premières manifestations pendant la deuxième moitié du XIXe siècle. Dès cette époque, c'est un moyen de surmonter certaines barrières à une mise en valeur satisfaisante des capitaux, en fournissant à ceux-ci, sur le plan international, des occasions d'investissement plus rentables[4]. Une structure productive mondiale se met déjà en place. Ce n'est, cependant, qu'à partir de 1945 que l'internationalisation de la production s'intensifiera, atteignant un rythme annuel d'environ 50 milliards de dollars courants[5]. Et cela jusqu'au milieu des années 1980. Nous avons donc affaire à un phénomène ancien qui met l'exportation des capitaux avec ancrage dans la production (IDE) au cœur du mouvement de l'accumulation.

---

3. J. Adda, *La mondialisation de l'économie 1. Genèse*, Paris, La Découverte, 1997, p. 3-4.

4. Voir Adda, *op. cit.*, p. 77-92.

5. *Ibid.*, p. 79.

Tableau 11.1
Total de l'IDE sortant des pays de l'OCDE (1985-1996)
(milliards de dollars US et indice 1985 = 100)

	1985	1986	1987	1988	1989	1990	1991	1992	1993	1994	1995	1996
Valeur*	56,5	89,0	135,7	161,8	208,3	216,6	184,5	164,9	189,6	202,1	289,0	279*
Indice base 100 (1985)	100	157	239	286	368	382	326	291	335	358	511	494

* Estimations provisoires.
Sources: Tableau tiré de F. Chesnais (1996, p. 80) ; OCDE.

Ce qui change à partir de 1985, c'est la progression fulgurante de l'IDE, comme il apparaît au tableau 11.1. Entre 1985 et 1996, les montants totaux de l'IDE sortant des pays développés à économie de marché sont passés de 56,5 milliards de dollars par année à approximativement 279 milliards de dollars[6].

Ces investissements ne se répartissent pas également entre toutes les régions du monde. Ils sont extrêmement concentrés. Les pays de la Triade (Union européenne, Amérique du Nord, Japon), donc essentiellement les pays développés à économie de marché, en sont les principaux bénéficiaires. Ces pays sont à la fois les pays d'origine et de destination des flux de capitaux. Quant aux pays en développement, ils sont, à l'exception d'une petite minorité, laissés pour compte. Dix pays en développement en effet reçoivent, en 1995, plus des trois quarts des IDE réalisés dans les pays en développement[7]. Cette concentration de l'IDE est due en grande partie à l'existence d'une demande solvable importante dans les pays de la Triade. Tout cela n'est pas le fruit du hasard.

À l'origine de cet essor des IDE, on trouve certes le mouvement propre du capital, mais aussi des politiques des gouvernements des pays de la Triade. Libéralisation et déréglementation pratiquées par ces derniers sur grande échelle depuis tantôt deux décennies aboutissent, en matière d'investissement, aux résultats dégagés plus haut.

Libéralisation et déréglementation donnent aux entreprises et aux capitaux – c'est surtout vrai des pays développés – une extraordinaire mobilité, accélérant de la sorte l'exportation des capitaux et aggravant du même coup les situations sociales, vu les fermetures d'entreprises qu'accompagne généralement ce mouvement de la vie économique. Dorénavant, le

---

6. F. Chesnais, *La mondialisation du capital*, Paris, Syros, 1997, p. 80.

7. J. Adda, *ibid.*, p. 84.

maintien de la cohésion nationale, finalité importante des politiques suivies antérieurement, ne semble plus être une priorité des gouvernements. L'amélioration de la position concurrentielle des entreprises nationales dans l'économie mondiale devient une préoccupation majeure de ces derniers dans un monde où, à cause des politiques d'ouverture pratiquées par tous les grand États, l'économie est de plus en plus globale, c'est-à-dire que « les activités clés de production, consommation et distribution, ainsi que leurs composants (capital, travail, matières premières, gestion, information, technologie, marchés) sont organisés à l'échelle planétaire, soit directement ou à travers un réseau de liens entre les agents économiques[8] ». Il se produit inévitablement, ainsi que le dit J. Adda, un processus de délitement des frontières des États avec tous les effets que cela entraîne pour les populations concernées. Il faut toutefois réaliser que ces politiques sont une réponse aux difficultés de l'accumulation, aux obstacles rencontrés par le capital dans le cours de sa mise en valeur. Elles reflètent en quelque sorte les contraintes de valorisation du capital. Et les conséquences qui en découlent pour les différentes économies nationales – resserrement de l'interdépendance ou marginalisation/exclusion – doivent être rapportées à cette exigence. C'est le mouvement même de l'accumulation du capital qui produit ces situations, précipitant du même coup la mise en forme de politiques d'appui ou de correction. On tient là une explication théorique de l'intervention. Nous y reviendrons. Tournons-nous maintenant vers les développements internationaux en matière de commerce mondial.

Dans ce domaine, le fait marquant c'est, là encore, la concentration des échanges entre les pays de la Triade. Les échanges « intrazone » ainsi que les flux commerciaux entre zones représentaient, en 1995, 75,7 % du commerce mondial[9]. F. Chesnais signale que cette fraction croît continuellement[10]. Cette situation est par ailleurs affermie par la constitution d'ensembles régionaux, notamment l'Union européenne, l'Aléna et le renforcement des liens entre les pays de l'Asie du Sud-est. Un autre trait caractéristique du commerce mondial, c'est bien le rôle qu'y jouent des firmes transnationales (FTN). Les estimations varient, mais en général on s'accorde pour leur reconnaître un poids considérable. Un rapport de la Conférence des Nations Unies sur le commerce et le développement (CNUCED) révèle que les deux tiers du commerce mondial seraient contrôlés par les FTN[11]. Il faut noter à ce sujet que ces entreprises sont

---

8. M. Castells, *La société en réseaux*, Paris, Fayard, 1988, p. 93.
9. F. Chesnais, *op. cit.*, p. 268.
10. *Ibid.*
11. Cité par Chesnais, *op. cit.*, p. 273-274.

impliquées dans différentes formes d'échanges : « Les échanges de types interbranches et intrabranche sont croisés avec les échanges entre firmes indépendantes et ceux effectués au sein de l'espace propre internalisé des groupes transnationaux[12]. »

Il existe cependant une situation des plus préoccupantes sur le plan des échanges commerciaux. Elle concerne la marginalisation d'une bonne partie des pays autrefois désignés par l'appellation tiers-monde. Rappelons, à cet égard, que ces pays sont encore grands exportateurs de produits primaires, qui constituent, pour la plupart, une part appréciable de leurs exportations. Plusieurs mécanismes conduisent à cette marginalisation. L'innovation technologique, qui permet de substituer de nouveaux matériaux aux anciens, en est un. Chesnais cite le cas de l'industrie pétrochimique et de celle des thermoplastiques. Celles-ci « ont proposé à l'industrie du bâtiment des matériaux moins chers et d'utilisation plus flexible. Pour les pays producteurs et exportateurs de cuivre, la substitution équivaut à la perte de leurs sources de revenus et conduit à la déconnexion[13] ». La production de « nouveaux matériaux » constitue ainsi une menace réelle pour des exportations traditionnelles des pays en question. Leur endettement et les charges consécutives à cet état de fait empêchent l'adoption de politiques correctrices. La marginalisation peut aussi résulter du mouvement de désinvestissement qui pousse les FTN, en quête d'un profit maximal, à déplacer leurs investissements d'un territoire national à un autre. Ces développements ne sont pas sans conséquences pour les sociétés concernées. Marasmes économiques, difficultés croissantes pour les gouvernements à faire face à leurs obligations et à tenter d'alléger la misère des populations, tels sont quelques-uns des effets imputables à cette situation.

Le fait peut-être le plus notable de la mondialisation concerne la finance. La mondialisation financière atteint une ampleur considérable. Les données disponibles font état de transactions quotidiennes de l'ordre de 1 400 milliards de dollars comparativement aux quelque 4 000 milliards de dollars annuels des échanges mondiaux[14]. Cette croissance se fait « à des rythmes qualitativement supérieurs à ceux de l'investissement, du produit intérieur brut ou des échanges[15] ». C'est dire l'importance de la finance internationale. Nous sommes à l'ère de la domination de la sphère financière. Elle prélève, en effet, une grande partie de la richesse produite

---

12. *Ibid.*, p. 274.

13. *Ibid.*, p. 271.

14. Voir F. Chesnais (dir.), *La mondialisation financière. Genèse, coût et enjeux*, Paris, Syros, La Découverte, 1996.

15. *Ibid.*, p. 12. L'expression « mondialisation financière » désigne, selon F. Chesnais, « les interconnexions très étroites entre les systèmes monétaires et les marchés nationaux, qui ont résulté des mesures de libération et de déréglementation [...] », *ibid.*, p. 10.

par la sphère productive. Elle impose ses exigences à cette dernière, comme aux dirigeants nationaux. Les directions des fonds de pension et les organismes de placement collectif des valeurs mobilières, acteurs de la finance internationale dont on parle le plus, sont en mesure de dicter, de concert avec les autres institutions financières privées, les politiques à suivre : lutte au déficit, rigueur budgétaire, dans le cas des gouvernements ; efficacité de gestion, rendement, dans le cas des entreprises. Il y a inévitablement un prix à payer pour cela : chômage, précarité du travail, subordination du travail au besoin de flexibilité des firmes, etc. Mieux. Les chocs et les crises qui ont accompagné la montée du capital financier attirent l'attention sur la fragilité de ce développement. Dorénavant, on ne peut écarter la possibilité d'une crise systémique, étant donné particulièrement « la carence des instances de supervision de contrôle[16] ».

Si les développements précédents renseignent bien sur les aspects essentiels de la mondialisation, ils en laissent toutefois de côté une dimension importante qu'il est fondamental de discuter pour mieux faire ressortir le lien qui existe entre mondialisation et intervention. Il s'agit du rôle dévolu à l'État dans le nouveau contexte mondial.

Le keynésianisme avait débouché sur la mise en place de l'État-providence, c'est-à-dire d'un État interventionniste, actif dans la régulation des activités économiques, promoteur d'une certaine redistribution de la richesse nationale à travers son pouvoir de taxation, soucieux d'alléger la misère et instigateur de programmes sociaux en matière d'éducation et de santé, par exemple. Cet État, dans beaucoup de cas, était même propriétaire d'entreprises économiques. C'est dire la place stratégique qu'il occupait. Or, un des traits caractéristiques de la mondialisation, c'est la demande, au nom de la liberté du marché, de démantèlement de l'État-providence par les adeptes du tout-marché. L'État minimal est la nouvelle norme. Dorénavant, les gouvernements devront limiter leurs interventions dans l'économie, réduire les dépenses de l'État, particulièrement les dépenses sociales, privatiser les entreprises publiques, libéraliser les marchés et ouvrir l'économie nationale sur le monde. Voilà qui change radicalement la donne.

Les milieux d'affaires, désormais débarrassés du « carcan » des réglementations de toutes sortes, auront beau jeu pour imposer leur loi à l'ensemble de la société. Obnubilés par leur désir d'enrichissement à tout prix et débarrassés des contrôles gouvernementaux, ils s'en donneront à cœur joie dans cette nouvelle économie, sans se soucier des effets de leurs agissements sur les populations. L'État minimal, c'est un État dont le tissu

---

16. Chenais, *ibid.*, p. 11.

social se défait. Les solidarités qui le caractérisaient du temps de l'État-providence s'affaiblissent, menaçant d'éclatement, à terme, les sociétés concernées, sous l'impact de la résurgence ici et là de revendications identitaires ou de mouvements régionalistes scissionnistes. Les États peuvent-ils assister impassibles à cet effondrement? Les développements en cours ne peuvent manquer de les interpeller, quel que soit le type d'État considéré. Des mesures palliatives doivent être prises, non seulement au nom du maintien de la cohésion sociale, mais aussi pour mieux appuyer l'approfondissement de la mondialisation. Mais, avant d'aborder la question de l'impact de cette dernière et celle des moyens envisagés pour remédier à ses aspects les plus négatifs, analysons succinctement le rôle des États et des organisations internationales dans la promotion de la mondialisation.

UNE GRANDE COLLUSION

Réalité historique, la mondialisation, expression contemporaine du développement du capitalisme, s'est appuyée sur ces instruments du système mondial que sont les États et les organisations internationales. Chacun d'eux, à sa façon et avec les moyens à sa disposition, a contribué activement, et de façon significative, à l'essor des transformations du capitalisme mondial. Mieux : le « contrôle » des organisations économiques internationales les plus influentes (Banque mondiale et Fonds monétaire international) par les pays développés à économie de marché permet à ces derniers d'orienter les politiques et les interventions de ces organisations. D'où un effet de convergence, qui nous autorise à caractériser cette alliance de grande collusion[17]. États et organisations internationales subissant les contraintes du système de l'économie mondiale ne peuvent qu'aligner leurs actions sur sa logique. Le soutien à la mondialisation ne doit pas dès lors étonner. L'observateur le moindrement attentif de la scène mondiale en est vite pénétré.

En ce qui concerne l'intervention des États, nous avons déjà constaté qu'elle a consisté dans la mise en forme de politiques et de pratiques conformes à la nouvelle phase de développement du capitalisme. Historiquement, nous avons les États, comme les États-Unis et la Grande-Bretagne, qui prennent les premiers les initiatives et les mesures imposées par la

---

17. L'ensemble des pays développés à économie de marché contrôle plus de 50 % des votes dans ces deux organisations. Le vote y est pondéré, chaque État se voyant attribuer des voix proportionnellement à sa contribution respective aux ressources de ces organisations. Les plus gros contributeurs – en général, les États les plus riches – ont donc, au départ, un avantage certain.

nouvelle donne de l'économie mondiale. Libéralisation et déréglementation sont alors les maîtres-mots du jeu relationnel-international qu'ils essaient de généraliser. Les autres ont suivi, par inclination naturelle – il s'agit des pays développés à économie de marché – ou ont été forcés d'emboîter le pas, parfois avec énormément de réticences – c'est le cas de l'ensemble des pays en développement et des pays en transition de l'ancien « monde socialiste ». Partout des politiques conséquentes ont été adoptées et appliquées, contribuant par là à renforcer les tendances à l'œuvre dans l'économie mondiale.

Dans cette tâche, les États ont été soutenus par les organisations internationales, notamment par les différentes instances du système des Nations Unies. À ce sujet, il est utile de se rappeler que les organisations internationales, en général, ne sauraient aller à l'encontre des « désirs » de leurs États membres les plus puissants. Leur dépendance financière des contributions des États membres, et particulièrement de celles des plus riches d'entre eux, limite d'ailleurs considérablement leur marge d'autonomie. Dans l'ensemble, il n'est pas faux d'affirmer que leurs activités contribuent, d'une façon ou d'une autre, à l'établissement de conditions propices à la reproduction du système mondial et de ses structures fondamentales. C'est bien ce qui ressort de la prise en compte de leurs interventions dans l'économie mondiale. Le cas de la Banque mondiale et du Fonds monétaire international (FMI) est très connu. Qu'il s'agisse, à partir du milieu des années 1980, des programmes d'ajustement structurel du FMI, du programme des prêts à l'ajustement structurel et des prêts de la Banque mondiale, l'objectif visé est bien l'encadrement de l'action des États et l'orientation de leur politique économique dans un sens favorable au mouvement profond de l'économie mondiale.

Mais il n'y a pas que le FMI et la Banque mondiale à intervenir dans ce sens. Toutes les organisations internationales engagées, à un titre ou à un autre, dans les activités opérationnelles liées aux programmes d'aide y participent[18]. Les ressources financières affectées à la poursuite de cette tâche sont importantes. À cela s'ajoutent les ressources intellectuelles dont disposent ces institutions. Elles mènent toutes en effet, parallèlement à leurs opérations sur le terrain, des recherches et des études sur des questions relevant de leur champ de compétence, pour encadrer leur action et lui donner une plus grande efficacité, certes, mais également pour mettre en forme des normes et des valeurs qu'on se fera fort de diffuser dans le monde. Bon nombre d'entre elles reprendront d'ailleurs à leur actif les

---

18. Voir, par exemple, D.A. Holly, *L'Organisation des Nations Unies pour le développement industriel*, Paris, L'Harmattan, 1999.

thèmes et les valeurs dominantes des différentes périodes qui marquent les relations internationales et reflètent, pour certaines, les exigences de l'accumulation du capital à un moment donné. C'est ainsi qu'on a pu voir des organisations internationales comme l'Organisation des Nations Unies pour le développement industriel (ONUDI) non seulement se rallier aux valeurs du néolibéralisme dominant, mais aussi en imprégner son programme d'activités et ainsi les proposer à ses États membres, contribuant par là à magnifier les effets néfastes de la mondialisation.

DES CONSÉQUENCES SOCIALES GLOBALEMENT NÉGATIVES

Dans les pages précédentes, on l'a laissé entendre à plusieurs reprises : la mondialisation a des conséquences sociales néfastes sur lesquelles il est bon de revenir, ne serait-ce que brièvement, pour mieux les mettre en perspective. Une précision s'impose au préalable cependant : sur le plan de la création des richesses, la mondialisation a un bilan positif. Cela s'observe notamment au niveau des forces productives, dont le développement est phénoménal en cette fin de siècle, particulièrement avec l'avènement de l'économie informationnelle[19]. Le développement de l'industrie de l'information, en effet, s'accompagne d'une hausse considérable de la productivité des entreprises qui bouleverse le mode de production et propulse les sociétés affectées dans un univers radicalement différent de celui instauré par la révolution industrielle. On peut s'attendre, avec l'approfondissement de cette évolution, à des « progrès » encore plus significatifs dans ce domaine. Ce qui pose problème aujourd'hui, c'est la distribution inégale des bénéfices engendrés par ce processus. Globalement, il y a creusement des inégalités.

Cet élargissement des écarts de richesse, conforme à la logique profonde du capitalisme mondial, se constate d'abord au niveau des États. Les pays riches s'enrichissent davantage. Et, vu le rôle central de l'innovation technologique et de la recherche-développement dans la mise en place ainsi que dans l'essor de cette économie informationnelle, le creusement des inégalités ne peut que s'aggraver, rejetant toujours davantage dans l'enfer du « non-développement » les États qui sont incapables de suivre le mouvement. L'accumulation de la richesse à un pôle n'est-il pas un trait dominant du capitalisme ? C'est également un trait distinctif du

---

19. Voir M. Castells, *La société en réseaux*, Paris, Fayard, 1998.

système mondial que des mécanismes divers s'évertuent d'ailleurs à reproduire[20]. Fernand Braudel n'écrivait-il pas à propos des relations entre les
pays dans l'économie-monde capitaliste :

> Les diverses zones d'une économie-monde regardent vers un même point,
> le centre : polarisées, elles forment déjà un ensemble aux multiples cohé-
> rences [...] Et une fois établies, les liaisons durent.
>
> Toute économie-monde est un emboîtement, une juxtaposition de zones
> liées ensemble, mais à des niveaux différents. Sur le terrain « trois aires »,
> trois catégories au moins se dessinent : un centre étroit, des régions secondes
> assez développées, pour finir, d'énormes marges extérieures [...] Les
> régions arriérées, à la marge [de l'économie-monde, sont de] vastes
> régions drainées au bénéfice des marchés d'Occident, condamnées à
> accorder leur production moins aux besoins locaux qu'à la demande des
> marchés extérieurs [...][21].

Ces inégalités s'observent également à l'intérieur des États. Les classes
sociales les plus riches accaparent une part toujours plus grande des
richesses. L'accumulation du capital a toujours profité d'abord aux classes
aisées, qui se sont généralement approprié la plus grande partie des profits
générés. Tandis qu'en face les autres classes se partagent une fraction
moindre du revenu national. Cette réalité « éternelle » du capitalisme,
atténuée quelque peu du temps de l'État-providence, s'est exacerbée avec
l'intensification du processus de mondialisation. L'État, comme nous
l'avons vu[22], a joué et joue encore un rôle non négligeable dans l'instauration de ce nouvel ordre. Et en ce sens il est fidèle au rôle qu'il a toujours
tenu, dans l'histoire du capitalisme, au bénéfice des milieux d'affaires. La
déréglementation et la libéralisation, si vitales à l'essor du capitalisme dans
sa phase courante de développement et si activement promues par les
dirigeants politiques, accentuent encore plus les clivages sociaux et les
décalages entre les classes sociales, aujourd'hui. Tout cela n'est pas sans
conséquences sociales importantes.

Qu'il s'agisse du niveau national ou du niveau global, c'est-à-dire des
relations entre les États dans le système mondial hiérarchisé, selon l'expression de Michel Beaud, pauvreté et exclusion sont, avec l'accroissement des
richesses, les produits de la mondialisation. Aucun État n'est épargné. En
ce qui concerne les pays développés à économie de marché, la liberté dont
jouissent les entreprises en matière de mobilité des investissements, ainsi
qu'il a été vu plus haut, crée le chômage pour toute une catégorie de

---

20. Voir M. Beaud, *Le système national mondial hiérarchisé*, Paris, La Découverte, 1982.

21. F. Braudel, *Civilisation matérielle, économie et capitalisme, XVe-XVIIIe siècle. Tome 3, Le temps du monde*, Paris, A. Colin, 1979, p. 25 et 28.

22. Ici l'État est vu, au sens de la sociologie politique, comme la sphère qui domine la société et qui, fort du monopole de la violence, organise les rapports sociaux.

travailleurs et de personnes ne possédant pas la qualification profession-nelle requise par l'économie informationnelle. La précarisation du travail, avec la montée des emplois précaires, ne rend pas la situation de ceux qui travaillent plus alléchante. Or, la flexibilisation de la main-d'œuvre, si carac-téristique de l'époque actuelle, et la montée du chômage sont des formes de gestion du marché du travail conformes aux exigences de la valorisation du capital. En d'autres termes, ce sont les contraintes pesant sur l'accumu-lation qui expliquent, dans les pays développés, cet élargissement de l'armée de réserve. Mais, cela n'a été possible qu'avec l'application effective dans les relations économiques internationales, dans la conjoncture des deux dernières décennies, du principe de liberté de circulation internatio-nale du capital. C'est ainsi qu'a été créée une armée de réserve internatio-nale qui a permis aux entreprises de contrôler et même de diminuer leurs coûts salariaux. S'installe ainsi, dans ces pays, un processus de délitement social porteur de grands dangers qui sollicite immanquablement l'atten-tion des dirigeants nationaux et débouche sur l'adoption de mesures pal-liatives. La crise sociale doit être désamorcée avant que n'éclate l'inévitable, sans qu'on envisage le retour à l'État-providence.

Quant aux pays en développement, les situations qui y règnent varient considérablement, ne serait-ce que parce qu'ils sont loin de cons-tituer un groupe homogène. Mais toujours est-il que, pris dans les rets de la mondialisation, ils en subissent collectivement les effets négatifs. La pola-risation sociale entre un petit groupe de nantis et des masses défavorisées y est plus accentuée que dans les pays riches. À cela s'ajoutent, nous l'avons vu plus haut, les conséquences de l'application des programmes d'ajuste-ment structurel sur les niveaux de vie, déjà très bas, des masses populaires :

> Au Ghana, un foyer disposant de deux revenus ne pouvait, en 1982, ache-ter que 30 % de la nourriture nécessaire ; les dépenses gouvernementales en matière d'éducation étaient, en 1982, 70 % plus basses par rapport à leur niveau de 1974 et celles en matière de santé avaient baissé de 77 %. En Jamaïque, les dépenses par habitant dans le domaine social ont subi une baisse de 40 % pendant les années 80[23].

P. Salama et J. Vallier arrivent à une même conclusion, qui écrivent que « la pauvreté a augmenté durant la décennie 1980 et la baisse des prestations sociales a touché non seulement ceux qui les percevaient, mais aussi une partie des exclus du système de protection sociale, qui, au sein du groupe familial, avaient la possibilité d'en bénéficier indirectement pour survivre[24] ».

---

23. S. Buchy, *L'intégration de la problématique «Femmes et développement» aux politiques de la Banque mondiale : évolution, objectifs et moyens mis en œuvre*, Mémoire de maîtrise, Univer-sité du Québec à Montréal, Montréal, 1995, p. 26.

24. P. Salama et J. Vallier, *Pauvreté et inégalités dans le Tiers monde*, Paris, La Découverte, 1994.

Dans les nombreux pays laissés pour compte de la mondialisation, parmi lesquels ceux de l'Afrique au sud du Sahara, les perspectives de sortie de l'impasse sont on ne peut plus faibles :

> Beaucoup de politiques d'ajustement [note un rapport de l'ONU] se fondent sur l'hypothèse initiale que toute mesure qui amène l'économie à un état d'équilibre est bonne en soi et qu'à terme ses effets seront ressentis également dans toute la société, ou compensés par l'expansion future. Plusieurs études constatent cependant que ces politiques ont des conséquences beaucoup moins neutres pour la croissance et le développement[25].

Pris dans le maelström de la mondialisation, les classes défavorisées, et particulièrement les couches les plus fragiles en leur sein – les femmes et les enfants – , éprouvent beaucoup de difficultés à survivre. Ne pouvant trop compter sur leurs gouvernements, sujets à l'ajustement structurel, elles ne peuvent miser que sur l'aide étrangère pour améliorer un quotidien décidément vide et sans horizon.

Tous ces éléments, dans les pays développés comme dans les pays pauvres, sont autant de manifestations des antagonismes et des contradictions du système mondial. Antagonismes et contradictions qui, répétons-le, font partie intégrante du système et en menacent constamment l'existence[26]. Parce qu'ils sont annonciateurs de la mort du système, ils doivent nécessairement être refoulés, contrôlés. Et cela ne peut être obtenu que par la mise en forme d'interventions ciblées. La rétroaction négative devrait assurer, pour un temps, la survie, c'est-à-dire la reproduction du système.

Mais, avant de présenter certaines interventions qui ont cours actuellement, récapitulons. La mondialisation est l'expression de la « loi » du développement du capitalisme, « loi » qui exige que soient mises en place des conditions propices à l'accumulation du capital. La production des conditions d'une mise en valeur du capital satisfaisante crée inévitablement des tensions dans l'économie mondiale et par ricochet dans les économies nationales, tensions qui sont de véritables manifestations des antagonismes du système, en menacent l'existence et poussent à l'adoption de mesures compensatoires, au nom du maintien de l'intégrité de l'économie mondiale et du même coup de celle du système mondial. L'intervention est, on peut le dire, dans la nature même des systèmes sociaux. En référence au système mondial ou à l'économie mondiale, cette intervention doit être pensée dans ses rapports avec les différents aspects du système mondial : la promotion du développement de la mondialisation,

---

25. Voir Nations Unies, *Étude mondiale sur le rôle des femmes dans le développement*, New York, Nations Unies, 1989, p. 21-22.

26. Voir E. Morin, *La Méthode 1. La nature de la nature*, Paris, Seuil, 1972. Voir aussi E. Morin, *Introduction à la pensée complexe*, Paris, ESF Éditeur, 1990.

la consolidation de la place des économies nationales dans l'économie mondiale ou sa modification, la lutte contre l'exclusion sociale, la lutte contre la pauvreté, etc. Tel est le rapport qu'une prise en compte des dimensions théoriques de la question qui nous intéresse ici permet d'instaurer entre mondialisation et intervention. Cela dit, sur le plan de l'intervention comment se présente la situation dans le monde aujourd'hui ?

DES INTERVENTIONS CIBLÉES

Manifestement, il est hors de question, dans un court essai comme celui-ci, d'être exhaustif. Aussi nous attacherons-nous simplement, en guise d'illustration, à quelques-unes des politiques appliquées dans les pays en développement pour tenter de corriger certains des effets négatifs de la mondialisation. Le choix des pays en développement n'est pas fortuit. Comme l'ont laissé entendre les observations précédentes, les politiques de promotion du resserrement de l'intégration des économies de ces pays dans l'économie mondiale ont eu des conséquences néfastes pour leurs populations. Les coûts sociaux des programmes d'ajustement structurel sont particulièrement élevés, affaiblissant davantage des sociétés déjà fragiles.

Bien que la mondialisation concerne surtout des États donnés – ceux de la Triade et une semi-périphérie formée des quelques pays en développement où le développement économique a atteint un certain seuil (les nouveaux pays industrialisés) – , il est impossible de se désintéresser totalement du sort des autres États, sous peine de permettre l'éclosion de mouvements de contestation importants, susceptibles de déstabiliser le système mondial et de mener éventuellement à sa « perte ». L'organisation de forces militaires d'intervention rapide par les grandes puissances, pour faire face à des crises dans les pays en développement particulièrement, est un indice des préoccupations qu'appelle cette éventualité. La sollicitude pour le sort des populations défavorisées des pays en développement est le fait de beaucoup d'intervenants au nombre desquels on retient : les gouvernements des pays riches, les organisations non gouvernementales et les organisations internationales. Nous nous intéresserons à l'action d'une organisation internationale, à savoir la Banque mondiale. Nous serons bref.

Nous avons déjà vu l'importance du rôle de la Banque mondiale dans la promotion des pratiques nécessaires au développement de l'économie mondiale, au cours des deux dernières décennies. Ses prêts à l'ajustement structurel sont l'accompagnement fidèle des programmes d'ajustement structurel du FMI, ces moyens puissants de resserrement de l'insertion des économies nationales en développement dans l'économie mondiale, selon des modalités imposées par la conjoncture. Dans la foulée de l'aggravation de la pauvreté dans les pays soumis à l'ajustement structurel et des critiques formulées à l'encontre des politiques du FMI et de la Banque, cette dernière lance, à partir de 1990[27], un vaste programme de lutte contre la pauvreté centré sur l'allègement de la situation des pauvres :

> *Governments and donors need to do more to protect the poor during the adjustment process [reconnaîssait, en 1988, le président de la Banque mondiale]. Policy reform is in the best long term interest of the poor. Distortions and misconceived economic policies harm them more than others. Poor people can get hurt, however in the transitional process of correcting past mistakes [...] Deliberate measures must be taken to deal with the social consequences of adjustment. The possible adverse impact on poor people's income and consumption must be avoided[28].*

Bien que tous les pauvres soient visés par cette politique, celle-ci cible certaines catégories de pauvres, notamment les femmes. La sollicitude pour ces dernières part d'un constat : les femmes des pays en développement sont, avec les enfants, les plus touchées par l'ajustement structurel[29]. La détérioration du marché de l'emploi les affecte durement. Elles occupent au départ une position marginale qui les relègue, en général, aux positions subalternes ; or, on constate, à la faveur des politiques d'ajustement, un alourdissement de leur charge de travail doublé d'un accès plus limité à l'emploi dans le secteur formel. Les femmes « sont contraintes, [en effet], à générer des revenus [supplémentaires] afin d'assurer la subsistance de leur famille [...] Elles doivent travailler davantage pour compenser le déclin de niveau de vie[30] ». Récession économique aidant, elles sont plus nombreuses à entrer alors dans le secteur informel.

En outre, les coupures dans les programmes sociaux, en éducation et en santé, entre autres, aggravent une situation profondément marquée d'inégalités. On doit, à ce sujet, se rappeler que dans les pays en développement, face à l'école, les familles pauvres sont plus portées à favoriser les enfants de sexe masculin. La détresse causée par l'ajustement exacerbe cet état de fait[31]. Il en va de même en matière de santé : « *Low investments in the health of girls and women is apparent in many countries. Girls are often less*

---

27. Voir Banque mondiale, *Rapport annuel 1990*, Washington, DC, Banque mondiale, 1991. Voir également Banque mondiale, *Rapport sur le développement dans le monde 1990*, Washington, DC, Banque mondiale, 1999.

28. « Barber Conable on the World Bank's view of poverty and population », dans *Population and Development Review*, vol. 14, n° 4, 1988, p. 755.

29. Les discussions de cette section s'appuient, pour une bonne partie, sur le travail de Sarah Buchy. Voir S. Buchy, *op. cit.*

30. S. Buchy, *op. cit.*, p. 66-67.

31. Voir United Nations, *Women, Challenges to the Year 2000*, New York, United Nations, 1991.

cared for and more undernourished than boys [...][32] », lit-on dans un rapport de la Banque mondiale. La réduction des services sociaux en période d'ajustement a des effets dramatiques sur cette frange des populations des pays en développement.

Pour les autorités de la Banque mondiale, cette situation doit être corrigée, d'une part, au nom d'une plus grande justice sociale et, d'autre part, à cause de son impact sur la productivité des femmes. C'est au nom de ces deux impératifs, à savoir atténuement des effets de l'ajustement et hausse de la productivité féminine, que Barber Conable, alors président de la Banque, annonce en 1986 son intention de faire de la question des femmes un domaine d'action prioritaire. Il s'ensuit qu'à partir de cette date de plus en plus de projets destinés aux femmes sont financés par la Banque. Ainsi, un rapport de 1991 notait que, cette année-là, 40 % des projets approuvés spécifiaient une action au bénéfice des femmes.

Les interventions de la Banque se concentreront surtout dans deux domaines : la santé et l'éducation, dans le cadre d'une stratégie de lutte contre la pauvreté mêlant croissance économique, développement des ressources humaines et établissement de filets de sécurité pour les pauvres. En matière d'éducation, l'objectif est certes de corriger les inégalités dont sont victimes les femmes en leur facilitant l'accès à l'éducation et d'atténuer les conséquences de l'ajustement. Mais c'est aussi, et peut-être plus fondamentalement, d'augmenter leur productivité car, ainsi que le dit Barber Conable, président de la Banque mondiale, « la productivité d'une force de travail instruite est le moteur le plus sûr de la croissance économique[33] ». Des mesures spécifiques sont envisagées pour répondre aux besoins des femmes : construction d'écoles ou création de classes à leur usage exclusif, recrutement de professeurs femmes, adaptation des infrastructures aux exigences culturelles des communautés, réduction des coûts directs et indirects pour inciter les parents à envoyer leurs filles à l'école, instauration d'un programme de bourses d'études pour les filles, mise en place de garderies, etc. À côté de la hausse de la productivité du travail féminin, il faut noter que d'autres effets sont recherchés par la mise en œuvre de cette politique : la prise d'une certaine autonomie des femmes à l'égard des structures de dépendance patriarcale[34] et, à terme, une baisse de la natalité, les femmes instruites étant portées à se marier plus tard et à avoir moins d'enfants.

---

32. World Bank, *Enchancing Women's Participation in Economic Development*, DC, World Bank, 1994. Cité par S. Buchy, dans S. Buchy, *op. cit.*, p. 70-71.

33. « Barber Conable on the World Bank's view of poverty and population », *op. cit.*, p. 755.

34. Buchy, *op. cit.*, p. 104.

La position des autorités de la Banque dans le domaine de la santé est des plus explicites :

> *Investing in women's health fits fully within The World Bank's two pronged strategy for poverty reduction, which includes a) the introduction of broad-based, labor-absorbing economic growth to generate income-earning opportunities for the poor and b) improved access to education, health care and other social services to help the poor take advantage of these opportunities [...] To the extent that women are over-represented among the poor, interventions for improving women's health and nutrition are, therefore, critical to efforts for poverty reduction*[35].

Les actions de la Banque dans ce dossier visent essentiellement les rôles productifs et reproductifs des femmes, à travers la mise en place des infrastructures et du personnel nécessaires aux soins de santé, de même qu'à l'amélioration de la nutrition. Le lien avec la hausse de la productivité du travail des femmes est évident, puisque des populations pauvres, mal nourries et en mauvaise santé seront plus productives et plus aptes à bénéficier de l'éducation, une fois réglés les problèmes de malnutrition.

Ces déclarations d'intention de la Banque sont-elles suivies d'effets ? Sans entrer dans le détail, nous nous contenterons de donner des indications fragmentaires du sérieux de son implication. Puissante institution financière, la Banque mondiale dispose de ressources financières imposantes, dont elle a su mettre une partie au service de ses objectifs. Une étude montre qu'entre 1989 et 1993 le tiers des engagements totaux de la Banque concernaient des projets centrés sur les femmes. Pour ce qui est de l'Association internationale du développement (IDA), filiale de la Banque, le pourcentage de ses engagements atteint 60 %, 59 % et 47 % pour 1991, 1992 et 1993, respectivement[36]. L'effort est soutenu. Ainsi la proportion des projets visant la valorisation des ressources humaines qui comportent des mesures spéciales pour les femmes croît régulièrement. Elle est de 38 % en 1992 et de 45 % en 1993[37].

On pourrait multiplier les exemples. L'important, c'est la détermination à corriger les effets négatifs entraînés par l'insertion, sur le mode imposé par le mouvement général de l'accumulation du capital, des économies nationales dominées dans l'économie mondiale. Parce que le resserrement de l'articulation des économies nationales est dans la logique de ce mouvement, tout appui à cette dynamique est en même temps un appui à l'alliance internationale entre capitaux privés étrangers et capitaux privés domestiques. Or, la lutte contre la pauvreté est bien un aspect

---

35. A. Tinker *et al.*, *Women's Health and Nutrition : Making a Difference*, Washington, DC, World Bank, 1994, cité par S. Buchy, dans S. Buchy, *op. cit.*, p. 111.

36. Voir Buchy, *op. cit.*, p. 114-115.

37. *Ibid.*, p. 119.

central de cet appui, puisqu'elle est destinée à contrer des développements générateurs de désordre et susceptibles de menacer la reproduction d'ensemble du système mondial.

CONCLUSION

La mondialisation, au terme de ce très bref exposé, correspond bien à une phase particulière du développement du capitalisme. Processus historique d'importance, ses effets sont divers, certains contribuant au renforcement de l'économie mondiale, partant du système mondial ; d'autres, par contre, posent problème, problème menaçant, du coup, l'existence de ce dernier. Quelles que soient les dimensions observées, des interventions sont inévitables, forçant dirigeants nationaux, direction des organisations internationales et organisations non gouvernementales à élaborer des politiques pour alléger la détresse matérielle ou psychologique des couches défavorisées des populations affectées par ce nouvel ordre des choses.

BIBLIOGRAPHIE

ADDA, J. (1997). *La mondialisation de l'économie*, Paris, La Découverte.

AGLIETTA, M., A. BRENDER et V. COUDERT (1990). *Globalisation financière : l'aventure obligée*, Paris, CEPII-Economica.

AZUELOS, M. (dir.) (1995). *La déréglementation des économies anglo-saxonnes*, Paris, Presses de la Sorbonne Nouvelle.

BADIE, B. et M.-C. SMOUTS (1992). *Le retournement du monde : sociologie de la scène internationale*, Paris, Presses de la Fondation nationale des sciences politiques.

BANQUE MONDIALE (1991). *Rapport sur le développement dans le monde 1990*, Washington, DC, Banque mondiale.

BEAUD, M. (1997). *Le basculement du monde*, Paris, La Découverte.

CASTELLS, M. (1998). *La société en réseaux*, Paris, Fayard.

CHESNAIS, F. (1996). *La mondialisation financière. Genèse, coût et enjeux*, Paris, Syros.

CHESNAIS, F. (1997). *La mondialisation du capital*, Paris, Syros.

CHOSSUDOVSKY, M. (1998). *La mondialisation de la pauvreté*, Montréal, Les Éditions Ecosociété.

CNUCED (1994). *World Investment Report : Transnational, Corporations, Employment and the Work Place*, Genève, United Nations.

COX, R.W. (1990). « Dialectique de l'économie-monde en fin de siècle », *Études internationales*, vol. 21.

DEBLOCK, C. et D. ÉTHIER (dir.) (1992). *Mondialisation et régionalisation*, Sainte-Foy, Presses de l'Université du Québec.

DUMONT, R. (1988). *Un monde intolérable. Le libéralisme en question*, Paris, Seuil.

ELKINS, D.J. (1995). *Beyond Sovereignty: Territory and Political Economy in the Twenty-First Century*, Toronto, University of Toronto Press.

ESPOSITO, M.-C. et M. AZUELOS (1997). *Mondialisation et domination économique*, Paris, Economica.

FORRESTER, V. (1996). *L'horreur économique*, Paris, Fayard.

GROUPE DE LISBONNE (1995). *Limites à la compétitivité. Pour un nouveau contrat mondial*, Paris, La Découverte.

LAFAY, G. (1997). *Comprendre la mondialisation*, Paris, Economica.

LOUICIUS, M. et Z. SU (1998). « Analyse critique de la mondialisation : tendances et doctrine », *Études internationales*, vol. 29, n° 4, décembre.

MARTIN, H.-P. et H. SCHUMAN (1997). *Le piège de la mondialisation*, Paris, Solin/Actes Sud.

MICHALET, C.-A. (1985). *Le capitalisme mondial*, Paris, Presses universitaires de France.

MICHALET, C.-A. (1994). « Globalisation et gouvernance. Les rapports des États-nations et des transnationales », *Mondes en développement*, vol. 22.

MOREAU DEFARGES, P. (1997). *La mondialisation*, Paris, Presses universitaires de France.

OHMAE, K. (1985). *La Triade. Émergence d'une stratégie mondiale de l'entreprise*, Paris, Flammarion.

REICH, R. (1993). *L'économie mondialisée*, Paris, Dunod.

SALAMÈ, G. (1996). *Appels d'empire, ingérences et résistances à l'âge de la mondialisation*, Paris, Fayard.

THOMPSON, G. (1999). « Introduction : situer la mondialisation », *Revue internationale des sciences sociales*, juin, n° 160.

PROBLÈMES SOCIAUX
ET RECHERCHES SOCIALES

HENRI DORVIL, Ph. D.
École de travail social, Université du Québec à Montréal

ROBERT MAYER, Ph. D.
École de service social, Université de Montréal

ÉVOLUTION DE LA RECHERCHE SOCIALE

Au cours des dernières années, le rôle de la recherche sociale dans l'analyse des problèmes sociaux a fait l'objet de plusieurs réflexions. Par exemple, les analyses de Lefrançois (1990), de Groulx (1997, 1998) ainsi que de Mayer et Ouellet (1998) ont porté principalement sur l'évolution de la recherche qualitative dans le champ du travail social et plus particulièrement dans l'analyse des problèmes sociaux. Jusque dans les années 1960, la recherche en travail social se pratiquait surtout dans les agences sociales et les conseils d'œuvres. Par la suite, la formation universitaire acquiert une plus grande autonomie par rapport aux milieux de pratique. Puis, vers la fin des années 1970, apparaît un conflit autour des méthodes d'intervention. Le défi consiste alors à inventer des modes d'intervention propres à redéfinir les rapports entre la pratique et la recherche. C'est dans ce contexte que vont se déployer la recherche-action et de nouveaux modèles d'intervention dans lesquels la recherche qualitative occupe une place centrale. Ainsi, l'essor que connaissent les méthodes qualitatives au cours de cette période se rattache à l'étatisation des services sociaux et à la bureaucratisation des pratiques sociales. Il s'ensuit un rapprochement entre le chercheur et les acteurs sociaux, ce mouvement entraînant le déploiement de méthodes d'enquête plus diversifiées. Les auteurs soulignent que les recherches de cette période sont en outre marquées par une forme de rejet du positivisme, par une crise intellectuelle et par un accroissement de la demande en matières de recherches sociales. Cette période se caractérise par une diversification des approches méthodologiques (récit de vie, observation participante, etc.) et par une sensibilité accrue à l'intervention sociale. D'où l'intérêt pour de nouvelles pratiques comme la recherche-action, la recherche militante, la recherche conscientisante, la recherche féministe et autres.

À ce propos, Groulx (1984) relève trois orientations principales dans la recherche sociale sur les problèmes sociaux à cette époque, qu'il qualifie de technocratique, professionnelle et militante. L'orientation technocratique (ou positiviste) privilégie l'analyse objective des problèmes sociaux en insistant sur l'observation des faits, sur la nécessité de concrétiser les concepts et de se doter d'instruments de mesure précis afin de pouvoir dégager des lois scientifiques concernant les individus et les groupes étudiés. Toutefois, l'orientation professionnelle conteste la scientificité du modèle positiviste ; ici, on prend le vécu comme base de recherche et d'action. Dans cette dernière orientation, on essaie de comprendre les phénomènes sociaux plutôt que de les expliquer et on tente de révéler le savoir produit par la pratique sociale. Quant à l'orientation militante (ou partisane), elle cherche moins à comprendre ou à expliquer la réalité sociale qu'à la critiquer et à la transformer. La recherche se confond alors avec une démarche de conscientisation des classes populaires, démarche caractérisée par une implication dans les groupes communautaires ou féministes. Ces orientations reflètent, bien sûr, des conceptions divergentes quant au rôle de la recherche sociale dans l'analyse des problèmes sociaux (voir plus loin).

Dans les années 1980, les pratiques de recherche subissent le contre-coup des transformations socioéconomiques. Avec la crise économique, celle des pratiques sociales et la remise en question de l'État-providence, de nouvelles approches et de nouvelles techniques voient le jour. La recherche sociale doit désormais tendre vers l'adaptation de la pratique sociale à des clientèles et à des problématiques sociales nouvelles. Au cours de cette période, le mode dominant d'analyse dans le champ des services sociaux a consisté à définir les problèmes sociaux en termes de clientèles à risque ou de facteurs de risque. De nombreux chercheurs utilisant les méthodes qualitatives vont critiquer la place trop grande occupée par l'approche épidémiologique et favorisent une plus grande distance par rapport aux points de vue professionnel et administratif. La compréhension des problèmes sociaux, plaide-t-on, ne peut s'établir que si elle passe par l'interprétation du sens vécu par les divers sujets, qu'ils soient inter-venants ou clients. Par ailleurs, Groulx (1997) s'interroge sur la contribution de la recherche qualitative dans l'analyse des problèmes sociaux. Cette question met en présence deux thèses opposées. Dans un camp, on estime que la recherche qualitative, en proposant une redéfinition des catégories traditionnelles de perception et d'analyse des problèmes sociaux, a ainsi favorisé la mise en place de nouvelles modalités d'aide et d'intervention. Toutefois cette perception n'est pas partagée par tous puisque, dans l'autre camp, divers auteurs estiment que la recherche qua-litative a produit un savoir dont la validité est à remettre en question. Comme quoi le rôle de la recherche dans l'analyse des problèmes sociaux est aussi sujet à débat.

Plus récemment, Gendron (2000) a confirmé ces grandes tendances en retraçant les principales étapes de la recherche en travail social. Depuis longtemps, le travail social se définit comme une profession centrée sur l'intention sociale et, dans ce contexte, « la recherche scientifique est perçue comme instrumentale et comme support pour l'intervention » (Gendron, 2000, p. 289). Avant les années 1960, la recherche sociale était « une avenue peu fréquentée par les travailleurs sociaux et les étudiants en service social » (Gendron, 2000, p. 290). Pour preuve, l'auteur a jeté un coup d'œil sur les thèses des étudiants des années antérieures. Au tour-nant des années 1960, l'influence de la méthodologie des sciences sociales impose une démarche empirique à l'analyse des problèmes sociaux. Avec la réforme des services sociaux, au début des années 1970, la recherche sociale devient désormais « un outil nécessaire pour fixer les objectifs de l'intervention, la soutenir, l'analyser et la contrôler » (Gendron, 2000, p. 292). Dans cette perspective, le phénomène de la rétroaction est central et c'est là qu'intervient la recherche sociale pour faciliter l'étude objective des problèmes sociaux et assurer, par l'évaluation, le réajustement continuel des programmes sociaux ; c'est le début de la croyance dans « la solution des problèmes sociaux par la méthodologie scientifique » (*Ibid.*).

Progressivement, on passe d'une conception humaniste de la recherche sociale à une conception plus techniciste et « l'arrivée dans les écoles et départements universitaires des premiers "docteurs" en service social viendra renforcer cette tendance. Formés pour la plupart dans la perspective de la recherche positiviste, quantitative, d'inspiration principalement américaine, ce sont eux qui jetteront les bases d'un véritable courant de recherche en service social » (*Ibid.*). C'est aussi ce type de recherche qui sera enseigné dans l'ensemble des programmes de formation, tant au baccalauréat qu'à la maîtrise, en service social. Désormais financé partiellement par l'État, « ce type de recherche empirique, quantitative, et axée indirectement sur l'évaluation des systèmes occupera donc presque toute la place, en service social, pendant une quinzaine d'années » (Gendron, 2000, p. 294). Toutefois, le résultat concret de tout cet effort va laisser à désirer. En effet, en 1987, la Commission d'enquête sur les services de santé et les services sociaux (Commission Rochon) portera un jugement plutôt sévère sur la qualité et l'efficacité de la recherche sociale, tout en proposant d'accentuer la recherche empirique dans ce secteur. Toutefois, cette réorientation suscita relativement peu d'intérêt des praticiens en service social et c'est sans doute pour tenter de rapprocher ces deux mondes, celui de la recherche et celui de l'intervention, que la nouvelle politique gouvernementale, à travers le CQRS, va s'efforcer de susciter des projets de recherche en partenariat. Entre-temps, vers le milieu des années 1980, « quelques chercheurs s'éloignent du courant quantitatif positiviste et optent pour une recherche à caractère davantage qualitatif et constructiviste » (Gendron, 2000, p. 295).

Au cours des années 1990, l'arrivée des premiers programmes de doctorat en service social de même que la progression fulgurante des activités de recherche, tant chez les professeurs que chez les étudiants vont accentuer l'ouverture du milieu vers la diversité des formes de recherche : « Ainsi, si la recherche empirique plus conventionnelle continue de garder ses privilèges, d'autres approches allant de l'utilisation des banques de données jusqu'au constructivisme théorique ont aussi conquis un espace suffisant pour leur survie et très probablement, pour leur développement » (*Ibid.*).

En somme, de ce tour d'horizon, il ressort que :

> [...] jusqu'à la fin des années 1960, il se faisait peu de recherche en service social et les étudiants n'y étaient pas préparés par leurs cours. Avec les réformes des années 1970 dans le domaine des politiques sociales la recherche empirique, quantitative à caractère positiviste, prend une place importante à l'université et influence fortement les programmes de formation en service social. Finalement, en parallèle à cette tendance dominante, se développent peu à peu d'autres façons de faire, plus proches du constructivisme, de l'analyse qualitative et des inquiétudes épistémologiques de la science en général (Gendron, 2000, p. 296).

Nous sommes déjà rendus dans ce nouveau millénaire.

TROIS GRANDES TRADITIONS MÉTHODOLOGIQUES ET THÉORIQUES DANS L'ANALYSE DES PROBLÈMES SOCIAUX

Selon le *Petit Larousse illustré* (2000), un instrument est un moyen, ce qui est employé pour atteindre un résultat. Selon le dictionnaire de sociologie (Akoun et Ansart, 1999), méthode, du grec *méthodos* signifie route, voie, direction qui mène au but. Toute connaissance scientifique utilise des instruments méthodologiques constituant le meilleur chemin pour parvenir à la cité de la certitude. Ce qui nous situe d'emblée, comme nous l'avons vu précédemment, sur un terrain mouvant de l'épistémologie puisque les phénomènes sociaux sont manifestement complexes et susceptibles d'être appréhendés par des approches théoriques, des méthodes aussi nombreuses que diverses. Déjà au début du siècle dernier, dans un cours sur le pragmatisme, Durkheim le soulignait clairement : « Le réel est inépuisable, non pas seulement dans sa totalité, mais dans chacune de ses parties constituantes. Tout objet de connaissance offre donc place à une infinité de points de vue possible » (Durkheim, 1913). D'où, par exemple, les débats entre objectivisme et subjectivisme ou encore, entre le rationalisme et l'empirisme dans l'analyse des phénomènes sociaux. Mais plutôt que de favoriser des positions extrêmes, la majorité des auteurs conçoivent la démarche scientifique comme une sorte de va-et-vient entre la raison et l'empirie (Dortier, 1998). Dans cette réflexion se profile en filigrane le débat entre les méthodes quantitatives et les méthodes qualitatives.

Toutefois, derrière ce débat sur la valeur respective des méthodes quantitatives et des méthodes qualitatives en tant que méthodes d'enquête se cache un autre débat plus fondamental, de nature épistémologique, et qui se cristallise, au départ, autour de deux traditions épistémologiques différentes de la science et du comportement humain, soit le positivisme d'une part et le subjectivisme d'autre part. À ces deux grandes traditions analytiques va venir s'ajouter, par la suite, une troisième tradition, celle de l'approche constructiviste.

La tradition objectiviste, qui s'inscrit dans le modèle empirico-naturaliste de la recherche, a pour but de dresser la cartographie la plus exhaustive et complexe d'une situation sociale donnée. Ce modèle est calqué sur celui des sciences de la nature et s'inspire de la sociologie de Comte et de Durkheim. Pour ces derniers, il faut analyser les fait sociaux avec objectivité et distance, c'est-à-dire qu'il faut les étudier comme des choses, comme des objets extérieurs, un peu comme des phénomènes naturels. Il est alors possible d'observer leur régularité ; d'en déterminer les causes, d'en mesurer les effets et d'en prédire le déroulement. Dans ce cadre, l'objectif de la science est d'en arriver à la généralisation par des procédures appropriées de vérification et ainsi découvrir les « lois » sous-jacentes aux comportements humains. Pour réaliser un tel objectif, les méthodes quantitatives se révèlent les plus appropriées puisqu'elles visent la mesure et la quantification des phénomènes : les questionnaires, les groupes témoins, les échelles d'attitudes et les diverses techniques statistiques sont alors des outils privilégiés. Le positivisme est aussi guidé par une conception déterministe du comportement humain. Dans cette perspective, les comportements des individus sont contraints par des forces qui leur sont extérieures et les poussent en quelque sorte à se comporter comme ils le font. C'est précisément à cette conception déterministe du comportement humain que vont s'objecter les adeptes de l'approche subjectiviste et de la méthodologie qualitative.

Le modèle subjectiviste est aussi un modèle empirique d'approche de la connaissance, mais il s'éloigne de la description des faits matériels pour repérer et décrire le sens qu'attribuent les acteurs sociaux à leurs gestes. L'objet de la recherche devient alors la compréhension de la perspective que les acteurs ont de leurs situations (Deslauriers et Kérésit, 1997). Pour les tenants de l'approche subjectiviste, les individus ne sont pas des choses ni des objets ; il faut élaborer une approche qui tienne davantage compte de la signification qu'ils donnent à leur action et leur marge de manœuvre en tant qu'individu libre et créateur. Cette vision humaniste suppose donc une approche qui explore de l'intérieur ce qui pousse les individus à agir, une approche plus empathique de la part du chercheur qui va trouver son fondement dans la phénoménologie et l'interactionnisme symbolique. Dans cette perspective, il est impératif de comprendre le comportement des individus à partir de leur vécu quotidien et à travers les perceptions que ces derniers peuvent en avoir (Poupart, 1980).

Quant à l'approche constructiviste, tout en se situant en continuité avec l'approche précédente, elle tente d'éviter de considérer les faits sociaux comme des choses à décrire ou comme résultant de la seule interprétation de l'acteur, elle s'efforce plutôt de prendre le réel comme point de départ de constructions théoriques multiples (Deslauriers et Kérésit, 1997). La recherche sociale n'a pas pour seul but de décrire, de vérifier ou de certifier l'existence de certaines conditions sociales, mais de les insérer dans un processus analytique qui rende compte des ruptures et de la dynamique propre d'un groupe social. L'objet de la recherche devient alors « la manière dont s'élaborent collectivement les critères de perceptions de la réalité » (Duclos, 1987, p. 25).

Plus concrètement, sur le plan proprement méthodologique, soulignons qu'il existe deux grandes traditions de recherche sur les problèmes sociaux : une tradition plus objectiviste et quantitative, d'une part, et une tradition plus subjectiviste et qualitative, d'autre part. Il serait facile de citer de multiples exemples pour chaque type de recherches sociales, mais nous l'avons déjà fait ailleurs (Mayer et Laforest, 1990 ; Mayer et Ouellet, 1998). Toutefois, en matière de rapports entre l'approche qualitative et l'approche quantitative, il est de plus en plus question de débats, de dialogues et non de conflits puisqu'en ce début de XXIᵉ siècle, les esprits semblent s'être calmés et les tenants des sciences sociales ne rejettent plus telles méthodes au profit exclusif de telles autres. Car sur le terrain existent des relations de bon voisinage entre ces deux types de méthodes appelées à se compléter l'une l'autre (Houle, 1982).

De son côté, Pires (1987) souligne l'importance de reconnaître que les deux grandes formes de mesure – qualitative et quantitative – sont théoriquement limitées, indépassables et non interchangeables. Le recours à l'une où à l'autre ne renvoie pas exclusivement à des questions pratiques ou d'ordre théorique, mais aux objets à construire et aux propriétés mêmes de ces mesures qui nous donnent, selon leurs caractéristiques, un accès différentiel et diversifié à certaines dimensions de la réalité sociale. Par ailleurs, la majorité des auteurs s'entendent pour dire que, s'il est souhaitable de voir la recherche qualitative continuer à se développer, il n'est pas question de plaider pour l'élimination de la recherche quantitative ; il y a des sujets qu'on ne peut guère traiter autrement. Il y a donc place pour une diversification de la recherche, des sujets, des méthodes et des façons de faire (Deslauriers, 1994). Et ce, d'autant plus, que les défis sont de taille. En effet, divers travaux (Tremblay, Boisvert et Picard, 1989 ; Tremblay et Poirier, 1994), portant notamment sur l'organisation de la recherche sur les problèmes sociaux au Québec et ailleurs, ont relevé son caractère désordonné, sa pauvreté dans les milieux de pratique et son sous-financement.

INTRODUCTION À LA DEUXIÈME PARTIE

Les chapitres qui composent cette deuxième partie participent, chacun à leur façon, à ces débats puisqu'ils concernent tous un mode de collectes ou d'analyses et de traitement des données construites selon des voies diverses. Commençons par souligner l'importance de la réflexion théorique dans tout processus de recherche. Pour Max Weber, le concept n'est aucunement une image ou un reflet du réel, mais une synthèse mentale, un « type idéal », un instrument en perpétuelle mouvance qui permet d'organiser des réalités diverses. On va le conserver s'il est opératoire, on le modifiera ou on le laissera à l'abandon si un autre concept semble plus prometteur, plus riche de possibilités heuristiques. Dans cette perspective, le texte de Normand Carpentier et Deena White intitulé « Le soutien social : mise à jour et raffermissement d'un concept » illustre bien l'importance de la notion de concept. Dans ce chapitre, deux concepts clés sont traités : le soutien social et le réseau social. Soulignons que ces concepts sont au centre de l'analyse et de l'intervention sur les problèmes sociaux. La grande partie des travaux traite du concept de soutien social comme une « variable » qui a une fonction « prédictive » sur un phénomène. Par exemple, un plus grand soutien social est associé à une plus faible morbidité. En revanche, inséré dans un cadre théorique des réseaux sociaux et considéré comme une fonction, le concept de soutien social devient un « mécanisme » qui peut expliquer, du moins partiellement, le changement social. On passe donc d'une approche « prédictive » à une approche « explicative », ce qui représente une orientation stimulante pour l'analyse.

Sans vouloir entrer dans le débat sur les limites et les mérites respectifs des approches qualitatives et quantitatives en recherche, nous avons voulu au contraire démontrer l'utilité et la complémentarité des unes et des autres dans l'analyse des problèmes sociaux. C'est ainsi que des chapitres qui présentent une méthodologie qualitative en côtoient d'autres qui ont eu recours à une méthodologie quantitative. Dans un premier temps, Francine Gratton traite des suicides des jeunes à l'aide d'une analyse qualitative et plus particulièrement au moyen de la théorie ancrée (*grounded theory*). Toujours au moyen de l'approches qualitative, Yvan Comeau analyse la diversité du milieu associatif québécois. Dans un second temps suivent trois recherches d'orientation quantitative. Dans une recherche de type longitudinal, Jean Renaud s'intéresse à la problématique de l'intégration des immigrants au Québec. De même, René Potvin, André Bernier, Paul Bernard et Johanne Boisjoly analysent et mesurent la précarité du travail dans les années 1990. Finalement, Alain Marchand a recours à l'analyse multiniveaux pour étudier certains problèmes vécus dans les domaines de la santé et de la sécurité au travail.

Par ailleurs, bien des programmes, des actions sociales, des interventions ont été conçus dans le but de combler les besoins, les *desideratas* des clients d'une population donnée. Mais, dans les faits, atteignent-ils réellement les buts visés ? À l'heure où les manières de faire sont de plus en plus remises en question, où la précarité de l'emploi et l'exclusion sociale font de plus en plus de victimes, à l'heure des coupures radicales dans les services sociaux et de santé, l'évaluation est utilisée pour porter un jugement rationnel à l'aide d'informations pertinentes sur la conduite d'un programme, d'une intervention, d'une prise de décision, question d'accroître son efficacité et son efficience. De là un chapitre sur l'évaluation écrit par Céline Mercier et Michel Perrault. Il en est de même de l'épidémiologie qui vise à établir l'incidence, la prévalence des problèmes de santé, des problèmes sociaux aussi dans une certaine mesure, et à étudier leurs causes. L'épidémiologie concourt également à améliorer les services fournis à une communauté en mesurant l'effet de leur efficacité. Les chapitres signés respectivement par Richard Boyer et Alain Lesage sont de cette mouture.

En plus de ces chapitres sur l'épidémiologie, cette partie compte un chapitre sur l'espace que Descartes assimile au milieu où ont lieu les phénomènes observés (Akoun et Ansart, 1999). À notre avis, l'espace est une construction sociale où s'exprime la dynamique sociale d'appropriation d'un territoire en termes d'affrontements, de conflits, de négociations pour marquer des positions sociales au niveau des biens matériels et symboliques. Une zone constitue donc un site d'observation des inégalités, un observatoire des marginalités et une aire de gestion des problèmes sociaux. Tel est le sens que donne Paul Morin à son chapitre intitulé *L'espace de « la zone »*. On peut également faire de *l'observation en situation* d'un phénomène comme la stratification sociale ou, dans ce cas-ci, l'exclusion qui fait aussi l'objet d'un chapitre écrit par Michèle Clément. Sans oublier un type d'analyse historique illustrée dans un chapitre dont l'auteure est une historienne, Laurence Monnais-Rousselot. À travers les âges, les historiens ont toujours été partie prenante de la question sociale, et ce, malgré l'obsession de la méthode scientifique en histoire qui veut les tenir à l'écart des débats sociaux. Leurs études de cas, leurs *historical surveys*, montrent que les problèmes sociaux comme la pauvreté, l'itinérance, les inégalités sociales et le sous-développement ont été traités comme des questions historiques depuis plusieurs siècles. Les sociologues tiennent compte de ces « effets d'héritage » pour comprendre le présent (Lepetit, 1996) et bénéficient ainsi d'une fructueuse multidisciplinarité (Porter, 1972). C'est en situant l'action sociale et les structures de société dans leur contexte historique, en examinant leurs déterminants socio-historiques que les sociologues arrivent à cerner l'essence de la vie sociale d'une manière dialectique et à bâtir une théorie du social (Griffin, 1995). Et pour clôturer cette section sur les dimensions méthodologiques, nous faisons appel à Jean Dragon, philosophe de formation, pour analyser le débat entre le rationalisme et l'empirisme puisqu'il est important aussi bien pour la philosophie que pour les sciences humaines et sociales.

BIBLIOGRAPHIE

AKOUN, A. et P. ANSART (dir.) (1999). *Dictionnaire de sociologie*, Paris, Le Robert/Seuil.

DESLAURIERS, J.P. et M. KÉRÉSIT (1997). « Le devis de recherche qualitative », dans J. Poupart, J.P. Deslauriers, L.H. Groulx, A. Laperrière, R. Mayer et A.P. Pires (dir.), *La recherche qualitative : enjeux épistémologiques et méthodologiques*, Boucherville, Gaëtan Morin Éditeur, p. 85-111.

DORTIER, J.F. (1998). *Les sciences humaines – Panorama des connaissances*, Paris, Presses universitaires de France.

DUCLOS, M. (1987). « La construction du risque : le cas des ouvriers de la chimie face aux dangers industriels », *Revue française de sociologie*, vol. 28, p. 17-42.

DURKHEIM, E. (1913). *Cours sur le pragmatisme*.

GENDRON, J.L. (2000). « La recherche en service social », dans J.P. Deslauriers et Y. Hurtubise (dir.), *Introduction au travail social*, Québec, Presses de l'Université Laval, p. 289-312.

GRIFFIN, L.L. (1995). « How is sociology informed by history ? », *Social Forces*, vol. 73, n° 4, p. 1245-1254.

GROULX, L.H. (1984). « Recherche et formation en service social au Québec : tendances et interprétation », *Service social dans le monde*, n° 3, p. 32-39.

GROULX, L.H. (1997). « Contribution de la recherche qualitative à la recherche sociale », dans J. Poupart, J.P. Deslauriers, L.H. Groulx, A. Laperrière, R. Mayer et A.P. Pires (dir.), *La recherche qualitative : enjeux épistémologiques et méthodologiques*, Boucherville, Gaëtan Morin Éditeur, p. 55-84.

GROULX, L.H. (1998). « Sens et usage de la recherche qualitative en travail social », dans J. Poupart, L.H. Groulx, R. Mayer, J.P. Deslauriers, A. Laperrière et A.P. Pires (dir.), *La recherche qualitative : diversité des champs et des pratiques au Québec*, Boucherville, Gaëtant Morin Éditeur, p. 1-50.

HOULE, G. (1982). « Présentation », *Sociologie et sociétés*, vol. 14, n° 1, p. 3-6.

LEFRANÇOIS, R. (1990). « Lecture de la recherche sur les problèmes sociaux », *Service social*, vol. 33, n° 2, p. 129-140.

LEPETIT, B. (1996). « Le travail de l'histoire » (note critique). *Annales : Histoire, Sciences sociales*, vol. 51, n° 3, p. 526.

MAYER, R. et M. LAFOREST (1990). «Problème social : le concept et les principales écoles théoriques», *Service social*, vol. 39, n° 2, p. 13-43.

MAYER, R. et F. OUELLET (1998). «La diversité des approches dans la recherche qualitative au Québec depuis 1970 : le cas du champ des services de santé et des services sociaux», dans J. Poupart, L.H. Groulx. R. Mayer, J.P. Deslauriers, A. Laperrière et A.P. Pires (dir.), *La recherche qualitative : diversité des champs et des pratiques au Québec*, Boucherville, Gaëtan Morin Éditeur, p. 173-235.

PIRES, A.P. (1987). «Deux thèses erronées sur les lettres et les chiffres», *Cahiers de recherche sociologique*, vol. 5, n° 2, p. 85-105.

PORTER, R. (1972). «Reason and the medicalisation of order», *Journal of Historical Sociology*, vol. 4, n° 5, p. 351-357.

POUPART, J. (1980). «La méthodologie qualitative : une source de débats en criminologie», *Crime et fond Justice*, vols. 7-8, n°s 3-4, p. 163-173.

TREMBLAY, M.A. et C. POIRIER (1994). «L'organisation de la recherche sur les problèmes sociaux : perspectives comparatives», dans F. Dumont, S. Langlois et Y. Martin (dir.), *Traité des problèmes sociaux*, Québec, Institut québécois de recherche sur la culture, p. 1081-1115.

TREMBLAY, M.A., J.C. BOISVERT et G. PICARD (1989). *La recherche sociale en France : les enjeux, les moyens, la valorisation*, Québec, Conseil québécois de la recherche sociale, 132 p.

12

LE SOUTIEN SOCIAL[1]
Mise à jour et raffermissement d'un concept

Normand Carpentier, Ph. D.
Institut universitaire de gériatrie de Montréal

Deena White, Ph. D.
Département de sociologie, Université de Montréal
Groupe de recherche sur les aspects sociaux de la santé
et de la prévention, GRASP/Centre FCAR, Université de Montréal

1. Les auteurs remercient la Régie régionale de la santé et des services sociaux de Laval pour sa contribution financière qui a rendu possible la rédaction de ce chapitre.

RÉSUMÉ

À partir du milieu des années 1970, le concept de soutien social a été à l'origine d'un nombre impressionnant de publications scientifiques portant sur la santé, le bien-être ou l'adhésion au traitement. L'introduction d'un tel concept dans la recherche sociale a favorisé une analyse plus subtile du rôle du milieu social dans le rapport de l'individu à sa santé, tant physique que mentale. Issu des milieux du travail social et de la psychologie, le soutien social sera par la suite de plus en plus remis en question par certains chercheurs en sciences sociales. En fait, depuis une quinzaine d'années se développe une littérature venant interroger la validité même du concept ou, tout au moins, cherchant à resituer celui-ci principalement par rapport aux fonctions qu'il occupe dans le système social. Nous nous proposons dans ce document de présenter les principales critiques apportées au concept de soutien social, puis de chercher à combler ces lacunes en situant le concept à l'intérieur de l'approche des réseaux sociaux. En utilisant ce cadre d'analyse, il devient possible de placer l'action sociale dans un contexte plus large avant de départager, d'une part, les aspects structurels et de contenu des rapports sociaux et, d'autre part, les mécanismes opérant dans les relations sociales.

Un nombre impressionnant de publications scientifiques, d'enquêtes de grande envergure, de revues de synthèse et de critique de la littérature ainsi que de manuels théoriques de base a été produit au cours des vingt-cinq dernières années autour du concept de soutien social[2]. Ces travaux s'inscrivent dans la tradition de la théorie fonctionnaliste de Durkheim qui soutient que les personnes dépourvues de soutien social (faible intégration sociale) tendraient à avoir un plus bas niveau de bien-être.

Les recherches ont été nombreuses à établir un lien entre la qualité des relations sociales et le rétablissement clinique, la mortalité ou la morbidité[3]. Le soutien social influerait ainsi sur la santé en tant que médiateur pouvant contrer les effets négatifs des stresseurs sociaux. Les recherches plus récentes, menées dans une perspective développementaliste, vont aussi conduire à considérer que l'apport de soutien social contribue de façon cruciale au développement de la personnalité et aux aptitudes sociales de la personne[4]. L'effet potentiellement bénéfique du soutien social pour la santé est ainsi reconnu ou, tout au moins, considéré comme une hypothèse fortement plausible[5].

Le soutien social fait généralement référence à l'aide offerte par les proches. Bien qu'elle favorise la maîtrise et le bien-être émotionnel, cette aide comporte en plus certaines formes de règles de conduite tout en

---

2. Grandes enquêtes: L.F. Berkman et S.L. Syme, « Social networks, host resistance, and mortality: A nine-year follow-up of Alameda county residents », *The American Journal of Epidemiology*, vol. 109, 1979, p. 186-204; L.F. Berkman et L. Breslow, *Health and Ways of Living: The Alameda County Study*, New York, Oxford University Press, 1983. Revues de la littérature: M. Tousignant, « Soutien social et santé mentale: une revue de la littérature », *Sciences sociales et Santé*, vol. VI, n° 1, 1988, p. 77-106; P.A. Thoits, « Stress, coping, and social support processes: Where are we? What next? », *Journal of Health and Social Behavior* (numéro spécial), 1995, p. 53-79. Manuels théoriques: S. Cohen et L. Syme (dir.), *Social Support and Health*, New York, Academic Press, 1985; I.G. Sarason et B.R. Sarason (dir.), *Social Support: Theory, Research, and Application*, Boston, Martinus Nijhoff, 1985.

3. Berkman et Syme, *op. cit.*; I. Kawachi, G.A. Colditz, A. Ascherio, E.B. Rimm, E. Giovannucci, M.J. Stampfer et W.C. Willett, « A prospective study on social networks in relation to total mortality and cardiovascular diseases in men in USA », *Journal of Epidemiology and Community Health*, vol. 50, 1996, p. 245-251; O. Olsen, « Impact of social network on cardiovascular mortality in middle aged danish men », *Epidemiology and Community Health*, vol. 47, 1993, p. 176-180; T.M. Vogt, J.P. Mullooly, D. Ernst, C.R. Pope et J.P. Hollis, « Social networks as predictors of ischemic heart disease, cancer, stroke, and hypertension: Incidence, survival and mortality », *Journal of Clinical Epidemiology*, vol. 45, 1992, p. 659-666.

4. G.R. Pierce, B.R. Sarason, I.G. Sarason, H.J. Joseph, C.A. Henderson, « Conceptualizing and assessing social support in the context of the family », dans G.R. Pierce, B.R. Sarason et I.G. Sarason (dir.), *Handbook of Social Support and the Family*, New York, Plenum, 1996, p. 3-24.

5. J.S. House, D. Umberson et K.R. Landis, « Structures and processes of social support », *Annual Review of Sociology*, vol. 14, 1988, p. 293-318.

fournissant des éléments essentiels sur le plan de l'identité individuelle. Le plus important indicateur du soutien serait la présence de relations d'intimité et de confidence, alors que la perception de soutien émotionnel serait directement associée à une meilleure santé mentale et physique.

Ce lien – ou cette «association statistique» – établi entre le soutien social et la santé a toutefois une portée limitée dans la mesure où il ne peut être appuyé par un modèle théorique dans lequel les différentes composantes du concept pourront être identifiées et considérées dans leur relation réciproque. Bien souvent, on englobe sous l'appellation de soutien social un grand nombre de dimensions qui n'ont rien à voir les unes avec les autres et qui se révèlent être très générales. Au stade actuel des connaissances, la question n'est plus de savoir si une relation existe entre le soutien social et la santé, mais bien à quel moment, par quel mécanisme, comment et pourquoi cette relation se produit. En d'autres termes : quels sont les ingrédients actifs dans cette relation ?

De telles questions demandent qu'on clarifie et qu'on précise le concept de soutien social. De récents travaux théoriques, de même que de nombreuses données empiriques, indiquent que différents processus sont en cause lorsqu'on étudie l'influence des relations sociales sur la santé et que le «soutien» ne serait ainsi qu'un mécanisme actif parmi plusieurs autres. La trop grande attention portée au soutien social depuis deux décennies a pratiquement éclipsé d'autres dimensions, notamment la régulation sociale, le potentiel d'influence du contenu culturel ou encore l'effet de la structure sociale sur la personne[6].

La recherche portant sur le soutien social s'inscrit dans une démarche impliquant trois niveaux conceptuels. Ainsi que nous pouvons le voir dans la figure 12.1, le premier niveau correspond à la manifestation d'un problème, tel un stress psychosocial ou un événement qui vient perturber la vie de la personne.

Le second niveau est lié aux variables médiatrices auxquelles on attribue un pouvoir potentiel d'influence sur l'état de santé. Bon nombre de ces variables médiatrices ont été identifiées, mais c'est surtout le concept de soutien social qui a été largement employé dans les études. Nous nous proposons dans ce document d'insérer le soutien social dans une approche des réseaux sociaux. Nous voulons ainsi situer le soutien social en tant que fonction d'un système plus large (la régulation sera une autre fonction qui sera présentée), mais nous allons également chercher à révéler l'effet sur

---

6. N. Carpentier, *L'influence des réseaux sociaux sur la trajectoire de soins des personnes présentant des troubles psychiatriques sévères*, Thèse de doctorat, Université de Montréal, 2000 ; B.A. Pescosolido, «Beyond rational choice : The social dynamics of how people seek help», *American Journal of Sociology*, vol. 97, n° 4, 1992, p. 1096-1138.

Figure 12.1
Cadre conceptuel général

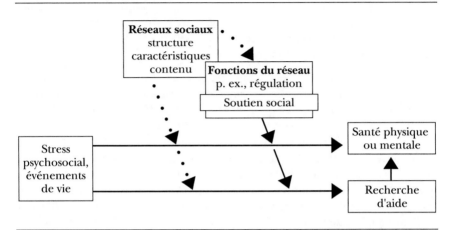

la santé d'autres dimensions retenues dans l'approche des réseaux, comme la taille, la densité ou le contenu culturel. Enfin, le troisième niveau correspond à l'état de santé de la personne (stress, symptômes, bien-être), mais aussi à d'autres variables sociales telles que le niveau d'intégration, d'adaptation sociale ou encore les démarches de recherche d'aide.

Nous nous proposons comme objectif, dans ce document, de «raffermir» le concept de soutien social – en lien avec les différents aspects touchant la santé – en procédant, dans un premier temps, à une révision sommaire des plus importantes critiques formulées au sujet du soutien social, puis, dans un second temps, en insérant ce concept à l'intérieur d'une approche des réseaux sociaux. La présentation de chaque concept (appuyés souvent par une illustration et des définitions) sera suivie d'une brève revue de la littérature qui, sans avoir la prétention d'être exhaustive, devrait refléter l'état des connaissances actuelles. Plus particulièrement, le soutien social sera situé par rapport aux notions de connexité, de contenu ainsi que de fonction générale du réseau.

LES CRITIQUES DU CONCEPT DE SOUTIEN SOCIAL

Nous entendons présenter, dans cette section, les plus importantes critiques attribuées aux travaux qui utilisent le concept de soutien social. Ces critiques peuvent se résumer en quatre grandes catégories. Une première se rattache au caractère «subjectif» du concept de soutien social; une autre concerne l'imprécision théorique dans laquelle se confondent les différentes composantes et, par le fait même, les différents processus en cause ; une troisième critique est liée à la démarche méthodologique qu'elle entend évaluer et, enfin, une dernière critique concerne la validité d'un concept utilisé sans qu'on tienne réellement compte du contexte dans lequel s'effectue le soutien social.

Le caractère « subjectif » du concept de soutien. Dans la tradition britannique, le concept de « soutien social » trouve ses origines dans les travaux sur le *groupe primaire* de Cooley[7] et dans l'idée d'*attachement* de Bowlby[8]. Cette orientation se concentre sur le concept des liens intimes, présents dans la dyade aidant-aidé, et sur celui d'*attachement* auquel est relié le sentiment de sécurité. En fait, une telle orientation reste centrée sur les aspects affectifs et cognitifs des relations ou définie principalement au point de vue des ressources disponibles. Dans cette orientation, d'une part, on néglige de tenir compte de la structure sociale dans laquelle sont insérées les transactions, et d'autre part, on se limite aux aspects subjectifs du soutien. Ainsi qu'il est généralement conceptualisé, le soutien doit être *perçu* par la personne comme étant bénéfique, sinon il ne peut être considéré comme du soutien. Une telle orientation exclut les situations dans lesquelles un soutien est offert mais non ressenti ou non apprécié par la personne. De ce point de vue, le soutien social renvoie plutôt à la manière dont la personne perçoit ses relations avec les autres ; c'est un concept toujours positif qui reflète le degré de satisfaction qu'une personne éprouve à l'égard de son réseau. Mais le caractère « positif » des contacts néglige l'aspect profondément social des relations. Comme l'observent Wellman et ses collègues[9], la plupart des liens proviennent de cercles et de cliques et un grand nombre de liens prennent leur origine dans la structure plus large et n'apparaissent pas nécessairement comme des sources de satisfaction personnelle. En fait, les relations sociales se forment et s'entretiennent par les contacts entre les groupes, alors que plusieurs liens sont créés sans qu'il y ait attraction mutuelle.

L'imprécision conceptuelle. Une autre critique tient à l'imprécision du concept de soutien social. Bien que les recherches des vingt-cinq dernières années aient favorisé une meilleure compréhension des conséquences des relations sociales sur la santé, il faut se rendre compte que, dans l'état actuel des connaissances, il reste très difficile de préciser la nature même

---

7. C.H. Cooley, *Social Organization : A Study of the Larger Mind*, New York, C. Scribner & Sons, 1909.

8. J. Bowlby, *Attachment and Loss : I. Attachment*, Harmondsworth, Penguin, 1971.

9. B. Wellman, P.J. Carrington et A. Hall, « Networks as personal communities », dans B. Wellman et S.D. Berkowitz (dir.), *Social Structures : A Network Approach*, New York, Cambridge University Press, 1988, p. 130-184.

du soutien social. Vers la fin des années 1980, O'Reilly[10] devait réviser 33 instruments évaluant le soutien social et il y observait un très faible accord dans la définition du concept. Force est de constater, encore aujourd'hui, que les lacunes sont nombreuses. On place souvent sous l'appellation « soutien social » une grande quantité de dimensions et d'indicateurs (intégration sociale, réseau de soutien, réseaux sociaux, liens sociaux, capital social, etc.) et, comme le souligne O'Reilly, « *something that measures everything ends up measuring nothing* » (p. 869). Il apparaît aujourd'hui que le soutien est un construit multifactoriel dans lequel toutes les composantes doivent être considérées parce qu'elles peuvent avoir des conséquences différentes sur l'état de santé. La confusion théorique nous place souvent devant une pratique de « morcellement » arbitraire du concept, qui sera transformé en de multiples indicateurs placés sur un pied d'égalité, sans qu'aucun modèle théorique soit proposé pour rendre compte des interactions intervariables[11].

Considérations méthodologiques. Plusieurs critiques peuvent être formulées quant aux approches méthodologiques qui cherchent à évaluer le concept de soutien social. Ce qui est mis sous l'étiquette de « soutien social » peut correspondre à une foule d'indicateurs, tels que la taille ou la densité du réseau, la nature de l'offre d'aide, la fréquence de cette aide, etc. – indicateurs qui sont, en fait, des éléments fort disparates à l'intérieur d'un schème relationnel. Plus particulièrement, la majorité des études épidémiologiques ne mesurent que très indirectement les relations sociales supportantes. Les indices sont souvent basés sur quelques éléments comme la présence d'un conjoint, d'un confident ou la participation à un groupe, mais les évidences appuyant l'hypothèse que ces types de relations sont en mesure de fournir des liens supportants restent minces. Par ailleurs, l'utilisation des concepts de réseau en épidémiologie sociale est souvent défaillante et le terme de réseau social est plutôt utilisé de façon métaphorique. Par exemple, les « liens faibles », un des concepts centraux de l'approche des réseaux, ne sont jamais évalués directement, mais plutôt inférés à partir de l'adhésion à des organisations religieuses ou communautaires. Une autre critique concerne la prédominance des devis transversaux dans les études sur le soutien social, tout l'aspect de l'historicité des liens supportants étant négligé. Une confusion est souvent observable entre les mesures de stress, de soutien et de psychopathologie, alors que ces concepts ne sont pas facilement compréhensibles dans un schéma

---

10. P. O'Reilly, « Methodological issues in social support and social network research », *Social Science and Medicine*, vol. 26, n° 8, 1988, p. 863-873.

11. R. Massé, « Les apports de l'anthropologie à l'épidémiologie : le cas du rôle étiologique de l'isolement social », *Ruptures*, vol. 2, n° 1, 1995, p. 102-117.

statique d'analyse. Aujourd'hui se dégage un consensus sur la nécessité d'adopter des devis longitudinaux afin de mieux comprendre la relation entre le soutien et l'état de santé.

Appréciation du contexte social. Les lacunes relevées jusqu'à présent, telles que le caractère individuel et subjectif du concept ou la nature de l'information obtenue dans des devis transversaux, ne permettent pas de tenir compte adéquatement du contexte social, c'est-à-dire de l'ensemble des relations qu'entretient la personne, insérée dans un contexte culturel particulier et agissant selon une histoire qui est propre à son groupe social. Dans l'esprit de plusieurs planificateurs d'enquêtes à grande échelle, il est impératif de chercher une définition universelle qui s'applique à l'ensemble de la société, mais il nous apparaît que l'application du concept de soutien social demande qu'on fasse émerger des définitions contextuelles de la problématique à l'étude. Il est très rarement reconnu que le concept de soutien social représente un construit social qui devrait correspondre à la réalité de chaque sous-groupe présent dans la société.

L'APPORT DE L'ANALYSE DES RÉSEAUX SOCIAUX

Vers la fin des années 1970 et au début des années 1980 des avancées significatives se sont produites dans la théorie et la méthodologie de l'analyse des réseaux. Certains auteurs vont même alors jusqu'à proposer que le réseau devrait être l'objet d'intérêt central des recherches (et non plus le soutien), alors que l'approche des réseaux sociaux pourrait représenter un cadre unifiant les divers concepts rattachés aux études en sciences sociales et en santé[12]. Il appert dorénavant que le soutien social est en fait une fonction particulière du réseau et que plusieurs autres mécanismes distincts auraient été confondus ou même fusionnés avec le soutien. Ainsi, le « réseau social » et le « soutien social » correspondraient à deux niveaux de compréhension différents et leur « assemblage » empêcherait de comprendre les mécanismes propres à chacun.

Nous allons chercher à présenter, dans les pages qui suivent, différentes dimensions du système social tout en situant le soutien social dans un ensemble plus vaste, soit en précisant les notions de structure (taille, densité, étendue, homogénéité), les caractéristiques des liaisons (polyvalence, réciprocité, symétrie, durée, force des liens), le contenu des liaisons (attitudes, croyances, valeurs culturelles et contenu symbolique) et, enfin, les aspects fonctionnels (soutien social et régulation). Une telle

---

12. D.P. Mueller, « Social networks: A promising direction for research on the relationship of the social environment to psychiatric disorder », *Social Science and Medicine*, vol. 14A, 1980, p. 147-161 ; O'Reilly, *op. cit.*

conceptualisation nous permet de répondre, et à notre avis dans une large mesure, aux diverses critiques traditionnellement formulées à propos du concept de soutien social.

LA NOTION DE STRUCTURE

La première dimension introduite par l'analyse des réseaux correspond à la notion de structure sociale. La personne fait partie d'un système, d'une structure, qui comprend d'autres acteurs eux-mêmes reliés entre eux. La notion de soutien, qui sera présentée dans une prochaine section, est ainsi intégrée dans un système relationnel. L'approche des réseaux cherche donc à repérer les relations existantes avant de situer le potentiel d'aide qui peut être offert à la personne.

Description de la figure 12.2. Dans la figure qui suit, la personne en difficulté (l'*ego*) est placée dans son milieu social où huit autres acteurs sont identifiés (lettres A à H). Dans la mesure où les acteurs entretiennent des relations, un lien est établi entre eux. La densité du réseau correspond au nombre de liaisons entre les acteurs : un réseau est dense si la plupart des acteurs sont en contact les uns avec les autres. Enfin, l'homogénéité du

Figure 12.2
Structure du réseau social

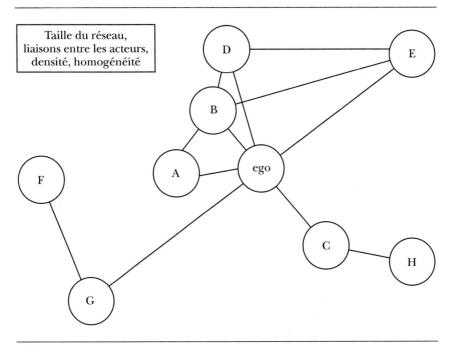

réseau fait référence à la présence de différentes catégories d'acteurs sociaux, telles que la famille, les professionnels, les amis, les collègues de travail, les voisins, etc. Dans notre exemple, les acteurs A, B, D et E sont des membres de la famille, G et F sont des intervenants sociaux, alors que C et H sont des amis. Un réseau social qui comprend une haute concentration d'une catégorie sociale est considéré comme homogène.

Aspects structurels et conséquence sur la santé. Il est de plus en plus reconnu que les aspects structuraux et fonctionnels du soutien social sont des phénomènes différents qui doivent être analysés séparément. Nous présentons dans cette section les études se rapportant à la taille du réseau, à la densité et au niveau d'hétérogénéité.

La taille du réseau (nombre de personnes) a sûrement fait l'objet du plus grand nombre d'études portant sur la santé mentale et physique, mais les résultats ne sont pas très concluants. Révisant la littérature sur le sujet, Lin et Peek[13] rapportent bon nombre d'études montrant un effet positif sur la santé mentale, alors que certaines autres révèlent un effet négatif ou neutre. Par exemple, un plus grand réseau favorise l'adaptation de la personne à la suite d'un divorce ou d'une séparation[14], mais dans une autre étude, menée auprès d'adultes et de personnes âgées, un plus petit réseau, au premier stade d'observation, est lié à moins de symptômes dépressifs au deuxième stade d'observation[15]. Pour leur part, Haines et Hurlbert[16] observent qu'un plus grand réseau augmente l'exposition au stress et conduit à un niveau de détresse psychologique plus élevé. Il n'en reste pas moins que, pour Burt et Vaux[17], les réseaux de plus grande taille sont avantagés par rapport aux plus petits. En outre, un réseau de plus grande taille permet une diversification des rôles, augmente la possibilité d'inclure un plus grand nombre de « modèles » sociaux, permet de mobiliser davantage de compétences et de ressources et, enfin, rend davantage possible un relais dans les tâches, ce qui évite l'épuisement des membres et éventuellement leur retrait. Par ailleurs, de grands réseaux peuvent

---

13. N. Lin et K. Peek, « Social network and mental health », dans A.V. Horwitz et T.L. Scheid (dir.), *A Handbook for the Study of Mental Health*, Cambridge, Cambridge University Press, 1999, p. 241-258.

14. B.L. Wilcox, « Social support, life stress, and psychological adjustment : A test of the buffering hypothesis », *American Journal of Community Psychology*, vol. 9, 1981, p. 371-386.

15. L.K. George, D.G. Blazer, DC Hughes et N. Fowler, « Social support and the outcome of major depression », *British Journal of Psychiatry*, vol. 154, 1989, p. 478-485.

16. V.A. Haines et J.S. Hurlbert, « Network range and health », *Journal of Health and Social Behavior*, vol. 33, 1992, p. 254-266.

17. R.S. Burt, « A note on strangers, friends, and happiness », *Social Networks*, vol. 9, 1987, p. 311-332 ; A. Vaux, *Social Support : Theory, Research, and Intervention*, New York, Praeger, 1988.

aussi avoir un effet contraignant, principalement lorsqu'il y a tension entre les membres ou lorsque le réseau ne permet pas la souplesse nécessaire pour répondre aux situations de crise.

Description des concepts

Réseau égocentrique : un réseau focalisé sur une seule personne.

Ego : la personne centrale autour de laquelle le réseau est construit.

Acteurs : les membres ou les personnes du réseau.

Nombre de points (taille) : nombre d'acteurs situés dans le réseau (N).

Nombre de lignes : il s'agit du nombre de liens reliant les acteurs entre eux, y compris les liens entre les acteurs et l'ego.

Densité : la densité d'un graphe est définie comme la somme des liens dans un réseau pondéré par le nombre maximum de liens possibles.

Formule : $\dfrac{m}{n(n-1)/2}$

m = le nombre de liens du graphe / n = le nombre de personnes

Homogénéité : la proportion d'acteurs de différents types dans le réseau (famille, professionnel, ami).

Le degré d'interconnexion entre acteurs, tel qu'il est exprimé par la densité, est une autre caractéristique structurelle du réseau. Il n'existe actuellement aucun consensus sur l'incidence de la densité sur l'état de santé. Acock et Hurlbert observent qu'un réseau à haute densité accroît le sentiment de satisfaction à l'égard de la vie, alors que, pour sa part, Wilcox conclut qu'une densité faible du réseau renforce les capacités d'adaptation à la suite d'un divorce ou d'une séparation. Un mode d'inter-action à forte densité peut réduire la diversité des opinions, des informations et des types d'assistance disponibles, et ainsi se révéler nuisible dans certaines circonstances qui demandent une plus grande capacité d'adaptation. Par contre, une trop faible densité limite la coordination de l'action et réduit les capacités supportantes des réseaux[18].

La variété des relations, traduite dans l'analyse des réseaux par la variable d'hétérogénéité, peut être liée à un accès différentiel aux types de ressources. Cette dimension a encore été peu exploitée dans les recherches, mais elle nous apparaît comme une variable potentiellement importante

---

18. B. Wellman, « Applying network analysis to the study of support », dans B.H. Gottlieb (dir.), *Social Network and Social Support*, Beverly Hills, CA, Sage, 1981, p. 171-200.

dans la mesure où elle représente la diversité des ressources contenues dans le réseau. Les réseaux des personnes présentant des troubles psychiatriques sévères sont reconnus pour être relativement homogènes (composés de membres familiaux), et c'est principalement le noyau familial intime qui est la source la plus significative de soutien émotionnel et instrumental, mais la conséquence de cette homogénéité est aussi un accès limité aux ressources d'aide[19].

Caractéristiques des liens

Dans un deuxième temps, l'analyse des réseaux prévoit l'appréciation des liaisons entre les acteurs. Cette dimension introduit plusieurs « qualificatifs » pour chaque lien présent entre les acteurs et l'ego. Ici, six dimensions sont introduites : la polyvalence, la fréquence des contacts, la direction de l'échange d'information (réciprocité/asymétrie), la durée, la qualité des liaisons (harmonieuses, conflictuelles) et la force des liens.

Description de la figure 12.3. Dans cette illustration, les caractéristiques des liens entre l'ego et les huit acteurs, mais aussi entre ces derniers, sont précisées. La structure du réseau présentée à la figure 12.3 est identique à celle de la deuxième figure, mais cette fois-ci une certaine teneur est attribuée aux liaisons. L'échange d'informations peut être qualifiée par des notions de symétrie et de réciprocité. Plusieurs des acteurs ont des relations réciproques, c'est-à-dire qu'ils apportent autant à l'un qu'à l'autre. La direction des flèches indique le flux de l'échange. La qualité des liaisons peut aussi être considérée ; elle est introduite dans la figure par des lignes continues (liaisons harmonieuses) ou des lignes pointillées (liaisons conflictuelles). La « force des liens » est ici représentée par la distance entre l'ego et l'acteur. Trois niveaux de réseaux sont utilisés pour établir la force des liens : en se situant dans le réseau primaire, la personne est estimée avoir des liens plus forts que si elle se trouve dans le réseau secondaire ou tertiaire.

Aspects relationnels du réseau et de l'état de santé. En développant les notions de structure et de caractéristiques des liens, on pourra étayer le concept de soutien social par diverses dimensions qui pourront révéler soit un caractère contraignant, soit un caractère supportant dans la relation. Nous proposons dans cette section de présenter quelques études traitant de la fréquence des contacts, de l'adéquation des liaisons, de la force des liens et de la polyvalence.

---

19. N. Carpentier, A. Lesage et D. White, « Family influence on the first stages of the trajectory of patients diagnosed with severe psychiatric disorders », *Family Relations*, vol. 48, 1999, p. 397-403.

Figure 12.3
Caractéristiques des liens

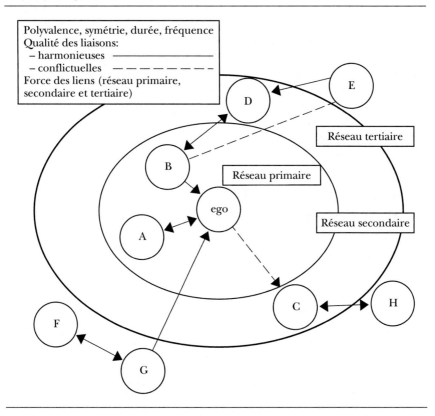

Plusieurs des dimensions se rapportant aux caractéristiques des liens apparaissent contradictoires ou ne montrent pas une grande consistance. Par exemple, certaines études établissent un lien entre le nombre de rencontres des acteurs du réseau et une bonne santé mentale de ses membres[20], alors que George et ses collègues[21] observent qu'une faible fréquence des contacts peut être reliée à un état dépressif. Sur le plan de l'adéquation des liaisons, il a été d'abord proposé par Pagel[22] que les

20. A.W. Williams, J.W. Ware et C.A. Donald, « A model of mental health, life events, and social support applicable to general populations », *Journal of Health and Social Behavior*, vol. 22, 1981, p. 324-336 ; P.A. Thoits, « Life stress, social support, and psychological vulnerability : Epidemiological considerations », *Journal of Community Psychology*, vol. 10, 1982, p. 341-362.

21. George *et al.*, *op. cit.*

22. M.D. Pagel, W.W. Erdly et J. Becker, « Social networks : We get by with (and in spite of) a little help from our friends », *Journal of Personality and Social Psychology*, vol. 53, 1987, p. 793-804.

aspects négatifs ou positifs des liens devaient avoir des répercussions sur les états dépressifs. Toutefois, Pagel observe que les liens frustrants ou, à l'opposé les liens aidants, ne sont pas réellement déterminants pris individuellement ; ce serait plutôt la satisfaction globale par rapport au réseau qui pourrait être liée à un meilleur état de santé. Par contre, Okun[23] relève que chez les personnes âgées la présence de liens positifs a un effet tampon qui réduit la détresse à la suite d'événements perturbants. La force des liens a aussi fait l'objet de quelques études. Par exemple, Ensel et Lin, mais aussi Lin *et al.*[24], obtiennent des données confirmant que les liens forts, principalement ceux qui font intervenir un confident, d'une part, diminuent la détresse psychologique et, d'autre part, augmentent la perception du soutien social – conduisant ainsi à améliorer la santé mentale de la personne.

Description des concepts

La polyvalence *(multiplexity)* : il s'agit du nombre de différents rôles échangés entre l'ego et un des membres du réseau (rôles de conseiller, de *broker* [intermédiaire], d'ami, de thérapeute, etc.).

Fréquence des contacts : mesurée selon le nombre de contacts entre les acteurs du réseau par rapport à une période précise.

La direction de l'échange : prise en considération de la réciprocité ou de l'asymétrie de l'échange d'informations, des ressources ou de l'affectivité. Le flux de l'échange est déterminé par la direction des flèches.

La durée de la relation : temps écoulé entre le début de la relation et le moment de l'entrevue.

La qualité des liaisons : évaluée selon la teneur harmonieuse ou conflictuelle des liens entre les acteurs du réseau.

La force des liens : fait référence à l'intensité de la relation sans pour autant considérer le contenu de cette relation. Par exemple, la relation entre un père et son fils peut correspondre à un lien émotif très fort, bien que, concrètement, le contenu de ce lien puisse ne correspondre à aucun soutien.

---

23. M.A. Okun, J.F. Melichar et M.D. Hill, « Negative daily events, positive and negative social ties, and psychological distress among older adults », *Gerontologist*, vol. 30, 1990, p. 193-199.

24. W.M. Ensel et N. Lin, « The life stress paradigm and psychological distress », *Journal of Health and Social Behavior*, vol. 32, 1991, p. 321-341 ; N. Lin, M.Y. Dumin et M. Woelfel, « Measuring community and network support », dans N. Lin, A. Dean et Walter Ensel, *Social Support, Life Events, and Depression*, New York, New York Academic Press, 1986, p. 153-170.

Enfin, la polyvalence n'a fait l'objet que de très peu d'études dans le domaine de la santé. On considère les liaisons impliquant une haute polyvalence comme étant d'une nature différente de celles où l'acteur se limite à un ou deux types de rôles. Certains membres de la famille, principalement les femmes, sont ainsi appelés à jouer le rôle de pourvoyeur principal de soins. Au point de vue de l'analyse de réseaux, on dit que la personne entretient des relations polyvalentes, c'est-à-dire qu'elle remplit plusieurs rôles ou apporte plusieurs formes de soutien. Ce type de relation conduit les personnes concernées dans des interactions régulières, intimes et plus intenses tout en fournissant un contexte de vie plus stable.

LE CONTENU DES LIAISONS

La plupart des chercheurs qui s'intéressent aux réseaux sociaux s'accordent pour dire que le réel pouvoir explicatif de ce type d'approche s'appuie sur l'analyse de l'interaction entre la structure et le contenu des relations[25]. Le contenu des liaisons fait référence aux valeurs, aux croyances, aux attitudes et aux normes véhiculées dans les cliques ou les groupes formant les réseaux. Il est de plus en plus reconnu que l'analyse de la structure du réseau, à elle seule, comporte des limites si elle n'est pas soutenue par une analyse des valeurs culturelles propres à chaque groupe social. On trouve un nombre impressionnant de recherches traitant des valeurs et des attitudes des groupes sociaux, mais encore peu de ces études ont été produites en utilisant le cadre des réseaux sociaux afin d'approfondir l'influence du contenu des liaisons.

Rook[26] fait le bilan du caractère possiblement ambigu des relations sociales. Il s'agit d'une littérature en émergence, mais déjà des indications montrent clairement que des liens sociaux obligatoires, qu'on associait traditionnellement à l'apport de soutien social (comme la présence d'un conjoint, de parents ou de collègues de travail), peuvent aussi engendrer des demandes stressantes et annuler du même coup les effets bénéfiques rattachés à ces rôles sociaux. En fait, on pourrait davantage relier les

---

25. E. Freidson, « The lay construction of illness », dans E. Freidson (dir.), *Profession of Medicine: A Study of the Sociology of Applied Knowledge*, New York, Harper & Row, 1970 ; B.A. Pescosolido, « Illness careers and network ties: A conceptual model of utilization and compliance », dans G. Albrecht et J. Levy (dir.), *Advances in Medical Sociology*, vol. 2, Greenwich, Conn., JAI, 1991, p. 161-184 ; H.C. White, S. Boorman et R.L. Breiger, « Social structure from multiple networks. I. Blockmodels of roles and positions », *The American Journal of Sociology*, vol. 88, 1976, p. 730-780.

26. K. Rook, « Detrimental aspect of social relationships: Taking stock of an emerging literature », dans H.O.F. Veiel et U. Baumann (dir.), *Meaning and Measurement of Social Support*, New York, Hemisphere, 1992, p. 157-169.

problèmes psychiatriques aux aspects « négatifs » des relations (par exemple, l'absence de confiance ou les relations de domination) qu'on pourrait associer une bonne santé mentale au soutien social[27].

Par ailleurs, il existe des réseaux qui véhiculent des valeurs s'opposant à l'aide extérieure ou à l'idéologie de soins. Or, cette attitude est susceptible de provoquer un isolement lors de l'apparition de situations difficiles ou stigmatisantes. Hibbard[28] observe que les personnes qui manifestent des attitudes de méfiance ont avantage à disposer d'un vaste réseau afin d'obtenir de l'aide, alors que les répondants démontrant une plus grande confiance à l'égard de leur entourage sont plus aptes à utiliser leur réseau même si celui-ci est relativement petit.

Les travaux menés par Wortman et ses collègues[29] les conduisent à croire qu'il ne serait pas rare que les membres de la famille, eux-mêmes affectés par un événement perturbateur arrivé à un de leurs proches, soient de très mauvais soutiens. Ces personnes pourraient avoir tendance à exercer, prématurément ou avec trop d'insistance, des pressions afin de voir leur proche faire des progrès ou se rétablir après l'apparition d'un problème de santé. Dans certains cas, les aidants adopteraient des comportements de surprotection ou de surimplication – diverses attitudes pouvant produire l'effet contraire escompté, c'est-à-dire nuire au rétablissement.

D'autres études illustrent aussi l'importance que revêtent les croyances des acteurs du réseau dans le processus de recherche d'aide. Par exemple, Horwitz[30] (1977, p. 100) rapporte que la définition de la psychiatrie communiquée par les pairs à leur proche explique leur type d'aide et aussi, partiellement, la façon dont ce dernier entre en traitement. La probabilité d'une consultation rapide à l'extérieur du réseau va donc dépendre du degré d'affinité de ses membres avec les valeurs des professionnels.

---

27. J. Fiore, J. Becker et D. Coppel, « Social network interactions : A buffer or a stress ? », *American Journal of Community Psychology*, vol. 11, 1983, p. 423-440 ; K.S. Rook, « The negative side of social interaction : Impact on psychological well-being », *Journal of Personality and Social Psychology*, vol. 46, 1984, p. 1097-1108.

28. J.H. Hibbard, « Social ties and health status : An examination of moderating factors », *Health Education Quarterly*, vol. 12, 1985, p. 23-34.

29. C.B. Wortman et T.L. Conway, « The role of social support in adaptation and recovery from physical illness », dans S. Cohen et S.L. Syme (dir.), *Social Support and Health*, Orlando, Academic, 1985, p. 281-302 ; C.B. Wortman et D.R. Lehman, « Reactions to victims of life crises : Support attempt that fails », dans I.G. Sarason et B.R. Sarason (dir.), *Social Support : Theory, Research, and Applications*, Dordrecht, Pays-Bas, Martinus Nijhoff, 1985, p. 463-489.

30. A.V. Horwitz, « Social networks and pathways to psychiatric treatment », *Social Forces*, vol. 56, 1977, p. 86-105.

LES FONCTIONS DU RÉSEAU

Dans le schéma que nous avons présenté en introduction, les fonctions du réseau sont les médiateurs se trouvant entre l'événement problématique (par exemple le problème de santé mentale) et les divers indicateurs de santé ou de recherche d'aide. Nous définirons ici deux fonctions : le soutien social et la régulation. Il est suggéré que cet apport de soutien ou de régulation soit fourni par les comportements ou des actions des acteurs du réseau et communiqué par la structure du réseau.

Fonctions d'intégration (soutien social)

Description de la figure 12.4. Dans cette figure, la notion de soutien social est introduite dans le système du réseau social. Aux notions de structure et de caractéristiques des liaisons entre les acteurs vient se greffer une

Figure 12.4
La fonction de soutien du réseau social

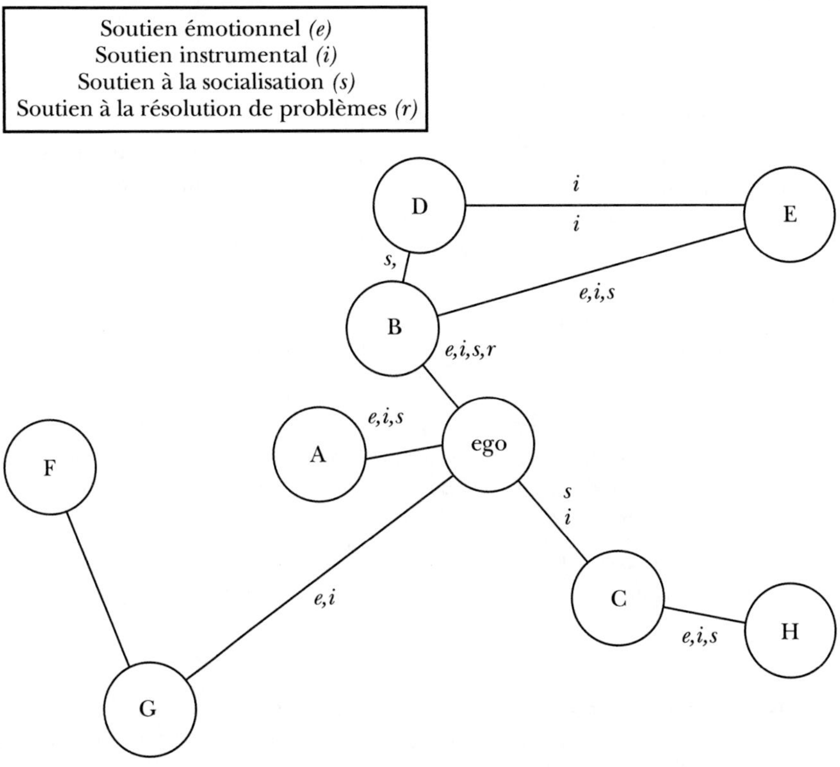

première fonction du réseau, soit celle du soutien social. Quatre types de soutien sont généralement mentionnés dans les travaux empiriques et théoriques, soit le soutien émotionnel, le soutien instrumental, le soutien à la communication et le soutien à la résolution de problème (voir les définitions dans l'encadré). Une certaine forme de soutien est attribuée à chaque liaison dans le graphique et c'est l'acteur B qui semble apporter le plus de soutien à l'ego.

Nous avons ainsi des informations concernant le soutien social obtenu par l'ego, mais aussi celui partagé par les autres acteurs du réseau entre eux. L'acteur B est lui-même lié aux acteurs D et E qui lui apportent un soutien non négligeable, alors que l'acteur A ne bénéficie pas de ce soutien de la part d'autres acteurs. Ainsi, on peut remarquer que le soutien ne se conçoit pas dans une relation de dyade (aidant-aidé), mais plutôt à l'intérieur d'un réseau plus large dans lequel la notion de soutien est associée à chaque acteur, même ceux qui n'ont pas de lien direct avec l'ego. Il peut être proposé que le soutien social, offert directement à l'ego, ou même celui offert par des transactions supportantes à l'intérieur du réseau – provoquant ainsi un effet indirect de soutien –, ait des effets bénéfiques sur la santé de l'ego.

Description des concepts

Le soutien émotionnel. Ce type de soutien, particulièrement important sur le plan des expériences d'intimité et de compagnonnage, ferait référence aux expressions de tendresse et d'approbation en plus de combler les besoins d'amour, d'estime de soi et de confiance.

Le soutien instrumental. Cette ressource présente un caractère concret et inclut différents types d'assistance pratique dans le quotidien, tels que le transport, l'aide pour les achats, pour les déménagements, l'assistance financière.

Le soutien à la communication. Cette ressource renvoie aux aspects permettant de socialiser. Il est ici question de reconnaître dans le réseau les personnes qui possèdent la capacité de mettre la personne en relation avec d'autres personnes.

Le soutien à la résolution de problème. Une dernière ressource correspond aux conseils et au guide directif qui permet de résoudre des problèmes pratiques de tous les jours.

Soutien à l'intérieur du réseau. Les travaux de recherche portant sur le soutien social, en relation avec la santé et les autres concepts pertinents, ont fait l'objet d'un nombre étonnant de publications. Il serait impossible ici d'en dresser un portrait complet. Comme nous l'avons précisé au début de ce document, de telles revues ont à maintes fois été tentées et nous invitons le lecteur à les consulter. Par contre, il nous paraît approprié, dans le cadre de ce chapitre, de faire ressortir un certain nombre de conclusions sur les derniers travaux traitant du concept de soutien social.

1. Le nombre sans cesse croissant d'études sur le soutien social laisse peu de doutes sur le fait que ce concept est fortement associé à la santé mentale et physique – bien que le soutien social ne semble pas avoir d'effet sur les événements majeurs de la vie ainsi que sur les troubles chroniques.

2. Les chercheurs se sont principalement intéressés aux « liens forts » et intimes, laissant entendre que le soutien ne peut se transmettre que par l'entremise de telles liaisons – ce qui reste à démontrer. En outre, cette orientation ne permet pas d'éprouver d'autres hypothèses, notamment celles se rapportant au processus de recherche d'aide qui, théoriquement, demanderait l'analyse des liens plus étendus (liens faibles).

3. Un nombre de plus en plus élevé de faits commencent à s'accumuler, suggérant un lien de causalité entre le niveau de soutien social et l'état de santé. Ce lien de causalité entrerait toutefois en interaction avec de multiples autres éléments présents chez la personne et dans son environnement.

4. Le débat entre l'importance des dimensions *objectives* du soutien et de la dimension *perceptuelle* reste toujours très vif. L'approche des réseaux tend à faire reconnaître la présence d'éléments objectifs, tels que la taille, la densité, le soutien effectivement fourni ou les activités concrètes. Par ailleurs, un courant reste encore très fort, suggérant que ce sont d'abord la perception et les croyances à propos de la disponibilité du soutien qui ont un effet protecteur sur la santé. En d'autres termes, la présence de l'amour ou de l'estime que l'un porte à l'autre n'aurait aucun effet protecteur sur l'un s'il n'est pas connu de l'autre.

5. L'importance du contexte social dans l'étude du soutien social est de plus en plus reconnue. En effet, on a observé que la perception du soutien varie selon la situation dans le système social. Les études démontrent clairement que le sexe, le statut marital ou encore le niveau socioéconomique conduisent à une appréciation différentielle du soutien. Cela laisse croire que de nombreux autres éléments contextuels exerceraient une influence.

Le soutien social reste un concept très populaire, mais la majeure partie de la recherche se fait encore autour d'une orientation conservatrice. Encore beaucoup d'aspects restent à être connus à propos du «comment et du pourquoi» le soutien social peut avoir un lien avec la santé et relativement aux circonstances qui favorisent sa disponibilité.

Fonctions de régulation (contrôle social)

Ainsi que la décrivent House et ses collègues[31], la régulation – ou le contrôle social – est un autre processus susceptible d'intervenir entre les relations sociales et l'état de santé. Dans une perspective des réseaux sociaux, la régulation s'insère dans un cadre d'analyse structurel, dans lequel les formes de connexion entre les acteurs influencent leur capacité de contrôle informel. Mais apportons d'abord une précision sur deux différentes orientations empruntées par la recherche sur le «contrôle social».

Dans une perspective critique, le contrôle social correspond aux actions entreprises par les agents sociaux dans le but de répondre aux comportements déviants ou de poursuivre leur propre intérêt tout en contrôlant l'action des autres. L'accent est mis sur les lois et sur les autres formes de contrôle étatique en tant que régulateurs de l'ordre social. Le rôle des institutions officielles, de leurs représentants (les juges, le corps policier, l'hôpital psychiatrique) et de leurs interventions (sanctions, isolement, coercition) est alors privilégié. Une deuxième perspective, nettement moins exploitée en sciences sociales, renvoie aux règles implicites qui gouvernent les relations interpersonnelles. Il s'agit d'actions émergentes, utilisées pour la stabilité de la vie quotidienne et des pratiques sociales du groupe. Il est ici question de tentatives par des agents non mandatés pour promouvoir la conformité, telles que la réhabilitation ou la conciliation[32]. Au centre de la définition de régulation se trouvent davantage les notions de normes, de règles, de négociation – plutôt que celles de contrôle ou de sanction prises dans le sens strict du terme. C'est principalement la deuxième forme de régulation sociale qui sera présentée ici comme pertinente et pouvant potentiellement faire parti du processus dans le lien entre le «social» et la santé.

Formes de régulation et effets sur le comportement. Certains éléments propres à la régulation sociale se superposent à des composantes du soutien social, mais ces deux concepts restent distincts par rapport aux mécanismes opérants. Le soutien social est lié au fait qu'une aide est fournie – qu'elle soit instrumentale, informationnelle ou émotionnelle –, alors que

---

31. House *et al.*, *op. cit.*
32. A.V. Horwitz, *The Logic of Social Control*, New York, Plenum Press, 1990.

la régulation fait plutôt référence aux *contraintes* ou aux *pressions* imposées sciemment ou non par une personne ou par la collectivité à une autre personne. La régulation se présente donc comme les actes qu'une personne pose dans le but qu'une autre adopte certains comportements. L'imposition de règles n'est pas nécessairement négative, ces règles pouvant être des repères importants ou d'un grand secours dans les situations de détresse. Par ailleurs, une régulation aliénante est aussi concevable : la personne en vient à être limitée dans ses choix, elle est obligée de suivre des règles qui ne correspondent pas à ses attentes, etc. Dans le quotidien, ces formes de régulation peuvent s'exercer de diverses façons : *a)* appuyer et encourager – ou tout au contraire saboter – les bonnes habitudes de vie, comme éviter la consommation d'alcool, de drogue ou de cigarettes ; *b)* superviser activement un comportement précis ; *c)* servir de modèle ou participer avec une personne à des activités bénéfiques pour elle ; *d)* guider la personne dans les choix de traitement, etc.

Description du concept

Régulation sociale : Reynaud (1991, p. 121) nous propose la définition de la *règle sociale*, qui correspond davantage au sens de la régulation que nous voulons retenir dans le cadre de ce document : « La règle sociale n'est pas un contrat fixant explicitement et exhaustivement les droits et les devoirs. Elle est plutôt la formulation incomplète et en partie implicite, d'un engagement réciproque dans un jeu social qui est, par certains aspects au moins, un jeu de coopération. Elle s'appuie sur des contraintes (un contrôle, des sanctions ou des menaces de sanction). Mais elle est aussi protégée contre la défection par la bonne volonté, c'est-à-dire l'engagement des acteurs. »

La fonction de régulation est rendue possible par l'appartenance à un groupe, partageant les mêmes valeurs et les mêmes normes, où la personne peut s'appuyer sur une communauté d'idées. Ce type de groupe, qui peut être représenté sous la forme d'un réseau social, emprunte différentes formes : la famille, le clan, l'Église, la communauté ou même l'État.

Sans directement mesurer le processus de régulation, Umberson[33] observe que le statut marital est relié à une plus faible adhésion à des comportements compromettants pour la santé. Selon son hypothèse, le statut matrimonial (vivre avec un conjoint) favoriserait l'intégration sociale qui, associée à une certaine forme de contrôle social, pourrait

---

33. D. Umberson, « Family status and health behaviors : Social control as a dimension of social integration », *Journal of Health and Social Behavior*, vol. 28, 1987, p. 306-319.

influencer les comportements liés à la santé. Cette hypothèse est validée à partir d'un échantillon national de 2246 personnes. D'un point de vue théorique, l'auteur propose deux voies distinctes par le biais desquelles le contrôle agit sur les comportements : soit de façon « intériorisée », ou indirecte, soit par une « influence extérieure » ou directe. L'influence *indirecte* par laquelle opérerait le contrôle social s'effectuerait par un renforcement des normes, mais aussi par la transmission d'une certaine façon de faire – façon conventionnelle d'agir – dans le groupe d'appartenance. Par exemple, la personne a connaissance qu'un type de réponse active est valorisé lors de l'apparition d'un problème, elle a conscience qu'un soutien familial est apporté en situation de crise, elle a à sa disposition des modèles qui peuvent servir d'exemples, etc. À l'opposé, en l'absence de guide normatif, la personne ne trouve pas d'appui suffisant dans son réseau pour pouvoir envisager un dénouement heureux de ses problèmes. Dans le cas d'une influence *directe*, le réseau peut réglementer les agissements ou imposer des sanctions qui, exprimées sous forme de menaces (celle de faire intervenir des agents de contrôle extérieurs, celle de devoir quitter la maison et donc d'avoir à se trouver un autre lieu de résidence, etc.), peuvent avoir une influence marquée sur le comportement de la personne. Les acteurs sociaux peuvent donner des avertissements ou rappeler à une personne que certaines actions peuvent la conduire à des conséquences fâcheuses.

Il faut souligner que le concept de régulation sociale n'a fait l'objet que de très peu d'études dans le champ de la santé, pas plus d'ailleurs en ce qui a trait à la recherche d'aide. La démonstration de la pertinence de ce concept en lien avec la santé reste encore à démontrer, bien que de plus en plus d'auteurs intègrent cette dimension dans leur modèle théorique[34].

LE CONCEPT DE COHÉSION DES RÉSEAUX

Nous introduisons ici un dernier concept de l'analyse des réseaux. Nous proposons comme hypothèse que la cohésion du réseau facilite l'exercice des fonctions de régulation et de soutien social et, par conséquent, conduit à une recherche d'aide mieux adaptée.

---

34. Voir par exemple les modèles suivants : L.F. Berkman et T. Glass, « Social integration, social networks, social support, and health », dans L.F. Berkman et I. Kawachi (dir.), *Social Epidemiology*, Oxford, University Press, 2000, p. 137-173 ; House *et al.*, *op. cit.* ; Pescosolido, *op. cit.*

Figure 12.5
Le type de contenu à l'intérieur du concept de cohésion

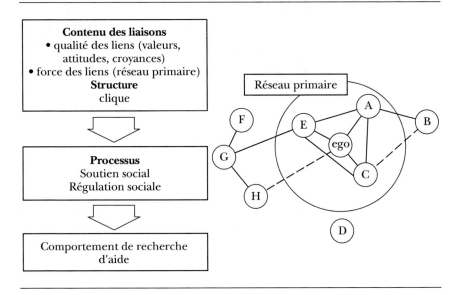

Description de la figure 12.5. Telle que nous la décrivons, la cohésion est possible dans la mesure où le réseau remplit deux conditions. La première est structurelle et consiste en la nécessité de retrouver au sein du réseau au moins une clique. Cette clique doit regrouper un minimum de trois acteurs aux liens forts (c'est-à-dire faisant partie du réseau primaire). Ainsi, dans notre illustration, les acteurs A, E, C et l'ego forment une clique où les échanges sont réciproques et fréquents. Une deuxième condition, qui porte sur le contenu, est satisfaite quand les rapports entre les acteurs du réseau primaire sont non conflictuels et que les attitudes et les valeurs qu'ils partagent sont semblables.

Dans notre exemple, la clique possède un avantage supplémentaire, parce qu'elle est formée d'acteurs issus de divers milieux (famille, professionnels – clique hétérogène) et a ainsi le potentiel pour générer des ressources plus nombreuses. Dans la mesure où les différents acteurs partagent les même valeurs et attitudes, les probabilités sont meilleures pour que la coordination dans le soutien et dans les démarches de recherche d'aide aient d'avantageuses conséquences sur l'état de santé de l'ego.

Description du concept

La cohésion du réseau : Deux dimensions sont à la base de la cohésion des réseaux. En *termes structuraux*, la cohésion définit la proximité par rapport au nombre et à la force des liens qui connectent les acteurs dans le réseau. En *termes de contenu*, la cohésion est basée sur la qualité des liaisons, c'est-à-dire les attitudes conciliantes et coopératives entre les acteurs du réseau.

Cohésion et conséquence sur la santé. La cohésion se conçoit en fonction des relations directes entre acteurs et par rapport au caractère positif de leurs échanges. Telle que nous venons de la présenter, la cohésion serait l'une des conditions permettant l'exercice des fonctions d'intégration (soutien social) et de régulation du réseau (contrôle social). Certaines études ont démontré qu'une plus grande cohésion familiale est associée à moins de détresse et concourt à diminuer les comportements comme la délinquance ou les problèmes d'alcool – comportements qui peuvent aggraver les conditions de la personne[35].

Dans le même ordre d'idées, Antonovsky[36] propose la notion de « sentiment de cohésion » comme facteur central dans le maintien de la santé. La cohésion au sein des réseaux fournirait un environnement où la personne se sentirait entourée par des liens de réseau forts, lui permettant d'éprouver de la complicité avec son entourage. L'auteur définit le « sentiment de cohésion » :

> [...] *as a global orientation that expresses the extent to which one has a pervasive, enduring though dynamic feeling of confidence that one's internal and external environments are predictable and that there is a high probability that things will work out as well as can reasonably be expected* (p. 123).

Enfin, la cohésion permet d'apprécier différemment le soutien social. La plupart des études situent le soutien social au niveau individuel ou, au mieux, l'envisage comme un phénomène interpersonnel. Mais l'approche de réseau, en se servant du concept de cohésion, offre la possibilité d'aller au-delà de cette perception et permet de concevoir le soutien social comme une forme d'aide offerte par le groupe entier.

---

35. M.P. Farrell, G.M. Barnes et S. Banerjee, « Family cohesion as a buffer against the effects of problem drinking fathers on psychological distress, deviant behavior, and heavy drinking in adolescents », *Journal of Health and Social Behavior*, vol. 36, 1995, p. 377-385 ; Umberson, *op. cit.*

36. A. Antonovsky, *Health, Stress and Coping*, San Francisco, Jossey-Bass, 1979.

CONCLUSION

Voilà une dizaine d'années, Bloom[37] lançait un appel à la communauté scientifique et demandait qu'on cesse d'accumuler de nouvelles études démontrant l'effet du soutien social sur la santé pour s'attaquer plutôt à un nouveau défi, à savoir pourquoi et comment le soutien social contribue au maintien de la santé. Quelques années auparavant, Vaux[38] proposait de ne plus considérer le soutien social comme une caractéristique personnelle statique, mais bien comme un concept impliquant un processus dynamique. Dans ce chapitre, nous avons cherché à documenter de telles orientations. D'abord en insérant le concept de soutien social par rapport à la structure sociale, puis par rapport au contenu et, enfin, en le situant, avec la régulation, comme processus dynamique.

Comparativement à la recherche sur le soutien social, encore peu d'études ont pris en considération les dimensions propres aux réseaux sociaux comme variables indépendantes afin d'expliquer l'état de santé mentale ou physique ou encore le processus de recherche d'aide. Les résultats obtenus jusqu'à présent sont peu concluants, mais la proposition suggérant que la structure et le contenu du réseau permettent l'accès au soutien ou influencent directement l'état de santé nous apparaît comme une voie de recherche particulièrement stimulante et féconde. Les résultats d'études que nous avons présentés nous renseignent sur un point, notamment la complexité de la vie en société et la difficulté de se limiter à un seul concept (le soutien social) pour analyser et chercher à comprendre les phénomènes sociaux pouvant avoir un effet sur la santé des individus.

Un apport de l'approche des réseaux dans une problématique de soutien social correspond au souci d'insérer le soutien dans un système plus complet de relations sociales. Comme nous l'avons souligné en début de texte, le soutien social reste un concept vague, défini selon la disponibilité des données obtenues dans les questionnaires épidémiologiques ou intégrant des composantes disparates, mal ou très peu intégrées dans un cadre théorique cohérent. La démonstration conceptuelle que nous venons de réaliser suggère qu'une simple analyse du « soutien social » reste sommaire et qu'une démarche pour comprendre le phénomène social doit être encadrée par une approche plus large permettant de tenir compte des nombreuses dimensions composant les rapports sociaux.

Le construit théorique que nous venons de présenter est fondé sur diverses dimensions dans lesquelles s'imbriquent les composantes structurelles, fonctionnelles et de contenu des réseaux. Les propriétés structurelles

---

37. J.R. Bloom, « The relationship of social support and health », *Social Science and Medicine*, vol. 30, nº 5, 1990, p. 635-637.

38. Vaux, *op. cit.*

tiendraient compte des notions de taille, de densité et d'hétérogénéité. Plusieurs caractéristiques des liaisons ont aussi été analysées. Le contenu des liens de réseaux comprendrait les normes et les valeurs des groupes. Enfin, la dimension fonctionnelle se diviserait en deux : d'une part, l'intégration sociale (ou le soutien social) et, d'autre part, la régulation sociale (ou le contrôle social). En principe, chaque élément (la taille, la densité, la polyvalence, le soutien émotif, le soutien instrumental, la régulation, les attitudes, les valeurs, etc.) pourrait avoir une influence distincte, mais elle pourrait aussi avoir un effet combiné, ainsi que le propose la notion de cohésion des réseaux. Cette notion de cohésion, qui combine principalement des dimensions de structure et de contenu des réseaux, favoriserait l'intervention de formes de soutien et de contrôle social.

Le concept de soutien social ne doit évidemment pas être abandonné; bien au contraire, il demeure un aspect central des relations sociales et son lien avec la santé n'a plus à être démontré. Par contre, nous avons cherché à comprendre quel en était le sens le plus pénétrant – démarche essentielle pour la planification des programmes d'intervention et pour l'intervention en soi. Il ressort de notre texte que le réseau social (la structure et les caractéristiques de ses liens), mais aussi le contenu, peut influer sur la santé par le truchement des différentes fonctions du soutien et de la régulation sociale. En d'autres termes, plusieurs dimensions du réseau, telles que la composition de la famille, la polyvalence ou la force des liens amélioreraient les capacités du réseau à fournir du soutien. Par ailleurs, comme nous l'avons illustré, des notions comme la taille du réseau impliquent des effets positifs, mais aussi négatifs, selon le contenu, le contexte et la situation en cause.

Les critiques du soutien social que nous avons abordées dans la première section de ce travail se résumaient en quatre points : le caractère individualiste du concept, son manque de rigueur théorique, les lacunes méthodologiques et la difficulté de tenir compte du contexte social dans l'élaboration de questionnaires généraux. Nous avons par la suite peu développé la question de la méthodologie, nous attardant plus spécifiquement à illustrer certains mécanismes associés aux réseaux sociaux. Il nous apparaît toutefois important de souligner que toute démarche méthodologique devra tenir compte du caractère dynamique des réseaux, et donc considérer la variable temps dans les devis de recherche. Il faut souligner également que les études sur le soutien social rencontrent toujours le dilemme classique de la causalité, à savoir si les troubles de santé sont issus d'une « sélection » ou s'ils sont effectivement « causés » par un manque de soutien. Traditionnellement, deux questions se posent : est-ce que la perception du soutien a une influence réelle afin de rendre la détresse psychologique et la dépression moins probables ? (hypothèse de la cause) ;

ou est-ce qu'un haut niveau de stress ou de dépression limite la probabilité qu'une personne maintienne ses relations sociales lui procurant du soutien? (hypothèse de la sélection). Les études établissant les relations entre le soutien et la dépression ont été, pour la grande majorité, faites à partir d'un devis transversal et généralement dans un contexte épidémiologique. Il nous paraît ici essentiel de revoir les questions de causalité et de dynamique du réseau dans un cadre séquentiel. Considérée hors contexte et sans faire référence à la structure sociale, la notion de soutien social se révèle être d'un faible pouvoir explicatif et théorique.

Ce document, traitant du soutien social d'un point de vue de l'analyse des réseaux sociaux, permet à notre avis de résoudre l'une des grandes préoccupations en sociologie, celle qui cherche à relier les niveaux d'analyse *micro-* et *macrosocial*. La perspective sociale des problèmes de santé a traditionnellement évolué par rapport à deux types d'approches. La première approche, qui se situe sur le plan de l'analyse macrosociale, se base sur la thèse de l'intégration sociale. Les aspects de l'environnement social comme des changements économiques ou du chômage influeraient sur la santé des populations. Cette notion d'intégration sociale est associée au sentiment de confort et de sécurité ressenti par les personnes, renforçant d'autant plus leur sentiment d'identité et d'estime de soi. La seconde approche, se situant cette fois-ci sur le plan de l'analyse microsociale, lie les caractéristiques individuelles, telles qu'elles sont mesurées par le soutien social, à la santé. Selon cette approche, un individu profiterait des ressources de ses proches, principalement pendant les périodes de crise quand les siennes s'avèrent insuffisantes.

Dans ce contexte, l'analyse des réseaux se présente comme une troisième approche où l'accent serait mis sur le caractère relationnel des liaisons. La notion de connexion, qui reste centrale dans l'analyse des réseaux, permettrait d'évaluer dans quelle mesure une personne est intégrée dans la communauté – répondant ainsi à l'approche de l'intégration sociale. Par ailleurs, l'analyse des réseaux tient compte des ressources du milieu – orientation qui va de pair avec l'argumentation du soutien social. Ainsi, en mettant l'accent sur le réseau de soutien social, cette troisième approche intégrerait les deux approches traditionnelles (intégration sociale et soutien social) afin de faire le lien entre les niveaux *micro-* et *macrosocial*.

Enfin, l'une des préoccupations actuelles des planificateurs et des chercheurs est de mieux comprendre les éléments contenus dans le concept très vague de «soutien social». Une telle démarche, exigeant une révision des données empiriques mais aussi des cadres théoriques, serait nécessaire afin d'aider à la planification des programmes d'intervention sociale. Pour l'instant, les études se sont limitées à établir la relation entre le soutien social et l'état de santé, étape utile et essentielle, certes, mais qui contribue peu à la compréhension du problème et à la définition d'approches préventives.

BIBLIOGRAPHIE SÉLECTIVE

BERKMAN, L.F. et T. GLASS (2000). « Social integration, social networks, social support, and health », dans L.F. Berkman et I. Kawachi (dir.), *Social Epidemiology*, Oxford, University Press.

BLOOM, J.R. (1990). « The relationship of social support and health », *Social Science and Medicine*, vol. 30, n° 5.

DEGENNE, A. et M. FORSÉ (1994). *Les réseaux sociaux*, Paris, Armand Colin.

HORWITZ, A.V. (1990). *The Logic of Social Control*, New York, Plenum Press.

HOUSE, J.S., D. UMBERSON et K.R. LANDIS (1988). « Structures and processes of social support », *Annual Review of Sociology*, vol. 14.

LIN, N. et K. PEEK (1999). « Social network and mental health », dans A.V. Horwitz et T.L. Scheid (dir.), *A Handbook for the Study of Mental Health*, Cambridge, Cambridge University Press.

MASSÉ, R. (1995). « Les apports de l'anthropologie à l'épidémiologie : le cas du rôle étiologique de l'isolement social », *Ruptures*, vol. 2, n° 1, p. 102-117.

O'REILLY, P. (1988). « Methodological issues in social support and social network research », *Social Science and Medicine*, vol. 26, n° 8.

PARLEBAS, P. (1992). *Sociométrie, réseaux et communication*, Paris, Presses universitaires de France.

PESCOSOLIDO, B.A. (1992). « Beyond rational choice : The social dynamics of how people seek help », *American Journal of Sociology*, vol. 97, n° 4.

REYNAUD, J.-D. (1991). « La régulation sociale », *Revue internationale d'action communautaire*, vol. 25.

THOITS, P.A. (1995). « Stress, coping, and social support processes : Where are we ? What next ? », *Journal of Health and Social Behavior* (numéro spécial).

TOUSIGNANT, M. (1988). « Soutien social et santé mentale : une revue de la littérature », *Sciences sociales et santé*, vol. VI, n° 1.

TURNER, R.J. (1999). « Social support and coping », dans A.V. Horwitz et T.L. Scheid (dir.), *A Handbook for the Study of Mental Health. Social Context, Theories, and Systems*, Cambridge, Cambridge University Press.

VAUX, A. (1988). *Social Support : Theory, Research, and Intervention*, New York, Praeger.

VEIL, H.O.F. et U. BAUMANN (dir.) (1992). *The Meaning and Measurement of Social Support*, New York, Hemisphere.

WELLMAN, B. (1983). « Network analysis : Some basic principles », *Sociological Theory*, vol. 1.

13

LA THÉORISATION ANCRÉE POUR PROPOSER UNE EXPLICATION DU SUICIDE DES JEUNES

FRANCINE GRATTON, Ph. D.
Faculté des sciences infirmières, Université de Montréal

Résumé

Ce chapitre a pour but d'expliquer comment, par théorisation ancrée, nous avons fait l'étude d'un phénomène social aussi complexe que celui du suicide des jeunes du Québec.

Après avoir exposé notre objet d'étude, la première partie consiste à faire part de nos choix épistémologiques : la sociologie compréhensive et l'individualisme méthodologique. Nous y présentons aussi nos choix méthodologiques : une approche biographique qu'est l'histoire de vie, et « l'autre sociologie » représentée par la théorisation ancrée. Une seconde partie explique les grandes lignes de la théorisation ancrée : les buts, l'échantillonnage théorique, l'analyse comparative continue et la sensibilité théorique, la codification.

Dans la dernière partie, nous expliquons comment nous avons construit, à l'aide de la théorisation ancrée, des idéaltypes des suicides d'être de jeunes québécois. Nous y traitons de la pertinence de la théorisation ancrée pour l'étude de ce phénomène social, de la construction de l'échantillonnage théorique, de la codification des données jusqu'à l'élaboration des quatre idéaltypes des suicides d'être construits en fonction des valeurs (personnelles et empruntées) et des ressources (abondantes et limitées).

Nous terminons en soulignant les limites et l'utilité d'une telle recherche ainsi qu'en faisant des commentaires généraux sur la théorisation ancrée.

LE SUICIDE DES JEUNES DU QUÉBEC EN TANT QU'OBJET D'ÉTUDE

S'agissant d'effectuer une recherche doctorale, la décision de mettre beaucoup d'efforts dans une étude du suicide chez les jeunes québécois n'est pas surprenant. Entre les années 1960 et 1990, la moyenne des taux de suicide des 15-29 ans a plus que triplé et, depuis 1992, la mort volontaire occupe la première place comme cause de mortalité par traumatismes chez les jeunes Québécois de sexe masculin, âgés de 15 à 24 ans. Il y a tout lieu de se demander comment des jeunes, «dans la fleur de l'âge», en viennent à poser un tel geste.

Établir des corrélations entre le suicide et des facteurs comme une peine d'amour, un échec scolaire, des problèmes financiers, des conflits avec les parents… et conclure qu'un ou plusieurs d'entre eux sont les responsables de ce drame nous a toujours laissée perplexe. On le sait, un être humain n'élabore pas de projet suicidaire s'il ne souffre d'aucun problème dans sa vie. Chacun des facteurs mentionnés a le pouvoir, au moins théorique, d'affecter le processus suicidaire, ou en le déclenchant, ou en l'accélérant, ou même en servant de «goutte d'eau qui fait déborder le vase». Pour ces raisons, il importe de les mentionner. Mais, pour nous, ils n'expliquent pas de façon satisfaisante les raisons profondes du suicide des jeunes. Autrement, chaque jeune qui en souffre devrait s'engager dans la mort volontaire!

Il nous semble plutôt que ces facteurs précipitants se greffent sur une dynamique plus englobante et plus intérieure, propre à chaque jeune suicidé en particulier, qui à la fois définit et empoigne le fond de son être. De façon générale, cette dynamique suicidaire ne naît pas chez un jeune comme par enchantement et n'aboutit pas dans l'instant à son terme final. Nous pensons qu'elle se construit au fil des jours et des ans, à partir de l'évaluation que le jeune porte sur lui-même, sur ses rapports avec l'entourage et la société plus large dans laquelle il baigne. Par conséquent, le suicide d'un jeune se comprend par tout son processus de vie, qui mène, en l'occurrence, paradoxalement à sa mort.

De plus, comme on saisit mal comment des jeunes en arrivent à se donner la mort, on peut avoir tendance à l'expliquer uniquement par de un geste insensé. Au XIXe siècle, Esquirol recourait déjà à la folie pour rendre compte de tous les suicides: «L'homme n'attente à ses jours que lorsqu'il est dans le délire et les suicidés sont aliénés[1].» Mais on peut aussi se poser la question suivante: parce qu'une conduite échappe à notre

---

1. J.E.D. Esquirol, *Des maladies mentales considérées sous les rapports médical, hygiénique et médico-légal*, tome I, Paris, J.-B. Bailli, 1838, p. 639.

entendement, cela veut-il dire qu'elle ne revêt aucun sens pour son acteur ? Boudon[2] souligne la tendance des chercheurs à qualifier d'irrationnel un comportement inhabituel ou étrange à leurs yeux. On arrive souvent à ce genre de conclusion lorsqu'on ne trouve pas rapidement de bonnes raisons pour expliquer un geste. Pourtant, affirme le sociologue, un acteur agit le plus souvent de façon rationnelle. Boudon s'inscrit de la sorte directement dans la ligne de pensée de Max Weber pour qui la conduite humaine comporte des significations subjectives pour son auteur. Il s'agit de les découvrir pour bien pénétrer le message de son action.

Nous avons donc entrepris cette recherche en concevant chaque suicide comme une conduite humaine prégnante de sens pour celui qui le commet. En partant de l'acteur lui-même, nous souhaitions trouver le sens qu'il avait pu attribuer à son suicide et mieux saisir comment des jeunes du Québec en viennent à mettre fin à leurs jours.

CHOIX ÉPISTÉMOLOGIQUES ET MÉTHODOLOGIQUES

SUR LE PLAN ÉPISTÉMOLOGIQUE

Notre façon de poser le problème du suicide incitait à adopter une approche qui évitait de trop simplifier la réalité[3]. Nous n'allions pas nous rallier d'emblée à une seule explication théorique du suicide et procéder à la vérification d'une ou de plusieurs hypothèses formulées dès le début de l'étude. Nos choix épistémologiques et méthodologiques devaient plutôt permettre de découvrir et d'explorer en profondeur des situations singulières complexes. C'est pourquoi, sur le plan épistémologique, nous allions baliser notre démarche par la *sociologie compréhensive* de Weber et l'*individualisme méthodologique* de Boudon.

---

2. R. Boudon, *L'idéologie ou l'origine des idées reçues*, Paris, Fayard, 1986 ; R. Boudon, « Rationalité et théorie de l'action sociale », dans E. Guibert-Sledziewski et J.L. Vieillard-Baron (dir.), *Penser le sujet aujourd'hui*, Paris, Méridiens Klincksieck, 1988, p. 139-163.

3. A.P. Pires, « La méthode qualitative en Amérique du Nord : un débat manqué (1918-1960) », *Sociologie et sociétés, la sociologie, une question de méthodes ?*, vol. 14, n° 1, 1982, p. 20 ; J.-P. Deslauriers, « L'analyse en recherche qualitative », *Cahiers de recherche sociologique*, vol. 5, n° 2, 1987, p. 145-153.

La sociologie compréhensive :
étudier un phénomène social à partir de l'acteur

La *sociologie compréhensive*[4] de Max Weber s'inspire d'une conception phénoménologique de la connaissance. Elle fait partie des sciences de la culture (ou idiographiques), curieuses de savoir comment la vie humaine se déroule et comment une certaine manière de croire ou de penser détermine une façon d'agir[5]. Cette sociologie veut pénétrer le sens subjectif, saisir de l'intérieur l'*activité*[6] sociale, que représente une conduite humaine à laquelle l'individu donne une signification par rapport à autrui. Pour Weber, on saisit un phénomène social à partir de l'acteur, puisque lui seul peut expliquer le sens de ce qu'il fait ou de ce qu'il s'abstient de faire. L'auteur privilégie alors une connaissance empirique de la réalité qui émerge de l'utilisation d'une approche qualitative, individualisante, singularisante. Le suicide est aussi une activité sociale, car il tire une bonne partie de son sens dans la nature des rapports que l'individu entretient avec d'autres acteurs sociaux[7]. Par conséquent, les principes de la sociologie compréhensive de Max Weber convenaient très bien à notre objectif.

Cette sociologie allait constituer la toile de fond théorique qui nous influencerait dans la façon de mener notre étude du phénomène du suicide chez les jeunes. Ainsi que le propose Weber, à partir du sens qu'avaient pu y donner de jeunes suicidés du Québec, nous allions tenter de *comprendre*, d'*interpréter* et d'*expliquer causalement* ce phénomène.

Au sens wébérien, *comprendre* une activité sociale exige que le chercheur, à l'aide d'une *compréhension empathique*, en saisisse les significations à partir de la personne[8]. *Interpréter cette activité* signifie en conceptualiser rigoureusement le sens subjectif. Le comportement humain étant habituellement rationnel et « compréhensible[9] », Weber invite le chercheur à reconstruire, par « rationalisation » et en se basant constamment sur des

---

4. M. Weber, *Essais sur la théorie de la science*, Paris, Plon, 1965.

5. Introduction de Julien Freund dans Weber, *ibid.*, 1965.

6. Weber définit une *activité* ainsi : comportement humain (peu importe qu'il s'agisse d'un acte extérieur ou intime, d'une omission ou d'une tolérance), quand et pour autant que l'agent ou les agents lui communiquent un sens subjectif (M. Weber, *Économie et société*, Paris, Plon, 1971, p. 4).

7. Tous les sujets de notre étude avaient d'ailleurs témoigné de la dimension sociale en écrivant un ou plusieurs messages d'adieu. Le simple fait d'écrire une lettre correspond déjà à une activité sociale, au sens wébérien du terme (C. Javeau, « Singularité et sociologie », *Société*, no 6, 1989, p. 229-241).

8. Weber, 1971, *op. cit.*, p. 5 ; Weber, 1965, *op. cit.*, p. 74-118 et 156.

9. Weber, 1965, *ibid.*, p. 327.

faits, un fragment du réel pour le rendre intelligible[10]. *Expliquer causalement* cette activité implique qu'on en recherche l'imputation causale en tentant de *mettre à jour les régularités des conduites*[11] et les raisons qui les justifient. Les significations trouvées sont reliées à des concepts plus universels afin que le savoir ne se limite pas à une pure connaissance du singulier pour lui-même. On y arrive en utilisant une méthode « compréhensive et comparative » dont l'aboutissement est la construction d'un *idéaltype* qu'on obtient

> [...] en accentuant unilatéralement un ou plusieurs points de vue et en enchaînant une multitude de phénomènes donnés isolément, diffus et discrets, que l'on trouve tantôt en grand nombre, tantôt en petit nombre et par endroits pas du tout, qu'on ordonne selon les précédents points de vue choisis unilatéralement, pour former un tableau de pensée homogène[12].

L'individualisme méthodologique : l'universel dans le singulier

Le sociologue contemporain Raymond Boudon s'inscrit dans la lignée wébérienne en proposant aussi l'étude des phénomènes sociaux à partir des individus. Il rappelle la présence de l'universel dans le singulier en soulignant que l'individu est situé socialement et historiquement en faisant partie d'un groupe, d'une famille, d'une société. Il est un *acteur social* dont les comportements découlent d'*effets de situation* de deux ordres : les *effets de position* renvoient aux divers rôles sociaux que l'individu assume dans le milieu social et dans la société auxquels il appartient ; les *effets de disposition* renvoient non seulement à ses ressources, mais aux représentations ou aux savoirs qu'il a puisés dans sa culture et intériorisés au cours de sa socialisation[13].

D'autres auteurs partagent la conception d'un « individu universel ». Pour Bertaux, c'est « à travers le particulier que se trouve la voie vers l'universel »[14]. Pour Sartre, l'individu singularise l'universalité d'une structure sociale[15]. Et Ferrarotti exprime une idée semblable :

> [...] une pratique individuelle humaine est une activité synthétique, la totalisation active de tout le contexte social... et une vie est une pratique qui s'approprie des rapports sociaux, les intériorise et les retransforme en

---

10. R. Aron, « Max Weber », chapitre dans *Les étapes de la pensée sociologique*, Paris, Gallimard, 1976, p. 506 ; Weber, 1965, *op. cit.*, p. 327.

11. Aron, 1976, *op. cit.*, p. 550.

12. Weber, 1965, *op. cit.*, p. 180.

13. Boudon, 1986, *op. cit.*, p. 68, 16-, 137, p. 17 ; Boudon, 1988, *op. cit.*, p. 159.

14. D. Bertaux, « L'approche biographique : sa validité méthodologique, ses potentialités », *Cahiers internationaux de sociologie*, vol. 64, 1980, p. 197-225.

15. J.-P. Sartre, « Questions de méthode », *Critique de la raison dialectique*, tome I, Paris, Gallimard, 1985, p. 19-132.

structures psychologiques par son activité de déstructuration et de restructuration [...] Chaque acte est la synthèse horizontale d'une structure
sociale[16].

Cette conception de l'individu, porteur d'universel, justifiait notre
choix d'entreprendre une étude approfondie de quelques jeunes Québécois qui s'étaient suicidés. Chacun d'eux, à travers sa singularité, avait le
potentiel de ressembler, par ses caractéristiques, à d'autres jeunes suicidés.
En les étudiant à fond, nous espérions aussi mieux discerner, dans la
société québécoise, des facteurs socioculturels qui auraient pu influencer
leur choix de mourir.

SUR LE PLAN MÉTHODOLOGIQUE

Il était entendu que notre étude allait être qualitative et qu'une *approche
biographique* serait utilisée. Les principes de la *théorisation ancrée*[17] aideraient
à expliquer le mieux possible ce phénomène du suicide chez des jeunes.

L'approche biographique : histoire ou récit de vie

Une approche biographique convenait bien aux principes de la sociologie
compréhensive et de l'individualisme méthodologique. D'ailleurs, pour
Javeau, « lorsqu'est évoqué le thème de la singularité, la référence à la
méthode biographique s'impose d'emblée à l'esprit[18] ». Chanfrault-Duchet
précise que les tenants de cette approche posent le récit de vie comme
moyen privilégié pour comprendre le social et saisir ses significations[19].

La langue anglaise traduit le terme récit par *story* et « *history* »[20].
L'expression *life story* correspond généralement à l'histoire d'une vie telle
que la raconte la personne qui l'a vécue. Quant à l'expression *life history*,
elle est réservée à l'étude de la vie d'un être humain basée non seulement
sur son propre récit de vie, mais sur tout autre document la concernant ainsi
que sur les témoignages de ses proches. La *life history* se rapproche ainsi des
récits de vie croisés[21], qui contiennent des témoignages recueillis auprès

---

16. F. Ferrarotti, *Histoire et histoires de vie, la méthode biographique dans les sciences sociales*, Paris,
    Librairie des Méridiens, 1983, p. 50.

17. *Grounded theory* est aussi traduit par d'autres expressions comme « théorie *émergente* » ou
    « théorie *enracinée* ».

18. Javeau, 1989, *op. cit.*, p. 237

19. M.-F. Chanfrault-Duchet, « Le récit de vie : donnée ou texte ? », *Cahiers de recherche socio-
    logique*, vol. 5, n° 2, 1987, p. 11-28.

20. Bertaux, 1980, *op. cit.*, p. 200.

21. J. Poirier, S. Clapier-Valladon et P. Raybaut, *Les récits de vie, théorie et pratique*, 1993, p. 65-
    69 ; J. Poirier et S. Clapier-Valladon, « Le concept d'ethnobiographie et les récits de vie
    croisés », *Cahiers internationaux de sociologie*, vol. 69, 1980, p. 355.

d'informateurs divers sur un acteur donné. Dans ce cas, la confrontation de plusieurs récits de vie permet l'atteinte d'une plus grande fiabilité. En ce qui concerne les matériaux recueillis pour constituer ces récits de vie, on les classe différemment. On parle ainsi de matériaux primaires, secondaires et même tertiaires, selon leur provenance[22] ou selon la démarche entreprise par le chercheur[23] pour les obtenir.

Nous verrons que le matériel utilisé dans le cadre de notre étude correspond bien à la description faite de la *life history* et des récits de vie croisés et rassemble des matériaux de type primaire et secondaire. L'histoire de vie de jeunes suicidés a été reconstituée à l'aide d'*entrevues* avec des proches et de *documents écrits* par les jeunes suicidés.

L'«autre sociologie»: la théorisation ancrée

Nos choix épistémologiques nous renvoyaient à ce que des auteurs contemporains ont appelé « l'autre sociologie[24] ». En réaction à une sociologie plus préoccupée par la vérification de théories existantes, celle-ci veut rétablir des liens entre la recherche théorique et la recherche empirique pour renouveler la théorie sociale de façon significative. Elle veut comprendre le social en s'efforçant de circonscrire une réalité pour en dégager les significations[25] et préconise l'acquisition d'un savoir général basé sur la connaissance de réalités individuelles. À cette fin, elle accorde une attention toute spéciale à l'approche qualitative sous quelque forme qu'elle se présente. Celle-ci revêt diverses particularités dont celle de la théorisation ancrée qui, nous le verrons, s'arrime très bien à la perspective wébérienne.

---

22. Selon A. Pires, «Analyse causale et récits de vie », *Anthropologie et société*, vol. 13, n° 3, 1989, p. 37-57, les matériaux empiriques primaires sont produits par les acteurs sociaux, comme les données recueillies par le chercheur dans le cadre d'une entrevue, les journaux personnels, des photos…, alors que les *matériaux empiriques secondaires* impliquent une forme plus marquée de médiation et de surdétermination institutionnelle tels les statistiques officielles, les coupures de presse, les témoignages oculaires… ; les *matériaux empiriques tertiaires* sont constitués des résultats et analyses de recherches précédentes portant sur divers aspects du problème en question et auxquels le chercheur accordera le statut de données.

23. Pour Ferrarotti, 1983, *op. cit.*, il y a les *matériaux biographiques primaires* qui sont les récits autobiographiques directement recueillis par un chercheur dans le cadre d'une relation face à face, alors que tous les autres matériaux utilisés par le chercheur (correspondance, récits et témoignages écrits, coupures de presse etc.) constituent des *matériaux biographiques secondaires*.

24. A. Laperrière, « Pour une construction empirique de la théorie », *Sociologie et sociétés, la sociologie une question de méthode ?*, vol. 14, n° 1, 1982, p. 31-41.

25. *Ibid.*, p. 31-41 ; Chanfrault-Duchet, 1987, *op. cit.*, p. 11-28.

GRANDES LIGNES DE LA THÉORISATION ANCRÉE

BUTS ET OBJET D'ÉTUDE EN THÉORISATION ANCRÉE

En 1967, s'inspirant de la sociologie américaine de l'école de Chicago, Barney G. Glaser et Anselm L. Strauss présentent, pour la première fois, la théorisation ancrée[26]. Désireux de construire des théories sociales pertinentes, bien enracinées dans la réalité pour en refléter la richesse, les auteurs proposent une démarche précise d'analyse comparative continue impliquant un va-et-vient constant entre les données et la théorie en émergence. En établissant pour la première fois des règles permettant d'effectuer une analyse rigoureuse des données qualitatives, Glaser et Strauss veulent aussi redorer le blason de la recherche qualitative qui a piètre réputation dans les années 1960. Ils atteignent rapidement cet objectif. Leur publication de 1967 fait le tour des États-Unis et de la Grande-Bretagne, les auteurs sont invités à diriger plusieurs séminaires et des sociologues qui travaillent dans le domaine de la santé utilisent cette approche pour effectuer des recherches qualitatives. Toutefois, les fondateurs de la théorisation ancrée précisent que, selon l'objet de la recherche, les données servant à générer une théorie ou à l'enrichir peuvent aussi être quantitatives[27]. Ainsi, la principale théorie sociologique du suicide, étude quantitative élaborée par Durkheim (*Le Suicide*) en 1897[28], résulte, finalement, d'une démarche de théorisation ancrée. Selon Glaser et Strauss[29], c'est ce qui explique sa solidité et sa durabilité.

L'utilisation de la théorisation ancrée est donc indiquée lorsqu'on veut bâtir, à partir des données empiriques, une théorie permettant d'expliquer un *phénomène social complexe en évolution*. Ce phénomène, peu ou pas décrit par les théories existantes, doit renvoyer à un *processus*. Il importe que le chercheur aborde cette réalité sans avoir préalablement choisi une théorie et des hypothèses qui structurent celle-ci. Son travail consiste alors non pas à décrire mais à ***interpréter*** ce qu'il voit, ce qu'il entend, ce qu'il observe[30]. Il ne fera pas la description de « cas » individuels, par exemple, mais l'interprétation du phénomène social qui l'intéresse à partir des perspectives de divers *acteurs sociaux*.

---

26. B.G. Glaser et A.L. Strauss, *The Discovery of Grounded Theory. Strategies for Qualitative Research*, Chicago, Aldine Publ Company, 1967.

27. *Ibid.* ; A. Strauss et J. Corbin, « Grounded theory methodology », dans N.K. Denzin et Y.S. Lincoln (dir.), *Handbook of Qualitative Research*, London, New Delhi, Sage Publ., 1994, p. 273-285.

28. É. Durkheim, *Le suicide* (1re éd., 1897), Paris, Presses universitaires de France, 1967.

29. Glaser et Strauss, 1967, *op. cit.*

30. Strauss et Corbin, 1994, *op. cit.*

Construire un échantillonnage théorique (*theoretical sampling*)

En utilisant la théorisation ancrée, on veut donc construire une théorie qui sera validée par des faits dans le but de cerner un phénomène. Le concept constitue l'unité de base de la théorisation ancrée[31] et on élabore un échantillonnage théorique (*theoretically sampling*). En effet, on effectue simultanément la collecte des données et leur codification. Quand on compare les différences et les similarités, surgissent des *concepts* qu'on souhaite nouveaux et non traditionnels. Ils servent à leur tour à constituer des *catégories*, de même que des *propriétés* qui représentent les attributs de ces catégories et qui seront examinées selon leurs diverses *dimensions*. Ces catégories sont de niveau inférieur (*lower level categories*) quand débutent la collecte et la codification des données. Elles atteignent un plus haut niveau (*higher level categories*) lorsque la conceptualisation permet leur meilleure intégration[32] et synthèse. Des questions et des hypothèses, floues au départ, se précisent et un cadre théorique central intégrateur se structure. On en arrive ainsi au cœur de la théorie émergente (*the core of the emerging theory*). Ce cadre peut être modifié jusqu'à la fin de l'étude[33]. Par conséquent, on ne sélectionne pas un site, une situation ou un groupe d'individus parce qu'ils sont représentatifs d'une population, mais en raison de leur pertinence théorique, compte tenu de l'objet d'étude. Ce qui importe est surtout d'«échantillonner les diverses manifestations d'un phénomène»[34]. Le chercheur sait aussi que la richesse de sa théorie dépendra, en bonne partie, de la qualité des données recueillies.

Ainsi, la question de recherche détermine un *échantillon de départ*, mais les décisions prises par la suite sont constamment sujettes à évolution. On ne connaît pas à l'avance la taille de l'échantillon ; on ne la connaîtra qu'à la fin de la recherche lorsque les données auront été accumulées jusqu'à *saturation*[35], c'est-à-dire jusqu'au moment où elles deviennent répétitives et n'ajoutent rien de nouveau aux catégories ou à leurs propriétés. Cette saturation est souvent difficile à atteindre et exige qu'on maximise

---

31. A. Laperrière, «La théorisation ancrée (*Grounded Theory*) : Démarche analytique et comparaison avec d'autres approches apparentées», dans J. Poupart, J.-P. Deslauriers, L.-H. Groulx, A. Laperrière, R. Mayer et A. Pires (dir.), *La recherche qualitative : Enjeux épistémologiques et méthodologiques*, Boucherville, Gaëtan Morin éditeur, 1997, p. 309-332.

32. Glaser et Strauss, 1967, *op. cit.*, p. 36.

33. *Ibid.*, p. 40-41.

34. P. Paillé, «L'analyse par théorisation ancrée», *Cahiers de recherche sociologique*, n° 23, 1994, p. 147-181, p. 178.

35. «*Saturation means that no additional data are being found whereby the sociologist can develop properties of the category*» (Glaser et Strauss, 1967, *op. cit.*, p. 61).

les différences. On ne peut donc pas y arriver en analysant un seul incident dans un groupe[36], et ce, même s'il est possible qu'un seul cas, même marginal, puisse révéler un aspect crucial d'un phénomène ou de son évolution possible. Il faut avoir fait des comparaisons pour en venir à ce genre de constatation. Il est aussi souhaitable que les données soient de sources et de types variés (*slices of data*[37]). De façon générale, elles sont constituées d'*entrevues*, de *documents* de toutes sortes ou d'une *observation participante*[38]. Font aussi partie des données les *notes de terrain* du chercheur. Ces dernières sont des notes descriptives[39] rédigées peu de temps après une entrevue ou une période d'observation. Elles décrivent le lieu, les acteurs, les activités, y compris la durée, ainsi que les attitudes et réactions du chercheur[40]. Elles peuvent aussi contenir des notes de planification telles que des relevés de contacts, les démarches et les opérations effectuées pour terminer la recherche[41].

PROCESSUS D'ANALYSE COMPARATIVE CONTINUE ET UTILISATION DE LA SENSIBILITÉ THÉORIQUE

L'échantillonnage théorique se construit au fur et à mesure que sont codifiées les données lors d'une *analyse comparative continue* (*constant comparative method of analysis*[42]). Il faut préciser que ce genre d'analyse exige une réflexion approfondie, donc le temps requis pour mener à bien cette réflexion[43]. On souligne d'ailleurs que bon nombre de chercheurs n'arrivent jamais à bâtir une théorie, parce qu'ils sont dans l'obligation de publier leurs résultats trop rapidement[44].

Au cours de ce processus d'analyse, il est essentiel d'utiliser la *sensibilité théorique* pour bien conceptualiser le phénomène directement en fonction des données[45]. Paillé la décrit comme la capacité « de tirer un

---

36. *Ibid.*, p. 61-62.

37. *Ibid.*, p. 65.

38. A. Laperrière, 1997, *op. cit.*; K. Henwood et N. Pidgeon, « Grounded theory and psychological research », *The Psychologist*, vol. 8, n° 3, 1995, p. 115-11.

39. R. Mayer et F. Ouellet, *Méthodologie de recherche pour les intervenants sociaux*, Boucherville, Gaëtan Morin éditeur, 1991, p. 420-421.

40. J.-P. Deslauriers, « Guide de recherche qualitative », *Bulletin de recherche*, n° 62, Sherbrooke, Département de géographie, Université de Sherbrooke, 1982.

41. A. Laperrière, « L'observation directe », dans Benoît Gauthier (dir.), *Recherche sociale*, Sainte-Foy, Presses de l'Université du Québec, 1984, p. 227-246.

42. Glaser et Strauss, 1967, *op. cit.*, p. 105-113.

43. *Ibid.*, p. 71-76.

44. Strauss et Corbin, 1994, *op. cit.*

45. B.G. Glaser, *Theoretical Sensitivity : Advances in the Methodology of Grounded Theory*, CA, Mill Valey, University of California Press, 1978.

sens des données, de nommer les phénomènes en cause, d'en dégager les implications, les liens, de les ordonner dans un schéma explicatif, bref de les analyser, de les théoriser[46] ». Des techniques précises peuvent être utilisées pour développer cette sensibilité[47], comme : utiliser nos expériences personnelles, nos connaissances professionnelles et les écrits qui ont un lien avec la théorie qui émerge tout en étant capables de les dépasser ; être très à l'écoute de ce qui se passe chez l'autre et ne rien tenir pour acquis ; poser beaucoup de questions (Qui ? Quand ? Où ? Quoi ? Comment ? Pourquoi ?) et tenter d'y répondre ; formuler des hypothèses et les éprouver ; faire preuve d'ouverture et de flexibilité tout en étant très disciplinés[48] ; approfondir les expériences dès qu'on soupçonne la présence d'un nouveau phénomène...

ANALYSE PAR CODIFICATION EN TROIS ÉTAPES

Strauss et Corbin[49] proposent une analyse des données par une codification en trois étapes : *ouverte, axiale* et *sélective*[50]. À chacune d'elles correspondent des caractéristiques de l'échantillonnage théorique[51]. Résumons-les brièvement.

La *codification ouverte*[52] doit être exhaustive en faisant émerger le plus grand nombre de *catégories* conceptuelles possible. Un même incident peut alors se rapporter à plusieurs catégories. Cette étape implique donc un minimum de contraintes et un échantillonnage très ouvert. Devant chaque incident, événement ou idée, on se pose diverses questions. Qu'est-ce que cela veut dire ? Qu'est-ce que cela représente ? Et on le codifie sans oublier sa pertinence par rapport à notre préoccupation de recherche. En comparant les incidents, situations ou groupes, on spécifiera ensuite les *propriétés* et les *dimensions* des *catégories* identifiées.

À l'étape de la *codification axiale,* afin de progresser dans l'élaboration de la théorie, on veut davantage établir et vérifier des relations entre les *catégories* ainsi qu'entre elles et leurs *propriétés*. Même si l'échantillonnage demeure encore fortuit, il devient plus systématique, plus ciblé et délibéré. Le chercheur veut minimiser les différences pour consolider ses catégories

---

46. Paillé, 1994, *op. cit.*, p. 160.

47. A. Strauss et J. Corbin, *Basics of Qualitative Research. Grounded Theory Procedures and Techniques,* Londres, New Delhi, Sage Publications, 1990, p. 75-95.

48. Laperrière, 1997, *op. cit.* ; Henwood et Pidgeon, 1995, *op. cit.*

49. Strauss et Corbin, 1990, *op. cit.* ; Strauss et Corbin, 1994, *op. cit.*

50. Laperrière, 1997, *op. cit.* reprend ce paradigme et l'explique très bien.

51. Strauss et Corbin, 1990, *op. cit.*

52. *Ibid.*, p. 61-74.

et les maximiser pour évaluer les variations du phénomène. Lorsqu'il formule une hypothèse explicative, il recherche le *cas négatif*, le contre-exemple qui pourrait l'infirmer[53], que Weber appelle un *fait inconvénient*. Chaque nouvelle donnée est ainsi examinée et comparée au contenu des catégories déjà formées. Ou le chercheur raffine les *propriétés* ou il crée de nouvelles *catégories* en sachant qu'il peut toujours remanier ou même supprimer des concepts. L'élaboration de la théorie est aussi facilitée par la rédaction de *mémos*, c'est-à-dire des réflexions théoriques qu'on peut modifier aisément, qui deviennent de plus en plus ciblés.

À cette deuxième étape, Strauss et Corbin[54] proposent aussi un instrument pour élaborer la théorie en termes de processus : c'est le « modèle paradigmatique causal » (*paradigm model*). Même si ce modèle peut prendre des formes différentes, Glaser[55] avait proposé une famille de codes théoriques, les *6 C*: *Causes, Contextes, Contingences, Conséquences, Covariances et Conditions*. Quant à Strauss et Corbin[56], ils le décrivent dans cet ordre : *a)* les *conditions causales* (*causal conditions*) sont les incidents qui ont précédé, entouré et induit le phénomène ; *b)* le *phénomène* (*phenomenon*) est l'incident qui a mobilisé un ensemble d'actions-interactions ; *c)* le *contexte* (*context*) représente l'ensemble des événements qui se rapportent au phénomène ; *d)* les *conditions intermédiaires* (*intervening conditions*) sont les éléments qui ont influencé l'utilisation ou la non-utilisation de certaines stratégies ; *e)* les *stratégies* (*action/interaction strategies*) sont les actions-interactions imaginées ou entreprises par rapport au phénomène ; *f)* les *conséquences* (*consequences*) sont les résultats des actions, interactions entreprises ou omises. À cette étape, on peut commencer à construire des diagrammes afin de mettre en évidence certains liens.

La dernière étape consiste à effectuer une *codification sélective* qui permettra d'intégrer les données et de compléter l'analyse. On tentera, en quelques phrases, de synthétiser le cœur du phénomène. À cette étape, l'échantillonnage devient très discriminant, très sélectif et vise à vérifier les hypothèses intégratives du chercheur[57]. On peut chercher des modèles

---

53. A. Pires, «Échantillonnage et recherche qualitative : essai théorique et méthodologique», dans J. Poupart, J.-P. Deslauriers, L.-H. Groulx, A. Laperrière, R. Mayer et A. Pires, *La recherche qualitative. Enjeux épistémologiques et méthodologiques*, Montréal, Gaëtan Morin éditeur, 1997, p. 113-169.

54. Strauss et Corbin, 1990, *op. cit.*, p. 99-107.

55. Glaser, 1978, *op. cit.*

56. Strauss et Corbin, 1990, *op. cit.*, p. 96-115.

57. *Ibid.*

susceptibles d'englober de grands sous-ensembles de données. Des typologies peuvent être construites. Ainsi, on définit la catégorie théorique centrale, on en spécifie les propriétés et les dimensions et on situe les autres catégories par rapport à elle.

EXPLIQUER LE SUICIDE EN APPLIQUANT LA THÉORISATION ANCRÉE

Voyons maintenant comment nous avons utilisé et adapté les principes de la théorisation ancrée pour pouvoir proposer des idéaltypes des suicides de jeunes.

LES SUICIDES DE JEUNES : UN PHÉNOMÈNE SOCIAL COMPLEXE, UN PROCESSUS

Notre objet d'étude et notre but répondaient aux critères de la théorisation ancrée. Nous voulions approfondir l'analyse d'un *phénomène social en évolution* et nous avons insisté sur sa *complexité*. Sans écarter la possibilité qu'une théorie existante puisse rendre compte de ce phénomène[58], nous jugions insatisfaisant d'adopter préalablement une théorie explicative du suicide. Notre perspective était fondée sur la *découverte* et non sur la vérification. Le fait de tenter d'expliquer le cheminement parcouru par des jeunes pour qu'ils en viennent à mettre fin à leurs jours démontre aussi qu'il s'agissait d'un *processus*. Même si nous choisissions d'interpréter ce *phénomène* à l'aide d'*histoires de vie* de jeunes suicidés du Québec, notre but n'était pas de décrire la vie de ces jeunes en particulier, mais d'aller chercher leur perspective, en tant qu'acteurs sociaux (au sens de Boudon). Nous voulions connaître les significations qu'avait pu prendre pour eux cette conduite humaine (ou activité sociale au sens wébérien).

CONSTRUIRE UN ÉCHANTILLONNAGE THÉORIQUE

L'échantillon de départ

Un *échantillon de départ* fut construit à partir de quelques critères. Les données devaient provenir d'histoires de vie de jeunes du Québec qui s'étaient suicidés quand ils avaient entre 18 et 30 ans. Afin de constituer ces biographies, nous voulions recruter des proches qui accepteraient de partager avec nous le maximum d'informations. Comme nous devions

---

58. Strauss et Corbin, 1994, *op. cit.*

faire appel à leur mémoire, le laps de temps entre le moment de l'entrevue avec un proche et le suicide du jeune devait être assez court. Cependant, par respect pour le deuil de ces personnes, nous tenions aussi à ce que le suicide ne soit pas trop récent. Nous avons jugé préférable que ces morts volontaires fussent survenues dans une période variant entre six mois et trois ou quatre ans. Ce laps de temps fut respecté. Il était aussi primordial de s'assurer que ces jeunes fussent vraiment morts par suicide. Pour éviter toute ambiguïté, nous avons retenu des sujets qui avaient laissé une note de suicide. Des échanges avec notre entourage et un court texte affiché dans des établissements d'enseignement et distribué à des professeurs, étudiants et connaissances nous ont permis de faire part de notre objectif d'étudier en profondeur le suicide de jeunes Québécois choisis selon les critères ci-devant précisés.

Au départ, aucune décision n'était prise concernant la taille de l'échantillon. Toutefois, nous voulions obtenir le maximum de données possible sur chaque jeune suicidé, de manière à pouvoir en tirer une vraie biographie. Il nous fallait donc recueillir les informations de plus d'un proche pour chaque suicidé. C'était notre façon de constituer des *récits de vie croisés*. C'est pourquoi, à la fin d'une entrevue avec un premier proche, nous demandions à cette personne de nous diriger vers quelqu'un d'autre qui avait bien connu le même suicidé. Nous avons ainsi éliminé trois des suicidés masculins, car un seul proche était disponible pour nous en parler. Par ailleurs, même si bon nombre de proches nous ont entretenue d'un troisième sujet, une jeune femme de 31 ans, nous n'avons pu, faute de temps, analyser ces matériaux. Et comme elle avait plus de 30 ans...

Ainsi, malgré les rencontres avec 42 proches qui nous ont parlé de neuf jeunes suicidés, nous avons utilisé les 27 entrevues effectuées avec 29 proches pour reconstituer la biographie de cinq jeunes suicidés (trois filles et deux garçons âgés de 18, 19, 23, 24 et 30 ans) ainsi que des documents écrits par ces jeunes : notes de suicide, journaux personnels, correspondance avec des intimes, travaux scolaires, dessins. On nous avait aussi remis des bulletins scolaires et des photos de ces sujets, ainsi qu'une cassette vidéo dans laquelle apparaissait une des jeunes filles, quelques semaines avant sa mort.

Collecte des données jusqu'à saturation

Parce que peu de jeunes se suicident annuellement (et heureusement !), les proches étaient rares et difficiles à recruter. Il était hors de question de rater une occasion d'effectuer une entrevue avec l'un d'eux. Par conséquent, pendant huit mois, nous sommes allés d'une entrevue à l'autre, nous empressant de transcrire intégralement l'entrevue tout de suite après l'avoir faite. Il était difficile de suivre très fidèlement la consigne, en théorisation ancrée, selon laquelle on doit se retirer du terrain pour codifier immédiatement les données et, par la suite, retourner et se retirer à nouveau... Cette codification, nous l'avons faite avec beaucoup de rigueur plus tard. En l'effectuant, nous sommes d'ailleurs retournée chercher des données manquantes. Pendant ce travail intensif de terrain, l'analyse était tout de même amorcée. Comme c'est nous qui passions toutes les entrevues[59], après chacune d'elles nous rédigions des notes de terrain et commencions à écrire des mémos. Nous décrivions alors la personne rencontrée, le lieu et la durée de l'entrevue ainsi que les impressions et les idées que nous en dégagions. Nous utilisions aussi notre sensibilité théorique. Les données étaient comparées, des questions surgissaient dans notre esprit et nous tentions d'y répondre. Notre curiosité était si aiguisée que nous avions l'impression d'être dans la peau d'une « détective ».

Pendant ce temps se construisait notre *échantillonnage théorique*. Au fur et à mesure que progressait la recherche, nous sentions le besoin d'aller chercher d'autres données sur nos sujets. Par exemple, pour mieux connaître certains jeunes suicidés, nous n'avons pas hésité à parcourir bon nombre de kilomètres pour voir le quartier où ils avaient grandi. Nous avons tenu une conversation téléphonique avec un proche, quelques semaines après l'entrevue, et rencontré trois mères une deuxième fois, même une troisième fois pour deux d'entre elles. Nous sommes même retournée sur le terrain deux années après le début de la collecte de données. En effet, à la dernière étape de l'analyse, alors que nous construisions les idéaltypes, nous avons rencontré à nouveau la mère d'un des jeunes.

Pour certains sujets, la répétition des informations, au fur et à mesure des entrevues, nous indiquait que nous avions atteint un point de *saturation*. Les informations qu'on nous donnait ne nous apprenaient rien de nouveau concernant tel ou tel jeune suicidé. Ce type de saturation renvoie moins à la *saturation théorique* de Glaser et Strauss qu'à la *saturation empirique*, expression empruntée par Pires[60] à Bertaux[61]. Celle-ci s'applique aux données et « désigne le phénomène par lequel le chercheur juge que les derniers documents, entrevues ou observations n'apportent plus d'informations suffisamment nouvelles ou différentes pour justifier une augmentation du matériel empirique ». Mais, pour d'autres sujets, cette *saturation*

---

59. Elles se sont déroulées à partir des principes de l'entretien non directif de recherche décrit par Blanchet : laisser cette personne aborder le thème de la façon dont elle le souhaite ; être continuellement attentif, formuler les questions de manière à ne pas suggérer les réponses... (Alain Blanchet, *L'entretien dans les sciences sociales : l'écoute, la parole et le sens*, Paris, Dunod, 1985, p. 289).

60. Pires, 1997, *op. cit.*

61. D. Bertaux, *Biography and Society, The Life History Approach in the Social Sciences*, Beverly Hills, Sage, 1981, p. 37.

empirique était plus difficile à déterminer. Nous avions parfois l'impression que nos données ne seraient jamais vraiment saturées. Il arrivait que plus nous rencontrions des proches, qui avaient établi des types de rapports différents avec ces jeunes, plus nous nous rendions compte que les informations pouvaient être pratiquement illimitées. C'est d'ailleurs ce qu'avaient éprouvé Bernier et Perrault[62], lors de leurs 32 rencontres avec des artistes pour construire une *sociographie du travail créateur.*

Mais, consciente du travail énorme que générait une seule entrevue, surtout pour son analyse, nous avons dû mettre des limites au nombre d'entretiens (de quatre à six pour chaque jeune). Du reste, la prise de conscience que nous avons tôt faite de la très grande valeur des documents écrits par chacun des sujets nous a vite persuadée que nos 27 entrevues avec 29 proches étaient suffisantes. Nous avons ainsi effectué 67,2 heures d'entretien avec les proches dont la durée a varié entre une heure et quatre heures quinze, avec une moyenne de deux heures vingt minutes. Les matériaux accumulés représentent une somme de 2220 pages. Ils se répartissent en 1479 pages de transcription d'entrevues et en l'équivalent de 741 autres pages regroupant les documents personnels relatifs aux jeunes suicidés.

CODIFICATION DES DONNÉES

Une *codification ouverte* pour ordonner les faits de chaque entrevue

Notre première préoccupation était de reconstituer, dans les détails, l'*histoire de vie* de chacun des jeunes suicidés. Pour chacun d'eux, il s'agissait de codifier tous les matériaux qui les concernaient. Ce travail favoriserait, selon Weber, la « compréhension empathique » qui nous aiderait à saisir, à partir d'eux, les significations de leur suicide.

Pour chaque jeune suicidé, nous avons donc codifié tous les faits retrouvés dans chacune des quatre à six entrevues effectuées avec chacun des proches ainsi que dans les documents. De cette codification a résulté une très longue liste de mots clés: naissance, parents, fratrie, amis, école, travail, loisirs, traits psychologiques ou physiques, sentiments, suicide... À cette étape, la conceptualisation est si peu avancée que nous préférons utiliser l'expression « mots clés » plutôt que concepts ou catégories. Pour chaque entrevue, un texte de 8 à 25 pages a été composé, qui regroupait, par thèmes, tous les faits d'ordre personnel, social, émotif, idéel reliés à la

---

62. L. Bernier et I. Perrault, « Pratique du récit de vie: retour sur l'artiste et l'œuvre à faire », *Cahiers de recherche sociologique. L'autre sociologie*, vol. 5, n° 2, 1987, p. 29-43.

vie et à la mort du jeune. Nous avions le souci d'exclure les interprétations personnelles des proches qui ne nous semblaient pas reposer sur des faits. Nous avons nommé ces textes *regroupement ordonné des faits pour chaque entrevue*.

Une *codification axiale* pour construire les histoires de vie des cinq jeunes suicidés

Pour chaque jeune, nous avons repris chacun des textes mentionnés ci-dessus et les documents personnels (journal intime, lettres, travaux scolaires, etc.) dans le but de créer et d'établir des relations entre des *catégories* et leurs *propriétés*. Nous construirions ainsi l'histoire de vie de chacun des jeunes suicidés. Selon Weber, nous allions proposer, par rationalisation, une conceptualisation qui rendrait intelligible le geste du suicide.

En ce qui concerne la *codification axiale*, nous avons vu que Strauss et Corbin proposent un modèle pour faciliter la constitution des catégories et de leurs propriétés afin que la conceptualisation prenne la forme d'un processus. Sans nous astreindre à suivre ce modèle[63], nous voulions aussi construire ces histoires de vie sous forme d'un processus. Pour chaque jeune, en comparant les grands thèmes des quatre à six textes nommés *regroupement des faits...* et en les codifiant, nous avons vu émerger des catégories, leurs propriétés et dimensions, qui nous permettaient d'atteindre cet objectif. Ainsi, en regroupant les faits à l'aide de la *codification axiale*, nous avons rédigé cinq documents, de 40 à 50 pages, selon les catégories, propriétés et dimensions suivantes:

- Événements ayant entouré la naissance du jeune
- Environnement social du jeune :
  - environnement physique
  - environnement humain
- Caractéristiques personnelles du jeune
  - physiques
  - psychologiques
- Comportements suicidaires au cours de sa vie
  - idées suicidaires
  - tentatives de suicide

---

63. Six de nos ex-étudiantes ayant obtenu une maîtrise (M.Sc.) (à la Faculté des sciences infirmières de l'Université de Montréal) ont utilisé avec beaucoup de succès le modèle proposé par Strauss et Corbin (1990) pour des recherches concernant le suicide. Par exemple, M.-J. Désy, *La signification, selon la famille, du retour dans le milieu naturel de l'adolescent, suite à une hospitalisation pour tentative suicidaire*, 1998; L. Bouchard, *Le suicide d'un camarade : sa signification pour des adolescent(e)s*, 1997 ; T. Joly, *Signification de la tentative de suicide en termes de contrôle*, 1996 ; J. Albert, *Étude du phénomène de passage à l'acte (tentatives de suicide) chez des adolescentes suivies en psychiatrie*, 1994.

- Synthèse des événements ayant précédé le suicide
  - au cours de la dernière année
  - au cours du dernier mois
  - au cours des derniers jours

Ces textes plus substantiels portaient le nom *d'histoires de vie des jeunes suicidés*. Au moment de rédiger chaque histoire, nous écrivions des *mémos* en donnant libre cours à nos idées et aux hypothèses susceptibles d'expliquer le sens qu'avait pu prendre le suicide de chacun de ces jeunes. Ces mémos étaient précieux et portaient les germes de la théorie qui allait naître. Ainsi, en écrivant l'histoire de vie d'une jeune suicidée qui, vers la fin de l'analyse, allait devenir la jeune *déshéritée* et illustrer l'idéaltype de la *dépendance* à cause de *ressources limitées*, nous écrivions ceci :

> Les divers témoignages concernant cette jeune fille incitent à penser qu'elle a toujours besoin de s'accrocher à quelqu'un : sa mère, sa sœur, les religieuses… Marcher seule dans la vie semble extrêmement difficile, voire impossible ! Pour autrui, elle semblait si lourde à porter car tellement dépendante !

Nous avons même synthétisé la vie de chaque jeune en une phrase. À la fin, nous avons constaté que, sans trop nous en rendre compte, cette phrase fut déterminante dans la construction de nos idéaltypes. Pour le premier, nous écrivions *Tout me déçoit dans ce bas monde* (deviendra l'*idéaliste*) ; pour le second, *Rien ne m'intéresse ici-bas* (deviendra le *blasé*) ; pour le troisième, *Je suis usée à la corde et mon entourage aussi* (deviendra l'*épuisée*) ; pour le quatrième, *J'ai tout essayé mais je n'y arriverai pas* (sera le *nostalgique*) ; et, pour le dernier, *Tout le monde me laisse tomber ; seule je n'y arriverai pas* (sera la *déshéritée*).

Il importe de préciser que notre directeur de thèse, le sociologue Jacques Lazure, a lu au fur et à mesure de leur arrivée tous les textes concernant les jeunes suicidés de notre étude. Jusqu'à la fin de l'étude, pendant plusieurs heures, nous avons discuté et confronté nos idées sur chacun d'eux, ce qui fut extrêmement aidant au moment de faire des propositions théoriques. De plus, vérification a pu ainsi se faire que tous nos textes traduisaient fidèlement le contenu des entrevues avec les proches et les documents personnels de chaque suicidé.

Le *regroupement ordonné des faits pour chaque entrevue* et la *rédaction des « histoires de vie »* nous ont donc permis d'atteindre, croyons-nous, un degré élevé de compréhension empathique de la vie et de la mort de ces jeunes. Une première analyse descriptive de leur suicide a été faite. Nous avions l'impression d'y avoir intégré tout ce qui semblait les avoir amenés à poser le geste létal et la signification subjective qu'avait eue ce geste pour eux.

Une *codification sélective* autour des concepts *valeurs* et *ressources*

Le travail d'analyse était loin de tirer à sa fin. La connaissance individuelle de ces êtres, du déroulement de leur vie, des raisons et du sens de leur acte ne constituait qu'une étape. Nous devions pousser plus avant notre démarche théorique. À travers ces suicidés individuels, nous visions une conceptualisation plus large du phénomène du suicide chez les jeunes. La toile de fond wébérienne sur laquelle se greffait notre étude nous incitait à rechercher une *explication causale* de ces suicides de jeunes en liant les significations trouvées à des concepts plus universels. Nous pensions donc utiliser le moyen privilégié par Weber pour y arriver, *l'idéaltype*, que des auteurs contemporains appellent aussi type idéal. Gingras en donne une description simple :

> [...] la construction d'un type idéal permet de synthétiser les traits carac-téristiques d'un phénomène au-delà des variations observables dans ses manifestations particulières et de relever de nouvelles variantes du même phénomène[64].

Avant de prendre la décision de construire nos propres idéaltypes, nous avons évalué ceux qui existaient déjà. Comme la théorisation ancrée n'interdit pas d'avoir recours à une théorie existante lorsqu'elle con-vient[65], nous avons examiné soigneusement les typologies de Baechler[66] et de Durkheim[67]. Parce qu'elles étaient incomplètes et non adaptées au contexte social actuel, nous avons décidé de les écarter[68]. Par contre, à partir des quatre types d'activité sociale comme les définit Weber[69], nous avons commencé une *codification sélective* de l'histoire de vie d'une de nos jeunes suicidées. Cet exercice s'est avéré insatisfaisant, répétitif, non con-cluant. Nous avions l'impression de fragmenter et d'émietter cette histoire de vie et de forcer nos données à s'insérer dans des catégories qui ne

---

64. F.-P. Gingras, « Sociologie de la connaissance », dans B. Gauthier (dir.), *Recherche sociale. De la problématique à la collecte des données*, Sainte-Foy, Presses de l'Université du Québec, 1995, p. 17-46, p. 41.

65. Strauss et Corbin, 1994, *op. cit.* ; Glaser et Strauss, 1967, *op. cit.*

66. J. Baechler, *Les suicides*, France, Calmann-Lévy, 1975, p. 127.

67. Durkheim, 1967, *op. cit.*

68. Nous en donnons les raisons dans F. Gratton, avec la collaboration de J. Lazure, *Les suicides d'être de jeunes québécois*, Sainte-Foy, Presses de l'Université du Québec, 1996.

69. Weber définit ces activités ainsi : *L'activité déterminée de façon rationnelle en finalité* est celle qu'un acteur décide de faire après avoir évalué ses buts et les moyens d'y parvenir. L'activité déterminée de façon rationnelle par rapport à une valeur est celle dans laquelle l'acteur s'engage résolument en fonction de sa croyance en une valeur, sans se soucier des conséquences même prévisibles de ses actes. *L'activité est déterminée de façon affective et particulièrement émotionnelle* lorsque l'acteur donne libre cours à ses émotions positives ou négatives. L'activité de l'acteur est déterminée de façon traditionnelle lorsqu'il agit en fonction de coutumes, d'habitudes, de croyances acquises de longue date et acceptées inconditionnellement (Weber, 1971, *op. cit.*, p. 22-23).

permettraient pas de conceptualiser pleinement le phénomène du suicide des jeunes. Cette démarche fut tout de même très éclairante. Elle permit de prendre conscience du rôle capital de la *conduite orientée de façon rationnelle en valeur* dans la vie et le suicide de cette jeune fille. En réfléchissant aux histoires de vie des autres sujets, nous réalisions qu'il en était de même pour eux. Le suicide de ces jeunes du Québec était peut-être un acte valoriel. Nous formulions donc la *proposition, l'hypothèse* que les conduites rationnelles axées sur une *valeur* étaient décisives dans la vie et le suicide de ces jeunes. Il nous semblait que ce concept permettrait d'éclairer et d'unifier le sens de leur vie et de leur mort. À partir de ce moment, nous entreprenions de construire nos propres idéaltypes des suicides de jeunes autour du concept de valeur. Il serait la pierre angulaire du *cadre théorique central intégrateur* qui, espérions-nous, allait finir par émerger.

Ainsi qu'il est indiqué en théorisation ancrée[70], tout en effectuant la collecte des données et leur analyse, nous consultions la documentation susceptible de nous éclairer, comme celle sur le suicide, bien sûr, mais aussi les recherches concernant la jeunesse. Bon nombre d'écrits sur les jeunes du Québec incitaient à conclure qu'ils sont très *préoccupés* par leur *avenir*[71] en voulant « accéder à un but[72] » ainsi que par la *recherche* de leur *épanouissement personnel* en souhaitant, par exemple, que « chaque personne se sente bien »[73], s'autoréalise. Nous en avons déduit qu'un jeune préoccupé par son avenir et par la réalisation de son être est aussi amené à s'interroger sur ce qui l'intéresse le plus dans la vie. Il examine donc et détermine des valeurs qui seront chères à ses yeux. Celles-ci deviennent des points de référence qui orientent son existence[74]. Selon cette même dynamique, les jeunes se trouvent aussi contraints de découvrir et d'évaluer leurs propres ressources ou de s'en donner de nouvelles, en fonction des valeurs auxquelles ils tiennent dans la vie. Par ces lectures, nous constatons donc que la question des *valeurs* et des *ressources* ne pouvait être évacuée de la réalité de la jeunesse québécoise et de son champ de compréhension.

---

70. C.W. Chenitz, « Getting started : The research proposal for a grounded theory study », dans C.W. Chenitz et J.M. Swanson (dir.), *From Practice to Grounded Theory. Qualitative Research in Nursing*, Don Mills (MA), Madrid, Tokyo, Addison-Wesley, 1986, p. 39-47.

71. M. Gauthier, « Les jeunes sans emploi sont-ils pauvres ? », chapitre dans *Les nouveaux visages de la pauvreté*, Québec, Institut québécois de recherche sur la culture, p. 45-65, 1987, p. 51.

72. J. Grand'Maison, *Vers un nouveau conflit de générations. Profils sociaux et religieux des 20-35 ans*, Montréal, Fides, 1992, p. 176.

73. *Ibid.*, p. 175.

74. *Ibid.*, p. 177.

C'est ainsi que nous avons choisi les concepts clés de *valeurs* et de *ressources* pour établir notre propre typologie du suicide. Pour construire les idéaltypes du suicide des jeunes, à partir des concepts de *valeurs* et de *ressources*, nous allions donc reprendre chaque histoire de vie (nous retournions aussi au texte *regroupement ordonné des faits* et même au verbatim intégral des entrevues si nécessaire) pour effectuer une *codification sélective* des matériaux retrouvés dans chaque histoire de vie de ces jeunes suicidés. Nous avons repris chaque histoire des jeunes pour faire une codification de leurs valeurs et ressources, qu'on a regroupées en catégories avec leurs propriétés. On les comparait entre eux en utilisant, par exemple, ce que Strauss et Corbin[75] appellent la technique du *flip-flop*, qui aide à penser par comparaison. En repensant à chaque jeune, on le comparait avec celui qui lui ressemblait le moins ou dont les caractéristiques étaient contraires aux siennes. Par exemple, on comparait celle qui est devenue la jeune « idéaliste » avec la jeune « déshéritée ». Nous avons construit ainsi des catégories avec leurs propriétés qui formeraient un « cadre théorique central intégrateur » synthétisant le cœur du phénomène.

Avant d'expliquer les idéaltypes, nous tenons à préciser qu'ils ont été construits très progressivement, dans un va-et-vient incessant entre notre réflexion théorique et nos données empiriques, dans un mouvement circulaire de fécondation mutuelle. Utilisant la méthode de *comparaison constante*, et partant d'une typologie provisoire, nous avons examiné les similitudes et les différences entre les diverses histoires de vie pour nuancer, raffiner et enrichir notre conceptualisation. Les idéaltypes ont d'ailleurs été finalisés très peu de temps avant que soit déposé le rapport final. Nous les présentons un à un ; ils sont le fruit d'un travail laborieux.

ÉLABORATION DES IDÉALTYPES « PETIT PAS PAR PETIT PAS »

Esquisse d'une typologie pour classer les idéaltypes

Dès que fut prise la décision d'élaborer les idéaltypes en fonction des valeurs et des ressources, la *comparaison* des histoires de vie de chaque jeune incitait déjà à distinguer, pour chacun des concepts, deux grandes catégories. Étant « imprégnée » de l'histoire de vie de ces jeunes, nous savions déjà que certains de ces jeunes avaient des **valeurs** « précises », alors que d'autres en avaient « peu ou pas » ; certains étaient dotés de « beaucoup » de **ressources**, alors que, pour d'autres, les ressources étaient « limitées ». L'histoire de vie de chaque jeune suggérait aussi divers qualificatifs. En amorçant cette réflexion, nous tracions l'esquisse d'une typologie très simple qui s'est énormément transformée au fil du temps (tableau 13.1).

---

75. Strauss et Corbin, 1990, *op. cit.*, p. 84-87.

Tableau 13.1
Esquisse des idéaltypes des suicides de jeunes

Ressources / Valeurs	Beaucoup de ressources	Ressources limitées
Valeurs précises	Idéaliste	Épuisée Nostalgique
Peu ou pas de valeurs	Blasé	Démunie

En raffinant l'analyse et en comparant les histoires de vie, nous avons constaté que les *valeurs* des jeunes peuvent être *personnelles* ou *empruntées*. Elles sont *personnelles* lorsque le jeune se les donne de son propre chef, en accord étroit avec lui-même. Elles sont *empruntées*, lorsqu'il les puise au dehors de lui-même et qu'elles régissent sa vie sous la poussée externe des autres parce que son environnement social les lui a inculquées profondément ou les lui propose fermement. Quant aux *ressources* (personnelles et sociales), par comparaison entre les différents suicidés, elles peuvent être *abondantes* ou *limitées*. Les *ressources* comprennent les qualités, aptitudes ou talents qu'un être démontre dans sa personne, de même que les atouts sociaux dont il dispose : famille, amis, école, travail, richesse matérielle, qualité de vie, etc. Que nous estimions les ressources d'un jeune abondantes ou limitées relève évidemment d'un jugement subjectif, mais pas pour autant arbitraire. Ce jugement se fonde sur les données dont nous disposions.

Le suicide : absence de connexion entre valeurs et ressources

Après mûres réflexions, nos deux concepts centraux de *valeurs* et de *ressources* nous ont amenée à penser que le jeune ne se suiciderait pas, ou qu'il était très peu probable qu'il le fasse, s'il s'opérait en lui une connexion réelle entre ses *valeurs*, qu'elles soient *personnelles* ou *empruntées*, et ses *ressources*, qu'elles soient *abondantes* ou *limitées*. Les risques de suicide seraient minimes si les *valeurs* d'un jeune s'articulaient à ses *ressources*, de façon que les premières animent effectivement les dernières et que celles-ci servent réellement à concrétiser celles-là (tableau 13.2).

Dans cette perspective, le suicide d'un jeune devient possible quand la liaison vitale entre ses valeurs et ses ressources n'existe plus. Son suicide est alors conçu comme un manque d'articulation de ces deux éléments, comme une absence de connexion entre eux. Ils n'arrivent plus à se pénétrer et à se vivifier l'un l'autre. Il se produit chez le jeune comme une rupture entre ses valeurs et ses ressources, il se creuse comme un *vide d'être* en

Tableau 13.2
Suicide moins probable : connexion valeurs/ressources

Valeurs personnelles	Valeurs empruntées	Valeurs personnelles	Valeurs empruntées
↕	↕	↓	↕
Ressources abondantes	Ressources abondantes	Ressources limitées	Ressources limitées

Tableau 13.3
Suicide possible : bris de connexion valeurs/ressources

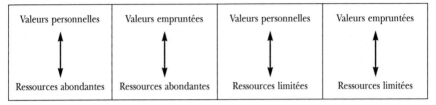

Valeurs personnelles	Valeurs empruntées	Valeurs personnelles	Valeurs empruntées
↓	↓		
« Vide d'être »	« Vide d'être »	« Vide d'être »	« Vide d'être »
		↑	↑
Ressources abondantes	Ressources abondantes	Ressources limitées	Ressources limitées

lui, qui constitue un terrain propice à l'éclosion de son dessein suicidaire. Le suicide d'un jeune se présente donc à nos yeux comme la manifestation d'un bris de connexion entre ses valeurs et ses ressources (tableau 13.3).

Une telle absence d'intégration peut être causée par deux dynamiques différentes. Elle peut provenir des *valeurs* qui sont à ce moment les premières responsables de cette dissociation avec les ressources disponibles. Ou elle peut résulter des *ressources* qui, par leurs limites ou leurs faiblesses, empêchent le raccordement avec les valeurs.

À cet égard, nous ne croyons pas que des *ressources abondantes* puissent être, par elles-mêmes, la cause d'un manque de connexion entre elles et les *valeurs*. Il serait surprenant que la richesse de vie dont témoignent *des ressources abondantes* soit elle-même la source directe de la brisure d'être. Dans le cas des *ressources abondantes*, il faut se tourner du côté des *valeurs, personnelles* ou *empruntées*, pour expliquer l'absence d'intégration entre les deux éléments. C'est la dynamique propre des *valeurs personnelles* ou *empruntées* qui rend compte, en l'occurrence, de ce manque de connexion entre elles et des *ressources* pourtant *abondantes*.

Par ailleurs, des *ressources limitées,* précisément en raison de leur pauvreté (toujours relative, il va sans dire), peuvent entraver le mouvement de jonction avec les *valeurs,* que celles-ci soient personnelles ou empruntées. Ces dernières n'arrivent pas à prendre forme, à se réaliser concrètement, parce que *les ressources limitées* les en empêchent.

Finalement... quatre idéaltypes du suicide des jeunes

Selon notre hypothèse voulant que le suicide d'un jeune implique une disjonction entre ses valeurs et ses ressources, il peut y avoir quatre sortes de rupture possible entre elles, quatre *idéaltypes* de suicide éventuel. D'une part, le raccordement avec des *ressources abondantes* peut ne pas s'effectuer à cause de la dynamique 1° des *valeurs personnelles* ou 2° des *valeurs empruntées.* À l'intérieur de la dynamique des *ressources limitées* peut faire obstacle à la connexion avec 1° des *valeurs personnelles* ou 2° des *valeurs empruntées.* Dans la première dynamique, les valeurs personnelles ou empruntées ne « descendent » pas aux *ressources abondantes.* Dans la deuxième, les *ressources limitées* ne « montent » pas aux *valeurs personnelles* ou *empruntées* (tableau 13.4).

L'idéaltype A est celui de l'OUTRANCE des *valeurs personnelles.* Le jeune s'en donne de si exigeantes qu'il ne peut plus se contenter et vivre de ses *ressources abondantes.* L'idéaltype B est celui de l'INSUFFISANCE des

Tableau 13.4
Les idéaltypes du suicide d'« être » des jeunes

A Valeurs personnelles OUTRANCE *L'idéaliste*	B Valeurs empruntées INSUFFISANCE *Le blasé*	Valeurs personnelles	Valeurs empruntées
↓	↓		
« Vide d'être »	« Vide d'être »	« Vide d'être »	« Vide d'être »
		↑	↑
		L'épuisée *Le nostalgique* IMPUISSANCE	*La déshéritée*
Ressources abondantes	Ressources abondantes	Ressources limitées C	DÉPENDANCE Ressources limitées D

valeurs empruntées. Elles sont si insatisfaisantes aux yeux du jeune qu'elles ne le motivent plus à utiliser ses *ressources abondantes*. L'idéaltype C est celui de l'IMPUISSANCE des *ressources limitées*. Le jeune les voit si faibles, si détériorées qu'il ne croit plus en leur capacité de réaliser ses *valeurs personnelles*. L'idéaltype D est celui de la DÉPENDANCE des *ressources limitées*. Elles sont si pauvres que le jeune peut difficilement marcher seul dans la vie ; elles sont si tributaires d'autrui que, sans son appui, le jeune ne peut plus actualiser ses *valeurs empruntées*.

Concrètement, dans l'analyse empirique des histoires de vie de nos cinq suicidés[76], l'idéaltype A de l'OUTRANCE des *valeurs personnelles* s'incarne dans une jeune : c'est le suicide de *l'idéaliste*. L'idéaltype B de l'INSUFFISANCE des *valeurs empruntées*, pour sa part, s'applique à un autre jeune : c'est le suicide du *blasé* (tableau 13.4).

L'idéaltype C de l'IMPUISSANCE des *ressources limitées* s'est avéré plus complexe en revêtant deux formes particulières, aux nuances assez importantes. À bout de forces même physiques, inapte à se réaliser dans ses valeurs personnelles, une troisième jeune s'est donné la mort : c'est le suicide de *l'épuisée*. Il nous apparaît évident que, pour elle, la dynamique directe et immédiate de son suicide est venue de l'impuissance de ses *ressources limitées*. Mais sa vie révèle non moins clairement qu'une telle impuissance fut d'abord graduellement causée par la dynamique de ses *valeurs personnelles*. On est donc en présence ici d'une certaine conjugaison des deux dynamiques, mais la plus importante et la plus déterminante dans son suicide demeure nettement celle de l'impuissance attribuable à des *ressources limitées* (tableau 13.4).

Le suicide du quatrième jeune ne reproduit pas la démarche de la troisième. Souffrant déjà depuis un certain temps de ressources appauvries, le quatrième jeune s'est mis à « rêver » à ce qu'il fut naguère, à se donner des valeurs personnelles qui le faisaient aspirer, entre autres, à la « normalité » de son être avant l'usure de ses ressources. Mais incapable d'atteindre ses *valeurs personnelles*, il s'enlève la vie : c'est le suicide du *nostalgique*. Là aussi, c'est l'impuissance de ses *ressources limitées* qui détermine son geste suicidaire. Toutefois, à l'opposé de la troisième jeune, ce ne sont pas ses *valeurs personnelles* qui provoquent l'affaiblissement de ses ressources. C'est plutôt l'inverse qui se produit. Ses ressources déjà minées entraînent chez lui l'émergence de *valeurs personnelles*, mais les premières ne peuvent permettre la concrétisation des dernières (tableau 13.4).

---

76. Chacun de ces idéaltypes est longuement démontré à l'aide des faits provenant des histoires de vie dans F. Gratton, avec collaboration de J. Lazure, 1996, *op. cit.*, p. 94 à 270.

Enfin, l'idéaltype D de la DÉPENDANCE des *ressources limitées* se retrouve dans la cinquième jeune : c'est le suicide de la *déshéritée* (tableau 13.4).

UN CONCEPT INTÉGRATEUR : DES SUICIDES D'ÊTRE

Tout ce travail nous a amenée à proposer le *suicide d'être* comme *grand concept intégrateur.* En effet, les jeunes ne peuvent se tuer pour des raisons qui tiennent directement ou indirectement aux valeurs qu'ils ont épousées ou qu'ils voudraient se donner, sans que leur geste signifie par le fait même qu'ils se sont posé sérieusement la question de leur être et de sa réalisation. Les valeurs nous semblent une des réalités les plus intimes de la personne. Elles nous font pénétrer jusqu'au cœur de son être. C'est par elles, de façon primordiale, que l'individu constitue sa personne, puisqu'elles expriment les biens qu'il chérit avant tout et qu'il recherche le plus avidement au tréfonds de son être. Dès lors, se suicider sous la mouvance de valeurs ou à cause de ressources qui empêchent de les atteindre témoigne indubitablement d'une réponse d'être à une difficulté d'être...

Nous avons complété cette étude en démontrant que, depuis la Révolution tranquille, les grandes orientations culturelles du Québec peuvent favoriser des *suicides d'être* chez nos jeunes[77].

DES LIMITES MÉTHODOLOGIQUES

Malgré l'immense travail empirique et théorique investi dans notre étude, nous demeurons très modeste. Nous savons, par exemple, que faire une étude rétrospective de suicidés représente en soi une limite. Nous sommes aussi consciente que les perceptions que les proches ont présentées de la vie et de la mort d'un jeune suicidé ne peuvent être complètes et parfaitement objectives. Elles demeurent partielles et forcément teintées de subjectivité même si nous avons pris soin de choisir des proches qui, la plupart du temps, avaient entretenu une relation intime avec l'un de nos sujets et semblaient en posséder une bonne connaissance. Nous avons, par contre, beaucoup apprécié pouvoir analyser des documents écrits par les jeunes suicidés. Nous sentions ainsi une plus grande « compréhension empathique » de ces jeunes.

---

77. Voir dans F. Gratton, avec collaboration de J. Lazure, 1996, *op. cit.*, p. 271 à 326 ; F. Gratton, « Le climat social du Québec, propice à des suicides d'être chez les jeunes ? », *PRISME*, vol. 5, n° 4, 1995, p. 510-523.

Weber insiste sur la multitude de significations que peut revêtir l'activité intelligente et émotionnelle d'un être humain. Ainsi, notre étude demeure fragmentaire par rapport au phénomène global du suicide des jeunes. Elle est, au surplus, comme toutes les autres recherches, influencée par notre propre rapport aux valeurs, que nous avons essayé, en toute honnêteté intellectuelle, de dévoiler le plus nettement possible.

Malgré ses limites, nous souhaitons que cette étude permette, comme ce fut le cas pour nous, de pénétrer un peu plus avant dans le sens caché et profond du suicide des jeunes. Nous en serions grandement fière et plus que dédommagée des sueurs qui l'ont enfantée !...

CONCLUSION

Même si le suicide a toujours un côté énigmatique, d'avoir utilisé la *théorisation ancrée* et une *approche biographique* nous a permis de proposer une signification à un tel geste. Sur le plan clinique et préventif, nous souhaitons que cette explication puisse aider quelques personnes endeuillées par le suicide d'un être cher (souvent nommés *survivants* et dont le taux de suicide est neuf fois plus élevé) à traverser un peu plus aisément certaines étapes du deuil. Sans que ce soit toujours le cas, le deuil à la suite d'un suicide est souvent extrêmement difficile à vivre. Plusieurs auteurs[78] affirment qu'à la seconde phase de ce processus, celle de la *protestation*, les survivants du suicide ont besoin, plus que d'autres endeuillés, de trouver un sens à donner à ce suicide.

Malgré les exigences de cette approche, le fait d'avoir effectué cette recherche à l'aide de la théorisation ancrée nous a procuré beaucoup de satisfaction, nous menant d'une découverte à l'autre. Nous tenons aussi à souligner que le chercheur qui utilise la théorisation ancrée, tout en étant très discipliné, doit être très patient et capable de tolérer sans panique le « flou », l'ambiguïté, le désordre... Qu'il se rassure, à force de travail, il verra la lumière au bout du tunnel. Nous savons aussi que des logiciels (comme *NUD•IST, In vivo, Atlas ti*...) peuvent faciliter le travail de codification et permettre d'économiser du temps. Mais ils ne sont qu'un moyen au service d'une fin. Ce ne sont pas les logiciels qui construiront une riche théorisation ou conceptualisation, c'est le travail, la détermination et la capacité de création du chercheur qui aura obtenu des données de grande qualité.

---

78. Voir F. Gratton, *Secret, deuil et suicide : recension d'écrits*, Québec, Conseil québécois de la recherche sociale (CQRS), RS 2618, 1999.

BIBLIOGRAPHIE SÉLECTIVE

ADDISON, R.B. (1992). «Grounded hermeneutic research», dans B.F. Crabtree et W.L. Miller (dir.), *Doing Qualitative Research*, Newbury Park, CA, Sage, p. 110-124.

BERTAUX, D. (1981). *Biography and Society, The Life History Approach in the Social Sciences*, Beverly Hills, Sage.

BLANCHET, A. (1985). *L'entretien dans les sciences sociales: L'écoute, la parole et le sens*, Paris, Dunod.

BOUDON, R. (1986). *L'idéologie ou l'origine des idées reçues*, Paris, Fayard.

CHENITZ, C.W. et J.M. SWANSON (1986). *From Practice to Grounded Theory. Qualitative Research in Nursing*, Massachusetts, Don Mills, Madrid, Tokyo, Addison Wesley Pub. Co.

DESLAURIERS, J. (1987). «L'analyse en recherche qualitative», *Cahiers de recherche sociologique. L'autre sociologie*, vol. 5, n° 2, p. 145-153.

GLASER, B.G. (1965). «The constant comparison method qualitative analysis», *Social Problems*, vol. 12, p. 436-445.

GLASER, B.G. (1978). *Theoretical Sensitivity: Advances in the Methodology of Grounded Theory*, Mill Valley, CA, Sociology Press.

GLASER, B.G. (1992). *Emergence vs Forcing: Basics of Grounded Theory*, Mill Valley, CA., Sociology Press.

GLASER, B.G. et A.L. STRAUSS (1967). *The Discovery of Grounded Theory. Strategies for Qualitative Research*, Chicago, Aldine.

GRATTON, F. (avec la collab. de J. Lazure) (1996). *Les suicides d'être de jeunes québécois*, Sainte-Foy, Presses de l'Université du Québec.

LAPERRIÈRE, A. (1982). «Pour une construction empirique de la théorie», *Sociologie et sociétés*, vol. 14, n° 1, p. 31-41.

LAPERRIÈRE, A. (1997). «La théorisation ancrée (*Grounded Theory*): Démarche analytique et comparaison avec d'autres approches apparentées», dans J. Poupart, J.-P. Deslauriers, L.-H. Groulx, A. Laperrière, R. Mayer et A. Pires (dir.), *La recherche qualitative: enjeux épistémologiques et méthodologiques*, Montréal, Gaëtan Morin éditeur, p. 309-332.

MUCHIELLI, A. (1996). *Dictionnaire des méthodes qualitatives en sciences humaines et sociales*, Paris, Armand Colin.

PAILLÉ, P. (1994). «L'analyse par théorisation ancrée», *Cahiers de recherche sociologique*, vol. 23, p. 147–181.

POUPART, J., M. Lalonde et M. Jaccound (1997). *De l'école de Chicago au postmodernisme. Trois quarts de siècle de travaux sur la méthodologie qualitative*, Cap-Rouge, Les Presses Inter Universitaires.

STERN, P.N. (1994). «Eroding grounded theory», dans J.M. Morse (dir.), *Critical Issues in Qualitative Research Methods*, Newbury Park, CA, Sage, p. 212-223.

STRAUSS, A.L. (1995). *Qualitative Analysis for Social Scientists*, San Francisco, Cambridge University Press.

STRAUSS, A.L. et J. CORBIN (1990). *Basics of Qualitative Research. Grounded Theory Procedures and Techniques*, Londres, Sage.

STRAUSS, A.L. et J. CORBIN (1994). « Grounded theory methodology », dans N.K. Denzin et Y.S. Lincoln (dir.), *Handbook of Qualitative Research*, Londres, Sage, p. 73-285.

WEBER, M. (1965). *Essais sur la théorie de la science*, Paris, Plon.

LA STRUCTURATION
DES STRATÉGIES
DU MOUVEMENT ASSOCIATIF
L'émergence et la diffusion
du développement économique
communautaire (DÉC)

YVAN COMEAU, PH. D.
École de service social, Université Laval

RÉSUMÉ

Le mouvement associatif privilégiait, au Québec, la contestation et la revendication dans les années 1960 et 1970. Or, depuis les années 1980, ce mouvement favorise la concertation et le développement économique. Comment a été produite cette stratégie ? Le cadre théorique intègre les phénomènes structurels et les capacités stratégiques des acteurs que l'auteur retrouve dans les théories de la structuration (Anthony Giddens), de l'action sociale (Alain Touraine) et de la régulation (Alain Lipietz). La méthodologie de la recherche repose sur 12 études de cas d'initiatives économiques communautaires et sur l'analyse de 20 entretiens biographiques avec des acteurs de ces initiatives, réalisés entre 1996 et 1999. La structuration des stratégies du mouvement associatif s'avère un processus complexe dont l'issue revêt une grande part d'incertitude. Cette structuration est conditionnée par un ensemble de phénomènes structuraux et conjoncturels qui ne déterminent qu'en partie les conduites des acteurs. D'autres phénomènes de nature plutôt rationnelle et volontaire favorisent également l'adoption d'une stratégie qui devient majeure dans un contexte donné. L'incertitude et les déterminismes qui pèsent sur l'avenir d'une stratégie telle que le DÉC peuvent être réduits par les promoteurs avec une information la plus complète possible et une attention particulière à l'étude des conséquences qu'auront les actions menées.

Ce texte présente les résultats d'une recherche étalée sur quatre ans (1996-1999), qui vise deux objectifs : décrire de manière détaillée les phénomènes ayant conduit le mouvement associatif à adopter une stratégie de développement économique communautaire (DÉC) et dégager des principes utiles d'intervention en organisation communautaire. Rappelons que le DÉC est une approche globale du développement qui poursuit des objectifs économiques et sociaux, en misant sur l'imputabilité de la collectivité locale et sur la création d'initiatives de l'économie sociale et solidaire[1].

Les objectifs de la recherche concernent deux problèmes. Le premier problème est associé à l'état embryonnaire des connaissances sur l'émergence et la diffusion du DÉC dans un territoire circonscrit comme celui de la Communauté urbaine de Québec[2]. En effet, même si ce phénomène a été expliqué à grands traits pour l'ensemble du Québec (Bélanger et Lévesque, 1992) et pour certains mouvements sociaux comme le mouvement syndical (Boucher, 1992), les études ancrées dans un territoire peuvent faire apparaître des microphénomènes favorables aux changements stratégiques, tels les sentiments d'injustice, les choix rationnels, les contacts avec des militants d'un mouvement social donné ou la participation antérieure à des associations, de même que la disponibilité personnelle (MacAdam, McCarthy et Zald, 1988). Le deuxième problème tient à l'information dont disposent les acteurs pour agir localement et que peut fournir une telle étude. De manière plus générale, la recherche scientifique représente une contribution parmi d'autres permettant d'éclairer certaines dimensions des pratiques en organisation communautaire (Cox, 1995, p. 149).

---

1. L'expression « économie sociale et solidaire » est privilégiée ici parce que l'auteur adhère à l'énoncé qu'ont rendu public 83 signataires québécois. Essentiellement, l'« Appel en faveur d'une économie sociale et solidaire » veut inscrire l'économie sociale dans un modèle solidaire de développement, ouvert à la démocratisation de l'ensemble de l'économie, où l'État demeure la principale instance de régulation et de développement, et dans lequel des mesures assurent une place équitable aux femmes dans une économie plurielle (Arteau *et al.*, 1998). En tant que produit du DÉC, une entreprise ou un organisme de l'économie sociale et solidaire est une coopérative, une mutuelle ou une compagnie à but non lucratif, constituée d'une dimension associative (un regroupement de personnes) et entrepreneuriale, fonctionnant démocratiquement, fondée sur des valeurs de solidarité, d'autonomie et de citoyenneté et ayant comme principes la finalité de service et la redistribution des surplus aux membres ou à la collectivité.

2. La Communauté urbaine de Québec (CUQ) comptait, en 1996, 504 500 résidants. Sur le plan démographique, la CUQ se situe au deuxième rang après la Communauté urbaine de Montréal. Sur le plan politique, elle exerce une influence considérable puisqu'elle accueille l'Assemblée nationale du Québec et une bonne partie des ministères et agences gouvernementales, ce qui en fait la région de la Capitale-Nationale du Québec. L'influence immédiate de la CUQ s'étend au-delà du fleuve Saint-Laurent et rayonne sur un territoire urbain et rural de 5 500 km².

La présence d'une stratégie de développement économique communautaire à Québec ne fait pas de doute si l'on en juge par la création
récente d'entreprises d'insertion et d'entreprises communautaires, la centaine de cuisines collectives (Lachance, 1997), les dizaines de fonds de
capital de risque ayant le statut d'organisme à but non lucratif (Comeau
et De La Chevrotière, 1996), l'existence d'une corporation de développement économique communautaire (CDÉC)[3] dans les quartiers centraux
depuis 1993, sans compter la constitution de nouvelles coopératives de
travail et d'organismes intermédiaires comme le Comité régional d'économie sociale (CRÉS). Ces initiatives représentent maintenant une réalité
faisant partie du contexte que doivent considérer notamment les gouvernements dans leurs stratégies[4]. Tout se passe comme si l'on assistait actuellement à la mise en œuvre d'une stratégie de DÉC, en ce sens qu'il existe
un nombre appréciable d'initiatives qui peuvent prétendre avoir une certaine crédibilité et revêtir une signification sociale et politique. Le foison-
nement de ce type d'initiatives diffère radicalement de celui des années
1960 et 1970 à Québec, au moment où furent créés des organismes de

---

3. Les corporations de développement économique communautaire (CDÉC) désignent
   les organismes voués à une approche globale d'intervention économique et sociale en
   milieux urbains défavorisés. Sur le plan institutionnel, les CDÉC partagent les caractéristiques suivantes : statut juridique d'organisme à but non lucratif ; assemblée générale
   constituée de représentants du mouvement associatif, des entreprises privées et publiques,
   des syndicats et d'individus, formant autant de collèges électoraux ; conseil d'administration composé d'officiers élus par les collèges électoraux ; et financement sur une
   base triennale et en parts égales par les gouvernements canadien, québécois et municipal. En ce sens, les CDÉC représentent une instance de gouvernance locale, car elles
   servent d'intermédiaires entre la société civile et l'État de plusieurs manières : elles
   canalisent des ressources publiques et l'épargne du milieu pour le développement ; elles
   utilisent les programmes gouvernementaux en faveur de projets s'adressant aux exclus ;
   elles répercutent les aspirations de la population locale et des exclus, notamment quand
   des projets rencontrent des obstacles institutionnels, c'est-à-dire des normes ou des
   critères inappropriés. Il existe une douzaine de CDÉC dans les principales villes
   québécoises.

4. Dans les années 1950 et 1960, le gouvernement du Québec a favorisé en partie la
   constitution d'un capital québécois francophone en misant sur les coopératives agricoles et les coopératives d'épargne et de crédit (Lévesque, 1990). Puis, dans les années
   1970, divers programmes gouvernementaux des gouvernements du Canada et du
   Québec ont fait que les coopératives d'habitation sont apparues comme un moyen
   privilégié pour développer le logement social. Par la suite, le gouvernement du Québec
   a reconnu la contribution et la présence incontournable des initiatives communautaires
   dans sa Politique de santé et bien-être en 1990 et dans sa Politique de développement
   régional et local en 1997. Pour sa part, le gouvernement fédéral (Canada) a mis sur
   pied, en 1986, le Programme de développement des collectivités qui a créé les SADC
   (Services d'aide au développement des collectivités), lesquels remplissent à peu près
   les mêmes fonctions que les CDÉC, mais en milieu rural. En outre, la Politique de mise
   en valeur de la main-d'œuvre, rendue publique en 1989 par le ministère des Ressources
   humaines Canada, a conduit notamment à la définition de programmes de réinsertion
   à l'emploi que des associations ont remplis dans le cadre de contrats de service. Enfin,
   les gouvernements du Canada, du Québec et les municipalités où œuvrent les CDÉC
   québécoises participent conjointement au financement de ces dernières.

pression et de revendication[5]. Cette mise en perspective demeurerait grossière si elle ne tenait pas compte de la présence discrète mais réelle d'initiatives associées au DÉC pendant les années 1970[6].

Est-il possible alors de reconstituer la structuration du DÉC en tant que stratégie du mouvement associatif et d'en tirer des principes utiles pour l'intervention? C'est sur cette question que portent les résultats de cette démarche qui sont livrés après la présentation de la problématique et de la méthodologie de la recherche.

PROBLÉMATIQUE THÉORIQUE

Tracée à grand traits, la problématique de la recherche s'inspire premièrement d'une recension des écrits faite par McAdam, McCarthy et Zald (1988) et portant sur l'action collective. L'intérêt de cette recension vient d'abord du fait qu'elle distingue les macrophénomènes et les microphénomènes favorables aux conduites collectives. D'après ces auteurs, les études faites par les Européens ont davantage insisté sur les macrophénomènes, c'est-à-dire les phénomènes politiques (la réceptivité du régime politique, la situation d'urgence et de crise, l'absence de répression et l'intrusion de l'État dans la vie privée), la marge de manœuvre économique globale qu'on retrouve dans une société et les facteurs organisationnels (concentration géographique de la population et présence préalable d'organismes). Les recherches menées par les Américains se sont surtout intéressées aux microphénomènes en révélant les effets favorables qu'ont, sur les solidarités sociales, les sentiments d'injustice, les choix rationnels, les contacts avec des militants d'un mouvement social donné ou la participation antérieure à des associations, de même que la disponibilité personnelle. L'autre intérêt de la recension de McAdam, McCarthy et Zald (1988) réside dans la temporalité, c'est-à-dire la distinction entre la période d'émergence et celle du maintien (ou du changement

---

5. À titre d'exemples, mentionnons les initiatives suivantes et l'année de leur enregistrement: le Comité des citoyennes et citoyens du quartier Saint-Sauveur et le Comité des citoyens de l'Aire 10 (1965), l'ACEF de Québec (1968), le Comité des citoyennes et citoyens du Quartier Saint-Roch (1969), Carrefour Tiers-Monde (1969), le Groupe des locataires du Québec-métropolitain (1970), l'Association de défense des droits sociaux du Québec métropolitain (1973), le journal *Droit de parole* (1974), le Comité populaire Saint-Jean-Baptiste (1976) et le Groupe de défense des droits des détenu-e-s de Québec (1977).

6. Indiquons, encore une fois à titre d'exemples, le Centre coopératif des travailleurs (1973), le Club de consommation de Saint-Sauveur (1974), la Coopérative d'habitation Chez Nous (1974), la Garderie La Pomme d'Api (1974) et la Garderie La Butte à moineaux (1979).

éventuel) des conduites collectives. Enfin, pour ces auteurs, il manque dans les recherches un facteur explicatif qui permettrait d'établir un pont entre les macrophénomènes et les microphénomènes de mobilisation collective. Leur hypothèse est qu'il existe des formes plus ou moins rudimentaires d'organisations, qu'ils appellent « lieux de mobilisation » (*micro-mobilization context*), facilitant l'engagement des personnes dans une action collective.

Deuxièmement, la problématique théorique s'inspire de la théorie de la structuration d'Anthony Giddens (1997). Adaptée à notre démarche, cette théorie met à contribution les grands paradigmes de la sociologie dans un cadre général d'explication des phénomènes sociaux et économiques. La théorie de la structuration considère, d'une part, qu'il existe des phénomènes structurels d'ordre politique, économique et organisationnel qui s'imposent, d'une certaine manière, pour favoriser l'émergence et la continuité d'une stratégie de développement et qui correspondent à la notion de macrophénomènes proposée par McAdam, McCarthy et Zald (1988). Au cœur des phénomènes structurels qui ont suscité les conditions favorables au déploiement du DÉC se trouvent l'épuisement du modèle de développement d'après-guerre et la dégradation de la condition salariale (Lipietz, 1990 ; Castel, 1995). D'autre part, il existe des conduites stratégiques portées par divers acteurs qui favorisent également l'émergence et la diffusion d'activités économiques collectives et que nous associons aux microphénomènes mentionnés plus haut. Les capacités stratégiques des acteurs sont reconnues, mais dans certaines limites : ceux-ci ne sont jamais complètement informés du contexte et ils ne connaissent pas toutes les conséquences de leurs actions. Par ailleurs, si les phénomènes structurels conditionnent les conduites des acteurs, ceux-ci peuvent à leur tour exercer une influence sur les premiers, parce que leurs actions peuvent modifier les normes, l'exercice des contraintes et les représentations. À cet égard, les mouvements sociaux peuvent amener des changements significatifs sur l'orientation du développement, car ils expriment les revendications des classes sociales dominées, leur procurent une source d'identité et remettent en cause certaines institutions de la société (Touraine, 1993).

MÉTHODOLOGIE

Deux méthodes de recherche ont été privilégiées : les études de cas et les entrevues ouvertes. Premièrement, en ce qui concerne les études de cas, une même grille de collecte des données a été utilisée. Cette grille permet de recueillir des informations sur le contexte d'émergence, sur les dimensions institutionnelles et organisationnelles du cas étudié, en plus d'établir des éléments de synthèse et de bilan (Comeau, 2000). Le corpus de la recherche est donc constitué en partie de dix études de cas réalisées par des étudiantes et des étudiants diplômés, sous la direction de l'auteur. Ces études de cas ont été publiées dans les cahiers de recherche du Centre interuniversitaire de recherche sur les innovations sociales (CRISES). La variété des cas a été privilégiée au point de vue du statut juridique (coopérative et organisme à but non lucratif), du type d'initiative (entreprise communautaire, entreprise d'insertion, CDÉC, coopérative de consommateurs, coopérative de solidarité, etc.), des ressources (organismes ayant une hybridation variable des ressources provenant des bénévoles, du marché et de l'État) et de l'année de la fondation (les décennies 1970, 1980 et 1990) ; voir le tableau suivant.

Tableau 14.1
Études de cas et provenance des personnes interviewées

Cas étudiés et année de fondation	Nature de l'initiative	Auteurs	Nombre d'administrateurs interviewés
Vidéo Femmes (1974)	Entreprise communautaire (vidéo féministe)	Vachon, 1998b	3
La Ruche Vanier (1978)	Association pour le développement économique et social	Vachon, 2000	2
Maison de la Famille (1984)	Organisme de services sociaux	Nadeau, 1998	0
Carrefour Jeunacte (1985)	Entreprise d'insertion (restauration)	Lévesque, 1998	0
Recyclage Vanier (1985)	Entreprise d'insertion (recyclage)	Vachon, 1998a	3
Centre de formation Option-travail (1987)	Organisme de services d'insertion professionnelle	Gagné, 1999	0
Coopérative Avantage (1989)	Coopérative de solidarité (aide à domicile)	Charest, 1998	1
Centre Jacques-Cartier (1992)	Centre résidentiel et d'insertion	Pelletier, 1999	1
Carrefour de relance de l'économie et de l'emploi du centre de Québec (CRÉECQ) (1993)	Corporation de développement économique communautaire (CDÉC)	Comeau et Lacombe, 1998	7
Coopérative de services à domicile du Cap Diamant (1995)	Coopérative de consommation (aide à domicile)	Simard, 1999	3

Deuxièmement, dans sept des cas étudiés, un total de 20 membres des conseils d'administration ont accepté de participer, en 1998 et en 1999, à des entrevues ouvertes d'une heure qui portaient sur l'histoire de leur engagement social. Pour les entrevues, le choix en faveur des membres du conseil d'administration s'explique par leur niveau élevé de connaissance de l'organisation étudiée. On compte six administrateurs qui sont à la fois employés et membres. Parmi ces 20 personnes, on retrouve 8 femmes et 12 hommes, dont les âges varient de 23 à 80 ans. Ces entrevues, transcrites intégralement, ont été analysées à partir des catégories de la problématique théorique ; de nouvelles catégories ont aussi été créées pour refléter ce que les propos des personnes offraient d'inédit et d'insoupçonné.

L'ÉMERGENCE DU DÉC

L'émergence du DÉC débute dans les années 1970 et s'étend jusqu'au début des années 1990. L'analyse des cas étudiés et des entrevues fait d'abord apparaître *l'influence des macrophénomènes*, c'est-à-dire des phénomènes sociétaux et globaux dont ne sont pas toujours complètement informés les acteurs, mais qui exercent sur eux une forme d'incitation à agir individuellement ou collectivement.

LES MACROPHÉNOMÈNES

En premier lieu, la *présence préalable d'associations dans le territoire*, concentrée dans le centre de Québec, servira de base organisationnelle à l'émergence du DÉC. En effet, des comités de citoyens naissent dans les années 1960 dans la foulée d'un mouvement revendicatif urbain, en opposition à l'approche urbaniste libérale de la Ville de Québec, qui autorisait la démolition de quartiers pour faire place à des autoroutes et des édifices en hauteur.

En deuxième lieu, *la crise économique de 1982* a amené une situation d'urgence pour agir sur l'emploi. Des personnes interviewées évoquent « la grosse crise », « une vraie », afin de situer le début d'une préoccupation nouvelle pour l'emploi. À cette récession économique peuvent être associées les compressions budgétaires de l'État qui a resserré l'embauche dans une région où, rappelons-le, la fonction publique est le principal employeur. En outre, la détérioration des quartiers centraux de Québec, jadis appelés la « basse-ville », représente un lourd héritage accumulé pendant les années 1950 à 1980, à cause de la déstructuration des quartiers, à la suite des démolitions, ainsi que du déplacement des familles et des services vers les banlieues.

En troisième lieu, *la concentration géographique de la population* facilite l'implication et la collaboration des acteurs en milieu urbain. Ce phénomène rappelle que l'espace est une dimension structurelle fondamentale dans la théorie de la structuration (Giddens, 1997). Le territoire représente un espace circonscrit, où les personnes plongent leurs « racines » et pour lequel elles éprouvent des sentiments d'appartenance et de « fierté ». Le fait que le territoire se trouve en banlieue ou dans le centre distingue physiquement des zones et, sociologiquement, des classes sociales[7].

En quatrième lieu, *l'ouverture des autorités municipales* a favorisé la stratégie du DÉC. Depuis le milieu des années 1970, les associations du centre de Québec ont largement contribué à la création d'un parti politique municipal social-démocrate qui est au pouvoir depuis 1989. Par ailleurs, il existe dans la structure des opportunités politiques, des contradictions qui persistent encore aujourd'hui. En effet, si l'appareil politique du gouvernement municipal apparaît favorable au DÉC, demeurent en poste des fonctionnaires qui ont une approche libérale du développement, d'après certaines personnes interviewées. L'approche libérale du développement donne la priorité à la croissance économique qui reposerait sur l'initiative privée (Tremblay et Fontan, 1994).

LES MICROPHÉNOMÈNES

Plusieurs microphénomènes ont été favorables au DÉC. Ces phénomènes mettent en évidence les stratégies des personnes qui ne savent cependant pas tout du contexte ni des conséquences de leurs actions.

Premièrement, les personnes ont ressenti et perçu une *situation de nécessité* dans le contexte de la crise de l'emploi et de la détérioration du tissu social. La composition sociale de certains quartiers engendre des besoins particuliers chez les personnes âgées pour des services à domicile, par exemple, ou chez les femmes et les jeunes pour l'insertion à l'emploi. De manière plus générale, le fait que le chômage frappe des personnes qui s'en croyaient à l'abri, parce qu'elles étaient scolarisées ou spécialisées,

---

7. Au XVIIe siècle, l'emplacement de Québec a été choisi par les Français à cause du cap Diamant qui offrait aux militaires des caractéristiques naturelles pour construire une place forte. Au XVIIIe et au XIXe siècle, l'industrie navale, puis celle du cuir et du textile, ainsi que les ouvriers se sont installés au nord du cap Diamant, dans la partie basse du territoire. La population plus fortunée s'est établie sur le cap Diamant, vers l'ouest et le long du fleuve Saint-Laurent. La « basse-ville » représentait donc le territoire de la classe ouvrière, tandis que la « haute-ville » était occupée par l'élite. La progression du secteur tertiaire et le développement des banlieues font que la « basse-ville », un territoire de 10 km² et de 55 000 résidants, présente aujourd'hui toutes les caractéristiques d'une zone défavorisée : taux de chômage élevé, population peu scolarisée, nombre important de familles monoparentales, population vieillissante, dépopulation et dégradation du bâti.

a exacerbé la préoccupation à l'égard de l'emploi. Le membership de plusieurs associations s'est trouvé modifié et l'emploi est apparu, dans les années 1980 et au début des années 1990, comme un enjeu de plus en plus important.

Deuxièmement, les acteurs ont procédé à des *choix fondés sur différents types de rationalité* (Weber, 1995). La rationalité en finalité est plutôt instrumentale et se fonde sur la recherche de bénéfices économiques (obtenir un emploi et améliorer ses conditions de vie, par exemple), sociaux (se donner un réseau de relations, retrouver une fierté ou un statut, entre autres choses), culturels (apprendre, rester actif et informé, s'exprimer, notamment) et politiques (le pouvoir du groupe et la force acquise d'amener des changements), moyennant les coûts que sont le temps de travail non rémunéré et les efforts liés à la persévérance. L'équilibre entre les bénéfices obtenus et les coûts consentis fait l'objet d'une évaluation épisodique par les personnes rencontrées. Rétrospectivement, des personnes affirment avoir sous-estimé les coûts associés à leur choix et avoir découvert des aspects qui n'étaient pas pris en compte dans leur choix de départ (par exemple, le fait de devoir se consacrer à la gestion et à la stratégie, l'énergie et le courage exigés, la quantité de travail non rémunéré demandée). En outre, s'il nous était permis de reformuler ce qu'ont dit d'autres personnes, ces coûts risquaient d'être encore plus grands pour des personnes peu scolarisées et depuis longtemps sans travail. Voilà des éléments de réalité qui risquent de décevoir des personnes et de modifier leur engagement à l'égard du DÉC. Heureusement, peut-on dire, les personnes mentionnent d'autres types de rationalité : la rationalité de forme affectuelle ou émotionnelle, dans la mesure où un être significatif introduit une personne dans une organisation qui devient un lieu de sociabilité ; la rationalité de forme traditionnelle, qui associe l'entraide à l'esprit familial et à la tradition des corvées ; et la rationalité en valeurs qui justifie la participation au DÉC par l'adhésion à l'éthique communautaire – autonomie, entraide, prise en charge, justice – (Lamoureux, 1991).

Troisièmement, l'émergence du DÉC suppose un *changement dans les schèmes d'interprétation* chez plusieurs acteurs. Ces schèmes sont, d'après Giddens (1997), les modes de représentation et de classification mis en œuvre par les personnes à l'aide de leurs connaissances. La première remarque concerne les changements d'interprétation qu'ont dû faire des personnes pour passer de la stratégie de la confrontation de la gauche traditionnelle à la stratégie du DÉC fondée en grande partie sur la concertation et le partenariat. Sur ce plan, deux processus fort différents ressortent : 1) le rejet de ce qui est qualifié de « gauchisme », que des personnes interviewées considèrent comme « sectaire », « pas concret », provoquant « schisme après schisme », avec « des débats à n'en plus finir » et «qui brasse de la paperasse»; 2) d'autres personnes disent avoir procédé à un «ajustement» à ce qui est considéré comme une «évolution» du mouvement associatif, parce que les problèmes sociaux sont intolérables et que la stratégie d'affrontement ne peut pas seule les résoudre.

La deuxième remarque a trait à la combinaison plus ou moins facile que font les personnes de ces deux grandes stratégies des mouvements sociaux: la confrontation et la concertation. Dans un premier type d'harmonisation, les stratégies sont également considérées dans une implication globale et ouverte; dans un deuxième type, on reconnaît la revendication nécessaire, mais on préfère s'engager dans une stratégie de concertation (parce qu'elle s'intéresserait davantage à l'emploi et donnerait des «résultats concrets»); dans un troisième type, on voit la revendication comme étant néfaste dans la société et on privilégie nettement la concertation. Sur le plan des conséquences non prévues, toute cette variété et toute cette dynamique encore mouvante des schèmes d'interprétation laissent poindre des conflits à l'intérieur même des mouvements sociaux à propos du DÉC.

Quatrièmement, *un réseau entre des associations avait été tissé* par l'addition de fonctions politiques exercées par des personnes dans des organisations variées (économie sociale et solidaire, associations de défense des droits, organismes d'entraide, syndicats, organismes religieux, associations étudiantes, etc.). Ainsi, avant leur arrivée dans les cas étudiés dans la présente recherche, 17 personnes avaient été administratrices dans deux organismes en moyenne. Pendant leur implication dans l'initiative économique communautaire, elles sont en plus administratrices dans 1,1 organisme en moyenne.

LES LIEUX DE MOBILISATION

Les lieux de mobilisation font le pont entre les microphénomènes et les macrophénomènes, en permettant aux acteurs d'actualiser leurs aspirations dans une conjoncture favorable. Ils sont constitués, d'une part, soit de réseaux denses d'organismes, soit d'une organisation de niveau intermédiaire qui cherche à développer la concertation favorable au DÉC et, d'autre part, des organismes à but non lucratif qui réalisent concrètement les projets économiques communautaires.

En ce qui concerne l'organisation de la concertation, se sont d'abord mises en place, à partir du milieu des années 1980, *des initiatives spontanées et diffuses* qui ont pris la forme de comités ou de tables de concertation. Des personnes rappellent qu'ont été constitués, par exemple, le Comité jeunes au travail et la Table de concertation emploi Basse-ville à laquelle ont participé une dizaine d'organismes. Il existait également des organismes de soutien à la création de coopératives, par exemple la Coopérative de développement régional de Québec et les groupes de ressources techniques (GRT) en habitation. Des militants syndicaux s'intéressaient également au développement local en représentant leur syndicat au Conseil régional de concertation et de développement, un organisme paragouvernemental qui réunit des partenaires afin de planifier et de coordonner le développement régional. Notons enfin deux événements publics significatifs : les deux colloques ayant conduit à la création d'une corporation de développement économique communautaire (CDÉC).

La *création d'une organisation vouée à la concertation des acteurs du milieu et à l'appui aux projets socioéconomiques* représente un phénomène important pour le développement local en général (Klein, 1992). À Québec, cette organisation a pris la forme d'une corporation de développement économique communautaire (CDÉC). Il ressort de l'analyse que le succès de cette organisation résulte de plusieurs facteurs : 1) le caractère autogéré de la démarche des fondateurs qui a donné une forte impulsion au démarrage des activités ; 2) l'adoption de règles qui permettent une représentation la plus large possible des acteurs locaux (associations, syndicats, établissements publics et entreprises privées) appartenant à différents collèges électoraux qui désignent des représentants au conseil d'administration ; 3) la capacité de concentrer des ressources (des spécialistes du développement et un fonds de capital de risque, entre autres choses) ; 4) l'offre d'information et de formation adaptées ; 5) la mise en réseau d'acteurs qui avaient peu de contacts entre eux ou qui s'étaient même affrontés dans le passé ; 6) l'aisance à cohabiter dans le milieu avec d'autres structures d'appui aux projets économiques communautaires.

Un phénomène additionnel réside dans la *réalisation de projets économiques* qui concrétisent en quelque sorte les aspirations des acteurs soit pour l'emploi, soit pour répondre à des besoins précis. Quelques personnes rencontrées disent attendre du DÉC des résultats, du « concret », quelque chose de « constructif ». Cependant, les acteurs ne se positionnent pas tous de la même manière à l'égard de la composante économique des projets. Deux points de vue différents critiquent les tentatives de concilier les objectifs sociaux et la performance économique. D'un côté, la frange revendicatrice des mouvements sociaux déplore que la recherche de la rentabilité puisse signifier la tarification des services dont la responsabilité financière incomberait entièrement à l'État. De l'autre côté, des entrepreneurs privés affirment que les objectifs sociaux compromettent la rentabilité économique, ce qui rend l'appui de l'État nécessaire à une forme d'inefficacité. Voilà un autre phénomène qui risque d'avoir pour conséquence de susciter des divergences à l'égard du DÉC.

À mesure que les réalisations de la stratégie de DÉC prennent forme, *un vocabulaire permettant de nommer les pratiques* contribue également à l'émergence du DÉC. Les personnes rencontrées utilisent les expressions « développement économique communautaire », « développement local », « économie sociale et solidaire ». Tout se passe comme si l'on assistait au passage d'une conscience pratique (la description des actes et des conduites) à une conscience discursive (explication du contexte des conduites et leur légitimation ; Giddens, 1997).

LA DIFFUSION DU DÉC

La période touchée par la diffusion du DÉC dans la Communauté urbaine de Québec débute au milieu des années 1990. Notre recherche a relevé d'autres phénomènes qui se sont produits dans les initiatives apparues avant 1990, quelques années après le début de leurs activités. Contrairement à l'étape d'émergence qui appartient clairement au passé, celle de la diffusion apparaît conditionnelle à l'orientation que prendront notamment les phénomènes suivants.

LES MACROPHÉNOMÈNES

Les rapports qui s'établissent entre l'État et les initiatives du DÉC conditionnent de plusieurs manières la diffusion de ce dernier. Ces rapports se présentent de manière ambiguë et contradictoire. D'un côté, plusieurs indices révèlent une forme de reconnaissance du DÉC dans les politiques publiques de développement, notamment la Politique de développement local et régional du gouvernement du Québec. Par ailleurs, d'après plusieurs personnes rencontrées, la reconduction de plusieurs programmes auxquels a recours le DÉC n'est pas garantie, ce qui n'aurait laissé que trois ans aux nouveaux projets pour consolider leur démarrage. Certains programmes auraient été renouvelés, mais l'annonce aurait été faite à la dernière minute et pour une courte période. D'autres programmes feraient l'objet de changements et de restrictions, ou encore les ressources seraient nettement insuffisantes. Ou encore, des programmes comporteraient des normes qui les rendraient tout à fait inadaptés aux particularités des quartiers centraux de Québec, par exemple, qui a un taux relativement élevé de personnes exclues du marché du travail depuis très longtemps.

Notre analyse montre qu'il existe une méfiance à l'égard de l'État, même si les personnes interviewées jugent son appui essentiel à la diffusion du DÉC. On comprend alors pourquoi ces personnes attribuent à l'État des intentions machiavéliques. Une personne nous disait que le gouvernement recherche des votes en donnant l'impression qu'il fait quelque chose, tout en économisant du même coup. Une autre croit qu'en remettant le développement dans les mains de la société civile l'État se protège de la critique en cas d'échec. D'autres sont d'avis que l'État maintient à la baisse les conditions de travail pour forcer les personnes assistées sociales à accepter n'importe quel travail et que la bureaucratie se consolide encore davantage avec l'ajout de mesures et de programmes.

La présente recherche ne permet pas de statuer sur la véracité de ces affirmations ou sur les mécanismes qui permettent la construction de tels discours, mais il est clair que plusieurs promoteurs du DÉC doutent des intentions de l'État. En laissant planer les malentendus, l'intervention gouvernementale devient une cible facile à la fois pour la portion des mouvements sociaux qui privilégie une stratégie de confrontation et pour les idéologues du capitalisme et du libéralisme. Cette situation n'est pas sans risque pour les promoteurs du DÉC : des personnes interviewées évoquent l'insécurité face à l'avenir, la difficulté d'envisager un développement à long terme, le découragement et *la compétition entre les projets pour l'obtention des ressources,* un microphénomène qui influence la diffusion des conduites collectives, d'après McAdam, McCarthy et Zald (1988).

LES LIEUX DE MOBILISATION ET MICROPHÉNOMÈNES

Cette partie s'intéresse aux effets qu'ont l'organisation de la concertation, les initiatives et les promoteurs sur la diffusion du DÉC. En ce qui a trait à *l'organisation de la concertation,* un premier phénomène concerne *la coexistence de stratégies diverses au sein de la coalition* qui cherche à diffuser le DÉC. À cet égard, la cohabitation d'acteurs aux stratégies différentes semble actuellement assez harmonieuse dans la Communauté urbaine de Québec. Ainsi, des syndicats et des associations qui sont membres de la corporation de développement économique communautaire (CDÉC) le CRÉECQ, peuvent mettre en pratique une stratégie de confrontation et de pression sur d'autres enjeux que celui du DÉC, sans que cela leur cause de préjudice dans la coalition. D'ailleurs, l'étude monographique de la CDÉC montre que la diffusion du DÉC n'écarte pas d'emblée la possibilité de recourir à une stratégie de pression. En effet, même si la corporation met en œuvre une stratégie dominante de concertation et de partenariat avec des acteurs variés que sont les établissements publics, les entreprises privées, les syndicats, les coopératives et les associations, il est arrivé qu'elle ait exercé des pressions sur des entreprises privées, la municipalité ou les ministères pour faire avancer certains projets et certaines demandes touchant notamment les normes de programmes gouvernementaux.

Le deuxième phénomène sensible pour la diffusion du DÉC correspond *aux réalisations de la coalition et à sa capacité de faire la preuve de résultats.* Plusieurs personnes rencontrées témoignent de l'encouragement que procurent les évaluations externes positives, l'obtention d'un prix, la qualité des services, la rentabilité ou l'intérêt manifesté par des personnes venues d'ailleurs. Il semble que plusieurs personnes aiment être associées à une action qui réussit et qui promet. À l'opposé, des commentaires portent à croire que, si les personnes ne peuvent pas juger des résultats ou s'il n'y a pas de résultats tangibles, le DÉC perd de son intérêt. À cet effet, la CDÉC a été la cible de critiques sévères de la part de quelques journalistes de Québec qui s'interrogeaient publiquement sur l'utilité de la corporation et sur la pertinence pour l'État de la financer, parce que l'organisation n'était pas en mesure de fournir un bilan. Lorsque la corporation a évalué son action et rendu publics ses résultats, les articles ont changé de ton. Cet événement met en lumière les enjeux de la reconnaissance et de la crédibilité du DÉC. En ce sens, il est hautement stratégique que les promoteurs du DÉC prennent les devants sur la question des évaluations, qu'elles soient ponctuelles ou continues.

Le troisième phénomène a trait à *la capacité de développement des solidarités* parce que le DÉC nécessite des appuis politiques et des ressources provenant de différentes sources. Les solidarités ayant permis l'émergence du DÉC subissent plusieurs menaces dans la phase de leur diffusion. La première menace concerne les divergences dans les mouvements sociaux à propos du DÉC. À cet égard, l'analyse met en évidence le point de vue des promoteurs qui dénoncent le discours «très rigide, très sectaire» d'un certain nombre d'organismes et de personnes qu'elles identifient assez bien et qui appartiendraient au noyau «pur et dur» du mouvement associatif. Essentiellement, les divergences portent sur la part du marché dans les revenus autonomes pour les services fournis à la population, la responsabilité de l'État dans le financement et la prestation de ces services, de même que les conditions de travail des employés – majoritairement des femmes – dans les projets émanant du DÉC. La deuxième menace se trouve à l'intérieur même des acteurs du DÉC. Les entrevues révèlent l'existence de critiques et parfois de préjugés entre certaines composantes de l'ancienne économie sociale et de la nouvelle, entre des initiatives d'un même secteur ayant des statuts juridiques différents (par exemple, entre les coopératives et les associations) et entre les acteurs, notamment entre le secteur associatif et l'entreprise privée. En ce qui regarde la diffusion du DÉC, quelques personnes croient que la résolution des conflits peut amener une saine remise en question, un raffinement des stratégies et de nouvelles perspectives qui élargiraient les appuis. Pour d'autres, lorsque les conflits traînent, des «embûches» supplémentaires s'ajoutent à leurs efforts et feraient hésiter des organisations à «prendre leur virage» en faveur du DÉC.

En ce qui a trait aux *projets* émanant du DÉC, le phénomène qui ressort de l'analyse concerne *leurs perspectives de survie à long terme*. Le fait que les coopératives québécoises aient un taux de survie supérieur à celui des entreprises privées (Direction des coopératives, 1999) favorise la diffusion du DÉC. Cette espérance de survie dépend de plusieurs variables dont certaines ont été documentées (Bhérer et Joyal, 1987 ; Cornforth *et al.*, 1988 ; Defourny, 1994).

Pour ce qui est des *personnes*, le principal phénomène pertinent pour la diffusion du DÉC a trait au *sentiment d'accomplissement liée aux réalisations*. Plus de la moitié des personnes affichent la fierté de réalisations économiques (voir se concrétiser un projet, offrir un service, participer à la rentabilité et à la croissance de l'organisme, permettre à des personnes de trouver un emploi, constater l'amélioration des conditions de travail), sociales (avoir donné une formation reconnue, avoir été significatif pour le développement d'une personne, établir des ponts entre les générations ou entre des acteurs, combler des besoins), politiques (amener l'État à adopter une politique ou une norme) et personnelles (par exemple, avoir réussi à relever un défi). Ces personnes deviennent, pour la diffusion du DÉC, des militants indéfectibles et convaincants.

CONCLUSION : DES PRINCIPES POUR L'INTERVENTION

La structuration des stratégies du mouvement associatif s'avère un processus complexe dont l'issue revêt une grande part d'incertitude. Cette structuration est conditionnée par un ensemble de phénomènes structuraux et conjoncturels qui s'imposent aux acteurs et qui déterminent en partie leur conduite. L'incertitude et les déterminismes qui pèsent sur l'avenir d'une stratégie tel le DÉC peuvent être réduits par les promoteurs avec une information la plus complète possible et une attention particulière portée à l'étude des conséquences qu'auront les actions menées. Cette structuration comporte une phase d'émergence, suivie d'une phase de développement. Dans la phase d'émergence du DÉC en particulier, la perte d'efficacité et de légitimité du modèle ambiant de développement et l'ouverture des autorités représentent les principaux changements de contexte. La perception d'une situation de nécessité et le changement dans les schèmes d'interprétation des acteurs du mouvement associatif les amènent à ajouter à leurs stratégies d'action celle du DÉC. La mise en place d'une organisation vouée à la stratégie du DÉC, la preuve de résultats par des réalisations concrètes et la dénomination explicite de la stratégie permettent de compléter la phase d'émergence de la stratégie. En ce qui concerne la diffusion de la stratégie, elle dépend en partie des rapports qui se nouent entre les acteurs de la stratégie et l'État, ce dernier ayant une marge de manœuvre que ne peuvent influencer qu'indirectement les premiers. Les promoteurs de la stratégie peuvent toutefois renforcer leur position en maintenant la solidarité à l'intérieur de leur coalition et en faisant preuve de réalisations exemplaires.

Le tableau 14.2 rappelle les phénomènes favorables soit à l'émergence ou à la diffusion de la stratégie du DÉC dans la Communauté urbaine de Québec. Chacun de ces phénomènes comporte en soi des principes pour l'intervention qu'un ou une professionnelle peut déduire pour sa pratique, que ce soit en matière de planification, d'information, de formation, d'animation ou d'évaluation. Mais, puisque l'espace manque pour discuter chacun des phénomènes, la conclusion s'intéresse à cinq pistes d'intervention liées aux défis mentionnés précédemment: l'aspect territorial du DÉC, la régénération permanente des projets socioéconomiques émanant de la démarche de développement, l'institutionnalisation du DÉC et de ses projets, la complémentarité des pratiques de concertation et de pression, de même que l'évaluation.

La première piste d'intervention concerne l'aspect territorial du DÉC qui met en présence différentes composantes de la collectivité (mouvement associatif, secteur privé et établissements publics locaux) mettant à contribution diverses ressources. Dans cette perspective, il convient d'estimer les efforts requis pour permettre aux initiatives de naître et de croître. Pour les acteurs du développement, il existe donc des situations beaucoup plus exigeantes que d'autres à cause de la présence ou de l'absence de certains macrophénomènes (présence préalable d'associations dans le territoire, l'intensité des besoins, la concentration démographique et l'ouverture des autorités) risquant même de limiter les résultats malgré les efforts déployés.

La régénération permanente des initiatives émanant du DÉC représente la deuxième piste d'intervention. Lorsque les projets s'éloignent effectivement de l'idéal démocratique, ils risquent la dégénérescence, c'est-à-dire une perte d'intensité démocratique et participative, avec le contrôle d'une poignée d'individus pour qui seul l'aspect économique guide les décisions (Cornforth *et al.*, 1988; Batstone, 1983; Meister, 1974). Des interventions de consolidation ou de régénération de ces projets qui connaissent une dérive démocratique sont donc à prévoir. La régénération permet de développer la participation, d'accroître la performance économique et d'améliorer le fonctionnement des projets socioéconomiques issus du DÉC. La régénération comprend au moins deux modalités

Tableau 14.2

Synthèse des phénomènes pertinents à la structuration du développement économique communautaire (DÉC) dans la Communauté urbaine de Québec

Émergence du DÉC (1970-1980)		
Macrophénomènes	**Lieux de mobilisation (ponts entre macro- et microphénomènes)**	**Microphénomènes**
Présence préalable d'associations dans le territoire. Crise économique de 1982. Concentration géographique de la population. Ouverture des autorités municipales.	Organisation de la concertation : – initiatives spontanées et diffuses ; – création d'une organisation (une CDÉC). Réalisation de projets économiques. Vocabulaire permettant de nommer les pratiques.	Situation de nécessité. Choix fondés sur différents types de rationalité. Changement des schèmes d'interprétation. Réseau tissé entre des associations.

Diffusion du DÉC (1990 à…)	
Macrophénomènes	**Lieux de mobilisation (ponts entre macro- et microphénomènes)**
Rapports qui s'établissent entre l'État et les initiatives du DÉC.	Organisation de la concertation : – coexistence de stratégies diverses au sein de la coalition ; – réalisations de la coalition et capacité à faire la preuve de résultats ; – capacité de développement des solidarités ; – peu de compétition entre les projets pour l'obtention des ressources. Projets émanant du DÉC : perspectives de survie à long terme. Personnes : sentiment d'accomplissement lié aux réalisations.

d'intervention : la formation, d'une part, et les changements organisationnels, d'autre part. C'est un diagnostic des problèmes affectant le projet qui détermine le choix entre la formation et les changements organisationnels, ou qui amène à envisager les deux types d'intervention.

La troisième piste stratégique vise l'institutionnalisation du DÉC qui dispose de plusieurs moyens lui assurant une durabilité. L'institutionnalisation se réalise de diverses manières : regroupement des projets en une fédération qui permet aux promoteurs de s'affirmer comme interlocuteurs face à l'État, la capitalisation – en particulier dans l'immobilier –, la négociation d'ententes réservant une part exclusive dans un marché ou dans des contrats de services, de même que la codification de ses principes et de ses règles dans des politiques, des lois ou des programmes. Face aux tergiversations de l'État, une attitude offensive devrait donc favoriser l'instauration d'un cadre légal et budgétaire favorable et adapté au DÉC.

La jonction entre les actions de concertation et de partenariat, d'une part, et celles de pression et de revendication, d'autre part, définit la quatrième piste d'intervention. Il faut retenir au moins trois choses de la complémentarité entre ces pratiques. Premièrement, le DÉC n'est pas uniquement fait de consensus – même si c'est son mode majeur de fonctionnement – mais également de conflits. Deuxièmement, cette pratique regroupe différentes organisations qui ne perdent pas leur individualité et leur autonomie. Les communautés locales ont le droit essentiel de participer de manière autonome à leur développement, tandis que les citoyennes et les citoyens les plus démunis ont le droit de s'organiser et de s'inscrire dans les rapports sociaux de leur société. Troisièmement, l'option pour le consensus ou pour le conflit dépend des situations. La maturité politique permet de juger que, dans certains situations, il vaut mieux se concerter, alors que dans d'autres il est préférable de revendiquer.

L'évaluation, qui représente la cinquième et dernière piste stratégique, comporte plusieurs enjeux. Un premier enjeu renvoie aux volets sommatif et formatif de l'évaluation. Le volet sommatif permet de déterminer dans quelle mesure les objectifs ont été atteints, alors que le volet formatif vise à déterminer des facteurs favorables à l'atteinte des objectifs. Les bailleurs de fonds s'intéressent particulièrement au volet sommatif, c'est-à-dire aux résultats, alors que les promoteurs du DÉC se sentent plus concernés par le volet sommatif, à savoir la manière d'en arriver à des résultats positifs. Un deuxième enjeu a trait à la responsabilité de l'évaluation. L'évaluation devrait normalement être empreinte des valeurs d'autonomie, de compréhension et d'amélioration continue, et non de contrôle et de sanction. Par exemple, cela signifie, pour les organismes de développement, le droit de choisir leur évaluateur. Un troisième enjeu comporte des dimensions politiques, et ce, à plusieurs niveaux. Pour le DÉC, l'évaluation est une question de crédibilité et de survie.

Le cadre d'analyse qui a inspiré la présente recherche pourrait tout aussi bien être repris pour étudier les conditions particulières d'émergence et de diffusion d'une autre stratégie du mouvement associatif, par exemple une stratégie de pression et de revendication qui trouverait à s'imposer dans un autre contexte. Ainsi se trouverait dépassé l'antagonisme entre rationalité et irrationalité, le mouvement associatif s'inscrivant dans un processus de tâtonnement et d'adaptation dans un contexte fait de contraintes structurelles et d'opportunités politiques (Fillieule, 1993).

BIBLIOGRAPHIE

ARTEAU, M. et 83 signataires (1998). «Appel en faveur d'une économie sociale et solidaire», *Nouvelles pratiques sociales*, vol. 11, n° 1, p. 1-8.

BATSTONE, E. (1983). «Organization and orientation : A life cycle model of French co-operatives», *Economic and Industrial Democracy*, vol. 4, n° 2, p. 139-161.

BÉLANGER, P.R. et B. LÉVESQUE (1992). «Le mouvement populaire et communautaire : de la revendication au partenariat (1963-1992)», dans G. Daigle et G. Rocher, *Le Québec en jeu*, Montréal, Presses de l'Université de Montréal, p. 713-747.

BHÉRER, H. et A. JOYAL (1987). *L'entreprise alternative. Mirages et réalités*, Montréal, Éditions Saint-Martin, 134 p.

BOUCHER, J. (1992). «Les syndicats : de la lutte pour la reconnaissance à la concertation conflictuelle», dans G. Daigle et G. Rocher, *Le Québec en jeu*, Montréal, Presses de l'Université de Montréal, p. 107-136.

CASTEL, R. (1995). *Les métamorphoses de la question sociale. Une chronique du salariat*, Paris, Fayard, 490 p.

CHAREST, J. (1998). *Monographie de l'organisme Aide communautaire Limoilou*, Montréal, CRISES, Cahier n° ES9805, 57 p.

COMEAU, Y. (2000). *Grille de collecte et de catégorisation des données pour l'étude d'activités de l'économie sociale*, Édition révisée, Montréal, CRISES, Cahier n° 9605, 13 p.

COMEAU, Y. et S. DE LA CHEVROTIÈRE (1996). *Répertoire des fonds locaux, communautaires et de capital de risque des régions administratives de Québec et Chaudière-Appalaches*, Centre de recherche sur le développement de la carrière, Faculté des sciences de l'éducation de l'Université Laval, 40 p.

COMEAU, Y. et L. LACOMBE (1998). *Monographie et évaluation du Carrefour de relance de l'économie et de l'emploi du centre de Québec (CRÉECQ) (1993-1998)*, Montréal, Collectif de recherche sur les innovations sociales dans les entreprises et les syndicats (CRISES), Cahier n° ÉC002, 108 p.

CORNFORTH, C., A. THOMAS, J. LEWIS et R. SPEAR (1988). *Developing Successful Worker Co-operatives*, Londres, Sage, 245 p.

COX, F.M. (1995). «Community problem solving : A guide to practice with comments», dans J. Rothman, J.L. Erlich et J.E. Tropman (1995), *Strategies of Community Intervention*, Itasca, IL, F.E. Peacock Publishers, p. 146-162.

DEFOURNY, J. (1994). *Développer l'entreprise sociale*, Bruxelles, Fondation du Roi Baudouin. 214 p.

DIRECTION DES COOPÉRATIVES (1999). *Taux de survie des entreprises coopératives au Québec*, Québec, Gouvernement du Québec, 52 p.

FILLIEULE, O. (dir.) (1993). *Sociologie de la protestation. Les formes de l'action collective dans la France contemporaine*, Paris, L'Harmattan, 288 p.

GAGNÉ, K. (1999). *Monographie du Centre de formation Option-travail*, Montréal, CRISES, Cahier n° ES9915, 38 p.

GIDDENS, A. (1997). *The Constitution of Society*, Cambridge, Polity Press, 402 p.

KLEIN, J.-L. (1992). « Le partenariat : vers une planification flexible du développement local «, *Revue canadienne des sciences régionales*, vol. XV, n° 3, p. 491-505.

LACHANCE, L. (1997). « Une personne sur quatre vit sous le seuil de la pauvreté », *Le Soleil*, 4 octobre, p. A-12.

LAMOUREUX, H. (1991). *L'intervention sociale collective. Une éthique de la solidarité*, Glen Sutton, Les éditions du Pommier, 232 p.

LÉVESQUE, B. (1990). « State intervention and the development of cooperatives (old and new) in Quebec, 1968-1988 », *Studies in Political Economy*, n° 31, p. 107-139.

LÉVESQUE, M. (1998). *Monographie du Carrefour Jeunacte*, Montréal, CRISES, Cahier n° ES9806, 42 p.

LIPIETZ, A. (1990). « Après-fordisme et démocratie », *Les Temps Modernes*, n° 524, p. 97-121.

MCADAM, Doug, J.-D. MCCARTHY et M.N. ZALD (1988). « Social movements », dans N.J. Smelser (dir.), *Handbook of Sociology*, Beverley Hills, Sage, p. 695-737.

MEISTER, A. (1974). *La participation dans les associations*, Paris, Éd. Ouvrières, 276 p.

NADEAU, V. (1998). *La Maison de la famille*, Montréal, CRISES, Cahier n° ES9807, 24 p.

PELLETIER, D. (1999). *Monographie du Centre Jacques-Cartier*, Montréal, CRISES, Cahier n° ES9914, 33 p.

SIMARD, J. (1999). *Monographie de la Coopérative de services à domicile du Cap Diamant*, Montréal, CRISES, Cahier n° ES9916, 30 p.

TOURAINE, A. (1993). *La production de la société*, Paris, Seuil.

TREMBLAY, D.-G. et J.-M. FONTAN (1994). *Le développement économique local. La théorie, les pratiques, les expériences*, Sainte-Foy, Télé-université, 579 p.

VACHON, C. (2000). *Monographie de La Ruche Vanier*. Essai présenté pour l'obtention du grade de maîtrise ès arts, Université Laval, 50 p.

VACHON, G. (1998a). *Monographie de Recyclage Vanier Inc.*, Montréal, CRISES, Cahier n° ES9804, 52 p.

VACHON, G. (1998b). *Monographie de Vidéo Femmes*, Montréal, CRISES, Cahier n° ES9803, 50 p.

WEBER, M. (1995). *Économie et société. Tome 1 : les catégories de la sociologie*, Paris, Plon, 411 p.

15

L'INCONTOURNABLE QUANTITATIF
Les études relatives à l'installation des immigrants au Québec[1]

JEAN RENAUD, Ph. D.
Département de sociologie, Centre d'études ethniques,
Université de Montréal (CEETUM)

---

1. Une version préliminaire de ce texte a paru dans Jean Renaud, « Les études relatives à l'installation des immigrés au Québec : méthodologies et résultats », dans *Ville et hospitalité. Les politiques et les pratiques de l'accueil des immigrés.* Actes du colloque de Paris, 5-6 mai 1999. Série Documents de travail, groupe de travail sur les formes de l'hospitalité, Maison des Sciences de l'Homme, Direction de la population et des migrations, Plan d'urbanisme Construction et architecture, p. 31-35.

RÉSUMÉ

À l'aide d'exemples de descriptions et d'analyses réalisées à partir de deux enquêtes longitudinales portant sur l'établissement des immigrants et des demandeurs d'asile, l'auteur illustre la capacité de telles études à produire des résultats sur le devenir d'une cohorte, résultats qui peuvent être facilement appréhendés malgré la complexité tant des données que de leur traitement. Les connaissances ainsi produites peuvent facilement être reprises pour servir à l'orientation d'actions, de politiques et de programmes.

Le Québec est aujourd'hui plus que jamais une terre d'immigration. Les faibles taux de natalité des dernières décennies ont amené les gouvernements successifs – tant canadiens que québécois – à vouloir utiliser l'immigration comme levier pour ralentir le vieillissement de la population et pour aider au développement économique. Ils ont voulu aussi exercer activement le rôle humanitaire que le Canada s'est engagé à jouer dans les conventions internationales sur les réfugiés. En même temps, les crises politiques et économiques d'un bout à l'autre du globe ont incité – ou forcé – un grand nombre de personnes à migrer hors de leur pays de naissance ; chaque année, plusieurs dizaines de milliers de personnes ont eu le Québec comme destination et y ont élu domicile. Toutes ont eu à s'insérer dans la société québécoise et à chercher à y gagner leur vie.

Dans un tel contexte, il est vital de comprendre comme se fait l'établissement afin, d'une part, de mieux aider les nouveaux arrivants à s'établir et, d'autre part, d'ajuster les politiques et programmes de sélection et d'établissement.

Mais cet établissement est dynamique : il change au fil du temps et les gestes posés à chaque moment viennent influencer le devenir de cet établissement. On ne peut dès lors se contenter d'une enquête faisant simplement le bilan à un moment donné ; si l'on procédait de cette façon, on perdrait en fait la réalité même qu'on veut saisir, c'est-à-dire les processus et leurs déterminants. Il faut plutôt procéder à des enquêtes longitudinales – où l'observation ne porte pas sur un moment spécifique, mais sur tous les moments depuis l'arrivée- et les analyser en tenant toujours compte de la dynamique temporelle.

Nous sommes responsable de deux enquêtes de ce type menées conjointement avec le ministère québécois des Relations avec les citoyens et de l'Immigration (MRCI). Nous allons les présenter à grands traits afin de donner une idée générale de leur intérêt tant pour la recherche que pour la gestion. Les deux enquêtes suivent chacune une cohorte au fil du temps afin de saisir son établissement.

LES DEUX ENQUÊTES

La première enquête (Établissement des nouveaux immigrants ou ÉNI) porte sur l'établissement de personnes de 18 ans et plus, arrivant au Québec en 1989 avec un visa d'immigrant. Cette étude porte donc sur le flux normal d'immigration. Trois grandes catégories composent ce flux : les immigrants acceptés sous la catégorie « indépendants » sont les plus nombreux et représentent 68,6 % des personnes interrogées. Il s'agit de personnes (et de leur famille immédiate) qui ont obtenu un visa d'immigration en fonction d'une grille de sélection mesurant leur capacité à s'insérer sur le marché du travail et à contribuer au développement du Québec. Les personnes de la catégorie «reconstitution de la famille» forment, pour leur part, 20 % de l'échantillon ; elles ont obtenu leur visa en vertu d'un lien de parenté (enfants du parrain, parents âgés, etc.). Enfin, les personnes de la catégorie «réfugiés» sont représentées à 11,5 % ; elles ont obtenu leur visa à l'étranger où elles étaient typiquement dans des camps de réfugiés.

La seconde enquête (enquête Revendi) porte exclusivement sur les demandeurs d'asile ou *«revendicateurs du statut de réfugié»* selon la terminologie canadienne. Contrairement aux réfugiés de la première enquête, ceux étudiés ici n'avaient pas droit à l'établissement au moment de franchir la frontière canadienne. Ils ont demandé la protection de l'État canadien, ont été entendus par la Commission canadienne de l'immigration et du statut de réfugié, qui leur a accordé cette protection, et ils ont finalement obtenu le droit à la résidence permanente au Canada. L'établissement de ce groupe est avant tout marqué par des processus (et des délais) administratifs et judiciaires qui le maintiennent dans un (long) état d'incertitude quant à son futur en sol canadien. Notons que, pour des raisons d'éthique, nous n'avons interviewé que des demandeurs d'asile qui ont vu leur demande acceptée et qui ont obtenu le droit à la résidence permanente dans les trois ans suivant leur revendication ; il s'agit donc, à cet égard, de personnes qui ont connu un dénouement heureux.

L'échantillon de la première enquête a été obtenu en abordant les immigrants aux postes-frontières sitôt les formalités administratives terminées et en leur demandant la permission de communiquer à nouveau avec eux et d'utiliser les données administratives les concernant (contraintes de la Commission d'accès à l'information). Ils étaient sollicités à nouveau lorsqu'ils se présentaient au service d'accueil du MRCI. Les filets ont été ainsi tendus à l'été et à l'automne 1989. Durant cette période, 9645 immigrants adultes se destinant au Québec ont franchi la frontière canadienne en utilisant pour la première fois un visa obtenu à l'étranger. Nous en avons interviewé 1000 résidant dans le Montréal métropolitain après environ dix mois de séjour. À la fin de la deuxième année de séjour, 729 ont participé à une nouvelle entrevue et, après trois ans de séjour, 508 ont été réinterviewés. Enfin, nous en avons réinterviewé 429 à la fin de 1999 pour marquer leurs dix ans de séjour au Québec. La plupart des exemples donnés ci-après se limiteront aux trois premières années. Comme on le constate, il s'agit d'une enquête longitudinale prospective, qui permet d'étudier les événements vécus au fil des ans sans que ceux-ci soient oubliés ou réinterprétés. Une telle enquête permet aussi d'étudier les personnes qui, pour une raison ou une autre, quittent le Québec au fil des ans : on a sur ces personnes l'information pour la durée où elles y étaient. Enfin, il importe de noter que les entrevues face à face ont été réalisées en 24 langues afin d'éviter tout biais venant de la méconnaissance du français ou de l'anglais.

L'échantillon des revendicateurs du statut de réfugié a été défini de tout autre façon. La population visée était délimitée par deux paramètres présents dans les fichiers administratifs du MRCI : avoir fait sa demande d'asile en 1994 (peu importe l'année d'admission au Canada) et y avoir obtenu au plus tard le 31 mars 1997 la résidence permanente. Des 2034 personnes satisfaisant ces critères, 407 ont été interviewées à l'été de 1997. L'entrevue était cette fois entièrement rétrospective. Elle consistait à décrire l'ensemble des trois premières années suivant la demande d'asile.

LES DIMENSIONS À L'ÉTUDE ET LES QUESTIONNAIRES[2]

Les deux enquêtes ont en commun de vouloir saisir la chronologie des gestes d'établissement afin d'en comprendre les processus et d'en retracer la dynamique. Plus précisément, on a voulu saisir les chaînes d'événements vécus dans le rapport au travail, dans les cours suivis, dans la mobilité résidentielle et dans la composition du ménage. Pour cela, la majeure partie du temps d'entrevue servait à remplir un « calendrier d'établissement » sur chacune de ces chaînes et à remplir un sous-questionnaire pour chacun des événements répertoriés. Le point de départ de ce calendrier (le temps zéro) était l'arrivée comme immigrant pour l'enquête ÉNI et le dépôt de la demande d'asile pour l'enquête Revendi. Dans le cas de l'enquête ÉNI, comme chacune des trois premières entrevues portait sur l'année qui venait de finir, il était possible de dater les événements à la semaine ; pour le passage d'observation à la fin de la dixième année de séjour, le temps depuis la dernière entrevue a été saisi au mois. Pour l'enquête Revendi, comme on revenait sur les trois dernières années, les événements ne pouvaient être raisonnablement datés qu'au mois. Nous reviendrons plus loin sur l'intérêt descriptif et analytique d'une telle datation des événements.

---

2. Les cahiers de code des deux enquêtes reprenant le questionnaire et lui ajoutant les éléments de codification, peuvent être consultés à l'adresse Internet suivante : http://www.tornade.ere.umontreal.ca/~renaud/donnes/donnees.html. Les données simplifiées de l'enquête ÉNI pour les trois premières vagues d'observation y sont également disponibles. Les autres données peuvent être obtenues en s'adressant à l'auteur.

Le reste du questionnaire porte sur le profil prémigratoire, les conditions de la migration et toute une série d'informations non datables liées à l'établissement, comme la compétence linguistique à l'entrevue. La principale différence entre les deux enquêtes vient de ce que plusieurs éléments de l'enquête Revendi visent à documenter les processus judiciaires et administratifs vécus spécifiquement par les demandeurs d'asile dans la période à l'étude. L'enquête Revendi comporte également un plus large éventail de questions sur les réseaux formels et informels utilisés. Ces questions ont également été reprises pour la quatrième vague d'observation (dix ans) de l'enquête ÉNI.

LES CAPACITÉS DESCRIPTIVES DES DEUX ENQUÊTES

La façon la plus efficace d'illustrer l'intérêt de ces enquêtes pour décrire l'établissement est sans doute d'y aller par l'image, en limitant les propos à une seule chaîne d'événements, celle de l'emploi, qui constitue vraisemblablement l'une des dimensions fondamentales de l'établissement dans nos sociétés.

Les deux premières figures présentent l'accès au premier emploi dans les deux enquêtes. Ces figures représentent la proportion des gens qui n'ont pas encore obtenu ce premier emploi à chaque unité de temps depuis soit l'arrivée comme immigrant (figure 15.1 ; ÉNI), soit la revendication (figure 15.2 ; Revendi).

On y voit que les demandeurs d'asile ont une difficulté beaucoup plus grande à accéder au marché du travail : il faut 32 mois pour que la moitié d'entre eux aient trouvé un emploi. Par comparaison, chez les immigrants réguliers, ce temps est de 12 à 36 semaines (3 à 9 mois) selon la catégorie ; il est de 12 semaines pour les indépendants, de 22 semaines pour les immigrants « famille » et de 36 semaines pour ceux arrivés avec un visa de réfugié. On constate aussi que chez ces derniers l'accès au travail est considérablement ralenti de la dixième à la quarantième semaine ; c'est là l'effet secondaire de leur prise en charge par les centres d'orientation et de formation pour immigrants (COFI) où ils suivent un enseignement à plein temps. Enfin, on peut voir que malgré des départs différents ils se retrouvent, à la fin de la période d'observation, à quasi-égalité avec environ 20 % seulement des membres de chaque catégorie qui n'ont pas encore eu d'emploi rémunéré.

On pourrait de la même manière décrire la durée de séjour dans le premier emploi, le délai entre le premier et le deuxième, la durée du deuxième, etc. On peut aussi se servir des mêmes instruments pour

Figure 15.1

Table des entrées dans un premier emploi selon la catégorie d'admission (enquête ÉNI, trois premières vagues d'observation)

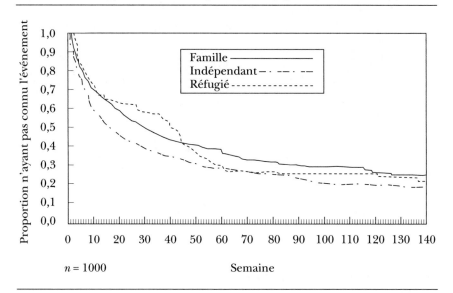

$n = 1000$

Figure 15.2

Table des entrées dans un premier emploi (enquête Revendi)

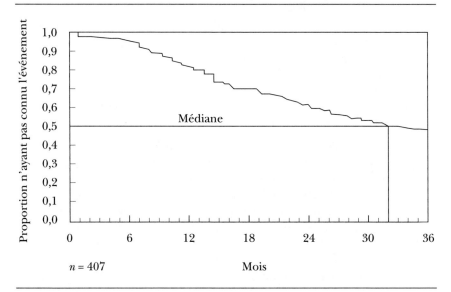

$n = 407$

Figure 15.3
Séquences professionnelles et probabilités de transition (enquête ÉNI, trois premières vagues d'observation)

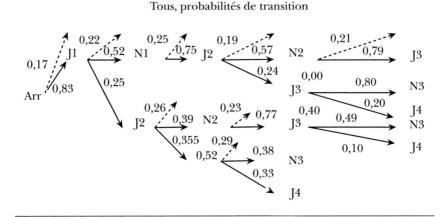

Tous, probabilités de transition

décrire de façon beaucoup plus synthétique les itinéraires en emploi. Il suffit de ne retenir que la probabilité asymptotique de chaque table, c'est-à-dire celle estimée après un long séjour, et de calculer les tables en tenant compte de l'itinéraire passé. On peut alors combiner ces probabilités pour estimer les trajectoires et leur importance relative. C'est ce qui est présenté dans la figure ci-dessus.

Ces trajectoires sont essentiellement définies par les séquences d'emplois et de non-emplois successifs. La figure 15.3 représente les diverses trajectoires connues depuis l'arrivée (Arr) et impliquant des emplois (J) et des non-emplois (N). Les flèches en pointillés correspondent à des états stationnaires (pour lesquels aucun changement n'est attendu dans un délai prévisible), alors que les autres flèches représentent des transitions entre emplois ou non-emplois.

Les trajectoires se construisent donc depuis l'arrivée et se ramifient en arborescences plus ou moins longues selon le nombre d'événements qui les constituent. Les chiffres à chaque terminaison représentent la probabilité estimée de chacune des séquences ou trajectoires, la somme de ces probabilités étant de un. Les trois principaux itinéraires professionnels sont la stabilité dans le premier emploi (19 %), la séquence « emploi à non-emploi à emploi à non-emploi à emploi » (15 %) et la stabilité dans l'épisode sans emploi suivant le premier emploi (11 %). Si l'on ajoute la trajectoire qui n'arrive jamais au monde du travail (17 %), quatre itinéraires rendent compte du destin de 62 % des immigrants réguliers adultes au Québec. La dominance de l'insertion sur le marché du travail demeure cependant la non-stabilité.

Tables de transition et itinéraires ont l'avantage d'être collés à la dynamique des processus. Ils ont cependant le défaut de leur qualité : ils ne présentent pas l'image globale du résultat, à chaque moment, de ces processus. On peut aisément pallier cette lacune en estimant les taux d'emploi chaque semaine depuis l'arrivée ou la revendication du statut de réfugié. C'est ce qu'on retrouve dans les figures 15.4 et 15.5. Cette fois, on est à même de voir la propension à être en emploi à un moment donné, peu importe où en sont rendus les immigrants dans leur trajectoire personnelle d'insertion.

Un premier regard sur ces graphiques fait ressortir la très grande difficulté des demandeurs d'asile à s'intégrer au marché du travail. Même trois ans après la demande, alors que tous les membres de l'échantillon ont été acceptés comme réfugiés et ont obtenu la résidence permanente, à peine 3 sur 10 sont en emploi. Ce taux est presque la moitié de celui des réfugiés ayant obtenu leur visa d'immigrant à l'étranger, c'est-à-dire sans avoir eu à vivre d'incertitudes quant à leur acceptation.

Figure 15.4

Probabilité d'être en emploi pour les 140 premières semaines d'établissement au Québec selon la catégorie d'immigrants (enquête ÉNI, trois premières vagues d'observation)

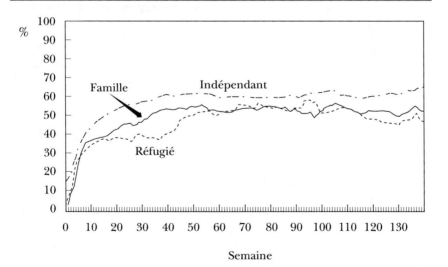

Figure 15.5
Probabilité d'être en emploi pour les 36 mois suivant la revendication (enquête Revendi)

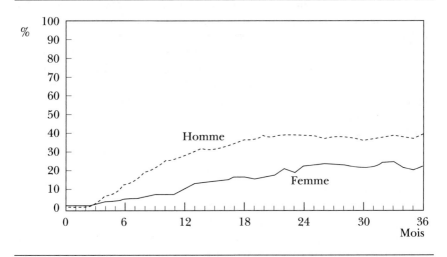

Le graphique des immigrants réguliers montre qu'après un an de séjour les taux demeurent relativement fixes. Il révèle aussi une plus forte propension – en tout temps – des indépendants à travailler, ce qui reflète en partie l'efficacité de la politique de sélection des membres de cette catégorie. Il montre enfin une plus faible présence des réfugiés sur le marché durant la première année, ce qui correspond encore une fois à leur passage dans un COFI.

Enfin, on peut, à l'intersection des deux descriptions précédentes, décrire les types de « carrières » qu'ont connus les immigrants, en se fondant sur l'ensemble de leur rapport à l'emploi pendant toute la période visée par l'enquête[3]. C'est ce qu'illustrent les figures 15.6 à 15.9. Elles regroupent chacune une portion de l'échantillon à l'étude sur dix ans.

---

3. Techniquement, les profils présentés sont produits à l'aide d'un algorithme de séquençage moléculaire emprunté à la biologie. Cet algorithme de programmation dynamique permet d'établir une mesure de ressemblance entre des séquences de caractères (ici : en emploi ou non à chaque unité de temps) fondée sur le nombre de substitutions, d'insertions et de retraits nécessaires pour transformer une séquence en une autre. Un algorithme de classement hiérarchique se base ensuite sur ces mesures de ressemblance pour produire un classement.

Figure 15.6
Profil A (enquête ÉNI, 10 ans)

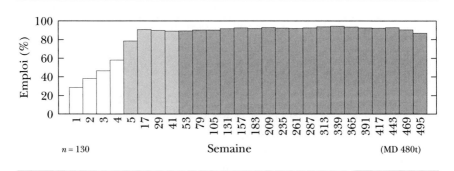

n = 130   Semaine   (MD 480t)

Figure 15.7
Profil B (enquête ÉNI, 10 ans)

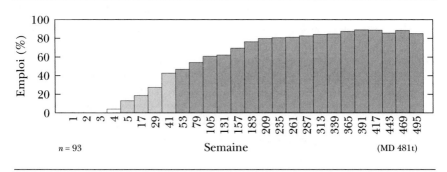

n = 93   Semaine   (MD 481t)

Figure 15.8
Profil C (enquête ÉNI, 10 ans)

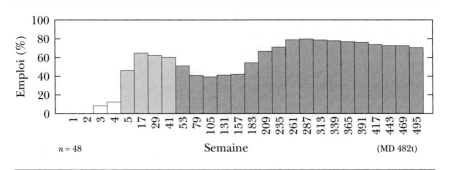

n = 48   Semaine   (MD 482t)

Figure 15.9
Profil D (enquête ÉNI, 10 ans)

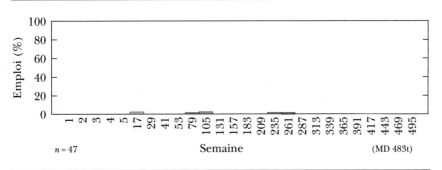

Le profil **A**, qui regroupe 30 % des répondants, montre des immigrants fortement intégrés au marché du travail dès les premières semaines et jusqu'à la fin de l'enquête. Le profil **B** montre aussi une intégration forte bien que plus tardive, la stabilité en emploi étant atteinte entre la fin de la première année et la huitième année ; ce profil regroupe 22 % des répondants. Le profil **C**, réunissant 12 % des répondants, montre une alternance de périodes de quelques années de hautes ou de basses probabilité d'emploi. Enfin, le profil **D** rassemble les 11 % d'immigrants totalement ou presque absents du marché du travail pour les dix années d'observation. Ces profils peuvent être décomposés en sous-profils ; on en a relevé 24, qu'il serait trop long de décrire ici. Comme on le voit, on saisit ainsi, d'un coup d'œil, les quatre grands types de rapports au marché du travail vécus par les répondants au fil des quelque 520 semaines d'observation.

Par les quelques graphiques qui viennent d'être présentés, nous voulions montrer l'intérêt *descriptif* d'une enquête longitudinale avec datation des événements pour saisir l'état d'une cohorte. On pourrait, bien sûr, continuer à illustrer cet intérêt de multiples autres façons pour de multiples autres types d'événements. Il nous semble plus pertinent de donner idée des *analyses* qu'on peut réaliser avec ce genre de données.

LES CAPACITÉS ANALYTIQUES

Une famille particulière de régressions, connues généralement sous le nom de régressions de survie, permet d'analyser les facteurs associés au changement d'état que nous avons vu avec les premières figures. On peut, par exemple, étudier les facteurs qui accélèrent ou ralentissent l'accès au premier emploi ou l'efficacité d'une mesure d'insertion comme les COFI ou encore l'impact de l'obtention d'un statut administratif comme celui de réfugié sur l'obtention de ce premier emploi. Leur intérêt réside dans le fait qu'on peut mieux évaluer l'effet d'une série de mesures ou, plus globalement, mieux estimer les dynamiques à l'œuvre. Ici aussi, plutôt que de présenter les arcanes statistiques, il est probablement plus efficace d'illustrer la chose par l'exemple.

Le marché du travail montréalais étant partagé entre deux langues, la question de savoir si la connaissance du français ou de l'anglais par les immigrants facilite leur insertion sur le marché est fondamentale. Nous avons étudié la question. Les résultats acquis durant les trois premières années d'observation peuvent se résumer en quelques lignes. La compétence linguistique n'aide pas à entrer sur le marché du travail. Cependant, une fois qu'un immigrant s'y trouve, la connaissance du français le rend mobile : elle réduit la durée de son premier emploi, raccourcit ses périodes sans emploi et le stabilise (accroît la durée) dans les emplois à partir du troisième. L'anglais n'a pas ce type d'effet.

Si la compétence linguistique joue ainsi, on pourrait croire que les cours de langue ont un effet semblable. Il n'en est rien. Ni les cours de français ni les cours d'anglais ne comportent d'effets relatifs à l'entrée ou au maintien sur le marché du travail. En fait, les seuls cours qui ont un effet marqué sont les cours de COFI : s'ils ralentissent, bien sûr, l'accès au travail des immigrants pendant qu'ils y sont inscrits, la réussite de ces cours accroît considérablement les chances subséquentes de travailler. Ce serait là le résultat de l'apprentissage des us et coutumes qui caractérisent le marché du travail. Ce type d'analyse aide, on le voit, non seulement à mieux comprendre l'accès au travail ; il aide aussi à évaluer l'efficacité des mesures et des politiques d'établissement.

Si les cours de langue n'ont pas d'effet sur le rapport des immigrants réguliers au marché du travail, l'effet symétrique existe : le fait d'être en emploi accroît de façon importante la probabilité d'aller suivre des cours de français. Plus spécifiquement, cet effet joue même pour les emplois où domine la langue anglaise ou une tierce langue ; le marché du travail montréalais semble bien faire passer le message de la nécessité du français. Seule la perte d'un emploi en langue anglaise accroît les probabilités subséquentes d'aller suivre un cours d'anglais, sans réduire pour autant les possibilités d'aller suivre un cours de français.

Dernier exemple, tiré cette fois de l'enquête sur les demandeurs d'asile. Au moment de leur demande du statut de réfugié, ceux-ci possèdent un statut légal précaire en même temps qu'ils éprouvent de l'incertitude quant à l'issue des procédures d'obtention de ce statut. Dans ces circonstances, on comprendra qu'ils hésitent à s'insérer sur le marché du travail et que les employeurs hésitent aussi à les embaucher. On pourrait alors croire que l'obtention du statut de réfugié, typiquement acquis sept mois après la demande, marquerait un passage important dans leur rapport au marché du travail. Or, il n'en est rien. Toutes choses égales d'ailleurs, l'obtention de ce statut ne marque pas un accroissement des chances de se trouver un premier emploi. En fait, il faut attendre l'obtention de la résidence permanente (typiquement 22 mois après la demande d'asile) pour observer un changement dans les probabilités de se trouver un emploi. Dans ce contexte, il devient nécessaire d'ajuster les politiques d'aide à l'établissement pour qu'elles aient un effet plus hâtif.

L'INCONTOURNABLE MÉTHODOLOGIE

Au-delà de l'intérêt pour les questions liées à l'immigration et à l'établissement des immigrants et des demandeurs d'asile, nous avons voulu montrer par l'exemple que la méthodologie quantitative est incontournable. Elle permet de saisir des processus complexes dans leur ensemble et de les synthétiser de façon accessible. Si le lecteur a pu prendre plaisir à scruter les différentes figures ou à jongler avec les résultats d'analyse que nous avons présentés, c'est précisément parce que le *produit* de cette collecte de données et de ces analyses peut être ramassé sans tomber pour autant dans la simplification. Plus encore, on sait qu'il est généralisable à l'ensemble des populations étudiées et non aux seules personnes interviewées.

Bien sûr, une collecte de données par questionnaire calendrier est extrêmement onéreuse. Cela demande qu'on identifie la population visée, qu'on l'échantillonne et qu'on la suive. Pour l'enquête ÉNI, six mois de présence aux différents postes-frontières ont été nécessaires pour constituer la liste des « nouveaux immigrants » et obtenir leur permission d'entrer de nouveau en contact avec eux. Cela a aussi demandé la mise sur pied d'un dispositif pour suivre leurs déménagements au fil des années afin de les retracer tout au long des dix ans d'observation. Il a fallu plusieurs mois de travail, avec plusieurs assistants, pour produire le questionnaire original et le tester. Encore plusieurs mois avec des équipes d'intervieweurs professionnels, à chaque passage d'observation, pour compléter les interviews. Et encore des mois pour qu'elles soient codées, validées et finalement consolidées avec les observations des vagues précédentes du même répondant.

Mais cette lourdeur comporte son propre remède : on ne peut plus concevoir de grandes enquêtes sans prévoir qu'elles devront servir à un large éventail de chercheurs pendant des années. Contrairement aux petites enquêtes d'opinion, les grandes enquêtes longitudinales sont presque toutes le fruit d'équipes, voire de projets nationaux, et leurs données sont accessibles à la communauté des chercheurs. C'est dans cet esprit, par exemple, que les grandes enquêtes longitudinales de Statistique Canada seront dorénavant accessibles à la communauté scientifique dans le cadre des Centres d'accès aux données dont celui du Québec est logé à l'Université de Montréal. En l'absence de capacité à recourir à de grands moyens pour produire ses propres données, il ne faut surtout pas hésiter à se servir de bases de données existantes.

Les descriptions et analyses ne vont pas non plus sans peine. Les figures présentées plus haut correspondent dans certains cas à des milliers de calculs et il aura fallu des mois d'analyse et de requestionnement pour obtenir certains résultats que nous avons rapportés dans un seul paragraphe. C'est là le prix à payer pour produire une connaissance portant sur de grands ensembles. Mais c'est aussi ce qui assure la portée et la crédibilité de résultats qui peuvent alors devenir de puissants instruments d'orientation des actions, politiques et programmes. Aucun des résultats présentés n'aurait pu être atteint autrement.

BIBLIOGRAPHIE

Pour l'échantillon, le design de l'enquête et la partie descriptive :

RENAUD, J. et A. CARPENTIER (1993). «Datation des événements dans un questionnaire et gestion de la base de données», dans A. Turmel (dir.), *Chantiers sociologiques et anthropologiques. Actes du colloque de l'ACSALF, 1990*, Montréal, Éditions du Méridien, p. 231-260.

RENAUD, J., A. CARPENTIER, C. MONTGOMERY et G. OUIMET (1992). *La première année d'établissement d'immigrants admis au Québec en 1989. Portraits d'un processus*, Québec, Ministère des Communautés culturelles et de l'Immigration, 77 p. Sur le Web : http://www.ceetum.umontreal.ca/eni/Portrait_T1.pdf.

RENAUD, J., S. DESROSIERS et A. CARPENTIER (1993). *Trois années d'établissement d'immigrants admis au Québec en 1989. Portraits d'un processus*, Québec, Ministère des Communautés culturelles et de l'Immigration, coll. «Études et recherches», n° 5, 120 p. Sur le Web : http://www.ceetum.umontreal.ca/eni/Portrait_T3.pdf.

RENAUD, J. et L. GINGRAS (1998). *Les trois premières années au Québec des requérants du statut de réfugié régularisés*, Québec, Les Publications du Québec, coll. «Études, recherches et statistiques», n° 2, 135 p.

RENAUD, J., L. GINGRAS, S. VACHON, C. BLASER, J.-F. GODIN et B. GAGNÉ (sous presse). *Ils sont maintenant d'ici ! Les dix premières années au Québec des immigrants admis en 1989*, Québec, Les Publications du Québec.

Pour la partie analytique :

RENAUD, J., « Le français dans l'intégration des immigrants au marché du travail au Québec », *Les assises de l'enseignement du et en français : une stratégie du multilinguisme,* séminaire nord–américain organisé par l'AUPELF–UREP, Magog, 18-20 juin 1997. (Une version Web se trouve à l'adresse http://www.aupelf-uref.org//FRAMONDE/framonde/ fr_ass.htm.) Ce texte renvoie à l'ensemble des analyses réalisées sur la langue à partir des données des trois premières vagues de l'enquête sur l'établissement des nouveaux immigrants.

PRÉCARITÉ ET NOUVEAUX RAPPORTS DE TRAVAIL DANS LES ANNÉES 1980 ET 1990

RENÉ POTVIN, M. Sc.
Département de sociologie, Université de Montréal

ANDRÉ BERNIER, M. Sc.
Département de sociologie, Université de Montréal

PAUL BERNARD, Ph. D.
Département de sociologie, Université de Montréal

JOHANNE BOISJOLY, Ph. D.
Département de sciences humaines, Université du Québec à Rimouski

Résumé

Une proportion croissante de la main-d'œuvre se retrouve maintenant dans des situations de travail non standards, c'est-à-dire en dehors des emplois réguliers et de bonne qualité. Mais ce travail, souvent appelé précaire, se laisse mal cerner avec précision. Nous tenterons ici de démêler l'écheveau des diverses notions de la précarité du travail. Nous considérons la précarité non pas comme une situation, mais comme un rapport social changeant entre le travailleur qui offre une force de travail donnée, d'une part, et ceux qui contrôlent les conditions d'usage de cette force (c'est-à-dire les employeurs, dans la plupart des cas), d'autre part. Ce rapport est précaire quand le travailleur n'a pas le contrôle sur sa trajectoire professionnelle, c'est-à-dire quand il ne peut accéder à un travail satisfaisant ou quand il ne peut le conserver lorsqu'il en a un. Des données recueillies dans l'Enquête sociale générale de Statistique Canada en 1989 et en 1994 nous permettront de mesurer l'évolution de la situation du marché du travail à cet égard et de voir comment se situent, par rapport à la précarité, les hommes et les femmes, les différentes générations, les travailleurs ayant atteint divers niveaux de scolarité.

LES SIGNES INDICATEURS DE LA PRÉCARITÉ DU TRAVAIL

Quand on débat de la précarité du travail, plusieurs phénomènes sont habituellement évoqués à l'appui de l'hypothèse que cette précarité s'est dramatiquement accrue au fil des années 1980 et 1990.

- Le taux de chômage, même s'il s'est un peu replié récemment, s'est tout de même installé depuis longtemps autour de 10 % de la main-d'œuvre, soit plus du double de ce qu'on considérait comme normal au début des années 1970. Et c'est sans compter les travailleurs «découragés», ceux qui ne cherchent pas activement un emploi parce qu'ils sont persuadés qu'il n'en existe pas qui convient à leurs aptitudes. C'est sans compter non plus ce qu'on appelle le sous-emploi, c'est-à-dire la forte proportion de travailleurs, souvent qualifiés, qui n'utilisent pas pleinement leurs compétences dans les emplois qu'ils détiennent.

- En comparant la récession du début des années 1990 avec celle du début des années 1980, on voit que les mises à pied temporaires étaient devenues relativement plus rares, et les mises à pied définitives plus fréquentes (Picot, Myles et Wannell, 1990). En d'autres termes, les emplois relativement permanents, pour lesquels on embauchait et débauchait selon la conjoncture économique et souvent en fonction de règles d'ancienneté, étaient en voie de régression. Mais depuis 1996, on semble assister à une certaine baisse des mises à pied définitives.

- Les revenus d'emploi médians ont stagné depuis le milieu des années 1970 et, surtout, il sont devenus plus inégaux et se sont polarisés : proportionnellement moins de travailleurs gagnent un revenu moyen, et considérablement plus gagnent peu ou beaucoup ; depuis lors, ces tendances se sont quelque peu redressées, mais les écarts sont tout de même restés sensiblement plus marqués qu'il y a vingt-cinq ans (Wolfson et Murphy, 1998). Ces tendances s'expliquent relativement peu par la « mac-donaldisation » de l'économie, c'est-à-dire par la disparition d'emplois manufacturiers semi-qualifiés assez bien rémunérés qui sont remplacés par des emplois dans les services personnels, où la rémunération gravite souvent autour du salaire minimum. On constate en effet que la polarisation se manifeste au sein de tous les secteurs d'activité économique et chez tous les groupes professionnels (Picot *et al.*, 1990).

- La polarisation croissante des revenus n'a pas éloigné les travailleuses des travailleurs : au contraire, dans le contexte présent d'une entrée massive des femmes dans le marché du travail, la polarisation a plutôt marqué la catégorie des hommes, et moins celle des femmes; cela dit, la rémunération de celles-ci demeure loin derrière celle des hommes (Morissette, Myles et Picot, 1994; Picot, 1998).

- Ce sont plutôt les jeunes travailleurs qui ont vu leurs revenus d'emploi s'éloigner considérablement, à la baisse, de ceux des travailleurs plus âgés. Cela reflète largement le fait que les jeunes ne sont pas déjà établis dans le marché du travail, qu'ils n'y disposent pas des droit acquis et des privilèges que les générations précédentes ont obtenus et consolidés (Morissette *et al.*, 1994; Picot, 1998). Cela dit, les travailleurs non jeunes qui en viennent à perdre leur emploi ne sont pas mieux lotis que les jeunes entrants quand ils se retrouvent aux portes du marché du travail.

- On pourrait penser que les travailleurs dont le taux de rémunération est faible peuvent compenser ce désavantage en travaillant plus longtemps, pour arriver ainsi à un revenu décent. Mais il n'en est rien: en effet, comme l'ont montré Morissette *et al.* (1994), les travailleurs qui jouissent des meilleurs taux de rémunération sont aussi ceux qui travaillent le plus régulièrement, tandis que les autres, surtout les jeunes, trouvent plus rarement à s'employer, même si leur force de travail coûte moins cher. En d'autres termes, la polarisation du temps de travail vient en fait redoubler celle des taux de rémunération.

- Le travail non standard est en croissance (Lowe, 1999). On entend par emploi standard un emploi à plein temps, permanent (c'est-à-dire que le titulaire de ce poste peut l'occuper aussi longtemps qu'il y a du travail), pour un seul employeur et dans le cadre de l'établissement de travail de celui-ci. Par opposition, le travail non standard est soit à temps partiel, soit temporaire (occasionnel, saisonnier, sur appel, etc.), soit à son propre compte; soit encore il implique que le travail se répartisse entre des emplois multiples ou qu'il se déroule dans des lieux de travail différents (comme dans les emplois fournis par les agences de travail temporaire, par exemple). De 1989 à 1994, l'emploi non standard est passé d'un peu plus du quart à plus du tiers des emplois occupés par les travailleurs de 15 à 64 ans.

- Le travail autonome en particulier, qu'on croyait en voie de disparition après la chute des effectifs dans la catégorie des agriculteurs, revient maintenant en force. Alors que le salariat occupait près de 90 % des travailleurs durant les années 1980, il en représente maintenant à peine plus de 80 %; et la tendance ne semble pas s'essouffler, loin de là. Là aussi, la situation est très polarisée: les travailleurs autonomes qui sont des employeurs (environ 6 % de tous les travailleurs) jouissent d'une situation nettement plus avantageuse que celle des salariés, mais ceux qui travaillent seuls à leur propre compte, de plus en plus nombreux, sont au contraire désavantagés par rapport à ces derniers (Conseil économique du Canada, 1991, et données de Statistique Canada et de l'Institut de la statistique du Québec) ; ces écarts se sont quelque peu atténués au fil des années 1990, mais ils demeurent considérables.

• En fait, la notion de travailleur autonome recouvre des situations très disparates, depuis les spécialistes des services de pointe aux entreprises (comptables, avocats, informaticiens, etc.) jusqu'aux fournisseurs de services personnels (vendeurs au détail, travailleurs de la restauration, personnel d'entretien ménager, etc.) : si les premiers profitent d'un marché où ils sont en forte demande et où ils dominent, les seconds connaissent les déboires d'un marché dominé par les acheteurs (Clements et Myles, 1994, chapitre 3).

• S'il demeure vrai qu'il s'est créé plus d'emplois à temps plein qu'à temps partiel depuis dix ans au Canada, le taux de croissance du travail à temps partiel a été trois fois plus élevé (24 %) que celui du travail à temps plein ; cela dit, la création d'emplois à temps plein semble avoir repris depuis 1997. Or, on sait que les emplois à temps partiel offrent une moins bonne rémunération, des bénéfices marginaux moindres et des chances d'avancement réduites (il en va de même, d'ailleurs, du travail temporaire). Soulignons aussi qu'un bon tiers des travailleurs à temps partiel le sont faute de mieux (un autre tiers préfèrent ce statut, mais un dernier tiers y voient la seule solution pour concilier le travail rémunéré et leurs obligations familiales).

• Enfin, la plupart des emplois se trouvent en dehors des grandes entreprises, et ce sont les petites entreprises qui créent le gros des nouveaux emplois. Or, ce sont ces petites entreprises qui fournissent à leurs travailleurs la plus mauvaise rémunération et le moins de protection de l'emploi (Clements et Myles, 1994, chapitre 3).

En somme, l'emprise de l'emploi «juste à temps» et du «travailleur jetable» s'est accrue dans le marché du travail canadien depuis deux décennies, même si certains signes récents indiquent une stabilisation, voire un modeste retournement de situation.

Si chacun des phénomènes que nous avons présentés ci-dessus recoupe la question de précarité, bien des ambiguïtés subsistent cependant et nous sommes loin de pouvoir dégager de cette énumération une définition claire de cette notion. En effet, le chômage n'est pas toujours synonyme, tant s'en faut, de marginalisation par rapport au marché du travail ; il peut dans certains cas enclencher, au contraire, de salutaires reconversions professionnelles. La polarisation elle-même remet en question certaines rentes de situation devenues obstacles à la dynamique du marché du travail et à l'insertion des nouveaux travailleurs. Quant à l'emploi non standard, les données montrent qu'il est le plus souvent désavantageux ; mais il correspond aussi aux vœux de certains travailleurs qui préfèrent le temps partiel pour mieux concilier travail et famille, qui veulent conserver leur liberté de manœuvre, ou qui souhaitent être leur propre patron. On voit donc qu'aucune de ces observations, chômage, polarisation ou emploi non standard, ne nous fournit à elle seule une mesure précise de la précarité.

DES TENTATIVES DE DÉFINITION DE LA PRÉCARITÉ

Mais qu'est-ce donc, alors, que le travail précaire ? Certains le définissent d'un point de vue *structurel*, en référence à la demande de travail, renvoyant ainsi aux stratégies des employeurs qui tendent à utiliser de plus en plus une main-d'œuvre quantitativement flexible. Quantitativement, cela veut dire que le nombre de travailleurs en emploi – et même leur taux de rémunération – fluctue assez rapidement en fonction de la quantité de travail à faire et de l'abondance de la main-d'œuvre, dans le court terme (travail sur appel) ou dans le moyen terme (contrats à durée limitée). En d'autres mots, le marché du travail se met à ressembler fortement au marché de n'importe quel autre produit.

À cela s'oppose la flexibilité qualitative, c'est-à-dire les arrangements de plus long terme entre travailleurs et employeurs, en vertu desquels sécurité et bénéfices pour les travailleurs sont consentis en échange de leur loyauté et de leur adaptabilité aux changements dans l'organisation du travail (voir Bernard et Boisjoly, 1991 ; Baldwin et Rafiquzzaman, 1994 ; Osberg, Wien et Grude, 1995). En gros, on peut dire que la flexibilité qualitative est plus présente en Europe, tandis que les États-Unis sont les champions de la flexibilité quantitative ; le Canada s'éloigne, mais seulement jusqu'à un certain point, de son principal partenaire économique (voir Clements et Myles, 1994).

D'autres définissent plutôt la précarité du travail en référence à l'offre de travail : il ne s'agit plus de se reporter aux causes de la précarité, mais de se centrer sur le caractère précaire des trajectoires des travailleurs eux-mêmes. On trouve ici trois approches distinctes. La première, *pragmatique*, définit comme précaire tout travail non standard, en utilisant la définition présentée ci-dessus ou une définition apparentée. Une deuxième approche met plutôt l'accent sur les aspects *subjectifs* de la précarité, sur le sentiment d'insécurité dont plusieurs travailleurs font l'expérience. Une des questions centrales ici est de savoir si les trajectoires non standards correspondent à des choix de la part de certains travailleurs (qui souhaiteraient un engagement moins profond dans l'emploi), ou si au contraire elles leur sont imposées par les conditions du marché.

En dernier lieu, le travail précaire peut aussi être défini de façon plus *juridique* : il correspondrait aux relations d'emploi où n'est offerte aux travailleurs aucune garantie explicite (ou même implicite) quant à deux conditions : d'une part, que cette relation sera maintenue, de droit, au fil du temps (comme dans le cas des contrats de travail à durée indéterminée) et, d'autre part, que l'employeur offrira, assez régulièrement, un minimum de travail à faire et donc de rémunération.

Aucune de ces définitions n'est vraiment satisfaisante, même si toutes contiennent une part de vérité, c'est-à-dire désignent certains aspects bien réels de la précarité du travail. La définition structurelle s'oriente vers les causes de la précarité, mais sans permettre de cerner cette dernière comme telle. En fait, nombre d'entreprises utilisent la précarité, mais seulement jusqu'à un certain point et dans certains cas. Elles mettent à contribution les deux types de flexibilité que nous avons mentionnés, la flexibilité qualitative pour leur personnel le plus indispensable, la flexibilité quantitative (voire l'« externalisation » sous forme de sous-traitance) pour les tâches les moins cruciales. Il ne sert donc à rien, pour cerner exactement l'étendue de la précarité, d'évoquer les tendances générales des entreprises à limiter leurs engagements à l'égard des travailleurs, puisque ces engagements peuvent varier profondément, dans une même firme, dans le temps et selon les catégories de travailleurs.

Nous avons déjà montré que si le travail non standard est le terreau de la précarité, aucune de ses formes spécifiques n'y correspond entièrement. Une véritable définition du travail précaire devra donc décortiquer ces diverses formes – temps partiel, engagement temporaire, travail autonome, employeurs multiples et ainsi de suite –, pour identifier correctement ceux des travailleurs « non standards » qui sont réellement précaires. L'évocation du travail non standard nous permet toutefois de déterminer deux aspects fondamentaux de la précarité : la stabilité du travail, d'une part, et, d'autre part, les conditions, plus ou moins avantageuses ou contraignantes, de son exercice, c'est-à-dire la qualité des emplois.

Une notion subjective ne permet pas, par définition, une mesure objective de l'évolution de la situation à l'égard de la précarité ; à une époque comme la nôtre, presque tous les travailleurs peuvent se sentir plus ou moins précaires, même si en fait leurs situations sont très diverses et inégales à cet égard. Mais cela dit, il est impossible d'éviter toute référence, dans la définition de la précarité, aux aspirations subjectives des travailleurs : même s'ils subissent d'importantes contraintes dans le marché du travail, ils sont tout de même formellement libres, en mesure d'exprimer des préférences, de choisir jusqu'à un certain point leur sort ; et certaines formes de travail non standard, qui peuvent sembler précaires, peuvent en fait correspondre à ces aspirations.

Enfin, la protection de la relation d'emploi au moyen de divers contrats individuels ou collectifs semble éloigner le spectre de la précarité, mais elle ne garantit rien contre la fermeture des entreprises ou l'abolition de postes. En fait, les avantages consentis par ces contrats sont bien souvent à l'origine de stratégies des entreprises pour limiter l'embauche de travailleurs réguliers, pour obtenir des concessions de leur part, voire pour fermer certains de leurs établissements.

L'exploration des diverses représentations courantes de la précarité du travail nous a donc permis de relever plusieurs éléments clés qui devront faire partie d'une nouvelle définition de la cette notion : la stabilité et la qualité du travail, de même que leur degré de coïncidence avec les aspirations des travailleurs. Quant aux stratégies des entreprises et aux garanties juridiques, elles devront plutôt être analysées en tant que causes de la précarité du travail (ce que nous ne pourrons toutefois pas faire dans le cadre de ce bref article).

UNE DÉFINITION RELATIONNELLE DE LA PRÉCARITÉ DU TRAVAIL

La raison principale du flou théorique qui entoure la notion de précarité du travail, c'est qu'on n'a pas tenté de définir ce phénomène dans la perspective des rapports sociaux (sauf pour le point de vue structurel, évoqué ci-dessus, qui n'a cependant pas débouché sur une véritable définition). Pour y voir clair, il faut poser que le travail se déroule dans le contexte de relations de pouvoir entre ceux qui fournissent leur force de travail et ceux qui contrôlent le contexte où ce travail se réalise. Dans la plupart des cas (en fait, dans quatre cas sur cinq à peu près, comme nous l'avons vu), ces relations sont des relations d'emploi, donc impliquent une *collaboration conflictuelle* entre des employés qui fournissent la force de travail et des employeurs qui fournissent les moyens du travail (l'emplacement, les machines, et plus généralement le capital et le cadre organisationnel).

Dans le dernier des cinq cas, les travailleurs sont autonomes, c'est-à-dire qu'ils font face directement au marché des produits et services qu'ils produisent, plutôt qu'au marché du travail ; mais la dynamique est le plus souvent la même, opposant les travailleurs aux acheteurs, qui contrôlent en fait les conditions dans lesquelles leur travail pourra s'échanger contre des gains. Dans l'ensemble, près de 95 % des travailleurs sont en relation de relative dépendance quant à leur travail : ils sont au service de quelqu'un d'autre ou bien ils sont des travailleurs autonomes sans grand pouvoir. Pour faire court, nous parlerons d'emplois dans tous ces cas, même si, au sens strict, seuls les employés ont un emploi.

Cette relative dépendance de l'immense majorité des travailleurs ne signifie pas, cependant, que ceux-ci sont uniformément désavantagés. Au contraire, les rapports de coopération conflictuelle que nous venons d'évoquer signifient que les employeurs et les contrôleurs d'emploi ont des intérêts différents, mais aussi qu'ils sont interdépendants et qu'ils doivent négocier divers niveaux d'avantages liés à l'emploi.

Ce qui frappe à première vue, c'est la divergence des intérêts : en principe, les travailleurs souhaitent avoir un emploi de qualité et stable, alors que les employeurs voudraient au contraire obtenir leurs services au meilleur compte possible et ne pas promettre une sécurité d'emploi qui répond mal aux fluctuations des besoins de main-d'œuvre. Mais, en fait, les choses ne sont pas aussi simples. En effet, un équilibre doit être trouvé entre ces deux dimensions de la situation d'emploi : les travailleurs sont vraisemblablement prêts, par exemple, à des sacrifices sur le plan de la rémunération pour obtenir une meilleure sécurité d'emploi, tandis que les employeurs jouent sur une combinaison de ces mêmes facteurs pour attirer et conserver leurs employés.

L'interdépendance va encore plus loin : l'employeur souhaite évidemment conserver les travailleurs qui occupent les fonctions les plus stratégiques dans son entreprise, et il sera donc conduit à leur offrir qualité et sécurité d'emploi, pour conserver leur loyauté (Osberg *et al.*, 1995) ; ces mêmes travailleurs voudront, en revanche, conserver leur capacité de changer d'emploi et d'améliorer leur situation. Ce sont plutôt les travailleurs les moins qualifiés et les plus dépendants qui se retrouveront en réelle situation de marché de concurrence, soumis aux aléas de l'offre et de la demande ; à moins bien sûr qu'ils ne se soient donné des moyens d'exercer des pressions sur cette offre et sur cette demande au moyen de leur action collective, syndicale par exemple (voir Bernard et Boisjoly, 1991).

Dans la perspective relationnelle que nous adoptons, il faut donc considérer tous les aspects des arrangements auxquels aboutissent les négociations entre travailleurs et contrôleurs d'emploi. Concrètement, il faut analyser la trajectoire des travailleurs sous l'angle à la fois de la stabilité et de la qualité des emplois pour déterminer s'ils sont en situation précaire ou non. En effet, examiner les choses sous le seul angle de la stabilité de l'emploi conduit à deux contresens importants. On obtient d'une part des « faux négatifs » en ne considérant pas comme précaires des travailleurs qui sont coincés, à demeure, dans de mauvais emplois qu'ils n'ont pas la possibilité de quitter ; leur stabilité est en fait, paradoxalement, synonyme de précarité. On obtient d'autre part des « faux positifs » quand on considère comme précaires des travailleurs instables qui en fait passent d'un bon emploi à un autre au fil d'une fructueuse carrière ; l'instabilité est ici tout le contraire de la précarité.

La prise en compte de ces deux dimensions nous conduit à *définir les travailleurs précaires comme ceux qui manquent de contrôle sur leur trajectoire professionnelle, c'est-à-dire ceux qui sont incapables de se trouver un bon emploi ou de le conserver, ou encore de quitter un mauvais emploi pour un meilleur.* L'accent de notre recherche s'élargit donc au-delà de la précarité comme simple catégorie d'appartenance : nous sommes amenés à analyser tout un ensemble de formes de contrôle des travailleurs sur leurs trajectoires professionnelles, dans le contexte de leurs rapports avec ceux qui contrôlent le travail.

UNE MESURE DE LA PRÉCARITÉ DU TRAVAIL

Pour mesurer empiriquement la précarité du travail et pour analyser l'évolution de la situation à cet égard, nous avons pu faire appel aux données de l'Enquête sociale générale (ESG) de Statistique Canada. Des données comparables sur l'éducation et le travail y ont été recueillies en 1989 et en 1994 auprès de larges échantillons de la population adulte.

Pour mesurer la première dimension, la *stabilité* de l'emploi, nous tirerons parti des données rétrospectives sur l'emploi qui couvrent les cinq années précédant chacun des deux sondages (1984-1989 et 1989-1994 respectivement). Nous distinguerons quatre profils à cet égard. Certains travailleurs, dont nous dirons que leur trajectoire est *stable,* n'ont eu qu'un seul emploi tout au long des 60 mois de cette période. D'autres ont eu plus d'un emploi, mais ils ont aussi été au travail durant toute la période : leur trajectoire est *continue.* Les deux dernières catégories ont connu une discontinuité, c'est-à-dire que ces travailleurs ont connu une interruption d'au moins un mois. Certaines de ces interruptions étaient « volontaires », au sens où ces travailleurs n'ont pas perdu leur emploi et où ils n'ont pas cherché un emploi durant au moins une partie de la période de 60 mois. D'autres interruptions étaient involontaires, c'est-à-dire que soit ces travailleurs ont perdu un emploi, soit ils ont cherché un emploi à tout moment de la période où ils n'en avaient pas un, soit les deux. En d'autres termes, les trajectoires *discontinues involontaires* impliquent des travailleurs qui voulaient à tout moment poursuivre leur activité professionnelle, mais en ont été empêchés. Les travailleurs qui ont connu des trajectoires *discontinues « volontaires »* ont pris eux-mêmes des décisions qui les ont éloignés, au moins temporairement, de l'activité ; nous mettons toutefois le mot volontaire entre guillemets pour indiquer que les choix à l'égard de l'activité professionnelle sont dans bien des cas contraints par des obligations, familiales par exemple, que l'organisation du travail ne prend pas en compte (qu'on pense ici aux problèmes liés aux congés de maternité ou à la disponibilité de garderies adéquates).

Pour mesurer la deuxième dimension, la *qualité* des emplois ou postes de travail, nous aurions aimé disposer de données sur l'ensemble des positions professionnelles que les travailleurs ont occupées au fil de la période de cinq ans. Mais de telles informations ne sont pas disponibles, et nous devrons nous contenter des caractéristiques du dernier poste, celui que le travailleur occupait au moment de l'enquête. Nous tiendrons en fait pour acquis qu'un emploi de qualité à la fin de la période de cinq ans témoigne de la capacité du travailleur à conduire sa trajectoire professionnelle vers une fin heureuse (fin toute provisoire, bien sûr, puisque rien ne garantit que ce travailleur conservera cette place au-delà de la période observée). En d'autres termes, nous définirons opérationnellement la précarité comme l'incapacité de trouver ou de conserver un bon emploi au bout d'une période de cinq ans d'observation, ou comme l'incapacité de quitter un mauvais emploi pour un meilleur au bout de cette même période.

Mais cela ne nous dit pas encore ce qu'est un bon emploi. La question est vaste, et nous avons dû la réduire à une formulation relativement simple pour les besoins de la présente analyse. Nous avons considéré la rémunération du poste de travail en fin de période, non pas en valeur absolue, mais plutôt en tenant compte du type d'emploi, c'est-à-dire de ses exigences et de son niveau de qualification. Nous ne souhaitons pas, en effet, considérer comme mauvais tous les emplois relativement peu payants, parce que dans ces circonstances notre mesure de la qualité des emplois deviendrait simplement une autre mesure des inégalités professionnelles. Nous voulons plutôt déterminer si, compte tenu des exigences et qualifications liées au poste qu'il occupe, le travailleur est bien ou mal traité.

Nous avons retenu un seuil qui, s'il demeure arbitraire, est tout de même fréquemment utilisé dans les études sur la polarisation du revenu (voir Wolfson, 1998, par exemple) : nous considérerons comme des emplois désavantageux ceux où le travailleur ne gagne pas au moins les trois quarts du salaire médian de ceux qui travaillent dans la même catégorie socioprofessionnelle (par exemple, un vendeur au détail qui gagne moins que 75 % du revenu dévolu au vendeur au détail médian sera considéré comme ayant un mauvais emploi de vendeur au détail).

Quelques précisions supplémentaires s'imposent à propos de ce calcul du seuil de 75 % de la médiane. Premièrement, nous avons utilisé le regroupement en 43 catégories socioprofessionnelles contenu dans le fichier de données publiques des deux enquêtes. Deuxièmement, nous avons considéré les chômeurs au moment de l'enquête comme désavantagés et nous les avons donc assimilés au groupe des travailleurs mal payés. Enfin, nous avons fait le calcul au sein de chacune des catégories de travail à temps partiel et de travail à temps plein ; cela revient en quelque sorte à considérer que le travail à temps partiel est un choix de la part des travailleurs, au lieu de tenir pour acquis que l'immense majorité de ceux-ci sont peu rémunérés parce qu'ils n'ont pas trouvé de travail à temps plein. En d'autres termes, notre démarche de mesure est plutôt prudente, comme il se doit, car elle sous-estime vraisemblablement la proportion de travailleurs précaires : en effet, une prise en compte du travail à temps partiel involontaire nous aurait probablement amenés à compter davantage de travailleurs désavantagés, et pas tant de précaires.

Une même approche prudente nous a commandé de restreindre l'échantillon aux seuls travailleurs qui étaient professionnellement actifs (c'est-à-dire travailleurs ou chômeurs) à la fois au début de la période d'observation et à la fin ; nous avons également exclu les individus dont l'activité principale en début de période était de poursuivre des études. De même, nous avons écarté les individus qui n'avaient pas au moins 15 ans au début et ceux qui avaient dépassé 65 ans en fin de période. En prenant de telles décisions, nous avons certainement négligé de nombreux cas de travail précaire qui se manifestent chez les étudiants ou chez les retraités ; de plus, nous n'avons pas compté les individus dont le manque de contrôle sur leur trajectoire professionnelle a fini par se traduire en un retrait de l'activité professionnelle (par exemple les travailleurs découragés que nous avons mentionnés auparavant). Notre estimation de la proportion de travailleurs précaires est donc conservatrice, et l'élargissement de notre définition ne pourrait que l'augmenter.

Le tableau 16.1 présente les résultats du croisement des deux dimensions de la précarité, la stabilité et la qualité des emplois ou des postes de travail. Nous obtenons en fin de compte huit formes différentes de contrôle des travailleurs sur leur trajectoire professionnelle, déterminées en fonction de la continuité de cette trajectoire au cours d'une période de cinq ans et de la qualité du travail dans lequel les individus se retrouvent à la fin de cette période.

Nous avons donné à chacun de ces huit types un nom qui en résume les traits essentiels. Certains travailleurs sont bien *établis* dans un emploi avantageux, d'autres sont *piégés*, puisqu'ils ne peuvent pas sortir d'un emploi désavantageux. Certains font une *carrière* qui les conduit de poste

Tableau 16.1
Formes de contrôle des travailleurs sur leur trajectoire professionnelle

Stabilité	Qualité	
	Poste avantageux	**Poste désavantageux**
Trajectoire stable	Travailleur établi	Travailleur piégé
Trajectoire continue	Travailleur carriériste	Travailleur acharné
Trajectoire discontinue « volontaire »	Travailleur libre	Travailleur déchu
Trajectoire discontinue « involontaire »	Travailleur intermittent	Travailleur substituable

en poste vers une position avantageuse en fin de période, d'autres *s'acharnent* à trouver du travail à travers divers emplois, mais sans être parvenus, en fin de période, à un tel succès. Certains sont *libres* au point de pouvoir se retirer provisoirement de l'activité professionnelle tout en retrouvant au bout du compte une position avantageuse, tandis que ce même risque en conduit d'autres à *déchoir*, au moins provisoirement. Les travailleurs *intermittents* travaillent souvent dans des secteurs où la perte d'emploi est chose courante, mais ils sont parvenus à reprendre pied dans une position avantageuse ; les travailleurs *substituables*, quant à eux, n'ont que très peu de prise sur leur trajectoire, puisqu'ils ne sont parvenus à en contrôler ni la continuité ni la qualité.

Un mot en terminant sur les deux périodes que nous comparons. La première enquête couvre la période de 1984 à 1989, qui se déroule entièrement dans une phase assez favorable de la conjoncture économique (même si la tendance générale à la diminution de l'emploi standard était déjà manifeste durant toutes les années 1980). La période couverte par la deuxième enquête, de 1989 à 1994, comprend au contraire une récession économique ; cela conduit à une perte nette d'emplois au cours des années 1991 et 1992, même si cette tendance s'est inversée en 1993 et surtout en 1994. Au sens strict, nos données ne nous permettent donc pas d'affirmer que l'évolution de la précarité d'emploi est un trait permanent du marché du travail ; elle pourrait au contraire correspondre à une phase difficile de la conjoncture économique qui serait en voie de correction. Seules des données semblables pour des années plus récentes nous permettraient de départager ces interprétations. Cela dit, nous pouvons raisonnablement faire l'hypothèse que les changements des relations d'emploi et des attentes des travailleurs que nous décrivons ici ont atteint une certaine cristallisation et qu'ils ne sont pas inversés à la fin des années 1990.

L'ÉVOLUTION DE LA PRÉCARITÉ DU TRAVAIL DANS LES ANNÉES 1980 ET 1990

Nous pouvons maintenant nous tourner vers l'analyse de l'évolution de la distribution de ces types à la fin des années 1980 et au début des années 1990. L'examen du tableau 16.2 révèle des changements assez importants, puisque seulement cinq ans se sont écoulés entre les deux enquêtes. On assiste en fait à ce qu'on pourrait appeler une *polarisation des trajectoires professionnelles*: la prise de risques de carrière, correspondant aux trajectoires discontinues «volontaires», diminue fortement (de 17 % à 11 %), tandis que s'accroissent à la fois les discontinuités involontaires (de 21 % à près de 25 %) et, paradoxalement, la stabilité (de 34 % à 38 %). Tout se passe comme si, confrontés aux incertitudes du marché du travail, les travailleurs ne prenaient plus de risques et se cramponnaient plutôt à leur emploi (stables), à moins qu'ils n'en viennent à le perdre (discontinus involontaires); l'incertitude semble provoquer une certains rigidité du marché.

Tableau 16.2

Évolution des formes de contrôle des travailleurs sur leur trajectoire professionnelle de 1984-1989 à 1989-1994
(Distribution en pourcentages sur le total pour chaque période)

Stabilité	Qualité		
	Poste avantageux	Poste désavantageux	Total
Trajectoire stable	Travailleurs établis	Travailleurs piégés	
1984-1989	26,8 %	7,1 %	33,9 %
1989-1994	29,9 %	7,8 %	37,7 %
Trajectoire continue	Travailleurs carriéristes	Travailleurs acharnés	
1984-1989	21,5 %	6,6 %	28,1 %
1989-1994	20,4 %	6,2 %	26,6 %
Trajectoire discontinue «volontaire»	Travailleurs libres	Travailleurs déchus	
1984-1989	10,5 %	6,5 %	17,0 %
1989-1994	6,5 %	4,6 %	11,1 %
Trajectoire discontinue «volontaire»	Travailleurs intermittents	Travailleurs substituables	
1984-1989	13,5 %	7,5 %	21,0 %
1989-1994	14,1 %	10,6 %	24,7 %
Total			
1984-1989	72,3 %	27,7 %	100,0 %
1989-1994	70,8 %	29,2 %	100,0 %

Taille des échantillons : 1984-1989 : $n = 4230$ 1989-1994 : $n = 4855$

Du côté de la qualité des emplois, on note une légère augmentation des emplois dont la rémunération est nettement inférieure à la norme (c'est-à-dire 75 % du revenu médian des emplois de même type). Cela dit, l'ordre de grandeur du découpage entre emplois avantageux et désavantageux demeure le même d'une enquête à l'autre, ce qui est indispensable pour en assurer la comparabilité.

L'examen plus détaillé du tableau confirme cette impression de polarisation des chances. La croissance des trajectoires stables reflète presque entièrement celle des travailleurs établis, ceux justement qui ne prennent pas, ou plus, de risques. Par ailleurs, la diminution de la discontinuité « volontaire » se comprend bien quand on observe l'évolution des chances d'aboutir, au bout de cet épisode de décrochage, dans une position avantageuse : durant la période 1984-1989, ces chances étaient de 10,5 % contre 6,5 %, soit de 1,62, mais elles ne sont plus, cinq ans plus tard, que de 6,5 % contre 4,6 %, soit 1,41. La situation s'est également aggravée chez les discontinus involontaires : ce sont les travailleurs substituables qui connaissent, et de loin, la plus forte croissance, c'est-à-dire que les pertes d'emploi se traduisent maintenant davantage dans un parcours menant à des emplois désavantageux ou au chômage.

En somme les incertitudes de l'emploi, fort manifestes aux yeux de travailleurs qui venaient de connaître une récession au début des années 1990, se sont traduites en stratégies plus prudentes pour plusieurs et en dégradation de la trajectoire professionnelle pour d'autres. Seuls les carriéristes, qui disposent souvent, comme nous le verrons, d'un fort capital scolaire, ont vu leur situation se maintenir à peu près intacte d'une période à l'autre.

CATÉGORIES SOCIALES ET PRÉCARITÉ DU TRAVAIL

Le tableau 16.3 nous permet de constater que la présence accrue des femmes dans le marché du travail d'une période à l'autre (de 41 % à 44 % de la main-d'œuvre) s'accompagne d'un certain rapprochement de la distribution des genres dans les différentes formes de contrôle sur les trajectoires professionnelles (le coefficient de dissimilarité[1] passe de 17,6 % à 13,3 %), même si dans l'ensemble la position privilégiée des hommes se perpétue.

---

1. Le coefficient de dissimilarité entre deux distributions de pourcentages correspond à la moitié des différences en valeur absolue entre ces distributions. Il mesure le degré d'écart entre celles-ci, sur une échelle allant de 0 % (écart nul entre les deux distributions de pourcentages) à 100 % (chacune des deux distributions ne compte aucun cas dans les catégories où l'autre distribution en a).

Tableau 16.3

Formes de contrôle de la carrière selon le sexe et selon l'âge (comparaison entre 1984-1989 et 1989-1994)

Formes de contrôle	Sexe				Âge					
	1989		1994		1989			1994		
	H	F	H	F	20-29 ans	30-44 ans	45 ans et plus	20-29 ans	30-44 ans	45 ans et plus
Établis (stable/avantagé)	30,8	20,9	33,9	24,8	8,6	27,8	42,3	2,6	24,6	41,9
Piégés (stable/désavantagé)	5,5	9,5	5,9	10,2	4,4	6,1	11,3	5,3	6,7	9,6
Carriéristes (continu/avantagé)	24,1	17,9	20,8	19,8	17,9	26,9	16,7	11,1	23,7	19,1
Acharnés (continu/désavantagé)	4,7	9,3	4,2	8,7	9,8	5,4	5,4	14,4	6,8	3,5
Libres (continu «volontaire»/acharné)	9,0	12,7	6,2	6,9	14,7	9,3	8,5	15,8	6,5	4,3
Déchus (discontinu «volontaire»/désavantagé)	4,4	9,6	3,1	6,5	12,6	4,9	3,2	14,4	4,4	2,5
Intermittents (discontinu «involontaire»/avantagé)	14,1	12,6	15,5	12,3	15,2	14,7	10,0	16,6	16,0	11,5
Substituables (discontinu «involontaire»/désavantagé)	7,5	7,5	10,5	10,8	16,7	5,0	2,6	19,8	11,4	7,7
Total	100 % (2501) 59,1 %	100 % (1731) 40,9 %	100 % (2720) 56,0 %	100 % (2134) 44,0 %	100 % (1147) 27,1 %	100 % (1859) 43,9 %	100 % (1225) 29,0 %	100 % (494) 10,2 %	100 % (2248) 46,3 %	100 % (2113) 43,5 %

Les hommes sont, en effet, beaucoup plus souvent des travailleurs établis que les femmes, et moins souvent des travailleurs piégés. De même, ils étaient plus souvent carriéristes que les femmes durant la première période, mais cette position s'est presque entièrement érodée durant la seconde période, probablement en raison de la scolarisation plus poussée des travailleuses. Par contre, la plus forte propension des femmes qui changent d'emploi à terminer leur trajectoire dans une position désavantageuse (type acharné) se maintient d'une période à l'autre.

Là où la position des femmes évolue le plus dramatiquement, c'est dans les trajectoires discontinues «volontaires». La proportion de telles trajectoires diminue dans les deux catégories de genre, mais beaucoup plus nettement chez les femmes : ce sont ces dernières qui ne prennent plus les mêmes risques qu'auparavant, et elles ne sont pratiquement pas plus nombreuses que les hommes dans le type libre au début des années 1990 (des analyses complémentaires que nous avons réalisées montrent d'ailleurs que ce changement de stratégie des femmes correspond à une moindre propension à avoir des enfants; voir Potvin, 1997). Si le type intermittent devient un peu plus caractéristique des hommes, les travailleurs substituables voient leur proportion s'accroître substantiellement dans chacune des catégories de genre.

En somme, hommes et femmes font également l'expérience de la polarisation des trajectoires professionnelles que nous avons décrite auparavant; mais ce sont davantage ces dernières qui renoncent à la discontinuité volontaire et elles se rabattent alors vers des stratégies carriéristes, faute d'avoir aussi souvent que les hommes des positions établies dans le marché du travail. On ne s'étonnera pas non plus de les retrouver plus souvent que les hommes dans les emplois désavantagés.

Les données du tableau 16.3 nous permettent aussi de caractériser les diverses catégories d'âge. Signalons tout d'abord un changement considérable de la distribution de cette variable d'une période à l'autre : au sein de la population qui est active et non étudiante durant les cinq années couvertes par chacune des enquêtes, la proportion de jeunes de 20 à 29 ans chute dramatiquement (de 27 % à 10 %), tandis que celle des travailleurs âgés de 45 à 65 ans s'accroît substantiellement (de 29 % à 44 %). Nous avons déjà indiqué que notre définition de la population à risque (celle qui *peut* être précaire selon nos critères) est très conservatrice, comme il se doit, c'est-à-dire qu'elle sous-estime la précarité, plutôt que de la surestimer; en fait, beaucoup de jeunes ont choisi de prolonger leurs études au cours des années 1990 (voir Meunier, Bernard et Boisjoly, 1998), ce qui les retire de notre population à risque sans que par ailleurs leur situation par rapport au travail soit en fait enviable. On peut aussi penser que davantage de travailleurs âgés demeurent dans la population à risque, c'est-à-dire que dans une conjoncture économique difficile ils préfèrent poursuivre leur activité sans discontinuité (nous verrons en effet ci-dessous qu'on y compte moins de discontinus « volontaires » dans la seconde période).

On ne s'étonnera pas de ce que, durant chacune des périodes, la proportion de travailleurs établis croisse fortement avec l'âge, à la fois parce qu'il faut du temps pour acquérir une position avantageuse dans les systèmes d'ancienneté et parce que les travailleurs qui sont maintenant plus âgés ont connu un meilleur accès à de telles positions à l'époque où ils sont devenus actifs. Par contre, on notera aussi que ce sont les travailleurs les plus vieux qui sont les plus piégés dans le cul-de-sac des emplois stables mais désavantageux.

Les carriéristes sont les plus nombreux à l'âge moyen (en fait, pratiquement aussi nombreux que les travailleurs établis). Et leur proportion domine de loin celle des acharnés à partir de 30 ans : on réussit à atteindre un emploi de qualité en bout de trajectoire beaucoup plus souvent qu'on ne rate la cible. Chez les travailleurs les plus jeunes, par contre, l'échec des trajectoires continues est relativement fréquent à la fin des années 1980 (18 % de succès contre 10 % d'échecs), et les choses se détériorent encore plus durant les années 1990 (seulement 11 % de succès contre 14 % d'échecs).

Assez curieusement, si les stratégies de discontinuité « volontaire » deviennent un peu plus rares à partir de 30 ans dans les années 1990, on les retrouve un peu plus fréquemment chez les plus jeunes ; et cela même si elles conduisent un peu plus souvent à l'échec qu'auparavant. La prudence s'établit à partir de la trentaine, mais apparemment pas avant cet âge.

Les travailleurs intermittents sont un peu moins fréquents après l'âge de 45 ans, mais cet avantage s'érode un peu avec le temps. Quant à la catégorie des travailleurs substituables, elle accueillait un surcroît de jeunes dans les années 1980, mais on y retrouve également, au début des années 1990, des contingents importants de travailleurs d'âge moyen et même de travailleurs de 45 ans et plus ; on ne peut s'empêcher d'évoquer ici les vagues de mises à pied et de fermetures d'entreprises qui déferlent au cours de cette période.

En somme, la position des jeunes travailleurs s'est notablement détériorée d'une période à l'autre (cela se traduit d'ailleurs par un accroissement notable du coefficient de dissimilarité entre jeunes et travailleurs d'âge moyen : de 29,8 % à 36 %). Mais cela pourrait traduire une simple évolution de la stratégie des jeunes, qui renonceraient plus souvent à l'activité pour poursuivre leurs études. Cela dit, le sous-ensemble des jeunes qui persistent dans le marché du travail continuent à ne pas avoir accès aux postes établis et à se retrouver dans les positions les plus désavantageuses ;

mais cela ne les conduit pas à renoncer à prendre le risque de la discontinuité « volontaire », même si le prix en est élevé. Quant aux groupes des travailleurs d'âge moyen et des plus âgés, ils connaissent tous deux la polarisation des trajectoires professionnelles que nous avons évoquée ci-dessus, quoique le phénomène soit un peu atténué chez les 45 ans et plus, nettement mieux établis et protégés contre les risques de mauvais emplois.

Examinons maintenant, grâce aux données du tableau 16.4, l'influence du niveau de scolarité sur les trajectoires professionnelles.

Signalons d'emblée que la scolarité de la population à risque s'accroît : augmentation surtout au niveau des études collégiales et un peu au premier cycle universitaire, forte diminution chez ceux qui n'ont pas terminé les études secondaires et, dans une moindre mesure, au niveau des formations de métiers ou techniques. Ces baisses s'expliquent sans doute par la fin de carrière de populations plus vieilles, tandis que le prolongement des études des jeunes commence à se traduire dans les augmentations que nous constatons.

On voit sans peine que l'influence de cette variable est très importante : durant chacune des périodes, la scolarité protège d'autant mieux contre les revers de fortune qu'elle est plus poussée. Mais les formes de cette protection sont parfois paradoxales. Ainsi, on retrouve une proportion à peu près semblable de travailleurs établis à tous les niveaux de scolarité, avec une hausse marquée entre les années 1980 et 1990 : les plus diplômés doivent probablement cette stabilité au fait que les entreprises veulent se les attacher, tandis que les moins diplômés ont vraisemblablement eu le temps de se créer des niches protégées dans des marchés du travail fermés, soit au sein des entreprises (listes d'ancienneté internes), soit au sein de groupes professionnels (chez les travailleurs de la construction et dans divers autres métiers, par exemple). La scolarité permet aussi de quitter des emplois désavantageux, comme le montre le déclin de la proportion des travailleurs piégés avec la montée du niveau de scolarité.

On ne s'étonnera pas non plus de la présence croissante du type carriériste au fur et à mesure qu'on passe aux niveaux supérieurs de scolarité. Notons toutefois que, dans les années 1990, les diplômés des niveaux intermédiaires de scolarité (métiers et techniques, collégial et premier cycle universitaire) recherchent davantage la stabilité et exploitent moins le modèle de mobilité professionnelle des carriéristes.

La baisse des stratégies de discontinuité volontaire entre les deux périodes se manifeste à tous les niveaux de scolarité : on retrouve pratiquement autant de travailleurs déchus, mais beaucoup moins de travailleurs libres. Curieusement, le modèle de travail intermittent est présent à peu près dans toutes les catégories de scolarité, et la situation ne change pas

Tableau 16.4

Formes de contrôle de la carrière selon la scolarité (comparaison entre 1984-1989 et 1989-1994)

Formes de contrôle	1989						1989					
	(-) Sec.	Sec.	Métiers/ techniques	Coll.	1er cycle	2e-3e cycles	(-) Sec.	Sec.	Métiers/ techniques	Coll.	1er cycle	2e-3e cycles
Établis (stable/avantagé)	28,2	24,1	27,8	24,4	26,9	36,6	30,1	25,3	34,6	32,3	30,3	34,0
Piégés (stable/désavantagé)	11,7	7,6	4,5	6,3	3,0	0,4	12,1	8,7	7,5	6,7	3,8	3,8
Carriéristes (continu/ avantagé)	13,5	19,7	24,0	27,3	30,5	32,1	12,2	20,9	17,1	20,1	27,6	34,7
Acharnés (continu/ désavantagé)	6,6	7,3	6,2	10,7	4,3	1,3	4,0	7,3	5,8	6,8	7,0	3,8
Libres (continu «volontaire»/acharné)	9,5	10,1	9,6	9,8	12,7	16,1	6,2	6,7	3,5	5,8	9,5	8,0
Déchus (discontinu «volontaire»/désavantagé)	6,6	8,6	5,1	5,1	6,1	1,8	4,6	4,6	4,9	4,9	5,3	0,8
Intermittents (discontinu «involontaire»/avantagé)	15,1	12,9	16,3	10,2	12,2	9,8	14,0	14,8	16,5	13,4	12,2	11,8
Substituables (discontinu «involontaire»/ désavantagé)	8,7	9,8	6,5	6,1	4,3	1,8	17,0	11,7	10,1	10,0	4,3	3,1
Total	100 % (1117) 26,4 %	100 % (1296) 30,6 %	100 % (626) 14,8 %	100 % (410) 9,7 %	100 % (558) 13,2 %	100 % (224) 5,3 %	100 % (878) 18,1 %	100 % (1502) 31,0 %	100 % (636) 13,1 %	100 % (857) 17,7 %	100 % (715) 14,7 %	100 % (262) 5,4 %

beaucoup à cet égard entre les périodes. Par contre, les travailleurs substituables se recrutent principalement dans les niveaux inférieurs de scolarité : diplômés du secondaire ou moins dans les années 1980, et même diplômés de métiers et techniques et du collégial dans les années 1990.

En somme, la scolarité continue d'avoir un fort impact positif sur les trajectoires professionnelles au cours des deux périodes. Mais cet impact est quelque peu atténué par le fait que certains travailleurs peu scolarisés ont occupé très tôt certaines niches avantageuses du marché du travail. Ceux qui n'ont pas connu une telle chance, même parmi les plus scolarisés, connaissent parfois des revers de fortune importants, surtout dans les années 1990.

CONCLUSION

La précarité du travail est à la fois omniprésente dans ses manifestations et difficile à cerner avec précision. Nous avons proposé de la définir comme un manque de contrôle des travailleurs sur leur trajectoire professionnelle, c'est-à-dire comme une incapacité à se trouver un bon emploi ou à le conserver, ou encore à quitter un mauvais emploi pour un meilleur. Cette définition permet de voir comment se résout, dans les relations de coopération conflictuelle entre les travailleurs et ceux qui contrôlent leur travail, la question de l'équilibre entre deux caractéristiques fondamentales des emplois, leur stabilité et leur qualité.

Nous avons ainsi pu distinguer huit formes différentes de contrôle des travailleurs sur leur travail. Certains travailleurs sont bien *établis* dans un emploi avantageux, d'autres sont *piégés* dans un emploi désavantageux. Certains font une *carrière* qui les conduit de poste en poste vers une position avantageuse en fin de période, d'autres *s'acharnent* à trouver du travail à travers divers emplois, mais sans être parvenus, en fin de période, à un tel succès. Certains sont *libres* au point de pouvoir se retirer provisoirement de l'activité professionnelle tout en retrouvant au bout du compte une position avantageuse, tandis que ce même risque en conduit d'autres à *déchoir*, au moins provisoirement. Pour les travailleurs *intermittents*, la perte d'emploi est chose courante, mais ils sont parvenus à reprendre pied dans une position avantageuse ; les travailleurs *substituables*, quant à eux, n'ont que très peu de prise sur leur trajectoire, puisqu'ils ne sont parvenus à en contrôler ni la continuité ni la qualité.

Quand on passe de la dernière moitié des années 1980 à la première des années 1990, au début de laquelle se manifeste une récession économique, on assiste à une polarisation des trajectoires professionnelles :

moins de travailleurs prennent le risque d'une discontinuité volontaire, alors que davantage se cramponnent à une position avantageuse ou se retrouvent dans des positions nettement désavantageuses, soit parce que la continuité de la trajectoire est compromise, soit parce que celle-ci débouche sur un emploi de piètre qualité.

Les trois variables sociodémographiques que nous avons examinées nous révèlent des situations qui ne sont pas inattendues : les hommes connaissent dans l'ensemble des trajectoires plus avantageuses que les femmes. Il en va de même pour les travailleurs plus âgés par rapport aux jeunes et pour les travailleurs plus scolarisés par rapport aux autres. Cela dit, nombre de travailleurs, même au sein des catégories les moins avantagées, jouissent d'avantages stratégiques qui se manifestent à l'occasion dans leurs trajectoires professionnelles. Ainsi, ce sont les femmes qui délaissent davantage les trajectoires discontinues volontaires ; les jeunes prolongent leurs études au point de disparaître, provisoirement du moins, de notre population cible ; et les travailleurs les moins scolarisés se sont dans bien des cas établis dans des positions avantageuses dont ils ne bougent plus, surtout en période de difficultés économiques.

En somme, notre examen de l'évolution de la précarité du travail au cours de la période 1984-1994 nous a permis de confirmer d'une triple façon la pertinence des analyses qui mettent l'accent sur les rapports sociaux. Premièrement, cette perspective nous a permis de définir le rapport social fondamental qui sous-tend les situations de précarité, celui qui oppose, dans une coopération conflictuelle, les travailleurs et ceux qui contrôlent les conditions d'exercice de leur travail ; nous avons pu en conséquence cerner les enjeux fondamentaux de ce rapport social, c'est-à-dire la stabilité et la qualité de l'emploi. Deuxièmement, elle nous a conduits à dépasser la simple catégorie de la précarité pour reconnaître huit formes différentes de contrôle des travailleurs sur leur emploi.

Troisièmement, nous avons vu que les catégories sociales construites autour du genre, de l'âge et de la scolarité interviennent dans la distribution des chances : les rapports d'opposition de ces catégories sociales entre elles et avec les contrôleurs du travail, dans le marché du travail et même au-delà de celui-ci, ont déterminé les trajectoires qui se sont ouvertes, à divers moments de la conjoncture économique et sociale, devant les hommes et les femmes, les membres des diverses cohortes de travailleurs, les diplômés des divers niveaux. On pourrait dire que les rapports sociaux de classes, de genres, de générations et de qualification se sont ainsi engendrés et transformés eux-mêmes au fil du temps.

BIBLIOGRAPHIE

BALDWIN, J. et M. RAFIQUZZAMAN (1994). *Structural Change in the Canadian Manufacturing Sector,* (1970-1990), Ottawa, Statistics Canada, Business and Labour Market Analysis Group, Analytical Studies Branch, Research Paper No. 61.

BERNARD, P. et J. BOISJOLY (1991). «Le travail en segments : matrice des protagonistes et rémunération du travail», *Sociologie et sociétés,* vol. XXIII, n° 2, p. 151-168.

CLEMENT, W. et J. MYLES (1994). *Relations of Ruling : Class and Gender in Postindustrial Societies,* Montréal et Kingston, McGill-Queen's University Press.

CONSEIL ÉCONOMIQUE DU CANADA (1991). «Tertiarisation et polarisation de l'emploi», Gordon Betcherman (dir.), 231 p.

LOWE, G. (1999). «Contingent work : Trends, benefits and costs, challenges», Communication présentée à la 37e Conférence de la B.C. Human Resources Management Association, mai.

MEUNIER, D., P. BERNARD et J. BOISJOLY (1998). «La jeunesse éternelle? Des changements dans la mode de vie des jeunes / Eternal youth? Changes in the living arrangements of young people», dans M. Corak (dir.), *Les marchés du travail, les institutions sociales et l'avenir de enfants du Canada / Labour Markets, Social Institutions and the Future of Canada's Children,* Ottawa, Statistique Canada / Statistics Canada, catalogue n° 89-553-xpb.

MORISSETTE, R., J. MYLES et G. PICOT (1994). *L'inégalité des gains au Canada : le point sur la situation,* Direction des études analytiques, Statistique Canada, Documents de recherche, n° 60.

OSBERG, L., F. WIEN et J. GRUDE (1995). *Vanishing Jobs : Canada's Changing Workplaces,* Toronto, James Lorimer.

PICOT, G. (1998). *Le point sur l'inégalité des gains et sur la rémunération des jeunes durant les années 1990,* Direction des études analytiques, Statistique Canada, Documents de recherche, n° 116.

PICOT, G. J. MYLES et T. WANNELL (1990). *Good Jobs/Bad Jobs and the Declining Middle : 1967-1986,* Ottawa, Statistics Canada, Business and Labour Market Analysis Group, Analytical Studies Branch, Research Paper, No. 28

PICOT, G. et W. PIPER (1997). *Are Canadians more likely to lose their jobs in the 1990s?,* Ottawa, Statistics Canada, Business and Labour Market Analysis Group, Analytical Studies Branch, Research Paper No. 96.

POTVIN, R. (1997). *Le contrôle des travailleurs sur leur trajectoire professionnelle de 1984 à 1994,* Mémoire de maîtrise, Département de sociologie, Université de Montréal, 130 p.

WOLFSON, M.C. et B.B. MURPHY (1998). «New views on inequality trends in Canada and the United States», *Monthly Labor Review,* avril, p. 3-21.

17

L'ANALYSE QUANTITATIVE DES DONNÉES HIÉRARCHIQUES AVEC LES MODÈLES MULTINIVEAUX

ALAIN MARCHAND, M. Sc.

Groupe de recherche sur les aspects sociaux de la santé et de la prévention (GRASP/Centre FCAR), Université de Montréal Département de sociologie, Université de Montréal

RÉSUMÉ

Les données utilisées en sciences sociales ont dans plusieurs cas une structure hiérarchique et la question de recherche se pose fréquemment comme suit: quels sont les impacts des variables individuelles et de groupes sur une variable dépendante mesurée au niveau des individus? Les méthodes quantitatives n'arrivent pas à estimer correctement les paramètres des modèles lorsque la structure des données est de type hiérarchique. À partir des modèles linéaires traditionnels basés sur les moindres carrés ordinaires, deux approches ont été utilisées, soit l'implantation des variables de groupes aux individus et l'agrégation des variables individuelles au niveau des groupes. Ces deux approches posent des problèmes importants. Pour la première: dépendance et covariation entre les observations partagent un même contexte, estimés instables et erreurs types biaisés. Pour la seconde: perte de la variation intra-groupe, effet Robinson et erreur écologique. Les modèles multiniveaux ont été développés pour résoudre ces problèmes. Afin de favoriser l'utilisation de ces modèles dans la recherche en prévention-intervention, nous en présentons ici les bases mathématiques ainsi qu'une application à un problème de santé-sécurité du travail.

L'analyse quantitative occupe une place importante dans la recherche sur les problèmes sociaux et plus largement dans les recherches menées par les sciences sociales. Elle a pour objet la description et l'analyse des phénomènes sociaux au moyen de méthodes empruntées à la statistique descriptive et analytique. Comme son nom l'indique, l'analyse quantitative cherche à quantifier les phénomènes observés ainsi qu'à déterminer le sens et la force des liens unissant les variables d'un devis de recherche donné. Basé sur diverses techniques d'échantillonnage, le sondage par questionnaire est dans plusieurs cas la technique privilégiée pour récolter les données. Les informations produites par plusieurs agences statistiques et administratives fournissent également un matériau riche pour l'analyse quantitative. Habituellement, on cherche à généraliser les résultats obtenus sur un échantillon à une population de référence, par exemple l'ensemble de la population québécoise, la clientèle des cliniques de désintoxication ou encore les personnes âgées qui recourent aux services de maintien à domicile en CLSC.

Le coffre à outils de l'analyse quantitative comporte un large éventail de techniques statistiques dont l'utilisation dépend du niveau de mesure des variables à l'étude, plus particulièrement du niveau de mesure de la variable dépendante, de la structure de données et bien évidemment de la capacité de l'utilisateur à en comprendre les fondements ainsi qu'à respecter les différents postulats sous-jacents à une technique donnée. Dans sa forme la plus simple, l'analyse quantitative procédera à l'estimation de moyennes et de pourcentages pour décrire le phénomène observé et cherchera à vérifier si le paramètre (moyenne, pourcentage) varie significativement selon un ensemble de caractéristiques comme le sexe, l'âge, la région. Dans sa forme la plus complexe, elle tentera de construire et de vérifier des modèles explicatifs d'une ou de plusieurs variables dépendantes, ou encore d'un système de relations entre les variables en cause. Aussi, elle permettra de vérifier et de construire des modèles de mesure reliant un ensemble d'indicateurs à une ou plusieurs dimensions d'un concept.

L'analyse quantitative est un outil puissant pour la recherche, mais elle demande rigueur et minutie. Elle ne se résume pas à appuyer sur le bouton d'un programme informatique, bien que les logiciels présents sur le marché en facilitent grandement l'utilisation. Les logiciels sont là pour aider à calculer, mais c'est bel et bien l'humain qui doit réfléchir sur ce qu'il veut analyser en fonction de la qualité et des contraintes des données mises à sa disposition ainsi que des modèles d'estimation applicables à sa situation concrète d'analyse. Dans ce chapitre, nous présentons une introduction à l'analyse multiniveaux qui s'est développée au cours des quinze dernières années afin d'estimer correctement des modèles basés sur des ensembles de données ayant une structure hiérarchique et sur lesquels des variables sont définies et mesurées à différents niveaux de la hiérarchie des données.

Les méthodes quantitatives ont connu au cours des trente dernières années un développement sans précédent grâce, entre autres, à des langages de programmation évolués, à des ordinateurs de plus en plus puissants et accessibles ainsi qu'à des logiciels conviviaux. Des techniques telles que la régression multiple et son prolongement dans l'analyse du cheminement de la causalité, la régression logistique, l'analyse de variance-covariance, l'analyse factorielle exploratoire, les équations structurelles avec variables latentes et l'analyse de survie deviennent des outils du coffre des chercheurs des sciences sociales. Or, les données quantitatives recueillies par les sciences sociales ont souvent une structure de type hiérarchique. On peut penser aux recherches en éducation portant sur des échantillons d'étudiants nichés dans des classes, les classes étant par la suite nichées dans des écoles, et ces dernières dans des commissions scolaires. On peut également penser aux bases de données constituées de travailleurs nichés dans des équipes et des entreprises, les entreprises étant par la suite nichées dans des secteurs industriels. Avec ce type de données, la question de recherche posée prend souvent cette forme générale : quels sont les impacts de variables mesurées à différents niveaux de la hiérarchie sur une variable dépendante mesurée au premier niveau de la hiérarchie ?

Les méthodes quantitatives classiques arrivent mal à tenir compte de la structure hiérarchique des données. Traditionnellement, l'estimation d'un modèle de régression multiple avec les moindres carrés ordinaires (MCO) sur ce type de données a procédé de deux approches. La première a consisté à imputer au niveau inférieur les données des niveaux supérieurs de la hiérarchie et à estimer le modèle en fonction des observations du premier niveau. Cette approche pose des problèmes importants, puisque l'imputation des données entraîne la violation du postulat d'indépendance et introduit de la covariation entre les observations partageant un même niveau dans la structure hiérarchique des données. Dans ces conditions, les estimations des pentes par les MCO deviennent instables et les erreurs types sous-estimées, c'est-à-dire trop petites (Hox et Kreft, 1994), ce qui mène à la conclusion erronée qu'il existe une relation significative entre une variable indépendante mesurée au niveau supérieur de la hiérarchie et la variable dépendante mesurée au niveau inférieur. Avec la seconde approche, les données du premier niveau sont agrégées aux niveaux supérieurs de la hiérarchie et le modèle de régression est estimé à partir des observations des niveaux supérieurs. Ici aussi des problèmes importants surgissent car, en agrégeant de la sorte, on perd l'information concernant la variation du premier niveau qui, dans certains cas, peut représenter plus de 80 % de la variation totale (De Leeuw, 1992). De plus, l'agrégation entraîne généralement des corrélations plus fortes, que l'on désigne par l'effet Robinson, et nous interdit de conclure sur les observations du premier niveau sans commettre l'erreur écologique (Bryk et Raudenbush, 1992).

Pour faire face à ces problèmes, il existe un ensemble de modèles statistiques, les modèles multiniveaux, qui permettent de mieux analyser les bases de données qui ont par leur nature une structure hiérarchique (Bryk et Raudenbush, 1992 ; Goldstein, 1986, 1995 ; Goldstein et McDonald, 1988 ; Hox et Kreft, 1994 ; Prosser, Rasbash et Goldstein, 1991 ; Snijders et Bosker, 1999). La formalisation mathématique de ces modèles est connue depuis une bonne trentaine d'années (Elston et Grizzle, 1962), mais ce n'est que depuis une dizaine d'années qu'il est techniquement possible d'en estimer les paramètres. Selon la discipline, on désigne ces modèles sous le nom de modèles multiniveaux ou modèles linéaires hiérarchiques (sociologie), modèles à effets mixtes ou modèles à effets aléatoires (biométrie), modèles de régression à coefficients aléatoires (économétrie). Il faut noter cependant que l'utilisation de ces modèles n'est pas très largement répandue et que ceux-ci semblent encore relativement méconnus des chercheurs francophones.

UN EXEMPLE APPLIQUÉ À UN PROBLÈME DE SANTÉ-SÉCURITÉ DU TRAVAIL

Nous allons maintenant présenter une analyse qui cherche à répondre à la question de l'impact des facteurs micro- et macro-organisationnels sur le niveau de prudence des équipes de travail en matière de SST. La prudence au travail est depuis longtemps considérée comme un élément important dans la prévention des accidents du travail, bien que plusieurs autres facteurs soient également des déterminants des lésions professionnelles (Simard et Marchand, 1994, 1996). Les études antérieures se sont surtout attardées à la modification des comportements des travailleurs en vue d'augmenter la conformité aux règlements de sécurité. Bien que ces études aient généré des résultats intéressants sur la modification des comportements, les limites des cadres théoriques et des échantillons utilisés laissent plusieurs questions sans réponse quant aux facteurs associés au niveau de prudence des travailleurs. Les résultats de l'analyse que nous présentons ici ont déjà fait l'objet d'une publication (Simard et Marchand, 1997). Il s'agit d'une analyse secondaire des données d'une recherche (Simard et Marchand, 1994) menée auprès d'un échantillon aléatoire de 97 établissements de 70 employés et plus du secteur manufacturier québécois (niveau 2). L'échantillon représente un total de 23 615 travailleurs de production regroupés dans 1061 équipes de travail (niveau 1) avec un nombre moyen de 10,9 équipes par établissement.

La variable dépendante est le niveau de prudence des équipes de travail qui est défini comme étant l'application, par les membres d'une équipe de travail dans l'exécution des tâches de production, d'un ensemble de règles formelles de sécurité prescrites par l'entreprise et le contremaître, par exemple appliquer les méthodes sécuritaires de travail, utiliser l'équipement de protection individuelle ou collective, etc. Il s'agit donc ici de l'application de règles formelles de sécurité et non pas de l'application de règles informelles de prudence que peuvent se donner les membres d'une équipe dans leur pratique de travail. Comme toutes les équipes ne sont pas semblables, pas plus que les établissements, on peut faire l'hypothèse que le niveau de prudence varie selon les équipes et les établissements.

Les variables indépendantes se regroupent sous deux grandes dimensions : les facteurs micro-organisationnels et les facteurs macro-organisationnels. Les facteurs micro-organisationnels sont conceptualisés comme étant les premiers déterminants du niveau de prudence des équipes de travail. Trois vecteurs de facteurs micro-organisationnels sont considérés. Le premier comprend trois variables qui permettent de mesurer certaines caractéristiques de l'activité de travail, telles que son caractère routinier (routine) ou non routinier (non-routine) et le niveau de risques (risques) qu'il comporte. Le deuxième vecteur comprend deux variables pour mesurer les caractéristiques du groupe de travail, à savoir son degré de cohésion (cohesion) interne et la nature plus ou moins coopérative (coop) de ses relations avec le superviseur. Enfin, le troisième vecteur consiste en deux variables mesurant, d'une part, le degré de gestion participative de la prévention par le superviseur (suparprev) et, d'autre part, l'ancienneté du superviseur (supexp). Puisque les variables micro-organisationnelles sont définies et mesurées au niveau de l'équipe de travail (niveau 1), elles peuvent expliquer la variation du niveau de prudence à l'intérieur et entre les établissements.

Les facteurs macro-organisationnels sont conceptualisés comme étant les déterminants secondaires du niveau de prudence des équipes de travail et ils peuvent modifier les effets des facteurs micro-organisationnels. Ils sont regroupés autour de deux grands vecteurs. Le premier comprend deux variables mesurant, sur le plan de la culture managériale de la SST, l'engagement des cadres en matière de SST (leadership), c'est-à-dire leur engagement personnel en termes d'attitudes favorables et de participation en matière de prévention. Sur le plan structurel, la seconde variable mesure le développement du programme de prévention et d'institution de structures paritaires de prévention (organsst). Le deuxième vecteur consiste en deux variables qui mesurent certaines caractéristiques du contexte organisationnel plus large. La première s'inspire de la théorie de la segmentation du marché du travail et mesure jusqu'à quel point l'entreprise est active dans le segment secondaire du marché du travail (segsecond). La seconde variable est une mesure du degré d'instabilité (instabilite) dans le contexte interne (relations industrielles) et externe (marché) de l'entreprise. Il est supposé que ces deux variables représentent des conditions structurelles pouvant exercer une influence négative sur la propension des équipes de travail à se comporter prudemment au travail. Comme les variables macro-organisationnelles sont définies et mesurées au niveau de l'établissement (niveau 2), elles ne peuvent expliquer la variation du niveau de prudence qui se retrouve entre les établissements.

La formalisation des relations repose sur les équations 1 à 8 que nous avons présentées précédemment et la stratégie d'analyse a consisté à estimer cinq modèles. Le premier donne une estimation de la distribution de la variance du niveau de prudence des équipes de travail selon le niveau 1 (équipes) et 2 (établissements). Les deuxième et troisième modèles estiment les effets des variables micro- et macro-organisationnelles séparément. Le quatrième inclut l'ensemble des variables indépendantes afin de produire un modèle conditionnel complet, tout en permettant d'observer la variation des paramètres entre les modèles. Le dernier modèle cherche à réduire aux seules variables significatives ($p < 0,05$) afin d'obtenir une explication plus parcimonieuse des variations de la prudence des équipes de travail. Les estimations ont été réalisées avec le logiciel ML3 3.2 (Prosser, Rasbash et Goldstein, 1991) qui est le précurseur du logiciel MLn (Rasbach et Woodhouse, 1995) maintenant disponible en version MS-Windows (Goldstein *et al.*, 1998). D'autres logiciels sont également disponibles dont on trouvera une brève description à l'annexe 1.

Le tableau 17.1 présente les estimations obtenues par les MCGI pour cinq modèles. Le premier est le modèle de la composition de la variance (équation 3) où l'on cherche à évaluer la moyenne générale et la distribution de la variance entre les deux niveaux. La moyenne générale est estimée à 74,71 avec une variabilité significative entre le niveau 1 ($\sigma^2_\varepsilon = 168,80$, $p = 0,00$) et le niveau 2 ($\sigma^2_\mu = 11,35$, $p = 0,00$). La corrélation intraclasse ρ_i (équation 4) s'élève à 0,07, c'est-à-dire que 7 % du total de la variance du niveau de prudence des équipes se trouve entre les établissements.

Le modèle 2 (équation 5) estime l'impact des variables indépendantes de niveau 1. On peut voir que les variables coopération équipe-contremaître (coop), cohésion du groupe ouvrier (cohesion) et supervision participative en SST (suparprev) sont significatives, puisque leur valeur de T (coefficient/erreur type) est plus grande que 2.

Tableau 17.1
Résultats obtenus pour cinq modèles multiniveaux

	Modèle 1		Modèle 2		Modèle 3		Modèle 4		Modèle 5	
	Y	T	Y	T	Y	T	Y	T	Y	T
Partie fixe										
Niveau 1										
Constante	74,71	130,75	75,00	164,76	74,97	135,15	74,95	164,87	75,04	16423
non-routine			−0,25	0,68			−0,27	0,74		
routine			0,01	0,02			0,01	0,02		
risques			−0,41	1,09			−0,36	0,94		
coop			4,65	12,74			4,71	12,87	4,69	12,89
cohesion			0,84	2,30			0,85	2,31	0,85	2,34
suparprev			2,91	7,54			2,92	7,36	3,03	7,93
supexp			0,65	1,77			0,67	1,83		
Niveau 2										
leadership					−0,75	1,46	0,72	1,65		
organsst					−0,23	0,39	−0,62	1,24		
segsecond					−0,96	1,70	0,08	0,16		
instabilite					−0,35	0,71	0,21	0,51		

Tableau 17.1
Résultats obtenus pour cinq modèles multiniveaux (*suite*)

	Modèle 1		Modèle 2		Modèle 3		Modèle 4		Modèle 5	
	Y	T	Y	T	Y	T	Y	T	Y	T
Partie aléatoire										
σ^2_μ	11,35	p = 0,00	4,81	p = 0,01	8,30	p = 0,00	4,27	p = 0,02	5,04	p = 0,01
σ^2_ε	160,80	p = 0,00	128,80	p = 0,00	161,40	p = 0,00	128,60	p = 0,00	129,30	p = 0,00
Statistiques										
Deviance	8448,95		8194,74		8443,11		8190,53		8199,97	
X²	–		254,21		5,84		258,42		248,98	
DL	–		7,00		4,00		11,00		3,00	
P	–		0,00		0,21		0,00		0,00	

Note : Pour un test bilatéral, les valeurs de T $\geq$2,00 sont p < 0,05 et T $\geq$2,60 sont p < 0,01.

Les valeurs positives des coefficients de régression montrent que ces variables contribuent à augmenter la perception du comportement de prudence des équipes, alors que le chi carré du modèle indique que les variables de niveau 1 ont substantiellement amélioré l'ajustement du modèle aux données.

Le modèle 3 (équation 6) estime l'impact des variables macro-organisationnelles. D'après les résultats obtenus, aucune de celles-ci n'influence la variation de la prudence des équipes qui se trouve entre les établissements, puisque les valeurs de T ne sont pas plus grandes que 2 et le X^2 du modèle n'est pas significatif. On peut voir ici que ce modèle contraint les variables de niveau 2 à n'expliquer que la variation qui se trouve entre les établissements. La valeur de σ^2_μ passe de 11,35 à 8,30 alors que, pour le niveau 1, σ^2_ε passe de 160,80 à 161,40 soit une très légère différence de 0,6 qui se situe dans la marge de tolérance de 1 % fixé aux estimations.

Le quatrième modèle est celui décrit par l'équation 8. Les résultats montrent que les variables de niveau 1 sont les seules qui influencent significativement la variation de la perception du comportement de prudence des équipes de travail.

Le modèle 5 cherche à réduire l'explication aux seules variables significatives ($p < 0,05$) du modèle 4. Si l'on calcule un rapport de vraisemblance entre 4 et 5, on obtient $X^2 = 9,44$ avec $dl = 8$ et $p = 0,31$. Le modèle 5 n'est donc pas statistiquement différent du modèle 4 et produit ainsi une explication plus parcimonieuse des variations de la perception de la prudence des équipes.

On peut évaluer la proportion ou le pourcentage de la variation expliquée (R^2) à chaque niveau par le modèle selon l'approche développée par Snijders et Bosker (1994). Critiquant les propriétés indésirables des approches antérieures utilisées pour calculer ces quantités qui étaient basées sur la réduction proportionnelle des variances résiduelles estimées (Bryk et Raudenbush, 1992 ; Prosser, Rasbash et Goldstein, 1991), les auteurs montrent qu'il faut plutôt travailler avec la réduction proportionnelle des carrés moyens des résidus associés à la prédiction des valeurs individuelles (niveau 1) et avec la réduction proportionnelle des carrés moyens des résidus associés à la prédiction des moyennes des groupes (niveau 2). On calculera donc R^2_2 pour le niveau 2 et R^2_1 pour le niveau 1 de la manière suivante :

$$R^2_2 = 1 - \frac{\left(\sigma^2_{\varepsilon 1}/n\right) + \sigma^2_{\mu 1}}{\left(\sigma^2_{\varepsilon 0}/n\right) + \sigma^2_{\mu 0}}$$

et,

$$R^2_1 = 1 - \frac{\sigma^2_{\varepsilon 1} + \sigma^2_{\mu 1}}{\sigma^2_{\varepsilon 0} + \sigma^2_{\mu 0}}$$

où

$\sigma^2_{\varepsilon 1}$ et $\sigma^2_{\mu 1}$ = modèle avec les variables indépendantes.

$\sigma^2_{\varepsilon 0}$ et $\sigma^2_{\mu 0}$ = modèle sans les variables indépendantes (constante seulement).

n = taille des groupes lorsqu'il y a le même nombre d'observations dans chaque groupe (devis balancé). Lorsque le devis est non balancé (nombre différent d'observations par groupe), on peut prendre une valeur de n considérée comme représentative ou encore la moyenne harmonique.

Le tableau 17.2 présente les valeurs de R^2_2 et R^2_1 pour les modèles du tableau 1.

Tableau 17.2

Proportion de la variance expliquée aux niveaux 1 et 2 selon les modèles estimés du tableau 17.1

	R^2_2	R^2_1
Modèle 2	0,36	0,22
Modèle 3	0,11	0,11
Modèle 4	0,38	0,23
Modèle 5	0,35	0,22

On peut voir que le modèle 5 (modèle parcimonieux) explique 22 % de la variation entre les équipes de travail (niveau 1) et 35 % de la variation entre les établissements (niveau 2).

COMPARAISON DE TROIS APPROCHES

On peut se demander quels auraient été les résultats si les approches traditionnelles avaient été utilisées sur les mêmes données et ainsi poser la question de la réelle utilité de l'analyse multiniveaux pour les données que nous avons utilisées. Le tableau 17.3 présente les résultats de la comparaison de trois modèles de régression, le premier étant basé sur l'imputation des données du niveau 2, le deuxième sur l'agrégation des variables de niveau 1 et le dernier sur l'approche multiniveaux.

Tableau 17.3
Comparaison de trois modèles

Variables explicatives	Modèle imputation		Modèle agrégation		Modèle multiniveaux	
	Estimation	T	Estimation	T	Estimation	T
Niveau 1						
constante	74,93	210,77	75,02	103,92	74,95	164,87
non-routine	−0,40	1,11	−1,81	1,66	−0,27	0,74
routine	−0,18	0,49	0,35	0,33	0,01	0,02
risques	−0,33	0,89	−0,79	0,65	−0,36	0,94
coop	4,74	12,91	7,58	6,20	4,71	12,87
cohesion	0,89	2,42	1,52	1,18	0,85	2,31
suparprev	2,89	7,39	2,19	2,08	2,92	7,36
supexp	0,66	1,81	1,72	1,52	0,67	1,83
Niveau 2						
leadership	0,89	2,31	0,76	1,19	0,72	1,65
organsst	−0,34	0,82	−1,05	1,53	−0,62	1,24
segsecond	0,13	0,32	0,31	0,46	0,08	0,16
instabilite	0,12	0,34	0,49	0,91	0,21	0,51
Variance résiduelle	134,09		33,78		4,27 (2) 128,60 (1)	

On peut voir que, comparativement au modèle multiniveaux, l'imputation des variables de niveau 1 amènerait à conclure que la culture managériale de SST (leadership) a un effet significatif sur le comportement de prudence des équipes de travail, alors que cet effet est le résultat de l'estimation d'une erreur type trop petite. Dans le modèle basé sur l'agrégation, on peut noter que cette approche fait disparaître l'effet de la cohésion du groupe ouvrier (cohesion) et produit des pentes de régression beaucoup trop grandes comparativement à celles obtenues sur la base des observations du niveau 1. Par ailleurs, le modèle agrégation ne permet pas de conclure sur les variations du comportement des équipes, mais plutôt sur les variations de la prudence entre les établissements. Enfin, le modèle multiniveaux comporte une variance résiduelle plus faible que dans les deux autres modèles et l'écart est particulièrement prononcé pour le modèle agrégation (33,78 *vs* 4,27). Une plus faible variance résiduelle confère ainsi au modèle multiniveaux une capacité plus grande à expliquer la variation intra- et interétablissement du comportement de prudence des équipes de travail. On trouvera dans Bryk et Raudenbush (1992) une présentation détaillée de l'écart entre les analyses traditionnelles (imputation, agrégation) et l'analyse multiniveaux.

CONCLUSION

L'analyse multiniveaux représente une véritable petite révolution dans le domaine des méthodes quantitatives en ce qui a trait au traitement des bases de données hiérarchiques. Elle nous fait gagner beaucoup plus de précision sur l'estimation des pentes de régression et des erreurs types et nous amène a mieux cerner l'effet de variables mesurées à différents niveaux de la hiérarchie des données. Elle est la seule qui est statistiquement juste, car elle fait le plein de la totalité de l'information disponible, elle tient compte de la covariation et elle ne présume pas de l'indépendance des observations. Dans ces conditions, il n'est plus possible de justifier l'utilisation des méthodes quantitatives classiques lorsque les données ont de leur nature une structure hiérarchique. Les développements des dernières années ont d'ailleurs favorisé l'extension du potentiel d'application de la modélisation multiniveaux. Comme le suggèrent plusieurs auteurs, l'analyse multiniveaux peut être utilisée avec une variable dépendante dichotomique, de proportion, multinominale et ordonnée, dans des schèmes multivariés et longitudinaux, avec des modèles à équations structurelles, dans des méta-analyses, dans l'estimation de courbes de croissance ou de développement, dans l'analyse des séries chronologiques, des modèles de survie ou d'événements historiques (*Event History Analysis*).

Avec les modèles multiniveaux, l'analyse quantitative en sciences sociales se retrouve donc aujourd'hui beaucoup mieux outillée pour aborder la vérification d'hypothèses et de théories traitant entre autres de l'influence de variables de contexte, d'organisation ou d'environnement sur le comportement des individus ou des groupes. Il va sans dire que l'analyse multiniveaux peut apporter une contribution importante dans les recherches en prévention-intervention. On peut penser à des études cherchant à vérifier quantitativement l'effet d'une intervention menée par exemple sur plusieurs organisations afin d'évaluer correctement l'effet de variables contextuelles à l'œuvre dans le succès ou l'échec de l'intervention. Aussi, on peut penser à employer les modèles multiniveaux pour évaluer les effets des variables de contextes familiaux ou d'environnements socioéconomiques sur les comportements préventifs ou à risque d'un individu. Les possibilités d'analyse n'ont de limites que notre imagination et, bien sûr, nos théories.

ANNEXE 1

Il existe actuellement sur le marché plusieurs logiciels qui facilitent l'estimation de modèles multiniveaux. BMDP (BMDP3V) et SAS (MIXED) ont des procédures, mais les programmes les plus populaires fonctionnent dans un environnement MS-Windows : HLM et MLwiN. D'autres logiciels de type DOS existent également, comme VARCL, MIXREG, MIXOR et EGRET. MIXREG et MIXOR sont des logiciels gratuits et disponibles depuis peu en version MS-Windows. On trouvera une comparaison des algorithmes d'estimation dans Hox et Kreft (1994) ainsi que dans Snijders et Bosker (1999). Enfin, la dernière version de LISREL (8.3) permet l'estimation de modèles à équations structurelles multiniveaux.

MLwiN est cependant l'un des plus complets, car il permet d'analyser non seulement une variable dépendante continue, mais aussi une variable dépendante dichotomique, multinominale ou ordonnée, et offre la possibilité d'analyser des séries chronologiques, des modèles de survie et des événements historiques (*Event History Analysis*). Il n'impose pas de restrictions quant au nombre de niveaux présents dans les données ; de plus, on peut facilement écrire des routines (macros) pour répondre à des besoins particuliers d'estimation.

Il existe un site Web pour rejoindre l'équipe du « Multilevel Models Project », responsable entre autres du développement de MLwiN.
Pour l'Amérique du Nord : http://www.medent.umontreal.ca/multilevel/
Pour l'Europe : http://www.ioe.ac.uk/multilevel/

Il existe également une liste électronique de discussions sur les modèles multiniveaux. Il faut envoyer un message à l'adresse suivante : mailbase@mailbase.ac.uk avec comme corps du message : join multilevel prénom nom.

BIBLIOGRAPHIE

BRYK, A.S. et S.W. RAUDENBUSH (1992). *Hierarchical Linear Models : Application and Data Analysis Methods*, Londres, Sage Publications.

DE LEEUW, J. (1992). « Series editor's introduction to hierarchical linear models », dans A.S. Bryk et S.W. Raudenbush (dir.), *Hierarchical Linear Models : Application and Data Analysis Methods*, Londres, Sage Publications, p. xiii-xvi.

DUNCAN, C., K. JONES et G. MOON (1995). « Blood pressure, age and gender », dans G. Woodhouse (dir.), *A Guide to MLn New Users. Multilevel Models Project*, Institute of Education, University of London, p. 59-85.

ELSTON, R.C. et J.E. GRIZZLE (1962). «Estimation of time response curves and their confidence bands», *Biometrics*, vol. 18, p. 148-159.

GOLDSTEIN, H. (1986). «Multilevel mixed linear model analysis using iterative generalized least square», *Biometrika*, 73, p. 43-56.

GOLDSTEIN, H. (1995). *Multilevel Statistical Models*, Londres, Edward Arnold et New York, Halstead Press.

GOLDSTEIN, H. et R. MCDONALD (1988). «A general model for the analysis of multilevel data», *Psychometrika*, vol. 53, p. 455-467.

GOLDSTEIN, H., J. RASBASH, I. PLEWIS, D. DRAPER, W. BROWNE, M. YANG, G. WOODHOUSE et M. HEALY (1998). *A User's Guide to MlwiN*, Multilevel Models Project, Institute of Education, University of London.

HOX, J.J. (1994). *Applied Multilevel Analysis*, Amsterdam, TT-Publikaties.

HOX, J.J. et I.G.G. KREFT (dir.) (1994). «Multilevel analysis methods», *Sociological Methods and Research*, vol. 22, p. 283-299.

KAPLAN, D. et P.R. ELLIOT (1997). «A didactic example of multilevel structural equation modeling applicable to the study of organization», *Structural Equation Modeling*, vol. 4, n° 1, p. 1-24.

MCDONALD, R.P. (1994). «The bilevel reticular action model for path analysis with latent variables», *Sociological Methods and Research*, vol. 22, p. 399-413.

MUTHEN, B.O. (1989). «Latent variable modeling in heterogeneous population», *Psychometrika*, vol. 54, p. 557-585.

MUTHEN, B.O. (1994). «Multilevel covariance structure analysis», *Sociological Methods and Research*, vol. 22, n° 3, p. 364-375.

PATTERSON, L. (1991). «Multilevel logistic regression», dans R. Prosser, J. Rasbash et H. Goldstein (dir.), *Data Analysis with ML3*, Institute of Education, University of London, p. 5-18.

PATTERSON, L. (1995). «Entry to university by school leavers», dans G. Woodhouse (dir.), *A Guide to MLn New Users*, Multilevel Models Project, Institute of Education, University of London, p. 87-101.

PLEWIS, I. (1991). «Repeated measures models», dans R. Prosser, J. Rasbash et H. Goldstein (dir.), *Data Analysis with ML3*, Institute of Education, University of London, p. 44-58.

PROSSER, R., J. RASBASH et H. GOLDSTEIN (1991). *ML3 Software for Three-level Analysis Users' Guide for V.2*, Institute of Education, University of London.

PROSSER, R., J. RASBASH et H. GOLDSTEIN (2000). *Data Analysis with ML3*, Institute of Education, University of London, p. 5-18.

RASBACH, J. et G. WOODHOUSE (1995). *MLn Command Reference Guide*, Multilevel Models Project, Institute of Education, University of London.

SIMARD, M. et A. MARCHAND (1994). «The behaviour of first-line supervisors in prevention and effectivness in occupational safety», *Safety Science*, vol. 17, p. 169-185

SIMARD, M. et A. MARCHAND (1995). « A multilevel analysis of factors related to the taking of safety initiatives by work groups », *Safety Science*, vol. 21, p. 113-129.

SIMARD, M. et A. MARCHAND (1996). « Participation des travailleurs à la sécurité et taux d'accident du travail », *Psychologie du travail et des organisations*, vol. 2, nᵒ 4, p. 34-44.

SIMARD, M. et A. MARCHAND (1997). « Workgroups' propensity to comply with safety rules : the influence of micro-macro organizational factors », *Ergonomics*, vol. 40, nᵒ 2, p. 172-188.

SNIJDERS, T.A.B. et R.J. BOSKER (1994). « Modeled variance in two-level models », *Sociological Methods and Research*, vol. 22, p. 342-363.

SNIJDERS, T.A.B. et R.J. BOSKER (1999). « Multilevel analysis. An introduction to basic and advanced multilevel modeling », Londres, Sage Publications.

WOODHOUSE, G. (dir.) (1995). *A Guide to MLn New Users*, Multilevel Models Project, Institute of Education, University of London.

YANG, M., J. RASBASH et H. GOLDSTEIN (1998). *MLwiN Macros for Advanced Multilevel Modeling*, Multilevel Models Project, Institute of Education, University of London.

18

L'ÉVALUATION DE PROGRAMME
Notions de base

CÉLINE MERCIER, Ph. D.
Centre de recherche, Hôpital Douglas
Département de psychiatrie, Faculté de médecine, Université McGill

MICHEL PERREAULT, Ph. D.
Centre de recherche, Hôpital Douglas
Département de psychiatrie, Faculté de médecine, Université McGill

Résumé

Au cours des dernières années, divers types d'évaluation faisant appel à différentes approches ont été développés et documentés. Le présent chapitre vise à introduire les principaux types d'évaluation et les questions évaluatives qui leur sont associées. Ces questions peuvent se rapporter à l'existence même d'un programme, à l'évaluation de son implantation, de son impact, de son efficacité et de son efficience. Différentes approches peuvent être mises en œuvre pour caractériser la façon dont l'évaluation sera réalisée. Celle-ci peut être formative ou sommative, s'effectuer dans des conditions expérimentales ou naturelles, selon une méthodologie qualitative ou quantitative, être effectuée de l'«interne» ou de l'«externe», avec différents niveaux de participation des groupes concernés. Toutefois, peu importe l'approche utilisée, il faut franchir une série d'étapes pour réaliser une évaluation. Celles-ci seront abordées brièvement, depuis la formulation des objectifs d'évaluation jusqu'à l'adoption d'un plan d'évaluation comportant un plan de communication des résultats.

Après la Deuxième Guerre mondiale, le gouvernement américain s'est engagé dans de nombreux programmes publics en éducation, en santé et dans les services sociaux. Ce nouveau rôle du gouvernement a soulevé la nécessité d'évaluer les programmes mis en place ; les chercheurs des principales disciplines concernées par ces programmes ont donc mis à profit leur méthodologie de recherche respective dans le but de procéder à cette évaluation. Dans ce contexte d'approche multidisciplinaire, l'évaluation de programme a principalement impliqué, jusqu'ici, des chercheurs des domaines de l'éducation, de la psychologie, de l'administration, de l'économie et de la sociologie.

Alors que les développements sociaux ont favorisé l'émergence de l'évaluation aux États-Unis ainsi qu'au Canada dans les années 1960 et 1970, sa popularité croissante a surtout été reliée au contexte des contraintes budgétaires des années 1980. Bien que la conception courante de l'évaluation se limite souvent au fait que l'on puisse juger si un programme vaut la peine d'être poursuivi ou encore s'il doit être aboli, elle permet aussi de traiter d'autres questions. Il existe en effet différents types d'évaluation selon les questions que l'on se pose par rapport à un programme. Le présent chapitre propose un bref survol des principales notions reliées à l'évaluation de programme, de même que les types d'évaluation qui leur sont associés. On y décrit aussi différentes approches en évaluation et les étapes de réalisation d'une évaluation.

UN PROGRAMME, C'EST QUOI ?

Un programme peut être relativement « simple », par exemple un programme de formation pour un groupe de professionnels. À l'opposé, le programme peut être très complexe et regrouper un grand nombre d'activités ; c'est le cas du programme d'éducation permanente d'une commission scolaire ou encore du programme d'assurance médicaments du ministère de la Santé et des Services sociaux.

Toutefois, en évaluation de programme, l'un des premiers constats de l'évaluateur est souvent de découvrir que l'entité qu'il comptait évaluer ne constitue pas vraiment un programme. En effet, un regroupement d'activités, qu'elles soient reliées ou non à un même centre de coûts, ne représente pas nécessairement un programme. La définition proposée par le Groupe des responsables de l'analyse et de l'évaluation de programme[1]

---

1. GRAEP, cité dans H. Desrosiers, *Cadre de pratique pour l'évaluation des programmes. Applications en promotion de la santé et en toxicomanie*, Gouvernement du Québec, Ministère de la Santé et des Services sociaux, 1998.

en énumère les composantes essentielles. Selon cette définition, on peut parler d'un programme si l'on trouve :

a) *un ensemble cohérent, organisé et structuré d'objectifs, d'activités et de ressources* regroupés de façon à offrir des

b) *services ou produits spécifiques* à une

c) *population cible.*

L'ÉVALUATION DE PROGRAMME : UNE DÉFINITION

Plusieurs définitions de l'évaluation de programme ont aussi été proposées. Mercier[2] propose une synthèse de ces définitions à partir d'un schéma qui tient compte à la fois des composantes, des types et des finalités de l'évaluation. L'évaluation de programme y est présentée comme une collecte systématique de données sur les composantes d'un programme, son fonctionnement, ses effets, pour prendre les meilleures décisions à son sujet, en améliorer le fonctionnement ou l'efficacité et développer les connaissances.

Ce schéma traduit d'abord le fait que la collecte des données peut s'effectuer à chacun des niveaux d'un programme : celui de la structure ou des composantes, y compris les ressources humaines, financières et matérielles ; celui du processus ou du fonctionnement, soit l'organisation interne, les activités ; et celui des effets ou des résultats, c'est-à-dire les produits et services offerts ainsi que les effets sur la population cible. Ces niveaux correspondent à différents types d'évaluation, comme on le verra plus loin.

Un élément clé de cette définition est le caractère systématique de la collecte de données. L'évaluation est une activité habituelle chez la plupart des gestionnaires ou des intervenants. Ceux-ci procèdent de façon régulière à des retours sur l'action, font le point sur le déroulement de leurs activités par rapport à leurs prévisions ou s'interrogent sur l'évolution de leur clientèle. Ce qui distingue l'évaluation de programme par rapport à ces activités, c'est que les jugements portés se fondent sur des informations recueillies de façon constante, régulière et délibérée, selon un protocole précis.

---

2. C. Mercier, « L'évaluation des programmes d'intervention en milieu naturel », *Revue canadienne d'évaluation de programme*, vol. 5, n° 1, 1990, p. 1-16.

Cette information est aussi recueillie à l'intention d'un groupe spécifique de personnes, l'équipe d'intervention, les gestionnaires ou les bailleurs de fonds, par exemple. Elle peut être colligée principalement à des fins internes, pour améliorer le programme, ou être utilisée pour appuyer la prise de décisions à l'intérieur de l'organisation ou dans un cadre plus large impliquant des décideurs rattachés à d'autres organisations. Ainsi, certaines évaluations sont plus « administratives » et supportent la gestion d'un programme et l'allocation des ressources. D'autres seront plutôt « normatives », alors que la prise de décisions (quant à poursuivre, modifier ou interrompre un programme) sera appuyée sur un jugement à partir de critères déterminés (comme l'efficacité, par exemple). Enfin, dans certains cas, l'évaluation d'un programme vise d'abord à vérifier des hypothèses quant à son fonctionnement ou à son efficacité, de façon à faire avancer les connaissances dans un domaine donné d'intervention.

Il existe une distinction entre recherche évaluative et évaluation de programme. Rossi et Freeman[3] définissent la recherche évaluative comme « l'application systématique des procédures de la recherche sociale pour évaluer la conceptualisation, le devis, l'implantation et l'utilité des programmes d'intervention sociale ». La recherche évaluative procède surtout suivant une démarche de recherche fondamentale, en ce sens qu'elle vise d'abord l'avancement général des connaissances à partir de la vérification d'hypothèses (sur l'efficacité d'un programme expérimental ou sur les liens entre les composantes d'un programme et le niveau de résultats obtenus, par exemple), dans des conditions où les variables étudiées sont bien contrôlées. L'évaluation de programme relève de la recherche appliquée, elle est plus orientée vers la gestion et se réalise le plus souvent dans les conditions de mise en œuvre habituelles et quotidiennes des programmes.

L'évaluation de programme est généralement menée par des chercheurs, mais elle est orientée vers les préoccupations des responsables de programmes et des équipes d'intervention. Selon l'objet du programme, elle fera appel à des disciplines différentes. L'évaluation de programme est elle-même un champ interdisciplinaire, puisque plusieurs types d'expertise doivent être mobilisés pour répondre aux différents types de questions qui relèvent de son champ d'études.

---

3. P.H. Rossi et H.E. Freeman, *Evaluation: A Systematic Approach*, Newbury Park, CA, Sage Publications, 1993, p. 5.

LES TYPES D'ÉVALUATION

Cinq grands ensembles de questions peuvent être posées à l'égard d'un programme, selon son niveau de développement ou suivant que l'on s'intéresse à la structure, au processus ou aux résultats. Différents types d'évaluation peuvent être associés à ces questions.

QUEL EST LE PROBLÈME ?

On détermine d'abord qu'un besoin ou un problème est suffisamment important pour justifier la pertinence de consacrer des ressources à la mise en place ou à la consolidation d'une intervention. On procède à une *évaluation des besoins* pour mieux connaître la situation de la population visée ou du problème à résoudre. Ce type d'évaluation s'appuie générale-ment sur des données quantitatives, des indicateurs sociodémographiques et d'utilisation des services, des résultats d'enquêtes épidémiologiques ou de sondages, ainsi que sur des approches qualitatives qui consistent à effectuer des entrevues individuelles, à former des groupes de discussion avec des «informateurs clés» ou à organiser des séances publiques de consultation. On peut aussi utiliser les résultats d'études qui ont déjà été menées sur le sujet[4].

QUEL GENRE DE PROGRAMME DOIT-ON METTRE SUR PIED ?

Cette question relève de la planification plutôt que de l'évaluation. Elle cherche principalement à préciser les objectifs d'intervention et à choisir les modes d'action les plus appropriés eu égard aux besoins relevés, aux objectifs visés et aux ressources disponibles. À cette étape, il arrive de plus en plus fréquemment que l'on considère les résultats d'évaluations anté-rieures pour concevoir des programmes sur la base de données probantes. Ainsi, la littérature spécialisée peut fournir des indications sur le type de programme le mieux adapté à tel type de clientèle ou le plus performant, dans des circonstances données, pour agir sur un problème. Dans certains cas, il arrive même que l'on ait pu identifier les composantes essentielles pour obtenir les effets attendus.

---

4. R. Mayer et F. Ouellet, *Méthodologie de recherche pour les intervenants sociaux*, Montréal, Gaëtan Morin éditeur, 1991.

CE PROGRAMME FONCTIONNE-T-IL DE LA FAÇON PRÉVUE ?

Lorsqu'un programme est mis sur pied, il importe d'effectuer une *évaluation d'implantation*. Ce type d'évaluation permet de répondre à des questions du type : Est-ce que les activités prévues sont effectivement réalisées ? Est-ce que le programme rejoint la clientèle pour laquelle il a été conçu ? Les services sont-ils utilisés comme cela a été prévu ? Les composantes considérées comme essentielles sont-elles présentes ? Les ressources prévues leur ont-elles été affectées ? Si l'on observe un écart entre ce qui est réalisé et ce qui était prévu, à quoi peut-on attribuer cet écart ? Quels sont les obstacles et les éléments facilitateurs pour la mise en place et le maintien du programme ? À cette étape, on s'intéresse à l'évaluation du processus qui entoure la mise en place du programme, à son fonctionnement habituel ainsi qu'à son utilisation et à son évolution. Ces informations sont essentielles si l'on veut reproduire le même programme ailleurs et obtenir les mêmes résultats, pour expliquer comment les effets sont produits ou pour effectuer les ajustements nécessités par des changements dans la problématique ou le contexte[5]. Les données de fonctionnement, telles que le nombre de personnes rejointes par le programme, leurs caractéristiques et leur mode d'utilisation des services offerts, le nombre et la nature des activités des membres de l'équipe, les relations avec des programmes connexes, sont importantes dans ce type d'évaluation. L'observation directe et des entrevues avec des représentants des différents groupes d'intérêt (usagers, intervenants, administrateurs et membres de la communauté) sont aussi des sources essentielles de données.

QUELS SONT LES EFFETS DU PROGRAMME ?

Essentiellement, un programme est mis sur pied pour atteindre des objectifs et produire des résultats. Les effets d'un programme sont de deux ordres : ceux qui étaient attendus, mais aussi ceux qui ne l'étaient pas. Par exemple, un programme qui viserait à promouvoir l'utilisation de lotion solaire pour se protéger des rayons nocifs du soleil peut avoir des effets bénéfiques en augmentant l'utilisation de ce type de lotion. C'est un *effet prévu*. Par contre, si l'utilisation de ce type de lotion induit un faux sentiment de sécurité chez certains utilisateurs et que ceux-ci augmentent leur exposition au soleil, il s'agit alors d'un *effet non prévu* qui va à l'encontre du but premier du programme. L'*évaluation de l'efficacité* s'intéresse aux effets prévus, c'est-à-dire aux résultats attendus, étant donné les objectifs poursuivis auprès de la population cible ou quant au problème à résoudre. L'*évaluation de l'impact* recouvre l'ensemble des effets observés, prévus

---

5. F. Champagne et J.L. Denis, « Pour une évaluation sensible à l'environnement des interventions : l'analyse de l'implantation », *Service social*, vol. 41, n⁰ 1, 1992, p. 143-163.

aussi bien qu'inattendus, désirables aussi bien que neutres ou négatifs. Ces effets peuvent être reliés au problème ou à la population visée, mais aussi à d'autres problématiques, à d'autres populations, au milieu dans son ensemble ou à la population en général[6].

Les devis de recherche pour évaluer les effets d'un programme sont généralement complexes[7]. Comme on veut établir des liens entre la participation au programme et des effets que celui-ci aurait provoqués, on fait idéalement appel à des devis expérimentaux. Dans ces devis, les participants au programme sont répartis au hasard dans le groupe expérimental (lequel reçoit le programme à évaluer) ou dans un ou des groupes témoins (lesquels ne participent à aucun programme ou relèvent d'un autre programme). Les devis quasi expérimentaux permettent aussi de comparer les progrès des participants dans le temps, mais leurs conclusions sont moins robustes. Ces devis font généralement appel à des mesures quantitatives validées, appliquées à des populations homogènes, pour évaluer des programmes très bien implantés, aux objectifs clairement définis. Ils ont pour fonction d'éliminer les hypothèses alternatives, c'est-à-dire les facteurs autres que ceux reliés au programme qui auraient pu causer les résultats observés (par exemple la maturation naturelle des participants, des événements déterminants dans leur vie ou la participation à un autre programme).

L'évaluation des effets n'est pas indépendante de l'évaluation de l'implantation. Pour qu'un programme puisse produire des effets, il faut que les activités prévues se réalisent ou que les services soient offerts. Il faut aussi que les publics visés participent à ces activités ou reçoivent ces services avec suffisamment d'intensité et assez longtemps pour que ces derniers puissent produire les effets attendus. Ainsi les conditions préalables à la production des effets sont-elles reliées à l'intégrité et à l'intensité du programme offert ainsi qu'à un niveau d'exposition suffisant chez les participants[8].

---

6. L.B. Mohr, *Impact Analysis for Program Evaluation*, Newbury Park, CA, Sage Publications, 1992.

7. Pour une présentation détaillée des différents devis, consulter Bouchard et Cyr (1998) ou Pineault et Daveluy (1995).

8. W.H. Yeaton et L. Sechrest, « Critical dimensions in the choice and maintenance of successful treatments : Strength, integrity and effectiveness », *Journal of Consulting and Clinical Psychology*, vol. 49, 1981, p. 156-167.

Est-ce que les coûts du programme sont justifiés ?

En documentant les effets du programme et les coûts qui y sont associés, il devient possible de mener une évaluation *coûts-bénéfices* ou *coûts-avantages*. Dans ce type d'étude très complexe, on tente de chiffrer les avantages du programme en argent et de les comparer aux coûts du programme lui-même (**le rendement**). Un type d'étude plus fréquent et plus aisément réalisable est *l'analyse coûts-efficacité*, laquelle examine les résultats du programme, sans qu'ils soient chiffrés en argent, en fonction des coûts générés par le programme. De telles *évaluations de l'efficience* peuvent répondre à des questions comme : À quel coût peut-on produire tel effet ? Peut-on produire le même effet à un coût moindre ? Si deux interventions permettent d'obtenir les mêmes résultats, laquelle est la moins coûteuse (soit la plus efficiente)[9] ?

DIFFÉRENTES APPROCHES EN ÉVALUATION

Les types d'évaluation sont définis en fonction des questions auxquelles l'évaluation doit répondre. Lorsqu'on parle d'approches en évaluation, on fait essentiellement référence aux façons de procéder pour réaliser l'évaluation, indépendamment du type d'évaluation à réaliser. À cet égard, on peut se poser les questions suivantes.

Évaluation formative ou évaluation sommative ?

Lorsqu'une évaluation est effectuée suivant une approche formative, les données sont analysées de façon périodique et les résultats sont transmis de façon régulière aux personnes intéressées. L'évaluateur se définit comme un acteur dans le programme, et l'évaluation vise à influencer directement et à court terme le programme. L'information transmise vise à améliorer la planification ou la prestation des services, les résultats obtenus, l'efficacité ou l'efficience.

Dans le cas de l'évaluation sommative, on cherche au contraire à influencer le moins possible le programme : on souhaite qu'il ne subisse aucune modification durant la période de l'évaluation, de façon que les résultats observés correspondent aux caractéristiques du programme telles qu'elles ont été appréhendées au début de l'étude. Ce souci pour le maintien des conditions initiales s'explique par les finalités de l'évaluation sommative. Celle-ci vise à poser un jugement sur la valeur du programme,

---

9. T.F. Nas, *Cost-Benefit Analysis: Theory and Application*, Thousand Oaks, CA, Sage Publications, 1996.

à savoir s'il doit être poursuivi, généralisé, modifié ou au contraire abandonné. L'évaluation sommative peut aussi viser à faire un choix entre deux programmes, de façon à retenir le plus efficace ou le plus efficient. Pour prendre la décision appropriée, il faut être capable d'établir le plus précisément possible une relation de cause à effet entre les activités du programme et les résultats obtenus, d'où l'importance que toutes ses composantes restent stables tout au long de l'évaluation. Les devis expérimentaux ou quasi expérimentaux sont généralement privilégiés en évaluation formative.

ÉVALUATION DANS DES CONDITIONS EXPÉRIMENTALES OU NATURELLES ?

L'évaluation s'est développée au départ sur le modèle des sciences exactes, avec pour objectif d'établir de la façon la plus valide possible une relation de causalité entre deux phénomènes. En termes d'évaluation, cela se traduit par la volonté d'attribuer les effets observés au programme, au service ou à l'intervention étudiée, en contrôlant les autres explications possibles des effets. Pour démontrer que ces résultats sont véritablement attribuables au programme, on privilégie des situations expérimentales. Dans ces situations dites expérimentales, on cherche à produire les conditions idéales et contrôlées. La population étudiée correspond exactement à la population cible, l'intervention est offerte par des personnes très bien formées, on contrôle ou on note tous les faits qui pourraient venir modifier les conditions expérimentales. Le protocole d'évaluation définit de façon très précise les critères d'inclusion et d'exclusion de l'étude, la durée minimale de participation, les interventions à évaluer. Généralement, les participants ne doivent pas être inscrits à un autre programme et l'équipe d'évaluation veille soigneusement à ne pas influencer le programme tout comme dans l'approche sommative.

L'évaluation en milieu naturel correspond à celle qui se déroule dans les conditions ordinaires d'un programme, avec sa clientèle habituelle, en fonction de ses activités courantes. Plutôt que de contrôler les conditions expérimentales, on cherche à les connaître et à les décrire le mieux possible. L'opposition entre les tenants de l'évaluation dans des conditions contrôlées ou dans des conditions naturelles suscite en ce moment des débats passionnés[10].

---

10. G.R. Vanden Bos, «Outcome assessment of psychotherapy», *American Psychologist*, vol. 51, n° 10 (numéro spécial), 1996, p. 1005-1007.

MÉTHODE QUANTITATIVE OU QUALITATIVE ?

À l'origine, l'évaluation de programme s'est développée comme une discipline essentiellement quantitative, c'est-à-dire en utilisant des instruments de collectes de données numériques et d'analyses statistiques. Cependant, la contribution de données et d'analyses de type qualitatif à l'évaluation de programme est maintenant largement reconnue[11]. Ces données sont recueillies à l'aide d'entrevues individuelles ou de groupe, de rapports d'observations, de documents écrits. Elles sont analysées suivant des méthodes d'analyse de contenu[12], des méthodes matricielles et graphiques[13] ou d'élaboration suivant la théorisation ancrée[14]. Les frontières entre les méthodes quantitatives et qualitatives ne sont pas étanches par ailleurs, puisque des données qualitatives (des données d'observation) peuvent être traitées de façon quantitative.

Les approches, qualitative aussi bien que quantitative, se prêtent aux différents types d'évaluation. Pour un projet donné, on peut les utiliser de façon exclusive ou combinée[15]. C'est généralement le contexte qui détermine le recours à l'une ou l'autre des approches. La tendance actuelle est par ailleurs de compléter et d'enrichir une évaluation quantitative par des données qualitatives ou vice-versa.

ÉVALUATION INTERNE OU ÉVALUATION EXTERNE ?

Vaut-il mieux que l'organisme qui applique un programme prenne en charge l'évaluation (évaluation interne[16]) ou est-il préférable de confier celle-ci à une équipe d'évaluateurs externes ? Les approches d'évaluation interne ou externe ont l'une et l'autre leurs avantages et leurs limites[17]. Ainsi, si l'évaluation s'inscrit comme une fonction à l'intérieur du programme, on considère que les questions d'évaluation seront mieux adaptées aux préoccupations de l'organisation et que les résultats ont de plus grandes chances d'être utilisés à des fins cliniques ou administratives. De

---

11. M.Q. Patton, *Qualitative Evaluation and Research Methods*, Newbury Park, CA, Sage Publications, 1990.

12. M. Kelly, « L'analyse de contenu », dans B. Gauthier, *Recherche sociale. De la problématique à la collecte de données*, Sainte-Foy, Presses de l'Université du Québec, 1992.

13. M.B. Miles et A.M. Huberman, *Qualitative Data Analysis*, Beverly Hills, CA, Sage Publications, 1984.

14. A.L. Strauss et J. Corbin, *Basics of Qualitative Research: Grounded Theory Procedures and Techniques*, Newbury Park, CA, Sage Publications. 1990.

15. N. Péladeau et C. Mercier, « Approches qualitative et quantitative en évaluation de programmes », *Sociologie et Sociétés*, vol. XXV, n° 2, 1993, p. 111-124.

16. A.J. Love, *Internal Evaluation*, Thousand Oaks, CA, Sage Publications, 1991.

17. M. Scriven, *Evaluation Thesaurus*, Newbury Park, CA, Sage Publications, 1991.

même, une équipe interne d'évaluation est mieux à même de produire un protocole d'évaluation « sur mesure », sur la base de sa connaissance des groupes de clientèle, des processus et du contexte. On peut aussi présumer que l'anxiété et la résistance à l'évaluation seront moins élevées si celle-ci émane de l'interne. Par contre, l'évaluateur interne risque d'être plus sujet à des pressions internes ou d'être plus exposé à des conflits d'intérêts. Les résultats de l'évaluation, surtout s'ils sont positifs, peuvent aussi être considérés comme moins crédibles si l'évaluation a été réalisée par des personnes reliées au programme.

L'évaluation externe répond plus strictement à la fonction critique de l'évaluation, en même temps qu'elle est moins soumise aux pressions de l'organisation. Ce regard externe et cette indépendance sont tout relatifs, mais assurément plus élevés que pour des évaluateurs membres de l'organisation. De ce fait, la crédibilité des résultats de l'évaluation est généralement plus élevée lorsqu'ils sont produits par des évaluateurs externes. Lorsque l'évaluation vise à convaincre (des bailleurs de fonds, des gestionnaires, par exemple), ou lorsqu'il s'agit de faire la démonstration de l'efficacité ou de l'efficience d'un programme, on s'en reporte généralement à une évaluation externe.

Ces avantages et ces limites sont par ailleurs relatifs. Un évaluateur externe peut mettre en place un processus d'évaluation où l'implication des différents groupes concernés favorisera l'ajustement de l'évaluation aux préoccupations du milieu et encouragera une utilisation élevée des résultats. De même, une équipe interne peut réaliser une évaluation d'efficacité hautement crédible, étant donné la rigueur de son schéma expérimental.

PARTICIPATION DES GROUPES CONCERNÉS OU PARTICIPATION LIMITÉE À L'ÉQUIPE D'ÉVALUATION ?

Une modification fondamentale dans la pratique de l'évaluation ces dernières années est la place accordée aux groupes touchés à divers titres par l'évaluation du programme : bailleurs de fonds, décideurs, gestionnaires, intervenants, usagers, proches, partenaires du programme, représentants du milieu. L'implication des groupes d'intérêt dans le processus d'évaluation est motivée par le souci de concevoir des protocoles d'évaluation plus valides, de faciliter la collecte des données et de favoriser la mise à profit des résultats. Comme il est de plus en plus rare que l'évaluateur travaille de façon isolée, la véritable question est davantage de déterminer qui seront ses partenaires parmi les différents groupes d'intérêt gravitant autour du programme et quels seront les rôles respectifs des différents acteurs dans l'évaluation.

Systématisation des approches

L'évaluation de programme s'est développée à partir d'une interaction constante entre les changements dans les politiques et les programmes, les pratiques sur le terrain et la réflexion méthodologique. L'expérience des praticiens de l'évaluation et leurs positions idéologiques et méthodologiques ont alimenté des débats de fond vigoureux d'où ont émergé progressivement des constructions plus théoriques. C'est ainsi que l'on peut maintenant se reporter à un certain nombre d'approches bien documentées qui recoupent en bonne partie les thèmes exposés plus haut.

Ainsi, pour soutenir un travail d'évaluation réalisé en partenariat avec les groupes concernés, on peut s'inspirer de l'évaluation avec les groupes d'intérêt[18,19], de l'évaluation participative[20] ou de l'évaluation habilitante[21]. Les écrits de Patton[22] sur l'évaluation centrée sur l'utilisation, de même que les travaux de Guba et Lincoln[23] sur l'évaluation pluraliste, sont également pertinents dans cette perspective. Guba et Lincoln sont aussi les promoteurs de l'évaluation suivant une approche constructiviste, laquelle s'inscrit dans un paradigme essentiellement qualitatif. Dans ce domaine de l'évaluation qualitative, Patton[24] est l'auteur le plus prolifique. Par ailleurs, les efforts pour faire avancer les théories en intervention à partir de l'expérience du terrain et de la mise en œuvre des programmes sont principalement le fait de Chen et Rossi[25] et de leur approche d'évaluation centrée sur la théorie. Pour qui souhaiterait un aperçu général de ces approches, l'ouvrage de Shadish, Cook et Leviton[26] contient un ensemble de chapitres portant respectivement sur chacune d'entre elles.

18. R.E. Stake, « Program evaluation, particularly responsive evaluation, dans G.F. Madaus, M S. Scriven et D.L. Stufflebeam (dir.), *Evaluation Models: Viewpoints on Educational and Human Services Evaluation*, Boston, Kluwer-Nijhoff, 1983, p. 287-310.

19. C.H. Weiss, « The stakeholder approach to evaluation: Origins and promises », *New Directions for Program Evaluation*, vol. 17, 1983, p. 3-14.

20. E. Withmore, « Understanding and practicing participatory evaluation », *New Directions for Program Evaluation*, 1998, p. 82.

21. D.M. Fetterman (dir.), *Empowerment Evaluation*, Newbury Park, CA, Sage Publications, 1996.

22. M.Q. Patton, *op. cit.*

23. E.G. Guba et Y.S. Lincoln, *Fourth Generation Evaluation*, Newbury Park, CA, Sage Publications, 1989.

24. M.Q. Patton, *op. cit.*

25. H. Chen et T. Rossi, *Theory-driven Evaluation*, Newbury Park, CA, Sage Publications, 1990.

26. W.R. Shadish, T.D. Cook et L.C. Leviton, *Foundations of Program Evaluation*, Newbury Park, CA, Sage Publications, 1991.

LES ÉTAPES D'UNE ÉVALUATION DE PROGRAMME

Peu importe l'approche utilisée, effectuer une évaluation de programme nécessite plusieurs démarches. Voici différentes étapes à suivre pour planifier et réaliser une évaluation.

DÉTERMINER LES OBJECTIFS DE L'ÉVALUATION

Il s'agit de clarifier dès le départ les points suivants : Pourquoi évaluer ? Les instances qui commanditent l'évaluation et celles qui seront touchées par les résultats sont-elles précisées ? Les besoins de ces instances ont-ils été déterminés ?

VÉRIFIER S'IL EST POSSIBLE D'ÉVALUER LE PROGRAMME

Pour apprécier l'« évaluabilité » du programme[27], on doit pouvoir apporter une réponse positive aux questions telles que : Y a-t-il un programme ? Y a-t-il suffisamment de ressources pour évaluer ce programme ? Le problème devant être résolu par le programme a-t-il été bien décrit ?

DÉTERMINER LES PARTENAIRES POUR EFFECTUER L'ÉVALUATION ET S'ASSURER DE LEUR COLLABORATION POUR LES DÉMARCHES

Le niveau de collaboration et de participation des différents groupes concernés est relié à l'approche d'évaluation privilégiée, laquelle définit aussi la nature des rapports entre l'équipe d'évaluation et ces groupes.

DOCUMENTER LE PROGRAMME ET LE CONTEXTE

Il faut décrire les différentes composantes du programme et établir son niveau de développement. On doit aussi : se familiariser avec le contexte (autres programmes, complémentaires ou concurrents, caractéristiques du milieu) ; effectuer une synthèse des évaluations antérieures et une recension des écrits pour mieux comprendre le programme lui-même et choisir judicieusement les aspects à évaluer.

DÉFINIR LA QUESTION D'ÉVALUATION

Selon la question choisie, on détermine le type d'évaluation approprié ainsi que l'approche la mieux adaptée.

---

27. R. Lecomte et L. Rutman (dir.), *Introduction aux méthodes de recherche évaluative*, Québec, Les Presses de l'Université Laval, 1984.

CHOISIR LES MÉTHODES ET LES OUTILS DE MESURE APPROPRIÉS

Les procédures (y compris le *design*) et les méthodes retenues doivent être clairement décrites et leur implantation soigneusement planifiée. La validité des mesures ainsi que la qualité des données doivent faire l'objet de vérifications. Le respect des considérations éthiques doit être assuré.

PRÉVOIR LES MODALITÉS DE COMMUNICATION DES RÉSULTATS

Les usages prévus et les « clients » de l'évaluation déterminent avec qui et dans quel ordre les résultats seront discutés, à qui ils seront transmis et suivant quelles modalités. Il importe ici d'anticiper les réactions possibles à des conclusions positives aussi bien que négatives.

CONSIGNER TOUTES CES INFORMATIONS DANS UN PLAN D'ÉVALUATION

Ce plan devrait au minimum comporter un mandat d'évaluation approuvé par les principaux acteurs, le protocole d'évaluation, le plan de communication des résultats, l'échéancier et la nomenclature des ressources nécessaires.

CONCLUSION

La diversité des modèles actuels d'intervention, la complexité croissante des programmes et la nécessité de mieux intégrer la recherche et l'intervention ont transformé radicalement la pratique de l'évaluation. Alors qu'à l'origine le champ de l'évaluation était dominé par le paradigme de la recherche scientifique positiviste, les façons de faire de l'évaluation se sont diversifiées à la mesure des attentes des différents utilisateurs de l'évaluation et de l'implication des chercheurs de diverses traditions. L'évaluation peut désormais remplir plusieurs fonctions et l'évaluateur devient lui-même un acteur, aux côtés des intervenants, des gestionnaires et des décideurs. Il doit désormais lui aussi rendre des comptes, c'est-à-dire démontrer sa capacité de contribuer à la prise de décision ou à l'amélioration des programmes. Ce nouveau positionnement de l'évaluation, beaucoup plus près de l'action, comporte sa part de questionnement quant aux fonctions de l'évaluation et quant au rôle de l'évaluateur.

Actuellement, la fonction dominante de l'évaluation est celle de l'aide à la prise de décisions, dans le cadre de modèles de gestion centrés sur les résultats. Dans un contexte de ressources limitées et d'une volonté politique de fonder les orientations et les programmes ministériels sur des connaissances attestées, l'évaluation est reconnue comme l'une des procédures aptes à générer des «données probantes». Les connaissances accumulées à la suite de plusieurs évaluations permettent de reconnaître les programmes et même les composantes de programme les plus susceptibles de favoriser l'atteinte des objectifs poursuivis. On privilégiera donc la mise en œuvre de ces programmes et on veillera à ce que les «ingrédients critiques» soient correctement implantés et avec suffisamment d'intensité.

Une attention trop exclusive portée sur les programmes les plus performants comporte cependant le risque de ne pas voir l'innovation ou de ne pas soutenir les pratiques novatrices émergentes sur le terrain. Pour l'évaluateur, le transfert des connaissances et la mise à profit des résultats ne doivent pas entraîner la mise à l'écart de son autre rôle, celui du soutien et de la légitimation de l'innovation.

Une autre question posée par les conditions actuelles d'exercice de l'évaluation est celle de savoir dans quelle mesure cette insertion dans l'action se fait au détriment de la fonction de développement des connaissances. L'enthousiasme pour la recherche orientée ne doit pas faire perdre de vue la nécessité de continuer des démarches plus systématiques de production contrôlée des connaissances. D'une part, la méthode expérimentale demeure la meilleure façon d'éliminer les explications concurrentes dans la production des résultats, pour établir des liens de causalité entre des composantes d'un programme et des effets observés. Il y a toujours place pour ce type de recherche fondamentale qui permet de vérifier de la façon la plus rigoureuse possible les hypothèses à la source de l'intervention. D'autre part, il faut savoir tirer parti de l'approche «centrée sur la théorie[28]» qui vise précisément à seconder l'élaboration de la théorie de l'action des programmes novateurs et, de façon générale, à développer de façon systématique les connaissances qui s'élaborent sur le terrain, à partir de l'action et de la confrontation avec des problèmes en émergence ou des contextes d'intervention en transformation.

Avec la multiplication des approches en évaluation, le rôle de l'évaluateur s'est complexifié. Ce rôle peut varier selon l'approche ou l'étape de l'évaluation. Ainsi, l'évaluateur peut agir comme consultant auprès des gestionnaires, participer à la vie des équipes d'intervention, collaborer avec des groupes d'usagers. En tant qu'acteur organisationnel, il est appelé à travailler avec les différents groupes d'intérêt visés par le programme, lesquels ont précisément à cœur de défendre leurs intérêts propres. Comme nous l'avons vu, différentes approches proposent des stratégies pour prendre en compte les points de vue des différents acteurs. L'expérience démontre cependant que ces groupes d'acteurs ne sont pas

---

28. H. Chen et T. Rossi, *op. cit.*

égaux et que certains sont plus à même de participer au processus d'évaluation que d'autres[29]. Les cadres de référence des évaluateurs eux-mêmes
sont plus proches de ceux des gestionnaires que de ceux des intervenants
ou des groupes d'usagers. Le pluralisme du modèle ne doit donc pas faire
illusion et on doit être conscient du risque que les points de vue des
groupes les mieux articulés aient plus de poids dans le processus d'évaluation. Qu'il le veuille ou non, l'évaluateur n'est plus uniquement partie
prenante à un processus scientifique, mais aussi à des processus organisationnels, parfois même politiques et démocratiques.

Ainsi a-t-on pu, dans cette conclusion, se référer à l'évaluation en
tant que discipline de recherche fondamentale aussi bien qu'en tant que
moyen d'action pour soutenir des groupes dans leur démarche d'appropriation du pouvoir. De la même façon, on a vu que la personne qui
pratique l'évaluation peut endosser un ensemble de rôles différents, suivant les circonstances. Heureusement, serait-on tenté de dire, la pratique
de l'évaluation peut de plus en plus s'appuyer sur des approches bien
identifiées dans la littérature spécialisée, lesquelles comportent leurs stratégies et leur méthodologie propre. Cette diversité des approches et des
méthodes s'inscrit dans le cadre d'un consensus assez bien reconnu autour
de la définition de différents types d'évaluation et de la reconnaissance
d'étapes à suivre pour procéder à une évaluation. De la même manière,
la communauté des évaluateurs partage les mêmes préoccupations pour
l'utilisation des résultats de l'évaluation. Dans un contexte d'imputabilité,
l'évaluation est souvent utilisée de manière plutôt « symbolique ». L'accent
mis actuellement sur les approches participatives vise à favoriser la mise à
profit effective des résultats aux différents niveaux de décision.

Dans ce chapitre, nous avons voulu rendre compte des variantes possibles dans la pratique de l'évaluation, suivant différents types d'évaluation
ou dans le cadre de différentes approches. Souhaitons que nous aurons
ainsi contribué à fournir des repères et un langage communs aux personnes qui, suivant leurs statuts propres et à des titres divers, auront à discuter
d'évaluation de programme ou en feront directement l'expérience.

BIBLIOGRAPHIE SÉLECTIVE

Les deux ouvrages classiques en évaluation de programme sont le manuel de
Rossi et Freeman et le manuel en neuf fascicules édité sous la direction de
Joan Herman. Pour une présentation comparée de sept théories majeures en
évaluation, on consultera le livre de Shadish, Cook et Leviton.

---

29. C. Mercier, « Participation in stakeholder-based evalution : A case study », *Evaluation and Program Planning*, vol. 20, n° 4, 1997, p. 467-475.

Le nombre de textes en français sur l'évaluation de programme en général est suffisamment grand pour que l'on puisse avoir le choix. L'ouvrage de Lecomte et Rutman, le premier à avoir été édité, demeure un classique. Les ouvrages de Beaudry et Gauthier, de Bouchard et Cyr, de Mayer et Ouellet et de Pineault et Daveluy comportent chacun un très bon chapitre sur le sujet. Ils ont été rédigés dans des perspectives différentes, respectivement la recherche en général, l'intervention sociale et la santé. Le livre de Nadeau concerne plutôt le domaine de l'éducation, alors que les deux volumes de Zuniga traitent de l'articulation entre l'évaluation et l'action sociale. Enfin, le *Cadre de pratique pour l'évaluation* de Desrosiers propose une synthèse de l'état actuel de la pratique de l'évaluation de programme, avec une préoccupation d'application sur le terrain. Cet ouvrage, de même que le chapitre de Tourigny et Dagenais, fait largement référence à des exemples réels d'évaluation.

BEAUDRY, J. et B. GAUTHIER (1992). « L'évaluation de programme », dans B. Gauthier (dir.), *Recherche sociale. De la problématique à la collecte de données*, Sainte-Foy, Presses de l'Université du Québec.

BOUCHARD, S. et C. CYR (dir.) (1998). *Recherche psychosociale. Pour harmoniser recherche et pratique*, Sainte-Foy, Presses de l'Université du Québec.

DESROSIERS, H. (1998). *Cadre de pratique pour l'évaluation des programmes. Applications en promotion de la santé et en toxicomanie*, Gouvernement du Québec, Ministère de la Santé et des Services sociaux.

HERMAN, J.L. (dir.) (1987). *Evaluator's Handbook : Program Evaluation Kit*, Newbury Park, CA, Sage Publications.

LECOMTE, R. et L. RUTMAN (dir.). (1984). *Introduction aux méthodes de recherche évaluative*, Québec, Presses de l'Université Laval.

MAYER, R. et F. OUELLET (1991). *Méthodologie de recherche pour les intervenants sociaux*, Montréal, Gaëtan Morin éditeur.

NADEAU, M.-A. (1988). *L'évaluation de programme. Théorie et pratique* (2ᵉ éd.), Québec, Presses de l'Université Laval.

PINEAULT, R. et C. DAVELUY (1995). *La planification de la santé*, Montréal, Éditions Nouvelles AMS.

ROSSI, P.H. et H.E. FREEMAN (1993). *Evaluation : A Systematic Approach*, Newbury Park, CA, Sage Publications, p. 5.

SHADISH, W.R., T.D. COOK et L.C. LEVITON (1991). *Foundations of Program Evaluation*, Newbury Park, CA, Sage Publications.

TOURIGNY, M. et C. DAGENAIS (1998). « Introduction à la recherche évaluative », dans S. Bouchard et C. Cyr (dir.), *Recherche psychosociale. Pour harmoniser recherche et pratique*, Sainte-Foy, Presses de l'Université du Québec.

ZUNIGA, R. (1994a). *L'évaluation dans l'action*, Montréal, Presses de l'Université de Montréal.

ZUNIGA, R. (1994b). *Planifier et évaluer l'action sociale*, Montréal, Presses de l'Université de Montréal.

19

SUR L'APPROCHE ÉPIDÉMIOLOGIQUE EN SCIENCES SOCIALES ET HUMAINES

RICHARD BOYER, Ph. D.

Centre de recherche Fernand-Séguin, Hôpital Louis-H. Lafontaine
Département de psychiatrie, Faculté de médecine, Université de Montréal

Résumé

L'objectif de ce chapitre est de mieux faire connaître la démarche épidé-miologique auprès des jeunes chercheurs des sciences sociales afin de favoriser une meilleure collaboration interdisciplinaire à la résolution des problèmes de santé de la population. La similitude entre les méthodes utilisées en épidémiologie et celles des sciences sociales et humaines montre que l'approche épidémiologique n'est pas si différente des approches déployées par les sciences humaines et sociales. La confusion à cet égard découle probablement du fait que l'on assimile l'approche épidémiologique aux méthodes quantitatives, alors que les autres approches scientifiques des sciences sociales et humaines feraient plus souvent appel à des tech-niques ou à des données qualitatives.

L'épidémiologie, comme discipline fondamentale de la médecine, est apparue au XIXᵉ siècle. L'objet de l'épidémiologie est l'étude des rapports existant entre les maladies, ou tout autre phénomène biologique, et divers facteurs (mode de vie, milieu ambiant ou social, particularités individuelles) susceptibles d'exercer une influence sur leur fréquence, leur distribution, leur évolution[1]. Au cours du XXᵉ siècle, l'épidémiologie s'est grandement développée tant sur le plan méthodologique que sur celui de son objet de recherche. Si à l'origine elle se cantonnait dans l'étude des maladies infectieuses – l'identification des agents infectieux –, cette discipline s'est progressivement intéressée à l'étude des maladies chroniques et aiguës, de même qu'à la connaissance de la santé proprement dite. L'épidémiologie s'intéresse aujourd'hui à tous les facteurs, qu'ils soient biologiques, psychologiques ou sociaux, qui peuvent influencer l'apparition, la propagation, la fréquence et l'évolution de la maladie, dans le but de mettre en œuvre les moyens nécessaires à leur prévention ou à leur résolution.

Les recherches épidémiologiques ont permis d'établir qu'un grand nombre de problèmes de santé sont multidéterminés et que des facteurs sociaux interviennent fréquemment, directement ou indirectement, comme facteurs de risque ou de protection de la santé. De ce fait, certaines spécialités médicales ont amplement intégré des connaissances des sciences sociales et humaines à leur compréhension de la santé et à leurs modèles d'interventions curatives ou préventives, et ce mouvement ira en s'accentuant.

Force est de constater que la santé et la maladie ne sont plus des objets de recherche strictement réservés à la médecine et à la biologie et que les sciences sociales contribuent de façon significative à leur compréhension. C'est dans le contexte de cette collaboration accrue entre les sciences de la santé et les sciences sociales et humaines que je propose ce texte sur l'approche épidémiologique. L'objectif est de mieux faire connaître cette démarche auprès des jeunes chercheurs des sciences sociales afin de favoriser une meilleure collaboration interdisciplinaire à la résolution des problèmes de santé de la population.

Comme le lecteur pourra le constater, la similitude entre les méthodes utilisées en épidémiologie et celles des sciences sociales et humaines suggère que l'approche épidémiologique n'est pas si différente des approches déployées par les sciences humaines et sociales. La confusion à cet égard découle probablement du fait que l'on assimile l'approche épidémiologique aux méthodes quantitatives, alors que les autres approches scientifiques des sciences sociales et humaines feraient plus souvent appel à des techniques ou à des données qualitatives.

---

1. *Le Nouveau Petit Robert. Dictionnaire alphabétique et analogique de la langue française*, Paris, Dictionnaire Le Robert, 1993.

La première section de ce texte tentera d'éclaircir ce quiproquo afin de favoriser une plus grande cofertilisation interdisciplinaire. Par la suite, j'introduirai des éléments méthodologiques fondamentaux afin d'illustrer que ces concepts de base de la recherche scientifique se retrouvent autant en recherche épidémiologique qu'en recherche sociale ou humaine. Je ferai intervenir, à tour de rôle, les concepts de fiabilité et de validité de la mesure, les devis de recherche, la définition des populations et leur échantillonnage ainsi que les analyses statistiques. Je conclurai ce chapitre en présentant une étude issue de mes recherches, au cours de laquelle mon équipe et moi sommes parvenus à joindre données quantitatives et données qualitatives et à les analyser à l'aide de techniques statistiques relativement simples. Cette étude s'intéresse au suicide.

LA MÉTHODE ÉPIDÉMIOLOGIQUE

L'objectif de cette section n'est pas de critiquer les divers modèles méthodologiques – quantitatifs ou qualitatifs – des sciences sociales au profit d'une approche épidémiologique quantitative qui leur serait supérieure. Il apparaît cependant nécessaire d'établir succinctement ma position sur l'antinomie apparente entre les méthodologies dites qualitatives et celles dites quantitatives.

LES MÉTHODES QUALITATIVES *VS* LES MÉTHODES QUANTITATIVES

Dans le débat sur les qualités des méthodes qualitatives ou quantitatives, j'abonde dans le sens de Pires[2] qui soutient qu'il n'y a pas, en tant que telle, de *méthodologie* quantitative ou qualitative, mais bien des *recherches* quantitatives ou qualitatives ou des recherches à la fois quantitatives et qualitatives. Selon l'auteur, ces deux types de recherches ne se distinguent ni par leur épistémologie, ni par leur cadre théorique, ni par l'emploi d'une technique de collecte de données particulière ni même par la visée de la recherche elle-même. Pires ajoute :

> [...] la recherche qualitative comme telle ne se caractérise tout bonnement que par le fait de se constituer fondamentalement à partir d'un matériau empirique qualitatif, c'est-à-dire non traité sous forme de chiffres, alors que la recherche quantitative fait l'inverse. Toutes tentatives pour

---

2. A.P. Pires, « De quelques enjeux épistémologiques d'une méthodologie générale pour les sciences sociales », dans J. Poupart, J.-P. Deslauriers, L. Groulx, A. Laperrière, R. Mayer et A. Pires, *La recherche qualitative. Enjeux épistémologiques et méthodologiques*, Boucherville, Gaëtan Morin éditeur, 1997, p. 3-54.

définir ces pratiques de recherche au-delà de cette forme élémentaire aboutissent nécessairement à les associer aux préférences personnelles du chercheur ou au courant théorique qu'il privilégie (p. 51).

D'aucuns affirmeront que l'épidémiologie favorise essentiellement les données quantitatives et rejette d'emblée les matériaux qualitatifs. Mais telle n'est pas ma position. En effet, mon expérience de chercheur en épidémiologie m'a permis d'intégrer, comme plusieurs autres, des données qualitatives et quantitatives au sein d'une même recherche. J'en donnerai d'ailleurs un exemple plus loin. La juxtaposition de ces formes d'information s'avère, selon moi, essentielle lorsque nous abordons des phénomènes ou des maladies complexes comme le suicide, les troubles mentaux et le sida. Étant donné l'ampleur de telles problématiques, du point de vue tant social que médical, il est injustifié de restreindre ses outils de recherche ou de rejeter des connaissances scientifiques sous prétexte qu'elles ont été recueillies à l'aide d'une technique ou d'une autre[3].

La seule référence à des données quantitatives ou qualitatives ne fait pas en sorte qu'une étude est intrinsèquement supérieure à une autre. Aussi le chercheur, qu'il soit épidémiologiste ou sociologue, doit-il se prémunir contre la contrainte de la « loi de l'instrument » qui fait en sorte qu'il aura tendance à analyser un problème à l'aide des seules techniques analytiques qu'il maîtrise. Le meilleur moyen de se protéger contre cette propension est de travailler avec une équipe multidisciplinaire qui comprend des chercheurs maîtrisant plus d'une technique de recherche.

Plusieurs de mes étudiants en sciences sociales ont souvent déclaré que les méthodes ou les données quantitatives ne sont pas supérieures aux méthodes ou aux données qualitatives qui, elles, peuvent vraiment aller chercher tout le « sens » du phénomène à l'étude. Lorsqu'ils ajoutaient que l'on peut faire dire n'importe quoi aux données chiffrées et aux statistiques, ce qui n'est pas faux, je leur demandais s'il n'était pas tout aussi possible de travestir des données qualitatives. Après discussion, nous parvenions facilement à un consensus sur le fait que la valeur des données scientifiques ne peut s'évaluer que sur la base de la technique de collecte de données utilisée, qu'elle soit qualitative ou quantitative, mais qu'il faut absolument tenir compte du cadre théorique de la recherche et de l'ensemble du devis de recherche.

---

3. Le lecteur intéressé par une discussion des approches quantitatives et qualitatives dans le domaine de la recherche évaluative peut consulter l'article de N. Péladeau et C. Mercier, « Approche qualitative et quantitative en évaluation de programme », *Sociologie et société*, vol. XXV, n° 2, 1993, p. 111-124.

Donc, à notre avis, les données quantitatives ne sont pas supérieures aux données qualitatives et, par extension, la qualité des techniques de collectes est indépendante du type de données qu'elles permettent d'amasser. Il faut considérer ces méthodes comme des moyens pour arriver à une fin. Mais quelle est cette fin ?

Le chercheur veut répondre à ses questions de recherche et tester ses hypothèses de recherche. Cette entreprise est très exigeante, puisque le chercheur doit démontrer que sa compréhension d'un phénomène est soutenue par les données qu'il a recueillies. L'essentiel de la démarche scientifique consiste cependant à faire cette preuve en tenant compte des autres réponses possibles. Il devra donc, au début de sa démarche, au moment de l'approbation de son projet de recherche par son professeur ou au moment d'une demande de subvention, démontrer que son projet de recherche est théoriquement et empiriquement fondé. Tout à la fin du processus de recherche, au moment de défendre sa thèse ou de soumettre un manuscrit pour publication dans une revue scientifique, le chercheur devra encore une fois affronter la communauté scientifique et prouver que son interprétation est corroborée par ses données et qu'elle résiste aux arguments de ses contradicteurs. De plus, la démarche scientifique exige même que le chercheur critique ses propres résultats de recherche en tenant compte des limites méthodologiques de celle-ci. Cette dialectique fait partie du processus de la recherche et le chercheur doit être préparé à faire face aux idées opposées. De manière générale, on constatera que la qualité d'une recherche est inversement proportionnelle à l'humilité dont sait faire preuve le chercheur. Cette bataille intellectuelle est passionnante et même quelquefois gratifiante. Mais il va de soi que cet exercice exige beaucoup d'humilité en ce qui concerne la contribution du chercheur à l'avancement des connaissances. Une chose est certaine, la recherche n'est pas faite pour les froussards.

On peut dès lors apprécier que, dans le contexte de la connaissance en perpétuel mouvement, la quête de LA vérité est une course sans fin à laquelle participeront une multitude de coureurs provenant d'horizons souvent opposés. C'est pourquoi il est essentiel de se donner des balises, des langages communs qui faciliteront l'interprétation et l'utilisation de nos données par des chercheurs et des intervenants qui en ont besoin pour comprendre et agir sur des problèmes sociaux ou individuels.

On voit donc réapparaître à l'horizon la question de la valeur intrinsèque des données recueillies dans le cadre de nos recherches. En science, cette question se traduit d'abord par un examen de la théorie encadrant l'étude, puis par un examen de la fiabilité et de la validité des données du chercheur. Le chercheur a le devoir de fournir à la communauté scientifique toute l'information nécessaire pour juger la valeur de sa théorie de même que la qualité de ses données et de ses interprétations.

La particularité de la méthode épidémiologique est justement reliée au fait que les épidémiologistes se sont constamment fait critiquer par leurs collègues. Ce harcèlement était d'autant plus justifié que la santé ou la vie de nombreuses personnes étaient souvent en jeu et que les résultats de leurs études impliquaient la mise en place d'interventions majeures en matière de santé, telles des campagnes de dépistage d'une infection ou la vaccination de la population.

L'axiome de toute recherche pose donc que les données doivent être de qualité, nous renvoyant ainsi aux concepts de fiabilité et de validité des données. La prochaine section nous permettra de voir comment ces concepts sont déterminants pour l'approche épidémiologique de toute recherche scientifique.

LA FIABILITÉ ET LA VALIDITÉ DES DONNÉES

Précisons immédiatement que les concepts de fiabilité et de validité ne sont pas uniques à la méthode épidémiologique ou encore aux techniques quantitatives. Ils demeurent essentiels à toute recherche, peu importe que l'on utilise des données quantitatives ou qualitatives. Par exemple, la plupart des manuels de méthode en sciences sociales proposent des définitions de ces concepts et indiquent que la science doit nécessairement reposer sur des mesures fiables et valides[4,5]. Laperrière présente d'ailleurs une excellente discussion de ces concepts dans le contexte des « méthodes qualitatives[6] ».

La fiabilité des données fait référence à la reproductibilité de la mesure. Le chercheur lui-même ou un chercheur indépendant devrait pouvoir mesurer de nouveau le phénomène à l'étude auprès de la même population et obtenir des résultats identiques. Par analogie, une règle à mesurer élastique n'est pas un instrument de mesure fiable, puisque deux personnes obtiendront trop fréquemment des mesures différentes d'un même objet.

---

4. S. Bouchard et C. Cyr, *Recherches psychosociales*, Sainte-Foy, Presses de l'Université du Québec, 1998, 605 p.

5. R. Quivy et L. Van Campenhoudt, *Manuel de recherche en sciences sociales*, Paris, Dunod, 1995, 287 p.

6. Anne Laperrière, « Les critères de scientificité des méthodes qualitatives », dans Poupart *et al.*, *op. cit.*, p. 365-389.

La validité, quant à elle, fait référence à la capacité d'un instrument à bien mesurer le phénomène à l'étude. Par exemple, une règle à mesurer en métal nous permet d'obtenir, avec un niveau de précision donné, les dimensions réelles d'une feuille de papier. Intuitivement, nous pouvons comprendre qu'une mesure ne peut être reconnue valide si elle n'a pas passé au préalable un test de fiabilité. Il serait en effet très difficile de prouver (ou) d'affirmer que notre règle élastique est un instrument de mesure valide alors que nous sommes incapables d'obtenir une mesure constante des dimensions d'un objet.

Un exemple propre au domaine des sciences sociales serait celui d'une question voulant estimer le revenu d'une personne à partir de sa perception de la suffisance de son revenu personnel. Ce questionnaire serait considéré comme fiable si, après avoir posé deux fois cette question, dans un espace de temps raisonnable, nous obtenions des résultats similaires. Par ailleurs, nous pourrions vérifier la validité de cet instrument de mesure en comparant le résultat obtenu au revenu annuel réel des répondants.

Il existe plusieurs formes de fiabilité et de validité et le lecteur est invité à consulter les textes méthodologiques de base pour approfondir ces concepts. Il faut aussi noter qu'il est habituellement plus facile de faire la démonstration de fiabilité et de validité pour des instruments de mesure quantitatifs puisque les points de référence sont plus faciles à reconnaître.

Dans le cas des méthodes élaborées pour la collecte de données qualitatives, telles les entrevues en face à face ou encore l'observation non participante, le chercheur doit démontrer, par exemple, que l'entrevue d'une personne donne essentiellement les mêmes résultats si elle est effectuée par un autre intervieweur (fidélité interjuges). Par la suite, l'exigence de la démonstration de la validité de cette mesure qualitative demeure la même que pour une mesure quantitative.

Enfin, il faut préciser que les évaluations de la fiabilité et de la validité d'un instrument donnent rarement des résultats parfaits et qu'il existe toujours une marge d'incertitude à ce sujet. Cela explique pourquoi nous voyons tant de recherches à caractère strictement méthodologique sur un même instrument de mesure. Ce n'est qu'après plusieurs années de recherche que la communauté scientifique adoptera une norme.

Ainsi, le chercheur qui aborde un nouveau domaine de recherche doit au préalable établir la qualité de ses données et faire preuve de beaucoup d'humilité et de circonspection dans l'interprétation de ces dernières. C'est pourquoi il est souvent recommandé au jeune chercheur de ne pas négliger de déterminer quels sont les instruments de mesure disponibles avant d'entreprendre sa recherche et d'en évaluer les qualités métriques et la pertinence pour son propre projet de recherche. Il pourra ainsi s'éviter une somme de travail importante et sera plus facilement à même de comparer ses résultats avec ceux d'autres recherches ayant utilisé la même instrumentation.

LES DEVIS DE RECHERCHE

Les jeunes chercheurs se méprennent souvent en croyant pouvoir répondre à leurs questions de recherche ou tester leurs hypothèses en démontrant tout simplement que le phénomène à l'étude existe bel et bien dans la population à laquelle ils s'intéressent, sans s'assurer que ce phénomène existe également dans d'autres populations.

Par exemple, pour tester l'efficacité d'un nouveau programme de prévention de la violence interpersonnelle en milieu scolaire, un chercheur inexpérimenté planifiera sa recherche en ne mesurant l'évolution de la violence interpersonnelle qu'au sein de l'école où son programme sera à l'essai. Il négligera de prendre des mesures de l'évolution de la violence interpersonnelle dans des écoles qui ne profitent pas de son programme. En procédant ainsi, il ne réalise pas qu'au moment de l'interprétation de ses données il ne pourra pas établir, hors de tout doute raisonnable, que le constat positif observé dans l'école expérimentale n'est pas attribuable à des erreurs de mesure liées à ses instruments de recherche (manque de fiabilité et de validité), à une réduction naturelle de la violence associée à d'autres programmes en cours ou passés dans l'ensemble de la population ou encore à la disposition naturelle des sujets expérimentaux à plaire aux intervieweurs ou aux observateurs.

Afin d'éviter une telle méprise, il est recommandé d'établir *a priori* un devis de recherche qui permettra de répondre aux questions de recherche tout en palliant les principaux biais pouvant entacher la validité interne et externe de la recherche[7]. Puisque chaque devis de recherche a ses particularités, le lecteur trouvera une description de chacun d'eux, y compris leurs forces et leurs faiblesses, dans le guide de Contandriopoulos et collaborateurs[8].

---

7. Selon Contandriopoulos et collaborateurs, la validité interne d'une recherche « [...] est assurée par les caractéristiques du devis, qui permettent d'être certain que les observations observées empiriquement entre les variables, dépendantes et indépendantes de la recherche, ne puissent pas être expliquées à l'aide d'autres facteurs ou d'autres variables que ceux pris en considération par le devis de recherche adopté » (p. 40). Selon les mêmes auteurs, « la validité externe d'une recherche est dépendante des caractéristiques qui permettent de généraliser, d'étendre les résultats obtenus à d'autres populations, d'autres contextes, d'autres périodes » (p. 41).

8. A.-P. Contandriopoulos, F. Champagne, L. Potvin, J.-L. Denis, et P. Boyle, *Savoir préparer une recherche*, Montréal, Presses de l'Université de Montréal. 1990, 196 p.

Le devis expérimental classique est celui qui offre le plus de sécurité en matière de rigueur intrinsèque de l'étude (validité interne). Si le chercheur réussit à contrôler tous les facteurs qui peuvent influencer la variable dépendante à l'étude, il pourra alors évaluer précisément la contribution spécifique des variables posées comme explication du phénomène à l'étude (les causes hypothétiques). L'exemple le plus simple est probablement le cas de l'étude de l'efficacité d'un médicament.

Des volontaires sont recrutés pour participer à une expérience. Ils sont par la suite répartis aléatoirement dans le groupe expérimental (qui recevra le nouveau médicament), dans le groupe du traitement standard ou dans le groupe placebo (substance inactive). Ce processus aléatoire a l'avantage de distribuer également dans chacun de ces groupes toutes les caractéristiques des sujets pouvant influencer les résultats de l'étude (sexe, âge, motivation, niveau de santé, habitudes de vie, etc.). Par la suite, les comprimés sont distribués aux sujets de l'étude sans que le chercheur, le personnel de recherche (sauf une personne) ou le sujet lui-même sachent quelle version du médicament celui-ci a reçue[9]. Ainsi, si le groupe de sujets ayant obtenu le nouveau médicament se porte mieux que ceux ayant ingéré le médicament standard ou le placebo, il sera aisé dans le cadre de ce devis expérimental de conclure que le nouveau produit est plus efficace que l'absence de médication ou que le médicament standard.

Par contre, on peut s'interroger sur la validité externe du devis expérimental classique, car, dans une étude, toutes les circonstances de la prise de médicament sont minutieusement contrôlées, alors que dans la réalité de tous les jours le consommateur adoptera un comportement beaucoup moins rigoureux. Il faut aussi tenir compte du fait qu'une expérience est habituellement menée auprès d'une population triée sur le volet à l'aide de critères d'inclusion et d'exclusion rigoureux. Dans la réalité de l'utilisation d'un médicament, il est probable que les consommateurs auront des caractéristiques beaucoup moins homogènes et prendront leur médication de manière moins uniforme, suggérant ainsi que le médicament ne sera pas aussi efficace lorsqu'on l'utilisera à grande échelle.

Le devis expérimental est cependant rarement utilisé en épidémiologie ou en sciences sociales. Il est souvent impossible, pour des considérations de faisabilité ou d'éthique, de distribuer aléatoirement les sujets à l'étude au sein des groupes de comparaison et surtout de conserver les sujets et les expérimentateurs aveugles des conditions expérimentales. De plus, les chercheurs des sciences sociales ou de l'épidémiologie ne contrôlent que très rarement toutes les caractéristiques d'intérêt des sujets de

---

9. Le but de cette procédure est de limiter l'effet (biais) de la confiance des sujets de l'étude et des chercheurs à l'égard du médicament expérimental.

l'étude (variable dépendante et variable indépendante). Ils doivent alors se tourner vers des devis moins bien contrôlés, mais qui peuvent par ailleurs produire plus de validité externe puisque le contexte de l'étude est plus près de ce qui se passe au sein de la population à l'étude. Il existe toute une gamme de devis quasi expérimentaux que nous ne pouvons décrire en détail ici. La consultation du guide de recherche de Contandriopoulos est encore une fois recommandée[10].

La technique de l'enquête, très utilisée dans le domaine des sciences sociales, est aussi largement employée en épidémiologie. Je pense, entre autres, aux enquêtes de santé générales menées dans la population générale[11] ou encore aux enquêtes spécialisées dans le domaine de la santé mentale[12]. Cette technique est, par exemple, essentielle à l'épidémiologie psychiatrique afin d'établir la prévalence (nombre de cas actifs à un moment donné) ou l'incidence (nombre de nouveaux cas au cours d'une période donnée) des troubles mentaux dans la population ou encore pour identifier les facteurs de risque ou de protection pour les différents troubles mentaux. En épidémiologie, la technique de l'enquête permet aussi de mieux comprendre l'étiologie des troubles mentaux en observant ces problématiques telles qu'elles sont vécues par des individus de la population générale, individus qui s'adressent rarement aux services de santé. En effet, comment se satisfaire des connaissances provenant des cas cliniques quand nous savons que la majorité des personnes éprouvant des problèmes de santé mentale ne consultent pas les professionnels de la santé pour leurs difficultés. On voit ainsi que la population de référence d'une recherche représente un élément majeur d'interprétation des données et des résultats d'une recherche. D'où l'importance de l'échantillonnage.

LES POPULATIONS ET LEUR ÉCHANTILLONNAGE

La première tâche du chercheur est de préciser de manière opérationnelle la population qu'il veut étudier. S'agit-il de l'ensemble de la population d'un pays, d'une province, d'une ville, de l'ensemble des utilisateurs d'un service, des élèves d'une école, etc. ? Par la suite, le chercheur doit se demander comment il parviendra à joindre les membres de cette population.

---

10. A.-P. Contandriopoulos *et al.*, *op. cit.*
11. Gouvernement du Québec, *Rapport de l'enquête sociale et de santé 1992-1993*, MSSS, 1995.
12. L.N. Robins et D.A. Regier (dir.), *Psychiatric Disorders in America*, New York, Free Press, 1991.

Si, par exemple, nous voulions établir le lien entre la pauvreté et les tentatives de suicide dans une population donnée, l'idéal serait d'obtenir des informations sur tous les membres de la population à l'étude (suicidaires et non suicidaires) et d'établir la présence ou l'absence de ce comportement, au cours de la dernière année, auprès de chaque membre de la population. Mais cela est habituellement impossible, même si la recherche s'intéresse à une population relativement petite, les élèves d'une école par exemple. La solution est donc d'échantillonner une fraction de cette population et de lui administrer les instruments de recherche. La question est alors de savoir si les sujets qui participent à l'étude sont représentatifs de l'ensemble de la population à l'étude.

En épidémiologie comme dans d'autres domaines de recherche, les chercheurs ont adopté des techniques d'échantillonnage qui leur permettent d'établir le niveau de représentativité des différents types d'échantillons. La représentativité d'un échantillon n'est jamais parfaite, mais nous pouvons établir *a priori* les limites de représentativité de l'échantillon tiré d'une population.

La technique la plus simple consiste à choisir au hasard, à partir d'une liste exhaustive de l'ensemble des membres de la population étudiée, les personnes qui participeront à l'étude. Ainsi, chaque personne choisie représentera plusieurs autres personnes de la population de référence. Intuitivement, on peut réaliser que plus un échantillon est grand ou plus il représente une proportion importante de la population, plus nous bénéficions d'un échantillon représentant vraiment les caractéristiques de l'ensemble de cette population. Mais, pour de multiples raisons, il n'est pas toujours possible d'obtenir un tel échantillon et le chercheur doit souvent se restreindre à faire sa recherche auprès d'un groupe d'individus qui acceptent de participer à sa recherche ou encore avec les personnes qui sont accessibles.

Prenons par exemple le cas d'un chercheur qui s'intéresse à la relation entre l'analphabétisme et le comportement suicidaire. Ces deux phénomènes sont relativement rares dans la population et il n'existe pas de liste de personnes présentant ces caractéristiques. Le chercheur planifie de recruter un nombre donné de personnes analphabètes qui accepteront de participer à son étude et il les interrogera sur la présence de pensées suicidaires et de tentatives de suicide au cours de la dernière année. Si les résultats escomptés montrent que les personnes analphabètes présentent des taux importants d'idéation suicidaire et de tentative de suicide, le chercheur pourra-t-il conclure que l'analphabétisme est associé à ces phénomènes suicidaires ? Étant donné que l'échantillon n'est composé que de personnes analphabètes, il faut se demander si le risque suicidaire est vraiment associé à l'analphabétisme en soi ou s'il est plutôt fonction du niveau de pauvreté de la grande majorité de ces personnes. Pour résoudre une partie de ce problème, le chercheur devra mettre au point un devis cas-témoin à l'aide duquel les personnes analphabètes seront comparées à des personnes pauvres non analphabètes.

Si les analyses statistiques contrôlant les différences intergroupes potentiellement confondantes révèlent que le risque suicidaire est plus grand chez les analphabètes que chez les personnes scolarisées et pauvres, le chercheur pourra conclure que ses données indiquent que l'analphabétisme contribue particulièrement à la fréquence des comportements suicidaires, et ce, au-delà du risque propre associé à la pauvreté. On voit, dès lors, qu'il est possible de compenser les limites des échantillons disponibles par l'usage adéquat d'un devis de recherche.

Une fois le type et la taille de l'échantillon déterminés et après qu'un devis de recherche adéquat a été planifié, le chercheur devra prévoir les techniques statistiques qu'il compte utiliser pour vérifier son hypothèse. Ces techniques doivent souvent permettre l'analyse simultanée de plus de deux variables. Elles doivent parvenir à démontrer, par exemple, que l'association observée entre l'analphabétisme et le comportement suicidaire persiste même lorsque le chercheur tient compte de facteurs potentiellement confondants, comme la pauvreté.

Si les recherches qui utilisent des données qualitatives sont souvent plus adéquates pour nous aider à comprendre des réalités complexes ou nouvelles, il est souvent plus difficile d'extrapoler leurs résultats à l'ensemble de la population de référence. L'évaluation d'un sujet étant onéreuse, les chercheurs sont souvent limités dans le nombre d'entrevues qu'ils peuvent réaliser.

LES ANALYSES STATISTIQUES

Ainsi qu'il a été mentionné à la section précédente, les techniques d'analyse statistique peuvent s'avérer des moyens fort utiles pour répondre aux questions de recherche ou vérifier des hypothèses. Il existe toute une panoplie de tests statistiques devant laquelle les jeunes chercheurs ont fréquemment l'embarras du choix. Et ils restent souvent bouche bée devant la complexité de certaines techniques statistiques. Néanmoins, ils pourront se rassurer en constatant qu'il existe des techniques statistiques relativement simples qui pourront leur être d'un grand secours. Je pense, par exemple, aux tests de comparaison de moyennes ou de pourcentages, ou encore à l'utilisation des intervalles de confiance de la moyenne ou du pourcentage[13]. Cependant, plus la question de recherche ou plus l'hypothèse est complexe, plus le chercheur devra avoir recours à des techniques d'analyse complexes.

LES ASSOCIATIONS, L'EFFET OU LA CAUSE

L'une des forces de l'approche épidémiologique réside dans la nette distinction qu'elle fait entre la cause d'un phénomène et les liens qui existent entre deux caractéristiques. Mentionnons que beaucoup d'autres disciplines insistent sur cette distinction qui, encore une fois, n'est pas le propre de l'épidémiologie. Néanmoins, puisque les épidémiologistes sont souvent appelés à trouver la CAUSE d'une maladie, ils ont intériorisé une série de préceptes qu'ils considèrent constamment dans l'élaboration de leurs recherches.

Le principal de ceux-ci est que la cause précède nécessairement l'effet hypothétique. Ainsi, si le devis de recherche ne permet pas de déterminer de manière absolue que la cause hypothétique (p. ex. les stresseurs de la vie quotidienne) a précédé le problème à analyser (p. ex. la dépression) et que les autres causes possibles ont été contrôlées, il ne pourra conclure que l'exposition aux événements stressants CAUSE la dépression. Tout au plus parlera-t-il de forte association statistique entre ces phénomènes, association qui soutient logiquement la possibilité d'un lien de causalité.

L'épidémiologie a d'ailleurs élaboré les concepts descriptifs spécifiques pour distinguer ces deux phénomènes. Ainsi, dans le cadre d'une étude sur la causalité, on parlera du « facteur de risque » de la dépression en distinguant les nouveaux cas observés à la suite de l'exposition à la cause, en excluant, bien sûr, les cas de dépression déjà existants.

Par ailleurs, certains pourraient croire que l'utilisation de données qualitatives fait obstacle à l'utilisation des techniques statistiques et que l'utilisation de ce type de données ne nous restreint qu'aux techniques qualitatives d'analyse. Comme on pourra le voir à la section suivante, il peut être très utile et efficace d'analyser, à l'aide de données statistiques, des données qualitatives. Voici un exemple tiré d'une de mes propres recherches sur le suicide[14].

---

13. R. Trudel et R. Antonius, *Méthodes quantitatives appliquées aux sciences humaines*, Montréal, Éditions de la Chenelière, 1991. 545 p.

14. A. Lesage, R. Boyer, F. Grunberg, C. Vanier, R. Morissette, C. Ménard-Buteau, et M. Loyer, « Suicide and mental disorders : A case control study of young men », *American Journal of Psychiatry*, n° 151, 1994, p. 7.

EXEMPLE D'UNE ÉTUDE

Il subsiste beaucoup de questions en suicidologie entourant les causes du suicide. Certains privilégient une vision strictement sociologique de la question, alors que d'autres favorisent une perspective strictement biologique. Les premiers tenteront de démontrer que les personnes qui se suicident proviennent de certains sous-groupes de la population (pauvres, chômeurs, personnes exposées à des stresseurs sociaux persistants, etc.), alors que les deuxièmes tenteront d'expliquer ce phénomène en montrant que les personnes décédées par suicide étaient essentiellement atteintes d'un dérèglement biologique associé à la dépression. Il est évident que chacune de ces perspectives implique des interventions de type particulier allant, par exemple, de la réduction des inégalités sociales au dépistage précoce allié au traitement de la dépression.

L'un de mes projets de recherche s'inscrivait dans ce débat et voulait vérifier si les personnes décédées par suicide présentaient une plus forte incidence de dépression et si nous retrouvions cette même association lorsque nous tenions compte d'autres explications possibles, telle l'exposition à des stresseurs importants dans les mois ayant précédé le geste fatal.

Afin d'éprouver cette question, mon équipe et moi avons élaboré un devis de recherche cas-témoin qui nous permettait de comparer un groupe de personnes décédées par suicide à deux groupes de comparaison. Le premier était composé de personnes décédées à la suite d'un accident de la route, et le deuxième, de personnes toujours vivantes mais comparables aux personnes suicidées au point de vue du sexe, de l'âge, du statut socioéconomique, du statut matrimonial et du statut d'emploi.

Puisqu'il était impossible de mener des entrevues avec les personnes décédées, nous avons adapté la technique dite d'autopsie psychologique[15]. Les intervieweurs ont mené des entrevues en face à face avec des personnes ayant bien connu les personnes décédées ou les sujets toujours vivants de notre groupe de comparaison. Ces entrevues avaient pour objectif de reconstruire systématiquement, à l'aide de questionnaires ouverts fiables et valides, le passé psychologique et social des sujets de l'étude, soit respectivement la présence d'un trouble mental et l'exposition à des événements de vie dans les six mois précédents.

---

15. D.C. Clark et S.L. Horton-Deutsch, «Assessment in absentia: The value of the psychological autopsy method for studying antecedents of suicide and predicting future suicides», dans R.W. Maris, A.L. Berman, J.T. Maltsberger et R.I. Yufit (dir.), *Assessment and Prediction of Suicide*, New York, The Guilford Press, 1992, p. 144-182.

Chaque entrevue a été résumée en histoire de cas ne faisant pas mention de l'appartenance du sujet au groupe des suicidés, des accidentés ou des personnes vivantes. Ces histoires de cas ont ensuite été transmises à deux psychiatres chevronnés qui devaient, chacun de leur côté, poser, le cas échéant, les diagnostics pour chaque sujet.

Bien que ces données eussent été clairement qualitatives (tous les symptômes de la dépression étant recueillis par les intervieweurs et analysés par les psychiatres), nous avons transformé les évaluations des psychiatres en données quantitatives (personne dépressive = 1 ; personne non dépressive = 0) et mené une série d'analyses statistiques nous permettant de démontrer que le taux de dépression chez les suicidés était statistiquement plus élevé que celui observé au sein des deux autres groupes. Nous avons aussi démontré que le taux de dépression chez les suicidés demeurait plus élevé que celui observé au sein des deux groupes de comparaison lorsque nous contrôlions les légères différences intergroupes relatives à l'exposition aux événements stressants de la vie quotidienne.

CONCLUSION

Les collaborations entre l'épidémiologie et les sciences sociales et humaines ont favorisé une grande cofertilisation méthodologique qui fait en sorte que les sociologues retrouvent régulièrement leur méthodologie intégrée dans les devis de recherche épidémiologique, alors que l'épidémiologie a intégré plusieurs techniques et méthodes des sciences humaines et sociales.

Ces développements impliquent que l'on voit de plus en plus l'épidémiologie appliquée à la compréhension des facteurs sociaux dans l'apparition et l'évolution des problèmes de santé ou encore dans la compréhension de la santé elle-même. Non pas qu'il s'agisse, comme plusieurs le suggèrent, d'une ingérence du médical dans le champ du social, mais bien parce que l'état des connaissances actuelles montre que la santé n'est pas seulement une question strictement biologique ou médicale. En outre, cette méthodologie s'est avérée efficace pour améliorer nos connaissances sur le rôle du social dans la santé et la maladie.

BIBLIOGRAPHIE SÉLECTIVE

BOUCHARD, S. et C. CYR (1998). *Recherches psychosociales. Pour harmoniser recherche et pratique*, Sainte-Foy, Presses de l'Université du Québec, 605 p.

CONTANDRIOPOULOS, A.-P., F. CHAMPAGNE, L. POTVIN, J.-L. DENIS et P. BOYLE (1990). *Savoir préparer une recherche*, Montréal, Presses de l'Université de Montréal, 196 p.

PÉLADEAU, N. et C. MERCIER (1993). «Approche qualitative et quantitative en évaluation de programme», *Sociologie et sociétés*, vol. XXV, n° 2, p. 111-124.

POUPART, J., J.-P. DESLAURIERS, L. GROULX, A. LAPERRIÈRE, R. MAYER et A. PIRES (1997). *La recherche qualitative. Enjeux épistémologiques et méthodologiques*, Boucherville, Gaëtan Morin éditeur, p. 3-54.

QUIVY, R. et L. VAN CAMPENHOUDT (1995). *Manuel de recherche en sciences sociales*, Paris, Dunod, 287 p.

TRUDEL, R. et R. ANTONIUS (1991). *Méthodes quantitatives appliquées aux sciences humaines*, Montréal, Éditions de la Chenelière, 545 p.

20

TROUBLES MENTAUX ET SUICIDE AU QUÉBEC[1]

ALAIN LESAGE, M.D.
Centre de recherche Fernand-Séguin, Hôpital L.-H. Lafontaine
Département de psychiatrie, Faculté de médecine,
Université de Montréal

---

1. Ce chapitre est une adaptation de A. Lesage (1994). Éditorial: «Troubles mentaux et suicide», *Santé mentale au Québec*, vol. XIX, nº 2, p. 7-14.

Résumé

Dans une perspective de santé publique et d'intervention sociale, le rôle des troubles mentaux dans le suicide ne peut être scotomisé. Le rôle des troubles mentaux dans le suicide est retracé pour montrer comment on peut développer une compréhension élargie qui pourrait mener à plus de pistes d'intervention et de prévention. Sans prétendre pouvoir expliquer toutes les articulations dans l'étiologie du suicide d'un individu dans notre société, on doit faire appel à un lien entre des facteurs macroscopiques et des facteurs agissant à un niveau microsocial chez l'individu. Situant d'abord l'ampleur du suicide au Québec à l'aide de données épidémiologiques, des preuves du rôle des troubles mentaux dans le suicide sont ensuite élaborées. Un modèle élargi sur le plan individuel implique la reconnaissance de facteurs développementaux, génétiques et neurobiologiques, cliniques, psychologiques, sociaux et culturels dans le suicide. Enfin, prenant appui sur ces constats, sur la revue de l'utilisation des services par les personnes à risque suicidaire et sur des preuves récentes que le traitement de la dépression constitue une stratégie efficace de prévention du suicide dans la population, on propose de nouvelles pistes de prévention du suicide qui s'articulent autour d'une meilleure intégration de l'action des services sociaux et de santé par la reconnaissance des différentes dimensions causales dans le suicide.

L'évocation du rôle des troubles mentaux dans le suicide provoque encore des réactions négatives chez plusieurs intervenants au Québec. Pour plusieurs, les personnes qui se suicident le font au terme d'une cascade d'événements pénibles, d'un désespoir face à une situation existentielle devenue intenable. Dans cette vision, il est tout à fait approprié de dire que ces personnes vivent une détresse psychologique, mais non pas qu'elles souffrent d'un trouble mental de type dépression. Une telle évocation des troubles mentaux représenterait l'intrusion de concepts médicaux, que l'on associe à tort à un réductionnisme biologique, dans un domaine existentiel qui associe le suicide à une crise d'un individu dans une société donnée. On ironisera que le bagage génétique québécois doit s'être grandement modifié en très peu de temps pour expliquer une montée aussi rapide du taux de suicide au Québec depuis le début de la Révolution tranquille ! Comment expliquer l'augmentation importante du suicide au Québec depuis le début des années 1960, autrement qu'en reprenant la célèbre théorie de l'anomie d'un des fondateurs de la sociologie moderne, Émile Durkheim (1897). Il définissait ainsi un type de suicide lié à une désintégration des valeurs et des solidarités sociales, les individus devant faire face au chômage, par exemple, dans une société en mutation et avec des points de repère sociaux éclatés – n'est-ce pas là la situation que la société québécoise impose de façon croissante à une proportion importante de ses membres depuis le début des années 1960 (Côté, 1991) ? La perte de repères apparaît encore plus manifeste chez les peuples autochtones (Dufour, 1994).

La principale riposte de la santé publique à cette montée du suicide au Québec a été la création de centres de prévention du suicide, basés sur une intervention de crise. Si de tels centres ont aidé de nombreuses personnes souffrantes, leur efficacité à diminuer la prévalence du suicide n'a commencé à être démontrée que récemment. Et encore, cet effet demeure petit et s'appliquerait surtout à certains sous-groupes (Lester, 1994). Or, une série d'études suédoises ont démontré que l'augmentation du traitement de la dépression diminue le taux de suicide : une première étude avait montré dans un petit secteur géographique qu'un programme systématique d'amélioration des capacités des médecins de famille à mieux détecter, reconnaître et traiter la dépression avait fait diminuer le taux de suicide dans la population desservie (Abom, 1994) ; une seconde étude à l'échelle de toute la Suède a montré que l'augmentation de la prescription d'antidépresseurs, un traitement reconnu efficace de traitement de la dépression et signe d'une plus grande détection, reconnaissance et traitement de la dépression, a été associée à une diminution de près de 20 % du taux de suicide en Suède dans les années 1990 ; les mêmes constats ont été faits en Norvège, au Danemark, en Finlande (Isaacson, 2000) ;

un groupe indépendant en Hongrie rapporte des résultats comparables (Rihmer *et al.*, 2001), là où on connaissait un des taux de suicide les plus élevés au monde (voir figure 20.4).

Dans une perspective de santé publique et d'intervention sociale, le rôle des troubles mentaux dans le suicide ne peut être scotomisé. Dans les lignes qui vont suivre, nous retracerons le rôle des troubles mentaux dans le suicide pour montrer comment on peut acquérir une compréhension élargie qui pourrait mener à plus de pistes d'intervention et de prévention.

AMPLEUR DU PHÉNOMÈNE DU SUICIDE AU QUÉBEC

Le suicide a augmenté de façon importante au Québec au cours des quatre dernières décennies. Le taux de suicide par 100 000 habitants a plus que triplé, passant de 5,0 en 1960 à 19,5 en 1995, ce qui représente plus de 1442 suicides en 1995. Cette augmentation s'est surtout produite durant la période 1970-1991, mais elle s'est poursuivie encore récemment, comme on peut le constater à la figure 20.1. La figure 20.2 illustre comment le suicide demeure plus fréquent chez les hommes jeunes. Le suicide dans ce groupe d'âge représente en 1995 leur principale cause de décès et plus de 35 % des suicides au Québec. Le taux de suicide a augmenté de façon très rapide chez les jeunes hommes de 15 à 34 ans, un bond de 345 %, passant de 7,7 % en 1960 à 26,6 % en 1991. Une croissance similaire a été observée chez les femmes. Par contre, chez elles, les taux de suicide sont beaucoup moins élevés, et l'écart entre les hommes et les femmes ne cesse de s'accentuer, comme on peut le voir à la figure 20.1.

Au niveau canadien, la figure 20.3 montre que le Québec de 1992 se retrouve au deuxième rang, devancé de peu par l'Alberta mais aussi derrière les Territoires du Nord-Ouest (54,8/100 000 en 1989-1992) (Santé et Bien-être Canada, 1994). Les peuples autochtones demeurent particulièrement frappés par le suicide : on estime que le taux de suicide standardisé peut être au moins trois fois plus élevé que celui des populations non autochtones.

Sur le plan international, la figure 20.4 compare le Québec avec plusieurs pays au point de vue du taux de suicide et de l'indicateur du nombre d'années de vie perdues pour les hommes. Des pays comme la Finlande et la Hongrie, et même la France et la Suisse, ont des taux de suicide plus élevés que le Québec. Le Québec ne détient pas le plus haut

Figure 20.1
Taux de suicide au Québec, 1950-1995

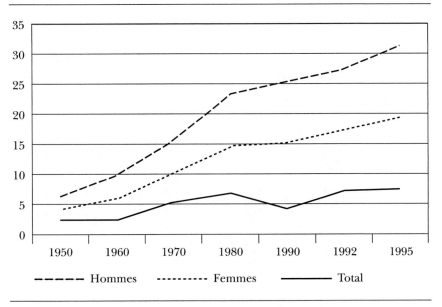

Légende : - - - - Hommes   · · · · · · · · · Femmes   ——— Total

taux de suicide global, mais un très haut taux chez les hommes jeunes, ce qui se traduit par un taux parmi les plus élevés du nombre d'années potentielles de vie perdues.

Le suicide reste pourtant un phénomène statistiquement rare : il représente la quatrième cause de décès au Canada. La plupart des intervenants en santé mentale ne verront que quelques-uns de leurs patients décéder par suicide. Le suicide demeure toutefois un problème majeur de santé publique. Le groupe de travail sur le suicide au Canada (Santé et Bien-être Canada, 1994) indiquait que l'impact du suicide mesuré par le nombre d'années de vie perdues le situait au deuxième rang, suivant de près les maladies cardiaques. L'impact devient énorme si l'on ajoute les victimes cachées du suicide : les familles et les proches endeuillés (Séguin, Kiely et Lesage, 1994). Le même groupe de travail sur le suicide estimait que, chaque année, entre 40 000 et 50 000 personnes vivent un deuil à la suite d'un suicide au Canada.

Figure 20.2
Taux ajusté de suicide par 100 000 personnes au Québec selon l'âge et le sexe, 1993-1994

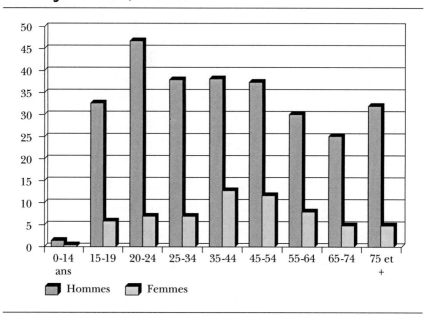

Figure 20.3
Taux de suicide au Canada, 1950-1992

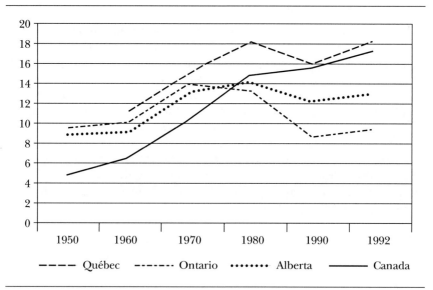

Figure 20.4

Taux comparatifs de mortalité par suicide en 1991 et taux d'années potentielles de vie perdues (APVP) à 75 ans par suicide en 1991, Québec et certains pays

Hommes (pour 100 000)

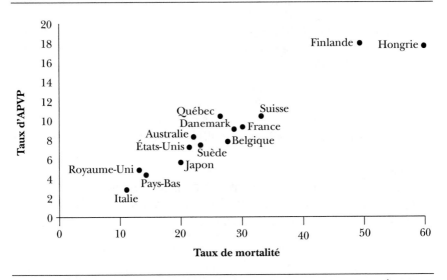

Source : *Le Québec comparé : indicateurs sanitaires, démographiques et socioéconomiques. Évolution de la situation québécoise, canadienne et internationale,* Ministère de la Santé et des Services sociaux, Direction générale de la planification et de l'évaluation, 1995, p. 202.

TROUBLES MENTAUX ET SUICIDE

L'association des troubles mentaux avec le suicide a été démontrée grâce à deux sources différentes d'information : les études d'autopsie psychologique et les suivis de patients ayant reçu des soins psychiatriques.

L'autopsie psychologique consiste à faire « la reconstitution du mode de vie et de la personnalité du décédé, de même que les détails des circonstances et de son comportement ayant abouti au décès » (Schneidman et Farberow, 1961). Les sources d'information sont constituées par une entrevue avec les proches de la personne décédée, les dossiers médicaux, scolaires et judiciaires. Des dizaines d'études basées sur la technique d'autopsie psychologique ont été menées depuis le début des années 1960 (Clark et Horton-Deutsch, 1992). Ces études ont observé des taux globaux très élevés de désordres psychiatriques associés au suicide (plus de 90 %) ; la dépression représente la classe de désordre la plus fréquemment observée (30 % à 76 %) ; les troubles de dépendance à l'alcool ou aux drogues sont aussi fréquemment relevés chez plus du tiers des suicidés ; quant aux troubles de la personnalité, le trouble de personnalité limite a été identifié chez près de 30 % des suicidés. Des résultats comparables ont été obtenus dans une étude menée au Québec (Grunberg *et al.*, 1994 ; Lesage *et al.*, 1994). Le tableau 20.1 indique les taux de différents troubles mentaux retrouvés dans cette étude ; plus d'un diagnostic peut être posé – de fait, la présence de plus d'un diagnostic (« comorbidité ») était la règle plus que l'exception, étant mentionné dans 69,3 % des cas de ces personnes décédées par suicide.

La validité de la méthode d'autopsie psychologique a été remise en question sur plusieurs points. Premièrement, dans quelle mesure les répondants endeuillés à la suite d'un suicide ne peuvent-ils pas exagérer ou amplifier les symptômes et les signes présents chez la personne avant son

Tableau 20.1

Quelques troubles mentaux identifiés dans les six derniers mois précédant le décès par suicide de 75 jeunes hommes adultes au Québec ou dans leur enfance/adolescence

	Suicide (n = 75) %
Dépression majeure	38,7
Psychose maniacodépressive	4,0
Schizophrénie	6,7
Dépendance à l'alcool	24,0
Dépendance aux drogues	22,7
Troubles de la personnalité	
Antisociale	14,7
Limite	28,0
Schizoïde	6,7
Non spécifiée	16,0
Troubles apparus dans l'enfance et l'adolescence	
Anxiété de séparation	10,7
Troubles d'hyperactivité / de l'attention	9,3
Troubles des conduites	21,3
Trouble développemental autre	6,7

Source : A. Lesage *et al.*, 1994.

suicide ? Brent (1989) n'a trouvé aucune différence dans les taux de désordre rapportés par des répondants cliniquement déprimés et les autres. Dans notre étude (Lesage *et al.*, 1994), des analyses séparées n'ont pas montré d'effet significatif du niveau de dépression chez les répondants sur les taux de désordres relevés chez les sujets décédés. Deuxièmement, les répondants disposent-ils de toute l'information nécessaire en ce qui concerne des états souvent subjectifs comme la dépression ou des désordres dissimulés comme l'abus de drogues ? Dans les cas où un dossier médical était disponible, nous avons corroboré le ou les diagnostics établis auprès des répondants dans plus de 93 % des cas (Grunberg *et al.*, 1994). Il est important de rappeler que les dossiers médicaux n'étaient disponibles que dans 40 cas sur 75 et que la majorité des sujets décédés n'avaient jamais consulté un professionnel de la santé mentale. Troisièmement, sur le plan technique, l'établissement de la présence de désordres mentaux se base sur l'observation d'un nombre suffisant de critères, tels que définis par les classifications comme le DSM-III-R. Or, les diagnostics de dépression et de trouble de la personnalité limite se basent sur plusieurs critères, l'un d'eux pouvant être le comportement suicidaire. Ainsi, l'association avec le suicide deviendrait liée à la présence de tentatives suicidaires, lesquelles sont indépendamment associées au suicide. Cependant, des analyses séparées ont montré que le retrait de ce critère de tentatives suicidaires ne changeait pas la majorité des diagnostics de trouble de la personnalité limite, par exemple, car les cas présentaient suffisamment d'autres critères pour que ce diagnostic soit maintenu (Grunberg *et al.*, 1994). La méthode d'autopsie psychologique utilisée depuis plus de quarante ans dans des dizaines d'études demeure donc la plus appropriée pour reconstituer le profil psychologique de sujets décédés par suicide (Clark et Horton-Deutsch, 1992).

L'établissement du rôle des troubles mentaux dans le suicide repose sur une autre série de preuves : les études longitudinales de patients suivis par les services psychiatriques. L'ensemble des études ont montré que les patients psychiatriques couraient plus de risque de se suicider (Tanney, 1992). Le rôle des troubles mentaux est ici soutenu par le fait que les désordres mentaux spécifiques ne sont pas associés aux mêmes risques de suicide. Dans la célèbre étude longitudinale de Lundby en Suède, le risque à vie de suicide était 2,5 fois plus élevé chez les hommes ayant été identifiés avec un diagnostic psychiatrique que dans la population générale (Rorsman, Hagnell et Lanke, 1985, cité par Tanney, 1992). Les troubles mentaux de type dépression s'associent à un risque à vie de suicide de près de 15 % (Guze et Robins, 1970, cité par Black, Winokur et Nasrallay, 1987). Le risque varierait selon les types de troubles dépressifs. Certaines de ces études ont aussi montré que la présence de plus d'un désordre (comorbidité) s'associait à un risque plus élevé, le plus fréquemment relevé étant celui entre troubles dépressifs et problèmes d'abus ou de dépendance à l'alcool ou aux drogues.

Les deux lignées d'études citées jusqu'ici, celles basées sur l'autopsie psychologique et celles basées sur le suivi de patients psychiatriques, attribuent un rôle important aux troubles mentaux dans le suicide. Il faut constater toutefois que les troubles mentaux, ou leur combinaison, ne constituent pas des raisons suffisantes pour expliquer le suicide, puisque la grande majorité des personnes souffrant de désordres affectifs, par exemple, ne se suicideront pas. Il devient nécessaire d'évoquer des modèles plus complexes qui tentent d'intégrer des facteurs génétiques, biologiques, développementaux, environnementaux, socioéconomiques et culturels.

VERS UN MODÈLE ÉLARGI

Sans prétendre pouvoir expliquer toutes les articulations dans l'étiologie du suicide d'un individu dans notre société, on doit faire appel à un lien entre des facteurs macroscopiques et des facteurs agissant à un niveau microsocial chez l'individu (GIRAME, 1988).

Sur le plan macroscopique, il existe une relation bien établie entre les facteurs socioéconomiques et les troubles mentaux, en particulier pour la dépression, les abus d'alcool et de drogues et les troubles de personnalité (Dohrenwend *et al.*, 1992). Des données épidémiologiques des deux dernières décennies ont aussi amené à suggérer que l'on assistait à une augmentation des troubles de dépression dans les populations, en particulier chez les hommes jeunes (Klerman, 1986). Parmi les facteurs socioéconomiques cités, mentionnons l'éclatement des valeurs, les modifications des modèles et des rapports familiaux, les changements dans les rôles des hommes et des femmes, les restructurations économiques, la précarité de l'emploi, le chômage, la désagrégation des régions (Cormier et Klerman, 1985 ; Dyck, Newman et Thompson, 1988 ; Côté, 1991). Ces facteurs peuvent aussi facilement être liés au modèle d'anomie proposé par Durkheim (1897) pour expliquer des conditions favorisant le suicide.

À ce niveau macroscopique comme à celui du suicide individuel, une des difficultés importantes dans l'attribution du juste poids aux troubles mentaux dans le suicide est représentée par le recoupement des dimensions causales des uns et de l'autre. Ainsi, le modèle le plus complet actuellement de la dépression propose une vulnérabilité liée à des facteurs génétiques, des expériences développementales d'attachement nocives, un manque de protection qu'apporteraient des relations interpersonnelles positives ou des situations sociales favorables, de même qu'un déclenchement provoqué par des événements ou des situations difficiles (Rutter, 1985; McGuffin, Katz et Rutherford, 1988; Brown et Harris, 1989; Kendler, Karkowski et Prescott, 1999). Des études épidémiologiques génétiques (comparaison de jumeaux identiques avec des jumeaux non identiques, puis dans la fratrie) ont montré un rôle des facteurs génétiques, car les jumeaux identiques présentaient un plus grand risque de suicide que les jumeaux non identiques si l'un s'était suicidé. Mais cela ne serait-il pas lié à la génétique de certains troubles mentaux? Des anomalies neurobiologiques sont retrouvées chez les sujets décédés par suicide (Mann *et al.*, 1989), mais ici encore ne s'agit-il pas des anomalies liées à la dépression ou aux traits d'impulsivité identifiés chez ces mêmes personnes? Des expériences de séparation dans l'enfance ont été observées plus fréquemment chez les sujets décédés par suicide (Lesage *et al.*, 1994), mais les expériences développementales nocives se retrouvent aussi dans l'étiologie du trouble de la personnalité limite par exemple. Et que dire des événements de vie mis en cause depuis longtemps dans le déclenchement de la dépression et observés dans les semaines, voire les jours précédant le suicide? Les événements de vie nocifs pendant l'enfance et l'adolescence vont affecter les capacités d'attachement de l'individu et prédisposer celui-ci à vivre plus difficilement ses relations adultes et à subir des pertes de façon plus négative (Bowlby, 1980).

Un modèle plus complet doit reconnaître l'interaction complexe de ces facteurs et des troubles mentaux. Les événements de vie ne sont pas complètement indépendants des individus, de leur trouble de la personnalité ou de leur état dépressif. Les toxicomanies peuvent être associées à des troubles de la personnalité limite : des événements de conflit et de bris d'attachement sont associés à la nature même de ce désordre caractérisé par des relations interpersonnelles instables. Par ailleurs, on peut facilement imaginer que les personnes vivant des dépressions fréquentes, longues risquent davantage de voir leur conjoint les abandonner après des tentatives infructueuses pour leur venir en aide; il en est de même pour les personnes avec des problèmes d'abus d'alcool. Il se peut par ailleurs qu'un événement comme une perte vienne couronner une accumulation de situations de pertes dans les dernières années et provoque une dégringolade de ces sujets, avec pertes répétées accompagnées de rejet et d'exclusion qui mèneraient à l'acte fatal. Il existerait donc une courroie de transmission et une interdépendance entre les expériences nocives dans l'enfance, l'éclosion de certains désordres mentaux, l'accumulation d'expériences récentes en partie consécutives aux désordres eux-mêmes. En ce sens, l'environnement peut jouer un rôle en ce que la force aidante d'un partenaire, d'une famille, d'un milieu de travail peut pallier par des expériences positives et soutenantes la difficulté de ces personnes à maintenir de bons attachements. Une telle hypothèse demeure à démontrer par des études qui reconstruiraient de façon détaillée la nature des pertes dans l'enfance, les diverses psychopathologies à l'âge adulte, le soutien social et les séquences de différents événements de vie dans les années précédant le décès.

VERS UNE PRÉVENTION DU SUICIDE PAR LES SERVICES SOCIAUX ET DE SANTÉ

Avant de considérer les implications pour l'intervention, il convient d'examiner l'utilisation des services tant chez les personnes qui se sont suicidées que chez celles souffrant de troubles mentaux. On doit aussi se pencher sur le rapport entre les idéations suicidaires, les tentatives suicidaires et le suicide. On doit enfin prendre acte de résultats très récents démontrant que le traitement de la dépression constitue une stratégie efficace de réduction du suicide dans la population.

Les études conduites dans la population générale à l'aide de questionnaires standardisés ont montré une fréquence élevée des troubles mentaux dans la population générale : près de une personne sur cinq dans la dernière année. Ce sont essentiellement les troubles dépressifs, anxieux et les problèmes liés à l'alcool et aux drogues. Les troubles mentaux graves, en particulier la schizophrénie et la psychose maniacodépressive, touchent 1 à 3 % de la population (Lesage, 1996).

La majorité des personnes qui souffrent de troubles mentaux dans la population ne consultent pas à des fins de santé mentale. Si elles consultent des professionnels, ce sont d'abord les médecins de famille (4 % de la population dans la dernière année), des psychologues en bureau privé (3 % de la population dans la dernière année). Dans une étude de la population ontarienne au début des années 1990, environ 18 % des cas de dépression majeure recevaient des antidépresseurs (Parikh *et al.*, 1999). Seulement 1 à 2 % de la population s'adresse aux services spécialisés psychiatriques (hospitalisation, urgence, clinique externe). Un tout petit nombre de personnes sont hospitalisées pour une longue période en psychiatrie ou se retrouvent dans des ressources résidentielles protégées. La figure 20.5 illustre ces relations.

Dans les cas de suicide, l'utilisation des services est indiquée dans le tableau 20.2, tiré de l'étude québécoise sur le suicide chez les jeunes hommes adultes. Il faut préciser immédiatement que, si la personne a consulté son médecin de famille dans la dernière année, ce n'est pas nécessairement pour des raisons avouées ou reconnues de santé mentale. De fait, dans la population générale, près de 80 % de la population voit son médecin de famille chaque année pour toutes sortes de motifs, mais,

Figure 20.5
Modèle épidémiologique du rapport entre l'utilisation des services de base, des services spécialisés et la prévalence de troubles mentaux (les pourcentages expriment les taux dans la population générale)

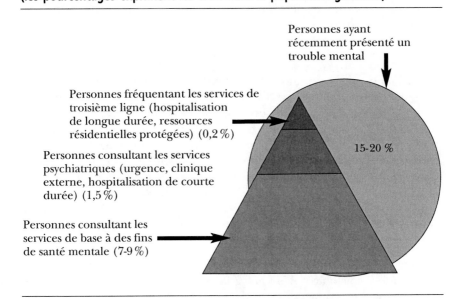

Tableau 20.2
Utilisation des services sociaux et de santé dans l'année précédant leur décès par 75 jeunes hommes adultes décédés par suicide au Québec

	Suicides ($n = 75$) %
Médecin de famille	50,7
Pharmacien	33,3
Psychiatre	25,3
Autre médecin spécialiste	23,0
Psychologue	21,3
Travailleur social	21,3
Conseiller en orientation	10,7
Prêtre	10,7
Autre psychothérapeute	4,0

Source : A. Lesage *et al.*, 1994.

comme nous l'avons montré précédemment, une minorité le fait pour des raisons proprement de santé mentale. Il demeure que le médecin de famille demeure le professionnel de la santé et des services sociaux le plus susceptible d'avoir été consulté par les personnes qui vont se suicider. Moins de 30 % de ces personnes ont été vues par un professionnel des services psychiatriques dans la dernière année et 13 % par d'autres intervenants en santé mentale.

Finalement, toute entreprise de prévention du suicide doit reconnaître l'ampleur des idéations et des tentatives suicidaires, liées au suicide. Au Québec, les enquêtes de Santé Québec ont examiné ces phénomènes (Santé Québec, 1995). En ce qui regarde l'idéation suicidaire, l'enquête de 1992-1993 montre que près de 4 % de la population du Québec (ou environ 200 000 individus) rapporte avoir sérieusement pensé au suicide au cours des douze mois ayant précédé l'enquête, sans qu'il soit possible de déceler une différence entre les taux d'idées suicidaires chez les hommes et les femmes. De même, la prévalence de tentatives de suicide est estimée à 6 personnes pour 1000, autant chez les hommes que chez les femmes : cette prévalence correspond à près de 30 000 personnes par an.

La figure 20.6 présente le rapport relatif entre le nombre de suicides chaque année, le nombre de tentatives de suicide et les personnes ayant eu des idées suicidaires. Une autre façon de présenter cette figure et le rapport consiste à ramener celui-ci à une base de 100 000 habitants. Ainsi, on peut établir qu'annuellement au Québec il y a une fréquence de :

Suicide : 20 par 100 000 personnes
Tentative de suicide : 600 par 100 000 personnes
Idéation : 4000 par 100 000 personnes

Le suicide représente donc un phénomène rare, alors que l'idéation suicidaire est très fréquente. La grande majorité des personnes qui présentent des idées suicidaires ne se suicideront pas, et pourtant toutes les personnes décédées par suicide auront pensé au suicide et près de 40 % au moins auront déjà fait une tentative de suicide connue par les proches (Lesage *et al.*, 1994).

Toute entreprise de prévention du suicide doit tenir compte que nous sommes dans une situation où notre capacité de prédire le suicide est pauvre, étant donné la faible fréquence de ce phénomène. Ceci s'ajoutait jusqu'ici aux résultats décevants obtenus avec les centres de prévention de suicide qui ont démontré au mieux un effet marginal à diminuer le taux de suicide dans les populations (Lester, 1994). Or, des résultats très récents démontrent que le traitement de la dépression diminue de façon fort significative le taux de suicide et représente une stratégie efficace de prévention de suicide dans les populations (Isaacson, 2000 ; Rihmer *et al.*,

Figure 20.6

Rapport entre le nombre de suicides, les tentatives de suicide et les idéations suicidaires par année au Québec

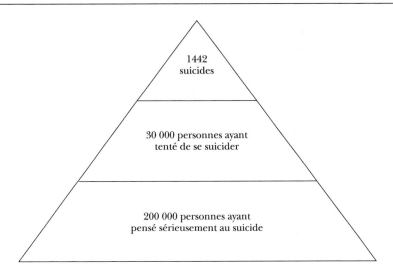

Source : Reconstitué à partir des données de 1992-1993 de l'Enquête Santé-Québec (1995).

2001). Ces travaux menés en Suède ont montré que dans la période de 1991 à 1996, l'utilisation des antidépresseurs a augmenté de 3,5 fois et que le taux de suicide a diminué de 19 %. Des résultats similaires ont été observés en Finlande, au Danemark, en Norvège et en Hongrie. Dans la même période, des facteurs de risque sociétaux du suicide ont plutôt augmenté en Suède : le chômage est passé de 3 % à 8,1 % et le système de santé suédois est passé dans une phase de réductions budgétaires douloureuses. Au contraire dans la même période en Norvège, le taux de chômage est resté bas et stable. Ces résultats confirment à l'échelle des nations les résultats antérieurs obtenus dans des secteurs-pilotes suggérant que la détection, la reconnaissance et le traitement efficace de la dépression par les médecins de famille, pouvaient avoir un impact significatif sur le suicide (Abom, 1994). Ces résultats ne présument pas que d'autres thérapies efficaces de la dépression comme les psychothérapies cognitives ou interpersonnelles (CPA/CANMAT, 2001) ne pourraient avoir un impact aussi positif, ni non plus l'articulation nécessaire des différents milieux d'intervention pour permettre l'accès aux traitements efficaces. Mais la stratégie efficace de prévention du suicide ici décrite implique de pouvoir agir massivement et rendre accessibles des thérapeutiques efficaces à de grands nombres de personnes souffrant de dépression.

LA PRÉVENTION DU SUICIDE :
IMPLICATIONS POUR L'INTERVENTION

Ces pistes de recherche montrent la place que peuvent occuper les troubles mentaux dans le suicide. La santé publique ainsi que les services sociaux et de santé doivent poursuivre maintenant leur travail d'aide aux personnes les plus à risque de se suicider, à celles présentant des troubles mentaux et des idéations suicidaires, ou même qui ont fait une tentative de suicide. Les différents cas ne s'équivalent pas nécessairement sur le plan de l'intervention, comme le souligne l'article de Bordeleau (1994). Le travail essentiel des intervenants des centres de crise, des urgences des services sociaux et de santé se révèle des plus exigeants et demande une rigueur clinique, émotionnelle et relationnelle très grande (Pommerleau *et al.*, 1994). Il existe aussi des limites aux interventions thérapeutiques et il faut accepter que tous les suicides ne peuvent être prévenus dans l'état actuel de nos connaissances et de notre savoir-faire face à une certaine configuration de troubles mentaux (Paris, 1997).

Cependant, plusieurs troubles mentaux affectant les personnes qui ont des idées suicidaires ou qui se sont suicidées pourraient ou auraient pu bénéficier de thérapeutiques. Dans la dépression, des thérapeutiques comme les médicaments antidépresseurs ou des psychothérapies spécifiques de type cognitif ou interpersonnel se sont avérées efficaces (CPA/CANMAT, 2001). Ne pourrait-on pas mieux soutenir et articuler le travail des centres de crise et des services sociaux et de santé en facilitant la réorientation pour traitement des personnes déprimées ? Les médecins de famille ne devraient-ils pas être plus sensibilisés à la nécessité de mieux repérer et de traiter ou diriger pour traitement les personnes souffrant de dépression ? Autant d'avenues immédiates qui peuvent découler de l'adoption d'un modèle élargi du suicide où les troubles mentaux ont trouvé une juste reconnaissance.

BIBLIOGRAPHIE SÉLECTIONNÉE

ABOM, B. (1994). « Le médecin de famille et le patient suicidaire », *Santé mentale au Québec*, vol. XIX, n° 2, p. 163-176.

BLACK, D.W., G. WINOKUR et A. NASRALLAY (1987). « Suicide in subtypes of major affective disorder », *Archives of General Psychiatry*, vol. 44, p. 878-880.

BORDELEAU, D. (1994). « Exploration phénoménologique de l'idée suicidaire », *Santé mentale au Québec*, vol. XIX, n° 2, p. 105-116.

BOWLBY, J. (1980). *Attachment and Loss*, volume II : *Separation*, New York, Basic.

BRENT, D.A. (1989). « The psychological autopsy : Methodological considerations for the study of adolescent suicide », *Suicide Life Threatening Behavior*, vol. 19, n° 1, p. 43-57.

BROWN, G. et T. HARRIS (1989). *Life Events and Illness*, New York, Guilford Press.

CANADIAN PSYCHIATRIC ASSOCIATION AND THE CANADIAN NETWORK FOR MOOD AND ANXIETY TREATMENTS (CANMAT) (2001). *Clinical Guidelines for the Treatment of Depressive Disorders*, vol. 46, supplément 1. Ces lignes directrices sont disponibles en français.

CLARK, D.C. et S.L. HORTON-DEUTSCH (1992). «Assessment in absentia: The value of the psychological autopsy method for studying antecedents of suicide and predicting future suicides», dans R.W. Maris, A.L. Berman, J.T. Maltsberger et R.I. Yufit (dir.), *Assessment and Prediction of Suicide*, An official publication of the American Association of Suicidology, New York, The Guilford Press, p. 144-182.

CORMIER, H. et G.L. KLERMAN (1985). «Unemployment and male-female labor force participation as determinants of changing suicide rates of males and females in Quebec», *Social Psychiatry*, vol. 20, p. 109-114.

CÔTÉ, C. (1991). *Désintégration des régions. Le sous-développement durable au Québec*, Chicoutimi, JCL éditions, 261 p.

DOHRENWEND, B.P., I. LEVAV, P.E. SHROUT, S. SCHWARTZ, G. NAVEH, B.G. LINK, A.E. SKODOL *et al.* (1992). «Socioeconomic status and psychiatric disorders: The causation-selection issue», *Science*, vol. 255, p. 946-952.

DUFOUR, R. (1994). «Pistes de recherche sur le sens du suicide des adolescents inuit», *Santé mentale au Québec*, vol. XIX, n° 2, p. 145-162.

DURKHEIM, E. (1897; réédition 1973). *Le suicide*, Paris, Presses universitaires de France.

DYCK, R.J., S.C. NEWMAN et A.H. THOMPSON (1988). «Suicide trends in Canada, 1956-1981», *Acta Psychiatrica Scandinavica*, vol. 77, p. 411-419.

GIRAME (1988). *La recherche en santé mentale et toxicomanie: spécificité de l'approche sociale et perspectives de développement*, Rapport final présenté au Conseil québécois de la recherche sociale, 367 p.

GRUNBERG, F., A.D. LESAGE, R. BOYER, C. VANIER, R. MORISSETTE, C. MÉNARD-BUTEAU et M. LOYER (1994). «Le suicide chez les jeunes adultes de sexe masculin au Québec. Psychopathologie et utilisation des services médicaux», *Santé mentale au Québec*, vol. 19, n° 2, p. 25-39.

ISAACSON, G. (2000). «Suicide prevention: A medical breakthrough?», *Acta Psychiatrica Scandinavica*, vol. 102, p. 113-117.

KENDLER, K.S., L.M. KARKOWSKI et C.A. PRESCOTT (1999). «Causal relationship between stressful life events and the onset of major depression», *American Journal of Psychiatry*, vol. 156, n° 6, p. 837-841.

KLERMAN, B.L. (dir.) (1986). *Suicide and Depression Among Adolescents and Young Adults*, Washington, American Psychiatric Press, 383 p.

LESAGE, A. (1996). «Perspectives épidémiologiques sur le virage ambulatoire des services psychiatriques», *Santé mentale au Québec*, vol. XXI, n° 1, p. 78-98.

LESAGE, A., R. BOYER, F. GRUNBERG, C. VANIER, R. MORISSETTE, C. MÉNARD-BUTEAU et M. LOYER (1994). « Suicide and mental disorders : A case-control study of young adult males », *American Journal of Psychiatry*, vol. 151, p. 1063-1068.

LESTER, D. (1994). « L'efficacité des centres de prévention du suicide », *Santé mentale au Québec*, vol. XIX, no 2, p. 15-24.

MANN, J.J., M.D. DeMeo, J.G. KEILP et P.A. McBRIDE (1989). « Biological correlates of suicidal behavior in youth », dans C.R. Pfeffer (dir.), *Suicide Among Youth : Perspectives on Risk and Prevention*, Washington, American Psychiatric Press, p. 185-202.

MANN, J.J., C. WATERNAUX, G.L. HAAS et K.M. MALONE (1999). « Toward a clinical model of suicidal behavior in psychiatric patients », *American Journal of Psychiatry*, vol. 156, no 2, p. 181-189.

McGUFFIN, P., R. KATZ et J. RUTHERFORD (1991). « Nature, nurture and depression : A twin study », *Psychological Medicine*, vol. 21, p. 329-335.

PARIKH, S.V., A.D. LESAGE, S.H. KENNEDY et P. GOERING (1999). « Depression in Ontario : Under-treatment and factors related to antidepressant use », *Journal of Affective Disorders*, vol. 52, p. 67-76.

PARIS, J. (1997). « Succès et échecs dans le traitement de patients souffrant de troubles de la personnalité limite », *Santé mentale au Québec*, vol. XXII, no 1, p. 16-29.

POMMERLEAU, X., M. DELORME, B. BONNEMAISON et C. BOUTHIER (1994). « L'impact du suicide sur l'aidant », *Santé mentale au Québec*, vol. XIX, no 2, p. 83-104.

RIHMER *et al.* (2001). « Antidepressants and suicide prevention in Hungary », *Acta Psychiatrica Scandinavica*, vol. 102, p. 103, 238-239.

RUTTER, M. (1985). « Resilience in the face of adversity. Protective factors and resistance to psychiatric disorder », *British Journal of Psychiatry*, vol. 147, p. 598-611.

SANTÉ ET BIEN-ÊTRE CANADA (1994). *Le suicide au Canada : mise à jour du rapport du groupe d'étude sur le suicide au Canada*, Ottawa, Santé et Bien-être Canada (ISBN 0-662-99736-0).

SANTÉ QUÉBEC (1995). *Santé Québec, et la santé, ça va en 1992-1993 ?*, Rapport de l'enquête sociale et de santé 1992-1993, volume 1, Québec, Gouvernement du Québec (ISBN 2-551-13530-3).

SCHNEIDMAN, E.S. et N. FARBEROW (1961). « Sample investigation of equivocal suicidal deaths », dans N.L. Barberow et E.S. Schneidman (dir.), *The Cry for Help*, New York, McGraw-Hill, p. 118-128.

SÉGUIN, M., M.C. KIELY et A. LESAGE (1994). « L'après-suicide, une expérience unique de deuil ? », *Santé mentale au Québec*, vol. XIX, no 2, p. 63, 82.

TANNEY, B. (1992). « Mental disorders, psychiatric patients, and suicide », dans R.W. Maris, A.L. Berman, J.T. Maltsberger et R.I. Yufit (dir.), *Assessment and Prediction of Suicide*. An official publication of the American Association of Suicidology, New York, The Guilford Press, p. 277-320.

21

L'ESPACE DE « LA ZONE »

PAUL MORIN, Ph. D.
Collectif de défense des droits de la Montérégie
École de service social, Université de Montréal
École de travail social, Université du Québec à Montréal

Résumé

Notre recherche avait pour principal objectif théorique d'établir le rôle structurant de la dimension sociospatiale dans l'organisation et la distribution des services aux populations marginalisées. De façon empirique, elle s'est concrétisée par la recension des ressources d'hébergement pour cinq types de populations sur le territoire de la Communauté urbaine de Montréal: les personnes psychiatrisées, les personnes déficientes intellectuelles, les personnes ex-détenues, les personnes sans abri et les personnes toxicomanes. L'analyse des données recueillies, par secteur de recensement, a confirmé la présence d'un processus de ghettoïsation de populations marginalisées. Ainsi, globalement, 5,5 % des secteurs de recensement totalisent 45,5 % des 6451 lits du territoire d'analyse. Les politiques de désinstitutionnalisation ont donc provoqué un résultat paradoxal: la ghettoïsation. Il y a donc nécessité d'articuler toute réforme en prenant en considération la question fondamentale du territoire et des mécanismes d'exclusion s'y perpétuant.

Jacques Ferron, médecin et écrivain, à qui Pierre Vallières (1974) consacra de superbes pages dans *Nègres blancs d'Amérique* (1967) pour son dévouement aux gens de Ville Jacques-Cartier, « une ville de tôle de l'autre côté du pont », a beaucoup utilisé dans son œuvre de fiction l'opposition « petit village/grand village ». Cette opposition a pour origine de curieux personnages, les « magouas ». Ceux-ci habitaient un « hameau, communément appelé petite mission de Yamachiche, qui est un ensemble principalement caractérisé par une localisation en périphérie de la municipalité, un isolement de ses habitations par rapport à celles de son environnement immédiat et une pauvreté apparente [...] à l'intérieur de la municipalité, ce hameau constitue une enclave assez homogène » (Comtois, 1979, cité par Olscamp, 1997, p. 64).

Cet exemple où l'imaginaire s'imbrique dans la réalité sert de point de départ à cet essai dont l'objectif est de permettre au lecteur de saisir que, les êtres humains étant situés en un lieu et occupant une place, l'espace doit être inclus dans l'analyse des processus sociétaux (Ledrut, 1990). L'une des dimensions de l'espace, la distanciation, illustre la mise à l'écart, dans notre société dite d'abondance, de populations marginalisées en des zones de relégation sociale, qualifiées de grises, de défavorisées (Bourdieu, 1993).

Après avoir cerné la valeur théorique qu'il importe d'accorder à la dimension spatiale, nous ferons état de travaux de recherche illustrant son importance. Ces travaux présentent deux aspects sociétaux de la problématique espace et problèmes sociaux : il s'agit de la répartition spatiale de la distribution de la richesse et de la pauvreté, plus spécifiquement par l'entremise d'une carte scolaire socioéconomique et du phénomène de ghettoïsation né des politiques de désinstitutionnalisation des dernières décennies.

ASPECTS THÉORIQUES

De plusieurs travaux en provenance de différentes disciplines scientifiques se dégage un consensus à l'effet d'inclure l'espace comme partie intégrante de la théorie sociale (Bailly, 1986 ; Cox, 1989, p. 331-350 ; Vieillard-Baron, 1991, p. 179-190). En sociologie, dès les années 1930, l'école de Chigago autour de Park, Wirth, Mckenzie et Burgess, s'inspirant des méthodes et notions des sciences naturelles, a construit le premier modèle de l'écologie urbaine. Selon Gans (1991), auteur lui-même d'un classique de la sociologie urbaine américaine, *People, Plans, and Politics*, l'essai de Louis Wirth (1938) « Urbanism as a way of life » a exercé une grande influence. Il est même devenu l'article le plus cité de cette branche de la sociologie. La possibilité d'analyser la société urbaine d'un point de vue biologique et écologique constitue la trame de fond de cette école de pensée. Elle donnera naissance au concept d'écologie factorielle qui « permet de traiter un grand nombre de statistiques issues des recensements de population afin de dégager les critères à la base des choix résidentiels de la population en région urbaine » (Mayer-Renaud et Renaud, 1989). Trois critères de différenciation spatiale en milieu urbain sont habituellement utilisés dans le cadre de telle recherche : le statut socioéconomique, le cycle de vie familiale et l'ethnie.

Cette intégration de l'espace dans la constitution des rapports sociaux permet d'appréhender les résultats spatiaux des politiques sociales et des rapports sociaux. L'organisation de l'espace urbain, par exemple, est orientée par les rapports sociaux à l'intérieur d'une société historiquement déterminée. « Chaque époque produit son propre espace » (Lefebvre, 1974, p. 41). L'espace social possède donc un statut dans l'analyse de faits sociaux complexes.

L'espace avait pourtant été longtemps relégué au second rang par rapport au temps dans le champ des sciences sociales. Comme le soulignait Foucault (1977, p. 6), « il est surprenant de voir combien le problème des espaces a mis longtemps à apparaître comme problème historico-politique ». Ce déclassement de l'espace est relié, selon les mots forts de Michel de Certeau (1977, p. 5), à l'organisation fonctionnaliste de la société qui « [...] en privilégiant le progrès (le temps) fait oublier sa condition de possibilité, l'espace lui-même, qui devient l'impensé d'une technologie scientifique et politique. Cette intégration de l'espace dans la constitution des rapports sociaux nous permettra de cerner les résultats spatiaux des politiques sociales.

Quelle est la place de l'espace dans l'analyse de la vie sociale ? Le facteur spatial peut-il être un moteur des faits sociaux ? Par exemple, selon une conception spatiale déterministe, il suffit de disperser sur le territoire des personnes ou des groupes marginalisés pour qu'ils s'intègrent. Proximité spatiale et convivialité n'induisent pourtant pas un automatisme.

Fondamentalement, le débat théorique en sociologie quant à la place de l'espace et à son articulation avec le fait sociétal a porté sur l'importance de ce concept relativement à la production et à la reproduction des rapports sociaux. L'espace est-il déterminant au point d'être lui-même producteur de sens ou intervient-il seulement dans l'analyse des faits sociaux ? Nous estimons que l'organisation de l'espace peut être analysée en tant que produit social réfléchi. L'espace n'est pas une dimension vide, passive, mais au contraire possède plusieurs dimensions. Distanciation, appropriation et domination de l'espace peuvent ainsi être reliées à ses pratiques, à ses usages et aux relations auxquelles il donne lieu.

Alvarangs et Malltcheff (1985, p. 47-74), dans leur recension des écrits sociologiques français, ont constaté que l'espace, d'abord considéré comme non susceptible de fournir une quelconque explication de la réalité sociale, est devenu un produit social.

Plusieurs auteurs (Lefebvre, 1974 ; Harvey, 1989 ; Ledrut, 1990, p. 59-114 ; Grafmeyer, 1996, p. 209-217) s'accordent désormais pour penser l'espace en tant que production sociale et non plus en tant que dimension neutre, passive. L'inclusion de l'espace comme partie intégrante de la théorie sociologique nous est ainsi apparue nécessaire pour appréhender la complexité de notre objet d'analyse. L'espace doit pouvoir s'insérer dans un cadre de recherche sur l'organisation globale d'une société ou de certaines de ses manifestations, sans être encadré ni limité par la sphère des activités économiques.

L'analyse des formes urbaines a donné lieu à une réflexion où la saisie de l'espace en tant que facteur déterminé ou signifiant s'est manifestée concrètement. Deux courants d'analyse ont longtemps dominé ce champ de recherche : le marxisme et l'écologisme issu de l'école de Chicago. Il reste que, malgré la faible importance accordée à l'espace, la sociologie urbaine a constitué, selon Gans (1991, p. 92), le seul exemple de réflexions sociospatiales en sociologie : « [...] *it alone among sociological endeavors has emphasized spatial concepts, variables, and factors.* »

Résultat d'une concurrence dans laquelle les nantis tirent à eux la couverture en ce qui a trait aux espaces les mieux situés ou appelés à le devenir, la structure d'occupation des villes paraît dans une perspective de longue durée refléter, selon Arnaud (1988, p. 20-21), un « traitement formidablement inégalitaire de l'espace urbain ». Cette réflexion découle du schéma d'analyse suivant : l'organisation de l'espace urbain est orientée par les rapports sociaux à l'intérieur d'une société historique déterminée.

L'homologie entre contrôle social et contrôle territorial constitue un enjeu théorique fondamental dans la compréhension adéquate des logiques de division et de ségrégation du sol et des populations. Pour Henri Lefebvre, contrôle social et contrôle territorial se sont longtemps superposés, les techniques de contrôle territoriales étant posées comme l'élément majeur d'explication. Le territoire servirait de simple appui à des mesures de surveillance. Guillaume, dans l'*Éloge du désordre* (1978), propose également cette thèse du quadrillage de la totalité de l'espace urbain et de l'assignation d'espaces précis à des catégories d'individus.

Roncayolo (1990, p. 217) a jugé cette interprétation « finalisée » à l'excès ; il lui semble dangereux « de considérer le territoire comme simple support, simple mesure, alors que le définir en termes de construction territoriale rappelle une dimension fondamentale des sciences sociales ». L'espace urbain peut alors être analysé comme un produit social réfléchi. Par exemple, l'aspect spatial du phénomène de la stratification sociale en milieu urbain a fait l'objet d'une recherche de Duncan et Duncan (1975, p. 51-65) publiée en 1955 et maintes fois citée par la suite. Cette étude a trouvé une corrélation étroite entre les distances sociales et spatiales dans une métropole et démontré que le statut des groupes d'occupation est lié à leur distribution résidentielle. « Les comportements individuels, nous ont appris les sciences sociales, n'existent qu'enracinés dans des contextes naturels et seulement resitués dans des processus sociaux » (Bibeau et Perreault, 1995, p. 229).

LES POPULATIONS MARGINALISÉES

La définition première de populations marginalisées introduit d'emblée la dimension sociospatiale, puisque l'expression « être à la marge » renvoie immédiatement à un espace périphérique, mais aussi à son insertion dans les rapports sociaux d'une société.

Nous ne faisons pas référence ici à une forme active de marginalité dans laquelle la personne prend volontairement ses distances par rapport à la hiérarchie des valeurs et aux normes d'une société ; il s'agit plutôt d'une forme passive, soit d'une « certaine situation sociale » (Geremek, 1977, p. 29-57), d'un « statut que l'on nous impose » (Nadeau et Panaccio, 1975, p. 157-168). À un processus de marginalisation socioéconomique peut s'ajouter un processus de marginalisation sociospatiale auquel nous serons particulièrement attentifs (Hiernaux, 1992, p. 3-17).

La jonction entre la marginalisation sociospatiale et la marginalisation socioéconomique s'inscrit dans une société spécifique. Une comparaison des ségrégations américaines et françaises permet ainsi d'illustrer combien les déséquilibres urbains reflètent « les modes de constitution de l'urbain dans son histoire » (Roncayolo, 1990, p. 20). Ainsi, en France, les lieux de ghettoïsation correspondent aux territoires marginalisés des banlieues, en périphérie des grandes villes. Aux États-Unis, c'est l'inverse : le bungalow de la banlieue est l'antidote de l'enfer des centres-villes des mégalopoles.

Or, quel cadre d'analyse permet de saisir la logique de cette marginalisation sociospatiale et de comprendre la relation avec l'espace qu'entretiennent ces collectivités refoulées par des rapports sociaux dominants dans des zones géographiquement à part ?

Le géographe canadien Michael Dear dirige, depuis une dizaine d'années, des recherches sur cette problématique. La dimension socio-spatiale, définie comme un élément clé d'analyse des rapports sociaux d'une société, a constitué le cadre général de ses réflexions. Reliant dans un premier temps le processus de ghettoïsation à un processus général de reproduction des rapports sociaux et de différenciation résidentielle, il en est ensuite venu à voir dans un processus un résultat inattendu de la désinstitutionnalisation. L'analyse de la distribution au niveau local des ressources d'hébergement permet ainsi de souligner le fait que la société nord-américaine a accordé peu d'attention à la localisation des ressources dans l'élaboration de politiques sociales comme la désinstitutionnalisation (Dear et Wolch, 1989).

Spatialement, les deux variables, soit la proximité d'hôpitaux psychiatriques et des centres-villes détériorés, constituent les axes principaux de localisation des ressources. La conjugaison de ces variations temporelles et spatiales a donc produit une construction territoriale : le ghetto. Le problème des espaces, de la répartition spatiale des activités, va de pair avec la question essentielle du territoire. Complètement dévitalisé, relais de contrôle social ou «cadre spatial de cohésion sociale» pour reprendre l'expression de Claitier et Hamel (1991, p. 257-285), le territoire local occupe de toute façon une place de choix dans les nouvelles politiques étatiques de gestion du social. La compréhension de ces rapports sociaux urbains découle d'une méthode d'analyse qui fait de la marginalisation sociospatiale et socioéconomique le produit d'une société où le mode de spatialisation concourt à la reproduction des rapports dominants.

Ainsi arrivé socialement, un propriétaire s'inscrit dans l'ordre naturel des choses, sa résidence étant vécue comme une source majeure de l'estime et de la réputation sociales. La banlieue représente la liberté, la possibilité d'éviter les autres personnes non désirées. La maison familiale, associée aux espoirs de tranquillité domestique, débouche sur l'homogénéité du groupe. Ces deux principes importants de la structure sociale et de l'ordre social – qualité de vie du quartier et homogénéité sociale – sont à la base du gouvernement local qui s'appuie sur l'homogénéité du revenu comme principe organisateur de l'utilisation des sols.

SPÉCIFICITÉS DE LA GHETTOÏSATION DANS LA COMMUNAUTÉ URBAINE DE MONTRÉAL

Enjeu sociopolitique, la ghettoïsation des populations marginalisées, par territoire municipal d'une agglomération urbaine regroupée administrativement, nous a semblé une perspective d'analyse prometteuse. D'autant plus que Dear et Wolch (1989) avaient montré pour la région métropolitaine de Toronto la disproportion entre les différentes municipalités quant à la répartition géographique des foyers de groupe.

Le point de départ de la recherche étant le lieu d'hébergement, nous avons choisi de travailler à partir des codes postaux puisqu'il s'agit d'informations dénominalisées, aisément accessibles et offrant plusieurs possibilités d'opérationnalisation. Nous avons colligé le code postal de chaque lieu d'hébergement, le type de clientèle, la provenance de la ressource ainsi que la capacité d'accueil (nombre de lits) du centre. Vu l'absence d'un fichier central, cette tâche s'est parfois révélée ardue et a nécessité plusieurs rencontres et conversations avec les personnes-ressources.

La saisie des données et leur traitement ont d'abord été effectués sur ordinateur en fonction des valeurs analytiques mentionnées plus haut. Nous avons croisé nos données avec les 488 secteurs de recensement de 1986. L'ensemble des types de résidences a pu ainsi être recensé selon le total de lits et de lieux par secteur de recensement et regroupé en fonction d'unités de mesure.

Nous avons également privilégié ce mode de traitement pour les données relatives à certains types de résidences en fonction de leur importance quantitative : résidences communautaires et familles d'accueil dans le réseau de la déficience intellectuelle, pavillons et familles d'accueil dans le réseau de la santé mentale. Nous avons procédé de la même manière afin de saisir le réseau d'hébergement de trois hôpitaux psychiatriques montréalais : Douglas, Rivière-des-Prairies et Louis-H.-Lafontaine.

Utilisant les secteurs de recensement comme unité d'analyse, nous avons eu accès aux données de la recherche sur *La distribution de la pauvreté et de la richesse dans la région de Montréal en 1989*, réalisée par Mayer-Renaud et Renaud. L'indice de statut socioéconomique a été créé d'après des indicateurs de revenu familial et de scolarité et met en évidence la pertinence d'un «modèle de proximité sociale et spatiale [...]. Ces deux indicateurs ont l'avantage de refléter à la fois la dimension économique et la dimension sociale de la pauvreté et de la richesse.» Les données de Mayer-Renaud et Renaud nous ont donc permis de décrire sous l'angle de la situation socioéconomique la configuration du réseau d'hébergement selon les secteurs de recensement. Cette situation se répartit suivant cinq niveaux : bas, moyen-bas, moyen, moyen-haut, haut. Nous avons aussi croisé les données recueillies par secteur de recensement avec les territoires de 29 municipalités de la CUM, et ce, grâce à la banque de données et d'information urbaine (BDIU) de l'INRS-Urbanisation.

Nous avons également jugé primordial de détailler la configuration du réseau d'hébergement dans la ville de Montréal même, étant donné que Montréal occupe une place disproportionnée dans ce réseau. Pour ce faire, nous avons choisi de décrire celui-ci à partir des 54 quartiers de planification et de leur regroupement en 9 arrondissements. Les secteurs de recensement coïncident avec les arrondissements et leurs sous-ensembles, les quartiers de planification.

Quantitativement, on compte dans l'ensemble de ces 5 réseaux d'hébergement 842 lieux de résidence pour 6451 lits. Ces données ont été recueillies en 1991 auprès des différents établissements et organismes communautaires concernés. À la suite du traitement des données, nous avons pu établir la configuration sociospatiale de ces réseaux d'héberge-ment de la CUM. Notre univers d'analyse, c'est-à-dire la marginalisation sociospatiale de populations dépendant de services dans l'espace de la CUM, constituera notre point de référence.

Le but de cette étude est d'apporter des réponses aux questions suivantes liées au processus de marginalisation sociospatiale : Y a-t-il un processus de ghettoïsation des populations marginalisées sur le territoire de la CUM ? La gestion de ce territoire prend-elle en considération cette problématique ? La ghettoïsation se déroule-t-elle dans les mêmes espaces urbains qu'ailleurs, c'est-à-dire dans les centres-villes détériorés ? Quelles sont les ressemblances et les différences entre les réseaux de clientèle ? Quelles sont les caractéristiques socioéconomiques des secteurs de recen-sement au regard de la configuration des réseaux d'hébergement ? Y a-t-il une plus grande concentration de lieux dans les zones défavorisées ? Les hôpitaux psychiatriques ont-ils structuré l'espace social autour d'eux ? Le découpage de l'île par municipalités révèle-t-il des inégalités dans la distribution des ressources ? Les arrondissements et les quartiers de planification permettent-ils de cerner la configuration du dispositif ?

Si le processus de ghettoïsation des populations marginalisées dans l'espace urbain montréalais s'inscrit dans une tendance de fond socio-spatiale en Amérique du Nord, nous démontrerons qu'il n'en a pas moins des caractéristiques spécifiques, liées à sa géographie et au poids des hôpi-taux psychiatriques. Cela éliminera le risque de généraliser et de lier un fait social à des secteurs géographiques spécifiques d'un territoire.

LES RÉSEAUX DE SERVICES

En 1991, nous avons recensé 308 lieux d'hébergement en santé mentale, qui totalisent une capacité de 2219 lits. Ces lieux d'hébergement se distri-buent dans 152 secteurs (31,1 %) de recensement. En ce qui concerne les cinq secteurs de recensement, ils représentent 17 % de l'ensemble des lieux de santé mentale. Le fait que ce réseau de services, malgré son importance numérique, soit absent de plus des deux tiers des secteurs de recensement indique une nette tendance à la concentration pour ce type de clientèle. Ainsi, à eux seuls, sept secteurs occupent 19,2 % des lieux et comptent 31,4 % des lits. Cela dénote indéniablement une forte concentration dans des secteurs bien précis.

Globalement, dans le champ de la déficience intellectuelle, nous trouvons 387 ressources d'hébergement dans 196 secteurs pour 1404 lits. Par conséquent, 41 % des secteurs ont au moins une ressource en déficience intellectuelle. Ce réseau d'hébergement, bien qu'il soit plus concentré dans certains secteurs, est relativement dispersé, puisqu'aucun secteur ne dispose de plus de 50 lits pour ce type de clientèle. Cette situation est unique parmi les cinq réseaux d'hébergement examinés ; de plus, ce réseau de services est le deuxième en importance pour ce qui est des lieux et de la population.

Le réseau des sans-abri se répartit dans 32 secteurs (6,5 %) et compte 42 ressources pour 1506 lits. Dans 8 secteurs de plus de 50 lits, on recense 16 centres pour 1071 lits. Cela en fait donc le réseau d'hébergement le plus concentré dans certaines zones géographiques, même si aucun secteur de recensement ne contient plus de cinq ressources de ce type.

En ce qui concerne le champ de transition carcérale, le réseau d'hébergement semble, à première vue, réparti assez équitablement dans les 18 secteurs de recensement bénéficiant d'une telle ressource. Il existe presque une équivalence entre le nombre de secteurs et le nombre de ressources (21), pour un total de 559 lits.

Le dispositif de services d'hébergement en toxicomanie, sur le territoire de la CUM, comprend 23 lieux pour un total de 446 lits, et ce, dans 20 secteurs. On remarque ici une forte inégalité dans la distribution de ce type de ressources dans les 4,1 % de secteurs de recensement qui disposent de ce type de ressource. En effet, 9 des 20 secteurs possèdent 351 (79 %) des 446 lits de ce réseau de services.

LA CONFIGURATION SOCIOSPATIALE DE LA GHETTOÏSATION

Nous décrirons d'abord quantitativement les secteurs de recensement où se trouvent les ressources et les lits afin de dégager les concentrations, s'il y a lieu. Par la suite, la distribution des ressources sera décrite et analysée en fonction de la répartition de celles-ci dans les 29 municipalités composant la CUM. L'indice de statut socioéconomique de Mayer-Renaud et

Renaud nous permettra alors de qualifier les zones d'après deux caractéristiques, soit la concentration ou l'absence de ressources. Finalement, nous porterons une attention particulière à la ghettoïsation montréalaise par un découpage territorial propre à la ville de Montréal : les arrondissements et leurs quartiers de planification.

DES STATISTIQUES TROUBLANTES

L'analyse des données recueillies par secteur de recensement confirme la présence d'un processus de ghettoïsation des populations marginalisées sur le territoire de la CUM. Ainsi, globalement, 27 (5,5 %) secteurs de recensement ayant plus de 50 lits regroupent 45,5 % des 6451 lits du territoire d'analyse ; cinq de ces secteurs disposent de 1119 lits pour 17,1 % de l'ensemble des lits. Ces mêmes 27 secteurs possèdent 22,6 % des 842 lieux d'hébergement de la population marginalisée recensée. Des 488 secteurs de recensement qui quadrillent l'île de Montréal, 188 (38,5 %) sont dépourvus de ressources sur leur territoire (voir carte page suivante).

La répartition des ressources d'hébergement dans les 29 municipalités membres de la CUM illustre la concentration de ces populations dans certains territoires municipaux, et plus particulièrement à Montréal. Montréal accueille 58,2 % de la population de l'île, mais compte 72,1 % des 842 lieux d'hébergement et 80 % des lits. Des 27 secteurs ayant plus de 50 lits, 24 sont situés sur le territoire montréalais pour un total de 2667 lits (soit 34,6 % de l'ensemble des lits sur le territoire de la CUM). Les trois autres secteurs de plus de 50 lits se trouvent dans les municipalités de Montréal-Est (130 lits), Pointe-Claire (81 lits) et Sainte-Geneviève (76 lits).

Située entre les quartiers montréalais de Pointe-aux-Trembles et d'Hochelaga-Maisonneuve, la municipalité de Montréal-Est est au cœur de l'un des ghettos de populations marginalisées de la CUM, celui de l'est de l'île. Cette municipalité compte donc en proportion sur son territoire six fois plus de lieux et dix fois plus de lits que son pourcentage en population au sein de la communauté urbaine.

Six municipalités n'ont aucune ressource : L'Île-Dorval, Saint-Raphaël-de-l'île-Bizard, Hampstead, Mont-Royal, Senneville et Kirkland. Selon l'indice de statut socioéconomique, ces municipalités, sauf pour L'Île-Dorval où l'information n'est pas disponible, sont de niveau haut ou moyen-haut, des « zones homogènes » (Mayer-Renaud et Renaud, 1989).

Montréal occupe ainsi une position disproportionnée, malgré son importante population, avec presque trois quarts des lieux et quatre cinquièmes des lits, dont la quasi-totalité des ressources dans les champs de l'itinérance, de la transition carcérale et de la toxicomanie.

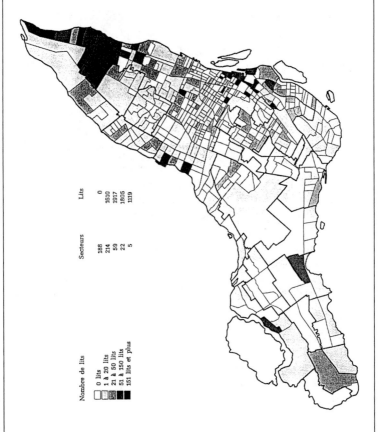

Nombre de lits par municipalité, 1986

Nombre de lits	Secteurs	Lits
0 lits	188	0
1 à 20 lits	214	1610
21 à 50 lits	59	1917
51 à 150 lits	22	1805
151 lits et plus	5	1119

Recherche : Paul Morin
Exécution cartographique : Richard Toussaint

On recense des ressources dans les zones ouest et sud-ouest de la CUM, mais nettement en deçà de leur représentation dans l'ensemble de la population, particulièrement pour l'ouest. Quant à la zone est, le nombre de ressources dont elle dispose, supérieur à sa représentation en population, révèle l'axe de développement majeur de la ghettoïsation des populations desservies. Il existe donc ici une différence fondamentale avec les autres agglomérations nord-américaines où le centre-ville constitue la zone de prédilection pour les ressources.

Cet axe de développement sera confirmé par la distribution des ressources d'hébergement dans Montréal même. La surreprésentation de ressources dans l'arrondissement Rivière-des-Prairies–Pointe-aux-Trembles et, de façon plus spécifique, dans le quartier Pointe-aux-Trembles, à l'extrême est de l'île, le corrobore, tout comme les nombreuses ressources de l'arrondissement Mercier-Hochelaga-Maisonneuve. Cet axe de concentration n'est cependant pas exclusif, et en cela nous rejoignons d'autres recherches. Ainsi, le centre-ville de Montréal et l'arrondissement Sud-Ouest comportent également une importante concentration de populations marginalisées. La situation dans le centre-ville est cependant beaucoup plus connue, surtout depuis l'épisode de Derniers Recours Montréal (voir carte page précédente).

LA SPÉCIFICITÉ MONTRÉALAISE

Où résident les différents types de clientèle? Malgré la concentration des ressources dans une vingtaine de secteurs, l'analyse montre des différences entre les réseaux de services. Ainsi, la clientèle du champ de la déficience intellectuelle est nettement plus dispersée que la clientèle utilisant les ressources en santé mentale, mais la palme de la concentration revient au réseau des personnes seules et itinérantes, regroupées en majorité dans deux arrondissements, Ville-Marie et Sud-Ouest. De fait, 76 % de l'ensemble des lits pour les sans-abri sont situés dans les 27 secteurs ayant plus de 50 lits. À titre comparatif, le pourcentage est de 61 % pour le réseau de la toxicomanie, de 50 % pour la transition carcérale, de 40,5 % en santé mentale et de 14,5 % pour la déficience intellectuelle.

Le quartier Pointe-aux-Trembles se classe au premier rang en ce qui a trait aux ressources de santé mentale. Cela prouve à quel point l'espace de l'est de l'île a été structuré par ses trois hôpitaux psychiatriques, et plus spécifiquement par l'hôpital Louis-H.-Lafontaine. Celui-ci, avec ses 15 pavillons et ses 24 familles d'accueil dans Pointe-aux-Trembles, nous est apparu comme étant un pôle institutionnel majeur. De plus, les données sur les proximités immédiates de l'hôpital révèlent à quel point cet établissement représente un espace d'attraction. L'importance de la zone est découle aussi du fait que le deuxième réseau de services, celui de la déficience, est également en force dans l'arrondissement Mercier-Hochelaga-Maisonneuve. Ce dernier, tant sur le plan des ressources que sur le plan des lits, occupe la première place parmi les arrondissements.

Quelles sont les caractéristiques des endroits où sont concentrées et d'où sont exclues les ressources d'hébergement ? De façon générale, en ce qui a trait à l'origine ethnique, il appert que les ressources sont généralement situées dans des arrondissements ou quartiers où la population est francophone, plus spécifiquement dans Pointe-aux-Trembles, Mercier-Hochelaga-Maisonneuve et le Sud-Ouest. Au point de vue de la situation socioéconomique, 42,2 % des 27 secteurs de recensement de plus de 50 lits, représentant 43,7 % de l'ensemble de ces lits, sont situés en milieu défavorisé. Globalement, les zones de niveau socioéconomique moyen comptent le plus grand nombre de lits (38,5 %), suivies des zones de milieux défavorisés (33,5 %). Ainsi, en santé mentale, l'implantation des ressources dans la zone de statut moyen ressort nettement avec 41,6 % de l'ensemble. Cela tient probablement à l'importance du quartier Pointe-aux-Trembles pour ce réseau de services.

Du côté du champ de la déficience intellectuelle, 37,8 % des ressources se trouvent dans la zone de niveau moyen. Les ressources d'hébergement pour les personnes déficientes intellectuelles ne sont généralement pas implantées dans des zones urbaines surpeuplées et socioéconomiquement défavorisées, contrairement à la situation observée dans d'autres champs d'intervention. Ainsi, aux États-Unis, les ressources de santé mentale sont situées dans les centres-villes deux fois plus fréquemment que celles de la déficience intellectuelle. Toutefois, l'exemple de Hamilton contredit cette tendance, puisque l'ensemble des ressources d'hébergement y est circonscrit à des zones défavorisées du centre-ville.

Bien que des recherches antérieures démontrent un quasi-parallèle entre la localisation de ressources pour les populations marginalisées et un milieu défavorisé environnant, notre analyse semble indiquer la nécessité de nuancer cette affirmation. Le fait que les deux tiers des ressources en transition carcérale soient situées dans des zones défavorisées – dont quatre à Pointe-Saint-Charles, un quartier fortement défavorisé –, va cependant dans le sens des conclusions auxquelles aboutissent d'autres travaux (Goldstein, Goodrich et Brown, 1987, p. 55-56). La situation est la même pour le réseau des sans-abri, avec une proportion équivalente en milieu défavorisé. Le réseau de la toxicomanie semble différent, avec seulement 33,2 % des ressources dans des milieux de niveau bas et 36,8 % dans des milieux de niveau haut. Soulignons ici que plusieurs de ces ressources se trouvent dans le centre-ville. Le cas du quartier Jacques-

Viger, dans le centre-ville, avec ses 164 lits et son niveau économique haut, constitue un exemple d'un espace socioéconomique éclaté qui illustre les limites du concept de mixité sociale quand cela consiste simplement à faire se côtoyer des personnes d'univers sociaux très différents.

Quant aux municipalités où les ressources sont absentes, leur niveau socioéconomique élevé leur confère un statut de zone homogène, confirmant la recension des écrits. Ces zones sont celles par excellence de l'exclusion ; cependant, la distribution des ressources par quartier de planification infirme quelque peu cette affirmation. De fait, dans Pointe-aux-Trembles, on compte 199 lits dans deux secteurs de recensement qualifiés de moyen-haut, niveau peu fréquent dans l'est. De même, le caractère familial et résidentiel de ce quartier est à l'inverse de la tendance décrite dans les recherches.

Il faut dire que Pointe-aux-Trembles a une histoire presque aussi ancienne que celle de Montréal même. En effet, située à l'extrême est de l'île, la paroisse de Pointe-aux-Trembles est la plus ancienne de l'île à l'extérieur du fort de Ville-Marie. Ce territoire, malgré sa situation périphérique, s'inscrit ainsi d'emblée dans l'histoire du développement de l'île, en raison de l'axe de transport routier est-ouest.

L'arrondissement du Bout-de-l'île a aussi un lien de longue date avec les institutions de santé et services sociaux ou de justice, puisque l'institut Louis-Philippe-Pinel, l'hôpital psychiatrique Rivière-des-Prairies et les centres de rééducation Berthelet et Mont-Saint-Antoine s'y trouvent. Dans son *Histoire de la folie dans la communauté 1962-1987*, Dorvil (1988b) a souligné la particularité de ce bout de l'île qui a été un lieu de prédilection pour l'implantation de ressources psychiatriques. En 1975, la municipalité de Pointe-aux-Trembles reconnaissait officiellement 22 foyers affiliés à Saint-Jean-de-Dieu (aujourd'hui Louis-H.-Lafontaine) et hébergeant 340 personnes ; elle menaçait alors de faire fermer ceux qu'elle ne reconnaissait pas.

Nous pouvons ainsi observer une forte inégalité quant à la répartition des ressources d'hébergement entre les quartiers de planification de l'arrondissement, puisque la quasi-totalité des 88 lieux (77,3 %) et des 751 lits (88,7 %) sont situés dans le quartier de Pointe-aux-Trembles. Celui-ci se classe donc au premier rang des quartiers par rapport au nombre de lits, dont la majeure partie en santé mentale, mais l'ensemble des réseaux y est également représenté. On note aussi dans ce quartier une distribution très inégale des ressources d'hébergement, car 5 des 11 secteurs de recensement ont plus de 50 lits, totalisant 631 (94,7 %) des 666 lits. Seuls 116 lits sont situés dans un secteur défavorisé, 316 se trouvent dans un secteur à indice moyen et 199 sont dans un secteur de niveau moyen-haut.

Tous se trouvent entre la rue Sherbrooke et le fleuve Saint-Laurent. Le réseau de la santé mentale est évidemment surreprésenté avec 504 lits ; la déficience intellectuelle dispose de 60 lits, la transition carcérale, de 6 lits et le réseau de la toxicomanie, de 29 lits.

La tendance à la concentration des populations marginalisées dans cet arrondissement ne fera que s'accroître, puisque le gouvernement provincial a décidé, en 1992, d'y déplacer en 1994 le Centre de détention de Montréal, alors situé sur la rue Parthenais. Ce nouvel établissement a été érigé dans le quartier Rivière-des-Prairies, tout à côté de l'institut Pinel, dans un secteur isolé de toute demeure résidentielle. Sur le plan socio-spatial, le commentaire de Vieillard-Baron (1990, p. 13-22) nous apparaît de ce fait des plus pertinents : « La marginalité de l'espace se reporte naturellement sur les hommes. »

En ce qui a trait à la structuration de l'espace par les hôpitaux psychiatriques, nous estimons qu'une telle situation est patente dans l'est, en raison de la présence de trois hôpitaux psychiatriques dans cette partie de l'île. Dans le sud-ouest, l'hôpital Douglas ne semble pas avoir constitué un tel pôle, puisqu'il n'y a rien de comparable avec la partie est de l'île, sur le plan des ressources d'hébergement.

CONCLUSION

Accordant une valeur théorique à l'espace, nous avons été à même de saisir les logiques de ségrégation à l'œuvre dans notre société ; ce faisant, une propriété de l'espace, la distanciation, a été révélée. L'exclusion sociale, les dérives ségrégatives, le « in and out » se déroulent dans un espace social où circulent les personnes marginalisées.

Malgré un consensus sur la nécessité d'éviter la concentration de populations marginalisées, une mise à l'écart durable est bel et bien pratiquée envers celles-ci sur le territoire de la Communauté urbaine de Montréal. Cette configuration des clivages spatiaux montre la pertinence d'analyser l'organisation de l'espace comme un produit social majeur. L'usage du bâti, l'utilisation des sols constituent un reflet spatial de cette configuration. La distribution inégale des ressources d'hébergement illustre l'importance de tenir compte de leur emplacement dans l'élaboration de politiques sociales, car l'existence de secteurs marginalisés va à l'encontre des efforts d'intégration sociale.

Le quartier Pointe-aux-Trembles, en tant que territoire de la marginalité sociale, est doublement intéressant, puisque non seulement il illustre ce point, mais il constitue aussi un exemple d'un processus de ségrégation exposé puis ignoré, malgré les principes de normalisation officiellement mis en œuvre. Ainsi, Dorvil (1988a, p. 105-118) a souligné que :

> [à] Pointe-aux-Trembles, l'on retrouve cette préoccupation du seuil à ne pas dépasser dans la presque totalité des correspondances échangées entre différents maires et le MAS et le ministère des Affaires municipales, et ce depuis 1964.

Ce seuil de tolérance, théorisé par la sociologie américaine, avait également inspiré la politique du logement social en France, puisque les «catégories particulières» ne pouvaient occuper plus de 15 % des logements dans les cités de transit et de promotion sociale. Ce seuil n'a pas empêché ces cités de devenir « [...] pour une large part des lieux maudits » (Laé et Murard, 1985, p. 160).

Cette réalité montre les limites de la théorie du seuil critique. Il ne suffit pas d'avoir une telle préoccupation pour casser un processus de ségrégation et d'exclusion. Les territoires de la marginalité sociale peuvent se former indépendamment d'une telle directive ou d'une politique de décentralisation des services pour les personnes psychiatrisées.

De tout temps, les populations marginalisées ont été tenues physiquement à l'écart de certains territoires. Il existe donc des clivages structurels au sein de la société qui se reproduisent territorialement. Ce débat théorique fondamental sur le processus de différenciation résidentielle est étayé, en partie, par notre recherche.

La démonstration du processus de ghettoïsation des populations étudiées, processus que la grande concentration de lieux d'hébergement en certains secteurs de recensement du territoire de la CUM met en évidence, non seulement révèle la pertinence de la nécessité de tenir compte de la dimension sociospatiale dans la planification et la distribution des services, mais encore apporte une contribution au débat sur la distribution spatiale des classes sociales. Bien que géographiquement tenus à distance ou concentrés en des secteurs précis, les lieux d'hébergement des populations marginalisées sur le territoire de la CUM ne sont toutefois pas toujours implantés dans des milieux défavorisés.

Le territoire de la CUM apparaît dans toute son originalité au regard des problèmes soulevés. D'un côté, la reproduction de l'exclusion territoriale des populations marginalisées s'inscrit dans la tendance que la recension des écrits a permis de dégager. D'un autre côté, la mixité territoriale de populations marginalisées et de classes sociales favorisées – situation qui prévaut sur une partie du territoire de la CUM – se détache nettement de cette tendance.

Cependant, durant la décennie 1990, les clivages sociaux en milieu urbain n'ont cessé de s'accentuer. Ainsi, de récentes statistiques dévoilées par la Direction de la santé publique de la Régie régionale de la santé et des services sociaux de Montréal-Centre révèlent clairement que la pauvreté progresse à Montréal. Seuls deux territoires de CLSC sur les 29 que compte l'île présentent un taux de personnes à faible revenu inférieur à la moyenne du reste du Québec (*Le Devoir*, 13 mai 1999).

Ces décalages, ces déséquilibres s'insinuent dans les écoles. Le Conseil scolaire de l'île de Montréal (CISM) s'est doté depuis 1974 d'une carte de la défavorisation des familles ayant des enfants âgés de 0 à 17 ans. Un tel instrument d'égalité, de solidarité, pour reprendre les mots du Conseil scolaire, est mis à jour en fonction des recensements du gouvernement fédéral. Le dernier recensement ayant eu lieu en 1996, le Conseil scolaire a publié une nouvelle carte en 1998. Le constat est le suivant :

> Ces dernières années, la pauvreté a encore gagné du terrain en agrandissant son emprise territoriale [...] Au plan géographique, une constatation s'impose d'emblée. Malgré l'expansion territoriale de la pauvreté, cette dernière se concentre très nettement dans le centre-ville, au sein de laquelle les quartiers qui échappent à la pauvreté deviennent l'exception plutôt que la règle (CSIM, 1999, p. 27).

Dans le cadre du plan d'action ministériel du ministère de l'Éducation visant à soutenir l'école montréalaise, une nouvelle carte scolaire socioéconomique pour l'ensemble du Québec a été élaborée. L'indice socioéconomique a été construit à partir des données du recensement de 1996 obtenues de Statistique Canada quant aux points suivants : la proportion des familles avec enfants de moins de 18 ans sous le seuil de faible revenu, la proportion des familles avec enfants de moins de 18 ans avec un revenu légèrement plus élevé que le seuil de faible revenu, la proportion des familles monoparentales-mère, la proportion des mères ayant moins de neuf ans de scolarité, la proportion des pères qui n'occupent pas un emploi. Par le recours à un indice de revenu pour les seules familles qui ont des enfants plutôt que pour l'ensemble de la population, cette carte a permis d'établir que la « distribution géographique des familles quasi pauvres en 1996 est très différente de celle que l'on observait avec les indices de revenu utilisés jusqu'à maintenant » (MEQ, 1999, p. 2).

La pauvreté est ainsi très largement concentrée dans les centres-villes du Québec : Hull, Laval, Québec, Sherbrooke, Trois-Rivières et Montréal. Dans cette dernière ville, la Commission scolaire de Montréal, l'une des quatre commissions scolaires linguistiques de l'île, regroupe à elle seule 72 % des zones défavorisées.

Ces écarts entre les enfants de milieux favorisés et ceux de milieux défavorisés sur l'île de Montréal se traduisent sur le plan scolaire par un faible taux de réussite dans le dernier cas : « [...] les jeunes de milieux défavorisés de Montréal souffrent d'un double handicap : non seulement ils sont pauvres mais ils peuvent moins compter que d'autres sur ce levier qu'est l'éducation pour s'en sortir » (RRSSSM-C, 1998).

Il est cependant possible d'imaginer des solutions aux problèmes sociaux de façon non technicienne. La mise en œuvre de pratiques inter-sectorielles représente de possibles avenues afin que se concrétisent de nouveaux rapports collectifs à l'espace. Cependant, ces pratiques doivent être appuyées par des politiques gouvernementales conséquentes, faute de quoi elles resteront marginales et les pratiques d'exclusion et de ségréga-tion continueront de plus belle.

La dimension sociospatiale, jonction complexe d'un ensemble de facteurs, doit être incluse dans l'analyse des processus sociétaux ainsi que dans les solutions appliquées pour qu'il soit possible de contrer les diffé-rents mécanismes d'exclusion et de ségrégation.

BIBLIOGRAPHIE

ALVARANGS, A. et J. MALLTCHEFF (1985). « L'espace social, nouveau paradigme ? », *Espaces et sociétés*, nᵒˢ 34-35.

ARNAUD, C. (1988). « Le logement, vitrine des ségrégations sociales », *Le Monde diplomatique*, octobre.

BAILLY, A.S. (1986). « L'émergence du concept de marginalité, sa perti-nence géographique », dans A. Vant (dir.), *Marginalité sociale, Margina-lité spatiale*, Paris, Éditions du CNRS.

BIBEAU, G. et M. PERREAULT (1995). *Dérives montréalaises*, Montréal, Boréal Express.

BOURDIEU, P. (1993). *La misère du monde*, Paris, Seuil.

CERTEAU, M. (1977). « Pratiques d'espaces, la ville métaphorique », *Traverses*, nᵒ 9.

CSIM (1999). *Défavorisation des familles avec enfants en milieu montréalais*.

CLAITIER, C. et B. HAMEL (1991). « Les services urbains : le défi du parte-nariat pour le milieu communautaire », *Cahiers de géographie du Québec*, vol. 35, nᵒ 95.

COMTOIS, J. (1979). *La petite mission de Yamachiche, un hameau à rénover,* mémoire présenté à Laurent Deshaies, Activité de fin d'études I et II, Université du Québec à Trois-Rivières, dans M. Olscamp (1997), *Jacques Ferron 1921-1949, Le fils du notaire,* Montréal, Fides.

COX, K.R. (1989). «The politics of turf and the question of class», dans M. Dear et J. Wolch (dir.), *The Power of Geography,* Londres, Unwin Hyman.

DEAR, M. et WOLCH, J. (dir.) (1989). *The Power of Geography,* Londres, Unwin Hyman.

DORVIL, H. (1988a). «L'accueil différentiel de la communauté à l'égard du malade mental», *Santé mentale au Québec,* vol. XIII, n° 1, juin.

DORVIL, H. (1988b). *Histoire de la folie dans la communauté 1962-1987,* Montréal, Les Éditions Émile-Nelligan.

DUNCAN, O.D. et B. DUNCAN (1975). «Residential occupation and occupational stratification», dans C. Peach, *Urban Social Segregation,* New York, Longman.

FOUCAULT, M. (1977). «L'œil du pouvoir», *Les Nouvelles littéraires,* n° 2578, 3 mars au 7 avril.

GANS, H. (1991). *People, Plans and Politics,* New York, Columbia University Press.

GEREMEK, B. (1977). «Les hommes sans maître, la marginalité sociale à l'époque préindustrielle», *Diogène,* vol. 98.

GOLDSTEIN, M.B., W.J. GOODRICH et C.H. BROWN (1987). «Where the group homes are found», *Social Service Review,* vol. 72, n° 1.

GRAFMEYER, T. (1996). «La ségrégation spatiale», dans S. Paugam (dir.), *L'exclusion. L'état des savoirs,* Paris, La Découverte.

GUILLAUME, M. (1978). *Éloge du désordre,* Paris, Gallimard.

HARVEY, D. (1989). *The Urban Experience,* Baltimore, Johns Hopkins University Press.

HIERNAUX, P.J. (1992). «Pauvreté et marginalisation en Europe, réalités communes, stratégies convergentes?», *Service social dans le monde,* n°s 1-2.

LAÉ, J.F. et N. MURARD (1985). *L'argent des pauvres, la vie quotidienne en cité de transit,* Paris, Seuil.

LEDRUT, R. (1990). «L'homme et l'espace», dans *Histoire des mœurs,* tome I, Paris, Gallimard, La Pléiade.

LEFEBVRE, H. (1974). *La production de l'espace,* Paris, Anthropos.

MAYER-RENAUD, M. et J. RENAUD (1989). *La distribution de la pauvreté et de la richesse dans la région de Montréal en 1989, une mise à jour,* CSSMM.

MINISTÈRE DE L'ÉDUCATION. Direction de la recherche (1999). *Carte de la population scolaire, Unités de peuplement et indice socioéconomique,* Québec, Ministère de l'Éducation, Direction de la recherche.

NADEAU, R. et C. PANACCIO (1975). «Questions et discussions du Colloque», dans G.H. Allard (dir.), *Aspects de la marginalité au Moyen Âge,* Montréal, L'Aurore.

OLSCAMP, M. (1997). *Jacques Ferron, 1921-1949, le fils du notaire*, Montréal, Fides.

RRSSSM-C. (1998). *Rapport annuel sur la santé de la population, Les inégalités sociales de la santé.*

RONCAYOLO, M. (1990). *La ville et ses territoires*, Paris, Gallimard, coll. «Folio».

VALLIÈRES, P. (1974 [1967]). *Nègres blancs d'Amérique*, Montréal, Parti-Pris.

VIEILLARD-BARON, H. (1990). «Le ghetto, un lieu commun, impropre et banal», *Les Annales de la recherche urbaine*, n° 49.

VIEILLARD-BARON, H. (1991). «"Ghettos" dans les milieux», *Études*, vol. 375, n° 3.

WIRTH, L. (1938). «Urbanism as a way of life», *American Journal of Sociology*, n° 44.

22

L'EXCLUSION DES PERSONNES ATTEINTES DE MALADIE MENTALE : ANCIENNE PROBLÉMATIQUE, NOUVELLES RÉALITÉS
L'étude des décisions de révision de cure fermée de la Commission des affaires sociales

Michèle Clément[1], Ph. D.
CLSC-CHSLD Haute-Ville-des-Rivières
Département d'anthropologie, Université Laval

1. L'auteure tient à souligner la contribution de monsieur David Cohen, professeur à l'École de service social de l'Université de Montréal. Il a dirigé la thèse de doctorat de laquelle s'inspire le présent article.

Résumé

Fondé sur l'analyse de contenu thématique de 120 décisions de révision de cure fermée rendues par la Commission des affaires sociales, le présent article décrit les processus d'exclusion qui y sont à l'œuvre. Ces processus traversent aussi bien les décisions de maintien que les décisions de levée de la cure. Cela signifie, concrètement, que la levée de la cure ne met pas fin à l'exclusion dont est victime l'individu mis en cure fermée. L'article se termine par une discussion de la nature des processus ainsi reconnus.

Au Québec, comme presque partout ailleurs dans le monde, une personne qui présente des comportements jugés dangereux envers elle-même ou autrui peut être admise en cure fermée, c'est-à-dire détenue contre son gré dans une institution hospitalière[2]. Cette pratique et de manière plus générale celle de l'internement psychiatrique ont depuis toujours été l'objet d'importantes controverses. Au fil du temps, cependant, les arguments des détracteurs de cette pratique ont considérablement évolué.

Ainsi, au début des années 1960 le mouvement de désinstitutionnalisation en santé mentale marque le point de départ des critiques les plus acerbes contre la mise en cure fermée. On condamne alors son recours abusif, le manque de protection adéquate des libertés individuelles et l'absence de démarche objective régissant le cours de cette procédure. En somme, la mise en cure fermée du *fou dangereux* est synonyme d'exclusion.

Près de quarante ans plus tard, l'internement et plus précisément la cure fermée sont toujours au centre d'importantes controverses. Tandis que la question de l'exclusion semble périmée, ce sont les ratés du *savoir expert* qui sont désormais pointés du doigt. Au Québec, la Loi de la protection du malade mental stipule en effet que nul ne peut être admis en cure fermée à moins que son état mental ne mette en danger sa santé et sa sécurité ou la santé et la sécurité d'autrui. Or, il semble que prédire la dangerosité est chose à peu près impossible (Cohen *et al.,* 1998 ; Holstein, 1993 ; Dozois, Lalonde et Poupart, 1989 ; Robertson, 1987 ; Anand, 1979 ; Warren, 1977), les professionnels affectés à cette tâche ne disposant d'aucune expertise particulière pour le faire (Menzies et Webster, 1995).

Ce changement de cap dans la controverse entourant la mise en cure fermée rend-il la question de l'exclusion à jamais anachronique ? Il est vrai que depuis environ quarante ans les procédures législatives sont venues endiguer cette pratique. Il est également vrai que durant cette même période la psychiatrie a connu un essor important se traduisant, entre autres choses, par des progrès pharmacologiques significatifs, de même que par le raffinement des catégories diagnostiques. Enfin, l'intégration sociale des personnes atteintes de maladie mentale est inscrite depuis 1989 dans la Politique de santé mentale et figure également parmi les enjeux de la récente réforme du système québécois de santé et de services sociaux.

---

2. Concrètement, pour qu'un individu soit mis en cure fermée – c'est-à-dire *détenu contre son gré dans une institution psychiatrique* –, il faut que deux évaluations psychiatriques distinctes concluent que son état mental est perturbé et que, de plus, en raison de cet état mental, il présente un danger pour lui-même ou pour les autres.

Malgré les efforts consentis pour rendre la mise en cure fermée moins arbitraire, malgré l'évolution de la médecine psychiatrique et malgré les priorités ministérielles, la plupart des chercheurs s'intéressant au phénomène de la mise en cure fermée en arrivent à la conclusion qu'il est impossible d'évaluer, en fonction de critères objectifs, l'état mental et la dangerosité. De là, découle notre intérêt pour l'exclusion. En fait, en étudiant une des étapes de la mise en cure fermée les moins connues et les moins documentées, soit celle de la contestation de la décision devant la Commission des affaires sociales (CAS), nous nous sommes posé la question suivante : *les décisions rendues à la suite d'une contestation de mise en cure fermée permettent-elles de déceler les traces d'un processus d'exclusion ?* Cette question apparaît d'autant plus pertinente qu'elle vise à analyser la pratique d'une institution chargée de voir à ce que les personnes ne soient pas lésées dans leurs droits par rapport aux décisions dont elles font l'objet dans la fonction publique québécoise.

CONTEXTE DE L'ÉTUDE

Selon l'article 30 de la Loi sur la protection du malade mental, toute personne qui n'est pas satisfaite d'une décision rendue à son sujet ou au sujet d'un de ses parents ou d'une personne qui lui est proche peut s'adresser à la CAS pour faire réviser cette décision. La personne qui se sent ainsi lésée (l'appelant) doit produire une déclaration écrite dans laquelle sont exposés sommairement les motifs qui l'amènent à contester la décision. Une fois que la CAS a en sa possession la déclaration écrite, elle délègue deux psychiatres et un avocat afin de tenir une audience dans l'établissement où est détenue la personne jugée dangereuse. Lors de cette audience, la CAS a l'obligation d'entendre l'appelant et son psychiatre traitant. Dans certains cas, elle entendra aussi des membres de la famille de l'appelant, des infirmières, des préposés aux bénéficiaires, etc. À la suite de l'audience, la CAS rend une décision fondée sur les différents témoignages qu'elle a entendus et sur les documents dont elle a pu prendre connaissance.

Les décisions rendues par la CAS contiennent deux principaux ordres d'information. Le premier est factuel et concerne l'audience en tant que telle (date, lieu, personnes présentes, etc.). Le second renvoie quant à lui aux propos, aux constats, aux idées émises lors de cette audience ou, encore, aux conclusions d'examens psychiatriques réalisés auprès de l'appelant. Ces propos sont ceux de divers acteurs (membres de la CAS, psychiatre traitant, membre de la famille, appelant, avocat de l'appelant, etc.). Ils sont présentés soit textuellement, soit en paraphrase ou encore dans le cadre d'un résumé. Il n'est pas rare non plus de retrouver dans les décisions écrites des extraits du dossier médical de l'appelant. En somme, les décisions de la CAS sont une mosaïque dans laquelle sont présentés et ordonnés les propos tenus par différents acteurs qui parlent sur divers aspects de la vie d'un individu (l'appelant) à différentes étapes du processus structurant sa mise en cure fermée. Ce sont ces décisions qui ont été analysées sous l'angle de l'exclusion.

CADRE THÉORIQUE ET MÉTHODOLOGIQUE

Afin de déterminer s'il y a ou non présence d'exclusion dans le processus décrit précédemment, nous avons opté pour la théorie de la désignation. Il s'agit d'une théorie qui tente d'expliquer à travers trois étapes constituantes les phénomènes d'exclusion. La première étape est le *repérage des différences*. Par exemple, on constate qu'un ensemble de personnes ont quelque chose de différent des autres personnes, quelque chose qui s'écarte de la *norme*. La différence repérée est, dans une deuxième étape, stigmatisée, c'est-à-dire qu'elle est associée à une caractéristique négative. La *stigmatisation* devient ainsi la situation de celui qui souffre d'un discrédit social (Goffman, 1975, cité dans Dorvil, Renaud et Bouchard, 1994). Enfin, les deux conditions précédentes étant en place (soit la présence d'une différence et la stigmatisation de cette dernière), la troisième étape du fonctionnement excluant entre en jeu. Elle consiste en *l'exclusion des différences*.

L'exemple suivant permet d'illustrer le processus précédemment décrit. Une personne souffre d'une maladie mentale. La maladie mentale est ce qui la rend différente des autres. À sa différence, la maladie mentale, est accolée une caractéristique négative : la *dangerosité*. Cette caractéristique négative devient porteuse de la stigmatisation de l'individu. Du fait de sa dangerosité, la personne est par la suite hospitalisée. L'hospitalisation survient non pas parce que cette personne est malade, mais bien parce qu'elle est jugée dangereuse. Le troisième aspect du stigma entre alors en action, soit l'isolement et l'exclusion de la personne par sa mise en cure fermée. Dans cet exemple, l'enchaînement des séquences illustre bien les grandes étapes du processus d'exclusion tel que le conçoit la théorie de la désignation. Ce sont ces étapes, précisément, que nous avons tenté de repérer pour voir s'il y avait ou non présence d'un processus excluant dans les décisions écrites de révision de cure fermée[3].

Notre démarche a été guidée par l'hypothèse suivante :

> *H :* Les éléments d'information contenus dans les décisions de maintien de la cure ont pour effet de réaffirmer la différence et la stigmatisation de l'individu (ils permettent donc de repérer le processus d'exclusion tel que défini par la théorie de la désignation) ; dans les cas de levée de la cure, ils ont pour effet de niveler les différences préalablement identifiées, c'est-à-dire de déstigmatiser l'individu (ils permettent donc de repérer la présence d'un processus mettant fin à l'exclusion).

En d'autres mots, nous sommes partie de cette idée très générale voulant que l'audience à l'origine de la décision écrite soit un théâtre où se reproduit, face à la maladie mentale, une réaction sociale : celle de la CAS. Nous avons aussi supposé que dans les décisions de maintien de la cure cette réaction correspondait à une exclusion et qu'il serait possible, suivant la théorie de la désignation, de repérer les traces d'un *repérage des différences* (déviance sociale) et d'une *stigmatisation* de l'individu. À l'inverse, nous avons aussi supposé que la levée de la cure concrétise la fin du processus d'exclusion et que, par conséquent, il serait possible de repérer dans ce type de décision des éléments de contenu qui, plutôt que de rendre compte des différences, les nivelleraient ; plutôt que de stigmatiser l'individu, le déstigmatiseraient.

Les principaux concepts utilisés pour la présente étude découlent du cadre théorique retenu. Ils sont au nombre de cinq. Trois d'entre eux renvoient à l'une ou l'autre des étapes du processus d'exclusion précédemment décrit. Ces concepts sont la *déviance sociale*, la *stigmatisation* et l'*exclusion*.

---

3. La théorie de la désignation, telle que nous la présentons ici, est conforme aux premières formulations théoriques faites par Scheff (1966, 1984). Or, au cours des quinze dernières années, ce modèle explicatif a connu un important élargissement conceptuel. Les travaux de Scheff sur l'émotion (1988, 1989, 1990) ont notamment permis de rendre compte de la dimension émotive susceptible d'intervenir dans la genèse de la réaction sociale et de la stigmatisation. En fait, les plus récents développements de la théorie permettent de tenir compte à la fois du monde émotionnel (psychologie) et du monde relationnel (sociologie) qui contribuent au processus de désignation d'un individu. Malheureusement, notre démarche ne permet pas d'intégrer ces récents développements. D'abord, parce que la nature du corpus étudié, comme nous le verrons un peu plus loin, ne nous renseigne pas sur l'univers émotionnel des acteurs. Ce corpus, en contrepartie, présente le très grand avantage de nous informer sur ce qui arrive à ceux qui refusent l'étiquette et le rôle qu'on leur attribue dans le cadre d'une désignation. Et, pour répondre à ce type de questionnement, nul doute que la théorie de la désignation, même dans ses premières formulations, demeure des plus pertinentes et aussi des plus fécondes.

a) *La déviance sociale* se définit comme étant toutes les façons d'être, de penser et d'agir que les standards à la fois moraux et juridiques répriment dans une société (Lamarque, 1995).

b) La *stigmatisation* consiste à dévaluer un individu pour lequel on avait d'abord repéré une différence en le privant de sa confiance, en lui donnant une moins grande valeur qu'à d'autres, en le privant de son crédit. En d'autres mots, la stigmatisation est une définition qui a pour effet d'exclure un individu d'une catégorie (par exemple, la catégorie normalité) pour le réinsérer dans une autre catégorie ayant généralement une valeur moindre (en lui attribuant, par exemple, l'étiquette de malade mental ou de dangereux).

c) *L'exclusion* est le résultat « [...] de la fermeture d'un espace social donné au nom de normes [...] » (Dhoquois, 1989, p. 16). Cet *espace social* contient des dimensions physique (c'est le cas, par exemple, de l'enfermement dans la mise en cure fermée), sociale (rupture avec l'environnement de travail, l'environnement résidentiel, etc.), symbolique (suppression des droits de la personne), affective, etc.

Pour rendre possible l'opérationnalisation de la seconde partie de l'hypothèse, c'est-à-dire l'affirmation voulant que les décisions de levée de la cure contiennent des traces de la fin du processus d'exclusion, deux autres concepts ont été introduits, soit la *normalisation* et la *déstigmatisation*.

d) La *normalisation* renvoie à ce qui est implicitement ou explicitement jugé être dans la norme. Cette norme peut être celle de la société en général ou celle d'un milieu plus restreint, par exemple l'institution psychiatrique.

e) La *déstigmatisation* est le contraire de la stigmatisation. Elle consiste en une requalification sociale de l'individu qu'on avait préalablement disqualifié.

Pour atteindre l'objectif ultime de reconnaître la présence ou l'absence des processus d'exclusion, différentes étapes ont été franchies. La principale fut l'analyse descriptive du contenu de 120 décisions de révision de cure fermée rendues par la CAS entre 1990 et 1993, dont 60 décisions de maintien et 60 décisions de levée de la cure. Étant donné le but poursuivi par l'étude, il s'agit d'un échantillon par quotas.

L'analyse descriptive des décisions a par ailleurs été orientée par deux questions : 1) Quel type d'information retrouve-t-on dans les décisions de la CAS ? 2) Cette information se différencie-t-elle selon que la décision consiste à rejeter (maintien de la cure) ou à accueillir l'appel (levée de la cure) ? La mesure concrète retenue pour statuer sur l'existence d'une différence entre les deux types de décisions est la règle du deux sur trois. En d'autres mots, nous avons considéré qu'il y avait une différence significative entre les deux corpus lorsqu'un type particulier d'énoncé apparaissait deux fois sur trois (ou plus) dans l'un ou l'autre de ces corpus.

Au terme de l'analyse descriptive, nous avions en notre possession la liste de la totalité des énoncés s'étant révélés significatifs des décisions de levée et de maintien de la cure. Nous avons par la suite attribué à chacun de ces énoncés une valeur conceptuelle. Dit autrement, nous avons cherché à voir si ces différents énoncés permettaient de remonter jusqu'aux concepts de *déviance sociale, stigmatisation, normalisation* et *déstigmatisation.* Orientée par l'hypothèse de travail, cette inférence est ce qui allait permettre de dégager si, oui ou non, il était possible de relever les traces d'un processus d'exclusion qui prenait fin dans les décisions de maintien de la cure et des traces d'un processus mettant fin à l'exclusion dans les décisions de levée de la cure.

Pour inférer de tels liens conceptuels, nous sommes partie de la définition donnée à chacun des concepts, mais aussi du contexte dans lequel se présentaient les différents énoncés. Ainsi, pour classer un énoncé sous la catégorie *déviance sociale,* il fallait que l'on puisse établir un lien entre cet énoncé et une *norme,* peu importe que cette norme soit implicite ou explicite. Par exemple, la déviance sexuelle renvoie à une norme morale, alors que crier la nuit, parler seul et se promener nu renvoient à des normes sociales, avoir fait de la prison à une norme juridique, etc. Sous cet aspect, nous avons également répertorié tous les énoncés se rapportant à la conduite et à l'attitude négatives de l'appelant à l'égard de l'institution psychiatrique. Le fait, par exemple, que celui-ci refuse de collaborer au traitement, qu'il ait des comportements de menace ou d'intimidation envers le personnel soignant, qu'il ne se reconnaisse pas comme une personne malade ou dangereuse correspond à autant d'attitudes et de comportements traduisant, dans notre jugement, un écart par rapport à la norme institutionnelle. En revanche, le fait que l'appelant accepte le traitement, les structures et les normes de l'établissement, qu'il soit conscient de son état, qu'il ait une bonne autocritique nous indique que l'individu se comporte de manière convenable. C'est à ce type d'énoncés que nous avons inféré la valeur conceptuelle de *normalisation.*

Le repérage des différences se distingue de la *stigmatisation* en degré. Ainsi, dire de quelqu'un qu'il fait usage de drogue est différent de dire de lui qu'il est toxicomane. Dans le premier cas, il s'agit de souligner sa particularité en ce sens que cette affirmation introduit un soupçon sur l'individu sans pour autant le disqualifier entièrement, le priver de sa confiance, de son crédit. Dire de lui qu'il est toxicomane, c'est au contraire le mettre dans une catégorie précise, c'est l'étiqueter en le privant de sa confiance, de son crédit, de ses possibilités de se soustraire à la drogue, etc. C'est donc une question de degré qui permet de distinguer ce qui est de l'ordre de la différence de qui est de l'ordre de la stigmatisation. En lien avec ces considérations théoriques, la *stigmatisation* (ou la disqualification sociale) est donc la valeur conceptuelle qui a été inférée à tous les énoncés se rapportant à la symptomatologie psychiatrique de l'appelant. On pense ici, plus particulièrement, à la mention de son diagnostic, de sa dangerosité, des symptômes de sa maladie, de son besoin de traitement, y compris au fait qu'il ait une histoire psychiatrique passée. En revanche, tous les énoncés dans lesquels il est clairement dit que l'individu n'est plus malade, qu'il ne présente plus de symptômes psychiatriques et qu'il n'est plus dangereux ont été considérés comme étant de l'ordre de la *déstigmatisation*.

Le contenu des 120 décisions analysées a été codé en fonction d'un système permettant d'attribuer à chacun des énoncés une valeur numérique. Une fois la codification effectuée, les données ont été entrées sur le logiciel *NUD•IST 4* (Non-numerical Unstructured Data Indexing Searching, and Theory-Building). Pour atteindre les objectifs de l'étude, des analyses fréquentielle et qualitative des données ont été effectuées selon les règles traditionnelles de l'analyse de contenu.

RÉSULTATS

Notre étude visait à répondre à la question suivante : *les décisions rendues à la suite d'une contestation de mise en cure fermée permettent-elles de déceler les traces d'un processus d'exclusion?* L'analyse descriptive des 120 décisions composant l'échantillon a permis de constater qu'il existait, au total, quatre grands thèmes structurant l'ensemble des décisions de la CAS, soit :

1) *l'individu*. Ce thème regroupe les énoncés portant sur les caractéristiques personnelles de l'individu, son statut d'emploi, ses revenus, les milieux de vie physique et social dans lesquels il vit, ses façons d'être et de se comporter envers les autres, etc. ;

2) *l'histoire de sa maladie*. Ce thème s'organise autour de trois sous-thèmes distincts, soit l'histoire passée de la maladie, les circonstances entourant la mise en cure fermée contestée devant la CAS et, enfin, l'histoire même de cette cure. Le type d'énoncés se regroupant sous ce thème se rapporte, entre autres, au diagnostic, au nombre d'hospitalisations, aux circonstances à l'origine des hospitalisations, à la médication, au comportement de l'individu durant ses séjours, etc. ;

3) l'*audience*. Ce thème regroupe tous les énoncés portant sur l'audience dans son déroulement. Par exemple, qui y participe, le lieu où elle se déroule, les témoignages qu'ont rendus les différents acteurs (psychiatre, avocat, appelant, etc.), les documents qui y ont été déposés, de même que leur contenu ;

4) *la décision*. Ce thème contient tous les énoncés qui se rapportent aux trois thèmes précédents. Le critère permettant de classer les énoncés sous le présent thème est le fait que la CAS retienne nommément l'énoncé comme étant un élément sur lequel repose sa décision. Généralement, ce type d'énoncé est introduit par une formule langagière comme celle-ci : *la CAS retient du témoignage de l'appelant que...*

Pour chacun de ces thèmes, des énoncés s'étant révélés significatifs des décisions de maintien ou de levée de la cure ont été retenus. Par la suite, en attribuant aux énoncés significatifs des deux corpus une valeur conceptuelle, nous avons pu remonter jusqu'au processus d'exclusion.

LES DÉCISIONS DE MAINTIEN DE LA CURE : REPÉRAGE DU PROCESSUS D'EXCLUSION

La totalité des énoncés s'étant révélés significatifs des décisions de maintien de la cure apparaissent au tableau 22.1. Ils sont présentés selon les thèmes pour lesquels ils ont été retenus, de même que selon la catégorie conceptuelle qui leur a été attribuée.

Très tôt, en prenant connaissance des rubriques de ce tableau et de la distribution des énoncés significatifs qui s'y trouvent, on constate que les décisions de maintien de la cure sont presque essentiellement constituées d'énoncés se concentrant dans les catégories *déviance sociale* et *stigmatisation*. De façon beaucoup plus marginale et provenant presque exclusivement du témoignage des avocats, des énoncés significatifs pour la catégorie *normalisation* se retrouvent également dans ce corpus. L'importance prise par les deux premières catégories nous autorise donc à conclure que le processus d'exclusion, ainsi que le suggère la théorie de la désignation, se retrouve bel et bien dans les décisions de maintien de la cure rendues par la CAS. Par conséquent, la première partie de l'hypothèse de travail s'avère fondée.

LES DÉCISIONS DE LEVÉE DE LA CURE : REPÉRAGE DU PROCESSUS D'EXCLUSION

Les énoncés significatifs des décisions de levée de la cure, de même que le rattachement conceptuel qu'on leur a inféré, apparaissent pour leur part au tableau 22.2.

Tableau 22.1
Catégorisation conceptuelle des énoncés significatifs des décisions de maintien de la cure

Thèmes	Types d'énoncés se rapportant aux catégories conceptuelles			
	Déviance sociale	Stigmatisation	Normalisation	Déstigmatisation
1. Individu	• Éprouve un problème résidentiel. • A fait de la prison. • Consomme de la drogue. • A une déviance sexuelle.			
2. Histoire de la maladie				
Histoire passée				
Événements entourant la mise en cure fermée	• Problèmes d'organisation et de gestion du quotidien. • Problèmes familiaux et professionnels. • Présence d'agressivité.	• Diagnostic. • État mental perturbé. • État maniaque. • Troubles du comportement. • Niveau d'activité. • Hallucinations, troubles bipolaires. • Risque pour la santé en l'absence d'intervention. • Dangerosité. • État mental nécessitant la cure fermée.		
La cure	• Refus de manger. • Refus d'être admis à l'hôpital et rejet du milieu encadrant. • Comportements de menaces et d'intimidation.		• Acceptation des structures et des règles. • Acceptation de la médication.	
3. Audience				
Contenu des témoignages				
Psychiatre	• Refus ou réticence à collaborer au traitement. • Présence d'agressivité.	• État mental non amélioré. • Symptomatologie active. • Rappel du diagnostic. • Risque de détérioration de l'état mental. • Incapacité à fonctionner. • Absence à ses rendez-vous. • Vulnérabilité sociale. • Risque d'automutilation.		

Tableau 22.1
Catégorisation conceptuelle des énoncés significatifs des décisions de maintien de la cure (suite)

Thèmes	Types d'énoncés se rapportant aux catégories conceptuelles			
	Déviance sociale	Stigmatisation	Normalisation	Déstigmatisation
Requérant	• Nie être malade. • Nie avoir perdu le contrôle. • Refuse le traitement et la médication. • N'accepterait pas le traitement et la médication si la cure était levée.			
Avocat			• Bon fonctionnement, bonne autocritique, bonne collaboration de l'appelant.	
4. Décision	**Autocritique** • Absence d'autocritique. **Comportements** • Présence d'agressivité ou de comportements violents. • Comportements étranges lors de l'audience. **Coopération** • Refus de prendre sa médication et de se faire soigner. **Témoignage** • Aspects négatifs de la forme et du contenu du témoignage de l'appelant.	**État mental** • Maladie et symptômes actifs de la maladie. • État mental susceptible de mettre en danger sa santé et sa sécurité. • État mental qui justifie le maintien de la cure. • Trouble du jugement. **Dangerosité** • Risque de mettre en danger sa santé et sa sécurité ainsi que celles d'autrui. • Danger pour lui-même. • Danger pour autrui. • Potentiel de dangerosité. **Passé psychiatrique** • Histoire d'incidents violents. **Fonctionnement** • Incapacité à fonctionner seul.		

Tableau 22.2
Catégorisation conceptuelle des énoncés significatifs des décisions de levée de la cure

Thèmes	Types d'énoncés se rapportant aux catégories conceptuelles			
	Déviance sociale	Stigmatisation	Normalisation	Déstigmatisation
1. Individu	• A des comportements inhabituels et incongrus. • Dérange l'entourage, crie, fait du bruit.		• Travail. • Activités sportives et récréatives.	
2. Histoire de la maladie				
Histoire passée		• Évolution négative de la maladie.	• Mentions positives sur les comportements et la coopération du requérant.	
Événements entourant la mise en cure fermée	• Transport à l'hôpital par la police. • Tentative de suicide. • Mentions négatives sur le langage et les propos du requérant.	• Perte de contact avec la réalité. • Troubles schizo-affectifs. • Évocation de la dangerosité sans autre précision. • Dangerosité, d'où la nécessité de rester en cure.	• Bonne orientation.	
La cure	• Refus du traitement. • Fugue et tentative de fugue. • Comportement d'isolement. • Niveau d'activité. • États affectifs et autres observations négatives sur l'appelant.	• État non amélioré malgré le traitement. • Affect inapproprié.	• Bonne collaboration. • Bon comportement. • Comportement adéquat. • Absence de menaces. • Absence de gestes agressifs. • Relations avec les autres.	• Absence d'hallucinations.
3. Audience				
Contenu des témoignages				
Psychiatre	• Mentions négatives sur le langage et les propos du requérant.	• Risque de mettre sa vie en danger. • Crainte que l'appelant sévisse contre les autres.	• Organisation satisfaisante. • Comportement et collaboration améliorés. • Collabore bien. • Collabore à la médication. • A de bons contacts ou des contacts améliorés.	• Affect amélioré. • Symptomatologie psychiatrique estompée. • Est non suicidaire. • N'est pas dangereux.

Tableau 22.2
Catégorisation conceptuelle des énoncés significatifs des décisions de levée de la cure (*suite*)

Thèmes	Types d'énoncés se rapportant aux catégories conceptuelles			
	Déviance sociale	Stigmatisation	Normalisation	Déstigmatisation
Requérant	• Nie être agressif. • Nie être dangereux. • Nie faire des menaces.		• Admet perdre le contrôle, avoir posé des gestes violents, fait des menaces. • Reconnaît être dangereux. • Accepte le traitement. • Acceptera le traitement si la cure est levée. • Acceptera de rester à l'hôpital si la cure est levée. • Veut vivre dans le milieu de son choix. • Veut reprendre son travail ou s'en trouver un.	
4. Décision	**Comportements** • Troubles du comportement.	**Soins nécessaires** • Besoin de soins, de traitements, d'être suivi.	**Autocritique** • Fait une bonne autocritique. • Admet son état. **Comportements durant la cure** • Comportements améliorés. • Pas de comportements agressifs. • Absence de menaces. **Coopération** • Acceptation de la médication et du traitement. **Témoignage** • Aspects positifs de la forme et du langage. • Mention que le requérant a des projets personnels.	**État mental** • État mental qui ne justifie plus le maintien de la cure, l'appelant n'étant plus une source de danger. • Amélioration de l'état mental. • Absence de maladie ou de symptômes. **Dangerosité** • Danger disparu. • Cure plus nécessaire. • Passé psychiatrique. • Rappel des aspects positifs de l'histoire psychiatrique passée.

La lecture verticale de ce tableau permet d'observer que, contrairement aux décisions de maintien de la cure où la très grande majorité des énoncés se concentrent dans les catégories *déviance sociale* et *stigmatisation,* les énoncés significatifs aux décisions de levée de la cure se distribuent à peu près également dans les quatre catégories conceptuelles, soit la *déviance sociale* et la *normalisation, la stigmatisation* et la *déstigmatisation.* Cette observation permet donc d'affirmer que ce corpus est traversé d'un double processus : excluant d'une part, non excluant de l'autre.

Cette observation réfute ce que nous avions d'abord présupposé quant au fait que les deux corpus se composent d'éléments d'information opposés et mutuellement exclusifs. En fait, il est plus juste de dire que si la partie d'hypothèse se rapportant aux décisions de maintien de la cure s'avère juste (repérage des différences [déviance sociale] → stigmatisation), la partie concernant les décisions de levée de la cure ne se révèle, elle, que partiellement vraie. Bien sûr, le processus anticipé s'y retrouve (normalisation → déstigmatisation), mais il ne s'y présente pas de manière exclusive ; il se double aussi du processus inverse caractérisé par le *repérage des différences* (déviance sociale) et la *stigmatisation.* Comment peut-on expliquer alors que se juxtaposent des éléments traduisant la présence d'un processus d'exclusion qui serait actif en même temps qu'on y retrouve les traces d'un processus qui tend à mettre fin à l'exclusion ? Voici l'explication que nous proposons à ce phénomène.

L'exclusion physique (ou l'interdiction d'accès à un espace social ou physique donné) est considérée par plusieurs comme la forme d'exclusion la plus sévère et la plus radicale aussi (Castel, 1995). Cette forme d'exclusion, par ailleurs, se présente rarement de manière isolée ; avec elle, viennent généralement toutes les autres modalités exclusives (exclusion psychologique, exclusion sociale, exclusion symbolique, etc.). Pour cette raison, il est juste de dire que la mise en cure fermée d'un individu est une forme exemplaire d'exclusion physique. Ici, le processus excluant est parvenu à son terme, d'une part, en confinant l'individu dans un espace donné et, d'autre part, en révoquant la plus grande partie de ses droits. En fait, l'exclusion y est si totale et absolue qu'elle ne laisse place à aucune équivoque, et c'est sans doute la raison pour laquelle il a été si facile de repérer le processus excluant à l'œuvre dans les décisions de maintien de la cure.

Le double processus mis à jour dans les décisions de levée de la cure – un excluant, l'autre non – est en contrepartie plus surprenant et inattendu. Il est tentant de croire, cependant, que le type d'exclusion qui prend fin avec la levée de la cure est précisément l'exclusion physique (l'enfermement). Cependant, même si elle était vraie, cette réponse reste partielle dans la mesure où les données descriptives montrent que la levée de la cure ne signifie pas forcément que l'individu sortira de l'hôpital. C'est le cas de plusieurs énoncés apparaissant dans la catégorie *normalisation* sous le thème *témoignage de l'appelant*, par exemple : « il acceptera de rester à l'hôpital si sa cure est levée ». Du reste, le fait qu'il sorte de l'hôpital ne signifie pas non plus qu'il est libéré de la nécessité d'y revenir (« acceptera le traitement advenant la levée de la cure », « continuera de collaborer au traitement »). Autrement dit, la levée de la cure n'est pas la cessation impérieuse du lien entre l'appelant et l'institution, mais plutôt la transformation et l'assouplissement de ce lien ; le lien devient moins coercitif bien que la contrainte demeure. Sur cette base, nous avançons l'hypothèse que ce qui prend fin avec la levée de la cure, c'est *l'exclusion physique de l'individu, c'est-à-dire l'exclusion sanctionnée par la Loi de la protection du malade mental* et qui se concrétise par son internement involontaire. Cependant, comme ce n'est pas l'enfermement qui permet de définir l'exclusion – nous avons vu en effet qu'il existe bel et bien des traces d'un processus d'exclusion même lorsqu'il y a levée de la cure –, il importe de chercher à comprendre la nature de cette autre exclusion. La clé de cette dernière, en très grande partie, nous est livrée à travers les catégories conceptuelles qui apparaissent de manière quasi exclusive dans ce corpus, soit la *normalisation* et la *déstigmatisation*.

Précisons d'abord ce que nous apprend l'examen de la catégorie *normalisation*. En fait, les énoncés s'y rapportant mettent en scène un individu qui s'est comporté adéquatement durant la cure (« bon comportement », « n'a pas fait de menace », « n'a pas eu de gestes agressifs », « se mêle aux autres »), c'est-à-dire qu'il s'est conformé et plié aux attentes normatives de l'institution où il était détenu. Ces énoncés nous apprennent aussi qu'à l'audience cet individu « reconnaît » que les actions entreprises à son égard étaient justifiées (« admet perdre le contrôle », « admet avoir posé des gestes violents », « admet avoir fait des menaces ») et qu'en conséquence il était dangereux (« reconnaît être dangereux »). Pour cette raison, il est normal qu'on le traite (« accepte le traitement »). Aussi, quoique la situation se soit améliorée, l'individu demeure malgré tout une personne malade (« admet son état »), et c'est la raison pour laquelle il continuera d'accepter le traitement (« acceptera le traitement advenant la levée de la cure »). En somme, voilà autant d'énoncés traduisant des acceptations (!) de la part de l'individu mis en cure fermée. L'individu s'objective ici à partir des termes et des préoccupations qui sont ceux de l'institution. Il se conforme aussi à ses attentes et à ses règles. En d'autres mots, il est un bon malade…

En contrepartie, aussi longtemps que l'individu résiste à reprendre à son compte une identité de malade (« nie être malade », « nie être dangereux », « nie avoir besoin de traitement ») et résiste ou refuse de recevoir des traitements («refuse les traitements», «ne coopère pas», etc.) – donc refuse de se comporter en bon malade –, la cure fermée est maintenue, immobilisant du coup, à son apogée, le processus d'exclusion.

Cette discussion entreprise au départ dans le but de cerner le type d'exclusion à l'œuvre dans les décisions de levée de la cure nous amène à considérer, dans un second temps, l'autre catégorie conceptuelle propre aux décisions de levée de la cure, soit la *déstigmatisation*. Totalement absente des décisions de maintien de la cure, celle-ci s'avère en contrepartie minimale dans le corpus des décisions de levée de la cure, c'est-à-dire qu'elle n'outrepasse jamais le cadre étroit des trois termes contenus dans l'article 11 de la loi qui s'énonce comme suit : *un individu ne peut être admis en cure fermée à moins que son état mental ne mette en danger sa santé et sa sécurité ou la santé et la sécurité d'autrui.* La *déstigmatisation* de l'individu passe donc par l'état mental («n'a plus d'hallucinations», «affect amélioré», «symptomatologie psychiatrique estompée»), la dangerosité («n'est pas suicidaire», «n'est pas dangereux») et la nécessité de la mise en cure fermée («la cure n'est plus nécessaire»).

Il est intéressant de remarquer que, parce que cette *déstigmatisation* est limitée aux trois termes clés de l'article 11 de la loi, elle ne permet pas de rétablir positivement l'identité de l'appelant. Dire d'un individu qu'il «n'est plus malade», «n'est plus violent», «n'est plus dangereux» n'équivaut pas, sur le plan sémantique, à dire de lui «qu'il est en santé», «qu'il est pacifique», etc. Dans le premier cas, on retient la valeur négative de l'état antérieur, dans le second, on parle de l'état présent sans préjuger du passé. Dans le premier cas, on stigmatise, dans le second, on qualifie. Cette façon de faire avec les mots n'est donc pas neutre. Ce qui nous incite à adhérer à la conclusion à laquelle sont parvenus avant nous Cohen et ses collègues (1998), à savoir que, dans les décisions de levée de la cure, bien que la personne ne soit plus jugée dangereuse, elle demeure indubitablement une personne malade. Danger et maladie ont ceci de commun que tous les deux se situent dans le registre de la stigmatisation et, donc, de l'exclusion.

CONCLUSION ET IMPLICATIONS POUR L'INTERVENTION

Plusieurs études empiriques ont montré qu'il n'y avait pas de critère objectif permettant de prédire la dangerosité. En dépit de cette lacune, le lien supposé entre état mental et dangerosité n'en continue pas moins d'être le critère de détermination de la décision de mise en cure fermée d'un individu et, lorsque cette cure est contestée, de la décision d'en reconduire le cours. Dans une société qui se veut démocratique comme la nôtre, un tel phénomène soulève de nombreuses questions et requiert aussi un examen attentif des pratiques en jeu. C'est à cet examen que nous avons voulu participer en choisissant de faire porter notre étude sur les processus d'exclusion possiblement à l'œuvre dans les décisions de révision de cure fermée.

Sur le plan empirique, cette étude a révélé la présence d'un processus d'exclusion dans les décisions de maintien de la cure. Les décisions de levée de la cure contiennent quant à elles les traces d'un double processus : d'une part, ainsi que nous l'avions prévu, un processus de normalisation et de déstigmatisation et, d'autre part, un processus de repérage des différences et de stigmatisation. Donc, d'une part, fin de l'exclusion, de l'autre, processus toujours actif d'exclusion. Pour ce corpus, l'hypothèse initiale se révèle ainsi partielle et incomplète, nous laissant par surcroît devant la nécessité d'éclaircir le type d'exclusion qui s'achève avec la levée de la cure, de même que le type d'exclusion qui se poursuit.

À la première de ces interrogations, nous avons répondu de la façon suivante : c'est *l'exclusion physique de l'individu sanctionnée par la Loi sur la protection du malade mental* qui s'achève avec la levée de la cure. Pour répondre à la seconde, nous avons cherché à démontrer que l'exclusion traversant les décisions de levée de la cure était de même nature que celle sillonnant les décisions de maintien de la cure à l'exception près, toutefois, que l'exclusion physique de l'individu n'était plus légalement sanctionnée.

Les traces laissées par le témoignage de l'appelant dans les décisions de révision de cure fermée permettent en effet de soutenir cette conclusion. En fait, l'apparente liberté de l'appelant a un prix : le maintien de l'accomplissement thérapeutique. Quoi qu'il arrive, l'individu doit demeurer « […] dans l'"enfermement" de ses antécédents » (Auriol, 1979, p. 57). Il est contraint d'accepter la thérapeutique et la levée de la cure ne lui redonne pas la liberté de son corps dans l'espace et le temps. Par ailleurs, il n'a pas le choix de sa représentation de lui-même. Il doit être une personne malade. Le « soi » constitue un espace psychologique et symbolique qui lui est désormais interdit. Pour éviter l'exclusion intégrale, l'individu s'inclut de lui-même dans le système (donc s'exclut des normaux). Cette auto-exclusion est « […] la perfection même dans la fonction de l'exclusion. L'individu stigmatisé comprend tellement bien le jeu des normes dominantes qu'il s'exclut lui-même en épargnant aux normaux l'odieux de la sentence exclusive » (Dorvil, Renaud et Bouchard, 1994, p. 726).

Avec cette discussion, on voit bien que ce qui est en jeu dans la mise en cure fermée – et par extension dans l'exclusion – n'est pas tant le confinement de l'individu dans l'espace que l'impossibilité dans laquelle il se retrouve de décider pour lui-même. La levée de la cure ne met pas fin à l'exclusion. Certes, elle redonne une certaine liberté de déplacement à l'appelant. Cette marge n'est cependant pas suffisante pour lui garantir le droit minimal qu'est la liberté de décider pour lui-même. C'est ce qui nous fait dire que ce qui prend fin avec la levée de la cure, c'est l'exclusion physique légalement autorisée, alors que toutes les autres modalités exclusives demeurent, principalement les exclusions sociales et symboliques.

Au départ de cette étude, nous avons défini l'exclusion comme étant *la fermeture d'un espace social donné au nom de normes* (Dhoquois, 1989). Si les commentaires précédents nous permettent de cerner en très grande partie les espaces sociaux desquels est exclu l'appelant, il nous reste à préciser les *normes* qui y sont en jeu.

Concrètement, les normes traversant et structurant le fond des décisions de la CAS sont celles de l'institution psychiatrique. L'importance en nombre que prennent les énoncés relatifs aux *comportements*, à la *coopération*, à l'*acceptation du traitement*, etc., témoigne bien de ce fait. L'acceptation que l'appelant a de l'image qu'on lui renvoie de lui-même (autocritique) relève aussi des attentes normatives de l'institution. En somme, une fois que l'individu est mis en cure fermée, sa *déviance* n'est plus vue et considérée qu'à partir du halo normatif de l'institution ; ce qui confirme bien, par ailleurs, que la place du malade est l'hôpital.

Certes, on aurait pu penser que l'idéologie biologisante aurait nivelé la perception que l'on a des symptômes de la maladie mentale. Cette étude révèle au contraire que, lorsqu'il y a transgression sévère des normes, la *thérapeutique* peut encore devenir exclusion. Nous ne voudrions pas laisser entendre ici que *maladie mentale* et *dangerosité* n'interviennent pas dans le processus de mise en cure fermée d'un individu. Seulement, avec Basaglia et Basaglia-Ongaro (1976, p. 30), nous croyons que le « [...] véritable intérêt ne réside pas dans la manière dont la maladie peut se manifester, mais dans les concepts scientifiques qui la définissent sans l'affronter comme fait réel ».

Pour conclure, il importe de faire une mise en garde. Les décisions de la CAS analysées dans le cadre de la présente étude relèvent de l'ancien cadre législatif. En effet, en 1994 est entré en vigueur le nouveau Code civil dans lequel les droits des personnes hospitalisée contre leur gré ont été rehaussés. Depuis 1997, le Québec dispose également d'une nouvelle Loi sur la protection des personnes dont l'état mental présente un danger pour elles-mêmes ou pour autrui.

Sur cette base, on pourrait s'attendre à ce que des correctifs aient été apportés à la situation d'exclusion décrite. Il semble, cependant, que ce ne soit malheureusement pas le cas. En fait, malgré l'inscription légale de ces nouveaux droits, les audiences tenues pas la CAS continuent de mettre au jour d'importantes irrégularités (Clément, 1999), car ce sont toujours les deux mêmes concepts d'*état mental* et de *dangerosité* qui continuent à légitimer le processus décisionnel. Or, pas plus qu'auparavant, on ne retrouve dans le texte de loi ou ailleurs des critères objectifs permettant de les opérationnaliser. Pour ce motif, il est raisonnable de croire que cette nouvelle loi, comme la précédente, suscite encore d'importantes dérives.

Cette étude montre que l'exclusion des personnes atteintes de maladie mentale n'est pas une question périmée. Pour cette raison, on doit continuer de rester vigilant, même lorsqu'il s'agit d'institutions chargées de voir à ce que ces personnes reçoivent un traitement juste et équitable. La CAS doit prendre conscience de sa connivence avec la psychiatrie et s'interroger très sérieusement sur la place qu'occupe la persistance de la désignation psychiatrique dans tout le processus de révision de mise en cure fermée.

BIBLIOGRAPHIE

ANAND, T. (1979). «Involuntary civil commitment in Ontario: The need to curtail the abuses of psychiatry», *Canadian Bar Review*, vol. 57, p. 250.

AURIOL, B. (1979). «Marginalité et exclusion», *Rencontre: Cahier du travailleur social*. Dossier: Les dérives de la marginalisation, p. 51-58.

BASAGLIA, F. et F. BASAGLIA-ONGARO (1976). *La majorité déviante: L'idéologie du contrôle social total*, Paris, Einaudi Editore, Collection 10/18, 188 p.

CASTEL, R. (1995). «Les pièges de l'exclusion», *Revue internationale d'action communautaire*, vol. 34, p. 13-21.

CLÉMENT, M. (1999). *Maladie mentale et exclusion: Étude des décisions de révision de cure fermée de la CAS*, Thèse de doctorat, Programme interdisciplinaire de sciences humaines appliquées, Université de Montréal.

COHEN, D., G. THOMAS, B. DALLAIRE, P. MORIN, R. FORTIER et M. MCCUBBIN (1998). *Savoir, pouvoir et dangerosité civile: une étude des décisions de révision de cure fermée de la CAS du Québec, 1975-1993*, Montréal, Groupe de recherche sur les aspects sociaux de la santé et de la prévention, Université de Montréal, 147 p.

DHOQUOIS, R. (1989). *Appartenances et exclusion*, Paris, L'Harmattan, 303 p.

DORVIL, H., M. RENAUD et L. BOUCHARD (1994). «L'exclusion des personnes handicapées», dans F. Dumont, S. Langlois et Y. Martin (dir.), *Traité des problèmes sociaux*, Québec, Institut québécois de recherche sur la culture, p. 711-738.

DOZOIS, J., M. LALONDE et J. POUPART (1989). *Construction sociale de la dangerosité, pratique criminologique et système pénal*, Montréal, Université de Montréal, Centre international de criminologie comparée, École de criminologie, x, 149 p.

HOLSTEIN, J.A. (1993). *Court-Ordered Insanity: Interpretive Practice and Involuntary Commitment*, New York, Aldine de Gruyter, 223 p.

LAMARQUE, G. (1995). *L'exclusion*, Paris, Presses universitaires de France, coll. «Que sais-je?», 127 p.

MENZIES, R. et C.D. WEBSTER (1995). «Construction and validation of risk assessment in a 6-year follow-up of forensic patients: A tridimensional analysis», *Journal of Consulting and Clinical Psychology*, vol. 63, n° 5, p. 766-778.

ROBERTSON, G. (1987). *Mental Disability and the Law in Canada*, Toronto, Carswell, xciii, 423 p.

SCHEFF, T.J. (1966). *Being Mentally Ill: A Sociological Theory*, Chicago, Aldine, 230 p.

SCHEFF, T.J. (1984). *Being Mentally Ill: A Sociological Theory* (2e éd.), New York, Aldine, xii, 244 p.

WARREN, C.A. (1977). «Involuntary commitment of mental disorder: The application of California's Lanterman-Petris-Short Act», *Law and Society Review*, vol. 11, p. 629-649.

23

COLONISATION ET PROBLÈMES SOCIAUX : UNE INTERVENTION MÉDICALE
L'expérience de l'Indochine française, 1860-1954

LAURENCE MONNAIS-ROUSSELOT, Ph. D.
    Département d'histoire, Université de Montréal
    Groupe de recherche sur les aspects sociaux de la santé et
    de la prévention (GRASP/Centre FCAR), Université de Montréal

Résumé

Dans un contexte de colonisation révolu, celui de l'Indochine française (1860-1954), s'est mise en place une politique de santé dont les réorientations, majeures dans l'entre-deux-guerres, ont suivi une ligne directrice immuable : la médicalisation des populations indigènes à des fins d'accroissement démographique et d'acceptation du modèle biomédical occidental en plein épanouissement. Dans ces conditions synchrones, l'intervention médicale et sanitaire est progressivement devenue une intervention sociale. Cette intervention double, reposant sur un personnel médical « indigénisé », allait participer dans les années 1920 et surtout 1930 à la gestion de certains problèmes sociaux locaux tels que définis à l'époque : maladies sociales, et en priorité la tuberculose et la syphilis, problèmes d'alimentation, de déséquilibre démographique, de paupérisation ou encore difficultés éprouvées au quotidien par certaines populations défavorisées et exclues (handicapés, lépreux, métis) ou à risque (jeunes enfants, prostituées). De cette activité serait finalement née une reconfiguration de l'activité sociale et des acteurs sociaux sur le sol indochinois capable de survivre à la période de domination.

Le sujet de ce chapitre peut paraître curieux, trop spécifique, mal inséré dans un volet méthodologique, voire erroné. De fait, c'est non seulement à une historienne qu'il a été fait appel mais à une spécialiste de la médecine coloniale, et plus particulièrement de l'histoire médicale de l'Indochine française, entité administrative périmée regroupant entre les années 1880 et 1954 les actuels Vietnam, Cambodge et Laos. Qu'est-il passé par la tête des initiateurs de ce projet?

À raison, du moins le pensons-nous, ils ont vu dans ce genre de reconstruction historique un outil original de compréhension de problèmes et d'interventions sociales contemporaines. Il se trouve en effet, et nous le démontrerons, que la médecine et le médecin *coloniaux* sont ceux qui ont organisé, supervisé et adapté le champ de l'« œuvre sanitaire et sociale » dans les dépendances françaises des XIXᵉ et XXᵉ siècles. Il se trouve aussi, et personne ne remet en doute ce rapport de cause à effet, que les ex-colonies portent encore les stigmates de cette présence révolue. Il se trouve encore que l'Indochine française – on justifie là le choix de l'exemple – reste considérée comme ayant reçu la politique de santé coloniale la plus complète et la plus « efficace ».

Il s'agit donc ici de proposer une analyse de la place de la médecine dans la gestion des problèmes sociaux indochinois, plus largement de celle de l'intervention sociale en contexte de colonisation, de la collusion politique de santé et politique sociale et finalement du poids paradoxal de la relation colonial-colonisé dans la reconfiguration du champ social. Pour se conformer à la ligne générale imposée à cet ouvrage, notre réflexion se verra agrémentée de références bibliographiques « d'intérêt général », de repères chronologiques précis. De même proposera-t-elle de constantes remises en contexte, questionnements autour de débats historiographiques incluant finalement un vaste pan de l'histoire de la médecine, de l'histoire sociale et même de la sociologie de la santé. Mais avant de cibler une problématique qui s'avère complexe, une longue introduction plantant notre décor colonial et indochinois s'avère incontournable.

REPÈRES HISTORIQUES ET HISTORIOGRAPHIQUES POUR UNE PROBLÉMATIQUE AJUSTÉE

Il nous faut en premier lieu revenir sur certains concepts, les usages, liens et restrictions qui les entourent, en gardant toujours en mémoire l'époque dans laquelle se déroule notre action. Aussi est-il important de commencer en disant que *colonisation* sera le terme utilisé systématiquement au profit d'*impérialisme* et surtout de *colonialisme*[1] avant d'évoquer les rapports entre colonisation, justement, et médecine. Ce choix conditionne la traduction que l'on peut faire des relations entre politique coloniale, politique de santé et politique sociale pour le cadre spatiotemporel qui est le nôtre. Il est en effet entendu qu'au-delà de lignes de force communes les processus de colonisation ont suivi des règles et une évolution différentes dans le temps, selon la région et sa *métropole* (la France en l'occurrence).

Cette précision sur la nécessité d'étudier une médecine et un processus *coloniaux* rend caduques les critiques avancées par des études associant justement médecine et impérialisme. Liant expansion géographique, exploitation et capitalisme, ce genre d'analyse assimile en fait la médecine à un instrument de pouvoir hégémonique, manié de la métropole. Justifiable, notre choix théorique nous permet en outre de ne pas nous arrêter à une vision simpliste de la colonisation. Cette vision ferait du colonisé un cobaye idéal et de la *médecine coloniale* un expérimentateur sans morale ; elle considérerait le médecin comme un simple fonctionnaire maintenant des « relations sociales d'exploitation », diplomate, propagandiste, espion pour le compte de son employeur[2].

Certes, l'Indochine fut un « vaste champ d'expériences », à l'abri d'une contestation populaire ou politique, comme ce put être le cas en France. Il ne faut toutefois pas oublier que l'avènement de la biomédecine et de l'hygiénisme fut partout lié à l'expérience, préventive et thérapeutique, en milieu institutionnalisé ou non, individuelle et collective. Quant au rapprochement de « médecine » et « coloniale », de « médecin » et « colonial », il participait de la même conjoncture, celle que l'on soulignera

---

1. Le terme « colonialisme » doit être banni de toute étude historique dans le sens où, en français (à la différence de l'anglais où seul « *colonialism* » est utilisé), il a systématiquement une connotation péjorative de dénonciation du processus de mise en tutelle. Par ailleurs, au XIXe siècle, « l'action colonisatrice ouvre deux séries principales de problèmes : l'un se rapporte aux relations de la métropole et de ses territoires coloniaux, au lien de dépendance [...] et c'est l'aspect de la question qu'on a proposé de dénommer "impérial" ; l'autre concerne les relations des Européens transplantés avec les populations indigènes, et c'est l'aspect proprement "colonial", Problème impérial et problème colonial [...] ne mettent pas en jeu les mêmes forces, ils ne s'attaquent pas aux mêmes buts, ils ne se développent pas dans la même atmosphère » (G. Hardy, *Histoire sociale de la colonisation française*, Paris, Larose, 1953, p. 247). Suivant cette définition, nous avons démontré dans nos travaux antérieurs que la prise en charge sanitaire de l'Indochine n'a plus été impérialiste (transférée), mais coloniale dès la fin de la pacification dans les années 1890.

2. Voir J. Ehrenreich (dir.), *The Cultural Crisis of Modern Medicine*, Londres/New York, Monthly Review Press, 1978, p. 229-251/271.

fréquemment comme étant au centre d'un processus de *médicalisation*[3] ; celle qui veut que la médecine et la santé prise en mains par la médecine soient devenues un aspect majeur de l'intervention outre-mer.

Ces quelques précisions se justifient au vu d'une historiographie lacunaire et orientée. En fait, le thème « science et impérialisme », en vogue depuis le début des années 1980, est le seul dans lequel s'insèrent quelques études sur l'histoire médicale des anciennes colonies. Or, là aussi, l'emploi d'impérialisme biaise souvent l'analyse sans compter que la médecine ne doit pas forcément, ou pas seulement, être considérée comme une science[4]. L'histoire sociale coloniale et celle des répercussions socioculturelles de ce temps de domination font également largement défaut. En outre, jamais ou presque, la réflexion touchant à ces thématiques ne se penche sur l'Indochine française et plus généralement sur l'Asie du Sud-Est[5].

---

3. Pour coller à la réalité de l'époque et de l'Indochine, nous rapprochons notre définition de médicalisation de celle de l'historien O. Faure : « l'ensemble des comportements et des processus qui ont placé la santé au premier rang des préoccupations individuelles et collectives de nos sociétés » (« Le rôle du médicament dans la médicalisation en France au XIXᵉ siècle », dans O. Touati (dir.), *Maladies, médecine et sociétés. Approches historiques pour le présent*, Paris, L'Harmattan, 1993, p. 197). Le terme ne sera donc pas utilisé dans une optique critique, mais pour traduire un mécanisme par lequel la médecine est rentrée dans les mœurs, le quotidien, la gestion des maladies et de certains problèmes de société des populations dominées et a progressé au profit de pratiques traditionnelles.

4. Les études gravitant autour de cette thématique s'intéressent en priorité aux transferts coloniaux de technologies et de politiques scientifiques, sans prêter attention aux formes, types de rapport et lieux de domination. En outre, la place de la médecine « dans ce champ d'étude reste mal définie ou simplement évincée du fait de son statut scientifique ambigu (travaux de D. Headrick, R. McLeod, L. Pyenson, M. Worboys ou encore D. Kumar). Citons toutefois quelques marginaux, insistant sur les effets de la médicalisation sur les sociétés indigènes : D. Arnold (*Imperial Medicine and Indigeneous Societies*, Manchester/New York, Manchester University Press, 1988, 231 p. ; *Colonizing the Body. State Medicine and Epidemic Diseases in Nineteenth Century India*, Berkeley, University of California Press, 1993, 354 p.) ; M. Vaughan (*Curing Their Ills. Colonial Power and African Illness*, Cambridge, Polity Press, 1991, 224 p.). M. Vaughan est d'ailleurs, à notre connaissance, la seule à s'être attardée sur une histoire plus sociale que médicale de l'Afrique britannique, traitant entre autres de la prise en charge des lépreux, des malades mentaux, ou encore de sexualité. Son analyse est d'autant plus intéressante qu'elle repose sur la conviction que le modèle biomédical s'est trouvé modifié par l'expérience coloniale.

5. On remarque surtout que peu nombreuses sont les études qui prennent en considération le passé colonial pour discuter de problèmes sociaux et de leur reconfiguration postcoloniale. Actuellement, le Vietnam fait certes l'objet de recherches renouvelées dans le domaine de son développement économique, industriel, démographique, et dans celui de la place de la femme. Par contre, les questions de sexualité et d'exclusion ainsi que de toxicomanies sont encore largement écartées. Plus globalement, reste en suspens une analyse de l'évolution de la perception de « problèmes sociaux » modernes (et de l'action entreprise à leur encontre) dans les anciennes colonies.

Au regard de ces premières précisions, il devient utile de dire que nous envisagerons ici l'intervention médicosanitaire et sociale en Indochine sans oublier l'importance des règles et des objectifs de domination. Pour autant, nous insisterons en parallèle sur une *naturalisation* de la médicalisation indochinoise telle qu'elle a été mise en évidence dans nos travaux antérieurs, naturalisation ayant profondément conditionné l'évolution de la prise en charge sociale, les modes d'intervention et les types d'intervenants sur place.

Reste à déterminer ce que l'on entendra par *problème social*. Ne serait-ce que pour éviter toute forme d'anachronisme, il ne sera, par exemple, pas question de parler de dépression, d'itinérance ou de contrôle des naissances. Par ailleurs, notre définition dépendra de trois *contextes* dont il faut s'imprégner :

- Celui de la presque superposition des champs du social et du sanitaire. L'avènement de la « médecine moderne » conditionne, entre autres, l'institutionnalisation de la santé publique, la vulgarisation de l'accession aux soins, l'avènement d'un médecin à qui l'on offre un pouvoir social qu'il a réclamé[6].

- Celui de colonisation qui rejette toute approche des « relations raciales », empêche de s'interroger sur l'égalité sociale et semble connoter le contrôle social lié à toute politique de santé et processus de médicalisation.

- Celui, enfin, d'une région à la fois tropicale, asiatique, confucéenne, mais aussi historiquement connue pour ne pas avoir de tradition de médicalisation et d'institutionnalisation de son espace santé.

On l'aura donc compris, nous ne traiterons pas ici d'intervention sociale sous un angle médical mais traduirons une réalité : cet interventionnisme n'aurait pas existé en Indochine sans la présence médicale française même s'il reste encore à déterminer dans quelle mesure et dans quelles directions il y a eu attention aux problèmes sociaux, et comment cette immixtion a pu conditionner le futur social des ex-pays colonisés.

---

6. Voir la synthèse de L. Murard et P. Zylberman : *L'hygiène dans la République. La santé publique en France ou l'utopie contrariée, 1870-1918*, Paris, Fayard, 1996, 805 p. Ni les historiens, ni les sociologues, ni l'état actuel de la prise en charge du social ne remettent en doute les interactions entre le social et la santé, entre santé publique et contrôle social. Pour autant, selon les pays, ces liens ont pris des directions différentes ; de nouveaux problèmes sociaux ont surgi, ont été dirigés par d'autres services que les services de santé. En parallèle, la santé publique a vu ses limites épistémologiques s'étendre considérablement. En prenant l'exemple de l'Indochine, on doit alors faire un effort constant pour se souvenir que la médecine et le médecin y dominaient les champs sanitaire et social.

L'INTERVENTION COLONIALE SOCIALE SERA MÉDICALE

LA MÉDECINE, LE MÉDECIN ET LA PROTECTION SOCIALE EN FRANCE ET EN INDOCHINE À L'HEURE DE LA DOMINATION

Si l'histoire de la médecine et des médecins est relativement bien connue pour le XIXe siècle, il en est autrement de celle de la protection sociale. Considérée généralement comme immature, la couverture proposée par la Troisième République à partir de 1871 est pourtant non négligeable. Elle repose sur deux piliers : l'assistance et l'assurance[7]. On s'aperçoit surtout que la maladie et la santé jouent un rôle central dans la naissance d'une politique sociale. Déjà bien installés auprès du gouvernement, les médecins font passer plusieurs lois, dont celles de T. Roussel sur la répression de l'ivresse publique (1873) et sur la protection des enfants (1874). Alors que l'époque est à la hantise du spectre de la dépopulation, de la dégénérescence vue par Mendel et de l'avancée de la gauche, des réformes sociales et une politique sanitaire moins répressive s'imposent. Avant la loi relative à la santé publique de 1902, une première réglementation sur l'assistance publique appliquait en 1893 le principe de solidarité à tous les niveaux, offrant les soins à tous les indigents. Il n'y avait pas émergence d'un droit des assistés mais bien obligation pour la société républicaine d'assurer les secours.

En Indochine, le temps n'est pas à ce genre de développement politique et institutionnel. En fait, à l'heure de la pacification du territoire vietnamien (1858-1897), il n'y a aucune structuration du domaine de la santé, pas de tradition politique de médicalisation, pas même finalement de contrôle social au-delà de certains domaines ciblés comme l'éducation. Il faut dire que la structure étatique y est fragmentée, marquée par un lourd passé de vassalité, de gouvernement de type féodal. Considérons toutefois un paramètre important : la supervision de certains maux sociaux à l'échelle de la communauté villageoise (par la prise en charge courante des lépreux, systématique des indigents) ou de la cellule familiale (s'occupant de ses handicapés et malades mentaux). Ces attitudes mettent en évidence la réalité locale des notions de solidarité – ancrage de la solidarité communautaire – et d'exclusion. Le fossé est quoi qu'il en soit de taille entre les deux territoires protagonistes de cet épisode. La rencontre sera d'autant plus délicate qu'elle doit composer avec une coïncidence temporelle prégnante.

---

7. O. Faure, *Histoire sociale de la médecine (XVIIIe-XXe siècles)*, Paris, Anthropos, 1994, p. 184 ; J. Bichot, « Le tournant assurantiel : 1898-1920 », dans *Les politiques sociales en France au XXe siècle*, Paris, Armand Colin, 1997, p. 20-42.

Sans nous étendre sur ce synchronisme, insistons sur le fait qu'il donne à l'expérience indochinoise un statut d'exemple parfait pour saisir une stratégie sanitaire et sociale instaurée à partir d'un nouveau modèle. Alors que le Cambodge et la Cochinchine sont désormais sous tutelle (1867), que le delta du Nord est occupé, c'est en effet avec une Troisième République sûre de ses assises que la présence française dans la péninsule se resserre. À la fin des années 1880, l'Union indochinoise, dirigée par un gouverneur général, se compose d'une colonie (Cochinchine) et de quatre protectorats (Cambodge, Annam, Tonkin, Laos)[8]. En fait, dans cette première coïncidence s'insère bientôt une seconde qui rapproche la direction coloniale de l'Union de l'avènement d'une santé publique gérée par les médecins.

La République française a des ambitions coloniales et un programme d'exploitation définis qui se maintiendront au fil des années. Une de ses imposantes figures, Jules Ferry, établit la première doctrine officielle de la « mission coloniale » (1885-1890). Si la colonisation a un triple objectif politique, économique et humanitaire, la France a surtout le devoir de faire partager son degré de civilisation aux peuples « moins évolués ». Ce *mandat civilisateur*, conduit conjointement par le médecin et l'instituteur, a pour mission de faire la conquête des intelligences et des cœurs. Éducateur, humanitaire, il sous-tendra et justifiera la domination dans ses moindres mouvements. Quant à l'exploitation économique, passant par la « fortification et l'accroissement de la main-d'œuvre », elle sera bientôt rendue effective par les gouverneurs généraux Doumer, Beau et Sarraut.

Dans ces conditions imbriquées, la santé s'imposa comme une question éminemment politique en Indochine. Jusque dans les années 1950, elle se trouverait dépendante à la fois des fluctuations des programmes et des fonctionnaires les proposant, mais aussi des réactions locales. La « mise en valeur » telle qu'envisagée par Sarraut[9] est particulièrement expressive de cette corrélation. L'exploitation ne justifie toutefois pas seule la politique sanitaire reçue. La colonisation était bien « un instrument de remaniement social » dont « l'amélioration de la vie locale dans tous les domaines » était une étape privilégiée[10]. Un objectif d'acculturation existait donc, dont la médicalisation, au sens où on l'a définie, se faisait

---

8. La Cochinchine, le Tonkin et l'Annam forment l'actuelle République démocratique du Vietnam. Pour plus de détails sur la colonisation en Indochine, voir : P. Brocheux et D. Hemery, *Indochine. La colonisation ambiguë (1858-1954)*, Paris, La Découverte, 1994, 427 p. Pour ce qui est de l'histoire de la colonisation française, voir : C.-R. Ageron, C. Coquery-Vidrovitch, G. Meynier et J. Thobie, *Histoire de la France coloniale*, Paris, Armand Colin, 1991, t. 1-2, 846/654 p.

9. Voir A. Sarraut, *La mise en valeur des colonies*, Paris, Payot, 1923, 656 p.

10. Hardy, *op. cit.*, p. 8, 114, 145.

l'instrument rêvé. L'abandon d'une politique d'*assimilation* au profit d'une d'*association*[11] viendrait à propos en laissant le gouvernement de l'Indochine choisir les termes d'un programme sanitaire et social *ad hoc.*

SANITAIRE ET SOCIAL :
VARIATIONS SUR DES INTERACTIONS THÉORIQUES ET PRATIQUES

Jusqu'à la Deuxième Guerre mondiale, la politique sociale de la France en Indochine se poursuivra dans deux directions principales, à savoir la santé et l'éducation. Aussi la politique ou *œuvre* sociale telle que définie par la République ne peut-elle être considérée comme synonyme ni de « protection sociale », ni d'« assistance sociale » – qui en deviendra d'ailleurs un des sous-secteurs en 1929. Au travers de cette précision, c'est l'étendue et l'originalité de la proposition qui se dessinent.

Alors que l'autorité politique du Gouvernement général s'établit (1891-1894), 1897 voit l'organisation définitive du pouvoir administratif avec la création d'un budget général, l'officialisation de la première « assistance médicale », l'ouverture d'un poste de directeur de santé dans chacun des cinq pays et l'application en Cochinchine de la loi métropolitaine de 1892 (sur l'obligation du doctorat pour exercer la médecine). Le gouverneur Paul Doumer (1897-1902) se fait alors le promoteur d'un premier système de santé tenant compte des récents « progrès » médicaux et bien sûr des visées coloniales définies par Ferry. Ainsi 1902 verra-t-elle l'application de la grande loi de santé publique française (datant de la même année) et l'ouverture de l'École de médecine de Hanoi devant s'assurer la fidélité de « médecins auxiliaires » indigènes[12].

Le successeur de Doumer, Paul Beau, élargit ces premières directions en proposant un véritable système de santé en 1905 : l'Assistance médicale indigène, ou AMI. Comme son nom ne l'indique pas, l'AMI repose sur des principes curatifs ET préventifs. Elle jouit d'une armature administrative centralisée auprès d'une Inspection générale de l'hygiène et de la santé publique ; elle est à destination exclusive des populations colonisées

---

11. Preuve de la maturation d'une politique indigène, le ralliement français à la politique d'association avec le début du XXe siècle laisse entre autres entendre : une administration locale décentralisée, proposant et entérinant ses propres lois, mais aussi une volonté de laisser évoluer les populations dominées « dans le plan de leur civilisation ».

12. Le mot « indigène » (comme celui de « race ») est utilisé sans aucune connotation péjorative mais, à nouveau, pour se conformer à certaines règles historiques dont celle qui veut que l'on utilise les termes du discours colonial pour définir certaines réalités de l'époque.

et bénéficie d'un budget indépendant[13]. Entre 1905 et 1939, nombreuses seront les modifications apportées à ce carcan initial. On repère au niveau de l'appareil une oscillation entre centralisation et décentralisation, une succession de plans quinquennaux, de multiples réformes concernant le personnel, le passage d'une direction militaire à une civile. Du côté de l'évolution des mesures proprement dites, on note surtout la primauté indéfectible de la prévention associée à un réseau infrastructurel qualitativement et quantitativement imposant, une insistance sur la mobilité du personnel, le développement de l'hygiène publique et privée. Pour autant, la ligne générale resterait la même, subissant les aléas d'un financement insuffisant et de pénuries en personnel.

Il faut en fait comprendre qu'à l'instar de la loi métropolitaine d'Aide médicale gratuite (AMG, 1893), la législation sanitaire de 1905 ne parle pas d'un droit. Pourtant, avec les années, c'est bien l'idée qu'il y a droit à la santé puis rapidement au bien-être social qui transparaît dans les textes administratifs compulsés et les rapports d'activité des médecins. À cet égard, l'activité sanitaire « d'amélioration des conditions de vie des habitants » prônée par Sarraut, associationniste acharné, est marquante. Dans son premier plan sanitaire (1911), Sarraut insiste précisément sur la prévention des maladies vénériennes, l'éducation hygiénique dans les écoles. Si l'hospitalisation et la consultation continuent de diriger l'assistance médicale proprement dite, Sarraut met l'accent sur l'assistance aux malades mentaux, aux lépreux et aux femmes enceintes. Toutes ces questions resteront à l'ordre du jour jusque dans les années 1940, mises en pratique par des professionnels de la santé.

LE PERSONNEL MÉDICAL EN INDOCHINE FRANÇAISE OU L'INTERVENANT IDÉAL

Si rapidement, et logiquement d'ailleurs au regard de ce que l'on vient d'écrire, le médecin colonial s'impose comme l'intervenant sanitaire numéro un en Indochine, il serait faux de minimiser l'activité « pré-AMI » de précurseurs. En premier lieu, se repèrent çà et là des praticiens indépendants, installés à leur compte dans les principales villes (Hanoi, Saigon,

---

13. Sur le modèle de l'AMG française, les populations défavorisées obtiennent gratuitement soins (hospitaliers, distribution de médicaments) et traitements préventifs (vaccinations, quinine contre le paludisme). Les Européens et les Indochinois aisés paient eux selon une grille établie. On verra néanmoins surgir rapidement des problèmes liés à cette accessibilité : inégalités entre les régions dépendant de budgets plus ou moins importants ; accessibilité difficile aux structures sanitaires en milieu rural, hôpitaux et dispensaires fonctionnant avec un personnel réduit qui n'a pas le temps de se déplacer, etc.

Haiphong) à partir des années 1870. Mais ce sont surtout les congrégations religieuses, présentes dans le cadre d'une activité missionnaire élargie avec les années 1850-1860, qui s'imposent comme les véritables premiers intervenants sociaux. La mise en place d'orphelinats et de dispensaires dans les enclaves christianisées durant la pacification illustre la précocité des soins prodigués aux populations locales et surtout celle d'un embryon d'assistance charitable. La séparation de l'Église et de l'État, entérinée en France en 1905, laisse supposer une fracture à cet égard. En fait, elle semble n'avoir jamais été une réalité en Indochine pour la bonne raison que les deux types d'intervenants (religieux et médecins) ne travaillaient pas dans le même domaine. La coexistence sera pacifique, ne serait-ce que parce que le gouvernement colonial se voyait par ce biais déchargé de questions jugées secondaires. Suivrait, avec les années 1930, un programme de lutte concerté, dépassant le cadre de la charité au sens où on a l'habitude de l'entendre[14].

LES MÉDECINS FRANÇAIS ET INDOCHINOIS, UN « *MOYEN DE GOUVERNEMENT*[15] »

Les médecins furent très tôt associés au programme sanitaire et social. Dès 1905, le gouvernement à Hanoi engageait même la création d'un corps d'AMI, ce qui supposait donc l'emploi de professionnels de santé qualifiés (pour la pratique en milieu tropical), suffisamment nombreux et surtout attachés au service exclusif de l'Indochine. Dans la conjoncture coloniale, ils étaient aussi nécessairement fonctionnaires[16]. Leur embauche reposait théoriquement sur un contrat précis, une triple mission en fait. Le médecin colonial s'engageait à « soigner » bien sûr, mais aussi à « éduquer » et à « chercher ». En pratique, suivant les deux premiers axes qui nous intéressent ici, il allait surtout lutter contre la mortalité infantile ; mettre en garde contre les fléaux sociaux ; prôner l'hygiène à toutes les étapes de la

---

14. Pour une réflexion globale autour des relations entre médecine et charité du Moyen Âge aux « États-providence », voir : J. Barry et C. Jones (dir.), *Medicine and Charity Before the Welfare State*, Londres, Routledge, 1991, 259 p.

15. Selon l'expression du Dr R. Montel en 1911 (« Notes d'hygiène et de démographie. Pourquoi doit-on faire de l'Assistance médicale en Indochine ? », *Bulletin de la Société des Études indochinoises*, n° 60, 1911, p. 5-117).

16. Il se trouve que, en Indochine comme dans beaucoup d'autres colonies, ce médecin est aussi très souvent militaire selon une tradition française qu'il n'est pas ici question de développer. Même l'organisation d'un corps spécial pour l'AMI allait avoir du mal à renverser cette tendance, ne serait-ce que par manque de vocations civiles et volonté tacite du gouvernement colonial de maintenir avec les militaires un corporatisme et une adhésion totale aux valeurs républicaines.

vie. Il servirait même éventuellement d'apaiseur en cas de trouble social[17]. En résumé, le médecin français se voyait offrir un rôle éminemment social et politique, qu'il soit médecin hospitalier, superviseur d'un dispensaire rural, médecin municipal ou directeur local de la santé.

Aux côtés de ces médecins coloniaux interviennent avec le XXᵉ siècle des médecins indochinois, produits de l'école française par l'entremise de l'École de médecine de Hanoi (1902). C'est une mission d'éducation sanitaire des populations qui leur est à eux imposée. De toute façon, jusque dans les années 1920, leur liberté de pratique est réduite à quelques soins de base, aux vaccinations et à des opérations mineures, en accord avec un statut d'« auxiliaire ». Nonobstant cette position, ces praticiens indigènes furent parmi les premiers à réclamer une acclimatation du processus de médicalisation, à prôner une attention à certains problèmes sociaux qu'ils connaissaient bien (beaucoup sont issus de familles modestes, voire pauvres, entrés à l'École de médecine pour échapper à une reproduction sociale fatale). Le caractère inéluctable de leur valorisation professionnelle, leur clairvoyance et le fait que, souvent, ils avaient dû occuper des postes destinés à quelque supérieur inexistant leur permettaient finalement d'obtenir l'égalité de statut avec leurs confrères coloniaux en 1935.

Sans aller plus loin dans un portrait de cette communauté médicale métissée, mettons l'accent sur ce qui caractérise de façon saillante son activité médicosociale : en priorité, une adaptation linéaire aux milieux (pathologique surtout) indochinois lui permettant de revendiquer et d'assumer une relative indépendance d'action. Certes, grâce à nos fouilles dans les archives françaises et vietnamiennes, nous savons que le peu de moyens à leur disposition réduisit leur pouvoir d'intervention et d'initiative : en 1937, seuls 364 médecins concourraient à l'AMI, ce qui reviendrait à un intervenant médecin pour 65 000 habitants[18]. Reste que sur ces 364 médecins 237 étaient d'origine indochinoise, une proportion plus que significative de réorientations majeures dans la prise en charge sanitaire.

Mettant en évidence l'autonomisation de la pratique de certains médecins, il est aussi intéressant de signaler l'importance de leurs observations sur le terrain (démographiques, épidémiologiques), soubassement méconnu de l'activisme médicosocial qui prend sa forme définitive dans

---

17. C'est l'une des fonctions médicales qu'avait probablement aussi le médecin métropolitain (voir P. Guillaume, *Le rôle social du médecin depuis deux siècles (1800-1945)*, Paris, Comité d'histoire de la sécurité sociale, 1996, 319 p.).

18. Pour le seul Vietnam, en 1993, la population médicale (jugée d'ailleurs insuffisante) est estimée à 20 000 médecins pour 70 millions de personnes (c'est-à-dire un médecin pour 3500 personnes).

l'entre-deux-guerres[19]. Sans énumérer la liste des enquêtes dont ils furent les instigateurs, on peut en effet revendiquer pour eux un rôle de moteur dans les principales inflexions de la planification sanitaire dans les années 1920-1930. Pour les médecins de poste, ces investigations étaient un outil d'intervention prioritaire. Nombreuses furent celles qui permirent en retour des réorientations au niveau de l'appareil décisionnel, principalement autour de la médicalisation de la femme et de l'enfant, de l'alimentation, de la surveillance des familles à risque en matière de contagion.

DES ÉDUCATEURS SOCIAUX :
INFIRMIERS, SAGES-FEMMES INDIGÈNES ET ENSEIGNANTS

Ce genre d'investigation, par ailleurs, avait largement bénéficié de la présence d'un personnel médical subalterne faisant le relais auprès des populations à observer et interroger. Un bref récapitulatif sur l'activité de ces autres professionnels de santé ne permet pas seulement d'éviter de confondre intervenant social et médecin. De fait, on assiste dès le début du XXᵉ siècle au développement de l'emploi d'un personnel médical auxiliaire (infirmiers et surtout sages-femmes) et à sa rapide *indigénisation*. Pour ne prendre que quelques chiffres significatifs, on sait que 3 133 infirmiers indochinois, 489 sages-femmes indochinoises diplômées étaient officiellement en poste en 1930, contre seulement 122 infirmiers européens. On cherchait là aussi à pallier des effectifs européens étiques. On tentait cependant surtout de se conformer à une politique sanitaire de plus en plus expansive et rurale et de corriger une erreur majeure : celle qui était de croire que le médecin occidental et sa science « supérieure » pouvaient partout recevoir un accueil favorable.

À l'égard de ces intervenants aussi, l'administration coloniale insiste sur un second critère après celui du nombre : la compétence. C'est donc d'abord par l'entremise des écoles professionnelles qu'ils sont formés. Or, ces institutions ne permettent pas de recruter au-delà des principales zones urbanisées. Par ailleurs, le système de formation convient mal à l'emploi ultérieur que le gouvernement veut en faire : d'où l'élaboration de nouvelles formules, dont celle reposant sur des périodes en alternance

---

19. Bien évidemment, ce courant se retrouve à l'échelle du gouvernement colonial et du ministère des Colonies. On peut évoquer l'enquête entreprise à l'échelle de l'ensemble des colonies en 1922 sur la mortalité infantile. En Indochine, cette enquête allait mettre en évidence plusieurs nouveaux centres d'intérêt sociaux, et surtout : la fécondité, la stérilité féminine, la mortinatalité infantile et leurs causes sociales, l'avortement et l'infanticide (Archives nationales du Vietnam [ANVN], centre nº 1, Fonds de la direction locale de la santé du Tonkin, dossier 447).

de six mois de cours en milieu hospitalier et de pratique auprès d'un poste. En parallèle, s'intensifie la rééducation pragmatique d'accoucheuses traditionnelles (*Ba mu*), destinée à pallier cette fois l'absence de maternité en milieu rural. Enfin, on tente le plus possible de recruter de façon endogène, c'est-à-dire employer dans un village un intervenant né sur place pour optimiser les chances de sa réussite professionnelle.

Enfin, parmi les intervenants que l'on qualifierait mal à propos de « secondaires », se trouve le personnel enseignant. Dès les années 1880, il se voit chargé de transmettre une morale hygiénique indispensable dans des écoles franco-indigènes d'un système éducatif se développant en parallèle du système de santé. En fait, instituteurs et professeurs, français et indigènes, ne font que tisser un peu plus serré le maillage professionnel destiné à éduquer. Tous les intervenants énumérés mettent finalement en avant une fonction commune : ils sont propagateurs d'une stratégie qui passe principalement par l'inculcation de principes élémentaires d'hygiène. De par son origine ethnique et socioculturelle, le personnel local allait même occuper le devant de la scène dans le domaine. Son rôle social avait de toute façon été clairement identifié, inhérent à son statut de courroie de transmission entre les populations locales et les représentants coloniaux, instrument de *socialisation*.

Le discours hygiéniste métropolitain seyait bien à cette mission. Dans le cadre d'un propos moral procédant à d'innombrables dénonciations et injonctions concernant l'habitat, l'alimentation, la propreté, la prostitution, la dépravation physique et morale, le retour à la santé passait par la conversion aux vertus de l'ordre et de la tempérance. Dans un contexte comme celui de l'Indochine, ce discours n'en prenait que plus de poids. Pour les pouvoirs publics, le médecin, aidé de l'infirmier, de la sage-femme et de l'instituteur, s'imposait sans conteste comme l'artisan de la transformation et de l'administration des populations d'une nouvelle société « moderne ». Sous le « règne la métaphore organiciste[20] » et en quête de reconnaissance sociale, il acceptait le travail proposé d'autant plus volontiers. Le projet allait néanmoins se heurter à de multiples réalités locales avant de composer avec elles pour aboutir.

---

20. « Ceux qui connaissent et soignent l'organisme humain doivent naturellement gérer l'organisation sociale puisque la société (la ville surtout) est calquée sur le corps humain, avec sa tête, ses membres, ses artères, ses fonctions » (O. Faure, *op. cit.*, p. 114).

MODES D'INTERVENTION ET APPROCHES
DE PROBLÈMES SOCIAUX INDOCHINOIS

À ce stade de l'analyse, il est dans notre intention de nous concentrer sur l'intervention sociale et sur les problèmes sociaux pour la période de l'entre-deux-guerres. On l'aura compris, ces deux décennies marquèrent non seulement des réorientations majeures dans la politique de santé indochinoise, mais une adaptation pluridirectionnelle, entre autres à des questions de société. On ne devrait pour ce faire passer sous silence une première phase temporelle, ne serait-ce que parce que ce premier temps a logiquement conditionné le second. Mais l'espace manque et nous nous contentons d'énumérer quelques points forts pour ce premier temps, en suivant une chronologie grossière :

- La prévention est d'emblée prioritaire, ce qui se conçoit parfaitement bien dans un environnement pathologique comme celui de l'Indochine[21]. L'envergure et la précocité de certaines activités prophylactiques de masse sont effectivement frappantes. Parmi elles, on retrouve surtout des campagnes massives de vaccination antivariolique auprès des enfants dès les années 1860, obligatoire en Cochinchine dès 1871[22].

- L'AMI propose bientôt trois principaux axes d'activité : la protection contre les maladies contagieuses et épidémiques, dont l'éradication repose sur « vaccination, déclaration, désinfection » ; le développement de l'hygiène pour promouvoir la santé publique ; l'assurance aux particuliers d'une assistance médicale.

- La densification rapide d'un réseau hospitalier, surtout de dispensaires et maternités, prouve en parallèle que l'on peut faire d'une pierre quatre coups : soigner, dépister, prévenir et surveiller (surtout les contagieux).

- L'administration coloniale s'arroge enfin (1907) le concours médical pour enseigner des règles « modernes » de vie en collectivité. Les conférences d'hygiène, l'école, les tracts et brochures didactiques en langue vernaculaire, les tournées médicales et les consultations gratuites sont utilisés comme transmetteurs.

---

21. Dressant un portrait pathologique de la péninsule, on ne peut qu'être impressionné par la variété de ses maladies épidémiques et contagieuses (triptyque variole – choléra – peste), la méconnaissance de l'époque de ses fléaux endémiques (en premier lieu du paludisme) ou encore l'extrême dispersion de certaines pathologies plus « universelles » (tuberculose, dysenterie, syphilis).

22. Voir L. Monnais-Rousselot, « La vaccination antivariolique : une entreprise d'envergure », dans *Médecine et colonisation. L'aventure indochinoise, 1860-1939*, Paris, CNRS Éditions, 1999, p. 121-139.

Il s'agit là d'autant de biais pour une propagande – apprivoisement préalable à l'acculturation. Certaines mesures sauront d'ailleurs dans cette optique se faire persuasives, « stimulantes » pour utiliser la langue de bois coloniale : amendes pour les « négligents » qui refusent de faire vacciner leur progéniture ; mesures instaurant un système de récompense pour les villages « les mieux tenus » et les femmes accouchant à la maternité. On effleure l'ambiguïté d'un processus qu'une meilleure connaissance patho-logique et sociale de la péninsule n'allait pas forcément gommer, mais peut-être atténuer.

LA RECONNAISSANCE DES MALADIES SOCIALES

La *médecine sociale*[23] fait son apparition dans les textes coloniaux dans les années 1920. Elle sonne l'avènement d'une nouvelle phase. Mais cela ne nous dit rien encore de l'appréhension, si elle existe, de problèmes sociaux locaux et ne précise pas ce que le Gouvernement général et les médecins entendent par cette expression, ou encore ce que recouvre alors « l'œuvre charitable ». Premier indice, le discours n'évoque plus seulement la *bonne santé*, mais le *bien-être*. Concomitamment, les *maladies sociales* et la protection de l'enfance – et non plus de l'enfant, la différence peut être notée – font une entrée fracassante dans la programmation sanitaire en 1925.

Pour reprendre la tradition sociologique française, les maladies socia-les deviennent alors le premier grand aspect remarquable d'une *pathologie sociale*. Selon un médecin en poste en 1933, « c'est une affection qui, par ses conséquences individuelles ou générales, pèse sur la société, constitue pour elle une charge, un danger permanent et aussi est imputable à ses défauts, ses carences d'organisation en matière d'hygiène et d'entraide[24] ». Elle ne tue pas ou peu, mais handicape l'individu et la société dans laquelle il s'insère, le fonctionnement de cette dernière. Sous ce générique, on retrouve alors les affections vénériennes, pulmonaires, oculaires. En termes de présence et de lutte, chaque genre est en fait représenté par une seule pathologie : la syphilis, la tuberculose (respectivement 2e et 4e dans

---

23. La première utilisation de l'expression date en France de 1848 ; la qualification de « sociale » de certaines maladies, des années 1880-1914. Cette qualification nécessitait une reconnaissance de la contagiosité de la maladie, ou son hérédité, et l'importance de contextes sociaux et environnementaux dans son développement et sa permanence, le plus souvent en lien avec l'urbanisation et l'industrialisation, mais aussi, c'est le cas outre-mer, avec des conditions socioéconomiques précaires et l'insalubrité.

24. Dr Raymond, « La lèpre et sa prophylaxie en Indochine », *Annales de l'Université de Hanoi*, t. 1, 1933.

l'échelle des maladies les plus répandues en milieu hospitalier en 1930[25]) et le trachome. S'y greffent l'alcoolisme et l'opiomanie et surtout les cancers et la lèpre.

Identifiées aux prostituées, les femmes vénériennes étaient entrées les premières dans la ligne de mire sanitaire, subissant un contrôle fortement policier[26]. L'objectif premier était de soigner la vénérienne pour « protéger le Blanc » et non pour elle-même ; de se concentrer sur une seule source du mal, indirecte mais sociale, la prostitution, préfaçant le courant néoréglementariste métropolitain de la fin des années 1880[27]. Or, mal ressentis, l'inscription des filles publiques sur les registres de police, la visite médicale obligatoire mentionnée sur une « carte de reconnaissance », l'internement d'office des malades[28] ne cadrent pas avec une activité qui, sur place, ne semble pas vraiment être une préoccupation sociale. Ces principes jettent non seulement le discrédit sur des pratiques, mais dénoncent une *faute sociale* du colonisé. Enfin, elles ne s'attaquent pas aux sources véritables du problème et balaient tout questionnement autour des comportements sexuels locaux et des relations intimes, répandues, entre Européens et indigènes.

Mobilisés par la question de l'« hérédité syphilitique » et aidés par un renouvellement de la thérapeutique, plusieurs médecins commencent toutefois à revendiquer la mise en place d'une vaste entreprise d'éducation et de traitement pour épargner les générations futures. Après une période d'entassement des malades dans des dispensaires urbains exigus, on voit alors éclore plusieurs consultations et instituts de recherche spécialisés, surtout entre 1925 et 1928. On parle d'un véritable « phénomène de société » à enrayer au plus vite – 96 % des femmes à la consultation

---

25. L. Gaide, *L'Assistance médicale et la protection de la santé publique en Indochine*, Exposition coloniale internationale, Paris, 1931, Hanoi, Imprimerie d'Extrême-Orient, 1931, 419 p.

26. Voir A. Guenel, « Prostitution, maladies vénériennes et médecine coloniale au Vietnam, de la conquête française à la guerre d'indépendance », 1997, IIIe conférence Euroviet, Amsterdam, juillet 1997, 20 p.

27. Ce courant affirme la nécessité d'une réglementation de la prostitution pour organiser la prophylaxie sociale.

28. L'internement se faisait dans les structures publiques ou religieuses, à la limite de l'incarcération pénale. La présence de prostituées dans certains hôpitaux de contagieux (où l'on retrouve également lépreux et prisonniers) jusqu'au début du XXe siècle est entre autres significative de la supériorité d'une « police des mœurs » sur une activité sanitaire dans le domaine.

municipale de Hanoi seraient infectées en 1993[29]. Une partie du personnel hospitalier prône *l'imprégnation* des habitudes sociales et des modes de vie locaux pour minimiser les risques d'erreur de diagnostic et d'oubli. On commence également à employer des « visiteuses sociales » pour mieux éduquer les filles publiques à défaut de pouvoir contrôler les maisons closes.

Parallèlement, une ligne d'*humanisation* de la politique sanitaire se trouve stigmatisée par l'évolution de la lutte antilépreuse et antituberculeuse. Maladie connue de l'Indochine mais s'y complaisant inégalement, la lèpre retient assez vite l'attention des services sanitaires : en 1912, un arrêté prévoit la création d'un service indépendant de léproseries au Tonkin. Alors que les recherches thérapeutiques se poursuivent sur place sur cette « maladie de peau » et « de misère », le système d'internement s'organise. L'idée d'un isolement à domicile (moyennant certaines restrictions comme posséder sa maison, être immatriculé auprès des autorités provinciales, ne pas exercer une fonction publique) fait son chemin, mais elle reste difficile à appliquer. La question est surtout la suivante : comment imposer un « isolement moins isolé », le moins impopulaire possible ? C'est pour y répondre que la formule du village agricole au sein duquel le ladre peut recevoir sa famille, et surtout ses enfants, fait son apparition. Sans qu'il soit possible d'évaluer les résultats de cette politique attentive, on doit apprécier l'effort : en 1930, 15 colonies et villages agricoles abritent officiellement 3 287 hanséniens.

Reste que c'est bien la tuberculose, forte de la solution vaccinale, qui fait l'objet des attentions les plus appuyées. Alors qu'en 1922-1923 s'organisent un dispensaire antituberculeux et un comité d'études de la maladie contagieuse à Saigon-Cholon, les premières enquêtes épidémiologiques s'engagent dans les écoles franco-indigènes de Cochinchine. À la fin de 1924, le terrain ayant été bien préparé[30], les campagnes de vaccination BCG débutent, une activité précurseur en territoire colonisé. En 1933, plus de 100 000 vaccinations auraient déjà été effectuées, alors qu'en métropole les esprits restent très sceptiques face au procédé.

---

29. Ch. Joyeux, « Organisation de l'hygiène et de la protection de la maternité et de l'enfance à Hanoi », *Bulletin de la Société médico-chirurgicale de l'Indochine*, mai 1934, p. 503-522. Selon un autre rapport, la morbidité vénérienne aurait recouvert 9 à 16 % de la morbidité hanonienne en 1927 (Dr Le Roy Des Barres, « Rapport annuel sur le fonctionnement du bureau d'hygiène de la ville de Hanoi en 1927 », *Bulletin de la Société médico-chirurgicale de l'Indochine*, avril 1928, p. 163-186).

30. Il faut dire que le comité de Cholon surtout avait voulu adapter la lutte au milieu indochinois : à l'inverse de ce qui se faisait alors en Europe, il avait décidé de remonter aux sources de l'infection en entreprenant un examen systématique des enfants, point de départ d'une inquisition médicosociale à l'échelle de chaque famille concernée.

ASSISTANCE OUVRIÈRE ET MATERNELLE, DROITS DE L'ENFANCE ET PRISE EN COMPTE DES EXCLUS

La gestion de la santé au travail révèle pour sa part et à nouveau toute l'hybridité d'une politique coloniale « libre » et « utilitariste ». Précoce, elle ne concernera en effet longtemps que des enclaves très circonscrites, celles des grands chantiers de travaux publics (chemins de fer, ouvrages d'art, routes, aménagements portuaires) et des entreprises capitalistes (plantations d'hévéas). Pour autant, il faut bien voir là aussi que cette attention s'est rationalisée au fil des années pour aboutir à la construction d'un secteur médicosocial encore embryonnaire en métropole[31]. Dès 1924, la protection des ouvriers indochinois est réglementée dans les moindres détails, jusqu'à l'alimentation[32], l'habitat, l'habillement, l'approvisionnement en eau potable, l'évacuation des nuisances, les soins médicaux et même les conditions de vie de leurs familles. Matériellement impossible à étendre, cette protection fait la lumière sur des activités adaptées à un milieu professionnel. L'engagement à cet effet, dès 1919, d'intervenants contractuels, *médecins du travail* avant l'heure, appuie encore la réalité d'une protection ciblée utilisant la médecine et le médecin à des fins de contrôle d'un groupe professionnel.

Tout aussi précoce mais plus extensible, la protection des mères et de leurs enfants met en relief d'autres « groupes » nécessitant une intervention sociale appropriée. Pour donner de simples repères sur ce point, on doit remonter à 1901 et à la création de l'Association maternelle de Cholon et d'un premier enseignement pour quelques sages-femmes locales. Double mouvement de protection-éducation qui ne fera que s'amplifier avant de se réorienter dans deux directions : vers un élargissement de la protection des mères à celle de toutes les femmes ; vers une redéfinition, avant d'en atteindre les termes, d'un cadre de vie optimal pour l'enfant indochinois reposant sur une bonne alimentation et une bonne croissance, un environnement familial sain. Notons que ces virages voient l'entrée en scène des premiers gynécologues obstétriciens, pédiatres et des femmes médecins qui réclament des structures spécialisées. Dans les

---

31. Des conflits entre patronat, syndicats et médecins radicalisés à partir de la loi de 1898 sur la responsabilité en matière d'accidents du travail empêchaient le développement de ce secteur.

32. En fait, l'alimentation fait l'objet d'attentions précoces dans divers milieux professionnels et sociaux auprès des ouvrières, mais aussi des écoles, des prisons. Il faut dire que non seulement la sous-alimentation de ces bassins de population avait interpellé les premiers médecins coloniaux, mais aussi que les risques fréquents d'épidémie béribérique (que l'on identifiera bientôt comme carence vitaminique) avaient précocement obligé les services de santé à définir une « ration alimentaire » équilibrée pour ces enclaves.

années 1930, appuyés par le gouvernement, ils développeront le principe des visites en milieu familial, des gouttes de lait et des œuvres de puériculture (crèches, pouponnières)[33].

Le Congrès de l'Enfance qui se déroule à Saigon en 1934 constitue plus que l'aboutissement symbolique de ce mouvement. Des médecins, juristes, enseignants, dont plusieurs Vietnamiens, y insistent sur la protection légale de l'enfant, des métis ou encore la nécessité pour l'enseignant de connaître l'état psychologique de ses élèves. Si cette attention dépasse le cadre de la protection sociale pour se replacer dans celui d'un mouvement métropolitain de redéfinition juridique des « sujets français », il n'en reste pas moins qu'elle participe à reformuler les rapports sociaux entre colonisateur et colonisé en une période de contestation politique menaçante[34]. À cette époque, l'institutionnalisation du secteur d'Assistance sociale auprès de l'Inspection des services de santé était déjà intervenue. Le service centralise depuis 1929 l'activité des œuvres de bienfaisance publiques et privées, cadrant avec la volonté du gouverneur Pierre Pasquier de consommer le mariage de l'ordre social occidental et de la civilisation extrême-orientale.

Dans cette dynamique où le village doit être reconsidéré comme base de l'aide sociale, le service s'occupe de mettre en place une couverture sociale pour plusieurs catégories *d'exclus*. De fait, la prise en charge institutionnalisée des orphelins, des sourds-muets et des aveugles s'organise. On discute des besoins particuliers de plusieurs catégories socioprofessionnelles, mais aussi des vieilles personnes et des incurables. On donne encore à ce secteur d'activité l'intendance de problèmes socioéconomiques connexes, tels ceux du paupérisme et de la pauvreté[35]. Une crise du logement, des problèmes d'alimentation et de délinquance sont également à l'ordre

---

33. On voit bien là les prémisses d'une action double qui reste parmi les priorités de l'intervention sanitaire et sociale dans les pays en voie de développement (voir E. Kessel et A.K. Awan (dir.), *Maternal and Child Care in Developing Countries*, Proceedings of the 3rd International Congress for Maternal and Neonatal Health, Lahore, 1987, Lausanne, Ott Publishers Thun, 1989, p. XIV-XV).

34. Voir Congrès de l'Enfance, Saigon, *Rapports du congrès*, Saigon, 1934. Au-delà de sa vocation ostentatoire de mise en relief d'une métropole bienfaitrice, la manifestation dénote une progression certaine dans le domaine du social. Le congrès sera d'ailleurs suivi d'une vaste enquête sur l'enfant indochinois en 1938, enquête qui mettra en évidence des problèmes majeurs de pauvreté et de malnutrition (voir M. Worboys, « The discovery of colonial malnutrition between the wars », dans *Imperial Medicine, op. cit.*, p. 208-226).

35. En 1939, une enquête proposée par l'inspecteur des services de santé sur sept villages de la périphérie de Hanoi révélera la lente dégradation des abords de la capitale, sa situation sociale déplorable : dans cinq villages, les quatre cinquièmes de la population ne mangeraient pas à leur faim ; plus du tiers de la population enfantine payerait encore de sa vie sa croissance dans un milieu misérable et insalubre (ANVN, Centre n° 2, Fonds de la Résidence supérieure d'Annam, dossier 3909).

du jour. D'autres questions comme celle de l'avortement, des interrogations sur les comportements domestiques et les relations familiales surgissent pour la première fois. On assiste même à l'ébauche d'un système d'assurances mutuelles en cas de catastrophes naturelles (famines, inondations, sécheresse, typhons) et à des essais de réinsertion professionnelle de chômeurs et anciens détenus capables d'exercer un métier artisanal[36].

En soi, ces initiatives mettent au jour l'implication du gouvernement et surtout de ses instances sanitaires dans la mise en forme d'une véritable couverture sociale. Entériné avec les travaux du Front populaire par le truchement de la commission Guernut en 1937[37], cet investissement révèle par ailleurs le danger de la pression démographique dans certaines régions, conjuguée à la paupérisation d'un prolétariat rural dont la situation s'est aggravée avec les retombées de la crise économique de 1929. La mobilisation était-elle intervenue trop tard?

LA RÉALITÉ DE L'INTERVENTION SOCIALE: UN REGARD NUANCÉ ET UNE RÉFLEXION À POURSUIVRE

Pour répondre à cette délicate question, il est nécessaire d'ajouter quelques paramètres importants, indispensables à l'appréhension de réalités nuancées. Mosaïque de comportements socioculturels, détentrice d'un patrimoine confucéen séculaire, mais aussi trempée de traditions médicales métissées, l'Indochine ne pouvait se contenter de recevoir, encore moins d'accepter les propositions occidentales, qui plus est du colonisateur. Dans ce même contexte de confrontation de deux univers mentaux, les problèmes sociaux mis en relief et soutenus par les instances sanitaires coloniales n'étaient pas forcément prioritaires ou existants comme tels aux yeux des populations indigènes. Associons l'objectif économique de la colonisation au problème démographique que l'on vient d'aborder et l'on envisage rapidement le caractère biaisé de l'effort entrepris. Ainsi, l'ambiguïté, éventuellement

---

36. Nos sondages dans les archives de ce service sont en cours (Centre des archives d'outre-mer, Aix-en-Provence). On a toutefois déjà repéré un certain dynamisme dans la construction d'habitations à loyer modéré (HLM), la protection des enfants anormaux et délinquants et, en effet, des sociétés d'aide mutuelle, des caisses de prévoyance, de secours et leur structuration au niveau communal.

37. La commission a pour objet de «rechercher les moyens à mettre en œuvre en vue d'assurer dans les meilleures conditions le progrès intellectuel et le développement économique, politique et social des populations (*colonisées*)». Dans le cas précis de l'Indochine, on demande que les populations s'expriment sur six thèmes principaux: l'alimentation, l'habitat, les migrations intérieures, les métis, l'industrie et la question des Européens et assimilés. Elles le feront par le biais de vœux, enquêtes et entrevues, pour mieux expliquer leurs aspirations sociales et des pratiques jusque-là dénigrées comme le recours à la médecine traditionnelle.

l'absence de prise en charge dans le domaine des maladies mentales et de la toxicomanie, entre autres, peut-elle à la fois révéler un rapport dominant-dominé délicat et une incompréhension profonde.

Par conséquent, on peut considérer que nombre de traditions ont été à l'origine d'une adhésion mitigée, voire d'une absence d'adhésion, à certaines propositions coloniales. Par conviction culturelle ou tout simplement par absence de *besoin*: il en fut probablement ainsi dans le cas de l'exclusion associée aux malades mentaux[38], aux vieilles personnes, aux personnes seules ou en situation économique précaire, la famille et la communauté demeurant un lieu de solidarité autosuffisant. Quant aux pratiques médicales traditionnelles, bien insérées dans l'univers socio-culturel de la région, c'est logiquement qu'elles continuent de vouloir diriger un fief que lui disputent agressivement la médecine occidentale et les médecins coloniaux. Sans qu'il y ait dans ce cas forcément confrontation, les pratiques amédicalisées (concernant l'accouchement, la prise en charge des contagieux, des nouveau-nés) qui contrecarrent les plans métropolitains en perdurant sont pléthoriques. Enfin, ce sont des codes sociaux qui rythment la vie des populations, susceptibles eux aussi d'être entrés en conflit d'intérêts avec ceux imposés par le gouvernement hanoïen. Ne serait-ce que les rites entourant l'inhumation et la tradition du partage qui encourageaient involontairement la contamination infectieuse, en particulier dans les villes[39].

AVANTAGES ET INCONVÉNIENTS D'UNE POLITIQUE SANITAIRE ET SOCIALE URBAINE

Les villes sont le miroir de la réussite coloniale et donc sanitaire et sociale sans oublier que, lieu de résidence du colonat, elles ont bénéficié en premier d'une politique d'hygiène publique rigoureuse.

---

38. Selon la croyance populaire vietnamienne, la maladie mentale résulte de la faute d'un aïeul. Les familles rurales accepteraient donc avec soulagement la maladie mentale, le «fou» représentant l'espoir que les descendants échapperont à la tare. Si le reste de la cellule domestique est bien portant donc, en vertu du fort lien qui unit la famille confucéenne, le malade est logé et nourri. Toutefois, si ses comportements dérangent, le malade peut être battu, enfermé, isolé en dehors de la maison. Mais, quel que soit son sort, discret d'ailleurs, aucune ingérence des instances politiques et juridiques locales n'intervient. Sur le plan de la conception donc comme de l'intervention, on est là très loin des repères occidentaux qui auraient par conséquent eu beaucoup de mal à s'imposer.

39. C'est dans ce genre de contexte que l'on a, antérieurement, parlé d'une mosaïque de réactions et de réponses face à l'intervention française, une acceptation large surtout de la proposition thérapeutique, mais une acceptation qui n'était pas forcément proportionnelle à l'étendue des «bienfaits» de la métropole.

L'agglomération de Saigon-Cholon est dotée d'une administration sanitaire générant une abondance de lois dès les années 1870. Tous les programmes de l'AMI à partir de 1905 mettront l'accent sur son assainissement. On peut esquisser le même genre de profil pour Hanoi, moins expressif cependant dans le cas des chefs-lieux des provinces et des capitales de l'Annam, du Cambodge et du Laos. L'expression d'*hygiène sociale* paraît en même temps que celle de médecine sociale et concerne encore en priorité les capitales du Nord et du Sud. Les structures spécialisées y éclosent en moins d'une décennie (1921-1930), instituts antituberculeux, service de prophylaxie du cancer, cliniques ophtalmologiques, ORL, dispensaires antivénériens.

Malgré les objectifs de « ruralisation » de la politique sanitaire et sociale des années 1920, les applications sont restées difficiles et mitigées, nous l'avons démontré dans de précédentes recherches. Les intentions mêmes se seraient faites moins ambitieuses au fil des années : offrir à un maximum de personnes l'accessibilité à un minimum de soins et de médicaments ; dépister le plus exhaustivement possible les cas contagieux, ce qui sera déjà très bien selon les derniers programmes. Quoi qu'il en soit, c'est une prise en charge sanitaire dédoublée qui s'annonce lentement là où les disparités entre « villes » et « campagnes » – opposition conceptuelle en effet difficile à appliquer aux pays asiatiques de l'époque – sont synonymes d'inégalités fortes entre le Vietnam et les autres pays de l'Union indochinoise (Cambodge et Laos).

Pour autant, il y a un revers à la médaille. La politique en milieu urbain, voulant faire de ce dernier un environnement totalement aseptisé, est la plus symptomatique d'un lien entre contrôle politique et sanitaire, entre médicalisation et contrôle social. Repérables, plusieurs manifestations antisanitaires violentes et réprimées sont à cet égard parlantes. Le recours, déjà présenté, à des moyens de propagande hygiénique radicaux, l'obligation de rendre compte de différents moments de la vie (naissance, mort) et de situations (contagion, insalubrité) aux bureaux d'hygiène et d'État civil municipaux les prévoyaient. La permanence de traditions profondément ancrées entrant inéluctablement en contradiction avec les normes sanitaires imposées (obligation de l'inhumation rapide, de l'isolement des contagieux, de la vaccination, inscription des prostituées, droit à la destruction de biens supposés contaminés, visites sanitaires impromptues) les justifiait. Certes, ces exemples mettent en évidence une coercition et un contrôle *via* le sanitaire destinés à la santé et au bien-être. Mais sur le sol colonisé, cette contrainte pouvait avoir une saveur plus forte ou plus amère d'oppression.

On se retrouve en effet devant une concordance équivoque, et qui reste difficile à interpréter, entre pouvoirs colonial, sanitaire et social. Sans faire de manifestations de désapprobation, de réticence face à certaines mesures, la métaphore d'une lutte latente contre la présence étrangère, on ne peut balayer l'hypothèse. Dans un contexte de domination, il y a certes nécessité d'un contrôle social, particulier et serré. En Indochine, la politique de santé et les médecins servirent largement ce contrôle dont l'objectif de médicalisation appuyait finalement plus d'un aspect. Et puis y avait-il une autre voie, surtout devant l'absence de repères communs, d'antécédent local de médicalisation ? La lutte ferme, et perdurant jusque dans les années 1930 (relâchée en fait pour des raisons essentiellement financières et un besoin de médicaliser large), contre pratiques et praticiens traditionnels était-elle inhérente à ce système ? À la manière de ce que Michel Foucault expose[40], elle aurait utilisé sciemment le savoir médical comme instrument de pouvoir et de contrôle politique, signe *d'abus de pouvoir* plus que de contrôle social dans les limites de fonctionnement d'un système de santé « moderne ». Sans pour autant proposer une réponse monolithique, on rappellera l'ambition de restructuration sociale globale appliquée à l'Indochine.

D'INÉVITABLES CARENCES ?

Il reste également difficile de mesurer des carences au niveau de l'intervention sociale sans être sûr, en l'occurrence, qu'on ne retrouve pas le même genre de lacunes en France à la même époque. On voudra donc simplement avancer quelques hypothèses, sur les maladies mentales en premier lieu. Le silence sur cette question et l'éventualité d'une intervention sont en effet troublants. On sait qu'il y a eu institutionnalisation repoussée longtemps puis très limitée du domaine[41] ; en parallèle, l'exis-

---

40. Nous n'avons pas voulu appliquer le cadre théorique de Foucault à l'Indochine sciemment en dehors de ce point. Selon nous, la diversité des approches dans l'analyse de ses propositions et l'inadaptation de son schéma conceptuel à des pays colonisés (rapport colonial-colonisé) en faussent la récupération (voir M. Vaughan, « Foucault in Africa ? », dans *Curing Their Ills, op. cit.*, p. 8-12).

41. L'ouverture de l'asile d'aliénés de Bien Hoa (Cochinchine), le premier du genre, ainsi que les premières réglementations dans le domaine de l'assistance aux malades mentaux interviennent en 1919. En réalité, l'organisation de l'institution et l'application des textes seront retardées jusqu'en 1930, pour des raisons plus ou moins floues, avant d'être appliquées de façon mitigée.

tence tout au long de la période de secteurs d'« aliénés » dans les hôpitaux intrigue. Certes, il est difficile de nier que le développement de la psychiatrie est alors en pleine restructuration en France. Or, il est aussi connu pour passer par la détention, condition même du *traitement moral* mis en place par Philippe Pinel, la soumission à l'ordre asilaire étant entendue comme l'expression de l'ordre social auquel il faut réadapter le malade.

Les principales toxicomanies, à savoir l'alcoolisme et l'opiomanie, sont aussi l'objet de débats et de pratiques médicales en métropole à partir des années 1870[42]. À nouveau, ce sont probablement des facteurs coloniaux mêlés à des paramètres locaux qui sont à prendre en considération. N'oublions pas, par exemple, que l'alcool et l'opium sont des monopoles de l'État qui rapportent beaucoup. N'oublions pas non plus que dans un contexte de domination ce genre de problème de société peut, comme celui des « aliénés », faire partie des questions secondaires. En outre, cet évincement peut s'être trouvé renforcé par une population médicale divisée au sujet de la tactique à suivre et des théories perdurant au sujet des liens à établir entre « races » assujetties et folie, débilité, dépravations en tous genres (toxicomanie donc, mais aussi sexualité débridée, criminalité)[43]. N'écartons pas enfin l'éventualité qu'il reste trop d'ignorances encore autour de la détermination du « normal » et du « pathologique » pour les ethnies indochinoises.

On pourrait encore relever parmi les faiblesses de la stratégie coloniale, bien qu'elle soit moins directement perceptible, la supériorité de l'attention à la mère sur celle de la femme en général. L'absence d'enquêtes médicales (à part quelques analyses régionalisées dans les années 1940)

---

42. Il existe une mobilisation même si la réglementation consécutive s'avère paradoxale. La loi de 1873, réprimant l'ivresse publique, se voit anéantie par celle de 1875 (instituant le privilège des bouilleurs de crû) et celle de 1880 (libéralisant l'ouverture des débits de boisson) ; les militants antialcooliques restent peu nombreux. Les médecins eux-mêmes sont divisés jusque tard dans la période. La dénonciation excessive à cet égard, en particulier envers les populations colonisées, s'oppose ainsi à des textes contradictoires.

43. Ces théories sont liées à des conceptions perdurant sur l'inégalité des races, dont celle de P. Broca et de la Société d'anthropologie de Paris, insérée dans un mouvement plus général qui vise à fonder une science matérialiste de l'homme. Même si pointent d'autres approches de cette hiérarchie au moment de l'abandon de l'assimilation, on éprouve des difficultés à appliquer des normes et des techniques sociales initialement destinées aux « races supérieures ». Le cas de la criminalité est des plus flagrants, les relations entre le mouvement anthropologique et les théories de l'évolutionnisme culturel considérant que chez les « primitifs », comme chez les animaux, le crime était fait normal.

et de réflexion sur le statut socioéconomique de la femme indochinoise, ses droits, son niveau d'éducation ou son émancipation révélerait une négligence profonde. Revenant à la question, liée, de la prostitution, on note aussi qu'en dehors de l'activité de dispensaires aucune initiative pour jouer précisément sur ce problème de société n'a abouti. Ainsi, les discussions autour de la méthode optimale de contrôle des maisons de tolérance ou encore de la traite des femmes et des enfants qui ont lieu auprès de la Société des Nations[44], pourtant très présente en Asie, restent lointaines ; l'entreprise d'éducation piétine et la loi française sur la fermeture des maisons closes restera pour sa part inappliquée[45].

Mais c'est surtout la reconnaissance tardive d'une croissance humaine déséquilibrée qui, ironie du sort, met l'accent sur les lacunes d'un système plus sanitaire que social. À partir des années 1930, le « problème démographique indochinois » s'accroît rapidement en même temps qu'il révèle et renforce une *crise sociale coloniale.* Entrant dans sa première phase de transition démographique (changement du régime de mortalité, transformation des comportements migratoires), l'Indochine serait en 1936 peuplée de 20 millions d'habitants contre 13 en 1900. Parmi cette population, 82 % vivait sur 13 % du territoire seulement. Le phénomène révèle bien qu'il y a eu rupture entre le développement économique et médical, *entre le niveau de vie et la durée de vie.* En théorie, deux solutions s'offraient pour remédier à cette situation : ajuster les ressources à la population (solution économique) ou la population aux ressources (solution démographique). Alors que plusieurs enquêtes médicales tirent la sonnette d'alarme, les années 1935-1945 voient l'application d'une solution économique qui reposerait sur une meilleure répartition humaine. Or, le gouvernement général manque de temps, de capitaux, doit faire face à une forte tradition de sédentarité et n'envisage pas le moindre contrôle démographique en parallèle[46].

Le passage de la première phase de transition démographique à la seconde devait résoudre plusieurs difficultés. Il s'établira avec lenteur dans

---

44. Voir P.J. Weindling, « The politics of international co-ordination to combat sexually transmitted diseases, 1900-1980 », dans V. Berridge et P. Strong (dir.), *AIDS and Contemporary History,* Cambridge, Cambridge University Press, 1993, p. 93-107.

45. Reprenant certaines orientations françaises, la prostitution sera considérée comme crime social au Vietnam jusque dans les années 1970, une idéologie associée à la moralisation de la famille pour sa part réempruntée à la tradition.

46. Certes, le gouvernement de Hanoi tenta de rendre cultivables certaines terres, de diversifier les cultures et de stimuler des transferts de population. Mais seuls quelques milliers de personnes acceptèrent le principe, alors que l'objectif était d'en transférer un million.

les pays de l'Indochine décolonisée[47]. Malgré cet aspect préoccupant né de la présence française, il apparaît toutefois essentiel de relativiser clairement le bilan social que l'on pourrait tirer de quelques hypothèses et réflexions. Quelques éléments de relativisation apportent de toute façon davantage de valeur et de vigueur aux débats continuant d'entourer l'histoire coloniale et celle de la médecine coloniale, de même qu'aux débats entourant l'avenir des anciennes contrées colonisées aux XIXe et XXe siècles.

UNE ACTION SOCIALE DONT ON PERÇOIT LES VESTIGES

Tout d'abord, il faut remarquer qu'il y a eu au cours des quatre-vingts années de présence française en Indochine un apprentissage progressif des réalités locales, une volonté ascendante d'adapter des propositions, des techniques et des savoir-faire à la région. Il y a même eu reconnaissance (tardive) de la valeur de certains aspects de la société et de la civilisation locales et surtout d'intervenants locaux. Plus que relativiser, il s'agit aussi de confirmer l'authenticité d'un *taux de médicalisation* aux conséquences pérennes. Nous avons antérieurement évalué comme révélateurs positifs une chute marquée de la mortalité infantile, un recours généralement ascendant aux structures sanitaires et à l'offre médicamenteuse et un développement sensible de la prise en charge de certaines maladies sociales. Le rôle joué par la médecine et le médecin dans la modification de certains comportements, l'abandon de certains usages sociaux et culturels (sur le plan de l'alimentation du nouveau-né par exemple, la prise en charge des morts), le suivi de règles essentielles d'hygiène en milieu urbain sont pour leur part susceptibles d'avoir réduit certains problèmes sociaux ou tout du moins leur portée.

---

47. Au Vietnam, on obtiendrait dans les années 1980 un taux d'accroissement annuel aux environs de 2,3 %. La solution engagée dès les années 1960 au Nord, basée sur une politique de limitation des naissances, n'obtiendrait donc pas les résultats escomptés. Quant à la solution économique, une augmentation des surfaces cultivées et de leur rendement, une diversification des cultures auraient permis d'accroître le revenu par habitant. Mais, il reste des millions d'hectares à cultiver, le développement rural est plus que jamais une priorité (représentant 57 % du revenu national et 72 % de la population active en 1993). En outre, la population totale continue de faire pression sur certaines régions : en 1989, le delta du Fleuve rouge rassemblait 50 % de la population sur moins de 18 % du territoire (voir F. Gendreau, « Population et développement au Vietnam », Centre français sur la population et le développement, 1993, 24 p. ; Vu Kien et Vu Ngoc Binh, « La croissance démographique : un problème préoccupant », dans A. Ruscio (dir.), *Vietnam : l'histoire, la terre, les hommes*, Paris, L'Harmattan, 1989, p. 227-238).

Avec l'épisode de colonisation se serait en fait esquissée une reconfiguration sociale et culturelle. Au-delà de son action sanitaire et sociale, la France coloniale serait intervenue dans une première structuration de la profession médicale locale et même dans une recomposition des hiérarchies sociales dont on repère encore les traces : dans les rapports hommes-femmes[48], l'extension de l'alphabétisation et de la scolarisation, les caractéristiques de certaines élites. À propos de ces remodèlements, il est même nécessaire de souligner la participation directe et indirecte du personnel médical indochinois. Ce sont les médecins formés à l'école française qui, les premiers, allaient être appelés pour proposer une stratégie sanitaire au gouvernement vietnamien du Nord indépendant et la définition d'une «médecine nationale». À partir de ce moment-là, les programmes sanitaires nationaux allaient d'ailleurs largement emprunter à l'expérience coloniale, réintroduction récente de la médecine et de pratiques traditionnelles en sus et socialisme en toile de fond[49].

En outre et en conséquence ont pointé avec la fin de la domination française une *autonomisation* de la supervision de certains problèmes sociaux et même une nouvelle définition de ce qu'est un «problème social» en pays indochinois. À cet égard, les travaux de la Conférence d'hygiène rurale de Bandoeng (Indonésie) de 1937, regroupant des intervenants coloniaux et surtout colonisés de toute l'Asie du Sud-Est, sont éloquents. Ils s'intéressent en priorité aux maladies sociales, à la protection de la mère et de l'enfant, à l'hygiène de l'alimentation, à l'habitat. Cette conférence dans ses propositions n'oubliait toutefois pas un principe fondamental mis en évidence et appliqué par la France coloniale : tout projet de développement du bien-être public se devait d'être précédé par la mise en place d'une assistance médicale au sens strict du terme pour être accepté et permettre une familiarisation avec le recours aux services gouvernementaux.

---

48. La revalorisation professionnelle de la femme, par exemple, ne faisait probablement pas partie du plan métropolitain. Ce qui frappe néanmoins, c'est que les Françaises et Indochinoises ont fait leur apparition simultanément en qualité de médecins dans les années 1930.

49. Voir A. et H. Carpentier, «Quelques éléments sur les problèmes de la santé», dans *Vietnam : la terre, op. cit.*, p. 239-246 ; J.L. Ladinsky, N.D. Volk et M. Robinson, «The influence of traditional medicine in shaping medical care practices in Vietnam today», *Social Sciences and Medicine*, vol. 25, n° 10, 1987, p. 1105-1110. Du côté des publications (officielles) vietnamiennes, voir : *Vingt-cinq années d'activités médico-sanitaires*, Études vietnamiennes n° 25, Hanoi, Éditions en langues étrangères, 1970, 162 p.

CONCLUSION

La plupart des questions que l'on vient de soulever et des interventions que l'on vient d'effleurer sont encore d'actualité dans les pays en voie de développement (PVD). Elles restent d'ailleurs le plus souvent gérées par des intervenants médecins, praticiens locaux fréquemment associés à des professionnels de santé dépendant d'organisations étrangères (ONG), voire formés directement à l'étranger. Parmi, les « concertations » les plus « à la mode » on retrouve celles qui entourent les maladies transmissibles sexuellement (MTS), les problèmes de malnutrition et de sous-alimentation, de toxicomanie, l'exclusion et les troubles psychiatriques, en particulier en Asie du Sud-Est et au Vietnam. En fait, en ex-Indochine comme dans d'autres colonies, une métropole a imposé une première structuration du champ de la santé avant d'être dépassée par ses propres ambitions et de devoir laisser la place.

L'Indochine sous tutelle a connu une première institutionnalisation de la protection sociale, la transformation de questions coloniales en questions sociales (déséquilibre démographique, malnutrition, pauvreté), la médicalisation de certains de ses problèmes sociaux et même une recomposition de son champ social avec, entre autres, introduction d'un contrôle politique centralisé dans le domaine. Ces orientations furent tracées par la France dans un contexte d'exploitation et de diffusion du modèle biomédical. Puis elles se sont concrétisées outre-mer, par l'action de gouvernements coloniaux indépendants et d'intervenants au contact direct des réalités et des populations colonisées. Si, de ce fait, il y a bien eu naturalisation du quadruple processus, il y a eu en retour acculturation profonde dans les domaines de la santé et des problèmes sociaux. C'est une *modernisation*, selon une terminologie appréciée des historiens de la colonisation, dont on continue de remarquer l'empreinte, en particulier en milieu urbain et du côté des différents appareils sanitaires. D'autres types d'interventions et d'intervenants ont certes pris le relais dans chacune des nations affranchies, mais l'héritage, logiquement tu ou à tout le moins minimisé par les gouvernements actuels, reste bien présent.

Ce retour historique n'est pas pour autant seulement un outil de meilleure compréhension de la situation sociale actuelle de nombreux pays tiers-mondistes, de même que des appareils idéologiques et gouvernementaux qui les approchent. Il est aussi susceptible d'aider à définir de manière plus nuancée (pour une intervention mieux adaptée) les problèmes sociaux des sociétés multiethniques que sont désormais les sociétés occidentales, française ou québécoise. Ainsi n'est-il pas exclu que l'expérience indochinoise dans le domaine puisse devenir un outil de réflexion plus universel qu'il n'y paraissait de prime abord.

BIBLIOGRAPHIE SÉLECTIVE

Médecine et colonisation en Indochine

GAIDE, L. (1931). *L'assistance médicale et la protection de la santé publique en Indochine*, Exposition coloniale internationale (Paris, 1931), Hanoi, Imprimerie d'Extrême-Orient, 419 p.

MONNAIS-ROUSSELOT, L. (1999). *Médecine et colonisation. L'aventure indochinoise, 1860-1939*, Paris, CNRS Éditions, coll. « Histoire », 496 p.

Médecine sociale : repères historiques

EHRENREICH, J. (dir.) (1978). *The Cultural Crisis of Modern Medicine*, New York/ Londres, Monthly Review Press, 300 p.

FAURE, O. (1994). *Histoire sociale de la médecine (XVIIIᵉ-XXᵉ siècles)*, Paris, Anthropos, coll. « Historiques », 272 p.

GUILLAUME, P. (1996). *Le rôle social du médecin depuis deux siècles (1800-1945)*, Paris, Comité d'histoire de la sécurité sociale, 319 p.

LÉONARD, J. (1981). *La médecine entre les pouvoirs et les savoirs*, Paris, Aubier, Collection historique, 384 p.

MURARD, L. et P. ZYLBERMAN (1996). *L'hygiène dans la République. La santé en France ou l'utopie contrariée, 1870-1918*, Paris, Fayard, 805 p.

La gestion des problèmes sociaux en contexte colonial

ARNOLD, D. (1988). *Imperial Medicine and Indigeneous Societies*, Manchester/ New York, Manchester University Press, 231 p.

HARDY, G. (1953). *Histoire sociale de la colonisation française*, Paris, Larose, 268 p.

RUSCIO, A. (1989). *Vietnam : l'histoire, la terre, les hommes*, Paris, L'Harmattan, coll. « Péninsule indochinoise », 433 p.

VAUGHAN, M. (1991). *Curing Their Ills. Colonial Power and African Illness*, Cambridge, Polity Press, 224 p.

24

HÉRITAGE PHILOSOPHIQUE
La division entre l'empirisme et le rationalisme exprime-t-elle une exigence méthodologique ou une aporie métaphysique?

JEAN DRAGON, Ph. D.
Collège Édouard-Montpetit

RÉSUMÉ

Ce texte rappelle qu'un ensemble de polémiques épistémologiques et même méthodologiques tirent leur origine de l'histoire de la philosophie et plus particulièrement de la théorisation de la connaissance. La philosophie s'est toujours voulu, bien entendu, l'expression d'un discours qui touche au vrai. Cette volonté d'énoncer le vrai fut supportée par différentes ambitions qui caractériseront les moments forts de notre tradition. Si l'Antiquité mettait l'accent sur la notion de sagesse, la Modernité insistera quant à elle davantage sur celle de certitude. Le rationalisme et l'empirisme s'avéreront les deux réponses modernes à cette recherche de certitude. Cependant, doit-on considérer ces deux positions comme des antagonismes irréconciliables ? Leur position témoigne-t-elle plutôt des caractéristiques de notre regard sur le monde extérieur ? Aporie, limitation naturelle ? Que peut-on en dire qui soit susceptible d'embarrasser le confort de nos postures gnoséologiques et critiques ?

Si l'Antiquité établissait, du moins dans le paradigme athénien, une adéquation entre le discours et la sagesse comme expression de la vérité, l'approche moderne d'une théorisation de la connaissance mettra, quant à elle, l'accent sur une évaluation de nos capacités à rendre compte du réel. En ce sens, la notion de vérité y est moins importante que celle de certitude. Dans cette perspective, les auteurs modernes ont bien senti que la notion d'autorité, liée à la parole (logos), et la cohérence interne des affirmations ne suffisaient plus à témoigner rigoureusement d'un vrai désormais entendu comme expression d'un rapport positif au monde extérieur.

Le rationalisme et l'empirisme représenteront les deux pôles de cette perspective moderne de rénovation de la connaissance autour d'une exigence critique accrue. Ne connaissons-nous que les idées ou les choses sensibles ? Nos idées s'avèrent-elles la conversion de nos sensations ? La raison est-elle susceptible de dégager les aspects intelligibles du réel que les sens ne peuvent en eux-mêmes traduire et, par là, de découvrir et de formuler les principes ainsi que les causes du réel ? Ces deux pôles modernes de l'établissement de la certitude ne se détachent toutefois pas d'un arrière-fond métaphysique. Pourquoi ? Parce que l'entreprise moderne recentre l'effort d'une totalisation du réel en substituant à la verticalité de la transcendance l'horizontalité de l'expérience. Cette dernière ne parviendra toutefois pas à s'imposer véritablement avant la fin du XIXe siècle, c'est-à-dire avant que ne survienne cette rupture d'avec le monde de la tradition dont nous entretenait Hannah Arendt dans *La Crise de la culture*. Cette rupture ne se produit pas uniquement en réaction à l'Antiquité (et à la modernité), mais consacre la contemporanéité comme l'articulation d'une topique impossible qui oscille entre un positivisme utopique et un nihilisme aux accents parfois cyniques. En effet, si la modernité consacrait une absolutisation des sciences, alors que l'Antiquité se voulait, en quelque sorte, une rationalisation de l'absolu, la contemporanéité fera cohabiter ces deux pôles métaphysiques en une sorte d'*Aufhebung* impossible qui s'illustre par un discours de crise où l'abîme agit comme fondement. Ainsi, la verticalité effectue un retour – certes moins flamboyant puisqu'elle ne désigne pas une transcendance qui s'affiche comme tel – par le biais de ce que l'on associe habituellement à l'horizontalité, c'est-à-dire à partir de ce qui relève de l'expression herméneutique et, pis encore, à travers la dimension empirique de l'expérience.

Cette amorce du déplacement du lieu d'une totalisation du réel est manifeste dans les travaux de René Descartes (1596-1650) et de Francis Bacon (1561-1626). Tous deux partagent l'ambition de rénover l'édifice des connaissances en s'attaquant moins à ses fondements qu'à la classification aristotélicienne des disciplines, l'*Organon*, qui avait dominé outrageusement la scolastique. Lorsque l'on prend connaissance des textes de

Bacon ou de Descartes, il semble évident que ces auteurs emblématiques des pôles de la *via modernica* ne légitiment pas leurs travaux par l'expression d'une parole de vérité. Que ce soit à partir d'une rationalité discursive ou de l'observation des faits, ils sont à la recherche d'une certitude qui leur permettrait d'assurer un meilleur fondement à la connaissance.

Bacon tentera de fournir une nouvelle classification à la division aristotélicienne des disciplines. Cette nouvelle classification sera établie en fonction des qualités de l'âme humaine. Cet effort n'est manifestement pas exempt de la présence du religieux ; ce qui se confirme dans la liaison qu'établit Bacon entre l'observation et la connaissance ultime des choses. En effet, même si Bacon accorde une importance prépondérante à l'observation des faits, le caractère inductif de sa démarche n'est pas tant esquissé dans le but d'une généralisation de l'observation que pour élever la connaissance des faits à celle intime et ultime des choses (les formes et les essences). Précisons que pour Bacon les faits sont dotés d'une cause naturelle qui doit révéler leur forme et même leur essence. Nous sommes étrangement proches ici de la notion d'archétype chez Platon. Bacon serait-il moins empiriste qu'on ne le croyait ? Une telle approche du réel ne permet pas à Bacon d'accepter le postulat d'un empirisme strict, c'est-à-dire qui se limiterait à la pure description du phénomène en omettant une finalité qui transcende la pure volonté du sujet.

De son côté, Descartes accordera beaucoup d'importance, contrairement à Bacon, aux mathématiques. Il ira jusqu'à en faire la pierre angulaire de son projet d'une science universelle – non étrangère à sa volonté de trouver un nouvel *organon* – alliant mathématique, physique et géométrie. De ce projet, dont Descartes eut très jeune l'intuition, émergera sa célèbre méthode.

Si Bacon partait du singulier, les faits, pour aller vers des causes naturelles – formant du coup une intuition du mouvement de la causalité et de l'induction –, Descartes posera la certitude comme le fruit de l'expérience du sujet. En ceci, Descartes reste proche du premier humanisme issu de la contre-réforme. Si Bacon essaie de trouver la certitude de l'essence par les faits, Descartes, on le sait, la trouve dans sa propre existence. Comment Descartes fonde-t-il ultimement cette certitude ? Par rien de moins que l'idée de Dieu. En effet, si la croyance en la réalité du monde extérieur ne relève pas de la perception (nous ne pouvons percevoir nos propres idées), elle doit alors découler de la révélation. Le raisonnement de Descartes peut se résumer ainsi :

> Je ne puis être l'auteur de cette idée si parfaite qui est présente en moi et comme la cause doit être, selon la loi physique, au moins plus grande sinon égale que l'effet, il s'ensuit que seul Dieu peut être responsable de l'idée de Dieu présente dans mon esprit [...] Enfin, comme Dieu est bon,

il ne saurait permettre que je me trompe sur ma propre existence [...]
Ainsi, chaque fois que je conçois clairement et distinctement ma propre
existence, j'ai la preuve de mon existence [...] Ainsi, je pense, donc je
suis [...]

L'idéalisme cartésien conduit-il au solipsisme et donc à la négation
du monde extérieur ? Alors, comment expliquer chez lui la conscience
aiguë de lier son expérience singulière au sort du monde ? *Les Règles pour
la direction de l'esprit*, œuvre de jeunesse s'il en est une, ne fait pas ici
qu'anticiper l'humanisme inhérent au message délivré par *Le Discours de
la méthode*, à savoir l'universalité de la raison, mais s'avère le précipité du
projet qu'eut Descartes d'une science universelle. Fait intéressant, Descartes
croyait que la communauté allait surtout reconnaître ses travaux scientifiques et non sa philosophie. Aussi, notons qu'il n'y a pas *a priori*, chez le
père de la modernité, un système cartésien, mais uniquement des indications qui en permettent l'approximation.

Méthodologiquement (ou plutôt du point de vue d'une théorisation
de la connaissance), le problème que soulève le rationalisme cartésien
réside dans la confusion entre l'idée comme moyen de connaissance et
comme objet de connaissance. En effet, l'idée se présente d'abord, chez
Descartes, comme ce par quoi le monde est connu. Ce n'est qu'en second
lieu, par le biais de la ré-flexion, qu'elle peut devenir objet (reconnu) de
connaissance. Ainsi, le problème chez Descartes – et dans la tradition
idéaliste – consiste moins à savoir si la pensée peut témoigner du monde
extérieur qu'à s'assurer de la conformité entre ce qui existe et l'idée que
l'on s'en fait. Dans cette perspective, le fondement de la certitude peut
être restitué dans le cadre d'une caution pour l'élaboration d'une
méthode alors moins importante pour sa prétention à l'universalité que
pour l'idéal de rigueur qu'elle confère à toute démarche gnoséologique
et euristique.

Bien que l'on reconnaisse généralement Descartes comme le père
de la modernité philosophique, on tend à sous-estimer l'influence de sa
méthode sur les empiristes anglais du XVIIIe siècle. En effet, même si
l'empirisme rejettera le caractère inné de la certitude cartésienne (con-
fondant fondement de la méthode et idéal de rigueur), il préservera les
grandes lignes de sa méthode, comme le laisse entrevoir le tableau suivant.

Méthode scientifique	Méthode cartésienne
Observation des faits	Cogito
Hypothèse(s) et déduction(s)	Intuition/évidence, déduction(s)/analyse(s)
Vérification (reproductibilité)	Déductions formelles (synthèse)
Induction, généralisation et lois	Certitude
Application(s)	Cogito (« je » chaque fois...)

COMPARAISON ENTRE LA MÉTHODE SCIENTIFIQUE ET LA MÉTHODE DE DESCARTES

L'empirisme assignera toutefois à l'induction un autre rôle et une plus grande portée. En effet, l'induction ne participera plus, contrairement à Descartes, à l'analyse et à la classification des idées/faits simples et des idées complexes, mais bien – dans un procès de la causalité absent chez Descartes (ou plutôt inhérent à l'ordre des raisons où domine le critère de la clarté) – à l'élaboration de lois (généralisation).

De son côté, l'empirisme strict considère l'objet comme étant de l'ordre du donné, alors qu'il est construit. Cela laisse croire à l'universalité de son objet, d'autant plus que le sujet connaissant semble se réfugier derrière la neutralité de l'observation. Si le regard n'est pas séparable de l'observateur, quelle est la part du mythe ici ? Schize entre le regard et l'œil, entre l'observation et l'entendement, on établirait alors l'universalité de l'objet sur le sacrifice de l'observateur et même sur l'autonomisation de la faculté d'observation. L'absence du sujet est-elle en mesure de confirmer la présence et surtout l'universalité d'un objet ? Si le problème du monde extérieur apparaît criant dans le rationalisme, il ne l'est pas moins dans l'empirisme. En effet, si l'on ne peut plus témoigner de l'identité de celui qui regarde, comment peut-on établir un rapport probant entre l'observation et l'objet ? Cette adéquation devient ainsi aussi problématique et métaphysique que le critère de la certitude chez Descartes.

Dans un autre ordre d'idées, peut-on déceler dans notre fascination pour la technique, en partie du moins, les conséquences de cette autonomisation de l'objet menant à la disparition du sujet ? En d'autres termes, comment expliquer les conséquences de cette illusion métaphysique de l'universalité de l'objet, et même de son renforcement actuel, par le transfert de la croyance en son cadre fondationnel et empirique vers son cadre opérationnel et même technique ? Dans cette perspective, on pourrait à très juste titre affirmer qu'un empirisme strict témoigne non pas de l'objet, mais d'un objet qui tient lieu de substitut au monde.

Si l'on peut reprocher au rationalisme cartésien l'illusion du sujet, la transparence de la notion d'objet dans l'empirisme n'en est pas moins douteuse. De plus, à l'instar de la critique de Hume, l'objectivité de la causalité reste problématique puisqu'elle est soumise aux fluctuations d'une preuve *ad hoc*. Tout comme il semble autant téméraire de cantonner Bacon à une conception étroite de l'empirisme que de limiter la portée de Descartes au seul cogito, peut-on trouver, entre le rationalisme et l'empirisme, entre l'illusion du sujet et sa négation, une voie médiane et surtout humaine, profondément humaine, qui accorderait le désir de vérité à la positivité de l'objet ?

Les nombreux débats entre les sciences humaines, dites molles, et les sciences positives, dites dures (et même celui entre les méthodes qualitatives et quantitatives), montrent que la question n'a jamais été résolue. Peut-elle seulement l'être ? Doit-on plutôt poser la question autrement ? Est-ce la forme de la question qui fait problème, pas même son énoncé ? Entre le sujet et l'objet, cette fameuse dualité épistémique, confond-on trop désir de vérité et reconnaissance ? À moins que ce ne soit le propre de l'humain que d'élever au rang de métaphysique ses propres apories ? En effet, il n'y a rien de plus aporétique que cette opposition entre le monde extérieur et la pensée, opposition logée au cœur de notre rationalité occidentale qui s'obstine à inscrire une expérience singulièrement étonnante à l'enseigne de l'universalité, cette illusion métaphysique qui participe de notre pouvoir d'énonciation.

BIBLIOGRAPHIE SÉLECTIVE

ARENDT, H. (1972). *La Crise de la culture*, Paris, Gallimard.

ARISTOTE, O. Paris, J. Vrin, 1950-1969 [6 vol.].

BACON, F. (1986). *Novum Organon*, Paris, Presses universitaires de France.

CALLOT, É. (1985). *Idéalisme, rationalisme et empirisme : essai critique sur une conception radicale du réel et du vrai*, Paris, Ophrys.

CHALMERS, A.L. (1991). *La Fabrication de la science*, Paris, La Découverte.

DERRIDA, J. (1967). *L'Écriture et la différence*, Paris, Seuil.

DERRIDA, J. (1972). *Marges de la philosophie*, Paris, Minuit.

DESCARTES, R. (1966a). *Méditations métaphysiques*, Paris, Garnier-Flammarion.

DESCARTES, R. (1966b). *Les Règles pour la direction de l'esprit*, Paris, J. Vrin.

DESCARTES, R. (1996). *Le Discours de la méthode*, Paris, Garnier-Flammarion.

DESMET, H. et J.-P. POURTOIS (1988). *Épistémologie et instrumentation en sciences humaines*, Liège, P. Mardaga.

GUICHARD, M. (1959). *Raison et sensation : ou l'homme sans dogmes, essai sur l'histoire de l'entendement*, Paris, UER.

HUME, D. (1968). *Traité de la nature humaine*, Paris, Aubier-Montaigne.

KANT, E. (1976). *La Critique de la raison pure*, Paris, Garnier-Flammarion.

LOCKE, J. (1972). *Essai philosophique concernant l'entendement humain*, Paris, J. Vrin.

MOREAU DE BELLAING, L. (1992). *Critique de l'empirisme en sociologie*, Paris, L'Harmattan.

NANCY, J.-L. (1973). *La Remarque spéculative (un bon mot sur Hegel)*, Paris, Galilée.

PLATON (1991). *Protagoras; Gorgias; Ménon*, Paris, Gallimard.

POPPER, K. (1965). *Conjectures et réfutations*, Paris, Payot.

POPPER, K. (1973). *Logique de la découverte scientifique*, Paris, Payot.

POUSSEUR, J.-M. (1988). *Bacon: 1561-1626: inventer la science*, Paris, Belin.

RODIS-LEWIS, G. (1966). *Descartes et le rationalisme*, Paris, Presses universitaires de France.

LES DIMENSIONS SOCIOPOLITIQUES DES PROBLÈMES SOCIAUX

HENRI DORVIL, Ph. D.
  École de travail social, Université du Québec à Montréal

ROBERT MAYER, Ph. D.
  École de service social, Université de Montréal

SUR LES CADRES THÉORIQUES D'ANALYSES DES PROBLÈMES SOCIAUX

Dans la première partie du livre, nous avons présenté l'évolution des principaux courants théoriques qui ont prévalu, au cours des dernières décennies, dans l'analyse des problèmes sociaux dans les milieux scientifiques. Ces éclairages théoriques ont été tour à tour : la perspective de la pathologie sociale, celle du fonctionnalisme avec l'analyse de la déviance individuelle et celle de la désorganisation sociale, la perspective de l'interactionnisme et de l'étiquetage, la perspective du conflit social et, finalement, la perspective du constructivisme (Dumont, 1994). Dans cette conclusion, nous ne croyons pas nécessaire de revenir sur cet éclairage théorique, du moins pas dans sa forme traditionnelle. En effet, nous croyons plus utile de souligner les principaux paradigmes sociopolitiques qui sont présents dans la littérature sur l'analyse des problèmes sociaux.

À ce propos, Mullaly (1993, p. 26) déplore que le service social soit caractérisé par une faible identité au niveau théorique. Par ailleurs, l'auteur aborde le concept de paradigme en service social, soulignant la nécessité de développer une réflexion théorique plus articulée en service social, notamment sur l'analyse des problèmes sociaux. Il souligne que les intervenants sociaux sont souvent peu conscients du paradigme dominant à une période donnée et ils ne comprennent pas toujours clairement ce qui suscite les changements au niveau des paradigmes théoriques : dominance – anomalies – modèles alternatifs – résistance – nouveau paradigme (*Ibid.*, p. 28). D'où l'utilité de la notion de paradigme en service social, car cela permet de proposer une analyse comparative des théories, souvent implicites, dans l'analyse des problèmes sociaux. Ce dernier présente les grands paradigmes qui dominent actuellement le champ des services sociaux (*Ibid.*, p. 29). Ces paradigmes sont le conservatisme, le libéralisme, le marxisme et le socialisme. À vrai dire, Mullaly poursuit et complète l'étude de Carniol (1984) qui a analysé les débats idéologiques en service social et qui dégage quatre orientations idéologiques principales : l'humanisme radical ; l'individualisme, le structuralisme radical et, finalement, le fonctionnalisme systémique.

LE PARADIGME LIBÉRAL ET L'ANALYSE DES PROBLÈMES SOCIAUX

Ce paradigme prend son essor dans la période d'après-guerre avec le développement de l'État-providence et il sera particulièrement présent dans les années 1960, et ce, tant en Europe qu'en Amérique du Nord. Le libéralisme comprend une série de croyances basées sur l'hypothèse que, dans toute société civilisée, la liberté individuelle devrait être la plus vaste possible, tout en permettant l'existence de certaines contraintes nécessaires.

Le libéralisme est le résultat de la convergence d'un grand nombre de tendances et de forces importantes sur les plans social et politique. Il faut distinguer les libéraux classiques et les libéraux réformistes. Les libéraux classiques voyaient l'État comme une menace pour la liberté individuelle, alors que les libéraux réformistes le voient en termes positifs, puisqu'il peut être utilisé pour promouvoir la liberté de ceux qui ne peuvent pas l'atteindre par eux-mêmes et pour remédier à quelques-uns des abus du libre marché. Pour eux, égalité veut dire égalité des chances. De cette manière, ils veulent contrôler les excès du libre marché.

Comme l'ont précisé Campeau *et al.* (1993), le courant libéral reconnaît l'existence d'un certain nombre de problèmes sociaux ainsi qu'une certaine responsabilité collective à l'égard de ces problèmes. Mais pour les tenants de ce point de vue, « c'est davantage le fonctionnement imparfait des institutions sociales que la société qui est la source des problèmes sociaux. Le libéralisme recherche les causes du problème social mais n'établit pas de liens entre ce problème et les structures globales de la société dans lesquelles vit l'individu » (1993, p. 33). Par ailleurs, ces gens sont généralement d'accord pour favoriser des interventions étatiques pour solutionner les divers problèmes sociaux, tels que la pauvreté ou la violence conjugale. En somme, le blâme quant aux problèmes sociaux n'est pas placé uniquement sur les épaules de l'individu ou de sa famille, mais aussi sur la désorganisation sociale inhérente à la société capitaliste industrielle. Mais, l'accent sur la responsabilité individuelle n'est cependant pas totalement abandonnée. L'État-providence est accepté comme un instrument pour atténuer les aspects négatifs du capitalisme.

Au Canada, la pratique du travail social auprès des individus est principalement basée sur des valeurs libérales qui s'efforcent d'effectuer une réforme limitée de la société en proposant certains changements dans l'environnement immédiat de la personne. La tâche du travailleur social est d'aider les victimes du capitalisme, et ce, principalement pour des raisons humanitaires. Toutefois, selon Mullaly, la majorité des travailleurs sociaux canadiens traitent les gens comme des individus, sans les rattacher à une structure économique, une classe, une race ou un sexe. Au cours des années 1980, les libéraux vont considérer que les services sociaux publics ne répondent plus à des besoins essentiels, mais sont le résultat de stratégies des groupes de pression (Groulx, 1987). Ils privilégient une certaine reprivatisation des dispositifs d'aide et de protection sociale. Pour eux, l'engagement de l'État dans la protection sociale doit se limiter à tendre un filet protecteur (*safety net*). Le désengagement de l'État permettra de rétablir la logique de marché dans les mécanismes d'aide et d'entraide, ce qui facilitera l'expression des libertés et des choix individuels ainsi que le retour au progrès économique et social.

Toutefois, plusieurs auteurs soulignent que la principale critique adressée au libéralisme est qu'il a failli à réformer le système de manière à corriger les causes des inégalités sociales.

LES PARADIGMES MARXISTE ET SOCIAL-DÉMOCRATE ET L'APPROCHE DU CONFLIT DANS L'ANALYSE DES PROBLÈMES SOCIAUX

Au cours des années 1970, les analyses sociopolitiques se radicalisent, d'où l'émergence et le développement de théories socialistes et marxistes dans l'analyse des problèmes sociaux. Globalement, on peut dire que ces paradigmes ont apporté au travail social une théorie d'ensemble de la société qui explique directement la nature et le développement de l'État-providence et, indirectement la nature et les fonctions de la pratique du travail social dans la société capitaliste (Mullaly, 1993).

Pour leur part, Campeau *et al.* (1993) précisent que ce modèle radical « s'est surtout intéressé aux inégalités sociales entre les individus et à l'exploitation que subissent quotidiennement les membres de certains groupes sociaux. Ils expliquent en quoi ces problèmes ont une genèse sociale et sont liés aux structures sociales, économiques et politiques d'une société donnée » (1993, p. 34). Dans cette perspective, « on cherche avant tout à connaître et à expliquer le fonctionnement de la société sous l'angle de la domination et de l'exploitation économique subies par des groupes sociaux tels que les pauvres, les femmes, les travailleurs et les minorités ethniques. Au lieu de s'attarder aux symptômes du problème et de se limiter à essayer d'améliorer le fonctionnement des institutions en place, la sociologie radicale essaie de découvrir les causes profondes du problème et de cerner à qui profitent ces institutions » (*Ibid.*).

Dans la perspective marxiste, les problèmes sociaux ne sont pas causés par les faiblesses des individus, mais résultent plutôt de la structure de production capitaliste. C'est pourquoi ces situations peuvent être modifiées non seulement par des politiques sociales, mais surtout par un changement structurel de mode de production. Dans cette perspective, les services sociaux devraient être universels et gratuits. Or dans une société capitaliste, l'assistance sociale joue un rôle important de contrôle social – pour tempérer les conflits de classes et stabiliser l'ordre social. De plus, l'État-providence aide à l'augmentation des profits en créant des abris fiscaux et en favorisant la mobilité de la main-d'œuvre. Il assume les coûts de l'éducation et de la santé nécessaires à l'entretien de la force de travail. À la lumière de ces croyances, les marxistes orthodoxes rejettent la possibilité que l'État-providence dans une société capitaliste puisse mener au socialisme, alors que les marxistes évolutionnistes croient que cela est possible. Une contribution majeure du marxisme est la manière dont il analyse l'État-providence comme une nécessité du capitalisme afin de le rendre plus efficace et plus productif, en contrôlant la force de travail et en légitimant le système. Cependant, comme théorie pour construire un État socialiste, elle demeure malheureusement inadéquate. Elle n'a pas fonctionné dans l'expérience historique du socialisme telle qu'on la connaît (Mullaly, 1993).

Le modèle social-démocrate (ou socio-institutionnel) favorise un type de société qui serait caractérisée par l'absence d'inégalités socioécono-miques, par la notion de propriété commune et par une distribution du pouvoir économique et politique plus égalitaire. La production des biens et services se ferait sur la base d'une économie planifiée plutôt que sur celle du marché. En ce qui concerne les services sociaux, les sociaux-démocrates favorisent l'implantation de services sociaux publics, universels et gratuits. Ils favorisent également la participation des usagers à la gestion des services sociaux et prônent la décentralisation des instances décision-nelles de façon à ce que les décisions se prennent le plus près possible du milieu où les services seront rendus. De même, les sociaux-démocrates sont souvent associés aux objectifs de la déprofessionnalisation des ser-vices. Toutefois, Groulx (1993) associe les sociaux-démocrates à la profes-sionnalisation du travail social et à des visés plutôt centralisatrices en matière de gestion, cela permet une plus grande efficacité des services.

L'approche du conflit prend racine dans les théories de la pensée radicale selon laquelle « les problèmes sociaux sont des ressources per-mettant à des groupes d'imposer leurs valeurs, leur moralité à d'autres groupes [...] » (Ouellet, 1998, p. 55). Dans cette perspective, la dimension de la répartition du pouvoir entre les groupes sociaux a son importance dans l'analyse des problèmes sociaux. En effet, les tenants des théories du conflit perçoivent la société, non comme un système naturel, mais comme un lieu de conflits politiques continuels entre des groupes ayant des objec-tifs sociaux différents et une vision du monde opposée (Horton, 1966). Dans cette perspective, les problèmes sociaux proviennent essentiellement des rapports de pouvoir. Conséquemment, les partisans de cette approche ne portent qu'une faible attention aux caractéristiques personnelles des individus. De nos jours, cette approche est encore « couramment utilisée pour l'analyse de débats publics concernant la prohibition des drogues et des armes à feu, la pornographie et la censure, la ségrégation ethnique, les orientations sexuelles et bien d'autres » (Ouellet, 1998, p. 57).

LE PARADIGME CONSERVATEUR ET L'ANALYSE DES PROBLÈMES SOCIAUX

Sur le plan sociopolitique, les années 1980 marquent le retour en force d'un certain conservatisme. Lefrançois (1990) souligne que la conjoncture de l'époque a eu son effet sur la perception et la définition des problèmes sociaux :

> Les discours contemporains sur les problèmes sociaux portent indubitablement la marque des changements structurels qu'a subis notre système de distribution de services sociaux. Sous l'impulsion de l'idéologie néoconservatrice, des conceptions renouvelées de l'intervention et des problèmes sociaux se dessinent, marquées par un nouveau partage des responsabilités individuelles, familiales, communautaires et étatiques dans le processus de prise en charge des assistées (1990, p. 129).

Les nouvelles politiques sociales vont mettre l'accent sur les services de maintien à domicile et sur la désinstitutionnalisation et cela implique « qu'une partie du fardeau de l'assistance soit transférée aux familles, aux groupes d'entraide et de support, bref à tout le réseau communautaire » (*Ibid.*, p. 130). Désormais il s'agit de favoriser l'intégration des personnes « démunies physiquement, socialement ou économiquement » dans leur milieu de vie naturel. Ces transformations sont justifiées par l'apparition d'un nouveau discours social « qui s'exprime par la volonté de l'État de se désengager de certaines responsabilités, celui-ci étant guidé essentiellement par des impératifs économiques » (*Ibid.*).

À ce propos, Carniol (1984) rappelle que la perspective conservatrice emprunte son fondement idéologique au darwinisme social très en vogue au XIXᵉ siècle. Selon cette vision du monde, le progrès vient essentiellement de la compétition des individus entre eux et qui fait en sorte que seuls les plus forts ressortent gagnants et en conséquence les plus faibles méritent leurs échecs. Les individus, avec leurs forces et leurs faiblesses, sont les seuls responsables de leur sort. C'est pourquoi cette orientation s'oppose à l'intervention de l'État. Selon cette philosophie, moins l'État intervient dans le domaine socioéconomique, mieux la société, dans son ensemble, s'en portera. D'après certains auteurs, c'est à la récession économique qui a frappé la plupart des pays occidentaux au début des années 1970 que l'on doit la résurgence des idéologies conservatrices. C'est à cette époque que des valeurs associées à l'État-providence, comme l'universalité des programmes sociaux et la gratuité sont remises en question par les tenants de cette doctrine. Ces derniers réclament que les lois du marché président aux décisions économiques d'une société.

Pour leur part, Campeau *et al.* (1993) soulignent que le courant conservateur s'intéresse surtout « aux droits et au plein épanouissement de l'être humain pris individuellement, au détriment des droits collectifs

et du bien-être général d'une population. Ils imputent toujours la responsabilité d'un problème à l'individu : dans tous les problèmes sociaux,
l'individu est le seul responsable de sa situation. De ce point de vue, les
relations inégalitaires entre les individus sont vues comme naturelles, harmonieuses, inévitables et permanentes. Les solutions proposées sont strictement individuelles et ne doivent en rien perturber le fonctionnement
et les structures de la société » (1993, p. 33).

Quel est l'impact du cadre idéologique du conservatisme sur les
services sociaux ? Groulx (1993) estime que la sélectivité des usagers, la
tarification et la privatisation des services sont les trois grands principes
défendus par les conservateurs lorsqu'ils abordent le sujet des services
sociaux. En premier lieu, les conservateurs s'objectent farouchement au
principe de l'universalité des services. Pour eux, l'accès universel aux services conduit inévitablement à une utilisation abusive des services du fait
que ce système crée l'illusion de la gratuité des services. De plus, la mas-
sification des services inhérente à une politique d'accès universel diminue
inévitablement la qualité des services. Ils proposent plutôt la sélectivité des
usagers, essentiellement pour les plus démunis. Ils identifient deux types
de démunis : les pauvres méritants (*deserving poor*) et les pauvres non méritants (*non-deserving poor*). Selon leur vision, seul les pauvres méritants (les
personnes âgées, les personnes souffrant de certains handicaps, etc.)
devraient avoir accès à l'aide étatique. Toutefois, cette aide ne devrait être
accessible qu'après avoir utilisé les autres réseaux naturels d'aide (la
famille, l'Église, etc.) et elle devrait être retirée à partir du moment où
les autres systèmes sont en mesure de prendre la relève.

Les conservateurs sont de farouches partisans de la privatisation des
services sociaux. Ils perçoivent les services sociaux publics comme étant
inefficaces et coercitifs dans la solution des problèmes sociaux. Les conservateurs estiment que les travailleurs sociaux devraient adopter une attitude
plus restrictive face aux demandeurs de services. Le but premier de l'intervention sera d'enseigner aux bénéficiaires comment se débrouiller sans
l'aide de l'État. Dans un tel système, le rôle octroyé aux travailleurs sociaux
par les néo-conservateurs se limite à des fonctions de contrôle social et
d'intégration des personnes exclues de la société de production (Mullaly,
1993). L'un des principaux rôles des travailleurs sociaux sera de faire la
séparation entre les pauvres méritants et les pauvres non méritants. En
somme, les conservateurs prônent le remplacement des services publics
par des services privés produits par des entreprises à but lucratif exerçant
leurs activités dans un marché concurrentiel et faisant l'objet d'un minimum de réglementation étatique (Groulx, 1993).

LE PARADIGME SOCIOCOMMUNAUTAIRE ET L'ANALYSE DES PROBLÈMES SOCIAUX

Les typologies présentées jusqu'ici (Carniol, 1984; Mullaly, 1993) passent sous silence le service social réalisé dans le réseau communautaire. Ces modèles traduisent assez fidèlement les luttes idéologiques qui divisent les travailleurs sociaux évoluant dans les grandes institutions publiques de services sociaux comme les CPEJ, les CLSC, les hôpitaux, etc., mais elles ne correspondent pas à la réalité des travailleurs sociaux de plus en plus nombreux qui commencent, par choix ou par obligation, leur carrière dans un organisme communautaire. Le travail social qui se pratique dans ces organismes est fondamentalement différent de celui que l'on retrouve dans les établissements publics.

Divers auteurs (Panet-Raymond, 1991; Guay, 1995) ont cherché à caractériser l'intervention qui se réalise dans le réseau communautaire. Ainsi, ces auteurs s'entendent pour dire que ce qui différencie la philosophie d'intervention du communautaire de celle du réseau public, c'est son accent mis sur la prévention, sa lecture de la situation des personnes à partir d'une approche globale qui prend en considération l'environnement de la personne au lieu de se centrer uniquement sur la personne que l'on découpe en différents problèmes sociaux.

À l'instar des sociaux-démocrates, les sociaux-communautaires conçoivent la solidarité comme une valeur sociale centrale. Toutefois, si les premiers situent ce principe à un niveau national, les sociaux-communautaires, pour leur part, ramènent cette valeur au niveau des communautés de base. C'est effectivement à cet échelon que les gens sont à même de se structurer un réseau d'entraide informelle basé sur des liens concrets (parenté, voisinage, amitié, loisir, etc.) et sur le sentiment mutuel d'appartenance à la même communauté. Mais comme les réseaux naturels sont fragiles, le rôle de l'État est de les protéger. Au lieu de cela, et c'est là que se situe l'essentiel de la critique sociocommunautaire, l'État a cherché à utiliser ces réseaux, à les confiner à un rôle de sous-traitant (Grell, 1984, p. 143). Cette substitution de l'État aux réseaux sociaux naturels a accentué la désorganisation et la destruction du tissu social de la communauté de base (Caillouette, 1992).

Alors qu'auparavant la communauté de base répondait aux besoins sociaux de ses membres à partir de mécanismes autorégulateurs et autonomes de prise en charge, avec l'apparition d'un État centralisateur bureaucratisé, elle se fait imposer des programmes nationaux inadaptés qui sont plus motivés par des finalités de contrôle social que par des visées de développement social. Certains expliquent ce phénomène par le fait que le système sociosanitaire étatique est construit autour de postulats valorisant l'expertise et le pouvoir des professionnels et des technocrates. Ces postulats véhiculent l'idée que ce ne sont pas les individus et les groupes qui vivent les problèmes qui sont les mieux placés pour identifier leurs besoins, mais que cette responsabilité revient plutôt aux experts, car se sont eux qui possèdent le savoir et les connaissances. C'est pourquoi les sociaux-communautaires condamnent la professionnalisation et la technocratisation des services sociaux qui se caractérisent, selon eux, par l'adoption d'un modèle clinique et épidémiologique qui isole l'individu de son environnement social. Ce modèle insiste aussi sur les effets contre-productifs des interventions de l'État (Groulx, 1987). En conséquence, les adeptes de l'approche communautaire privilégient une système sociosani-taire décentralisé, non étatique et déprofessionnalisé. La participation de la population au développement, à la gestion et à l'évaluation des services sociaux est aussi un principe de base de cette approche. Dans ce modèle, le rôle premier de l'intervenant social est alors d'aider et d'outiller les réseaux naturels pour qu'ils puissent se prendre en main (Groulx, 1993).

Le modèle sociocommunautaire a eu également sa large part de critique. D'abord, on lui reproche d'accentuer la dichotomie État-société civile (Groulx, 1993). On lui reproche également de considérer les communautés comme une entité homogène où les luttes de pouvoirs et les conflits sont inexistants. Ce dernier craint donc que les groupes les mieux organisés et les plus riches en ressources s'approprient le contrôle de la planification et de la gestion des services sociaux au détriment des groupes plus vulnérables afin de faire valoir leurs intérêts (Groulx, 1993, p. 287).

CONCLUSION

Ainsi, nous avons montré qu'en service social comme en sociologie il existe divers codes de perception, de définition et de traitement des problèmes sociaux. Comme le souligne Ouellet, « si chacune de ces théories apporte une pierre à la construction de cet édifice théorique », on demeure loin d'un ensemble théorique cohérent, car « chacune de ces perspectives « adopte une position épistémologique différente et privilégie un aspect différent » (1998, p. 77). Cela étant dit, certaines convergences apparaissent. Par exemple, « toutes ces perspectives théoriques convergent sur le fait qu'il existe bien à la base de tout problème social, un objet d'appréhension plus ou moins partagé, plus moins réel » (*Ibid.*). Mais une fois cette convergence minimale constatée, la discussion sur la cause du problème demeure entière : « Que cet objet soit considéré comme existant indépendamment de notre conscience en tant que condition a priori, ou qu'il en soit au contraire une production a postériori en tant que définition sociale, il est là, s'imposant comme une tension que les acteurs sociaux cherchent à résoudre » (1998, p. 79). Mais au-delà de cette convergence minimale les perspectives d'analyse se divisent : « s'agit-il de dysfonctions structurelles de la société, d'une étiquette sociale résultant d'un rapport de domination, d'un conflit normatif ou d'intérêts, ou plus simplement de simples revendications [...] » (*Ibid.*). Ainsi, le débat demeure entier.

Il se dégage donc de la littérature analysée quatre principaux modèles dans l'analyse des problèmes sociaux : le modèle conservateur ; le modèle libéral ; le modèle social-démocrate et le modèle marxiste ; et finalement le modèle sociocommunautaire qui véhicule des visions souvent conflictuelles de l'intervention sociale pour résoudre ces problèmes. En effet, les néo-conservateurs, à l'instar des sociaux-démocrates, remettent en question le rôle monopoliste de l'État dans le domaine des services sociaux alors que cette mainmise étatique est au contraire favorisée par les tenants du paradigme social-démocrate. Les conservateurs affirment que l'État doit se retirer de la production des services sociaux et laisser plutôt la responsabilité de l'élaboration et de la gestion de ces programmes au secteur privé. Les sociaux-communautaires, au contraire, estiment que le marché privé fait partie du problème et non de la solution. En instaurant des rapports marchands entre les membres d'une communauté, on personnalise et on individualise les problèmes sociaux. Les groupes communautaires estiment plutôt que la solution des problèmes sociaux passe davantage par un transfert de responsabilités et de ressources vers les communautés locales ainsi que les réseaux naturels de solidarité que l'on y retrouve. Dans cette perspective, on doit permettre aux individus et aux groupes sociaux de participer davantage dans l'élaboration et la gestion des services sociaux de façon à favoriser une plus grande efficacité dans la solution des problèmes sociaux. Quant aux sociaux-démocrates, ils entretiennent les mêmes réserves que les sociaux-communautaires à l'égard des lois du libre marché dans le domaine des services sociaux. Toutefois, contrairement aux sociaux-communautaires, ils préconisent un engagement massif de l'État dans la prise en charge des problèmes vécus par la population. Les décisions doivent être prises à un niveau central, car c'est la seule façon de s'assurer que l'ensemble des communautés vont jouir de la même qualité et quantité de services. Les orientations de solution des problèmes sociaux sont donc tout aussi divergentes que les modèles d'analyse. D'où la nécessité de poursuivre les débats, tout en réajustant nos réflexions.

EN FINIR AVEC CERTAINES ORIENTATIONS

Il importe de souligner la nécessité de rompre avec un certain nombre de postulats ou d'orientations analytiques qui ne nous apparaissent pas avoir servi la cause de l'intervention sociale dans la mesure où ces orientations obscurcissent l'analyse des problèmes sociaux plutôt que de l'éclairer. C'est pourquoi nous estimons qu'il faut en finir avec l'analyse idéaliste des problèmes sociaux ; avec le processus de « blâmer la victime » ; avec une certaine conception mystificatrice de l'État et de l'intervention sociale et, finalement, il importe de renouveler l'enseignement sur les problèmes sociaux.

Nous estimons d'abord qu'il faut en finir avec l'analyse idéaliste des problèmes sociaux et avec le processus de « blâmer la victime » (Ryan, 1971). Rappelons qu'un des principaux éléments de l'explication idéaliste est d'attribuer à certaines caractéristiques des individus les causes de leur sort. D'ailleurs, on a souvent reproché à la littérature du service social d'être dominée, encore de nos jours, par cet idéalisme traditionnel qui consiste à mettre l'accent sur les valeurs dans l'analyse des problèmes sociaux (Pizzaro, 1969). On peut sans doute arguer que le service social n'est pas seul en cause et qu'il est lui-même tributaire de tout un courant des sciences humaines, principalement celui de la sociologie fonctionnaliste américaine ; soit, mais le problème reste le même. Il nous faut donc apprendre à nous distancier de cette approche uniquement subjectiviste et idéaliste des phénomènes sociaux, car elle a eu pour principal effet de détourner l'attention des intervenants de l'influence des structures sociales sur les problèmes sociaux (Prigoff, 1980). Car comme l'a bien signalé Castel (1978, p. 60) : « Blâmer la victime, représente une performance paradoxale qui exige beaucoup de compétence et de savoir-faire […] Par exemple, inviter le chômeur à réfléchir sur les raisons personnelles pour lesquelles il a perdu son travail ou s'avère incapable d'en trouver un autre, plutôt que de s'interroger sur les causes sociales et politiques du chômage, il faut le faire. » Dans une telle perspective, on comprend que le débat sur l'efficacité de l'intervention sociale dans la solution des divers problèmes sociaux soit encore largement ouvert !

NÉCESSITÉ DE RENOUVELER LA RÉFLEXION THÉORIQUE ET LA RECHERCHE SOCIALE

Lefrançois (1990) a déploré que malgré des succès indéniables, certaines orientations de la recherche sociale en matière d'analyse des problèmes sociaux représentent un certain retour en arrière regrettable. C'est le cas, par exemple, pour les « schémas explicatifs psychologisants ou le recentrage sur la personne qui ont tendance à balayer les analyses mettant en cause les fondements des inégalités sociales », ainsi, les problèmes sociaux sont étudiés presque exclusivement sous l'angle des difficultés individuelles d'adaptation (1990, p. 130). Dans ces analyses, « les défavorisés et les marginaux sont désignés comme s'ils formaient des catégories sociales inertes [...] et non [comme] des groupes sociaux actifs » (*Ibid.*). Lefrançois met en lumière quelques tendances qui ne vont que s'accentuer par la suite. D'abord le caractère utilitaire de la recherche sociale qui est notamment véhiculé avec force par les organismes subventionnaires : « les efforts de la recherche doivent porter prioritairement sur l'étude des faits sociaux, non pas en tant que phénomènes à interpréter, mais en tant que problèmes à résoudre » ; de plus les chercheurs sont sollicités, pour des fins de subventions, à s'intégrer dans les « axes d'intervention définis par les programmes sociaux existants » (1990, p. 136). Ensuite Lefrançois dénonce le fait que parfois sous cette conception pragmatique et utilitaire de la recherche sociale se cache un certain objectif politique, ainsi , peu importe ses modalités, il s'agit « de faire en sorte que la recherche sociale produise de la légitimation institutionnelle, qu'elle cautionne les pratiques et idéalement les alimente, et enfin qu'elle devienne une forme technique de contrôle social » (1990, p. 137).

Finalement Lefrançois évoque « l'état de sous-développement et de fragmentation des cadres de références théoriques s'appliquant aux problèmes sociaux » (*Ibid.*). Il s'interroge même pour savoir si le chercheur dispose encore « de l'autonomie suffisante et du regard critique susceptible à la fois de contribuer socialement à la résolution des problèmes sociaux, et en même temps de produire un discours critique sur les problèmes sociaux » (*Ibid.*). Et en guise de réponse, il dit s'étonner que la recherche sociale « se soit peu penchée sur les mécanismes qui interviennent dans la fabrication d'un problème social » (*Ibid.*). Pour lui, une compréhension adéquate des problèmes sociaux exige que le chercheur prenne un peu de distance par rapport à la définition organisationnelle de ces problèmes » (*Ibid.*).

Sans ce renouvellement, certains écueils dans l'analyse des problèmes sociaux sont prévisibles : « Le fait de réfléchir sur les problèmes sociaux uniquement dans l'optique des programmes sociaux et des modes d'intervention est sujet à occulter les déterminations politico-idéologiques et économiques à la base de ces problèmes » (*Ibid.*). De plus, compte tenu de l'important pouvoir politique et financier « dont sont investis les appareils de gestion des problèmes sociaux, il est à craindre que la recherche sociale soit domestiquée au point qu'elle en vienne à participer aveuglément au projet de rationalisation et de structuration de l'action sociale. Concrètement, cela signifie que les problèmes sociaux ne seront reconnus ou officialisés qu'à la condition d'avoir reçu une légitimation institutionnelle et technocratique » (*Ibid.*). Par ailleurs, étant donné la grande dispersion des activités de recherche sur les problèmes sociaux «il est à se demander comment mettre en commun et synthétiser les résultats obtenus, comment intégrer les savoirs dans une optique globale et pluridisciplinaire» (*Ibid.*). De plus, en se voulant plus utilitaire, «on peut redouter que la recherche sociale sanctionne un désintéressement pour le travail théorique ou critique et qu'elle s'interdise d'entrevoir d'autres logiques d'analyse, d'autres stratégies pour aborder l'étude des problèmes sociaux» (1990, p. 138). Lefrançois déplore «qu'à l'heure actuelle la recherche sociale produise des connaissances soit trop générales ou descriptives, soit des connaissances hyperspécialisées et fragmentées, ce qui rend difficile le développement d'un savoir intégré sur les problèmes sociaux» (*Ibid.*). Toutefois le rôle de la recherche sociale sur les problèmes sociaux est loin d'être négatif, bien au contraire : «Elle nous rappelle la nécessité de se pencher de manière concrète sur les problèmes actuels de civilisation. Elle signale que la recherche peut être mise à la disposition des défavorisés en vue d'améliorer leurs conditions existentielles. En outre, la recherche sociale [...] a contribué au développement des méthodologies douces, à des stratégies de recherche-action pour mieux épauler les projets de la base sociale» (1990, p. 139).

NÉCESSITÉ DE RENOUVELER LA FORMATION DES INTERVENANTS ET L'ENSEIGNEMENT SUR LES PROBLÈMES SOCIAUX

Pendant longtemps le cours sur les problèmes sociaux a été une sorte de «fourre-tout» où l'on jetait pêle-mêle tous les problèmes possibles (allant de la guerre nucléaire à la multiplication des animaux dans les villes, en passant par les problèmes de l'obésité, des émeutes raciales et des drogues, pour finir avec la pornographie et la maladie mentale). C'est un peu caricatural, mais il suffit d'ouvrir l'un des multiples «readers» sur le sujet pour voir que nous exagérons à peine. Quoi qu'il en soit, les cours sur les problèmes sociaux existent et ils sont intégrés dans les programmes de formation de la majorité des écoles ou départements de travail social.

L'accroissement de la pauvreté dans nos sociétés pose des défis à l'orientation générale de la formation des intervenants sociaux (Lesemann, 1987 ; Duval, 1997). Les cours sur les problèmes sociaux notamment doivent être plus sensibles à la réalité des inégalités économiques et de l'exclusion sociale. Par ailleurs, la nouvelle orientation des politiques sociales qui va dans le sens d'une plus grande responsabilisation des individus, des familles et des communautés locales dans la prise en charge des problèmes sociaux commande un virage dans la formation puisque dorénavant l'intervenante sociale devra travailler en partenariat et en concertation avec les ressources communautaires.

Un autre défi posé par la complexité des problèmes sociaux c'est celui du renouvellement des pratiques sociales. À ce propos, Vaillancourt (1993) estime que nous sommes en présence de trois thèses principales. La première soutient que le renouvellement des pratiques sociales est impossible dans le réseau gouvernemental, alors que la deuxième avance plutôt l'idée contraire à la condition expresse que les intervenants se tiennent à la marge des organismes publics, «voire à la marge des milieux institutionnels» (1993, p. 4). Quant à la troisième thèse, jugée la plus féconde par l'auteur, elle avance l'idée que le «renouvellement est possible dans le réseau gouvernemental à condition que les intervenants, en alliance avec les usagers, s'investissent dans la démocratisation de l'organisation du travail et des rapports de consommation dans le secteur public» (1993, p. 6). Dans la même perspective, Deslauriers (1993) et Mercier (1993) précisent que le défi du renouvellement des pratiques sociales s'appliquent tant aux organismes communautaires qu'aux organismes publics. Dans cette logique, le renouvellement des pratiques sociales va presque de soi car « la dynamique sociale change, de nouvelles problématiques se manifestent ou deviennent plus visibles» (Gingras, 1993, p. 163) et dans cette volonté de développer de nouvelles pratiques, la nostalgie des années passées n'a pas sa place, car «on ne peut pas se contenter de répéter le même discours et les mêmes analyses» (Gingras, 1993, p. 166). Un peu dans le même esprit, Duval (1996) croit qu'il faut dépasser les discours et qu'il faut arrêter de former «des analystes brillants mais des intervenants impuissants» (1996, p. 27). Pour ce faire, elle donne quelques pistes d'action : il est impérieux de réduire la distance entre les pauvres et les intervenants sociaux, il importe que les milieux professionnels se rapprochent des milieux communautaires, de concevoir l'intervention sociale dans une perspective tant polyvalente que multidisciplinaire (particulièrement en CLSC) et que dorénavant les intervenants soient mieux préparés au développement économique communautaire afin d'être capable d'intervenir sur les problématiques sociales reliées à la pauvreté et à l'exclusion sociale.

Plus récemment encore, Carette (2000) précise que le champ d'étude privilégié du travail social est celui des problèmes sociaux : «Le travail social a pour objet d'étude les pratiques d'intervention sociale réfléchies et mises en œuvre pour outiller les acteurs, individus, groupes ou collectivités, en vue de comprendre, gérer et si possible résoudre (améliorer? atténuer? contrôler?) les problèmes sociaux et améliorer les conditions de vie qu'ils vivent et subissent» (2000, p. 2). Conséquemment la formation en travail social devra viser, entre autres, de former des intervenants capables «d'une analyse sociale des problèmes vécus et subis par les personnes et les groupes» et «d'adopter au quotidien une attitude critique à l'égard des diverses formes de domination sociale et de mobiliser des individus et des groupes pour des projets de transformation globale des rapports sociaux » (*Ibid.*, p. 3). Pour notre part, nous voulons rappeler, au niveau des objectifs de la formation, la nécessité de s'occuper et de prendre en charge, à la fois, des épreuves individuelles et des enjeux collectifs, car, comme l'a signalé Mills (1968), les problèmes individuels sont souvent inséparables des problèmes sociétaux et du contexte socio-économique et moral dans lequel vivent les personnes. À ce propos, Autès (1974) juge que la tâche de l'intervenant social, c'est précisément de situer « les épreuves individuelles dans les enjeux sociaux d'où elles tirent leur sens ». Finalement, avec d'autres, nous sommes d'accord pour dire que plutôt que de s'opposer, ces deux modalités d'intervention (l'individuel et le collectif) doivent se compléter dans la mesure ou « tout est social dans l'individuel de même que le social ne se donne que dans l'individuel » (Liégois, 1975). De même, Mills (1968) a insisté, au niveau de la formation, de l'importance de développer une perspective historique et comparative dans l'approche des problèmes sociaux, car les problèmes sociaux de la société québécoise d'aujourd'hui ne sont pas évidemment les mêmes que ceux qui se posaient il y a à peine une trentaine d'années et ils diffèrent, dans leurs manifestations, de ceux, par exemple, d'un pays de l'Afrique du Nord.

En somme, il faut souligner que dans l'usage courant la notion de problème social demeure encore, et ce, malgré sa simplicité apparente, quelque peu imprécise. D'où l'importance de présenter quelques idées maîtresses qui sont relativement simples et qui ont présidé à l'élaboration de ce livre. Il y a d'abord l'idée de la nécessité d'une certaine réflexion théorique pour bien préciser le concept de problème social et baliser les principales approches analytiques des problèmes sociaux. Cette réflexion nous a permis de mieux saisir le caractère éminemment relatif de la notion de problème social. Ensuite, il y a nécessité d'élaborer une perspective à la fois historique, comparative et prospective dans l'analyse des problèmes sociaux, car cette vision évolutive est absolument nécessaire si l'on veut procéder à une analyse judicieuse des problèmes sociaux puisque la perception et la définition de ces problèmes ainsi que les modes d'intervention qu'ils suscitent évoluent différemment dans le temps et dans l'espace.

BIBLIOGRAPHIE

AUTÈS, M. (1977). « L'idéologie du travail social », dans J.P. Liégois, *L'idéologie des travailleurs sociaux*, Toulouse, Privat.

CAILLOUETTE, J. (1992). « La Réforme Côté ou l'ambivalence de l'État à l'égard du communautaire », *Service social*, vol. 41, n° 2, p. 115-131.

CAMPEAU, R., M. SIROIS, E. RHÉAULT et N. DUFORT (1993). *Individu et société: Introduction à la sociologie*, Boucherville, Gaëtan Morin Éditeur, 332 p.

CARETTE, J. (2000). «Travailler le social: pour une redéfinition», *Nouvelles pratiques sociales*, vol. 13, n° 1, p. 1-4.

CARNIOL, B. (1984). «Clash of ideologies in social work education», *Canadian Social Work Review*, p. 184-199.

CASTEL, R. (1978). «La guerre à la pauvreté aux U.S.A.: le statut de la misère dans une société riche», *Actes de la recherche en sciences sociales*, Paris, France, n° 19, p. 47-59.

DESLAURIERS, J.P. (1993). «Commentaires sur les trois thèses», *Nouvelles pratiques sociales*, vol. 6, n° 2, p. 205-212.

DUMONT, F. (1994). «Approches des problèmes sociaux», dans F. Dumont, S. Langlois et Y. Martin (dir.), *Traité des problèmes sociaux*, Québec, Institut québécois de recherche sur la culture, p. 1-21.

DUVAL, M. (1997). «Les services de supports aux parents de jeunes enfants: un bassin d'emplois d'utilité sociale», dans Regroupement québécois des intervenants et intervenantes en action communautaire en CLSC, *Au-delà de la tourmente*, Chicoutimi, Université du Québec à Chicoutimi, p. 219-234.

GINGRAS, P. (1991). «L'approche communautaire», dans L. Doucet et L. Favreau (dir.), *Théorie et pratiques en organisation communautaire*, Sainte-Foy, Presses de l'Université du Québec, p. 187-200.

GINGRAS, P. (1993). «Quelques pistes pour le renouvellement des pratiques sociales», *Nouvelles pratiques sociales*, vol. 6, n° 2, p. 161-168.

GRELL, P. (1984) «Espace et séquences de vie: à propos d'une recherche sur le chômage», dans D. Bellemare et C. Saint-Pierre (dir.), *Les stratégies de reprise*, Montréal, Éditions Saint-Martin, p. 139-151.

GROULX, L.H. (1987). «Conflits d'interprétation et services sociaux», dans R. Mayer et L. Groulx, *Synthèse critique de la littérature sur l'évolution des services sociaux au Québec depuis 1960*, Commission d'enquête sur les services de santé et les services sociaux, recherche n° 42, Québec, Publications du Québec, p. 110-131.

GROULX, L.H. (1993). «Recherche qualitative et problèmes sociaux», dans *Les méthodes qualitatives en recherche sociale: problématiques et enjeux*, Actes du colloque du conseil québécois de la recherche sociale tenu à Rimouski, p. 111-118.

GUAY, J. (1984). *L'intervenant professionnel face à l'aide naturelle*, Chicoutimi, Gaëtan Morin Éditeur, 137 p.

GUAY, J. (1995). «L'entraide comme complément à l'intervention professionnelle», *Revue canadienne de santé communautaire*, vol. 4, n° 2, p. 39-54.

HORTON, J. (1966). «Order and conflict theories of social problems as competing ideologies», *American Journal of Sociology*, vol. 71, n° 6, p. 701-713.

LEFRANÇOIS, R. (1990). «Lecture de la recherche sur les problèmes sociaux», *Service Social*, vol. 39, n° 2, p. 115-128.

LESEMANN, F. (1987). *Les nouvelles pauvretés, l'environnement économique et les services sociaux*, Québec, Publications du Québec.

MERCIER, C. (1993). «Commentaires concernant les trois thèses», *Nouvelles pratiques sociales*, vol. 6, n° 2, p. 215-222.

MULLALY, R. (1993). *Structural Social Work. Ideology, Theory and Practice*, McClelland and Stewart, Toronto.

OUELLET, P. (1998). «Matériaux pour une théorie générale des problèmes sociaux», thèse, *Sciences humaines appliquées*, Université de Montréal, ronéo, 428 p.

PANET-RAYMOND, J. (1991). «Le partenariat entre l'État et les organismes communautaires : un défi pour la formation en travail social», *Service social*, vol. 40, n° 2, p. 54-76.

PIZZARO, N. (1969). «La notion de groupe marginal : idéologie et réalité», *Socialisme*, Montréal, juillet-août, p. 76-86.

PRIGOFF, A. (1980). «Current development in social work education in the United States», *Revue canadienne d'éducation en service social*, vol. 6, n° 1, p. 13-22.

RYAN, W. (1971). *Blaming the Victim*, New York, Vintage Books.

SAVARD, S. (1996). *Travail social : définitions et perspectives d'analyse*, Université du Québec en Abitibi-Témiscamigue, document ronéo.

VAILLANCOURT, Y. (1993). «Trois thèses concernant le renouvellement des pratiques sociales dans le secteur public», *Nouvelles pratiques sociales*, vol. 6, n° 1, p. 1-14.

Isabelle Astier est assistante sociale, docteure en sociologie et enseigne à l'Université de Lyon II. Auteure de l'ouvrage *Revenu minimum et souci d'insertion*, elle travaille sur les emplois nouveaux qui sont aux marges de la fonction publique, en examinant les effets du droit du travail sur les identités professionnelles.

Paul Bernard détient un doctorat en sociologie (Harvard, 1974). Il est professeur de sociologie à l'Université de Montréal ; sa recherche et son enseignement sont axés sur le marché du travail et les inégalités sociales, ainsi que sur l'épistémologie et la méthodologie. Ses récents travaux ont porté sur la précarité d'emploi, sur la transformation des modes de vie des jeunes, sur la cohésion sociale et sur les indicateurs sociaux.

André Bernier détient un baccalauréat en sociologie (Montréal, 1989). Il vient de terminer la rédaction d'un mémoire de maîtrise en sociologie sur les conditions d'emplois au Québec. Il travaille présentement dans une firme de sondage à Montréal.

Luc Blanchet, après une formation en philosophie et en médecine à l'Université Laval, s'est spécialisé en psychiatrie à l'Université McGill. Il a travaillé par la suite dans plusieurs régions du Québec dans une perspective de psychiatrie sociale, notamment pendant une dizaine d'années à la Clinique communautaire de Pointe-Saint-Charles. Ses intérêts de recherche portent principalement sur le soutien social et les pratiques de réseaux en santé mentale. Depuis une quinzaine d'années, il travaille comme médecin conseil en santé publique à Montréal et au ministère de la Santé et des Services sociaux et il dirige un service de pédopsychiatrie, le Service Enfance-Famille de l'hôpital Jean-Talon à Montréal. Il est également membre, depuis 1988 et président, depuis 1995, du Comité de la santé mentale du Québec, un organisme gouvernemental conseil au ministre de la Santé et des Services sociaux.

Johanne Boisjoly possède un doctorat en sociologie (Université de Montréal, 1989) et est professeure de sciences humaines à l'Université du Québec à Rimouski. Ses récents travaux ont porté sur les questions du chômage, d'assistance sociale, de la qualité des emplois ainsi que sur la notion de capital social.

Richard Boyer détient une maîtrise en sociologie de l'Université du Québec à Montréal et un doctorat en santé publique de l'Université de Californie à Los Angeles. Il est chercheur agrégé au Département de psychiatrie de la Faculté de médecine de l'Université de Montréal, chercheur senior au Centre de recherche Fernand-Seguin de l'Hôpital Louis-H.-Lafontaine et directeur scientifique de l'équipe de recherche « Intégration sociale et bien vieillir », subventionnée par le CQRS. Son programme de recherches se consacre à l'épidémiologie sociale des troubles mentaux et du suicide. Il est chercheur boursier senior du Fonds de recherche en santé du Québec.

Normand Carpentier a obtenu sa maîtrise et son doctorat en sociologie à l'Université de Montréal. Les thèmes de recherche abordés au cours de ses études portaient respectivement sur l'effet d'un programme expérimental de soins sur les familles dont l'un des leurs avait reçu un diagnostic de schizophrénie ainsi que sur l'influence des réseaux familiaux sur les trajectoires de soins des personnes présentant des problèmes psychiatriques graves. Il a obtenu une bourse postdoctorale de l'Institut de recherche en santé du Canada (IRSC) et poursuit un stage de recherche à l'Institut universitaire de gériatrie de Montréal. Ses recherches actuelles portent sur les processus de recherche d'aide et les processus de placement en institution auprès de personnes souffrant de la maladie d'Alzheimer.

Michèle Clément est chercheure au CLSC-CHSLD Haute-Ville-des-Rivières, Centre affilié universitaire et professeure associée au Département d'anthropologie de l'Université Laval. Elle a obtenu, en 1985, une maîtrise en anthropologie sociale et culturelle de l'Université Laval et, en 1999, un Ph. D. en sciences humaines appliquées de l'Université de Montréal. Ces travaux de maîtrise portaient sur la discrimination systémique tandis que sa thèse de doctorat s'intitulait *Maladie mentale et exclusion : Étude des décisions de révision de cure fermée de la Commission des affaires sociales*. Ses activités d'enseignement portent sur les méthodologies de recherche qualitative tandis que ses activités de recherche sont principalement orientées vers les questions d'intégration sociale et de marginalisation des personnes atteintes de maladie mentale.

David Cohen a été, jusqu'à l'an 2000, professeur titulaire à l'École de service social et chercheur au Centre de recherche sur les aspects sociaux de la santé et de la prévention GRASP/Centre FCAR, Université de Montréal. Actuellement, il est responsable des cycles supérieurs de service social à l'Université internationale de la Floride. Il détient un baccalauréat en psychologie de l'Université McGill, une maîtrise en travail social de l'Université Carleton et un Ph. D. en *social welfare* de l'Université de Californie à Berkeley. Il s'intéresse à la médicalisation, au droit et à la psychiatrie, et à l'histoire des idées et des pratiques en santé mentale. Ses recherches récentes portent sur le médicament psychotrope comme phénomène social et culturel. Il est auteur, co-auteur ou directeur de six livres (dont *Challenging the Therapeutic State*, *Médicalisation et contrôle social* et *Your Drug May Be Your Problem*) et de nombreux chapitres et articles.

Yvan Comeau est professeur agrégé à l'École de service social de l'Université Laval. Il a obtenu une maîtrise en service social et un doctorat en sociologie. La thèse s'intitule : *Vie quotidienne et participation aux associations en milieu populaire*. Il a réalisé des études postdoctorales au Centre de recherche sur les innovations sociales dans les entreprises et les syndicats (CRISES) dont il est devenu membre régulier en 1994. Collaborateur de la revue *Économie et Solidarités*, il a dirigé deux numéros : « L'insertion sociale par l'économique » (1998) et « Mondialisation et cohésion sociale » (2000). En 2001, il a publié avec Louis Favreau, Benoît Lévesque et Margie Mendell aux Presses de l'Université du Québec : *Emploi, économie sociale et développement local : les nouvelles filières*.

Michel Desjardins est stagiaire postdoctoral au CIRADE de l'Université du Québec à Montréal et chercheur boursier au Department of Social Medicine de la Harvard Medical School, où il travaille en collaboration avec le professeur Arthur Kleinman. Il a obtenu un baccalauréat en anthropologie à l'Université Laval, une maîtrise en anthropologie à cette même université et un Ph. D. en anthropologie à l'Université de Montréal. Sa thèse de doctorat s'intitule *La rééducation sociale comme système de significations culturelles, le cas de la déficience intellectuelle légère*. Ses recherches actuelles portent sur la tabouisation de la sexualité des personnes classées déficientes intellectuelles.

Henri Dorvil est professeur à l'École de travail social de l'Université du Québec à Montréal et chercheur au Groupe de recherche sur les aspects sociaux de la santé et de la prévention (GRASP/Centre FCAR) de l'Université de Montréal. Il est aussi attaché à la section de psychiatrie sociale du Centre de recherche Fernand-Seguin de l'hôpital Louis-H.-Lafontaine. Il a obtenu un baccalauréat en service social en 1970, une maîtrise en service social en 1973 et un Ph. D. en sociologie en 1986 à l'Université de Montréal. Titre suggéré du mémoire de maîtrise : « Fou-thèses ou thèses sur le fou ». Titre accepté par les autorités universitaires : « Psychiatrie et antipsychiatrie : un même couple idéologique ». Titre suggéré de la thèse de doctorat : « Autour d'un hôpital psychiatrique du Québec : la représentation sociale de la maladie mentale ». Titre accepté par les autorités universitaires : *La représentation sociale de la maladie mentale dans une région voisine d'un hôpital psychiatrique.* Ses activités d'enseignement et de recherche sont axées sur la déviance sociale, la marginalité, le handicap, les services psychiatriques en milieu institutionnel et les services de santé mentale en milieu communautaire. Auteur de la seule « étude-terrain » du monde francophone sur les patients du *Revolving Door Syndrom*, il est actuellement responsable d'une équipe de recherche CRSH dans le cadre du programme *La société, la culture et la santé des canadiens II* intitulée *Le logement et le travail comme déterminants sociaux de la santé pour les personnes usagères des services de santé mentale.*

Jean Dragon est professeur de philosophie au collège Édouard-Montpetit de Longueuil. Il a récemment déposé, au Département d'études littéraires de l'Université du Québec à Montréal, sa thèse de doctorat en sémiologie qui s'intitule *La Poétique bataillienne, une pratique de la dépossession.* Ses recherches sont surtout concentrées dans les domaines de la sémiologie et de l'anthropologie philosophique. Il a aussi publié des articles sur Georges Bataille dont notamment « Bataille contre le livre » (*Tangence*, no 54, 1997) et « The Work of Alterity : Bataille and Lacan » (*Diacritics*, été 1996). Ses activités d'enseignement l'ont amené à s'intéresser à la philosophie antique et aux éthiques contemporaines. Il prépare actuellement un post-doctorat sur les rapports intellectuels entre Alexandre Kojève et Georges Bataille et travaille également à une monographie sur Georges Bataille.

Francine Gratton, professeure agrégée à la Faculté des sciences infirmières de l'Université de Montréal, a complété une maîtrise en sciences infirmières (santé mentale, psychiatrie) et un Ph. D. en sociologie à l'Université du Québec à Montréal. Ses activités d'enseignement sont dans les domaines de la santé mentale et des approches qualitatives. Depuis plus de dix ans, elle poursuit des activités de recherche sur le phénomène du suicide chez les jeunes ; cette préoccupation fut l'objet de sa thèse de doctorat. Elle est chercheure au Centre de recherche et d'intervention sur le suicide et l'euthanasie (CRISE). Elle est auteure de livres et d'articles dans des revues scientifiques et populaires. En réponse à une invitation, elle a récemment rédigé un article intitulé *Sociologie du suicide* pour une encyclopédie en Angleterre. Il est accepté et paraîtra en 2001 dans l'*International Encyclopedia of the Social & Behavioral Sciences.* Elle a présenté plusieurs communications dans des colloques nationaux et internationaux et prononcé des conférences publiques.

Daniel A. Holly est professeur titulaire au Département de science politique, Faculté de science politique et de sciences juridiques de l'Université du Québec à Montréal. Il est diplômé de l'École normale supérieure de l'Université d'État d'Haïti. Il possède un baccalauréat en droit de la Faculté de droit de l'Université d'État d'Haïti. Il a obtenu un Ph. D. en relations internationales du Graduate School of International Studies, University of Denver. Il s'intéresse particulièrement à l'étude des organisations internationales. Il a publié, entre autres, *L'UNESCO, le Tiers monde et l'économie mondiale*, *L'organisation des Nations Unies pour le développement industriel* et, en collaboration, *Le système mondial*.

Jean-François Laé est docteur en sociologie et enseigne à l'Université de Paris VIII Saint-Denis. Il est l'auteur des *Récits du malheur* (Descartes et Cie, 1995) et de *L'instance de la plainte* (1996). Il travaille notamment sur les récits jurisprudentiels, les récits de vie et la narration dans les expériences extrêmes.

Marcelle Laforest, professeure titulaire de service social retraitée depuis 1988, a enseigné pendant près de vingt ans à l'École de service social de l'Université Laval où elle a en plus occupé la fonction de directrice durant cinq ans. Elle a aussi été directrice à l'École de travail social de l'Université de Moncton durant les trois années qui ont précédé sa retraite définitive. Ses intérêts d'enseignement et de recherche ont principalement porté sur l'intervention de service social, les conditions d'exercice de la pratique du service social et l'analyse des problèmes sociaux. Elle a entre autres dirigé une étude subventionnée portant sur le rapport entre le modèle technocratique d'organisation des Centres de services sociaux et la pratique du travail social. De même, elle a dirigé une recherche subventionnée sur l'intervention sociale non salariée. Elle a cosigné les rapports de ces recherches et est l'auteure de nombreux articles et communications portant sur ces sujets et d'autres reliés à l'intervention de service social et à l'analyse des problèmes sociaux.

Alain Lesage est actuellement chercheur agrégé au Département de psychiatrie de l'Université de Montréal et au Centre de recherche Fernand-Séguin de l'hôpital Louis-H.-Lafontaine de Montréal depuis 1987. Il est boursier national de la santé du Fonds de la recherche en santé du Québec. Diplômé en médecine de l'Université de Sherbrooke (Québec), il a réalisé sa formation de psychiatre dans le réseau hospitalier affilié à l'Université de Montréal. Il a complété sa formation en recherche par un stage postdoctoral de trois ans à l'Institut de psychiatrie et au Maudsley Hospital de Londres (Grande-Bretagne) et d'un an à Vérone (Italie). Le titre de son *Mphil thesis* à Londres est : *Long-term non-psychotic users of psychiatric services in Camberwell: An evaluative study.* 1987. Il a été chercheur invité pendant un an, en 1994-1995, au Health Systems Research Unit de l'Institut Clarke de Toronto. Il se concentre d'abord en recherche épidémiologique et évaluative des besoins de soins et de services des personnes souffrant de troubles mentaux graves. Dans ce cadre, il dirige aussi un module de soutien évaluatif au développement des services psychiatriques à l'hôpital Louis-H.-Lafontaine. Rédacteur en chef de la revue *Santé mentale au Québec* et rédacteur associé à la *Revue canadienne de psychiatrie*, Alain Lesage est aussi détenteur de subventions de recherche d'organismes dotés de pairs. Il a publié ou contribué à plus de 80 articles scientifiques.

Alain Marchand détient une M. Sc. en sociologie de l'Université de Montréal où il rédige présentement une thèse de doctorat. Il est agent de recherche en santé-sécurité du travail depuis 1990 au Groupe de recherche sur les aspects sociaux de la santé et de la prévention (GRASP) de l'Université de Montréal, ainsi que chargé de cours en méthodologie quantitative au Département de sociologie de l'Université de Montréal. Il a publié des articles dans les revues suivantes : *Scandinavian Journal of Work Environment and Health, Safety Science, Ergonomics, Psychologie du travail et des organisations, Industrial Relations/Relations industrielles, Recherches sociographiques, Canadian Journal of Aging/Revue canadienne du vieillissement, Revue Sexologie/Sexological Review*. Il est membre de l'ACSALF et de l'Acfas ainsi que responsable du réseau méthodologie quantitative de l'ACSALF.

Robert Mayer est professeur titulaire à l'École de service social de l'Université de Montréal. Il détient un doctorat en sociologie (Université Laval). Il a publié, seul ou en collaboration avec des collègues, de nombreux ouvrages, notamment *La pratique de l'action communautaire* (en collaboration, Presses de l'Université du Québec, 1996), et *Méthodes de recherche en intervention sociale* (en collaboration, Gaëtan Morin, 2000). Il a aussi participé avec d'autres auteurs à la publication de deux livres intitulés *La recherche qualitative. Enjeux épistémologiques et méthodologiques* (Gaëtan Morin, 1997) et *La recherche qualitative. Diversité des champs et des pratiques au Québec* (Gaëtan Morin, 1998). Ses champs de recherche sont les politiques sociales et l'analyse des problèmes sociaux, les pratiques sociales et la recherche appliquée à l'intervention.

Céline Mercier, Ph. D., docteure en psychologie, est directrice de l'AXE (Organisation et évaluation des services de santé mentale) au Centre de recherche de l'hôpital Douglas, membre du comité directeur du RISQ, consultante senior au Centre collaborateur OMS de Montréal, professeure agrégée au Département de psychiatrie de l'Université McGill, professeure associée au Département de psychologie, au Département d'administration de la santé et à l'École de réadaptation de l'Université de Montréal et vice-présidente du Comité de santé mentale du Québec. Ses activités de recherche concernent l'évaluation des politiques et services en santé mentale et en toxicomanie, le développement de méthodologies pour l'évaluation des services dans le milieu, les études sur la qualité de vie et les services aux personnes sans abri. Céline Mercier a reçu le prix Reconnaissance de la Société québécoise d'évaluation de programme.

Laurence Monnais-Rousselot est professeure adjointe au Département d'histoire et au CETASE (Centre d'études de l'Asie de l'Est) de l'Université de Montréal. Elle est également chercheure au GRASP (Groupe de recherche sur les aspects sociaux de la santé et de la prévention, Université de Montréal) et membre associé du Laboratoire CNRS – SEDET (Sociétés en développement et en transition) de l'Université Paris VII – Denis Diderot. Elle a suivi des études en histoire contemporaine avant d'obtenir son doctorat à l'Université Paris VII en 1997. Sa thèse de doctorat, traitant de l'histoire médicale de l'Indochine française, a fait l'objet d'un livre (*Médecine et colonisation. L'aventure indochinoise, 1860-1939*, Paris, CNRS, 1999) lauréate de deux des prix littéraires du MEDEC 2000 (France) : Prix d'histoire de la médecine et Prix André-Soubiran. Après deux ans de recherche postdoctorale (FCAR, 1998-2000) consacrés à l'étude de la transmission du savoir thérapeutique, L. Monnais-Rousselot poursuit actuellement des recherches sur les comportements des Vietnamiens face au médicament, au Vietnam pendant la colonisation et en situation d'immigration au Canada.

Paul Morin est professeur associé à l'École de travail social à l'Université du Québec à Montréal et chargé de cours à l'École de service social de l'Université de Montréal. Pionnier de la défense des droits en santé mentale, il est coordinateur du Collectif de défense des droits de la Montérégie depuis 1990. Sa thèse de doctorat en sociologie s'intitule *Espace urbain montréalais et processus de ghettoïsation de populations marginalisées* (1994). Outre les dimensions de l'espace urbain, ses activités de recherche portent sur le logement, le travail et les aspects juridiques des troubles mentaux.

Michel Perreault, Ph. D., psychologue, est chercheur à l'hôpital Douglas depuis 1986. Il est également professeur adjoint au Département de psychiatrie de l'Université McGill, professeur affilié au Département de psychologie de l'Université du Québec à Montréal et chercheur associé au Groupe de recherche et intervention sur les substances psychoactives – Québec. Depuis la fin des années 1970, il a effectué des recherches évaluatives dans différents milieux dont celui de la détention, de la prévention dans le domaine de la santé et des communications au niveau des médias de masse. Ses travaux actuels portent sur l'analyse de l'organisation des services en santé mentale et, plus particulièrement, sur l'évaluation de la perspective des usagers et des proches.

René Potvin possède une maîtrise en sociologie (Montréal, 1997). Il a rédigé son mémoire de maîtrise sur la précarité dans l'emploi. Il est présentement consultant en recherche sociale à New York.

Jean Poupart est professeur à l'École de criminologie de l'Université de Montréal et chercheur associé au Centre international de criminologie comparée. Spécialiste des méthodes qualitatives, il s'intéresse aux problématiques de la déviance, de la marginalisation et du contrôle social ainsi qu'à l'évolution des débats épistémologiques, théoriques et méthodologiques au sein de la criminologie. Il poursuit actuellement une recherche sur les trajectoires et les expériences des personnes ayant vécu une période d'incarcération.

Belhassen Redjeb est maître en service social, maître en sociologie et a fait des études doctorales en sociologie. Il enseigne le travail social aux niveaux collégial et universitaire depuis plus de vingt ans. Les politiques sociales et les problèmes sociaux constituent ses principaux champs d'intérêt dans l'enseignement. Ses préoccupations de recherche ont pour objet les conditions et les transformations des pratiques en travail social. Il est coauteur de deux recherches subventionnées, l'une portant sur la surdétermination technocratique en service social et l'autre sur les interventions sociales non salariées. Auteur de plusieurs articles publiés dans des revues disciplinaires, il a aussi présenté plusieurs communications traitant de ses sujets de recherche aux congrès de la Fédération canadienne des sciences humaines et sociales et de l'Association canadienne-française pour l'avancement des sciences.

Jean Renaud, Ph. D., est professeur titulaire au Département de sociologie et directeur du Centre d'études ethniques de l'Université de Montréal (CEETUM). Il est membre du Centre interuniversitaire d'études démographiques (CIED) et co-responsable de l'école d'été canadienne CIED-CEETUM en analyse longitudinale. Ses travaux depuis douze ans portent sur la dynamique de l'établissement des immigrants et des demandeurs d'asile de même que sur la répartition spatiale des populations urbaines. Il est responsable de la seule étude au monde ayant suivi une cohorte d'immigrants durant leurs dix premières années d'établissement. Ses enseignements portent sur les méthodologies quantitatives de pointe, sur les questions ethniques et sur les questions d'immigration.

Amon Jacob Suissa détient une maîtrise en travail social (Université de Montréal) et un doctorat en sociologie (Université du Québec à Montréal). Il est professeur au Département de travail social à Hull où il enseigne en intervention familiale et en intervention psychosociale. Spécialisé dans le champ des dépendances, il a publié *Pourquoi l'alcoolisme n'est pas une maladie* (Fides, 1998).

Deena White, sociologue, a fait ses études de maîtrise à l'Université Concordia et de Ph. D. à l'Université de Montréal. Elle est actuellement professeure agrégée au Département de sociologie de l'Université de Montréal et directrice du Groupe de recherche sur les aspects sociaux de la santé et de la prévention (GRASP/Centre FCAR) à la même université. Ses intérêts de recherche portent sur l'exclusion sociale, les politiques sociales et les dynamiques des processus de réforme. Ses publications portent notamment sur les processus de réforme dans les domaines de la santé mentale et de l'aide sociale, ainsi que sur le secteur communautaire et son implication dans le système de santé et dans les processus de réforme en général. Deena White est actuellement responsable scientifique de l'équipe de recherche RESSAUR, qui regroupe en partenariat des chercheurs du GRASP, de la RRSSS de Laval et du Conseil de la santé et du bien-être (CSBE) autour de la problématique des dimensions micro- et macrosociales de la régulation dans le domaine de la santé. Ses recherches actuelles portent sur le développement social et les politiques d'insertion professionnelle dans le contexte de la réorientation de l'État-providence.

Chapitre 10

**TRAVAIL SOCIAL ET TECHNOLOGIES
DE L'INFORMATION ET DES COMMUNICATIONS** 247
Louise Bouchard avec la collaboration de Louise Gagné

Partie 2

**PROBLÈMES SOCIAUX
ET INTERVENTIONS SOCIALES** 271
Robert Mayer

CHAPITRE 15

**RÉALITÉS INTERCULTURELLES
ET INTERVENTION SOCIALE**

Anselme Mvilongo

CHAPITRE 16

**DE L'ÉTAT-PROVIDENCE À L'ÉTAT-COMPTABLE
EN PASSANT PAR LA SOCIÉTÉ-PROVIDENCE ?**

Réjean Mathieu

IMPRIMERIE
BOURGROYAL INC.
Québec, Canada
2011